U0841875

中華現代學術名著叢書

漢書窺管

楊樹達 著

圖書在版編目(CIP)數據

漢書窺管/楊樹達著.—北京:商務印書館,2015(2022.6重印)
(中華現代學術名著叢書)
ISBN 978-7-100-11731-9

Ⅰ.①漢… Ⅱ.①楊… Ⅲ.①中國歷史—西漢時代—紀傳體 ②《漢書》—研究 Ⅳ.①K234.104.2

中國版本圖書館CIP數據核字(2015)第263088號

本書據科學出版社1955年版排印

中華現代學術名著叢書
漢書窺管
楊樹達 著

商 務 印 書 館 出 版
(北京王府井大街36號 郵政編碼100710)
商 務 印 書 館 發 行
北京通州皇家印刷廠印刷
ISBN 978-7-100-11731-9

2015年12月第1版 开本880×1240 1/32
2022年6月北京第3次印刷 印张23⅞ 插頁1

定價:128.00元

楊樹達

(1885—1956)

出版説明

百年前，張之洞嘗勸學曰："世運之明晦，人才之盛衰，其表在政，其裏在學。"是時，國勢頹危，列强環伺，傳統頻遭質疑，西學新知亟亟而入。一時間，中西學并立，文史哲分家，經濟、政治、社會等新學科勃興，令國人亂花迷眼。然而，淆亂之中，自有元氣淋漓之象。中華現代學術之轉型正是完成於這一混沌時期，於切磋琢磨、交鋒碰撞中不斷前行，涌現了一大批學術名家與經典之作。而學術與思想之新變，亦帶動了社會各領域的全面轉型，爲中華復興奠定了堅實基礎。

時至今日，中華現代學術已走過百餘年，其間百家林立、論辯蜂起，沉浮消長瞬息萬變，情勢之複雜自不待言。温故而知新，述往事而思來者。"中華現代學術名著叢書"之編纂，其意正在於此，冀辨章學術，考鏡源流，收納各學科學派名家名作，以展現中華傳統文化之新變，探求中華現代學術之根基。

"中華現代學術名著叢書"收録上自晚清下至二十世紀八十年代末中國大陸及港澳臺地區、海外華人學者的原創學術名著（包括外文著作），以人文社會科學爲主體兼及其他，涵蓋文學、歷史、哲學、政治、經濟、法律和社會學等衆多學科。

出版“中華現代學術名著叢書”，爲本館一大夙願。自一八九七年始創起，本館以“昌明教育，開啓民智”爲己任，有幸首刊了中華現代學術史上諸多開山之著、扛鼎之作；於中華現代學術之建立與變遷而言，既爲參與者，也是見證者。作爲對前人出版成績與文化理念的承續，本館傾力謀劃，經學界通人擘畫，并得國家出版基金支持，終以此叢書呈現於讀者面前。唯望無論多少年，皆能傲立於書架，并希冀其能與“漢譯世界學術名著叢書”共相輝映。如此宏願，難免汲深綆短之憂，誠盼專家學者和廣大讀者共襄助之。

商務印書館編輯部

二〇一〇年十二月

凡　例

一、"中華現代學術名著叢書"收録晚清以迄二十世紀八十年代末,爲中華學人所著,成就斐然、澤被學林之學術著作。入選著作以名著爲主,酌量選録名篇合集。

二、入選著作内容、編次一仍其舊,唯各書卷首冠以作者照片、手迹等。卷末附作者學術年表和題解文章,誠邀專家學者撰寫而成,意在介紹作者學術成就,著作成書背景、學術價值及版本流變等情況。

三、入選著作率以原刊或作者修訂、校閲本爲底本,參校他本,正其訛誤。前人引書,時有省略更改,倘不失原意,則不以原書文字改動引文;如確需校改,則出脚注説明版本依據,以"編者注"或"校者注"形式説明。

四、作者自有其文字風格,各時代均有其語言習慣,故不按現行用法、寫法及表現手法改動原文;原書專名(人名、地名、術語)及譯名與今不統一者,亦不作改動。如確係作者筆誤、排印舛誤、數據計算與外文拼寫錯誤等,則予徑改。

五、原書爲直(横)排繁體者,除個别特殊情況,均改作横排簡體。其中原書無標點或僅有簡單斷句者,一律改爲新式標點,專名號從略。

六、除特殊情況外,原書篇後注移作脚注,雙行夾注改爲單行夾注。文獻著録則從其原貌,稍加統一。

七、原書因年代久遠而字迹模糊或紙頁殘缺者,據所缺字數用"□"表示;字數難以確定者,則用"(下缺)"表示。

目　録

自　序

《漢書》經始於班叔皮，孟堅承業，蕙班補遺，集一門父子兄妹三人之力以成一書，可謂艱矣。其書乍出，馬季長一代大儒，伏閣從蕙班受讀，爲書簡奥，略可測知。東京末葉，服子慎、應仲遠之倫競爲注釋，魏晉以後，釋者多家，東晉蔡謨爲之《集解》，書今不存。李唐開國，顔師古承其諸父游秦之業，裒集舊訓爲之注，一時號爲班氏功臣。然至宋世，三劉、吴仁傑等糾舉違誤，刔擿猶未盡也。清代樸學雲興，鴻生鉅儒多肆力此書，及其末造，同邑先輩王葵園先生從事采輯，爲之《補注》，奥義益明，《地理》一志尤爲卓絶。自是讀《漢書》者人手一編，非無故也。大抵清儒治此書者推高郵王氏爲最富，亦最精，然已不免疵纇。漢末荀悦據班書撰《漢紀》，往往以不瞭班義而妄改，故顧亭林云：荀紀小異《漢書》，必荀非而班是，此有得之言也。高郵王氏識不逮此，往往據仲悦之妄竄，改不誤之班書，此其大蔽也。蓋高郵雖好學而不肯深思，故所校時有不能心知其意者。兹舉二例言之。《郊祀志》曰："臣望東北汾陰直有金寶氣。"師古以汾陰直連讀，訓直爲當，謂正當汾陰，是也。蓋氣在天空，方所無由確指，故舉汾陰而云直，謂當汾陰地面之天空也。高郵駁顔説，以直有金寶氣連讀，訓直爲特，則似汾陰地面有金寶氣，於事理不可通矣。《金日磾傳》曰："賞爲奉車，建駙馬都尉。"高郵於奉車下校增都尉二字，不知班氏因下有都尉二字省略也。《儒林傳》云："上於是出龔等補吏，襲爲弘農，歆河内，鳳九江太守。”弘農河内下并當有太守字，因下文太守字省略也。《王莽傳》云：“又置六經祭酒各一人，琅邪左咸爲講《春秋》，潁川滿昌爲講《詩》，長安國由爲講《易》，平陽唐昌爲講《書》，沛郡陳咸爲講《禮》，崔發爲講《樂》祭酒。”講《春秋》講《詩》講《易》講《書》講《禮》下亦各當有祭酒字，亦因下文講樂祭酒省略也。高郵必增都尉二字，不惟不能心知其意，亦暗於全書通例矣。此類誤説，理宜在屏棄之列，而《補注》一一迻録，不加駁正，非也。凡著書者稱引前人成説，但可翦裁，不宜改易，致失立説人本意，此至要也。然《補注》於此似未注意。《王子侯表》：湖鄉、伊鄉兩侯同名開，金鄉、就鄉兩侯同名不害，四人皆東平思王孫也。陳景雲疑湖鄉與伊鄉同時受封，金鄉與就鄉亦同時受封，不應彼此同名，當有一誤。《補注》改易陳校之文入湖鄉侯下，云：此與金鄉、伊鄉、就鄉并思王孫，同時封，不應二人同名，必有一誤。如此則將四侯混合爲一，同名兩起之事實末殺無餘，全失陳氏立説之初意矣。《景武昭宣元成功臣表》：李譚、稱忠、鍾祖、訾順四人并以捕得反者樊并封，李譚封於永始四年七月己巳，稱忠封於十一月己酉，鍾祖、訾順同封於七月己酉，錢大昕校謂四人同以得反者樊并封，其封當同月，而《表》記譚封於七月己巳，忠封於十一月己酉，祖、訓封於七月己酉，前後失倫，七月不當記於十一月之後。據《成帝紀》，事在永始三年十一月，疑十一二字誤合爲七，而四年當作三年也。按此錢氏據《成紀》校李譚條下四年四字之誤及李譚、鍾祖、訾順三條七月七字之誤也。《補注》不置錢校於有四年及七月兩處誤字之李譚條下，而置於十一月封文并不誤之稱忠條下，何耶？此又違反錢氏立言之意者也。據《補注》全書觀之，葵園先生用心不失審慎，而此二事《補注》憒憒如此，疑先生於諸表假手他人，不及覆校也。余四十年前，偶讀《蘇武傳》,有"蹈其背以出血"語,心疑背不可蹈,況在武受傷時耶!而師古及《補注》并無説,余因讀蹈爲訓輕叩之搯,文乃可通。緣此知《補注》篇帙雖富,遺義尚多。時居鄉里,設教中學,文卷猥集,改竄需時,意欲精究而不果。嗣後北游,校課清簡,於《補注》研讀數通,頗能瞭其得失。時時泛濫文籍,凡與班書有涉,輒加纂述,歲月稍久,記述遂多。初於北方大學講授班書,倭寇之變,適返里門,旋亦設教於大學。嘗先後取所記粗事印布,未竟全書。癸巳之歲,僻處麓山,賓朋希簡,發憤補苴,遂終全帙。卅年精力,幸資小結。稟質頑愚,見聞苦陋,管窺蠡測,差誤必多,大雅宏達,進而教之。

一九五五年五月十日樹達書於嶽麓山之耐林廎

卷　一

高帝紀第一上(漢書一)

高祖。(虚受堂《補注》本一葉下)

張晏曰:《禮》謚法無高,以爲功最高而爲漢帝之太祖,故特起名焉。

樹達按:《高紀》云:"高帝爲漢太祖,尊號高皇帝。"然則稱廟號當云太祖,稱尊號當云高帝。高祖乃漢人習稱,史家沿用,亦猶英布之稱黥布,田千秋之稱車千秋耳。張云特起此名,非也。

高祖每酤,留飲酒,讎數倍。(三下)

如淳曰:讎亦售也。

樹達按:讎數倍者,特多售與高祖也。卷八《宣紀》云:"臥居數有光耀,每買餅,所從買家輒大讎,亦以是自怪。"大讎亦謂多讎與宣帝,故帝以此自怪也,此與高祖事正同。《史記索隱》乃云:"高祖大度,既貰飲,且讎其數倍價。"按高祖既貰飲,兩家又棄責,何有讎價之事乎!《索隱》説殊誤。

歲竟,此兩家常折券棄責。(三下)

師古曰:以簡牘爲契券,既不徵索,故折毁之,棄其所負。錢大昭曰:責南監本、閩本并作負。尋注文義,負字爲是,惟《史記》作責。先謙曰:官本責作負。

樹達按:涵芬樓百衲本廿四史影印北宋景祐本《漢書》作責字,是也,責即今之債字。顔云棄其所負,以所負釋責字耳。諸本作負者,蓋據注妄改。又按:據此知今俗年終償債,秦時風俗已然。

蕭何爲主吏,主進,令諸大夫曰:進不滿千錢,坐之堂下。(四上)

師古曰:大夫,客之貴者總稱耳。

樹達按:坐之者,使之坐也,之指進不滿千錢之客爲言。諸大夫自謂將事款客者,不謂客也,顔説非。

高祖爲亭長,素易諸吏。(四上)

師古曰:易,輕也。

樹達按:《説文》三篇下"攴部"云:敡,侮也。又八篇上"人部"云:傷,輕也。易乃省形借字。

遂坐上坐,無所詘。(四下)

師古曰:詘,曲橈也。

樹達按:詘與讓義近。《禮記·玉藻》云:"天子搢珽,方正於天下也;諸侯荼,前詘後直,讓於天子也;大夫前詘後詘,無所不讓也。"《史記·信陵君傳》記侯生直載公子上坐不讓,此云無所詘,彼云不讓,文雖異而義則同也。

沛令善公,求之,不與,何自妄許與劉季?(四下)

樹達按:自有二義。一訓因,如卷五十《馮唐傳》云:"父老何自爲郎?"卷四十九《袁盎傳》云:"劇孟博徒,將軍何自通之?"是也。其一則指吕公自請之高祖爲言，與上文求之針對。説并通。卷四十《張良傳》云："吾求公，避逃我，今公何自從吾兒游乎？"亦同。

時時冠之。（六上）

師古曰：愛珍此冠，休息之暇則冠之。

樹達按：以休息之暇釋時時，未合。

嫗曰：吾子，白帝子也，化爲蛇，當道。（七上）

樹達按：《史記·封禪書》云："秦文公夢黄蛇自天下屬地，其口止於鄜衍。文公問史敦，敦曰：此上帝之徵，君其祠之！於是作鄜畤，用三牲郊祭白帝焉。"然則蛇爲白帝，自秦爲諸侯時已有此傳説，知一時神話仍有其歷史根據也。

秦始皇帝嘗曰：東南有天子氣。（七上）

樹達按：《伍被傳》稱："秦民思亂，客謂高帝曰：時可矣。高帝曰：待之！聖人當起東南。間不一歲，陳吴大呼。"然則當時傳説，上下同之。據高帝語意，似無伐秦之意者，蓋漫言以應客耳。

高祖隱於芒碭山澤間。（七上）

樹達按：時樊噲與高祖俱，見噲傳。

高祖怪問之，吕后曰。（七下）

宋祁曰：今越本作高祖怪，問吕后，后曰。錢大昭曰：閩本作高祖怪，問吕后，吕后曰。

樹達按：景祐本與越本同。

武臣自立爲趙王。（八上）

樹達按：以張耳陳餘之勸也，見餘傳。

掾主吏蕭何、曹參曰。（八上）

樹達按：據參傳，參爲獄掾。蕭何爲主吏，見上文。

乃令樊噲召高祖。（八上）

樹達按：《楚元王傳》云："高祖微時，常避事。"《盧綰傳》云："高祖爲布衣時，有吏事，避宅。"《任敖傳》云："高祖嘗避吏。"此時出亡在外，蓋即爲此。

乃閉城城守。（八上）

師古曰：城守者，守其城也。

樹達按：守城不得倒云城守。城守者，謂於城上爲守耳。此與"郊迎"、"家居"、"庭説"文例相同。下文射帛城上，其明證也。

令置將不善。（八下）

錢大昭曰：令南監本、閩本及《史記》并作今。先謙曰：官本令作今，是。

樹達按：景祐本作今。

蕭曹等皆文吏，自愛。（八下）

樹達按：景祐本無等字，是也。

祠黄帝，祭蚩尤於沛廷。（八下）

樹達按：《周禮·肆師》云："祭表貉則爲位。"《注》云："貉，師祭也，於所立表之處爲師祭造軍法者，禱氣勢之增倍也，其神蓋蚩尤，或曰黄帝。"賈疏引此事爲證。據此，則漢之爲此，沿周制也。鄭注云：祭造軍法者，賈疏以造兵當之，似非鄭意。

祀蚩尤於沛廷，而釁鼓旗，幟皆赤。（九下）

吴仁傑曰：顏注以釁鼓句絶，非是。案《封禪書》："祠蚩尤，釁鼓旗。"旗字當屬上句讀之。先謙曰：吴説是也。幟是總稱，言幟皆赤可矣，古書簡要，不當有羨文。鼓旗并釁，上屬爲宜，後人習見旗幟字，誤絶耳。

樹達按：下文云："偃旗幟。"又云："益張旗幟。"而紀贊復云："斷蛇著符，旗幟上赤。"班似仍以旗幟連讀。王云古書不當云旗幟，實爲瞽説。然《吕氏春秋·慎大》篇云："釁鼓旗甲兵。"本書《郊祀志》亦云："徇沛，爲沛公，則祀蚩尤，釁鼓旗。"則此文仍以從吴讀爲是矣。

東陽甯君秦嘉立景駒爲楚王，在留，沛公往從之，道得張良。（十一上）

樹達按：時從沛公行者有楚元王及蕭、曹，見元王傳。據良傳，良亦欲往從駒，故沛公於道得之也。

項梁擊殺景駒、秦嘉，止薛。（十二上）

樹達按：時叔孫通從梁，見通傳。

與項梁共立楚懷王孫心爲楚懷王。（十二上）

應劭曰：六國爲秦所并，楚最無罪，爲百姓所思，故求其後，立爲楚懷王，以祖謚爲號，順民望也。

樹達按：懷王爲謚，以謚名生存之人，似爲無理。又祖孫同號，疑若不經。然《白虎通·姓名》篇云："易曰帝乙，謂成湯，《書》曰帝乙，謂六代孫也。"章炳麟《尊史》篇云："商帝稱湯，其後楚王亦曰湯。《史記·秦本紀》及《集解》《索隱》。嬴氏祖曰秦仲，則二世亦曰秦中。《郊祀志》：南山巫祠南山秦中，秦中者，二世皇帝也。秦中即秦仲，秦世稱仲，猶仍世稱叔，趙世稱孟也。傳帝鴻氏有不才子，謂之渾敦，《西山經》言渾敦，實爲帝江，江者，鴻之省借。"樹達按：章説甚核。然則孫心號爲懷王，猶行古道矣。

秦將王離圍之。（十三下）

樹達按：據項籍傳，圍鉅鹿之秦將，王離外尚有涉閒。

懷王乃以宋義爲上將。（十四上）

先謙曰：《史記》有軍字，據下文項羽自立爲上將軍，則有軍字是也。

樹達按：《項籍傳》云："王召宋義與計事而説之，因以爲上將軍。"則當有軍字。

不如更遣長者扶義而西。（十四下）

樹達按：更，改也。

沛公攻破東郡尉於成武。（十四下）

樹達按：此役曹參、灌嬰、樊噲皆從，各見本傳。

遇剛武侯。（十四下）

應劭曰：楚懷王將也。《功臣表》："棘蒲剛侯陳武，武一姓柴。"剛武侯宜爲剛侯武，魏將也。孟康曰：《功臣表》：柴武以將軍起薛，至霸上，入漢中，非懷王將，又非魏將也。例未有稱謚者。師古曰：應氏以爲懷王將，又云魏將，無所據矣。先謙曰：《史集解》引《功臣表》"棘蒲"云云屬孟説，《功臣表》"柴武"云云屬瓚説，與此異。

樹達按：《史集解》所引是也。此以句首俱有《功臣表》字致誤耳。不然，應氏不當既云楚懷王將，又云魏將，自相違異也。據顔注，則所見本已誤。

與魏將皇欣、武滿軍合攻秦軍，破之。（十五上）

錢大昭曰：滿閩本作蒲，與《史記》同。先謙曰：乾道本作滿，汪本作蒲。

樹達按：景祐本作滿。《史記》云："與魏將皇欣魏申徒武蒲之軍并攻昌邑。"此所謂合攻，即彼并攻也。王氏以合字爲句，補注其下，誤。

西與秦將楊熊戰白馬，又戰曲遇東，大破之。（十六上）

樹達按：破熊，曹參、樊噲二人從，各見本傳。

因張良遂略韓地。（十六上）

文穎曰：以良累世相韓，故因之。

樹達按：項梁立公子成爲韓王，以良爲韓司徒、高祖因之者，以此，文説似是而非。《功臣表》云："以韓申徒下韓。"亦其證也。

使酈食其、陸賈往説秦將。（十八下）

先謙曰：《史記》敘用張良計，説秦將，襲破武關，無破嶢關事，此班氏據他書增。

樹達按：《史記·本紀》云："啗以利，因襲攻武關。"《留侯世家》則云"西入武關，沛公欲以兵二萬人襲秦嶢下軍，良説曰"云云。此段班從《世家》而舍《本紀》之説，同出《史記》，安得云據他書耶！

欲止宫休舍。（二十上）

師古曰：舍，息也，於殿中休息也。一曰：舍謂屋舍也。先謙曰：止即息也，訓舍爲息，於文爲複，一説是也。己居秦宫，而令軍人居舍耳。

樹達按：顔前説是也。《史記·淮南王傳》云："休舍，穿井未通，須士卒盡得水乃敢飲。"《説文》七篇上"夕部"云："夜，舍也，天下休舍也。"知休舍爲漢人通語。《韓信傳》云："未至井陘口三十里，止舍。"顔亦訓舍爲息，此豈亦止屋舍乎！古人自有復語耳。王説鑿空無據。《張良傳》云："沛公入秦宫室，帷帳狗馬重寶婦女以千數，意欲留居之。"即此所謂欲止宫休舍，亦可證也。

與父老約：法三章耳。（二十上）

何焯曰：此約法與上苛法對，因紀末有"初順民心作三章之約"，改約字爲讀，始厚齋王氏。然《文紀》中宋昌有約法令之語，《刑法志》言約法三章者非一，當仍舊也。

樹達按：約當訓要約約束之約，是動字。何氏視約爲苛之對文，說非是。如何說，此句無動字矣。

或說沛公曰。（二十下）

樹達按：李慈銘云：《藝文類聚》引《楚漢春秋》，說沛公者爲解先生。

會羽季父左尹項伯素善張良。（二十一下）

樹達按：《張良傳》云："居下邳，爲任俠。項伯嘗殺人，從良匿。"

籍吏民，封府庫，待將軍。（二十一下）

樹達按：顔注《樊噲傳》引此文待上有以字，《史記·項羽紀》作而待將軍。

臣與將軍戮力攻秦。（二十二上）

師古曰：戮力，并力也。錢大昭曰：閩本戮作勠，注同。《說文》：勠，并力也。戮，殺也。其義迥別。

樹達按：景祐本正文注文皆作勠。

燒秦宫室。（二十三上）

樹達按：《項籍傳》云：火三月不滅。

二月，羽自立爲西楚霸王。（二十六下）

樹達按：《史記·項羽紀》云："羽欲自王，先王諸將相。"故其叙事先叙王諸將事，而後云自立爲西楚霸王。其在《高祖本紀》，則先書項羽自立事，而後及高祖與諸王，以其事已具於羽紀，羽紀在高紀之前。讀者自明，雖倒置無害也。班改史公之通史爲斷代之書，《項籍列傳》在高紀之後，固其所也。然在羽傳既删去羽欲自王諸語，於此又沿高紀之序，先羽而後諸王，則當時羽欲自王先王諸將相之情事不可見矣。

背約，更立沛公爲漢王，王巴蜀漢中四十一縣。（二十七上）

樹達按：初止王巴蜀，張良請之項伯，始得漢中，見《張良傳》。

立秦三將，章邯爲雍王，都廢丘。（二十七上）

樹達按：《項籍傳》詳叙諸將見封之由及其所王之地，而不及其所都；此則著其都之所在，而不及其他二事。此互文見義之例，古史家文約旨博之遺法也。

諸侯罷戲下，各就國。（二十八下）

師古曰：戲謂軍之旌麾也，音許宜反，亦讀曰麾。先是諸侯從項羽入關者，各帥其軍聽令於羽，今既受封爵，各使就國，故總言罷戲下也。一説云：時從項羽在戲水之上，故言罷戲下，此説非也。項羽見高祖於鴻門，已過戲矣；又入秦燒秦宫室，不復在戲也。《漢書》通以戲爲麾字，義見《竇田灌韓傳》。顧炎武曰：注引一説云“時從項羽在戲水之上”，此説爲是。蓋羽入咸陽，而諸侯自留軍戲下耳。他處固有以戲爲麾者，但云罷麾下，似不成文。王先慎曰：《史記》作兵罷戲下，《項羽紀索隱》云：“戲音羲，水名也。言下者，如許下洛下然也。”案上云：羽入至戲西鴻門，是則軍戲水下。今諸侯各受封訖，自戲下各就國，何須假文字以爲旌麾之下乎？顔説非。樹達按：戲水之説是也。《樊噲傳》云：“項羽在戲下，欲攻沛公。”按羽欲攻沛公時實在鴻門，而噲傳稱在戲下，則鴻門雖已過戲，無妨稱戲下也。

張良辭歸韓，漢王送至褒中。（二十八下）

樹達按：良傳云：“臣爲韓王送沛公。”今云漢王送良，情事地理皆不合。《良傳》云:"漢王之國,良送至褒中,遣良歸韓。"是也。此文送字當在漢王二字之上,誤倒耳。

留蕭何收巴蜀租給軍食。(二十九上)

錢大昭曰:軍下南監本、閩本俱有糧字。先謙曰:官本有糧字。

樹達按:景祐本有糧字。

漢王引兵從故道。(二十九上)

孟康曰:縣名,屬武都。先謙曰:在今階州成縣西八十里。

樹達按:王氏注今地,皆用《清一統志》文。《曹參傳》補注云:"故道今漢中府鳳縣西北。"與志文合,是也。此復歧異者,志云:"武都今成縣西八十里。"王氏因孟注有武都之文,因誤録武都今地爲故道今地也。

塞王欣翟王翳皆降漢。(二十九下)

樹達按:定塞地者爲劉賈,見賈傳。

項梁立韓後公子成爲韓王。(二十九下)

樹達按:梁立成因張良之請,見良傳。

乃以故吴令鄭昌爲韓王。(二十九下)

樹達按:籍遊吴時令也。

河南王申陽降。(三十下)

樹達按:據《項籍傳》,陽本張耳嬖臣,此蓋因耳已降漢,故亦降也。他日三秦王復叛,陽始終助漢,蓋亦以此。

陳平亡楚來降。(三十一上)

樹達按:亡楚,自楚亡也。《韓信傳》云:"信亡楚歸漢。"又云:"亡漢降楚。"義并同。

新城三老董公。(三十一上)

錢大昭曰：此與《武五子傳》壺關三老皆縣三老也。

樹達按：梁玉繩云："新城，鄉名，惠帝四年爲縣。董公乃鄉三老也。"樹達按：據《地理志》，梁説是也。

漢王以故得劫五諸侯兵東伐楚。（三十二上）

應劭曰：雍、翟、塞、殷、韓也。如淳曰：塞、翟、魏、殷、河南也。韋昭曰：塞、翟、韓、殷、魏也。雍時已敗。師古曰：諸家之説皆非也。張良遺羽書云："漢欲得關中，如約即止，不敢復東。"東謂出關之東。今羽聞漢東之時，漢固已得三秦矣。五諸侯者，謂常山、河南、韓、魏、殷也。此年十月，常山王張耳降，河南王申陽降，韓王鄭昌降。二月，魏王豹降，虜殷王卬，皆在漢東之後，故知謂此爲五諸侯。時雖未得常山之地，據《功臣表》云：張耳棄國與大臣歸漢，則亦有士卒也。又《叔孫通傳》云：二年，漢王從五諸侯入彭城，爾時雍王猶在廢丘被圍，即非五諸侯之數也。尋此紀文，昭然可曉，前賢注釋，并失指趣。劉攽曰：張耳奉頭鼠竄，安得有兵！五諸侯者，陳餘其一也，事見《餘傳》。吴仁傑曰：諸侯歸漢者七。申陽降，即以其國爲河南郡。鄭昌降，即以其國封韓王信，而司馬卬被虜，其地自爲河内郡。此三人皆以國除，不得與諸侯并。張耳與大臣歸漢，不言與兵俱。惟塞、翟、魏有國如故，而韓王信常將韓兵從，并趙相陳餘所遣兵，是爲五諸侯。董教增曰：顏氏牽引諸王以足五數，於義亦非。蓋此處五諸侯有河南韓魏殷等，而《項籍傳贊》云：遂將五諸侯滅秦，又係何人？尋其條貫，當據故七國，以其地言，不以其王言也。漢定三秦，即故秦地。項羽王楚，即故楚地。其餘韓趙魏齊燕爲五諸侯。劫五諸侯兵，猶後言引天下兵耳。故漢伐楚可言五諸侯，楚滅秦亦可言五諸侯也。全祖望曰：吴氏以《史記》雖云元年八月降塞、翟二王，置二郡，而《漢書》云二年六月雍亡後始置河上、渭南、中地、隴西、上郡，則前此塞、翟必如未亡，以是爲《史記》之誤，塞、翟未亡，足充五諸侯之列。不知《史記》於元年書置二郡者，漢滅二國定其疆，《漢書》於二年書置五郡者，漢盡定三秦，通正其地界。故《漢書·異姓王表》亦云：元年八月，置二郡，與《史記》同。且《功臣表》云：棘丘侯襄以上郡守擊西魏，事在二年三月，敬市侯閻澤亦以河上守遷殷相，擊項籍，事在二年四月，則翟、塞之不得有其國可見矣。蓋五諸侯者，魏王從軍，見其傳；韓王從軍，見《異姓王表》；陳餘以兵從，亦見其傳；而合齊擊楚，則見《淮陰傳》。蓋齊人亦以兵從，合殷爲五諸侯也。或謂時漢置河内郡，殷不在諸侯之列，不知此《高紀》誤也。《功臣表》閻澤亦遷殷相擊項籍，殷尚有相，則卬尚有國。蓋殷已降漢，故漢爲之命相，而以兵來從，卬死始置郡耳。合《史》《漢》《陳平傳》叙殷王事觀之，知殷時尚未亡，《史》、《漢》二本紀及表并誤。又曰：五諸侯當爲燕、趙、韓、魏、衡山。燕、趙不奉楚令，恐楚既平齊而討之，故助漢。衡山，楚之所貶，亦怨楚助漢也。周壽昌曰：《項羽傳》亦云劫，《史記》作部，王益之《西漢年紀》從之。荀紀止云：漢王率諸侯之師凡五十六萬人，無五諸侯三字，蓋以其難確指。《通鑑》云：漢王以故得率諸侯兵凡五十六萬人，從荀紀，不從《漢書》。先謙曰：董以五諸侯爲即天下兵，古籍既無是義，此與《項籍傳》五諸侯亦不同。雍、塞、翟、常山、河南不在諸侯之列，諸説允矣。全説前後兩歧，而臧荼聽命在韓信破趙之後，吴芮在軍，并無確證。據理考實，前説爲近。劫有制持之義，如項羽爲上將軍，諸將黥布皆屬，而下文漢王數羽罪云：擅劫諸侯兵入關，意與此同。注二月官本作三月，是。

樹達按：五諸侯之説，據顔注及《補注》所引凡九説，而梁玉繩、趙紹祖説尚不與焉。按實攷之，劉攽説是也。《韓信傳》云："二年，出關,收魏河南韓殷王皆降,合齊趙共擊楚彭城。”王益之云:“楚方擊齊於城陽,齊安得助漢入彭城,齊字後人妄加耳。”樹達按:王説是也。以彼證此,五諸侯爲魏、河南、韓、殷、趙,殆無疑義。

漢王遂入彭城。(三十三上)

樹達按:時叔孫通降漢,見《通傳》。

大戰彭城靈壁東。(三十三上)

樹達按:《季布傳》云:“丁公爲項羽將,逐窘高祖彭城西。”疑即此時事也。

大破漢軍,多殺士卒。(三十三上)

樹達按:《項籍傳》云:多殺漢卒十餘萬。

漢王急,推墮二子。(三十三下)

樹達按:《夏侯嬰傳》云:漢王急,馬罷,虜在後。

審食其後太公吕后間行,反遇楚軍。(三十三下)。

師古曰:太公吕后避楚軍,乃反與之相遇而見拘執。

樹達按:據《項籍傳》,太公吕后間行,欲求漢王耳,顔説非。又據《楚元王傳》,高祖爲沛公,使兄仲與審食其留侍太上皇,故食其從行也。

謂謁者隨何曰:公能説九江王布,使舉兵畔楚,項王必留擊之。得留數月,吾取天下必矣。(三十三下)

樹達按:《張良傳》云“漢王下馬,據鞍而問曰:吾欲捐關已東棄之,誰可與共功者?良曰:九江王布,楚梟將,與項王有隙”,云云,漢王迺遣隨何説九江王布。據此,則此事亦良倡之。

五月,漢王屯滎陽。(三十四上)

樹達按:時以陳平爲亞將,見《平傳》。

蕭何發關中老弱未傅者悉詣軍。（三十四上）

孟康曰：古者二十而傅，三年耕者有一年儲，故二十三而後役之。如淳曰：律年二十三，傅之疇官，各從其父疇學之。高不滿六尺二寸以下爲罷癃。《漢儀注》云：民年二十三爲正，一歲爲衛士，一歲爲材官騎士，習射御騎馳戰陳。又曰：年五十六，衰老，乃得免爲庶民，就田里。今老弱未嘗傅者皆發之，未二十三爲弱，過五十六爲老。師古曰：傅，著也，言著名籍，給公家徭役。

樹達按：如說是也。《鹽鐵論·未通》篇云："今陛下哀憐百姓，寬力役之政，政與征同。二十三始賦，五十六而免，所以輔耆壯而息老艾也。"與如引《漢儀注》說正同。但賦字當作傅，音近誤也。傅是服兵役，所謂力役之征。賦是徵租税，不可混也。

與楚戰滎陽南京索間，破之。（三十四上）

樹達按：《劉敬傳》云："與項籍戰滎陽，大戰七十，小戰四十。"蓋通前後言之，非一時事也。又按《水經注》卷七引《風俗通》云："俗説：高祖與項羽戰，敗於京索間，遁叢薄中，羽追求之。時鳩正鳴其上，追者以爲必無人，遂得脱。"按漢時傳説固未足深信，然亦可知京索間戰事非一，楚漢互有勝負，史文第記其最著者耳。

漢王如滎陽，謂酈食其曰：緩頰往説魏王豹！能下之，以魏地萬户封生。食其往，豹不聽。（三十四下）

樹達按：《豹傳》：豹以高祖喜侮人嫚罵，故不聽也。

漢王問：魏大將誰也？對曰：柏直。王曰：是口尚乳臭，不能當韓信。（三十四下）

師古曰：乳臭言其幼少。

樹達按：《韓信傳》，信亦云柏直豎子。

韓信張耳東下井陘,擊趙,斬陳餘。(三十五上)

樹達按:《張蒼傳》云:蒼從韓信擊趙,得陳餘。

食其欲立六國後以樹黨。(三十五下)

樹達按:食其說見《張良傳》。

又問陳平,乃從其計,與平黄金四萬斤,以間疏楚君臣。夏四月,項羽圍漢滎陽,漢王請和,割滎陽以西者爲漢。亞父勸項羽急攻滎陽,漢王患之。陳平反間既行,羽果疑亞父。(三十五下)

樹達按:據《項籍傳》,則云漢王請和,羽欲聽之,范增諫,羽乃急圍滎陽,漢王患之,因與陳平金以間楚君臣,情事最爲近理。《陳平傳》不載增諫事,叙平獻計亦在請和不聽之後。此文先叙間計,後叙請和,請和不聽,又折到平計,云陳平反間既行云云,與彼二傳乖違,特爲雜亂。

數日,大司馬咎怒。(三十七下)

樹達按:數日《項籍傳》作五六日。

漢王數羽曰:吾始與羽俱受命懷王,曰:先定關中者王之。羽負約,王我於蜀漢,罪一也。(三十八上)

樹達按:高祖爲義帝發喪,告諸侯曰:"擊楚之殺義帝者。"此以君臣之義爲言也。及數羽罪,則以背約王己蜀漢爲首,蓋一時假借之計,固不能敵其對己憤恨之深也。

韓信與灌嬰擊破楚軍,殺楚將龍且。(三十九上)

樹達按:據《曹參傳》,殺且於上假密。

而彭越田横居梁地,往來苦楚兵,絶其糧食。(三十九上)

全祖望曰:此田横二字當因上牽連而衍。田横雖於項王有田榮之怨,然是時則項王以横故喪其大將并二十萬衆於齊,横仇漢,不仇楚矣。使横果爲漢苦楚,則垓下之師,漢亦必召之以壯聲援,而事定亦不必亡入島中矣。先謙曰:全説是也。《史記》:"當此時,彭越將兵居梁地,往來苦楚兵,絶其糧食。"《通鑑》亦云:"漢王之敗彭城解而西也,彭越皆亡其所下城,獨將其兵,北居河上,常往來爲漢游兵擊楚,絶其後糧。"并不及田横,是其證。

樹達按:本書《項籍傳》但云彭越,不及田横,不必引《通鑑》爲證。

高帝紀第一下(漢書一)

十一月,劉賈入楚地,圍壽春。漢亦遣人誘楚大司馬周殷,殷畔楚,以舒屠六,举九江兵迎黥布。(一下)

樹達按:《黥布傳》:"布與劉賈入九江誘殷。"此與之不同。《賈傳》云:"賈圍壽春,還至,使人間招殷。"亦與此異。

獨魯不下,漢王引天下兵,欲屠之。(一下)

樹達按:《儒林傳》:高皇帝引兵圍魯,魯中諸儒尚講誦習禮,弦歌之音不絶。

故以魯公葬羽於穀城。(二上)

先謙曰:"以魯公"三字語意不完,公下當有號字,而此奪之。《史記》有號字,《項羽傳》亦云"以魯公號",皆其證。

樹達按:以魯公者,謂以魯公之禮葬之,無號字文自可通。《淮南厲王傳》云："迺以列侯葬淮南王於雍。"《師丹傳》云："發掘傅太后、丁太后冢，奪其璽綬，更以民葬之定陶。"句例并同。

與博士稷嗣君叔孫通謹擇良日二月甲午上尊號，漢王即皇帝位於氾水之陽。（三下）

孟康曰：稷嗣，邑名。

樹達按：稷嗣非邑名，詳《叔孫通傳補注》。又按"謹擇良日二月甲午上尊號"，疑"上尊號"三字當在良日二字下，二月甲午爲記事之辭，當屬下文。《史記》云"甲午，乃即皇帝位氾水之陽"，可證。

其七大夫以上，皆令食邑。（五上）

師古曰：七大夫，公大夫也。爵第七，故謂之七大夫。

樹達按：顏説誤也。漢爵第五級爲大夫，但稱大夫，别有五大夫，乃爲第九級爵。然則七大夫之名，乃逆數之偶值其級爲第七級耳。若如顏説，則第五級之大夫當稱五大夫，第九級之五大夫當别稱九大夫矣。

爵或人君，上所尊禮，久立吏前，曾不爲決，甚亡謂也。（五下）

樹達按：王氏於久立下補注云："謂早立爵者，上屬爲句。"今按王説殊不可通。此當以"久立吏前"四字爲句。久立吏前，寓意之辭，意言待命之日久耳。非真立於吏前也，不可泥視。《陳湯傳》云"久挫於刀筆之前"，句正相類。

且廉問：有不如吾詔者，以重論之。（五下）

師古曰：廉，察也。廉字本作覝，其音同耳。先謙曰：官本注覝作䂂。

樹達按：《説文》八篇下"見部"云：覝，察視也。从見，炗聲。从頁者是誤字。

上恐其久爲亂，遣使者赦横，曰：横來！大者王，小者侯。（六下）

師古曰：大者，謂其長率，即横身也。小者，其徒屬也。

樹達按：《田儋傳》顔注同。劉奉世駁之云："高帝唯召横耳，故許之大者封王，小者亦不失爲侯，詳語意可知，豈爲徒衆哉。"今按劉説是也。下文云："或以其故犯法，大者死刑。"《淮南厲王傳》云："幸臣有罪，大者立斷，小者肉刑。"《景十三王傳》云："相二千石無能滿二歲，輒以罪去，大者死，小者刑。"《儒林傳》云："七十子之徒散游諸侯，大者爲卿相師傅，小者友教士大夫。"《王温舒傳》云："上書請，大者至族，小者乃死。"《匈奴傳》云："有罪，小者軋，大者死。"句例并同，足以申證劉説。

秋七月，燕王臧荼反，上自將征之。九月，虜荼。（七上）

樹達按：時盧綰、樊噲從，各見本傳。

詔諸侯王，視有功者立以爲燕王。荆王信等十人皆曰：太尉長安侯盧綰功最多，請立以爲燕王。（七上）

樹達按：綰從擊臧荼有功，羣臣知高祖欲王綰，故以爲請。

天下既安，豪傑有功者封侯。新立，未能盡圖其功。（八上）

樹達按：據《功臣表》，六年十二月甲申，封曹參、靳歙、夏侯嬰、王吸、傅寬、召歐、薛歐、陳濞、陳嬰、陳平凡十侯。正月丙午及以後又封張良以下十七侯。此詔書在十二月，言豪傑有功者封侯，乃指曹參等十侯言之。新立未能盡圖其功，指正月以後所封諸人言之，因諸人此時尚未及封也。紀文應先叙封曹參等爲通侯事，次叙此詔,乃爲得之。今先記此詔,則詔文豪傑有功者封侯一語不可解矣。《史記》未載此詔,班氏增之,善矣,但敘次失當耳。因以詔文核之,下詔必當在曹參見封之後也。

夫齊東有琅邪、即墨之饒,南有泰山之固,西有濁河之限,北有渤海之利,地方二千里,持戟百萬,縣隔千里之外,齊得十二焉。(八下)

樹達按"縣隔千里之外,齊得十二",二句文意不貫。上文云:"秦,形勝之國也,帶河阻山,縣隔千里,持戟百萬,秦得百二焉。"上三句言秦地勢,下二句言秦持戟之多少。百二屬持戟爲言,則此文十二亦當屬持戟言。余謂此文當云:"夫齊,東有琅邪、即墨之饒,南有泰山之固,西有濁河之限,北有渤海之利,地方二千里,縣隔千里之外。持戟百萬,齊得十二焉。"夫齊以下六句皆言地勢,持戟二句言齊持戟之多少也。師古注引李斐云:"齊有山河之限,地方二千里,是與天下縣隔也。設有持戟百萬之衆,齊得十中之二焉。"則李所見本尚不誤。《史記》文亦誤。或疑:持戟百萬,齊得十二;秦何以僅得百二,於事恐未然。今按《高五王傳》載主父偃語云:"齊臨菑十萬户,市租千金,人衆殷富,鉅於長安。"齊庶於秦,持戟亦遠多於秦,不足怪也。

以雲中雁門代郡五十三縣立兄宜信侯喜爲代王。(十上)

樹達按:喜即仲也。

以太原郡三十一縣爲韓國,徙韓王信都晉陽。(十上)

樹達按:信本都潁川,高祖以信壯武,所居皆天下勁兵處,故徙之,見《信傳》。

於是上心善家令言。(十一上)

師古曰：晉太子庶子劉寶云：善其發悟己心，因得尊崇父號，非善其令父敬己。

樹達按：此是强説。高祖嘗謂太上皇云："某之業所就孰與仲多？"帝之坦率無文，固不必爲之諱飾也。

七年。（十一下）

樹達按：是年有讞獄詔，見《刑法志》。

信亡走，匈奴與其將曼丘臣王黄共立故趙後趙利爲王。（十一下）

朱子文曰：考其文理意義，於"信亡走匈奴"句下多一與字。既云"信與其將共立趙利爲王"，如何却云"收信散兵"，信字不當下矣。又信本傳拘於紀文，亦多一與字，更無義理。傳云：信亡走云云，又曰：復收信散兵而與信，及冒頓謀攻漢，既云"信與其將立趙利爲王"，如何又云"收信散兵而與信"。以此觀之，信既亡走匈奴，兵亂未知所在，其將乃共立趙利爲王，收信散兵，與匈奴共距漢。若去一與字，紀傳皆分明。先謙曰：此及信傳與字并係誤衍，朱説是也。

樹達按：武億云：子文立義糾結，皆屬讀之誤也。考紀文"信亡走"爲一句，匈奴與其將曼丘臣王黄共立故趙後趙利爲王，則紀傳兩與字自明矣。蓋前六年秋九月，匈奴圍韓王信於馬邑，信降匈奴，至此信兵敗亡走；倉猝不知所在，因與其將共立趙後爾。又按：王黄胡人，見《樊噲傳》。

上從晉陽連戰，乘勝逐北，至樓煩。（三十下）

先謙曰：時御史成諫，帝不聽，見《主父偃傳》。

樹達按：劉敬亦諫，不聽，見《敬傳》。

還過趙。（十三上）

樹達按：趙王敖獻美人，後生淮南厲王，見《厲王傳》。

始大人常以臣亡賴。（十三下）

應劭曰：賴者，恃也。

樹達按：《意林》四引《風俗通》云："《方言》曰：人不事事而放蕩，謂之無賴，不可恃賴也。猶高祖謂太上皇云：大人以臣無賴也。"

十一月，徙齊、楚大族昭氏、屈氏、景氏、懷氏、田氏五姓關中，與利田宅。（十四上）

樹達按：《儒林傳》記田何之徙，《酷史傳》記田延年先之徙，皆是也。

賢趙臣田叔、孟舒等十人，召見，與語，漢廷臣無能出其右者。上説，盡拜爲郡守諸侯相。（十四下）

樹達按：田叔爲漢中守，孟舒爲雲中守，見叔傳。

十年冬十月，淮南王、燕王、荆王、梁王、楚王、齊王、長沙王來朝。（十四下）

樹達按：是年春，從有司請，令縣常以春二月及臘祠社稷，見《郊祀志》。

九月，代相國陳豨反。（十五下）

樹達按：豨事詳《盧綰傳》。

問豨將，皆故賈人。上曰：吾知與之矣。乃多以金購豨將，豨將多降。（十六上）

師古曰：購，設賞募也。

樹達按：《項籍傳》云："吾聞漢購我頭千金。"《周亞夫傳》云："購吴王千金。"此顔所謂設賞募者也。此文購字，義自不同。此以豨將是賈人,故以金賄之使降,此即今日所謂買通,非設賞募也。顔説非。又按:高祖此事,乃襲秦三年張良説啗秦將之故智。

太尉周勃道太原入定代地,至馬邑,馬邑不下,攻殘之。(十六下)

樹達按:馬邑乃張良出奇計下之,見《良傳》。

今吾以天之靈,賢士大夫定有天下以爲一家。(十七下)

樹達按:賢上疑脱一與字。下十二年詔云:"與天下之豪士賢大夫共定天下。"有與字,可證。

年老癃病勿遣。(十八下)

師古曰:癃,疲病也。

樹達按:上卷如淳注引《漢儀注》云:"高不滿六尺二寸以下爲癃。"

上見公。(十九下)

錢大昭曰:南監本、閩本并作上召見。先謙曰:官本亦作上召見。

樹達按:景祐本作上召見。

薛公言布形埶。(十九下)

樹達按:詳見《布傳》。

上乃發上郡、北地、隴西車騎,巴蜀材官及中尉卒三萬人爲皇太子衛,軍霸上。(十九下)

樹達按:此從張良計,以帝自將征布,令太子監關中兵也。詳見《良傳》。

其以沛爲朕湯沐邑。(二十上)

先謙曰:《史記集解》引《風俗通義》曰:《漢書注》:沛人語初發聲

皆言其，其者，楚言也。高祖始登帝位，教令言其，後以爲常耳。

樹達按：應説非也。《書·無逸》云："嗣王其監於兹！"《左傳·隱公三年》云："吾子其毋廢先君之功。"《周語》云："王其祗祓，監農不易。"其爲命令之詞，故古人用之，非楚言，亦不始於漢也。

過魯。（三十一上）

樹達按：時浮丘伯、申公入見帝於南宫，見《儒林·申公傳》。

陳豨降將言：豨反時，燕王盧綰使人之豨所陰謀。（三十一上）

樹達按：使者爲范齊，見《綰傳》。

而重臣之親或爲列侯，皆令自置吏，得賦斂，女子，公主。（二十二上）

先謙曰：女子下公主上當有爲字，疑誤倒在下文。

樹達按：爲字承上文爲列侯之爲字省去，王説非。

吕后與審食其謀。（二十三上）

樹達按：據《朱建傳》，食其爲吕后幸臣。

初，高祖不修文學，而性明達，好謀能聽。（二十四下）

樹達按：秦三年圍宛時，陳恢獻約降之計。漢二年，董公陳爲義帝發喪之説。三年，轅生爲出武關之策。皆以素昧平生之人，進言得用，他無論矣。

自監門戍卒，見之如舊。（二十四下）

樹達按：王榮商云：監門謂酈食其，戍卒謂婁敬也。又按：此自字義當訓雖，古書自字多作雖字用。《禮記·檀弓下》篇云："自吾母而不得吾情，吾惡乎用吾情！"謂雖吾母而不得吾情也。《史記·秦本紀》云："夫自上聖黄帝，作爲禮樂法度，身以先之，僅以小治。"謂雖上聖黄帝作禮樂僅得小治也。《律書》云："自含血戴角之獸，見犯則校，而況於人懷好惡喜怒之氣！"謂雖含血戴角之獸見犯則校也。《禮書》云："自子夏，門人之高弟也，猶云出見紛華盛麗而説，入聞夫子之道而樂，二者心戰，未能自決，而況中庸以下，漸漬於失教，被服於成俗乎？"言雖子夏不免爲紛華所移也。《平準書》云："自天子不能具鈞駟，而將相或乘牛車。"謂雖天子不能具鈞駟也。《鹽鐵論·非鞅》篇云："自天地不能兩盈，而況於人事乎！"謂雖天地不能兩盈也。又《刑德》篇云："自吏明習者不知所處，而況愚民乎！"謂雖吏明習者不知所處也。《吴越春秋》云："吾愛士，雖吾子不能過也，及其犯誅，自吾子亦不能脱也。"自與雖爲對文，自亦雖也。本書《宣帝紀贊》云："至於技巧工匠器械，自元成間鮮能及之。"《禮樂志》云："自京師有悖逆不順之子孫。"《刑法志》云："今律令煩多而不約，自典文者不能分明，而欲羅元元之不逮，斯豈刑中之意哉！"又云："律令煩多，百有餘萬言，奇請它比，日以益滋，自明習者不知所由。"《食貨志》云："又興十餘萬人築衛朔方，轉漕甚遠，自山東咸被其勞。"《劉向傳》云："堪非獨不可於朝廷，自州里亦不可也。"《周昌傳》云："昌爲人强力敢直言，自蕭曹等皆卑下之。"又云："自吕后太子及大臣皆素嚴憚之。"《淮南厲王傳》云："自薄太后及太子諸大臣皆憚厲王。"《文三王傳》云："招延四方豪傑，自山東游士莫不至。"《賈誼傳》云："自高皇帝不能以是一歲爲安。"《汲黯傳》云："自天子欲令羣臣下大將軍。"《韓安國傳》云："且自三代之盛，夷狄不與正朔服色。"《景十三王傳贊》云："自凡人猶繫於習俗，而況哀公之倫乎！"《蘇武傳》云："自丞相黄霸、廷尉于定國、大司農朱邑、京兆尹張敞、右扶風尹翁歸及儒者夏侯勝等，皆以善終著名宣帝之世，然不得列於名臣之圖。"《衛青霍去病傳贊》云："自魏其武安之厚賓客，天子常切齒。"《董仲舒傳贊》云:"故顏淵死,孔子曰:噫! 天喪余! 唯此一人爲能當之。自宰我、子贛、子游、子夏不與焉。"《張安世傳》云:"自朝廷大臣,莫知其與議也。"《杜周傳》云:"自京師不曉,況於遠方!"又云:"自尚書近臣,皆結舌杜口。"《司馬遷傳贊》云:"然自劉向、揚雄博極羣書,皆稱遷有良史材。"《嚴助傳》云:"自三代之盛,胡越不與受正朔。"《東方朔傳》云:"自公卿在位,朔皆敖弄,無所爲屈。"又云:"自唐虞之隆,成康之際,未足以諭當世。"《胡建傳》云:"自堯之用舜,文王於太公,猶試然後爵之,又況朱雲者乎!"《梅福傳》云:"自霍光之賢,不能爲子孫慮。"《于定國傳》云:"自聖人推類以記,不敢專也,況於非聖者乎!"《王貢兩龔傳》云:"自高祖聞而召之,不至。"《孫寶傳》云:"自禁門内樞機近臣,蒙受冤譖。"《毋將隆傳》云:"大司農錢,自乘輿不以給共養。"《匡衡傳》云:"元帝時,中書令石顯用事,自前相韋玄成及衡皆畏顯。"《張禹傳》云:"性與天道,自子貢之屬不得聞。"《翟義傳》云:"自古大聖猶懼此,況臣莽之斗筲!"《王嘉傳》云:"自貢獻宗廟三宮,猶不至此。"《楊雄傳》云:"是以遐方疏俗殊鄰絶黨之域,自上仁所不化,茂德所不綏,莫不蹻足抗手,請獻厥珍。"又云:"自漢文景之君及司馬遷皆有是言。"《咸宣傳》云:"其治米鹽,事小大皆關其手,自部署縣名曹實物,官吏令丞弗得擅摇。"《匈奴傳》云:"自中國尚建關梁以制諸侯,所以絶臣下之覬欲也。"《王莽傳》云:"自黄帝湯武行師,必待部曲旌旗號令。"《叙傳》云:"時書不布,自東平王以叔父求太史公諸子書,大將軍白不許。"又云:"故自帝師安昌侯,諸舅大將軍兄弟及公卿大夫後宫外屬許、史之家有貴寵者,莫不被文傷詆。"諸自字義皆當訓雖。注家皆無説,蓋皆誤以爲訓從之自矣。

《春秋》:晉史蔡墨有言。(二十五上)

樹達按:蔡墨語見《左傳·昭公二十九年》,下文范宣子語見《左傳·襄公二十四年》。《淮南王傳》云:"《春秋》曰:臣毋將,將而誅。"此見《公羊傳·莊公三十二年》及《昭公元年》。然皆但稱《春秋》,不稱《左氏》與《公羊傳》,蓋古人稱引傳注,皆以本書爲名也。

秦滅魏,遷大梁。(二十五下)

師古曰:秦昭王伐魏,魏惠王棄安邑,東徙大梁,更號曰梁,非始皇滅六國之時。劉敞曰:當讀云"遷大梁都于豐",則與下文合,顔解誤矣。

樹達按:王榮商云:秦昭王伐魏,未嘗滅之也。此云滅魏,自指始皇時而言。劉説是。

都於豐。(二十六上)

沈欽韓曰:此謂劉之先徙也。

樹達按:若如沈説,則自劉氏一姓之事,不得云"豐故梁徙",與下文周市説雍齒謂"豐故梁徙"之文不貫矣。《補注》於上文採劉敞之説,是矣,於此復自相違伐,殊爲可怪。

惠帝紀第二(漢書二)

孝惠皇帝。(一上)

師古曰:孝子善述父之志,故漢家之謚,自惠帝以下皆稱孝也。

樹達按:《霍光傳》記田延年云:"漢之傳謚常爲孝者,以長有天下,令宗廟血食也。"

五百石二百石以下至佐史五千。(二上)

師古曰:自五百石以下至於佐史皆賜五千。又言二百石者,審備其等也。

樹達按:文云五百石以下,則二百石自在其中,不須别説。下文云"五百石以下至佐史二金",不言二百石,是也。此二百石三字蓋衍文,顔强爲之説耳。

民年七十以上,若不滿十歲,有罪當刑者,皆完之。(三下)

孟康曰:不加肉刑髡鬄也。先謙曰:完謂免也。《荀紀》作免之。

樹達按:《周禮·秋官·掌戮》鄭司農注云:"完謂但居作三年,不虧體者也。"孟康云"不加肉刑髡鬄",義與彼合。若免則赦免不治罪,非其理矣。《荀紀》免殆是誤字,王據彼爲訓,大誤。

又曰:吏所以治民也。(三下)

樹達按:上文無詔令等字,此忽云"又曰",頗嫌無根,疑有脱誤。

有兩龍見蘭陵家人井中。(四下)

師古曰:家人言庶人之家。錢大昭曰:家人《漢紀》作人家。《五行志》作有兩龍見於蘭陵廷東温陵井中,則作人家者是。

樹達按:錢説非也。家人謂庶民,漢人常語。《欒布傳》云:"彭越爲家人時,嘗與布遊。"《婁敬傳》云:"取家人子爲公主,妻單于。"《馮唐傳》云:"士卒盡家人子,起田中從軍。"《汲黯傳》云:"家人失火。"《儒林傳》云:"此家人言耳。"《原涉傳》云:"子獨不見家人寡婦邪?"《董賢傳》云:"此豈家人子所能堪邪!"《外戚傳》云:"雖欲爲家人,亦不可得。"又云:"唯衛后在,王莽篡國,廢爲家人。"皆是也。《史記·魏豹傳》云:"秦滅魏,遷咎爲家人。"家人《漢書》作庶人,尤家人即庶人之明證。顔釋作庶人之家,亦非也。又按《左傳·哀公四年》云:"蔡昭公將如吴,公孫翩逐而射之,入於家人而卒。"班用家人字本此,錢氏誤説明矣。

以宗室女爲公主,嫁匈奴單于。(四下)

樹達按:據《匈奴傳》及《劉敬傳》,以女嫁單于事在高祖時。今《高紀》不記此事,而此紀有之。又高帝及惠帝時,匈奴單于同爲冒頓單于,亦無再遣之理,疑史家誤記也。

六月,發諸侯王列侯徒隸二萬人城長安。(五上)

何焯曰:諸侯王遠近地異,故豫以六月發之,使各及期而至,其築城仍在春正月。

樹達按:王榮商云:何説非也。此二萬人給常役者耳。徒隸有罪之人,故罰使築城,即律所謂城旦,不必定在春正月也。

南越王趙佗稱臣奉貢。(五上)

樹達按:據《高紀》及《陸賈傳》,高祖時佗已稱臣,此文主言奉貢耳。

優寵齊悼趙隱。(六下)

樹達按:齊悼事見《齊王肥傳》,趙隱事見《外戚·吕后傳》。

聞叔孫通之諫則懼然,納曹相國之對而心説。(六下)

樹達按:事各見叔孫通、曹參本傳。

高后紀第三(漢書三)

取後宫美人子名之以爲太子。(一下)

何焯曰:名之,名爲皇后所産子也。是少帝非劉氏,乃大臣既誅諸吕,從而爲之辭耳。以其能匡漢祚,立太宗,功既大,故後世不之求備。周壽昌曰:《五行志》云:"皇后亡子,後宫美人有男,太后使皇后名之而殺其母。惠帝崩,嗣子立,有怨言,太后廢之,更立吕氏子弘爲少帝。"案《志》明曰有男,曰嗣子,下又云更立吕氏子弘,可證太子爲孝惠所生也。《燕靈王傳》云:"有美人子,太后殺之,絶後。"正言燕王美人子即王子也。此可例推。

樹達按:周説是也。此子吕后四年見幽於永巷。《史記》作幽殺之。大臣所指少帝非劉氏者,乃指吕氏子弘言,非謂此子也。王氏兼採二説,不加裁斷,則於何氏之誤未之知耳。《南越傳》載文帝與南越王書云"迺取他姓子爲孝惠皇帝嗣",此豈亦爲之辭邪!

立孝惠後宫子强爲淮陽王。(二上)

如淳曰:《外戚恩澤侯表》曰:皆吕氏子也,以孝惠子侯。晉灼曰:漢注名長。韋昭曰:今陳留郡。周壽昌曰:如引《侯表》語,今表無之。又此注在壺關侯下,强與不疑徑封王,未爲侯,與"以孝惠子侯"語尤不合也。不疑於二年死,强於五年死,故皆未列表。惟弘朝武三人在《恩澤表》,表稱襄城侯義,後立爲帝,仍改名弘。

樹達按:錢大昭云:韋昭注"陳留",留字衍。按錢説是也。又按:此文稱孝惠後宫子者,據當時詔令之文也。諸表則强不疑列《異姓諸侯王表》,而云高后所詐立孝惠子。弘朝武列《外戚恩澤侯表》,而云皆吕氏子。據如注引,今表脱去。於武朝之誅也,亦云"以非子誅"。此非班氏自相違伐,乃史家互文以徵實之例也。周氏乃謂强不疑早死,故不列表,疏矣。又按:弘初名山,後改名義,又改名弘。下文注引晉灼云"《漢書》一之,書弘以爲正",是也。《外戚傳》、《異姓王表》及《恩澤侯表》仍作義。周云仍改名弘,亦非。

三年夏,江水溢,流民四千餘家。(三下)

錢大昭曰:江水下脱漢水,南監本、閩本有。先謙曰:汪本官本有漢水二字。

樹達按:景祐本有漢水二字。

行五分錢。(四下)

應劭曰:所謂莢錢者。錢大昭曰:者南監本、閩本俱作也。

樹達按:景祐本作者。

趙王友幽死於邸。(四下)

樹達按:友以吕氏女爲后,友不愛,吕女讒之於后,后怒而幽之。

六月,趙王恢自殺。(五上)

樹達按:恢娶吕産女爲后,恢有愛姬見殺,王悲思,遂自殺。

八年春,封中謁者張釋卿爲列侯。(五上)

齊召南曰:案張釋卿《恩澤侯表》作張釋,無卿字。燕王《劉澤傳》作張卿,無釋字。先謙曰:釋,其名也,卿蓋美稱,若言某甫矣。

樹達按:王説非也。古人二名,《史記》每只稱一字。如魯隱公名息姑,只稱息,閔公名啟方,諱啟只稱開,是也。班於此皆改史而兼稱之,表與傳改之未盡耳。説詳本書卷五《鼂錯傳》"丞相青翟"條下。又按:此以釋卿説大臣請王吕産,故吕后德而封之,事見《劉澤傳》。

皇太后崩於未央宮。(五下)

樹達按:病掖傷崩,見《五行志》。《史記·外戚傳》云"薄后以吕后會葬長陵,故特自起陵",則吕后爲與高帝合葬也。又按:赤眉發掘漢陵,污辱吕后屍,見後書《劉盆子傳》。

迺使人告兄齊王。(五下)

樹達按：齊哀王襄也。

齊王遂發兵，又詐琅邪王澤發其國兵。（五下）

樹達按：事詳《高五王傳》。

高帝與吕后共定天下，劉氏所立九王，吕氏所立三王。（五下）

樹達按：其時劉氏王存者六人，楚元王交、吴王濞、齊王襄、淮南王長、代王恒、琅邪王澤是也。若并數封者，據《諸侯王表》當爲十二王。此云九王，未詳。然《諸侯王表》謂高祖分封子弟，大啟九國，歷叙燕、代、齊、趙、梁、楚、荆、吴、淮南九國，此九王當即彼九國也。吕氏本四王，爲台、産、禄、通。此及代宋昌皆只云三王，不數後封之吕通也。蓋通於吕后八年七月封，即高后崩之月也。

平陽侯窋行御史大夫事。（六下）

劉攽曰：案《表》及《周昌傳》，高后四年，窋爲御史大夫，誅諸吕後免，則非行也。疑此記誤。先謙曰：《史記》、《通鑑》亦作行事。《公卿表》："高后八年，淮南丞相張蒼爲御史大夫。"蓋窋前雖真爲御史大夫，高后已詔張蒼代之，蒼未任事以前，窋尚在官，故僅謂之行事。參觀紀、表，可得其實。《任敖傳》云："窋誅諸吕，後坐事免。"劉言《周昌傳》，誤。案《文紀》勸進表已書御史大夫臣蒼，知所謂坐事免者，仍指高后時言。窋雖有誅諸吕功，已不預迎立文帝之事矣。

樹達按：劉説是也。表載張蒼爲御史大夫，與《任敖傳》所載即是一事，事在高后崩後。王云高后已詔張蒼代之，臆説不足據。説互詳本書卷五《任敖傳》。

文帝紀第四(漢書四)

十七年秋,高后崩。(一下)

張晏曰:代王之十七年也。

樹達按:漢王國自有紀年,如此文及《楚元王傳》記王戊二十一年春,及《淮南子·天文》篇稱淮南元年冬,皆是也。

勃等具言所以迎立王者。(二下)

師古曰:説以迎代王之意也。王先慎曰:者字文義不順,當依《史記》作意,字之誤也。顔云:説所以迎代王之意,是唐時所見本尚作意,不作者。

樹達按:此班改史文,顔據《史記》説之耳。若紀文本是意字,顔不必立注複説矣。王説大誤。

宗正臣郢(三上)

王念孫曰:此及《儒林傳》郢下皆脱客字,《史記》同。《諸侯王表》、《王子侯表》、《百官公卿表》、《楚元王傳》及《史記·惠景間侯者表》皆作郢客。

樹達按:王榮商云:《漢書》二名者多舉其一字。如劉棄疾稱劉棄,杜相夫稱杜相,此類非一。蓋史家便文稱之,非脱也。

宗室將相王列侯以爲其宜寡人。(四上)

王念孫曰:其字文義不順,當依《史記》作莫,字之誤也。莫宜寡人,言無若寡人之宜者也。

樹達按:王校改其爲莫,是也,而釋莫宜寡人爲無若寡人之宜者，則意是而辭非。此文宜下省於字，莫宜於寡人，謂無人更宜於寡人耳。

天下人民未有愜志。（五下）

師古曰：愜，快也。

樹達按：《説文》十篇下"心部"云：愜，快也。

古者殷周有國，治安皆且千歲，有天下者莫長焉，用此道也。（六上）

樹達按：殷有兄終弟及之制，弟盡則仍傳子，此就其傳子言之。

而吾百姓鰥寡孤獨窮困之人或阽於死亡。（七上）

如淳曰：阽，近邊欲墮之意。錢大昭曰：《説文》：阽，壁危也。

樹達按：胡常德云：《文選·思玄賦》：阽焦原而跟趾。注：臨也。安臨危曰阽。阽於死亡，即臨於死亡也。

二千石遣都吏循行。（七下）

樹達按：洪頤煊云：漢制：太守屬官，凡外事循行督捕盜賊，皆督郵主之，故稱都吏。都，總也。内事考課遷除，皆功曹主之，故稱主吏。《高紀注》孟康曰：主吏，功曹也。

不稱者督之。（七下）

師古曰：循行有不如詔意者，二千石察視責罰之。吴仁傑曰：督有兩義。《西域傳》"督察烏孫康居諸外國"，此用督察爲義。《晉令》云："應受杖而體有瘡者，督之。"此蓋決罰之名。顔注《丙吉傳》但云察視，非也。於文紀亦知其爲責罰，復兼察視爲言。《説文》督豛同篤音，督，察也。豛，椎擊物也。蓋古字少，故即以督爲豛。

樹達按：吴説督有決罰一義，是也。《尹翁歸傳》云"不中程，輒笞督"，以督與笞并言，是其證也。

刑者及有罪耐以上，不用此令。（七下）

蘇林曰：一歲爲罰作，二歲刑以上爲耐。耐，能任其罪也。

樹達按：王榮商云：蘇説非也。耐即耏字。漢法：髡以下爲耐。髡者，盡鬋之；耐者，鬋其頰毛；完則不鬋矣。自城旦舂以下，統謂之罰作，或一歲二歲三歲四歲，不相同也。

六月，令郡國無來獻。（八上）

樹達按：時有獻千里馬者，文帝卻之，因有此令，見《賈捐之傳》。

吏二千石以上、從高帝、潁川守尊等十人食邑六百户，淮陽守申屠嘉等十人五百户，衛尉足等十人四百户。（八上）

樹達按：《申屠嘉傳》云："二千石食邑者二十四人。"據紀文則爲三十人。此文十字三見，疑其二當作七字，乃與傳合。七十形近，傳寫易誤也。

封淮南王舅趙兼爲周陽侯，齊王舅駟鈞爲靖郭侯。（八上）

如淳曰：邑名也。六國時，齊有靖郭君。靖音静。師古曰：《外戚恩澤侯表》云：鄔侯駟鈞以齊王舅侯。此云靖郭，豈初封靖郭，後改爲鄔乎？先謙曰：《史記》作清郭侯。

樹達按：王國維云：《史記·孝文紀》作清郭，《漢書·文紀》作靖郭，《史》表作清都，《漢》表作鄔，徐廣注《史》表又云一作梟。今齊魯封泥有請郭邑丞、請郭丞，知此五者皆請郭之訛也。樹達按：帝已封其母舅薄昭，此封兼、鈞者，蓋以淮南王爲親弟，齊王爲親兄之子，而推愛及之。成帝時，立定陶王爲皇太子，以親弟中山見廢，故封王舅馮參爲宜鄉侯以慰王意，見《馮奉世傳》。誅諸吕時，朱虚東牟本謀欲立齊王，大臣亦有此議，見《高五王傳》。文帝之封駟鈞，蓋與成帝之侯馮參用意相同也。兼又見《厲王傳》。

其令列侯之國。（八下）

樹達按：此事發於賈誼，見《誼傳》。

及舉賢良方正能直言極諫者以匡朕之不逮，因各敕以職任。（九上）

樹達按：《賈山傳》山上《至言》云："今方正之士皆在朝廷矣，又選其賢者以爲常侍諸吏，與之馳毆射獵，一日再三出。"此次選舉情況可以略知。又文帝十五年嘗舉賢良能直言極諫者而不及方正。賈誼云："今不獵猛獸而獵田彘，不搏反寇而搏畜兔，非所以爲安也。"與山言爲同時事。而誼卒於十三年，在十五年再舉之前，故知山言當屬此時也。

朕既不能遠德，故憪然念外人之有非。（九上）

蘇林曰：憪，寢視不安貌也。孟康曰：憪猶介然也。師古曰：孟說是也。先謙曰：《索隱》云：蘇說蓋近其意，餘說皆疏。

樹達按：蘇孟說皆非也。憪當讀爲撊。《小爾雅》云：撊，忿也。

乃遂立辟彊爲河間王，章爲城陽王，興居爲濟北王。（十上）

樹達按：文帝聞朱虛東牟之初欲立齊王，故黜其功。及王諸子，乃割齊二郡以王章、興居，見《高五王傳》。

民或祝詛上，吕相約而後相謾。（十下）

師古曰：謾，欺也。初爲要約共行祝詛，後相欺誑，中道而止，無實事也。

樹達按：顧炎武云：謂先共祝詛，已而欺負，乃相告言也，故詔令若此者勿聽。顔説非也。

初與郡守爲銅虎符、竹使符。（十下）

先謙曰：郡守《史記》作郡國守相。

樹達按：皮錫瑞云：《齊悼惠王傳》：魏勃紿召平曰："王欲發兵，非有漢虎符驗也。"勃此言在齊王誅諸吕時，文帝尚未立，而已有虎符，則爲虎符不始於文帝二年明矣。二者必有一誤。樹達按：此事胡三省已疑之，沈欽韓以爲追稱。樹達謂：此當是初本有虎符，而文帝初以銅爲之。後余治金文，讀錢坫《十六長樂堂古器款識考》，説與余同。錢氏書卷三云："虎符自古皆有，特不以銅作之耳。《説文解字》曰：琥，發兵瑞玉爲虎文。是古用玉符。"樹達按：今漢郡守虎符見於金石諸書者，濟陰太守符見於宋人《續考古圖》卷壹，張掖太守符見於劉喜海《長安獲古篇》卷貳，上黨太守符見於張廷濟《清儀閣所藏古器物文》卷貳，南郡太守符見於阮元《積古齋鍾鼎彝器款識》卷拾及錢坫《款識考》卷叁，長沙太守符見於吴大澂《恒軒吉金録》，河東上郡二太守符見於劉體智《小校經閣金文》拾肆，桂陽太守符見於黄濬《衡齋金石識小録》。以上郡守符凡八事，而國相者不一見，乃知《漢書》於《史記》去國相二字之審諦也。又漢諸侯王符，有泗水王虎符見《恒軒吉金録》。侯國符有安國侯虎符，見羅振玉《貞松堂吉金圖》卷下，臨袁侯虎符見《衡齋金石識小録》上册。又縣令長符有𤸫陶長符，見《小校經閣金文》拾肆。又蠻夷國符有坐須蔑國王虎符及古斗蔑王虎符，并見《小校經閣金文》拾肆。《漢書・地理志》下云："玄菟樂浪，皆朝鮮濊貉句驪蠻夷。"蔑即濊也。以上諸事皆可補史家之闕。或曰：虎符承郡守，竹符承國相，竹符難久，故無存者，班删非是，按此説亦通。

與王興居去來者，亦赦之。（十二上）

師古曰：雖始與興居共反，今棄之去而來降者，亦赦。劉攽曰：高帝詔曰："與綰居去來歸者，赦之。"今此文亦當云"與王興居居去來者赦之"，蓋脱一居字也。先謙曰：居字不加，文意自明，非脱也。《史記》亦作"與王興居去來"。去謂叛去，來謂來降。《集解》引徐廣云：乍去乍來也。顏云棄之去而來降，則與字意不了，信當如劉説添居字矣。

樹達按：劉説是也。"與興居去來"，文義不完，居字重文，脱去其一，《史記》亦同脱耳。下文"嚴道"下脱道字，例正同。

令列侯太夫人諸侯王子及吏二千石無得擅徵捕。（十三）

如淳曰：列侯之妻稱夫人。列侯死，子復爲列侯，乃得稱太夫人。子不爲列侯，不得稱也。

樹達按：《楚元王傳》云："休侯懼，乃與母太夫人奔京師。"《趙充國傳》云："欽薨，子岑嗣侯，習爲太夫人。"《翟方進傳》云："太夫人可歸，爲棄去宣家者以避害。"皆與如説合。惟後書《劉般傳》稱"太夫人聞更始即位"云云。似與如説不合，以其時般尚未侯故也，乃史家追稱之耳。又《蘇武傳》李陵謂武云："來時，太夫人已不幸。"按武父建雖侯，後免，武兄弟皆未侯也。然則尊人之母，相對爲稱，不必盡如如説也。

梁王揖薨。（十三下）

樹達按：墜馬死也，見《文三王傳》及《賈誼傳》。

除關無用傳。（十四上）

樹達按：《周禮・掌節》云："凡通達於天下者必有節，以傳輔之。"注云："輔之以傳者，節爲信耳，傳説所齎操及所適。"按：即今之護照也。

朕親率天下農，十年於今，而野不加辟。歲一不登，民有飢色，是從事焉尚寡，而吏未加務也。（十四上）

師古曰：從事，從農事也。

樹達按：焉，於此也。從事於此，即謂從事於農，顏説未愜。

其賜農民今年租税之半。（十四上）

樹達按：此因鼂錯之説爲之，見《食貨志》。

夏，除祕祝。（十四上）

樹達按：據《郊祝志》，祕祝移過乃秦制，漢仍之，今始除之。

其廣增諸祀壇場珪幣。（十五下）

樹達按：廣謂壇場，增謂珪幣。

秋九月，得玉杯，刻曰：人主延壽。令天下大酺，明年改元。（十六上）

樹達按：武帝之求仙，實文帝信新垣平啟之。

後元年。（十六上）

宋祁曰：案《紀年通譜》云：《史記·文紀》十七年書得玉杯，曰人主延壽。於是天子更始爲元年，而不著後字，至班固則於此題後元年。然則當時玉杯册中之異但稱元耳，史家追書後字以别初元。

樹達按：王榮商云：此蓋新君即位之後，加中後字以别初元，如武帝詔云"諸逋貸及辭訟在孝景後三年以前，皆勿聽治"是也，非史家追書。

以中大夫令免爲車騎將軍，屯飛狐。（十七下）

師古曰：中大夫，官名，其人姓令名免耳。此諸將軍下至徐厲皆書姓，而徐廣以爲中大夫令是官名。此説非也。據《百官表》，景帝初改衛尉爲中大夫令，文帝時無此官，而中大夫是郎中令屬官，秩比二千石。

樹達按：《史記索隱》云："顔遊秦以令是姓，免是名，爲中大夫。"則師古此説襲自大顔也。

發倉庚。（十八下）

應劭曰：胡公曰：在邑曰倉，在野曰庚。

樹達按：胡公，胡廣也。

絰帶無過三寸。（二十上）

錢大昭曰：絰當爲經。南監本、閩本及《漢紀》并作經。

樹達按：景祐本作經。

葬霸陵。（二十一上）

樹達按：據《王莽傳》云："赤眉之亂，園陵皆見發掘，唯霸陵、杜陵完。"蓋文帝寤張釋之之言，薄葬不起山墳故也。然晉建興中卒被掘，見《晉書·索綝傳》。

專務以德化民，是以海内殷富，興於禮義。（二十二上）

樹達按：《王嘉傳》云："孝文時，吏居官者或長子孫，以官爲氏，倉氏、庫氏，則倉庫吏之後也。其二千石亦安官樂職，然後上下相望，莫有苟且之意。"

身衣弋綈。（二十二下）

如淳曰：弋，皂也。賈誼曰：身衣皂綈。師古曰：弋，黑色也。綈，厚繒。沈欽韓曰：後書《王符傳》注引前書音義云：弋，厚也。《集韻》：弋，皂也。《廣韻》又作袦，云黑衣。按以弋爲皂者，據賈誼言自衣皁綈，疑皂乃帛之誤。《説文》：綈，厚繒也。則訓弋厚者是也，何必定以黑色爲衣乎！

樹達按:弋訓黑,是也。弋疑即今黛字。《説文》十篇上"黑部"作黱,云:畫眉墨也。後書注厚字乃皂字形近之誤,沈説非。綈爲厚繒,不容復言厚也。

景帝紀第五(漢書五)

元年。(一上)

樹達按:是年有詔改定笞數,見《刑法志》。

蓋聞:古者祖有功而宗有德。(一上)

應劭曰:始取天下者爲祖,高帝稱高祖是也。始治天下者爲宗,文帝稱太宗是也。師古曰:應説非也。祖,始也,始受命也。宗,尊也,有德可尊。劉攽曰:顔説非也。始受命者稱太祖耳,有功者亦稱祖,商祖甲是也。王啟原曰:祖有功而宗有德,《家語・廟制》篇以爲孔子之言,雖不足據,《後漢書・光武紀》注引其文而云禮,蓋佚禮之文。

樹達按:《賈子・新書》云:"禮,祖有功而宗有德,始取天下爲功,始治天下爲德。"《後書注》蓋用賈子之文,王説失考。

高廟酎。(一下)

樹達按:《左傳・襄公二十二年》云:"公孫夏從寡君以朝於君,見於嘗酎,與執燔焉。"知酎制始於春秋時。王念孫《讀史記雜志》謂漢本秦制,非也。

除宫刑。(二上)

樹達按:武帝時之司馬遷及樓蘭王質子,昭帝時之張賀,皆下蠶室，則宫刑在漢世并未盡除也。

郡國或磽陿，無所農桑毄畜。（二下）

樹達按：《説文》十四篇下“阜部”云：陜，隘也，陿蓋陜之或字。

五月，令田半租。（三上）

先謙曰：《通鑑》云：三十而税一。

樹達按：據《食貨志》是二年事，與此不同。三十而税一語亦見《志》，不必引《通鑑》。

令天下男子年二十始傅。（三下）

師古曰：舊法二十三，今此二十，更爲異制也。傅讀曰附，解在高紀。沈欽韓曰：本年十五以上出算錢，今寬之，至二十歲始傅著於版籍也。先謙曰：《史》索隱引荀悦云：傅，正卒也。

樹達按：沈説誤也。傅是令民爲兵卒，與歲出算錢之賦不相涉。高紀如淳注引律文明言之，不得混傅賦爲一事也。

五年春，作陽陵邑。夏，募民徙陽陵，賜錢二十萬。（五上）

樹達按：《周仁傳》云：“家徙陽陵，上所賜甚多。”又張歐家陽陵，當亦是此時徙居。

廢皇太子榮爲臨江王。（五上）

樹達按：景帝以怒栗姬，故廢其子，事詳《外戚傳》。周亞夫、竇嬰皆争之，不得，見亞夫、嬰傳。

諸獄疑，若雖文致於法而於人心不厭者，輒讞之。（七下）

師古曰：讞，平議也。

樹達按：讞本字作灋。《説文》十一篇上“水部”云：灋，議罪也。從水獻，與法同意。

令長吏二千石車朱兩轓。（八上）

應劭曰：車耳反出，所以爲之藩屏，翳塵泥也。輒以簟爲之，或用革。如淳曰：轓音反，小車兩屏也。師古曰：據許慎李登説，轓，車之蔽也。《左氏傳》云“以藩載欒盈”，即是有鄣蔽之車也。言耳反出，非矣。

樹達按：《説文》十四篇上“車部”云：輒，車耳反出。據應注出輒不出轓，蓋所見本作輒也。又《説文》無轓，顔引許説，未知所本。據《漢官儀》引里語云：“仕宦不止車生耳。”漢鏡銘云：“作吏高遷車生耳。”皆與《説文》説合，應説未可非也。

車騎從者不稱其官，衣服下吏，出入閭巷，亡吏體者，二千石上其官屬。（八上）

樹達按：《鮑宣傳》記郭欽奏宣行部，乘傳去法駕，駕一馬，舍宿鄉亭，爲衆所非，宣坐免。欽蓋據此令劾宣也。

奸法與盜盜，甚無謂也。（九下）

李斐曰：奸法，因法作奸也。

樹達按：奸讀爲干，奸法即犯法，李説非。

三年。（十上）

樹達按：是年有年八十以上、八歲以下、孕者未乳、師朱儒當鞠繫者頌繫令，見《刑法志》。

武帝紀第六（漢書六）

年四歲，立爲膠東王。（一上）

樹達按:時帝與韓嫣同學書相愛,見《佞幸傳》。

建元元年。(一下)

師古曰:自古帝王未有年號,始起於此。劉攽曰:《封禪書》云:"其後三年,有司言:元宜以天瑞命,不以一二數。"推所謂其後三年,蓋盡元狩六年至元鼎三年也。然元鼎四年方得寶鼎,又無緣先三年而稱之。以此而言,自元鼎以前之元,皆有司所追命,其實年號之起在元鼎耳。故元封改元,則始有詔書矣。吴仁傑曰:《通鑑考異》云:"元鼎年號,亦如建元元光,實後來追改。"案魏司空王朗云:古者有年數,無年號,漢初猶然。其後乃有中元後元。元改彌數,中後之號不足,故更假取美名。蓋文帝凡兩改元,故以前後别之。景帝凡三改元,故以前中後别之。武帝即位以來,大率六年一改元,二十七年之間,改元者五。當時但以一元、二元、三元、四元、五元爲别。五元之三年,有司言:元宜以天瑞,不宜一二數,蓋爲是也。時雖從有司之議,改一元爲建元,二元爲元光,三元爲元朔,四元爲元狩,至五元則未有以名,帝意將有所待也。明年,寶鼎出,遂改五元爲元鼎,而以是年爲元鼎四年。然則謂年號起於元鼎,固然,謂元鼎爲後來追改者,亦不誤也。齊召南曰:攽論當矣。然謂元鼎以前之元皆有司所追命,則恐無臣子妄造元號之理。蓋必有詔命追稱,而今不可考耳。

樹達按:王榮商云:《終軍傳》:"上幸雍,獲白麟。軍對:宜因昭時令日,改定告元,由是改元爲元狩。"是年號之起不在元鼎矣。

丞相綰奏:所舉賢良或治申、商、韓非、蘇秦、張儀之言,亂國政,請皆罷。(一下)

樹達按:時竇嬰、田蚡用事,二人皆推隆儒術,故綰有此奏。又漢初文景崇尚黄老，賢良中亦必有其人。此歷舉申、商、韓非、蘇、張而不及黄老者，蓋恐觸怒好道家言之竇太后避而不言耳。

年八十，復二算；九十，復甲卒。（二上）

樹達按：《賈山傳》：山於文帝時爲《至言》云："陛下禮高年，九十者一子不事；八十者二算不事。"然則復甲卒即一子不事也。

丞相嬰、太尉蚡免。（二下）

樹達按：丞相太尉免不書，此蓋以竇太后與嬰、蚡爭政，故書。

三年春。（三上）

樹達按：《東方朔傳》云：建元三年，上微行始出，北至池陽，西至黄山，南獵長楊，東遊宜春。

濟川王明坐殺太傅中傅廢，遷防陵。（三上）

先謙曰：胡三省云：《梁王傳》作中尉。

樹達按：《諸侯王表》作中傅，與《紀》同。

閩越圍東甌。（三上）

樹達按：吴王濞敗後，王子駒亡走閩粤，怨東甌殺其父，故勸閩越擊東甌，見《兩粤傳》。

遣中大夫嚴助持節發會稽兵，浮海救之。（三下）

樹達按：田蚡主不必救，助與相難，帝從助計，故遣助救之，見《助傳》及《兩粤傳》。

置五經博士。（三下）

樹達按：文帝時申公爲博士，景帝時轅固生亦爲博士，蓋《詩》已先立。武帝加立《書》、《禮》、《易》、《春秋》四經爲五耳。又按胡毋生景帝時爲博士，見《儒林傳》，豈《春秋》亦已先立乎！

五月丁亥，太皇太后崩。（四上）

樹達按：竇太后崇信老子，故竇嬰、田蚡欲以儒學爲治而不得行。及太后崩，蚡爲相，乃行儒學之治也。

元光元年。（四上）

臣瓚曰：以長星見，故爲元光。

樹達按：《郊祀志》云"二元以長星曰光"，瓚説本此。

北發渠搜。（四下）

晉灼曰：《王恢傳》"北發月支可得而臣"，似國名也。

樹達按：朱一新云：此《韓安國傳》中王恢語。

大行王恢建議宜擊。（五下）

樹達按：事詳《韓安國傳》。

大中大夫李息爲材官將軍。（六上）

先謙曰：官本大作太。

樹達按：景祐本作太。《韓安國傳》亦作太。

河水決濮陽，氾郡十六，發卒十萬救決河。（六上）

樹達按：時使汲黯、鄭當時塞之，輒復壞，丞相田蚡議勿塞，見二十九卷《溝洫志》。

用兵之法：不勤不教，將率之過也；教令宣明，不能盡力，士卒之罪也。（八上）

樹達按：《史記・孫吴傳》：孫子曰：約束不明，申令不熟，將之罪也；既已明而不如法者，吏士之罪也。

入漁陽雁門，敗都尉。（十上）

錢大昭曰：敗閩本作殺。先謙曰：《匈奴傳》：敗漁陽太守軍千餘人，作敗者是也，惟都尉太守又異。

樹達按：景祐本作敗。

元朔二年冬，賜淮南王、菑川王几杖，毋朝。（十上）

師古曰：淮南王安、菑川王志皆武帝諸父列也，故賜几杖焉。先謙曰：菑川王三字誤衍，《荀紀》不考而從之，《通鑑》删。《考異》云：按《諸侯王表》，菑川王志以元光五年薨，《齊悼惠王世家》、《高五王傳》皆同。顔云菑川王志，誤也。石韞玉云：志薨，建嗣。元朔二年，建正新嗣位，何爲有几杖之賜？恐誤或衍文。

樹達按：王榮商云：菑川當是衡山之誤，衡山王賜亦武帝諸父列也。然本傳云：元朔五年秋，當朝六年，及上書謝病，始賜不朝，則似前此未賜免朝者，或菑川王三字乃衍文耶！樹達按：菑川當爲衡山，王説是也。傳文有五年秋當朝六年云云者，蓋衡山王之賜几杖實在六年，而紀文則類叙之。《高后紀》云："乃立兄子吕台、産、禄，台子通四人爲王，封諸吕六人爲列侯。"核其封時前後不同，而紀文則總叙之。又《哀帝紀》云："五月丙戌，立皇后傅氏，封后父傅晏爲孔鄉侯。"以《恩澤侯表》及《師丹傳》核之，則晏之封在立后之前，而紀文亦類叙之，與此正同。蓋衡山王爲淮南王親弟，又高祖時同日封，二人同賜，固事理之所宜也。又《武紀》元狩元年十一月，書淮南王安、衡山王賜謀反誅。核《淮南王傳》，安謀反實在元朔六年秋，紀連類書之，亦與此同。

梁王城陽王親慈同生。（十下）

樹達按：梁平王襄，城陽頃王延也。

又徙郡國豪傑及訾三百萬以上於茂陵。（十下）

樹達按：時郭解及原涉之祖父并徙茂陵，見《遊俠傳》。後書《梁統傳》紀統曾祖橋以貲十萬徙茂陵，與此云三百萬以上不同，疑彼誤也。

秋，燕王定國有罪，自殺。（十下）

樹達按：《表》坐禽獸行。

夫刑罰，所以防姦也；内長文，所以見愛也。（十下）

晉灼曰：長音長吏之長。張晏曰：長文，長文德也。師古曰：詔言：有文德者即親内而崇長之，所以見仁愛之道。見謂顯示也，音胡電反。王念孫曰：《困學紀聞》云：或云：古寫本無注《漢書》"内長文"三字作"而肆赦"。案舊注皆牽强，或説内長文作而肆赦，雖無明據，而與上下文義甚合。下文云"其赦天下"，可證也。而與内，肆與長，赦與文，皆字形相近而誤。李慈銘曰：宋劉昌詩《蘆浦筆記》云：章子厚家藏古文《漢書》内長文乃是而肆赦。王應麟所謂古寫本者，蓋即劉氏之説。楊慎從之，以爲於下文尤爲貫串。然晉灼、張晏，魏晉時人，皆已從内長文之説。章惇所藏古本，從何得來？豈又如梁劉之遴所謂葫蘆中物耶！蓋由讀者臆託，妄言古本以欺人耳。

樹達按：吴承仕云：王説非也。長文猶言尚文，即尚德緩刑之義，與刑罰對文。《鹽鐵論·誅秦》篇云："周室修理長文，然國剪弱不能自存。"此長文爲漢人通語之證。晉灼音長吏之長，與張晏説同，是也。唯内字不甚可解，或爲而字形近之譌。張晏當漢魏之際，所見已與今本同。王應麟所稱古寫本，宜在建安以前，此事安足保信？念孫輒從，亦其蔽也。

城朔方城。（十一上）

樹達按：此從主父偃之説爲之，見《偃傳》。

丞相弘請爲博士置弟子員。（十一下）

樹達按：置弟子員五十人，弘議詳《儒林傳》。

秋，匈奴入代，殺都尉。（十一下）

樹達按:《匈奴傳》云:略千餘人。

元狩元年。(十三上)

應劭曰:獲白麟,因改元曰元狩也。

樹達按:《郊祀志》云:有司言:元宜以天瑞,今郊得一角獸,曰狩云。

冬十月,行幸雍,祠五時,獲白麟。(十三上)

師古曰:麟麇身,牛尾,馬足,黄色,圓蹄,一角,角端有肉。先謙曰:麇身當作麋身,形近致誤。

樹達按:《論衡·講瑞》篇云:"周獲麟,似麞而角。武帝之麟亦如麞而角。"又云:"武帝時,西巡狩,得白麟,一角五趾。"按《終軍傳》亦云:一角而五蹄,與《論衡》同。《説文》云:麇,麞也,故或云麇身,或云似麞,其義同也。

哀夫老眊孤寡鰥獨。(十三下)

師古曰:眊古耄字。八十曰耄,老稱也。一曰:眊,不明之貌。

樹達按:《説文》四篇上"目部"云:眊,目少精也,《虞書》耄字從此。

匈奴入上谷,殺數百人。(十四上)

樹達按:《匈奴傳》云:胡數萬騎。

斬首虜八千餘級。(十四上)

樹達按:《匈奴傳》云:得休屠王祭天金人。

廣殺匈奴三千餘人;盡亡其軍三千人,獨身脱還。(十五上)

劉攽曰:《廣傳》無此事,而云廣軍幾没,以自當無賞耳。疑《紀》誤。

樹達按：王榮商云：廣亡軍事見《匈奴傳》，非《紀》誤也，文有詳略耳。

江都王建有罪，自殺。（十五上）

樹達按：《表》云：建謀反。

秋，匈奴昆邪王殺休屠王，并將其衆合四萬餘人來降，置五屬國以處之。（十五上）

齊召南曰：杜佑《通典》云：安定、上郡、天水、張掖、五原爲五屬國。以《地理志》核之，安定屬國都尉治三水，上郡屬國都尉治龜兹，天水屬國都尉治勇士滿福，五原屬國都尉治蒲澤，而張掖屬國都尉，《後書·郡國志》云：武帝置，知《通典》之説甚確。但安定、天水至元鼎三年始置，張掖至元鼎六年始分，則此時豈容先置都尉乎？胡三省注《通鑑》云：五郡故塞外，以隴西、北地、上郡、朔方、雲中當之，蓋有由也。

樹達按：王榮商云：王應麟云："張掖治日勒。"閻若璩云："日勒止注都尉治，不云屬國，當是西河之美稷。"案閻説是也。《霍去病傳》云："五屬國皆在河南。"張掖則在河北矣。考《地理志》，惟安定、上郡、天水、五原、西河五郡有屬國，即是時所置耳。蓋安定、天水本由隴西、北地而分，不害其先置都尉。宣帝雖嘗置金城、西河、北地屬國，然《志》但著西河之屬國，而金城、北地無之。張掖屬國亦武帝置，而《志》亦不書，故知《志》所詳者即是時所置之五屬國，而其餘則從略也。樹達按：王申閻説，辨矣。惟西河武帝時果已先置屬國，宣帝何容更置，閻氏之説似仍可疑。全謝山據《後志》居延屬國之文，謂張掖屬國都尉治居延，非治日勒，此可以解閻氏之疑矣。

請收銀錫造白金及皮幣以足用。（十五下）

樹達按：此張湯承武帝之指爲之，見《湯傳》。

今遣博士大等六人分循行天下。（十七上）

師古曰：褚大也。先謙曰：《食貨志》："褚大徐偃等。"其四人無考。大又見《儒林傳》。

樹達按：大又見《兒寬傳》。《鹽鐵論·刺復》篇云："博士褚泰徐偃等承明詔，建節馳傳，巡省郡國，舉孝廉，勸元元，而流俗不改。"大作泰。

濟東王彭離有罪，廢徙上庸。（十八上）

樹達按：據《表》，坐殺人。

二年冬十一月，御史大夫張湯有罪，自殺。（十八上）

樹達按：坐懷詐面欺。

三年冬，徙函谷關於新安。（十八下）

應劭曰：時樓船將軍楊僕數有大功，恥爲關外民，上書乞徙東關，以家財給其用度。武帝意亦好廣闊，於是徙關於新安，去弘農三百里。何焯曰：五年南越反，僕始拜樓船將軍，事在徙關之後。以武帝之雄，豈展拓都畿費出臣下之家財乎！應注出於流傳，非實事也。

樹達按：王榮商云：常山關亦是時所廣，不獨函谷也。何説得之。樹達按：王説出《文三王傳》。

十一月，令民告緡者以其半與之。（十八下）

樹達按：此議發於楊可，見《食貨志》。

常山王舜薨，子勃嗣立，有罪，廢徙房陵。（十八下）

樹達按：據《表》，勃坐喪服姦。

獲祭於廟。（二十下）

錢大昭曰：祭南監本、閩本并作薦。先謙曰：官本祭作薦，是。

樹達按：景祐本作薦。

擇兵振旅。（二十三下）

先謙曰：擇當爲釋，字之誤也。案古書，釋澤通作，釋擇不通作，因形近致訛耳。

樹達按：凡同聲類之字皆可通作。擇釋同從睪聲，自可通作，王說非。

屑然如有聞。（二十五下）

沈欽韓曰：《爾雅·釋言》：僁，聲也。《玉篇》：僁，小聲。僁屑通用，《釋文》音屑。

樹達按：《說文》八篇上"人部"云："僁，聲也。从人，悉聲。讀若屑。"按《漢書》假屑爲僁，故許君悟知僁音同屑也。

還，作甘泉通天臺、長安飛廉館。（二十六下）

樹達按：武帝欲作通天臺而未有人，王溫舒請復中尉脱卒，得數萬人作，見《溫舒傳》。

單于使來，死京師，匈奴寇邊。（二十八下）

樹達按：據《匈奴傳》，匈奴使病，漢飲以藥，欲愈之，不幸死。匈奴以爲殺其貴使，故犯邊也。

初置刺史部十三州。（三十上）

師古曰：《漢舊儀》云：初分十三州，假刺史印綬，有常治所，常以秋分行部。御史爲駕四封乘傳。到所部，郡國各遣一吏迎之界上，所察六條。何焯曰：是時刺史不常厥居，至東漢始有治所，顔注微誤。劉昭《續志注》謂傳車周流，匪有定鎮者，得之。全祖望曰：沈約之說與劉昭同。但刺史行部必以秋分，則秋分以前當居何所，豈群萃於京師乎！則顔說未可非也。西京初置刺史，官止六百石，故志略其治，况《漢舊儀》未必盡誣妄也。

樹達按：王榮商云：朱博爲冀州刺史，敕吏民：欲言二千石黑綬長吏者，使者行部還，詣治所。是刺史固有治所矣。

故馬或奔踶而致千里。（三十上）

師古曰：踶，蹋也。奔，走也。奔踶者，乘之即奔，立則踶人也。踶音徒計反。王念孫曰：案師古分奔踶爲二義，非也。踶亦奔也。踶之言馳，奔踶猶奔馳耳。《説文》：赽，踶也。赽字或作趹。《史記·張儀傳》：探前趹後。《索隱》：言馬之走勢疾也。《淮南·修務》篇：墨子趹蹏而趨千里。高注：趹，疾行也。蹏，趨走也。蹏與踶同。是疾行謂之踶也。馬行疾則能致遠，故曰馬或奔踶而致千里。馬行疾則恐有覆車之患，故下文曰：泛駕之馬，在御之而已。若訓踶爲蹋，則與下文都不相涉矣。

樹達按：顔説是，王説非也。下句云："士或有負俗之累而致功名。"奔踶與負俗之累爲對文，乃指馬之短處爲言。若如王説，馬能奔馳，正是馬之長處，既與下句不稱，本句意亦不可通矣。《廣雅·釋詁》卷二云：踶，蹋也。《莊子·馬蹄》篇云：馬怒則分背相踶。王氏精通《廣雅》，於此文既不顧上下文義之安，而必令奔踶二字爲一義，甚矣人之不可有所執也。

夫泛駕之馬。（三十下）

師古曰：泛，覆也，音力勇反。字本作覂，後通用耳。先謙曰：官本注力作方。

樹達按：景祐本作方勇反。《説文》七篇下"襾部云：覂，反覆也。徐音方勇切。吴承仕云：力爲方之形譌，王乃以爲異文，非。

遣浚稽將軍趙破奴二萬騎出朔方，擊匈奴，不還。（三十

二上）

樹達按：破奴自出求水，匈奴得之，軍遂没於匈奴，詳《匈奴傳》。

匈奴入定襄雲中，殺略數千人，行壞光禄諸亭障。（三十二下）

應劭曰：光禄勳徐自爲所築列城，今匈奴從此往壞敗也。

樹達按：行壞者，且行且壞也。《漢書》行字如此用者甚多，應以從此往壞敗釋行壞二字，拘滯極矣。《匈奴傳》云：行捕斬首虜凡萬九千級。師古曰：且行且捕斬之，是也。

渠黎六國使使來獻。（三十四上）

樹達按：此因貳師破大宛，故來獻。《西域傳》云："其自貳師將軍伐大宛之後，西域震懼，多遣使來貢獻。"是其事也。

泰山琅邪群盜徐敎等阻山攻城。（三十四上）

先謙曰：官本敎作勃。

樹達按：景祐本作敎。與此同。《酷吏傳》作勃。

遣貳師將軍李廣利將六萬騎、步兵七萬人出朔方，因杅將軍公孫敖萬騎、步兵三萬人出雁門，遊擊將軍韓説步兵三萬人出五原，彊弩都尉路博德步兵萬餘人與貳師會。（三十五上）

樹達按：公孫敖、韓説、路博德下皆各應有將字，承上文將字省。

秋九月，令死罪人贖錢五十萬，減死一等。（三十五上）

陳浩曰：案此文天漢四年也。至太始二年九月，又云：募死罪人贖錢五十萬，減死一等。二文相類，一作令，一作募，一作人，一作入，必有一訛。先謙曰：官本人作入。

樹達按：此文及太始二年條人字景祐本并作入，是也，人字誤。

此事流弊甚大，詳《蕭望之傳》。

因杅將軍公孫敖有罪，要斬。（三十五下）

先謙曰：《敖傳》：下吏當斬，詐死，亡居民間。後覺，復繫，坐妻爲巫蠱族。與此微異。

樹達按：王榮商云：敖之伏誅實在征和二年，是時乃詐死也。按王榮商説是也。《敖傳》補注説與榮商同，此處乃持異説，未細加檢覈之過也。

徙郡國吏民豪傑於茂陵、雲陵。（三十五下）

師古曰：此當言雲陽，而轉寫者誤爲陵耳。茂陵帝自所起，而雲陽甘泉所居，故總使徙豪傑也。鈎弋趙倢伃死，葬雲陽，至昭帝即位，始尊爲皇太后而起雲陵，武帝時未有雲陵。先謙曰：《通鑑》删雲陵二字，顔説以爲雲陽，蓋是也。荀紀：徙郡國吏民豪傑於茂陵，陵在雲陽，又誤衍陵在二字。

樹達按：雲陵乃史家追稱之詞。《儒林傳》云："田何以齊田徙杜陵。"顔注云："初徙時未爲陵，史家本其地追言之也。"《酷吏傳》云："田延年徙陽陵。"顔注云："高祖時徙之，其地後爲陽陵縣。"是其類例，可證。《黄霸傳》云："以豪傑役使徙雲陵。"正此時事，彼文亦作雲陵，知此處陵字非誤文矣。顔明於彼而闇於此，何邪？

今更黄金爲麟趾褭蹏以協瑞焉（三十五下）

應劭曰：獲白麟，有馬瑞，故改鑄黄金如麟趾褭蹏以協嘉瑞也。古有駿馬，名要褭，赤喙黑身，一日行萬五千里也。師古曰：既云宜改故名，又曰更黄金爲麟趾褭蹏，是則舊金雖以斤兩爲名，而官有常形制，亦由今時吉字金挺之類矣。武帝欲表祥瑞，故普改鑄爲麟足馬形以易舊法耳。今人往往於地中得馬蹏金，金甚精好，而形制巧妙。

樹達按:清時白金錠恒作馬蹄形,蓋沿漢以來舊法,則此制之相承久矣。

巫蠱起。(三十六下)

樹達按:此謂巫蠱之獄初起耳。若其事則已見於元光五年,不始於是年明矣。

御史大夫暴勝之、司直田仁坐失縱,勝之自殺,仁要斬。(三十七上)

樹達按:《史記·田叔傳》褚先生補文云:時左丞相自將兵,令司直田仁主閉守城門,坐縱太子,下吏誅死。

九月,立趙敬肅王子偃爲平王。(三十七上)

錢大昭曰:平下脱干字,南監本、閩本皆有。先謙曰:官本有干字。

樹達按:景祐本有干字。

御史大夫商丘成二萬人出西河。(三十七下)

樹達按:《匈奴傳》上卷作三萬人。

九月,反者公孫勇、胡倩發覺,皆伏辜。(三十七下)

樹達按:勇故城父令,倩是勇客,事詳見《酷吏·田廣明傳》。

後元元年。(三十八上)

劉攽曰:案《昭帝紀》云:"辭訟在後二年前,皆勿聽。"則當但稱後元年也。吴仁傑曰:葛魯卿云:武帝在位五十四年,屢更年號,最後更爲後元。謂之後則疑若有極,不知諱避,何耶?案武帝改元凡十有一,未有無年號者。在元鼎之前未有年號,尚加追改,最後二年,何獨無之?若但以後元爲稱,則如葛公所云,豈應無所諱避。疑征和四年之明年改稱征和後元年，史公闕略，故但書後元年，不復有征和字耳。光武以建武三十一年爲建武中元元年，其以建武冒於中元之上，則似用征和故事也。建武中元在《本紀》亦但云中元元年，猶幸傳志略載其事。宋莒公云："今官書屢經校定，學者但見改元復有建武二字，輒以意删去。"《刊誤》亦謂紀無建武，誤脱之。《武紀》實大類此。又曰：《昭紀》後元元年。《刊誤》曰："檢前後，多元字。"案此固合於文景稱後元之義。然《祭祀志》稱建武中元元年，《東夷傳》稱建武中元二年，皆不去元字，則征和後元元年，雖加元字，未害理也。班於《武紀》書後元元年，於昭、宣紀、丙吉、霍光傳書後元二年，又於《霍光傳》但書後元年，於《昭紀》但書後二年，必有一謬。要之去元字與否，義得兩通。朱一新曰：《諸侯王表》：濟北王寬以後二年謀反自殺。《地理志》：敦煌郡，武帝後元年分酒泉置，與《刊誤》劉説合。然他處悉稱後元也。先謙曰：《官本考證》引王褘云："武帝沿文景故事，復爲後元，然始以後元二字加於年上，此爲異也，非史官追書之。"先謙案王説是也。武帝元鼎以後既皆用字冠元，則後元二字亦其年號，必無單稱後元年之理。時制不同，不得援文景爲例也。史書臨文，偶從字省，以其義通，若用此爲疑，則謬矣。吴説無據，不可從。

樹達按：王榮商云：吴仁傑、王褘二説皆非也。武帝當日但稱元年，而年號則猶有所待，如元鼎之號至四年始定，是也。明年帝崩，後人因稱後元年二年以别之，傳寫誤重一元字耳。文景二帝亦非自稱後元年者，解在《文紀》。樹達按：王氏此説至確，可以析兹疑矣。

三月甲辰，葬茂陵。（三十九上）

樹達按：《貢禹傳》云：武帝棄天下，昭帝幼弱，霍光不知禮正，妄多藏金錢財物鳥獸魚鱉牛馬虎豹生禽凡百九十物，盡瘞藏之，又皆以後宮女置於園陵。

昭帝紀第七（漢書七）

大將軍光秉政，領尚書事。（一下）

樹達按：《書·顧命》正義云：其人高官兼攝下司者，漢世以來謂之領。

濟北王寬有罪，自殺。（一下）

先謙曰：坐悖人倫祝詛。

樹達按：《諸侯王表》云：坐謀反。

二年春正月，大將軍光左將軍桀皆以前捕反虜重合侯馬通功封，光爲博陸侯，桀爲安陽侯。（三上）

王念孫曰：《漢紀·孝昭紀》重合侯馬通上有"侍中僕射莽何羅"七字。案《武紀》，侍中僕射莽何羅與弟重合侯通謀反，日磾、光、桀討之。光、日磾傳具載其事，則此紀脱去"侍中僕射莽何羅"七字明矣。當據《漢紀》補。

樹達按：王説非也。《金日磾傳》詳記日磾捕何羅事，又云：武帝遺詔以討莽何羅功封日磾爲秺侯，而不及馬通。此文叙封光、桀，則但云馬通而不及何羅。參觀互證，知此役誅莽何羅之功屬日磾，誅馬通之功屬光、桀，而《武紀》則總合言之。日磾前已封，此補封光、桀，故不及何羅事也。王不細意檢校，欲據《漢紀》之文校補七字，不知荀悦著書，往往以不通班義而誤改，不足據也。王先謙於《武紀》

注云"日磾擒何羅而光桀討通",其説是矣,此復采念孫之説,不加駁正,何也?又案:此文王先謙於功字斷句,非也。文當於封字斷句,封謂見封也。《王商傳》云:"商父武,武兄無故,皆以宣帝舅封。無故爲平昌侯,武爲樂昌侯。"《史丹傳》云:"曾玄皆以外屬舊恩封。曾爲將陵侯,玄平臺侯。"句例并與此同。《霍光傳》云:"遺詔封金日磾爲秺侯,上官桀爲安陽侯,光爲博陸侯,皆以前捕反者功封。"尤其明證。若如王讀,文理乖剌不可通矣。

通保傅,傳《孝經》、《論語》、《尚書》,未云有明。(四下)

樹達按:《韋賢傳》,賢嘗授昭帝以《詩》,蓋其事在後,故此文不及《詩》也。

令郡縣常以正月賜羊酒。(六上)

樹達按:正月《王貢兩龔鮑傳》作八月。以後書劉平等傳考之,八月是也。詳《王貢兩龔鮑傳》。

燕王迷惑失道,前與齊太子劉澤等爲逆,抑而不揚。(七上)

周壽昌曰:《爾雅·釋訓》:抑抑,密也,言密之而不揚其惡。

樹達按:《燕王旦傳》云:"劉澤事連引燕王,有詔弗治。"即此所謂抑而不揚也。周據《爾雅》訓抑爲密,按此文但云抑,不云抑抑,周説非也。《説文》九篇上"印部"云:抑,按也。《史記》褚補《三王世家》叙此事云:"昭帝緣恩寬忍,抑案不揚。"假案爲按而以抑案連文,尤其明證矣。按周氏《漢書注校補》無此條。

王及公主皆自伏辜。(七上)

樹達按:自疑目字形近之誤,目與已同。上文皆已伏誅,句法正同。

其吏爲桀等所詿誤，未發覺在吏者，除其罪。（七上）

師古曰：其罪未發，未爲吏所執持者。劉攽曰：在吏，謂發覺已在吏者。

樹達按：王榮商云：顔説是也。此言未發覺在吏者不復窮治耳。其已在吏者，吏已科其罪，不盡赦也。

冬，遼東烏桓反。（八上）

先謙曰：烏桓，東胡舊部，役屬匈奴。武帝破匈奴左地，徙烏桓於上谷、漁陽、右北平、遼東塞外，至是强盛，遂反也。

樹達按：據《匈奴傳》，時匈奴方發兵擊烏桓，霍光欲發兵要擊之，故遣范明友往。云反者，蓋當時以烏桓間數犯塞，故以爲出師之由，乃以避乘間邀擊之名耳。《紀》文據官書爲説，而《匈奴傳》則紀其實，此亦互文見義之例也。王不知此，所言乃失其實矣。

六月壬申，葬平陵。（十上）

樹達按：霍光葬昭帝，多藏物於陵，與武帝茂陵同，見《貢禹傳》。

百姓充實。（十下）

樹達按：《食貨志》云：至昭帝時，流民稍還，田野益闢，頗有畜積。

宣帝紀第八（漢書八）

上遣使者分條中都官獄繫者，輕重皆殺之。（二上）

樹達按：此文當於繫者斷句，顔置注於官獄下，誤。輕重上當有亡字。《丙吉傳》云："亡輕重，一切皆殺之。"可證。

高才好學。（二下）

樹達按：《文心雕龍·辨騷》篇謂漢宣歎《離騷》，以爲皆合經術，是其好學之證。

然亦喜遊俠鬭雞走馬。（二下）

樹達按：《外戚傳》云："王奉光好鬭雞，宣帝在民間，數與奉光會。"正爲鬭雞會耳。又按：帝與陳遂博奕，見《陳遵傳》，知所好不僅鬭雞走馬也。

師受《詩》、《論語》、《孝經》。（三上）

樹達按：師上省從字。

即皇帝位。（三下）

樹達按：時尚委任霍光，地節二年光薨後，帝始親政。

故丞相安平侯敞等居位守職，與大將軍光、車騎將軍安世建議定策，以安宗廟，功賞未加而薨。（四上）

樹達按：未賞而薨者止楊敞一人，敞下不當有等字。此等字當在車騎將軍安世下，誤移於上耳。

其益封敞嗣子忠及丞相陽平侯義、度遼將軍平陵侯明友、前將軍龍雒侯增、太僕建平侯延年、太常蒲侯昌、諫大夫宜春侯譚、當塗侯平、杜侯屠耆堂、長信少府關内侯勝邑户各有差。封御史大夫廣明爲昌水侯，後將軍充國爲營平侯，大司農延年爲陽城侯，少府樂成爲爰氏侯。（四上）

樹達按：當時論定策功，以誅諸吕時功臣爲比。霍光功過周勃，張安世、楊敞比陳平，韓增、蔡義比灌嬰，杜延年比劉章，趙充國、田延年、史樂成比劉揭，見《杜延年傳》。又顔於當塗侯平下云：《功臣表》云：魏不害以捕反者胡倩功封當塗侯，其子聖以定策功益封，凡二千二百户。今此紀言當塗侯平，與表乖錯，未知孰是。或者有二名乎！

樹達按：平字誤，當作聖。《霍光傳》作“當塗侯臣聖”，可證。

賜右扶風德。（四下）

樹達按：王榮商云：於三輔但賜右扶風者，前定策時，左馮翊即御史大夫田廣明，守京兆尹者即京輔都尉趙廣漢也。

詔曰：蓋災異者，天地之戒也。（六下）

樹達按：此詔又見《夏侯勝傳》。

率三公諸侯九卿大夫定萬世策以安宗廟。（七下）

樹達按：王榮商云：《漢書》凡言諸侯者，皆謂諸侯王，稱侯則曰列侯，文相避也。此當云列侯，轉寫訛爲諸侯耳。

上始親政事。（八上）

樹達按：《魏相傳》云：帝始親萬機，厲精爲治，練羣臣，核名實。

而令羣臣得奏封事以知下情。（八上）

樹達按：此指去副封之制言。據《魏相傳》，此從相計爲之，所以制霍山也。

五日一聽事，以下各奉職奏事。（八上）

錢大昭曰：聽事下南監本、閩本并有“自丞相”三字。先謙曰：官本有“自丞相”三字，《通鑑》同。《荀紀》作丞相以下，無自字。

樹達按：景祐本有“自丞相”三字。《循吏傳序》及此事，云：自丞相以下各奉職而進，亦有三字。

詔曰：蓋聞：有功不賞。（八上）

樹達按:此詔又見《循吏傳》。

賜廣陵王黄金千斤,諸侯王十五人黄金各百斤。(九上)

樹達按:廣陵王,厲王胥也。以是帝從祖父,故賜金獨多。

其罷車騎將軍右將軍屯兵。(九上)

齊召南曰:此罷兩將軍之屯兵,非罷將軍官也。是時車騎將軍爲張安世,右將軍爲霍禹,帝此舉以收霍氏權柄耳。

樹達按:王榮商云:案《百官表》,是年安世更爲衛將軍,霍禹爲大司馬,是并罷兩將軍官,不止罷其屯兵也。蓋將軍官本不當置,罷屯兵即罷其官耳,齊説失之。

故酇侯蕭何曾孫建世爲侯。(九下)

樹達按:王榮商云:案《表傳》俱作玄孫,此作曾孫者,傳寫誤也。

詔曰:迺者東織室令張赦。(十上)

樹達按:此詔又見《霍光傳》。

諸姊妹壻度遼將軍范明友,長信少府鄧廣漢,中郎將任勝,騎都尉趙平,長安男子馮殷等。(十下)

樹達按:王榮商云:明友已收度遼將軍印綬,但爲光禄勳,任勝出爲安定太守,趙平收騎都尉印綬,此詔蓋稱其故官也。

今繫者或以掠辜若飢寒瘐死獄中。(十一上)

蘇林曰:瘐,病也。囚徒病,律名爲瘐。如淳曰:律:囚以飢寒而死曰瘐。師古曰:瘐病,是也。此言囚或以掠笞及飢寒及疾病而死,如説非矣。瘐音庾,字或作瘉,其音亦同。

樹達按:王榮商云:楊慎曰:《説文》"束縛捽抴爲臾",臾瘐古字通。榮商案,"瘐字本義,楊説是也。束縛捽抴,因而飢寒以至疾病,諸家之説并通。下云繫囚以掠笞若瘐死者,不言飢寒,故知飢寒而死亦謂之瘐也。樹達按:《説文》七篇下"疒部"云:"瘉,病瘳也。"與瘐義異。顔説混而一之,誤。

夏五月,立皇考廟,益奉明園户爲奉明縣。(十二上)

樹達按:此從魏相議爲之,詳見《韋玄成傳》。

復高皇帝功臣絳侯周勃等百三十六人家子孫,命奉祭祀。(十二上)

樹達按:《功臣表》云:詔令有司求其子孫,咸出庸保之中,并受復除,或加以金帛。

朕不明六藝,鬱於大道。(十二上)

孟康曰:鬱,不通也。

樹達按:《鹽鐵論·刺復》篇云:丞史器小,不足與謀,獨鬱大道。

元康二年三月,以鳳皇甘露降集。(十二下)

樹達按:《論衡·宣漢》篇云:元康二年,鳳皇集於太山。

或擅興繇役,飾廚傳,稱過使客。(十三上)

韋昭曰:廚謂飲食,傳謂傳舍,言修飾意氣以稱過使而已。師古曰:使人及賓客來者,稱其意而遣之,令過去也。稱音尺孕反。過者,過度之過也。樹達按:過使客謂經過其地之使者與客。此言整潔飲食及傳舍以稱經過其地之使者與賓客之意耳。顔説非。《趙敬肅王彭祖傳》云:"諸使過客以彭祖險陂,莫留邯鄲。"足證過非如顔義。

聞古天子之名難知而易諱也。(十三上)

樹達按:吴孫休造難字以名其子,蓋有所本矣。

冬,京兆尹趙廣漢有罪,要斬。(十三下)

樹達按:坐摧辱大臣,賊殺不辜,鞠獄故不以實,擅斥除騎士,乏軍興數罪。

九真獻奇獸。（十六上）

蘇林曰：白象也。晉灼曰：《漢注》：駒形，鱗色，牛角，仁而愛人。師古曰：非白象也，晉説是也。先謙曰：官本鱗作麟，是。

樹達按：景祐本作麟。《論衡·講瑞》篇云："孝宣之時，九真貢獻麟，狀如麞而兩角者。"又云"宣帝之麟言如鹿"，與晉説相近。蓋此獸狀異不可名，故傳説者擬似之辭各不同耳。

夏四月，遣後將軍趙充國彊弩將軍許延壽擊西羌。（十六下）

樹達按：時延壽請嚴延年爲長史從軍，見《延年傳》。

鳳皇甘露降集京師，羣鳥從以萬數。（十七上）

樹達按：《論衡·講瑞》篇云：孝宣之時，鳳皇集於上林，羣鳥從之以千萬數。

九月，司隸校尉蓋寬饒有罪，下有司，自殺。（十七下）

樹達按：坐怨謗。

匈奴單于遣名王奉獻，賀正月，始和親。（十七下）

樹達按：據《匈奴傳》，名王爲題王都犁胡次等也。

三月丙午，丞相相薨。（十七下）

樹達按：據敦煌木簡載神爵三年歷譜，丙午爲三月七日。

其益吏百石以下奉十五。（十七下）

如淳曰：《律》，百石奉月六百。韋昭曰：若食一斛，則益五斗。宋祁曰：《刊誤》：據《後漢志》及師古《百官表注》，當云：《律》：百石奉月十六斛。先謙曰：《通鑑考異》云：《荀紀》云"益吏百石以下俸五十斛"，蓋以十五難曉，故改之。然詔云以下，恐難指五十斛也。

樹達按：王榮商云：王應麟曰：《通典》引應劭曰：張敞、蕭望之言："倉廩實而知禮節，衣食足而知榮辱。今小吏奉率不足，常有憂父母妻子之心，雖欲絜身爲廉，其勢不能，可以什率增天下吏奉。"宣帝乃益天下吏奉十二。與《紀》不同。榮商案：漢制受奉皆半錢半穀，如氏云律百石奉月六百者，乃就奉錢言之。刁衎等《刊誤》，據《續漢志》謂當作月十六斛，非也。又《續志》所説，自是東漢之制。以制禄次第推之，吏百石者，漢初當歲得百石。宣帝增其半，則歲得百五十石。其定爲月十六斛，乃建武二十六年所增耳。

四年。（十八上）

樹達按：《説文》十一篇下"魚部"云：鰅，魚名，皮有文，出樂浪東暆。神爵四年，初捕收輸考工。

齊戒之暮，神光顯著；薦鬯之夕，神光交錯。（十八上）

樹達按：《王褒傳》云："宣帝頗好神僊。"又《劉向傳》云："宣帝常復興神僊方術之事。"故詔文中恒有此等語。

夏四月，穎川太守黄霸以治行尤異秩中二千石。（十八上）

如淳曰：太守雖號二千石，有千石八百石居者。有功德茂異，乃得滿秩。霸得中二千石，九卿秩也。晉灼曰：此直謂二千石增秩爲中二千石耳，不謂滿不滿也。師古曰：如説非也。霸舊已二千石矣，今增爲中二千石以寵異之。此與地節三年增膠東相王成秩，其事同耳。《漢》制：秩二千石者一歲得一千四百四十石，實不滿二千石也。其云中二千石者，一歲得二千一百六十石。舉成數言之，故曰中二千石。中者滿也。

樹達按：王榮商云：霸初爲穎川太守，秩本二千石。後由京兆尹出守潁川,官以八百石居。前後八年,始增秩中二千石,事見本傳,如説未爲非也。顔氏所説《漢》制,本《續漢志》。考建武中增百官奉,千石以上減如西京舊制,然則宣帝時公卿守相之秩當較優矣。意者真二千石當實得二千石,比二千石乃不滿二千石乎!

十一月,河南太守嚴延年有罪,棄市。(十八下)

樹達按:坐怨望誹謗政治不道。

酒食之會,所以行禮樂也。(十九上)

劉攽曰:多樂字。陽夏公曰:古語多此類,非衍字也。

樹達按:王榮商云:古禮樂之樂與歡樂字初無區别。下云廢鄉黨之禮,令民無以樂,即此所謂禮樂,非衍字也。

今郡國二千石或擅爲苛禁,禁民嫁娶不得具酒食,相賀召,由是廢鄉黨之禮,令民無所樂,非所以導民也。(十九上)

樹達按:《鹽鐵論·散不足》篇云:"今賓昏酒食,接連相因,析酲什半。"正是述昭宣時之風俗,與此詔文不相應,何也?

平通侯陽惲。(十九下)

錢大昭曰:陽南監本作楊,閩本作揚。先謙曰:官本作揚,是。

樹達按:景祐本作揚。

單于閼氏子孫昆弟。(二十上)

樹達按:王榮商云:案此言單于之子孫、閼氏之昆弟俱來降漢,非單于閼氏自降也。單于子孫,謂屠耆單于之子姑瞀樓頭也。閼氏昆弟,謂顓渠閼氏之弟都隆奇也。時屠耆單于兵敗自殺,故二人亡歸漢,事見《匈奴傳》。

或興于谷,燭耀齊宫,十有餘刻。(二十上)

樹達按:《論衡·宣漢》篇刻作日。

廣陵王胥有罪,自殺。(二十下)

樹達按:《表》云:坐祝詛上。

乃者鳳皇集新蔡。(二十三上)

樹達按:《論衡·驗符》篇云"宣帝時,鳳皇下彭城,彭城以聞,帝詔侍中宋翁一"云云,《本紀》不載。

詔諸儒講五經同異,太子太傅蕭望之等平奏其議,上親稱制臨決焉。(二十三上)

樹達按:《通典》引石渠禮論十餘事,洪頤煊合他書所引集爲一卷,見洪所著《經典集林》。

上計簿,具文而已,務爲欺謾以避其課。(二十四上)

師古曰:雖有其文而實不副也。先謙曰:而已當屬下讀,言雖具文簿,而己身圖避其課,專務欺謾也。顏誤己爲已,從而已斷句,則文氣不屬。

樹達按:顏說是,王說非也。《元紀》云:"乘輿秣馬,無乏正事而已。"《汲黯傳》云:"擇丞史任之,責大指而已,不細苛。"又云:"治務在無爲而已,引大體,不拘文法。"《董仲舒傳》云:"苟爲詐而已,故不足稱於大君子之門也。"《王吉傳》云:"大王垂拱南面而已,願留意常以爲念。"又云:"其務在於期會簿書斷獄聽訟而已,此非太平之基也。"句例并同,豈皆文氣不屬耶?

御史案計簿,疑非實者,按之,使真僞毋相亂。(二十四下)

樹達按:《功臣表》:"衆利侯郝賢元狩二年坐爲上谷太守,入戍卒財物計謾,免。"是此事武帝時已先行之,特彼事爲偶發,此著爲令耳。

贊曰：孝宣之治，信賞必罰，綜核名實，政事文學法理之士咸精其能。至於技巧工匠器械，自元成間鮮能及之，亦足以知吏稱其職，民安其業也。（二十五上）

樹達按：核正字作覈。《説文》七篇下“襾部”云：覈，實也，考事襾笮邀遮其辭得實曰覈。《風俗通·正失》篇載劉向對成帝云：“中宗之世，政教明，法令行，邊境安，四夷親，單于款塞，天下殷富，百姓康樂，其治過於太宗之時，亦以遭遇匈奴賓服，四夷和親也。然文帝之節儉，約身以率天下，忍容言者，含咽臣子之短，似出於宣帝。如其聰明遠識，不忘數十年事，制持萬機，天資治理之材，恐文帝亦且不及宣帝。”按向衡量二帝，頗得其實。又按宣帝時外戚許、史、王氏貴寵，見《王吉傳》。任用宦官，見《蕭望之傳》。然則元帝之信任恭顯，成、哀時外戚之貴盛，其源皆自宣帝啟之。當漢極盛之時，已伏家國覆亡之漸，此亦讀史者所宜知也。

元帝紀第九（漢書九）

立爲太子。（一上）

樹達按：元帝爲太子時師歐陽地餘，見《儒林傳》。年十二通《論語》、《孝經》，見《疏廣傳》。受《魯詩》於高嘉，見《後書·儒林·高詡傳》。

壯大，柔仁好儒。（一上）

樹達按：《儒林傳》云：元帝好儒，能通一經者皆復。

奈何純任德教。（一下）

錢大昭曰：住當作任。先謙曰：官本住作任。

樹達按：景祐本作任。

繇是疏太子而愛淮陽王。（一下）

樹達按：淮陽王欽也，詳《宣元六王傳》。

二年春正月，行幸甘泉，郊泰畤。賜雲陽民爵一級，女子百户牛酒。立弟竟爲清和王。（三上）

樹達按：立竟《表》作二月丁巳，立上疑脱二月二字。

詔曰：蓋聞：賢聖在位。（三下）

樹達按：此詔又見《翼奉傳》。

冬，詔曰：國之將興。（四上）

樹達按：此詔亦見《蕭望之傳》。

食邑八百户。（四上）

樹達按：《望之傳》作六百户。

十二月，中書令弘恭、石顯等譖望之，令自殺。（四下）

樹達按：望之嘗請罷中書宦官，故顯恨而譖之，見顯恭傳。

四月乙未晦，茂陵白鶴館災。（四下）

樹達按：《翼奉傳》云：乙未時加卯災。

立長沙煬王弟宗爲王。（四下）

師古曰：煬音供養之養也。錢大昭曰：師古南雍本、閩本皆作鄭氏。先謙曰：官本注師古作鄭氏。

樹達按：景祐本作鄭氏。

五年春正月，以周子南君爲周承休侯。（五下）

樹達按：時亦求殷後，以推求之孫絶不能紀，遂寢。事見《梅福傳》。

罷角抵、上林宫館希御幸者、齊三服官。（六上）

樹達按：上減秣馬及此諸事，皆從貢禹之請爲之，見《禹傳》。

令從官給事宫司馬中者得爲大父母父母兄弟通籍。（六下）

應劭曰：籍者，爲二尺竹牒，記其年紀名字物色，縣之宫門，案省相應，乃得入也。

樹達按：羅振玉《簡牘檢署考》云：古策最長者二尺半，其次二分取一，其次三分取一，最短者四分取一。《通典》五十四引《孝經鈎命決》云："《六經》策長二尺四寸，《孝經》策長一尺二寸。漢以後官府册籍亦用一尺二寸。此注二尺，誤。《玉海》八十五及崔豹《古今注》下作尺二，是也，當據改。

立皇子康爲濟陽王。（九上）

樹達按：即定陶共王也。後徙山陽，復徙定陶，見《宣元六王傳》。

是以政令多還。（九下）

李奇曰：還，反也。《易》曰："涣汗其大號。"言王者發號施令如汗出，不可復反。

樹達按：李説本劉向，見《向傳》。按前年復鹽鐵官博士弟子員，皆政令之反覆者，詔文蓋指此爲言。

罷衛思后園及戾園。（九下）

先謙曰：建昭五年夏，《紀》書復戾園，秋書復昭靈后、武哀王、昭哀后、衛思后園。復既書，則罷亦宜書。今《紀》文有衛思后園、戾園，而無昭靈后、武哀王、昭哀后，蓋傳寫奪之。荀紀《通鑑》并書罷昭靈后、武哀王、昭哀后,亦其明證矣。

樹達按:王説是也。《韋玄成傳》云:“奏可,因罷昭靈后、武哀王、昭哀后、衛思后、戾太子、戾后園,皆不奉祠。”是其證。

冬十月乙丑,罷祖宗廟在郡國者。(十上)

樹達按:事詳《韋玄成傳》。

家有不安之意。(十上)

錢大昭曰:不安閩本作不自安。

樹達按:景祐本作不自安。

十二月乙酉,毁太上皇、孝惠皇帝寢廟園。(十下)

樹達按:據敦煌木簡載是年曆譜,乙酉爲十六日。

建昭元年。(十下)

樹達按:《史丹傳》云:建昭之間,元帝被疾,不親政事,留好音樂。

立皇子興爲信都王。(十一上)

宋祁曰:興越本作輿,予據《表傳》,作興是。

樹達按:景祐本作輿。

撟發戊己校尉屯田吏士及西域胡兵攻郅支單于。(十一下)

師古曰:撟與矯同,矯,託也。實不奉詔,詐以上令發兵,故言矯發也。戊己校尉者,鎮安西域,無常治處,亦猶甲乙等各有方位,而戊與己四季寄王,故以名官也。時有戊校尉,又有己校尉。一説:戊己位在中央,今所置校尉處三十六國之中,故曰戊己也。

樹達按:《説文》十二篇上“手部”云:“撟,一曰擅也。”五篇下“矢部”云:“矯,揉箭箝也。”是撟爲本字,矯乃借字,顔説適得其反。又按:王觀國云:“戊己校尉屯田於車師前王庭,則有常治矣。”胡三省云:“車師不當三十六國之中。”據此顔二説皆非,詳《西域傳》復置戊己校尉下。

窮極幼眇。(十四上)

樹達按:黄生云:幼眇本字當作幺玅。陸機賦:“幺徽急。”注:“幺,小也。”《説文》:“玅,絲急也。”絃小而急,則其聲幽細。此借用幼眇。

出於恭儉。(十四上)

樹達按:《王嘉傳》云:“孝元皇帝温恭少欲,都内錢四十萬萬,水衡錢二十五萬萬,少府錢十八萬萬。”

成帝紀第十(漢書十)

孝成皇帝。(一上)

應劭曰:《謚法》:安民立政曰成。

樹達按:成帝將立辟雍,營表未作,會帝崩,羣臣引以定謚,見《禮樂志》。應引《謚法》説之,非當時事實也。

生甲觀畫堂。(一上)

應劭曰:畫堂畫九子母。師古曰:畫堂但畫飾耳,豈必九子母乎!

樹達按:孫志祖云:魯九子之寡母,穆公賜尊號曰母師,見《列女・母儀傳》。漢時宫中常畫列女像於屏風,應説蓋有所據。

帝爲太子。(一下)

樹達按:《杜欽傳》云:"自上爲太子時,以好色聞。"謂成帝也。

初居桂宫,上嘗急召太子,出龍樓門,不敢絶馳道,西至直城門,得絶乃度,還入作室門。上遲之,問其故,以狀對。上大説,乃著令,令太子得絶馳道云。(一下)

樹達按:《風俗通》云:"成帝閒習朝廷禮儀,尤善漢家法度故事。"觀此事,知劭説信矣。

太子即皇帝位。(二上)

樹達按:成帝初即位,鄉經學,重師傅,見《張禹傳》。

有司言:乘輿牛馬禽獸皆非禮,不宜以葬,奏可。(二上)

樹達按:此革霍光葬武帝、昭帝以來之惡習也。

立故河間王弟上郡庫令良爲王。(二上)

樹達按:《表》以正月丁亥封。

秋,罷上林宫館希御幸者二十五所。(三上)

樹達按:此從少府召信臣之請也,見《信臣傳》。

大風拔甘泉畤中大木十韋以上。(三上)

樹達按:《郊祀志》云:折拔畤中樹木十圍以上百餘。

闌入尚方掖門。(四上)

應劭曰:無符籍妄入宫曰闌。

樹達按:闌本字作闌。《説文》十二篇上"門部"云:"闌,妄入宫掖也。"

罷中書宦官。(四下)

臣瓚曰:漢初中人有中謁者令,孝武加中謁者令爲中書謁者令,置僕射。宣帝時,任中書官,弘恭爲令,石顯爲僕射。元帝即位數年,恭薨,顯代爲中書令,專權用事,至成帝乃罷其官。錢大昭曰:瓚説非也。《百官表》:少府有中書謁者、黄門、鉤盾、尚方、御府、永巷、内者、宦者七官令丞,諸僕射署長中黄門皆屬焉。又曰:成帝建始四年,更名中書謁者令爲中謁者令。然則漢初但有中書謁者令,成帝罷中書之名,改爲中謁者令耳,豈得謂武帝所加乎!僕射亦非武帝始置。

樹達按:王榮商云:錢説非也。漢初有中謁者,灌嬰、張釋之皆嘗爲之。武帝遊宴後庭,始用宦者典事尚書,謂之中書謁者,置令僕射。《百官表》有中書謁者,即武帝所加耳。僕射固秦官,然中書僕射則武帝前所未有也。

初置尚書員五人。(五上)

師古曰:《漢舊儀》云:尚書四人爲四曹。常侍尚書主丞相御史事,二千石尚書主刺史二千石事,户曹尚書主庶人上書事,主客尚書主外國事。成帝置五人,有三公曹,主斷獄事。錢大昭曰:《漢官儀》云:尚書四員,武帝置,成帝加一爲五,有侍曹尚書,户曹尚書,主客尚書,二千石尚書。成帝加三公尚書,主斷獄事。

樹達按:王榮商云:案依《漢舊儀》所説,是成帝止增置一曹。《續漢志》則云:"成帝置四曹,東漢始爲六曹。"《晉志》云:"成帝置尚書五人,一人爲僕射,而四人分爲四曹,復又置三公曹,是爲五曹。"諸説不合。考《劉向傳》,"元帝時,中書令石顯斡尚書,尚書五人皆顯黨",然則漢初本有五曹矣。又蔡質《漢儀》云:"常侍曹主常侍黄門御史事,二千石曹掌中郎官水火盜賊辭訟罪眚,民曹典繕治功作監池苑囿盜賊事,三公曹典三公文書。"與《漢舊儀》所説亦異,未知孰是。

河平元年。（五上）

樹達按：河平中曾下詔議減刑，見《刑法志》。

光禄大夫劉向校中秘書。（五下）

樹達按：據《藝文志》，同校書者有任安、尹咸、李柱國。

八月甲申，定陶王康薨。（七上）

樹達按：張文虎云：荀紀作甲戌。案八月己亥朔，無甲申甲戌，疑甲辰之誤。

三年春三月壬戌，隕石東郡八。（七下）

樹達按：張文虎云：三月丙寅朔，無壬戌。《五行志》作二月，是。二月爲丙申朔也。

鴻嘉元年。（八下）

樹達按：是年定令：年未滿七歲，賊鬥殺人及犯殊死者，上請廷尉以聞，見《刑法志》。

上始爲微行出。（九上）

張晏曰：於後門出，從期門郎及私奴客十餘人，白衣組幘，單騎出入市里，不復警蹕，若微賤之所爲，故曰微行。

樹達按：襄公十九年《左傳》云："崔杼微匿光。"服虔注云："微，隱匿也。"又哀公十六年云："白公奔山而縊，其徒微之。"杜注云："微，匿也。"《説文》二篇下"彳部"云："微，隱行也。"隱匿而行，故曰微行，非謂若微賤之所爲也。又按《張延壽傳》云："北至甘泉，南至長楊五柞，鬥雞走馬長安中。"又《叙傳》云："自大將軍薨後，張放、淳于長等始愛幸，出爲微行。"

徙郡國豪傑貲五百萬以上五千户于昌陵。（九下）

樹達按：班况徙昌陵，見《叙傳》。

六月,立中山憲王孫雲客爲廣德王。(九下)

樹達按:六月《表》作八月。

冬十一月甲寅,皇后許氏廢。(十上)

樹達按:坐后姊爲媚道祝詛廢。

永始元年。(十下)

樹達按:永始元延間,長安中多閭里姦猾少年,横恣無忌,見《尹賞傳》。

其罷昌陵,反故陵。(十一上)

樹達按:昌陵罷後,大臣名家皆占數于長安,見《叙傳》。

二年春正月己丑,大司馬車騎將軍王音薨。(十一下)

樹達按:張文虎云:正月丁亥朔,三日己丑。《百官表》、《荀紀》作乙巳,則十九日。未知孰是。

關東比歲不登。(十一下)

樹達按:《食貨志》云:永始二年,梁國平原郡比年傷水災,人相食,刺史守相坐免。

欲爲吏,補三百石;其吏也,遷二等。(十一下)

樹達按:其猶若也,見王氏《釋詞》。也與邪同。《刑法志》云:"其竹也,末薄半寸。"《匈奴傳》云:"其儒生,以爲欲説,折其辭辨。"語例同。

十一月,尉氏男子樊并等十三人謀反。(十二下)

樹達按:據《儒林傳》,并爲張霸父之弟子。霸,傳《百兩篇》者也。

列侯近臣各自省改。(十三下)

師古曰:省,視也,視而改之。《論語》稱曾子曰:"吾日三省吾身。"劉攽曰：予謂：省者，減省也；改者，頓改也。

樹達按：顏説是，劉説非也。

封蕭相國後喜爲酇侯。（十四上）

樹達按：據《功臣表序》，此事發於杜業。

是歲，昭儀趙氏害後宫皇子。（十四上）

樹達按：據《外戚傳》，許美人産子見害在次年，曹宫子見害則在是年。

二年春正月，行幸甘泉，郊泰畤。三月，行幸河東，祠后土。（十四上）

樹達按：爲求繼嗣也，見《楊雄傳》。

二月，封侍中衛尉淳于長爲定陵侯。（十四下）

樹達按：名以前白罷昌陵功封，實則以説太后使飛燕得立爲皇后故封也，見《外戚傳》。

封中山王舅諫大夫馮參爲宜卿侯。（十五上）

錢大昭曰：卿當作鄉。先謙曰：官本卿作鄉。

樹達按：景祐本作鄉。

定陵侯淳于長大逆不道，下獄死。（十五下）

樹達按：坐與許后通書語誖謾，見《外戚傳》。

廷尉孔光使持節賜貴人許氏藥，飲藥死。（十五下）

沈欽韓曰：氏下藥字衍。

樹達按：賜許氏飲藥死，不辭。《外戚傳》云："天子使廷尉孔光持節賜廢后藥，自殺。"明云賜藥，沈説非。

四月己卯，葬延陵。（十六上）

樹達按：張文虎云：四月己亥朔，無己卯。據《荀紀》云：自崩及葬三十四日，則當爲己未。

容受直辭。（十六上）

樹達按：《叙傳》云："成帝性寬，進入直言，是以王音、翟方進等繩法舉過，而劉向、杜鄴、王章、朱雲之徒肆意犯上。"《谷永傳》亦云："成帝性寬而好文辭。"

湛于酒色。（十六下）

樹達按：成帝以無繼嗣，末年頗好鬼神，見《郊祀志》。

卷　二

哀帝紀第十一(漢書十一)

四月丙午,太子即皇帝位。(二上)

樹達按:《王嘉傳》云:哀帝初立,欲匡成帝之政,多所變動。

六月,詔曰:鄭聲淫而亂樂,聖王所放,其罷樂府。(二上)

樹達按:事詳見《禮樂志》。

諸侯王列侯公主吏二千石及豪富民多畜奴婢,由宅亡限,與民争利,百姓失職,重困不足。其議限列。(二下)

樹達按:時師丹輔政,此從丹請也。見《食貨志》。

有司條奏。(二下)

樹達按:據《食貨志》,此丞相孔光大司空何武奏。

侍中騎都尉新成侯趙欽、成陽侯趙訢皆有罪,免爲庶人。(四上)

師古曰。訢、欽皆趙昭儀之兄。

樹達按:以趙昭儀滅繼嗣故坐也。顔注據表爲説,《外戚傳》則云欽兄子訢。

冬，中山孝王太后媛、弟宜鄉侯馮參有罪，皆自殺。（四下）

樹達按：傅太后陷媛以祝詛大逆也。

詔曰：漢興二百載。（五上）

樹達按：此詔及下八月詔，又見《李尋傳》，皆視紀文爲詳。

六月甲子制書，非赦令，也皆蠲除之。（六上）

如淳曰：悔前赦令不蒙其福，故收令還之。臣瓚曰：改元易號，大赦天下，以求延祚，而不蒙福，哀帝悔之，故更下制書，諸非赦罪事，皆除之，謂改制易號令皆復故也。師古曰：如釋非也，瓚説是矣。非赦令也，猶言自非赦命耳。也，語終辭也，而讀者不曉，輒改也爲他字，失本文也。

樹達按：也字即它字也。古也它二字同，故虵蛇同字，他佗亦同字。據顔説本有作他者，是也。《李尋傳》亦作也字，顔注云："唯赦令不改，餘皆除之。"以餘字釋也字，是矣，此復岐異者，蓋《尋傳》注承用舊注耳。

丞相博、御史大夫玄、孔鄉侯晏有罪。（六上）

樹達按：以奏免傅喜侯事也。

東平王雲、雲后謁、安成恭侯夫人放皆有罪。（六下）

樹達按：雲謁坐祝詛上。息夫躬、東平王雲、王嘉三傳皆不及放。

三月，丞相嘉有罪，下獄死。（七上）

樹達按：坐迷國罔上不道。

秋九月，大司馬票騎將軍丁明免。（七下）

樹達按：明素重王嘉而憐其死，故哀帝免之，見《嘉傳》。

孝元廟殿門銅龜蛇鋪首鳴。(七下)

樹達按:《藝文類聚》七十四引《風俗通》云:門户鋪首。謹案《百家書》云:公輸般見水上蠡,謂之曰:開汝匣,見汝形。蠡適出頭,般以足畫圖之,蠡引閉其户,終不可得開。般遂施之門户,欲使閉藏當如此周密也。

春正月,匈奴單于、烏孫大昆彌來朝。二月,歸國。單于不説,語在《匈奴傳》。(八上)

樹達按:《匈奴傳》不載單于不説事,此班氏失檢也。

夏四月壬辰晦,日有蝕之。(八上)

樹達按:張文虎云:《五行志》作三月。案《三統術》,三月固壬辰晦,而不當食,四月壬戌晦當食。荀紀但書四月而不書日,蓋疑之也。以癸卯元術考之,實五月壬戌朔交周,五宫十七度十二分三十三秒入食限。

秋九月壬寅,葬義陵。(八下)

臣瓚曰:自崩至葬凡百五日。

樹達按:張文虎云:九月辛酉朔,無壬寅。兩漢諸帝無遲至百五日而始葬者,其誤明矣。荀紀以爲壬辰,則八月朔,自崩至葬凡四十五日。樹達按:九月蓋八月之誤。

睹孝成世禄去王室,權柄外移,是故臨朝婁誅大臣,欲彊主威以則武宣。(八上)

樹達按:如丞相朱博、王嘉之見誅是也。又據《外戚傳》,哀帝不甚假丁、傅以權勢,故丁、傅權勢不如王氏之在成帝世,此亦哀帝欲匡成帝失政之一也。

平帝紀第十二(漢書十二)

九月辛酉,中山王即皇帝位。(一下)

樹達按:張文虎云:辛酉乃朔日,不當失書,《荀紀》以爲壬寅,則八月十一日。

立故東平王雲太子開明爲王。(二下)

樹達按:表在二月,與此異。

遣諫大夫行三輔,舉籍吏民,以元壽二年倉卒時横賦歛者償其直。(三下)

樹達按:元壽二年倉卒時,謂哀帝崩時也。據薛宣、翟方進二傳,成帝世邛成太后崩時,喪事倉卒,吏賦歛無度以趨辦。然則遭喪横歛,在漢末已成恒習矣。

封周公後公孫相如爲褒魯侯。(四上)

先謙曰:《通鑑》作封魯頃公之八世孫公子寬爲褒魯侯。

樹達按:梁玉繩云:案《表》,魯始封是節侯公子寬,十一月,相如嗣,更氏公孫。紀誤。

詔曰:皇帝二名,通於器物。今更名,合于古制。(四下)

孟康曰:平帝本名箕子,更名曰衎。箕,用器也,故云通於器物。師古曰:更,改也。

樹達按:二名謂以二字爲名。定公六年《公羊傳》云:季孫斯仲孫忌帥師圍運。此仲孫何忌也,曷爲謂之仲孫忌?譏二名。二名,非禮也。又見哀公十三年《公羊傳》。桓公六年《左傳》申繻説命名云:不以器幣,以器幣則廢禮。按詔文兼本《公羊》、《左氏》兩傳言之。

九月戊申晦,日有蝕之。(六上)

樹達按:張文虎云:案《三統術》,是年當閏九月己卯朔,戊申當閏月晦,不當書九月。

皆以禮親迎,立軺并馬。(六下)

服虔曰:并馬,駕驪也。

樹達按:《尚書大傳》云:能敬老矜孤取舍好讓者,命於其君,然後得乘飾車駢馬。此并馬即駢馬,并與駢聲類同。

四年。(七上)

樹達按:據《召信臣傳》,是年詔書祀百辟卿士有益於民者,《紀》失載。

及眊悼之人。(七上)

師古曰:八十曰眊,七年曰悼。眊者,老稱,言其昏暗也。悼者,未成爲人,如其死亡,可哀悼也。

樹達按:王榮商云:顔説悼字之義非也。此以年少無知免其刑罰,非指死亡而言,無緣加以不祥之名。鄭康成《禮記注》云:"悼,憐愛也。"《正義》云:"未有識慮,甚可憐愛。"其説得之。

刑罰所不加,聖王之所制也。(七上)

樹達按:《禮記・曲禮》云:"八十九十曰耄,七年曰悼。悼與耄,雖有罪不加刑焉。"眊耄字同。

安漢公奏立明堂辟雍。(八上)

樹達按:《周書・宇文愷傳》引《漢制》云:元始四年八月,起明堂辟雍長安城南,門制度如儀:一殿垣,四面門,八觀,水外周,隄壤高。

四方和會，築作三旬。

置西海郡。（八上）

樹達按：《論衡·恢國》篇云：金城塞外羌、良橋、橋種、良願等獻其魚鹽之地，願内屬，漢遂得西王母石室，因爲西海郡。

分京師置前輝光後丞烈郡。（八上）

先謙曰：胡注前輝光蓋領長安以南諸縣，後丞烈領長安以北諸縣也。

樹達按：王榮商云：案《王莽傳》，前輝光謝囂奏武功長孟通浚井得白石，是武功當屬前輝光矣。又陳遵爲前輝光，槐里賊延入前輝光界，遵坐免官。以此推之，前輝光當分治右扶風地，不在長安南也。後丞烈無考。

及十二州名。（八下）

樹達按：王榮商云：時省朔方刺史，故云十二州。

傳不云乎！君子篤於親，則民興於仁。（九上）

師古曰：此《論語》載孔子之辭也。言上能厚於親族，則下皆化之，起爲仁行也。以《論語》傳聖人之言，故爲之傳，他皆類此。

樹達按：王應麟云：自漢以來通稱《論語》、《孝經》爲傳。按《楊雄傳》云：傳莫大於《論語》。《史記·李廣傳》、漢武謂東方朔、東平王與其太師策書引《論語》皆稱傳。

羲和劉歆等四人使治明堂辟雍。（九上）

樹達按：《禮志》云：王莽爲宰衡，欲耀衆庶，遂興辟雍。

冬十二月丙午，帝崩於未央宫。（十上）

樹達按：張文虎云：十二月辛酉朔，無丙午。師古引《漢注》云：莽因臘日上椒酒，置藥酒中。是年十一月丙申冬至，則十二月二日壬戌即臘日。荀紀以爲丙子崩,則臘後十四日也。

異姓諸侯王表第一(漢書十三)

《異姓諸侯王表》第一。(一上)

樹達按:朱一新云:八表及《天文志》皆班昭踵成之,見《後漢書·列女傳》。

考之於天。(一上)

師古曰:謂在璿璣玉衡以齊七政,考之於天,知己合天心不也。

樹達按:顔説本之《書》僞傳,其説非也。余謂:此當如《孟子·萬章》篇所云,謳歌訟獄以民意表之者耳。

以德若彼,用力如此,其艱難也。(一下)

師古曰:囏古艱字也。錢大昭曰:尋顔注,艱當作囏。周壽昌曰:乾道本、汪本、明德藩本字俱作囏。先謙曰:官本作囏。

樹達按:景祐本作囏。

以爲起於處士橫議。(一下)

師古曰:横音朝孟反。

樹達按:注朝字誤,景祐本作胡,是也。

箝語燒書。(二上)

師古曰:箝音某占反。

樹達按:注某字誤,景祐本作其,是也。

高后二年,長沙共王若嗣。

樹達按:若《吴芮傳》作右。

諸侯王表第二(漢書十四)

毋俾城壞,毋獨斯畏。(一上)

師古曰:城不可使墮壞,宗不可使單獨。單獨墮壞,則畏懼斯至。

樹達按:顏訓二毋字爲一義,非也。余按:上毋爲禁止之辭,下毋乃發聲辭。畏,戒也。毋獨斯畏,謂惟獨是戒也。

然天下謂之共主。(二上)

如淳曰:雖至微弱,猶共以爲之主。

樹達按:如如説,文當云:天下共謂之主矣。余謂此言天下稱爲公共之主。

歷載八百餘年,數極德盡,既於王赧,降爲庶人,用天年,終號位。(二上)

師古曰:既亦盡也。

樹達按:既字文不可通,顏因以"既於王赧"句上屬,文義不相承貫。今按既當爲暨,暨,及也,字誤脱其半耳。景祐本亦誤作既。

騁狙詐之兵。(二上)

應劭曰:狙,伺也,因聞伺隙出兵也。朱一新曰:聞疑當作間,汪本亦誤。先謙曰:官本注聞作間。

樹達按:景祐本作間,不誤。

秦不及期。(二下)

應劭曰:秦以謚法少,恐後世相襲,自稱始皇,子曰二世,欲以一迄萬。今至子而亡,此之爲不及期也。

樹達按:以一迄萬,豈有及期之事,應説非也。今按《禮記·曲禮上》篇云:"百年曰期,頤。"始皇并天下,至子嬰之降,僅十五年,故云不及期,謂不及百年也。

諸侯北境,周市三垂,外接胡越。(三上)

朱一新曰:汪本北作比,是。先謙曰:官本北作比,市作帀,是。

樹達按:北景祐本作比,市作帀。

宮室百官同制京師。(三上)

王國維《齊魯封泥集存序》云:《漢書·諸侯王表》謂藩國宮室百官同制京師,《百官公卿表》謂諸侯王羣卿大夫都官如漢朝,賈誼書亦謂:天子之與諸侯,臣同,御同,宮牆門衛同,初疑其爲充類之説,非盡實録。乃此編所載齊國屬官,除丞相、御史大夫外,則郎中當漢之郎中令,大匠當漢之將作大匠,長秋當漢之大長秋,下至九卿所屬令丞,如大祝、祠祀、園寢諸官爲奉常之屬,中廄丞爲太僕之屬,内官丞爲宗正之屬,大倉、大官、樂府、居室、謁者、御府、永巷、宦者諸官爲少府之屬,武庫丞爲中尉之屬,食官爲詹事之屬,鐘官爲水衡之屬,始知賈生《等齊》之篇,孟堅同制之説,信而有徵。

設附益之法。(四下)

張晏曰:《律》鄭氏説:封諸侯過限曰附益。或曰:阿媚王侯有重法也。師古曰:附益者,蓋取孔子云"求也爲之聚斂而附益之"之義也。皆背正法而厚於私家也。周壽昌曰:或曰十字是解《高五王傳贊》阿黨之法語,誤入於此。

樹達按:《匡衡傳》云:"司隸校尉駿等奏賜明亂減縣界,擅以地附益大臣,皆不道。"似即此附益之法,然彼非諸侯王事,則仍非也。

張晏注記二説，據《王嘉傳》云“外附諸侯”，《元后傳》記尚書劾王章欲令在朝阿附諸侯，則以張引或説義爲近之。周説殊誤。

漢諸侯王厥角䭫首。（四下）

師古曰：䭫音口禮反，與稽同。

樹達按：《孟子·盡心下》篇云：武王之伐殷也，王曰：“無畏！寧爾也，非敵百姓也。”若崩厥角稽首。

或乃稱美頌德以求容媚。（五上）

樹達按：如劉嘉以獻符命封扶美侯，賜姓王氏，是也。見《燕刺王旦傳》。

楚元王交，六年正月丙午立，二十三年薨。（五上）

先謙曰：《傳》同，官本三作二。

樹達按：交於文帝元年薨，見《文紀》，是立二十三年。夏燮謂二是誤字，是也。

代王喜。（五下）

樹達按：喜以子濞封吴，追封吴頃王，見《平紀》及《王子侯表》。

齊悼惠王肥，正月壬子立。（六上）

錢大昭曰：《高五王傳》：正月立。

樹達按：《肥傳》但云六年立，不言正月，《高紀》乃言正月耳。錢説誤。

城陽　元封三年，惠王武嗣，十二年薨。（六下）

錢大昭曰：閩本作十一年。朱一新曰：汪本作十一年。先謙曰：二當爲一，傳不誤。

樹達按：景祐本作十一年。

梁懷王揖。（十一下）

樹達按:《文紀》記封以武參揖爲次,《文三王傳》亦然。《賈誼傳》云:"懷王,上少子。"是揖當次梁孝王武代孝王參之後始合。今首列此,誤也。

魯共王餘,三月甲寅,立爲淮陽王。二年徙魯,二十八年薨。元朔元年,安王光嗣。(十四上)

朱一新曰:當作二十七年,八字誤。先謙曰:自前二年至元光六年,止二十七年,朱説是。《傳》亦誤作八。

樹達按:《武紀》書餘於元朔元年薨,安王光當以元朔二年嗣位。朱王但據下格誤文之元朔元年逆推,不檢紀文,遂云八字爲誤,殊爲疏失。且餘與江都易王非、長沙定王發同年封,又同薨于元朔元年,彼文皆云二十八年薨,不誤,此二十八年焉得爲誤邪! 夏燮校亦與朱、王同誤,皆坐不校紀文也。

趙敬肅王彭祖,三月甲寅立爲廣川王。四年徙趙,六十三年薨。征和元年,頃王昌嗣。(十五上)

樹達按:《武紀》:彭祖以征和元年薨,《傳》同,則當云六十四年薨。昌嗣當在征和二年。

廣川惠王越,中二年四月乙巳立,十二年薨。建元五年,繆王齊嗣,四十五年薨。(十七下)

先謙曰:自中二年至建元四年止十二年,《傳》二作三,誤。

樹達按:夏燮云:越立十二年薨。《傳》作十三年。齊立四十五年,傳作四十四年。據《本紀》越薨在五年八月,則繆王之嗣在六年。自六年推至征和元年,實四十四年。表中減惠王一年,遂增入繆王一年,皆當據傳改正。

常山憲王舜,中五年三月丁巳立,三十二年薨。元鼎三

年,王勃嗣。(十九上)

先謙曰:中五年至元鼎二年,三十一年也。此作三十二,傳作三十三,并誤。

樹達按:《武帝紀》:舜以元鼎三年薨,中五年至元鼎三年,正是三十二年,不誤。傳作三十三,乃誤耳。勃立而即廢,紀亦係於元鼎三年。王據下嗣立格逆推,不檢紀文,與《魯共王餘傳補注》誤同。

真定頃王平,綏和二年,王楊嗣。十六年,王莽篡位,貶爲公,明年廢。(十九上)

樹達按:楊於建武二年叛誅,見《後書·光武紀》。

昌邑哀王髆,天漢四年六月乙丑立,十一年薨。(二十一上)

先謙曰:《宣紀》六月作四月。

樹達按:髆薨于後元元年,當云十年薨,此云十一年,誤。《傳》亦誤作十一年。《補注》"宣紀"宣字誤,當作"武紀"。

淮陽憲王欽,元康三年四月丙子立。(二十一下)

先謙曰:《宣紀》四月作七月。

樹達按:《宣紀》封以六月,非七月。

王子侯年表第三上(漢書十五)

管共侯罷軍。(三下)

先謙曰:管當爲菅,《濟水注》可證。《史》表亦誤。《索隱》誤以滎陽之管城當之。

樹達按：王説是也。羅振玉《齊魯封泥集存》有菅侯相印封泥，字作菅，與《濟水注》相合。

楊丘共侯安。侯偃嗣。（四上）

樹達按：《藝文志·詩賦略》有陽丘侯劉隁賦十九篇，楊字作陽，偃字作隁。

郁根侯驕。（三十一下）

師古曰：根音狼。先謙曰：《史》表作郁狼。

樹達按：王國維云：《齊魯封泥集存》有郁狼鄉印，則《史記》是，《漢書》非也。

安衆康侯丹。侯崇嗣，居攝元年舉兵，爲王莽所滅。（三十四下）

樹達按：事見《莽傳》上。

海常侯福。（三十六下）

先謙曰：福後擊南越有功復封，入《功臣表》。

樹達按：福雖入《功臣表》，據《兩粤傳》，福從軍亡功，以宗室故侯也。

牟平共侯渫。（四十二上）

樹達按：子孫遂家牟平，爲牟平人，見《後書·劉寵傳》。

衆陵節侯賢。（四十七上）

先謙曰：《史》表作泉陵。《索隱》：《志》屬零陵，而未言《漢》表作衆陵，則衆是後來傳寫誤字。

樹達按：《王莽傳》云"泉陵侯劉慶上書"，顔注引此作衆陵，并云《表》誤，是唐時表文已誤，王説未審。

洨夷侯周舍。（五十七下）

樹達按:王國維《齊魯封泥集存序》云:洨夷侯,洨《史》表作郊。今封泥有郊侯邑丞,則《史記》是,《漢書》非也。

王子侯年表第三下(漢書十五)

新鄉侯豹,侯佟嗣。(七上)

先謙曰:新鄉,清河縣,《王莽傳》同。《地理志》作信鄉,古字通。

樹達按:《王莽傳上》作信鄉侯佟。

金鄉,元始元年二月丙辰,侯不害以思王孫封,八年免。(四十上)

樹達按:梁玉繩《瞥記》云:此與下就鄉侯皆思王孫,皆名不害,封年同,疑是誤重。又《表》中高城節侯梁亦兩見,誤出也。

湖鄉,二月丙辰,侯開以思王孫封,八年免。(四十下)

陳景雲曰:此與金鄉、伊鄉、就鄉并思王孫,同時封,不應二人同名,前後必有一誤。

樹達按:金鄉、就鄉兩侯同名不害,前記梁玉繩説已言之。湖鄉、伊鄉兩侯復同名開,與金鄉、就鄉兩侯例同。《補注》引陳説混舉四侯,不加分析,令人迷惘。心疑陳氏校書素精,恐不當有此。昔年曾手録陳氏《兩漢舉正》全書,亂後失去,無由檢核。葵園未見陳氏書,《補注》所載皆據王念孫、錢大昕轉引。因檢兩家書,知此條本自錢氏《三史拾遺》。原文以伊鄉侯開就鄉侯不害兩侯標題。校云:"上文湖鄉侯開、金鄉侯不害皆東平思王孫也,與伊鄉、就鄉兩侯同時受封,不應其名并同,前後當有一誤。"知陳氏立文本自清晰。葵園取之易置湖鄉條下，删去原校“上文湖鄉侯開、金鄉侯不害”十一字，易“其名并同”四字爲“二人同名”，於是文不可解矣。按陳氏合校兩條，葵園就《表》立注，於陳文勢不能不有所移易。理當依陳置伊鄉侯開條下，專校伊鄉與上文湖鄉復見之事。其金鄉、就鄉之例，或附見於此條，或别記於就鄉條下，乃爲得之。如此妄加删易，迷誤後生不淺矣。

高惠高后文功臣表第四(漢書十六)

於是申以丹書之信。(一下)

沈欽韓曰:《秋官·司約》鄭注:今俗語有丹書鐵券，然則此約誓之詞刻在鐵券也。

樹達按:《困學紀聞》十二引《楚漢春秋》云“高帝初封侯者皆賜丹書鐵券，曰:使黄河如帶”云云，沈説良信。

又作十八侯之位次。(一下)

孟康曰:唯作元功蕭曹等十八人位次耳。錢大昭曰:注蕭曹閩本曹作何。朱一新曰:汪本作何。

樹達按:景祐本作蕭曹。

隕命亡國，云子孫。(二下)

錢大昭曰:閩本無云字，作或亡子孫。南監本有或字，亡訛爲云，閩本是。朱一新曰:汪本作隕命亡國，或亡子孫。先謙曰:官本與南監本同，閩、汪本是也。

樹達按:景祐本作或云子孫，亡字亦誤作云，記之以見此本之不盡可據。

詔令有司求其子孫。（二下）

樹達按：見《宣紀》元康元年。

咸出庸保之中。（二下）

師古曰：庸，功庸也。錢大昭曰：南監本、閩本功上并有賣字。朱一新曰：汪本有賣字，是。先謙曰：官本有賣字。

樹達按：景祐本有賣字。

湯法三聖，殷氏太平。（三上）

師古曰：三聖謂堯舜禹也。錢大昭曰：閩本禹下有三人二字。朱一新曰：汪本有。先謙曰：官本有。

樹達按：景祐本有三人二字。

則厚德掩息，遴柬布章。（四上）

師古曰：遴讀與吝同。

樹達按：《説文》二篇下"辵部"遴字下引《易》曰："以往遴。"今《易·蒙卦》作"以往吝"，是遴吝字通之證。

於是成帝復紹蕭何。（四上）

樹達按：事見《成紀》元延元年。

以昭元功之侯籍云。（四上）

錢大昭曰：閩本無云字。朱一新曰：汪本無云字。

樹達按：景祐本無云字。

汝陰文侯夏侯嬰。孝文九年，夷侯竈嗣。（六上）

樹達按：竈舉鼂錯賢良，見《錯傳》。

廣平敬侯薛歐。孝文後三年，侯澤嗣。（七下）

樹達按：澤武帝時爲丞相，見《申屠嘉傳》。

博陽嚴侯陳濞。（八上）

樹達按：《南粵傳》有將軍博陽侯，胡三省謂即此人，是也。

射陽侯劉纏。漢王与項有隙於鴻門。（十下）

樹達按：陳景雲云：項下當有羽字。

潁陰懿侯灌嬰。孝文五年，平侯何嗣。（十五上）

樹達按：何於吴楚反時爲將軍，見《史記·魏其侯傳》。舉鼂錯賢良，見《錯傳》。

蓼夷侯孔聚。孝文九年，侯臧嗣。（十七上）

樹達按：《藝文志》儒家有《孔臧書》十篇，賦家有《孔臧賦》二十篇。

隆慮克侯周竈。（十八上）

樹達按：竈擊南粵，見《吕后紀》及《南粵傳》。

汁防肅侯雍齒。（十九下）

先謙曰：汁防，廣漢縣，《説文》作什邡。

樹達按：《封泥考略》卷五有汁邡長印三事。陳介祺云：《漢·地理志》作什方，《續漢書·郡國志》及《説文》作什邡，唯《隸釋·王君平鄉道碑》、《武都丞吕國題名》作汁邡，與印同，當以碑印爲正也。

棘蒲剛侯陳武。（十九下）

先謙曰：應劭以爲棘蒲即常山平棘縣，師古駁之，以平棘乃林摯侯國也。見常山平棘注。案《一統志》，棘蒲故城今趙州治，平棘故城在趙州南，或棘蒲國除，後并入平棘。

樹達按：棘蒲不見於《地志》，故應劭有即平棘之説，小顔駁之，是矣，而王氏猶作調停之説。今考《封泥考略》卷六有棘滿丞印，知蒲字乃滿字形近之誤，惟棘滿亦不見於《地志》耳。

曲成圉侯蟲達。孝文元年,侯捷嗣。(二十二下)

樹達按:《淮南王傳》記:吴楚反時,漢使曲城侯將兵救淮南,即捷也。城當作成。

祁穀侯繒賀。(二十四下)

樹達按:賀於文帝時爲將軍討濟北王興居,見《文紀》。

孝景六年,侯它嗣。(二十四下)

樹達按:《楊王孫傳》有祁侯,即它也。

高宛制侯丙猜。(二十七下)

先謙曰:《史》表宛作苑。

樹達按:周明泰《續封泥考略》卷三有高宛邑丞印,則此文宛字是,《史》表作苑者誤也。

終陵齊侯華毋害。(二十八上)

先謙曰:《史》表作絳陽。王念孫云:下有毋害曾孫於陵大夫告,則絳陵乃於陵之訛。於陵,濟南縣。絳陽又絳陵之誤。《澮水注》以爲河東之絳縣,非也。

樹達按:王國維云:齊魯封泥有絳陵邑丞封泥,則《史記》一誤,《漢書》再誤也。

蒯成制侯周緤。長沙。(三十下)

朱一新曰:此表末格皆不載郡名,獨此偶見之。《索隱》不引此而引《地道記》,疑小司馬所見《漢書》無長沙二字。

樹達按:《緤傳》注晉灼云:《功臣表》屬長沙,則本有此二字。

柏至靖侯許盎。十五年,侯昌嗣。(三十四下)

樹達按:昌於武帝建元二年爲丞相,見《田蚡傳》。

安丘懿侯張説。説玄孫之子陽陵上造舜,詔復。(四十三上)

錢大昭曰:閩本有家字,是。先謙曰:官本有家字。

樹達按:景祐本復下有家字。

東陽武侯張相如。(四十七上)

樹達按:東陽侯毀賈誼,見《誼傳》。稱爲長者,見《張釋之傳》。

開封愍侯陶舍。十二年,夷侯青嗣。(四十八上)

先謙曰:《史表》,景帝時爲丞相。

樹達按:青爲丞相,見《申屠嘉傳》。

營陵侯劉澤。(五十上)

樹達按:哀帝時紹封澤玄孫之孫歸生爲營陵侯,《表》失載,應補。

臨轅堅侯戚鰓。(五十一下)

樹達按:黄濬《衡齋金石識小録》上册廿柒葉有銅虎符,銘文云"與臨袁侯爲虎符第二",字作袁,不作轅。羅振玉《齊魯封泥集存》、周明泰《續封泥考略》卷四并有臨袁邑丞印,字亦作袁,則表作轅字爲誤也。《史》表亦同誤。

戴敬侯祕彭祖。(五十三上)

師古曰:今見有祕姓,讀如祕書,而韋昭妄爲音讀,非也。

樹達按:王國維云:《史》、《漢》二表并作戴,《索隱》音再。今《齊魯封泥》有載國大行,則音不誤而字誤也。樹達按:單本《史記索隱》引韋昭云"符蔑反",與顔音異,故顔非之。

衍簡侯翟盱。(五十三下)

周壽昌曰:《濟水注》:濟瀆又東徑封邱縣,此南燕縣之延鄉也,高帝封翟盱爲侯國,是道元所見《漢表》衍當爲延,蓋音近而訛也。

樹達按:周明泰《續封泥考略》卷四有衍侯邑丞印,正是翟盱封邑邑丞，衍字非誤，周說非也。

博陽節侯周聚。（五十五上）

齊召南曰：陳濞既封博陽，不應一地兩侯。《索隱》：縣屬彭城，則此應作傅陽。博傅定形近而誤耳。先謙曰：傅陽，楚國縣。聚亦見《南粤傳》。

樹達按：《南粤傳》有將軍博陽侯，《補注》引胡三省説謂是陳濞，是矣。此文博陽既是傅陽之誤，則《南粤傳》之博陽侯決非周聚可知。今王氏又以屬聚，不惟與《南粤傳補注》自相矛盾，亦與此處《補注》自相違異，疏謬甚矣。

穀陽定侯馮谿以卒前二年起拓擊籍定代爲將軍功侯。（五十七上）

先謙曰：史表拓作柘，是。柘，沛郡縣。

樹達按：景祐本作柘。

藏鹵侯張平。（六十下）

先謙曰：《史》表作菌莊侯。徐廣云：菌一作鹵。按閩本、官本俱作鹵嚴侯，是也。鹵，安定縣，《史》誤爲菌，此又誤加藏，脱嚴也。

樹達按：景祐本作鹵嚴侯。

軑侯黎朱蒼。百一十。（六十一上）

錢大昭曰：閩本作百二十，是。先謙曰：官本作百二十。

樹達按：景祐本作百二十。

博成敬侯馮無擇。（六十三上）

吴卓信曰：博，泰山之縣。成敬，謚也。先謙曰：《史》表標博成二字，則博成是縣，敬是謚，吴説非也。

樹達按：王説是也。《景武昭宣元成功臣表》有博成侯張章，字亦作成。然《史記·吕后紀》記封無擇爲博城侯,字作城,與《史》、《漢》表并異。博城、博成《地理志》皆未見,無可折衷。惟《封泥考略》卷七有博城二字印,則作城者是也。

樂成簡侯衛毋擇。(六十四上)

先謙曰:《史》表成作平。官本、閩本并作樂平。

樹達按:景祐本作樂平。

五鳳元年,思侯寶嗣。(六十八上)

樹達按:思侯娶許皇后姊嬺爲夫人,見《淳于長傳》。

景武昭宣元成功臣表第五(漢書十七)

《春秋》列潞子之爵,許其慕諸夏也。(一上)

應劭曰:潞子離狄内附,《春秋》嘉之,稱其爵,列諸盟會也。

樹達按:宣公十五年《春秋》云:"六月癸卯,晉師滅赤狄潞氏,以潞子嬰兒歸。"潞子見於《春秋》者止此一事,未嘗列諸盟會也。應説誤。

後有承平。(一下)

錢大昭曰:有南監本、閩本作世。先謙曰:官本作世,是。

樹達按:景祐本作世。

翕侯僕䵐。(五上)

鄭氏曰:䵐,音怛。錢大昭曰:南監本、閩本并作易侯。先謙曰:此下有翕侯邯鄲,一地不應同時兩封,《史》表作易侯,是。

《易水注》:僕䵐侯國在涿郡易縣,引見志。酈亦不言縣有翕城,則所見本亦作易無疑。官本鄭氏作師古。

樹達注:翕景祐本作易,注作鄭氏。

隨桃頃侯趙光,侯昌樂嗣。(十七下)

樹達按:昌樂與廢昌邑王,見《霍光傳》。

承父侯續相如。(二十三上)

樹達按:敦煌木簡云:出粟一斗二升,以食使莎車續相如上書良家子二人,見羅振玉《流沙墜簡》,知續相如曾使莎車也。

開陵侯成娩,以故匈奴介和王將兵擊車師,不得封年。(二十三上)

先謙曰,《表》不得封年。核建成得罪,此封在征和二年。成娩見匈奴《西域傳》。

樹達按:王氏據上文開陵侯建成嗣侯禄國除之年推論,其説非是。今按:《西域·車師傳》云:武帝天漢二年,以匈奴降者介和王爲開陵侯,是以天漢二年封也。

重合侯莽通,以侍郎發兵擊反者如侯侯。(二十四上)

樹達按:《金日磾傳》云"通用誅太子時力戰得封",而此云擊反者如侯,似與彼不合。然下"景建以從莽通共殺如侯得少傅石德侯。"按石德爲戾太子少傅,見《戾太子傳》。然則如侯亦戾太子將,此文與《日磾傳》文雖異而事則同也。

蒲侯蘇昌。(二十五下)

樹達按:昌與廢昌邑王,見《霍光傳》。

弋陽節侯任宫。初元二年,剛侯千秋嗣。(二十七上)

樹達按:宫千秋事見《馮奉世傳》。

義陽侯傅介子。嗣子有罪,不得代。(二十八上)

樹達按:《傳》云:子敞有罪,不得嗣,是其子名敞。

長羅壯侯常惠。(二十八下)

樹達按:《傳》作壯武侯。

高昌壯侯董忠。(二十九上)

樹達按:高昌侯見《楊惲傳》。

初元二年,煬侯宏嗣,坐佞邪免。(二十九上)

樹達按:宏見師丹、王莽傳,佞邪謂請尊定陶太后也。

合陽愛侯梁喜。建始二年,侯放嗣。(三十上)

樹達按:放舉杜欽直言,見《欽傳》。

新山侯稱忠,以捕得反者樊并侯,千户。十一月己酉封。(三十二上)

錢大昕曰:李譚以下四人俱以捕樊并功封,其三在七月,而日不同,此十一月亦不當在七月前。考《成紀》,事在永始三年十一月,疑此十一二字誤合爲七,而四年亦三年之訛。

樹達按:錢説見《三史拾遺》,原文用前條"延鄉節侯李譚永始四年七月己巳封"標題。校云:"李譚、稱忠、鍾祖、訾順俱以捕得樊并功封,其封當同日。《表》於譚書七月己巳,於忠書十一月己酉,於祖於順書七月己酉,前後失倫。且七月不當在十一月之後。此七月指"鍾祖"、"訾順"二條之七月。以《成紀》考之,事在永始三年十一月。恐十一兩字誤合爲七,而四年亦三年之訛。"按《補注》采用錢説有誤點二。錢校李譚條四年當作三年,七月當作十一月。王氏不置李譚條下,而置於此條,遂致文不對題,令讀者迷惑,不合一也。錢氏云:"恐十一兩字誤合爲七",此自是指李譚、鍾祖、訾順三條七月之七字爲言。稱忠條之十一月,與《成紀》之十一月相合,錢氏不以爲誤文也。王氏不置錢校於有誤字七月諸條之下,偏置於無誤文十一月一條之下,令人駭怪,不合二也。又按張文虎云:錢説是也。以三統術推之,永始三年十一月己巳朔,十七日乙酉。蓋四侯皆以是日封,乙己形近,往往相亂,十一月無己酉。七月辛未朔,亦無己巳己酉。

外戚恩澤侯表第六(漢書十八)

初得周後,復加爵邑。(一下)

樹達按:《武紀》:元鼎四年,封周後姬嘉爲周子南君。

晚得殷世,以備賓位。(一下)

樹達按:《國語·晉語》云:"非德不及世。"韋注云:"世,嗣也。"按《成紀》綏和元年,封殷後孔吉爲殷紹嘉侯。

孝景將侯王氏,修侯犯色,卒用廢黜。(一下)

師古曰:修音條。

樹達按:條侯周亞夫也。景帝欲侯王皇后兄信,亞夫據高祖約争之,帝默然而沮,故云廢黜也。

吕成侯吕忿。(五上)

先謙曰:成城通用字,楚國有吕縣,忿所封。

樹達按:羅振玉《齊魯封泥集存》及周明泰《再續封泥考略》卷二并有吕成邑丞,則漢縣自有吕成,特志文未見耳。王以楚國吕縣當之,非也。

武安侯田蚡,孝景後三年三月封。(七下)

樹達按:景帝崩於後三年正月,故三月封事屬武帝也。

樂昌共侯王武。（十五上）

樹達按：武見《楊惲傳》。

右孝宣二十人。（十八下）

樹達按：宣帝封霍雲爲冠陽侯，見《霍光傳》，《表》漏載。

安成共侯崇。（十九上）

樹達按：崇夫人放，見《王吉傳》。

褒魯節侯公子寬，六月丙午封，薨。十一月，侯相如嗣，更姓公孫氏。（二十八下）

先謙曰：《平紀》封公孫相如，與《表》異。

樹達按：《紀》明誤以相如之嗣封爲始封，王氏不能校正，而以爲異文，誤。

百官公卿表第七上（漢書十九）

《百官公卿表》七上。（一上）

樹達按：李慈銘云：班氏此表例亦未能畫一。其自三公將軍外，有太常、光禄勳、衛尉、太僕、廷尉、大鴻臚、宗正、大司農、少府、執金吾、水衡都尉已十一卿、又加之以三輔，則固不限於九卿也。水衡都尉及三輔秩皆二千石，則固不限於中二千石也。然太子太傅、少傅、將作大匠、詹事、大長秋、典屬國皆二千石，將作等四官皆號列卿，何以不列？

《易》叙宓羲神農皇帝作教化民。（一下）

先謙曰：官本皇作黄，是。

樹達按：景祐本作黄。

有丞相長史，秩千石。（四上）

樹達按：《韓非·定法》篇云：商君之法曰："斬一首者爵一級，欲爲官者爲五十石之官；斬二首者爵二級，欲爲官者爲百石之官。"據此漢以石計官禄，亦本於秦制也。

太尉，秦官。（四下）

應劭曰：自上安下曰尉。

樹達按：《説文》十篇上"火部"云：尉，從上安下也，從𡰥又持火。字今通作尉。

宣帝地節三年，置大司馬，不冠將軍，亦無印綬官屬。（四下）

樹達按：宣帝欲奪霍禹之權，故爲此，詳《霍光傳》。

博士，秦官，掌通古今。（七下）

錢大昭曰：朝錯、匡衡皆爲太常掌故，疑即博士之類。應劭云：掌故，六百石吏，主故事。

樹達按：錢引應説，出《鼂錯傳》注。彼傳《補注》謂掌故百石，六字爲衍文，其説是也。錯以掌故爲太子舍人，門大夫，遷爲博士，則掌故遠卑於博士，不得謂即博士之類也。蓋掌故百石，《續志》記太子舍人二百石，下文應劭注謂太子門大夫六百石，博士比六百石，錯升遷次第大致合理。若掌故爲六百石，《錯傳》文不可通矣。

諸吏得舉法。（二十四下）

樹達按：《説文》十三篇下"力部"云："劾，法有罪也。"劾可訓法，知法亦可訓劾，此法即劾字之義。《薛宣傳》云："有司法君領職解嫚。"《王嘉傳》云："非愛死而不自法。"《王温舒傳》云："此人雖有百罪，勿法。"法皆當訓劾。謝承《後漢書》云："許永爲司隸校尉，舉法無所迴避。"亦以舉法連文，舉法即舉劾也。

三，簪裊。（二十五上）

師古曰：以組帶馬曰裊。簪裊者，言飾此馬也。裊音乃了反。

樹達按：《説文》八篇上"衣部"云：褭，以組帶馬也。從衣，從馬。奴鳥切。文作裊，誤。景祐本亦同誤。蓋以字音與鳥同，故致誤耳。

六，官大夫。（二十五下）

樹達按：《樊噲傳》云：賜爵國大夫。文穎注謂即官大夫，爵第六級，是官大夫又名國大夫。

七，公大夫。（二十五下）

樹達按：《樊噲傳》云："賜爵列大夫。"文穎注謂即公大夫，爵第七級，是公大夫又名列大夫也。

八，公乘。（二十五下）

樹達按：《樊噲傳》記賜爵國大夫，據文穎説爲第六級；次賜列大夫，爲第七級；次賜上聞爵，次賜五大夫，爲第九級。錢大昭因推定上聞爵即第八級之公乘，理或然也。

十，左庶長；十一，右庶長。（二十五下）

樹達按：襄公十一年《左傳》云："秦庶長鮑庶長武帥師伐晉以救鄭。"杜注云：庶長，秦爵也。知庶長本秦制，《春秋》時已有之。

羣卿大夫都官如漢朝。（二十六下）

樹達按：説詳前《諸侯王表》。

游徼徼循禁賊盜。（三十上）

王國維《齊魯封泥集存序》云：班氏之表，司馬之志，成書較後，頗有闕遺。此編所録，漢朝官如雒陽宫丞、宫司空、和官丞、中和官丞，王侯屬官如齊武士丞、齊昌守丞、齊中右馬、齊中左馬、齊中空長、齊司空丞、齊左宫丞、菑川郎丞、載國大行、郡縣屬官如水丞、平丞、陶丞，餘官如司空、祠官、橘監、發弩、兵府、治府，皆班表馬志所未載。餘如挏馬五丞中之有農丞，樂府之有鐘官，此樂府鑄鐘鎛之官，非水衡掌鑄錢之鐘官也。鐘官之有火丞，技巧之有錢丞，班表亦僅列官府之目，未詳分職之名。

列侯所食縣曰國，皇太后皇后公主所食曰邑。（三十上）

王國維《齊魯封泥集存序》云：《漢》表稱列侯所食縣曰國，皇太后皇后公主所食曰邑。今此編中邑丞封泥凡二十有八，除琅邪爲魯元公主所食邑外，餘皆列侯食邑，唯載國大行一印乃稱國耳。

百官公卿表第七下（漢書十九）

孝景三年，德侯劉通爲宗正。（十下）

樹達按：德侯見《吴王濞傳》，濞之弟子也。

元狩元年，大行令李息。（十七下）

樹達按：息見《衡山王賜傳》。

中尉司馬安。（十七下）

先謙曰：見《汲黯鄭當時傳》。

樹達按：亦見《衡山王賜傳》。

元鼎三年，鄲侯周仲居爲太常，坐不收赤側錢，收行錢論。（二十上）

樹達按：《功臣表》記仲居完爲城旦。

天漢四年，左馮翊韓不害。（二十四上）

樹達按：六字應在下一格。

孝宣五鳳二年。（三十五上）

錢大昭曰：閩本有“八月壬午，太子太傅黄霸爲御史大夫，一年遷”十八字，此脱。先謙曰：官本有。

樹達按：景祐本有十八字。

黄龍元年。（三十六下）

錢大昭曰：閩本有“左馮翊常”四字。先謙曰：官本有。

樹達按：景祐本有“左馮翊常”四字。

竟寧元年，河南太守召信臣爲少府，二年徙。（四十上）

先謙曰：《儒林傳》：梁丘臨代五鹿充宗爲少府，此不載，而書召信臣爲少府，疑五鹿之後信臣之前臨嘗任職，不久即免，而史失之。

樹達按：《儒林傳》代字乃傳字之誤文。王據誤文爲説，非是。

建始二年，宗正劉慶忌爲太常。（四十一上）

樹達按：時慶忌舉谷永方正直言極諫，見《永傳》。

孝成建始二年，河東太守杜陵甄少公爲京兆尹。二年貶爲河南太守。（四十一上）

先謙曰：《王尊傳》作甄遵河内太守，與此異。

樹達按：甄下景祐本有“尊”字，據錢大昭校閩本亦有“尊”字。王氏漏採錢説，竟似以表之甄少公與《王尊傳》之甄遵爲異文矣。

河平三年，侍中中郎將王音爲太僕。（四十二下）

樹達按：時音舉何武賢良方正，見《武傳》。

永始三年，河南太守杜陵寵真稺孫爲左馮翊。（四十五下）

錢大昭曰:南監本、閩本寵作龐。先謙曰:官本作龐,是。

樹達按:景祐本作龐。

永始三年,琅邪太守陳慶君卿爲廷尉,一年,爲長信少府。(四十六上)

樹達按:陳慶見《翟方進傳》,彼云司隸校尉,《表》未及。

元延三年,尚書僕射趙亡少平爲光禄勳。(四十七上)

錢大昭曰:南監本、閩本亡作玄。先謙曰:官本作玄。

樹達按:景祐本作玄。

孝哀建平元年,大司農左咸。(四十九上)

樹達按:咸後爲王莽講《春秋》祭酒,見《莽傳》。

建平二年,執金吾孫雲爲衛尉。(四十九上)

樹達按:時雲議王嘉薦梁相事,見《嘉傳》。

建平三年,右將軍公孫禄爲左將軍。(四十九下)

樹達按:時禄劾王嘉,見《嘉傳》。

左馮翊方賞爲廷尉。(四十九下)

樹達按:賞與畢由治梁王立事,見《文三王傳》。

建平四年,三月丁卯,諸吏散騎光禄大夫賈延爲御史大夫。(五十上)

樹達按:時延與王嘉上封事諫封董賢等,見《嘉傳》。

諸吏散騎光禄大夫王安爲右將軍。(五十上)

樹達按:時安劾王嘉迷國罔上,見《嘉傳》。

古今人表第八(漢書二十)

《古今人表》第八。(一上)

樹達按:《外戚·宣許后傳》記張賀云:"曾孫體近,下人乃關内侯。"《李廣傳》記李蔡爲人在下中。疑漢世品藻人倫,本有九等之説,而班氏因以立表也。

女媧氏。上中(三下)

錢大昭曰:閩本上上,次於太昊。

樹達按:景祐本在上中。

中央氏。上中(四下)

錢大昭曰:閩本無。

樹達按:景祐本有。

巫賢。上下(二十六上)

樹達按:巫賢見《尚書·君奭》篇。

衛建。中中(三十七上)

先謙曰:《衛世家》作庢伯,疑表譌脱。

樹達按:建景祐本作疌,據錢大昭校閩本亦作疌,建字以形近誤也。

宋弗父何上上(三十八下)

錢大昭曰:南監本、閩本在上下。先謙曰:官本例上下,此誤。

樹達按:景祐本列上下。

駐甥。中中(四十七上)

錢大昭曰：南監本、閩本駐作騅，是。先謙曰：官本作騅。

樹達按：景祐本作騅。

辛甲。上中（四十八上）

錢大昭曰：閩本無辛甲，南監本有。

樹達按：景祐本有。

宋愍公捷。中下（五十上）

錢大昭曰：南監本、閩本注"嚴公子"三字。

樹達按：景祐本有"嚴公子"三字。

虢叔。上下（五十五上）

錢大昭曰：叔當作射，南監本、閩本不誤。先謙曰：官本作射。

樹達按：景祐本作虢射。

老子。中上（七十二下）

周壽昌曰：唐天寶元年詔：《漢書·古今人表》：玄元皇帝升入上聖。宋徽宗詔：《史記·老子傳》升列傳之首，自爲一帙，《前漢·古今人表》列於上聖，後來各本俱遵之，惟毛本列第四，猶存班書元式。《先謙》曰：官本列上上。

樹達按：景祐本列中上。

梁丘據。下中（七十三上）

錢大昭曰：南監本、閩本第七等俱有"齊景公杵臼"及注"嚴公弟"共八字，在梁丘據之上，此脱。先謙曰：官本有八字。

樹達按：景祐本有八字。

蔡昭侯。下中（七十七上）

錢大昭曰：南監本、閩本第七等俱有"秦惠公"及注"哀公孫"共六字，在蔡昭侯之上，此脱。先謙曰：官本有六字。

樹達按：景祐本有六字。

任座。上下(九十上)

梁玉繩曰：見《吕覽・自知》篇，魏文侯直臣。

樹達按：座亦見《説苑・奉使》篇。

韓文侯。中下(九十一下)

錢大昭曰：南監本、閩本俱有"列侯子"三字。先謙曰：官本有三字。

樹達按：景祐本有"列侯子"三字，惟誤列在上一格。

卷 三

律歷志第一上(漢書二十一)

其法用銅方尺而圜其外,旁有庣焉。(十八上)

樹達按:《説文》十四篇上"斗部"云:斛,斛旁有斛。從斗,庣聲。此用省字。

太中大夫公孫卿壺遂太史令司馬遷等言:歷紀廢壞,宜改正朔。(二十五上)

樹達按:遂詳《韓安國傳》。

丞相屬寶,長安單安國,安陵桮育治終始。(三十一上)

周壽昌曰:終始,書名,治天文者也。

樹達按:《藝文志》有公檮生《終始》十四篇,鄒子《終始》五十六篇,在陰陽家,非天文也。周説誤。

律歷志第一下(漢書二十一)

我高祖少昊縶之立也。(四十五上)

錢大昭曰:縶監本、閩本皆作摯。先謙曰:官本作摯,是也,下文汲古本亦作摯,明此作縶爲誤字。《左傳》亦作摯。

樹達按:景祐本作摯。

翌日辛亥,祀于天位。(六十一上)

樹達按:《逸周書·度邑解》記武王語云:"王曰:旦! 予克致天之明命,定天保,依天室。"《史記·周本紀》文同。金文《大豐𣪘》云:"王祀于天室,降,天亡又,王衣祀于王丕顯考文王。"按依天室即𣪘銘之衣祀。衣依皆當讀爲殷。志文云祀于天位,即彼諸文之依天室與祀于天室,位或室之誤字,亦未可知。

禮樂志第二(漢書二十二)

及其衰也,諸侯踰越法度,惡禮制之害己,去其篇籍。(三上)

樹達按:《孟子·萬章下》篇云:北宫錡問曰:周室班爵禄也,如之何? 孟子曰:其詳不可得聞也,諸侯惡其害己也,而皆去其籍。

天子說焉。(四上)

樹達按:文帝時賈山上《至言》,請以夏二月定明堂,造太學,見《山傳》。

民人抵冒。(四下)

樹達按:《説文》十三篇下"蟲部"云:"蝨,食草根者,吏抵冒取民財則生。"《御覽》九百七十四引《風俗通》云:"氐羌抵冒貪饕,至死好利。"《晉語》云:"有冒上而無忠下。"韋注云:"冒,抵冒,言貪也。"本書《趙充國傳》云:"抵冒渡湟水。"《董仲舒傳》云:"抵冒殊扞。"知抵冒爲漢人常用語。

上不納其言,吉以病去。(五下)

樹達按:《吉傳》云:上以其言迂闊也。

民漸漬惡俗,貪饕險詖,不閑義理。(六下)

師古曰:言行險曰詖。

樹達按:《説文》十篇下"心部"云:"憸,憸詖也,憸利於上,佞人也。"險乃同音假字,顔説非是。

初,叔孫通定朝儀,見非於齊魯之士。(六下)

樹達按:齊魯之士謂魯兩生之類。

然卒爲漢儒宗,業垂後嗣。(六下)

樹達按:《劉向傳》向上封事云:"孔子與季孟偕仕於魯,李斯與叔孫俱宦於秦,定公、始皇賢季孟、李斯而消孔子、叔孫,故以大亂,污辱至今。"又劉歆云:"漢興,去聖帝明王遐遠,仲尼之道又絶。時獨有一叔孫通,略定儀禮。"《梅福傳》云:"箕子佯狂於殷而爲周陳《洪範》,叔孫通遁秦歸漢,别作儀品。夫叔孫先非不忠也,箕子非疏其家而畔親也,不可爲言也。"漢人之重通如此。

今叔孫通所撰儀禮,與律令同録,臧於理官。(七上)

樹達按:《周禮·大司馬》云:遂以蒐田。注云:"無干車,無自後射。"賈疏云:此據《漢田律》而言。《士師》五禁注引作軍禮。《後書·應劭傳》云:"删定律令爲漢儀。"此皆禮儀律令同録之證也。

常以百二十人爲員。(十四下)

樹達按:《説文》六篇下"員部"云:員,物數也。

都荔遂芳,窅窊桂華。(十八下)

樹達按：李慈銘云：華字與下光行芒章字不叶，蓋華爲英字之誤。臣瓚注引《茂陵書》：歌《都孋》、《桂英》、《美芳》、《鼓行》，《都孋》即《都荔》，《美華》亦下章篇題之名，可證。

后土富媪，昭明三光。（二十一下）

張晏曰：媪，老母稱也，坤爲母，故稱媪。海内安定，富媪之功耳。劉攽曰：言后土富媪者，由漢以土德也。顔緣中壇，故疑是祠祭，但以堂壇喻中央中。吴仁傑曰：媪當爲熅，字之誤也。見賈誼《新書》。案字書：熅有兩義：一曰烟熅，天地合氣也。一曰鬱煙也。富熅以烟熅爲義，后土富媪，昭明三光，即《新書》天澈地富媪物時孰之意，晏説謬矣。沈欽韓曰：媪熅形近而誤。《新書·道術》篇又云："欣懔可安謂之熅，反熅爲鷙"，則熅乃坤厚載物之義。釋爲媪母，其俗同於小説之后土夫人也。

樹達按：諸家説并非也。《廣雅·釋詁》云：缊，饒也。王氏《疏證》云：媪、熅、缊同聲，后土富媪，《新書》地富熅，皆謂生殖饒多也。按王説是也。

璆磬金鼓，靈其有喜。（二十五上）

師古曰：璆，美玉名，以爲磬也。

樹達按：《説文》一篇上"玉部"云：球，玉磬也。或作璆。

聲氣遠條鳳鳥鶟。（二十五上）

樹達按：《詩·唐風·椒聊》云：椒聊且，遠條且！《毛傳》云：言聲之遠聞也。此歌文所本。

霑赤汗，沫流赭。（二十六上）

樹達按：《後書·東平王蒼傳》：章帝賜蒼書云："遺宛馬一匹，血從前髆上小孔中出。嘗聞武帝歌天馬霑赤汗，今親見其然也。"

體容與,迣萬里。(二十六下)

孟康曰:迣音逝。如淳曰:迣,超踰也。晉灼曰:古迾字。師古曰:孟音非也。迣讀與厲同,言能厲渡萬里也。錢大昕曰:晉讀迣爲迾,雖據《説文》,卻於文義未協。迣當讀如遰鴻雁之遰,言去之遠也。孟如二説近之。

樹達按:如説是也。枚乘《七發》云:"清升踰跇。"楊雄《羽獵賦》云:"亶觀夫剽禽之紲踰。"跇紲迣并同。

元狩三年,馬生渥洼水中作。(二十六下)

樹達按:《武紀》:元鼎四年秋,馬生渥洼水中。王峻校此文元狩三年當作元鼎四年,是也。

穆并騁,以臨饗。(二十七上)

師古曰:言衆神穆然方駕馳騁而臨祠祭。

樹達按:穆疑謂周穆王。饗謂王宴西王母之事。

大朱涂廣,夷石爲堂。(二十七下)

樹達按:《説文》九篇下"广部"云:廣,殿之大屋也。此言以丹涂堂皇,以平石爲堂基也。此章太炎先生《文始》所説。

靈輿位,偃蹇驤。(三十一下)

樹達按:《廣雅・釋訓》云:偃蹇,夭撟也。

卉汨臚,析奚道。(三十一下)

錢大昭曰:道監本、閩本皆作遺。先謙曰:官本作遺,是。

樹達按:景祐本作遺。

謁者常山王禹世受可間樂。(三十四上)

錢大昭曰:可當作河。《藝文志》:河間獻王與毛生等共采諸子言樂事者以作《樂記》,其内史丞王定傳之,以授常山王禹,是其事也。先謙曰:官本作河。

樹達按:景祐本作河。

故自公卿大夫觀聽者但聞鑑鎗。(三十四上)

先謙曰:官本鑑作鏗,是。

樹達按:景祐本作鏗。

河間區區不國藩臣。(三十四下)

先謙曰:官本不作小。

樹達按:景祐本作小。

况於聖主廣被之資。(三十四下)

樹達按:《書·堯典》云:"光被四表。"光被或作廣被。《禮緯含文嘉》云:"堯廣被四表。"漢樊毅《復華下民租田口算碑》、沈子琚《緜竹江堰碑》并云:"廣被四表。"是也。

猶濁其源而求其清流。(三十五上)

王念孫曰:當作猶濁其源而求清其流。今本清其二字倒轉,則文義不順。

樹達按:原文可通,不必乙。

此賈宜、仲舒、王吉、劉向之徒所爲發憤而增嘆也。(三十七上)

先謙曰:官本宜作誼,是。

樹達按:景祐本作誼。

刑法志第三(漢書二十三)

上聖卓然先行敬讓博愛之德者,衆心説而從之,從之成

羣,是爲君矣。(一上)

樹達按:《逸周書·謚法解》云:從之成羣曰君,此班語所本。

有税有租。(二下)

師古曰:税者,田租也;賦謂發斂財也。王鳴盛曰:案下文即云税以足食,賦以足兵,證之顔注,則合作有税有賦。又《食貨志》前一段語意與此正同,亦云有税有賦。若作租,租即税也,不可通矣。先謙曰:官本租作賦。

樹達按:景祐本作賦。

秋治兵以獮。(四上)

樹達按:《説文》十篇上"犬部"云:獮,秋田也。从犬,璽聲。經傳皆省作獮。

連帥比年簡車,卒正三年簡徒,羣牧五載大簡車徒。(四下)

樹達按:王引之《經義述聞》卷二十四云:桓公六年《公羊傳》注云:比年簡徒謂之蒐;三年簡車謂之大閲;五年大簡車徒謂之大蒐。志文簡車簡徒車徒二字互誤。

外攘夷狄,内尊天子,以安諸夏。(五上)

師古曰:攘,卻也。諸夏,中國之諸侯也。夏,大也,言大於四夷也。

樹達按:《説文》五篇下"夊部"云:夏,中國之人也。顔訓諸夏爲中國之諸侯,是矣。又訓夏爲大,謂大於四夷,此附會之説,不可信也。

齊威既没,晉文接之,亦先定其民,作被廬之法。(五上)

應劭曰:按於被廬之地作執秩以爲六官之法,因以名之也。師古曰:被廬,晉地也。被音皮義反。

樹達按:事見《左傳·僖公二十七年》。

唯孫卿明於王道。(六上)

師古曰:孫卿,楚人也。姓荀,字況。先謙曰:官本字作名,是。

樹達按:《藝文志》班氏自注云:名況,趙人,顏注與彼不合。注字字景祐本作名。

魏氏武卒衣三屬之甲。(六下)

服虔曰:作大甲三屬,竟人身也。蘇林曰:兜鍪也,盤領也,髀褌也。如淳曰:上身一,髀褌一,脛繳一,凡三屬也。師古曰:如説是也。屬,聯也,音之欲反。

樹達按:《史記索隱》云:"甲衣,甲裳,脛衣。"與如説同。

未有安制矜節之理也。(七下)

師古曰:矜,特也。先謙曰:官本特作持。

樹達按:景祐本作持。

不可以敵湯武之仁義。(七下)

樹達按:荀卿語止此。

故曰:善師者不陳,善陳者不戰,善戰者不敗,善敗者不亡。(八上)

樹達按:《穀梁傳·莊公八年》云:善爲國者不師,善師者不陳,善陳者不戰,善戰者不死,善死者不亡。

二國并力,遂走吴師。(八上)

師古曰:謂子蒲大敗夫槩王于沂,遂射之子從子西敗吴師于軍祥。先謙曰:遂當爲薳。各本皆誤。

樹達按:景祐本作薳射,不誤。

孫吴商白之徒皆身誅戮於前，而功滅亡於後。（八下）

錢大昭曰：功監本、閩本作國。先謙曰：官本作國，是。

樹達按：景祐本作國。

於是相國蕭何攈摭秦法，取其宜於時者，作律九章。（十二上）

樹達按：《唐律疏義》云：李悝造《法經》六篇：一盗法，二賊法，三囚法，四捕法，五雜法，六具法。商鞅傳授，改法爲律。蕭何更加悝所造户、興、廄三篇，爲九章也。

其亡逃及有罪耐以上，不用此令。（十四下）

師古曰：於本罪中又重犯者也。

樹達按：朱一新云：顔注蓋謂耐本罪外又犯逃亡之罪，但詳上文語意，疑所謂不用此令者惟指罪人獄已决以下言之，與上當黥者至皆棄世一節各不相蒙。彼論肉刑重罪，此論當完輕罪，故云其逃亡及有罪耐以上不用此令，謂亡逃及耐以上皆重罪，不得用鬼薪白粲等輕罪以相比附，當仍用髡鉗與笞棄市之本律也。顔注并爲一事，似非。

其竹也，末薄半寸，皆平其節。（十五上）

樹達按：其猶若也，乃更端之辭。也字起下文。説詳本書卷一《成帝紀》。

當笞者笞臀。（十五上）

如淳曰：然則先時笞背也。

樹達按：《賈誼傳》云："行臣之計，請必繫單于之頸而制其命，伏中行説而笞其背。"誼在文帝時，其語如此，足爲如説之證。

時涿郡太守鄭昌上疏。（十六上）

樹達按：昌爲鄭弘之兄，見卷六十六《鄭弘傳》。

三曰遺忘。（十八下）

師古曰：遺忘，勿亡也。先謙曰：官本勿作忽，是。

樹達按：景祐本作忽。

獄疑者讞，有令讞者已報讞而後不當讞者，不爲失。（十九上）

先謙曰：謂先已著令。

樹達按：有令《景紀》作有司，是也。

其著令：年八十以上，八歲以下，及孕者未乳，師朱儒當鞠繫者，頌繫之。（十九下）

師古曰：頌讀曰容，容，寬容之，不桎梏。

樹達按：如顔説，則頌繫二字不詞，疑頌當如字讀平音，即今鬆字也。

古人有言：滿堂而飲酒，有一人鄉隅而悲泣，則一堂皆爲之不樂。王者之於天下，譬猶一堂之上也。（二十上）

葉德輝曰：《文選·笙賦》注引《説苑》曰：古人於天下，譬一堂之上。今有滿堂飲酒，有一人獨索然向隅泣，則一堂之人皆不樂。

樹達按：文見《説苑·貴德》篇。

今之聽獄者，求所以殺之；古之聽獄者，求所以生之。（二十下）

沈欽韓曰：《孔叢子》：孔子曰：古之聽訟者，惡其意不惡其人，求所以生之。不得其所以生，乃刑之。今之聽訟者不惡其意而惡其人，求所以殺，是反古之道也。

樹達按：宋薛據《孔子集語》卷下引《尚書大傳》云："今之聽民

者，求所以殺之；古之聽民者，求所以生之。不得其所以生之之道，乃刑殺，君與臣會焉。”《孔叢》僞書，襲自伏生書也。

故象刑非生治古，方起於亂今也。（二十一下）

先謙曰：官本生下有於字，是。荀子亦有。

樹達按：景祐本有於字。

豈宜惟思所以清源正本之論。（二十二下）

先謙曰：豈宜，宜也。《周語》：豈繄多寵。韋注：豈，辭也。

樹達按：《丙吉傳》云：豈宜褒顯，先使入侍，語例同。

食貨志第四上（漢書二十四）

貨謂布帛可衣及金刀龜貝，所以分財布，利通有無者也。（一上）

師古曰：刀謂錢幣也。龜以卜吉，貝以表飾，故皆爲寶貨也。

樹達按：《説文》六篇下“貝部”云：“古者貨貝而寶龜，周而有泉。至秦，廢貝行錢。”古以龜貝爲貨幣，與卜占表飾無關，顔説殊誤。

耒𠰥之利以教天下而食足。（一上）

錢大昭曰：耒𠰥南雍本、閩本作耒耨。先謙曰：官本𠰥作耨。據顔注，作耨是。

樹達按：景祐本作耒耨。

餘二十晦以爲廬舍。（二下）

師古曰：廬，田中屋也。春夏居之，秋冬則去。齊召南曰：井田晦數，何休注《公羊》，趙岐注《孟子》，范甯注《穀梁》皆本此志之説。

樹達按:《説文》九篇下"广部"云:廬,寄也,秋冬去,春夏居。顏説本之。又按《班志》之説,本之韓嬰,見《韓詩外傳》卷四。何趙范三君與班同本韓嬰耳。齊説失考。

疾病則救。(二下)

先謙曰:官本則作相,是。

樹達按:景祐本作相。

然市井子孫亦不得宦爲吏。(四上)

錢大昭曰:閩本宦作官,南雍本作爲官吏。先謙曰:官本作爲官吏。

樹達按:景祐本作爲官吏。

春秋出民。(五上)

張文虎曰:粤本秋作將,是。先謙曰:官本作將。

樹達按:景祐本作將。

里胥平旦坐於右塾,鄰長坐於右塾。(五上)

先謙曰:官本下右塾作左塾,是。

樹達按:景祐本作鄰長坐於左塾。

冬,民既入,婦人同巷,相從夜績。必相從者,所以省費燎火。(五上)

樹達按:《史記·甘茂傳》云:"臣聞貧人與富人女會績,貧人女曰:我無以買燭,而子之燭光幸有餘,子可分我餘光。"《列女傳·辨通》傳記齊女徐吾與鄰婦李吾之屬會燭夜績,徐吾貧,燭類不屬,李吾欲屏徐吾不使與。"是相從夜績省費燎火之證。

男女有不得其所者,因相與歌詠,各言其傷。(五下)

樹達按:《爾雅·釋詁》云:傷,思也。《韓詩外傳》卷一云:"精氣闐溢而後傷,時不可過也,不見道端,乃陳情欲,以歌道義。"與此文意同。《外傳》以《邶風·雄雉》爲男女欲得所求之詩。

是月,餘子亦在于序室。(五下)

蘇林曰:餘子,庶子也。或曰:未任役爲餘子。師古曰:未任役者是也。幼童皆當受業,豈論嫡庶乎!

樹達按:《莊子·秋水》篇有壽陵餘子。《釋文》引司馬彪云:"未應丁夫爲餘子。"未應丁夫即蘇説之未任役也。

然後𦣻德流洽,禮樂成焉。(七上)

先謙曰:官本𦣻德作王德,引宋祁曰:邵本王德作至德。先謙案:至德是也。

樹達按:景祐本作至德。

蠻夷因以數攻吏,吏發兵誅之。(七下)

錢大昭曰,南雍本、閩本俱不重吏字。先謙曰:官本不重吏字。

樹達按:景祐本不重吏字。

自孫弘以《春秋》之義繩臣下,取漢相。(九上)

錢大昭曰:南雍本、閩本自下俱有公字。先謙曰:官本有公字,《平準書》亦有。

樹達按:景祐本有公字。

自天子以至封君湯沐邑,皆各爲私奉養,不領於天子之經費。(九下)

齊召南曰:《平準書》原文云:"自天子以至封君湯沐邑,皆各爲私奉養,不領於天下之經費。"文義甚順。蓋大司農掌天下之經費,若畿輔以内之山川園池市肆租税,則盡入少府,爲天子私藏。其封君湯沐邑,又各收以自供,俱不領於大司農也。此志作天子之經費,子字係傳寫之訛。

樹達按：蘇先生云：按作天子亦通。不領於大司農，即所謂不領於天子之經費。大司農主常費，故云。《郊祀志》："民各自祠奉，不領於天子之祝官。"語意正同。

故堯禹有九年之水，湯有七年之旱，而國亡捐瘠者。（十二上）

孟康曰：肉腐爲瘠。捐，骨不埋者。或曰：捐謂民有飢相棄捐者，或謂貧乞者爲捐。蘇林曰：瘠音漬。師古曰：瘠，瘦病也，言無相棄捐而瘦病者耳，不當音漬也。貧乞之釋尤疏僻焉。

樹達按：顧炎武《日知録》卷二十七云：瘠古胔字，謂死而不葬者也。《婁敬傳》"徒見羸胔老弱"，《史記》作瘠。《後漢書·彭城靖王恭傳》："毁胔過禮。"《大戴禮》："羸醜以胔。"皆是瘠字。則此瘠乃胔字之誤，當從孟康之説。蘇林音漬，是。樹達按：顧申孟説，是矣，然未盡也。瘠與胔古音同字通。《周禮·秋官·蜡氏》云：掌除骴。與胔同。鄭注云："故書胔作瘠。"是其證也。《志》文假瘠爲胔，顧引《大戴禮》、《婁敬傳》、《後漢書》則皆假胔爲瘠。顧謂瘠古胔字，又謂瘠爲胔之誤字，二説自相矛盾，實則瘠非古胔字，亦非誤字也。《説文》四篇下"骨部"云："骴，鳥獸殘骨曰骴，骴可惡也。從骨，此聲。《明堂月令》曰：掩骼薶骴。骴或从肉。"據經傳骴多指人言，不專謂鳥獸也。捐瘠謂棄捐不埋之骸骨，孟分瘠與捐爲二事，亦誤。

趨利如水走下，四方亡擇也。（十二下）

樹達按：《逸周書·大聚》篇云：水性歸下，民性歸利。

食必梁肉。（十三下）

先謙曰：官本梁作粱，是。下同。

樹達按:景祐本作粱。

竊恐塞卒之食不足用大渫天下粟。(十五上)

樹達按:李慈銘云:此言塞卒之食不足大散天下之粟也。或以用字斷句,非。

貫朽而不可校。(十五下)

樹達按:《説文》七篇上"毌部"云:"貫,錢幣之貫也,从毌貝。"又云:"毌,穿物持之也。"貫朽謂穿錢之繩索腐爛。

或耕豪民之田,見税什五。(十六下)

樹達按:土地未改革前,長沙農人大率以其土地所出之半納之地主。觀此語,則自秦漢時已然矣。

去奴婢,除專殺之威。(十七上)

服虔曰:不得專殺奴婢也。

樹達按:據此,漢初尚是奴隸時代乎?抑前此之殘餘乎?

因隤其土以附根苗。(十七下)

先謙曰:官本根苗作苗根,是。

樹達按:景祐本作苗根。

又罷建章甘泉宫衛,角抵,齊三服官,省禁苑以予平民,減諸侯王廟衛卒半。(二十上)

樹達按:諸事皆從貢禹之請爲之,見《禹傳》。

莽一朝有之,其心意未滿。(二十下)

師古曰:謂愛惜之,意未厭飽也。

樹達按:心意未滿謂心有所不足。下文陿小漢家制度,即其事也。顔云愛惜之,非是。

而豪民侵陵,分田劫假。(二十一上)

師古曰：分田謂貧者無田而取富人田耕種，共分其所收也。假亦謂貧人賃富人之田也。劫者，富人劫奪其税，侵欺之也。

樹達按：《鹽鐵論》云："假税殊名，其實一也。"顔云劫奪其税，是矣，而又云貧人賃富人之田，則非是。

食貨志第四下(漢書二十四)

凡貨金錢布帛之用，夏殷以前，其詳靡記云。(一上)

齊召南曰：案《管子》言湯以莊山之金鑄幣，禹以歷山之金鑄幣，則夏殷時即有錢幣矣。

樹達按：甲骨文有貣字貯字，字皆从貝，罰鍰之鍰字作賬，字亦从貝而不从金。知殷世之幣尚用貝而不用金。《書·禹貢》"惟金三品"及《管子》書云云，殆未可信。

布帛廣二尺二寸爲幅，長四丈爲匹。(一下)

樹達按：《儀禮·鄉射記》鄭注云："今官布幅二尺二寸。"《淮南子·天文》篇云："四丈而爲匹。"《説文》十二篇下"匚部"云："匹，四丈也。"知漢代仍沿周制也。

束於帛。(一下)

王鳴盛曰：據此，則周人所用貨幣凡有四種。或云布，亦名錢者，《天官·外府》掌邦布之入出。鄭康成注：布，泉也。其藏曰泉，其行曰布。賈疏：一物兩名，是也。而與此處所言布帛之布不同，言豈一端而已，各有所當也。元帝時，貢禹言：鑄錢採銅，民心動摇，棄本逐末，宜罷鑄錢，毋復以幣。租税禄賜，皆以布帛及穀，使百姓壹意農桑。議者以交易待錢，布帛不可尺寸分裂，禹議亦寢。然即此可見古固有以布帛爲市者，而布固非錢也。

樹達按：王説是也。《詩·衛風·氓》云："抱布貿絲。"《毛傳》訓布爲幣。然《鹽鐵論·錯幣》篇云："文學曰：古者市朝而無刀幣，各以其所有易無，抱布貿絲而已。以布爲布帛，説與《毛傳》不同，蓋三家詩説。班志此文蓋亦用今文《詩》説也。又按《説文》無抱字，字作裒，褒也。若是刀幣，不合言抱，今文布帛之説爲長。又按《後書·光武紀》云："王莽亂後，貨幣雜布帛金粟。"是漢世嘗有用布之事，不止元帝時貢禹之獻議也。

計本量委則足矣。（二上）

李奇曰：委，積也。先謙曰：上得民所食若干步畝之數，則可計本而量其積。

樹達按：周壽昌云：委，末也，言計本而量末也。《禮記·學記》："或原也，或委也。"注："本曰原，末曰委。"今按周説是也。

肉好皆有周郭。（三上）

韋昭曰：肉，錢形也。好，孔也。

樹達按：黄生云：韋説非也。肉謂質，好謂孔，周郭謂邊道也。

黄金㠯溢爲名，上幣。（三下）

樹達按：張文虎云：《孟子》書言萬鎰、千鎰、百鎰、五十鎰，鎰即溢字，則不始於秦并天下以後。

孝文五年，爲錢益多而輕，乃更鑄四銖錢，其文爲半兩。（四上）

樹達按：李慈銘云：半兩當得十二銖，而止四銖，此猶隋之五銖錢實止得二銖二絫有餘也。以此推之，漢武所鑄之五銖錢，亦特文云五銖耳,實亦不過其半,故史謂其得輕重之中,言重於榆莢,輕於四銖。唐後之開元錢皆沿其制。高澄不知,必欲取盈其數,故不能施行耳。

賈誼諫曰。(四下)

樹達按:文見賈子《新書·鑄錢》篇。

曩禁鑄錢,死罪積下。(四下)

蘇林曰:下,報也,積累下報論之也。張晏曰:死罪者多委積於下也。師古曰:蘇説是也。下音胡亞反,次後亦同。

樹達按:張説是也。下文云:"爲法若此,上何賴焉。"上與下爲對文。

善人怵而爲姦邪。(五下)

李奇曰:怵,誘也,動心於姦邪也。

樹達按:《説文》十篇下"心部"云:怵,恐也。又三篇上"言部"云:訹,誘也。此假怵爲訹。

故銅布於天下,其爲禍博矣。(六上)

樹達按:以下見《賈子·銅布》篇。

於是見知之法生,而廢格沮誹窮治之獄用矣。(九上)

師古曰:沮,上壞之,音材汝反。先謙曰:官本上壞作止壞,是。

樹達按:景祐本作止壞。

廢居居邑。(十下)

服虔曰:居穀於邑也。如淳曰:居賤物於邑中以待貴也。師古曰:二説皆未盡也。此言或有所廢置,有所居蓄,而居於邑中以乘時射利也。

樹達按:李慈銘云:顔竊徐廣之説。

錢益多而輕。（十一上）

臣瓚曰:鑄錢者多,故錢輕,輕亦賤也。周壽昌曰:輕對重言,非賤之謂也。鑄錢益多,則工省而質薄也。觀下云錢益輕薄而物貴,可知。

樹達按:瓚説是,周説非也。下句云。物益少而貴。二句多與少相對,輕與貴相對,知輕即賤,謂值輕也。下文云:"姦或盜摩錢質而取鋊,錢益輕薄。"班於輕下加一薄字,正欲別於此文之錢輕耳。周乃并爲一談,失班氏苦心分别之意矣。

迺更請郡國鑄五銖錢,周郭其質,令不可得摩取鉛。（十二下）

錢大昭曰:鉛當作鋊。先謙曰:官本鉛作鋊。

樹達按:景祐本作鋊。

諸賈人末作貰貸賣買居邑貯積諸物,及商以取利者。（十三上）

樹達按:黄生《義府》下卷云:末作,造作諸器物以賣者。貰貸,貸錢以取息者。賣買居邑即坐賈,商以取利即行商,貯積諸物即今之囤户。

及人有告異以它議,事下湯治,異與客語。（十五上）

先謙曰:官本重異字。

樹達按:異字不當重,清官本及景祐本并誤重。此文當以"事下湯治"爲句,異字下屬。王置《補注》於異字下,非是。

天下既下緡錢令。（十五下）

錢大昭曰:天下之下字疑是子字。先謙曰:錢説是也。官本作天子,《平準書》同。

樹達按:景祐本作天子。

徒奴婢衆。(十七上)

朱一新曰:徒奴婢即上文所云没入之奴婢也。《論衡·四諱》篇云:被刑謂之徒。下文株送徒,與此徒字同義。

而上郡、朔方、西河、河西開田,官斥塞,卒六十萬人戍田之。(十八上)

師古曰:開田,始開屯田也。廣塞令卻,初置二郡,故塞更廣也。以開田之官廣塞之卒戍而田也。

樹達按:李慈銘云:此謂四郡開田官及斥塞,用卒六十萬人以戍田之,當以塞字爲句,小顔説非。《史記集解》本亦誤於卒字斷句。樹達按:李説於塞字斷句,是矣,而以"開田官"連讀,文不成義,則仍沿小顔之誤。余謂:"開田"當爲一讀,官斥塞言公家斥塞也。戍田之分承二事,戍謂戍所斥之塞,田謂耕新開之田。

且以其故俗治,無賦税。(十九上)

宋祁曰:邵本治無賦税無無字。

樹達按:且以其故俗治爲一句,無賦税爲一句,宋似誤讀。

南陽、漢中以往,各以地比給初郡吏卒奉食幣物傳車馬被具。(十九上)

師古曰:地比謂依其次第自近及遠也。比音頻寐反,傳音張戀反,被音皮義反。先謙曰:因初郡無賦税,故令南陽、漢中諸地與之比近者各給其費。

樹達按:比字顔説是。王釋比爲比近之比,果如其説,文當言各以比地,不得言各以地比矣。

令遠方各以其物如異時商賈所轉販者。(十九下)

錢大昭曰:貶閩本作販。先謙曰:官本貶作販,《平準書》亦作販。

樹達按:景祐本作販。

錢金以鉅萬計。(二十上)

樹達按:錢金疑誤倒,當作金錢。景祐本同誤。

皆對:願罷鹽鐵酒榷均輸官。(二十下)

先謙曰:官本榷作搉,是。

樹達按:景祐本作搉。

元龜距冉長尺二寸。(二十二上)

孟康曰:冉,龜甲緣也。沈欽韓曰:《說文》:䫇,頰須也。龜之𠔉胡即著頰邊處也。

樹達按:《說文》十三篇下"龜部"云:"䶂,龜甲邊也。从龜,冉聲。"此用省形存聲字。沈欽韓以䫇字爲釋,非也。

大布,次布,弟布,壯布,中布,差布,厚布。(二十二下)

葉德輝曰:蔡雲《癖談》云:厚乃序之誤。莽泉貨六品:曰小,曰幺,曰幼,曰中,曰壯,曰大。布貨十品,則於大壯間增其二,曰次,曰弟。於中幼間增其二,曰差,曰序。所增四名文異義同。若作厚,則過乎中而幾乎壯矣,豈宜在中之下,幼之上乎!序與厚古文相類,傳寫誤也。古文厚作𠩺。

樹達按:蔡說是也。錢坫《十六長樂堂古器款識考》卷四有此布摹形,文作𠩺布四百,是序字,非厚字也。錢氏亦訂《志》文厚字之誤。

每有所興造,必欲依古得經文。(二十三下)

樹達按:亡友吴承仕云:得讀爲中,雙聲相轉也。《周官》故書中爲得。得經文猶云與經文相當,中當音轉義同。顔氏《匡謬正俗》謂中有當音,是也。漢人論事每云不應經術,莽有所興作,必祈與經術相應,故云得經文矣。樹達按:吴説是也。中當皆有合字義,得經文即合經文也。

故《詩》曰:無酒酤我。(二十五上)

師古曰:酤,買也,言王於族人恩厚,要在燕飫,無酒則買而飲之。周壽昌曰:《毛詩》:酤,一宿酒也。《鄭箋》云:酤,買也。班志以酤爲買,即鄭所本。顔注則本之鄭説。《晏子春秋》:"人有酤酒者,爲器甚潔清,置表甚長,而酒酸不售。"《韓非子》作"宋人有酤酒者",皆以酤爲買也。

樹達按:酤字有買賣二義。《晏子春秋》、《韓非子》之酤酒皆賣酒之義,非買酒也。周説失之。

夫鹽,食肴之將。(二十五下)

師古曰:將,大也。一説:爲食肴之將帥。

樹達按:以下句酒百藥之長例之,顔後説是也。

姦吏猾民并侵衆庶,各不安生。(二十六上)

樹達按:并讀爲傍。并侵衆庶,謂姦吏猾民依傍莽法以侵衆庶,所謂因緣爲姦也。下文云:旁緣莽禁侵刻小民,語意正同,可證。

郊祀志第五上(漢書二十五)

桓公曰:寡人北伐山戎,過孤竹。(七上)

樹達按:《韓非子·説林上》篇云:管仲、隰朋從桓公伐孤竹,春往冬反。

今秦變周，水德之時。（九下）

先謙曰：案《始皇紀》云：方今水德之始。又云：更名河曰德水，以爲水德之始。時字無義，似作始爲是。下文漢當水德之時，《封禪書》時作始，亦其證也。

樹達按：《史記》作始，班改作時，時字義長。王云時字無義，非也。

昔文公出臘。（十上）

錢大昭曰：臘南雍本、閩本皆作獵。葉德輝曰：德藩本作獵。《封禪書》同。先謙曰：官本作獵，是。

樹達按：景祐本作獵。

來僊人羨門之屬。（十下）

錢大昭曰：來南雍本、閩本皆作求。朱一新曰：汪本來作求，是。《封禪書》亦作求。葉德輝曰：德藩本亦作求。先謙曰：官本作求。

樹達按：景祐本作求。

及秦帝而齊人奏之。（十二上）

樹達按：秦帝謂秦政稱皇帝。

諸儒生疾秦焚《詩》、《書》。（十三下）

錢大昭曰：閩本秦下有皇字。

樹達按：景祐本有皇字。

鳴澤。（十五上）

沈欽韓曰：《武紀》：北出蕭關，歷獨鹿鳴澤，自代而還。彼鳴澤固在涿郡遒縣。此云以近咸陽，則非涿郡之鳴澤也。

樹達按：近咸陽乃承霸、産、澧、澇、涇、渭、長水言之，與鳴澤不相涉，沈説誤。

唯雍四畤上帝爲尊。（十六下）

錢大昭曰：畤南雍本、閩本并作時。葉德輝曰：德藩本作時。先謙曰：官本畤作時，是。

樹達按：景祐本作時。

及高祖禱豐枌榆社。（十七下）

鄭氏曰：枌榆，鄉名也，社在枌榆。晉灼曰：枌，白榆也，社在豐東北十五里。師古曰：以此樹爲社神，因立名也。枌音符云反。

樹達按：《周禮・地官・司徒》云："辨其都鄙邦國之數，制其畿疆而溝封之，設其社稷之壝，而樹之田主，各以其野之所宜木。遂以名其社與其野。"按《莊子・人間世篇》有櫟社，志文云枌榆社，皆《周禮》所謂以野之所宜木名其社者也。

其梁巫祠天地天社天水房中當上之屬。（十八上）

錢大昭曰：當《封禪書》作堂。南雍本、閩本同。朱一新曰：汪本作堂。葉德輝曰：德藩本作堂。先謙曰：官本作堂。

樹達按：景祐本作堂。

其令天下立靈星祠。（十八下）

樹達按：王念孫云：《周頌・絲衣序》云："高子曰：靈星之尸也。"則靈星之祀自古有之。

以郊見渭陽五帝，五帝廟臨渭。（二十上）

宋祁曰：姚本無下五帝二字。錢大昭曰：閩本不重五帝二字。

樹達按：景祐本有下五帝二字。

臣望東北，汾陰直有金寶氣。（二十一上）

師古曰：汾陰直謂正當汾陰也。王念孫曰：師古以汾陰直三字連讀,非也。當以直有金寶氣五字連讀。直猶特也,言東北汾陰之地特有金寶氣也。直特古字通,《史記》"直墮其履圯下",義正同。

樹達按:此望謂望氣,實望雲氣也。雲氣在天,難於確指,故云汾陰直,謂相當於地面汾陰之天空處也。此《志》文不能單言汾陰,必言汾陰直之故。上文云:"若見五人於道北,遂因其直立五帝壇。"師古亦訓直爲當。此文直字與上文略同,顔説得其意,王以直字屬下讀,將《志》文立言之苦心喪失殆盡,可謂不能心知其意,幾於點金成鐵矣。

少君資好方。(二十二上)

周壽昌曰:資,藉也。好方,好爲方也。

樹達按:資謂資性,今語言天資。《竇嬰傳》云:"君侯資性喜善疾惡。"資性連言,資亦性也。資性或單言資。《陳平傳》云:"然大王資侮人。"顔注云:資謂天性也。其説是也。此文云:資好方,與《陳平傳》資侮人句例正同。好方謂好方藥,周説并非是。

泰一皋山山君用牛。(二十三下)

樹達按:李慈銘云:皋澤二字古書多相亂,此蓋本作睪山君,謂睪山之神也。與下武夷君同。太一即上所祠之太一,言太一與睪山君皆用牛也。《志》及《史·孝武紀》山字皆誤重,下卷同。

而祠泰一於忌泰一壇旁。(二十四上)

王鳴盛曰:上泰一兩字衍,《封禪書》及《武紀》無。

樹達按:李慈銘云:王衍泰一二字,是也。蓋自黄帝、冥羊、馬行及皋山君、武夷君皆祠於亳人謬忌所奏立之泰一壇旁,以此是春日解祠,所祭各異,而太一亦有春日解祠之祭,與忌所奏祠太一之方春秋各祭七日者異,故并令祠官領之,而皆祭於忌太一壇旁也。武帝時太一之祠凡四。一,謬忌所奏立於長安城東南郊者,所謂忌太一壇也。一,此春解祠之太一用牛者也。一,神君所下之太一,祠於甘泉北宫之壽宫者也。一,祠官寬舒等所立之太一祠壇,在雲陽甘泉宫之南,所謂泰畤三年一郊見者也。以祀之時禮皆别,故各爲祭,惟壽宫神君之祠蓋不久即廢,餘至成帝時始以匡衡、張譚議罷之也。其三一之祠,亦有太一,然《志》言令太祝領祠之於忌太一壇上,蓋即在一地。惟三年一用太牢,與天一地一并祠,則其禮亦别,是太一且有五祠矣。蓋漢以祀太一當祀天,而皆用方士之説,故雜出不經也。《通考・郊祀門》載漢太一之禮不能分晰,故詳辨之。

於是上病癒,遂起幸甘泉,病良已。(二十五下)

孟康曰:良謂善,已謂癒也。

樹達按:《文選・古詩十九首》注云:良,信也。病信已,謂果如神君言也。孟訓良爲善,非是。

時晝言,然常以夜。天子祓然後入。(二十六上)

朱一新曰:言天子入常以夜。

樹達按:夜與上文晝對言,然常以夜,謂常以夜言也。與天子句不相涉。朱説不可通。朱氏著《漢書管見》無此條。

天子郊雍,曰:今上帝,朕親郊,而后土無祀,則禮不荅也。(二十六下)

師古曰:荅,對也。郊天而不祀地,失對偶之義。一曰:闕地祇之祀,故不爲神所荅應也。

樹達按:顏二説皆於文義難通。余謂:荅當讀爲合,禮不荅謂於禮不合也。荅字本从合聲,故可假爲合。《左傳・宣公二年》云:"既合而來奔。"即既荅而來奔也,乃假合爲荅。彼合假爲荅,知此文荅可假爲合矣。

王死,它姬子立爲王。(二十七下)

樹達按:哀王賢立也。

大爲人長美,言多方略。(二十七下)

師古曰:善爲甘美之言也。

樹達按:顔以"大爲人長美言"爲句,非也。武億《經讀考異》云:此當以"大爲人長美"爲句,言字連下"多方略"爲句,於義自明。而敢爲大言,處之不疑,又就其言之無忌憚者實之也。按武説是也。

上曰:文成食馬肝死耳。(二十七下)

沈欽韓曰:《索隱》:《論衡》文云:氣勃而毒盛,故食走馬肝殺人。《儒林傳》"食肉無食馬肝",是也。

樹達按:《論衡》文見《言毒》篇。氣勃而毒盛,今本作氣熱血毒盛。

使者存問共給相屬於道。(二十八下)

師古曰:屬,及也,音之欲反。

樹達按:屬,連也。

有鹿過,上自射之,因之以祭云。(二十九下)

樹達按:之以二字疑倒。

今年豐楙未報,鼎曷爲出哉?(二十九下)

師古曰:雖祈穀而未獲豐年之穀也。朱一新曰:汪本注穀也作報也,是。先謙曰:官本穀作報。《考證》云:報字監本訛穀,今改正。

樹達按:景祐本作報。

皆嘗鬺享上帝鬼神。(二十九下)

師古曰:鬺亨一也,鬺亨,煮而祀也。《韓詩·採蘋》曰:于以鬺之,唯錡及釜。亨音普庚反。何焯曰:鬺古烹飪字,下亨乃古亨祀字也,一之者非。亨音香兩反。

樹達按:《玉篇·鬲部》云:"鬺,式羊切,煮也。鬺,鬺,同上。"何焯謂鬺爲古烹飪字者,非也。顏音亨爲普庚反,乃讀爲烹,何焯則讀爲亨祀之享。按《封禪書》作亨鬺,明以亨爲烹,用二字爲同義連文,顏蓋據此以釋《志》文。然班倒《史記》之亨鬺爲鬺亨,而云鬺亨上帝鬼神,何讀似較勝矣。

其空足曰鬲。(二十九下)

蘇林曰:鬲音歷,足中空不實者名曰鬲也。

樹達按:《爾雅·釋器》云:"鼎款足者謂之鬲。"款足即空足也。

夏德衰,鼎遷於殷;殷德衰,鼎遷於周。(三十上)

樹達按:上文"禹收九牧之金"及此文云云,皆本《左傳·宣公三年》周王孫滿對楚子之語。

不吴不敖,胡考之休。(三十上)

樹達按:吴今《詩》文作吴。《説文》十篇下"夨部"吴从夨口,古文左從口,右从古文大。吴字與古文同,但上从口,下从大爲異,仍是吴字也。

鼎宜視宗禰廣臧於帝庭。(三十下)

錢大昭曰:廣南雍本、閩本作廟。葉德輝曰:德藩本作廟。

樹達按:景祐本作廟。

黄帝上騎,羣臣後宫從上龍七十餘人,龍迺去。(三十二上)

朱一新曰:汪本作龍迺上去,《史記》同,此脱上字。先謙曰:官本有上字。

樹達按:景祐本有上字。

於是天子曰:嗟乎!誠得如黄帝,吾視去妻子如脱屣耳。(三十二下)

樹達按:屣《説文》作鞻。三篇下"革部"云:鞻,鞮屬。从革,徙聲。屣字从尸从徙,以履字屝字皆从尸核之,此字仍是正字,但《説文》未載耳。

有司奉瑄玉。(三十三下)

孟康曰:璧大六寸謂之瑄。

樹達按:《爾雅·釋器》云:"璧大六寸謂之宣。"《説文》字作珣,一篇上"玉部"云:"珣,玉器。讀若宣。"

二歲天子壹郊見(三十三下)

朱一新曰:汪本二作三。先謙曰:《封禪書》、《通鑑》作三,是,此誤。

樹達按:景祐本作三。

其方盡,多不讎,上迺誅五利。(三十四上)

樹達按:帝誅文成,後悔其方不盡,故見五利而大説。今五利方既盡而又多不讎,故五利雖先有"恐效文成"之要,帝仍毅然誅之耳。

即無風雨,遂上封矣。(三十五下)

樹達按:即猶若也。

其春,公孫卿言:見神人東萊山,若云:"欲見天子。"天子於是幸緱氏城,拜卿爲中大夫。遂至東萊,宿留之,數日毋所見,見大人迹云。復遣方士求神人採藥以千數。(三十八下)

樹達按:自其春以下至此,與上文公孫卿至東萊夜見大人一段文義重復。朱駿聲疑其爲衍文,是也。

郊祀志第五下(漢書二十五)

上信之,粵祠鷄卜自此始用。(一下)

樹達按:《風俗通·怪神》篇云:武帝時,迷於鬼神,尤信越巫。董仲舒數以爲言。武帝欲驗其道,令巫詛仲舒,仲舒朝服南面誦詠經論,不能傷害,而巫者忽死。

隕石二,黑如黳。(六下)

樹達按:《説文》十篇上"黑部"云:"黳,小黑子。从黑,殹聲。烏鷄切。"按《高祖紀》云:"左股有七十二黑子。"顔注云:"吴楚俗謂之誌。"樹達按:誌今作痣。

今鼎出於郊東,中有刻書,曰:王命尸臣官此栒邑。(十上)

師古曰:尸臣,主事之臣也。

樹達按:尸通訓爲主,故顔訓尸臣爲主事之臣,其説非也。下文云:"尸臣拜手稽首。"以鼎彝銘文通例言之,此尸臣乃人名。尸臣以臣爲名,猶楚子玉名得臣也。

今行常幸長安。(十一下)

宋祁曰:淳化本無行字。錢大昭曰:閩本無行字。

樹達按:景祐本有行字。

《書》曰:越三日丁巳,用牲于郊,牛二。(十二上)

師古曰:《周書·洛誥》之辭。沈欽韓曰:周公加牲告徙新邑。

顔謬引《洛誥》，此《召誥》也。

樹達按：沈氏《疏證》卷十九此條以漢志本文"用牲于郊，牛二，周公加牲告徙新邑"十四字標題，而云：師古謬引《洛誥》云云。王氏乃以沈書標題之"周公加牲告徙新邑"八字爲沈氏語，致文理不屬，疏矣。

又有羣神之壇，以《尚書》"禋六宗，望山川，徧羣神"之義。（十三上）

樹達按：以下疑脱一字。景祐本與此同。

臣聞郊紫壇饗帝之義。（十三上）

先謙曰：官本紫作柴，無壇字。何焯云：監本作紫壇，宋本同。以文義求之，作柴爲是，亦不當有壇字。更考善本，宋有壇字。周壽昌曰：各本皆作紫壇，文義不合，宜遵官本如何説。先謙案《漢紀》正作郊柴饗帝之義。

樹達按：景祐本作郊柴饗帝之義。

唯至誠爲可，致上質不飾。（十三下）

朱一新曰：汪本致作故，是。先謙曰：官本作故。

樹達按：景祐本作故。

候神方士使者副佐本草待詔七十餘人皆歸家。（十五上）

樹達按：副佐若上篇"遣望氣佐候氣"之類是。

遣候者乘一乘傳馳詣行在所。（十五下）

錢大昭曰：閩本、南雍本無乘一兩字。葉德輝曰。德藩本無乘一兩字。先謙曰：官本無乘一兩字。

樹達按：景祐本無乘一兩字。

《春秋》大復古，善順祀。（十六上）

師古曰:以復古爲大,順祀爲善也。

樹達按:《公羊傳·昭公五年》云:舍中軍。舍中軍者何?復古也。又《定公八年》云:從祀先公。從祀者何?順祀也。文公逆祀,去者三人;定公順祀,叛者五人。

聽其言,洋洋滿耳,若將可遇。(十六下)

樹達按:此用《論語》"洋洋盈耳"語,避惠帝諱改盈爲滿。

是故每奉其禮。(十八上)

錢大昭曰:奉南雍本、閩本俱作舉。朱一新曰:汪本作舉,是。葉德輝曰:德藩本作舉。先謙曰:官本作舉。

樹達按:景祐本作舉。

盡復前世所常興諸神祠官。(十八下)

錢大昭曰:閩本無諸字。

樹達按:景祐本有諸字。

《春秋穀梁傳》以十二月下辛卜正月上辛郊。(十九上)

師古曰:豫卜郊之日。

樹達按:見哀公元年《穀梁傳》。

未共天地之祀。(十九上)

師古曰:共讀曰恭。

樹達按:共當讀爲供,顏説非是。

皆并祠五帝而共一牲。(十九上)

宋祁曰:牲景德本作特。

樹達按:景祐本作特。特謂特牛。

後平伏誅。(十九上)

錢大昭曰:閩本伏下有詐字。朱一新曰:汪本有詐字。葉德輝曰：德藩本無詐字。

樹達按：景祐本無詐字。

長樂少府平晏。（十九下）

樹達按：晏爲平當之子。

議郎國由等。（十九下）

樹達按：由，長安人，後爲莽講《易》祭酒，見《莽傳》。

《禮記》曰：天子籍田千畮以事天墜。（二十下）

樹達按：《禮記》未見此語。惟《祭義》篇云："天子爲籍千畝，冕而朱紘，躬秉耒。"俟再考。

禮記祀典，功施於民則祀之。（二十一下）

樹達按：語見《禮記·祭法》篇。

分羣神以類相從爲五部，兆天墜之別神，中央帝黄靈后土畤及日廟北辰北斗填星中宿中宫於長安城之未墜，兆東方帝太昊青靈句芒畤及靁公風伯廟歲星東宿東宫於東郊，兆南方炎帝赤靈祝融畤及熒惑星南宿南宫於南郊，兆西方帝少皞白靈蓐收畤及太白星西宿西宫於西郊，兆北方帝黑靈玄冥畤及月廟雨師廟長星北宿北宫於北郊。兆（二十二上）

劉敞曰：兆字衍。錢大昭曰：案《周禮·春官·小宗伯》：兆五帝於四郊。注云：兆，爲壇之營域。《説文》：垗，畔也，爲四畤界，祭其中。言月廟雨師廟之屬皆在北郊營域之中，與上文未墜兆、東郊兆、西郊兆、南郊兆同，皆於兆字斷句。劉氏乃於郊字斷句，而謂兆字衍文，誤矣。

樹達按：劉説是，錢説非也。《周禮》云："兆五帝於四郊。"兆字作動字用，謂營其兆域也。此文當以"分羣神以類相從爲五部"十字爲一句，兆天墬之别神云云於長安城之未墬，兆東方帝云云於東郊，兆南方帝云云於南郊，兆西方帝云云於西郊，兆北方帝云云於北郊，即所謂兆五帝於四郊也。此四句皆當於郊字斷句。兆字皆在句首，與《周禮》句法同。後人誤於"郊兆"斷句，故於北郊之下妄加一兆字，劉以爲衍文，是也。特劉不詳言之，立語過簡，錢氏不曉其意，反以未墬兆，東郊兆，西郊兆，南郊兆爲證以難劉説，此錢氏之憒憒也。

《禮記》曰：唯祭宗廟社稷爲越紼而行事。（二十二下）

李奇曰：當祭天地五祀，則越紼而行事，不以私喪廢公祀。

樹達按：《禮記·王制》篇云：喪三年不祭，唯祭天地社稷爲越紼而行事。天地《志》作宗廟，不同。

天文志第六（漢書二十六）

暈適背穴，抱珥蚤蜺。（二上）

如淳曰：凡氣食日上爲冠爲戴。錢大昭曰：注凡氣食日上南雍本、閩本食作在。朱一新曰：汪本食作在，是。先謙曰：官本食作在。

樹達按：景祐本作在。

火犯守角則有戟。（九上）

錢大昭曰：戟閩本作戰。朱一新曰：汪本作戰，《天官書》亦作戰。先謙曰：官本作戰，是。

樹達按：景祐本作戰。

熒惑爲亂，爲成。（二十一上）

錢大昭曰：成南雍本、閩本及《天官書》并作賊。朱一新曰：汪本成作賊，是。先謙曰：官本作賊。

樹達按：景祐本作賊。

填緩則不建，急則過舍，逆則占。（二十九上）

先謙曰：晉、隋志并作緩則不還。汲古本《晉書》還下注云：一作行，《占經》作建。還建字形近而誤。建字無義，疑還是也。

樹達按：王說非也。建當作逮，形近誤也。逮，及也，緩則不及，急則過舍，不及與過文正相對。猶熒惑太白辰三星緩則不出，急則不入，出入正相對也。晉、隋志作還者，乃遝字形近之誤。上文云"太白還之"，王念孫校還當爲遝，是其證也。遝與逮同。

共下止地類狗。（三十七上）

錢大昭曰：共南雍本、閩本作其。先謙曰：官本作其，是。

樹達按：景祐本作其。

格澤者，如炎火之狀。（三十七下）

錢大昭曰：閩本無如字。

樹達按：景祐本有如字。

其怒青黑色。（三十七下）

李奇曰：怒當首帑。錢大昭曰：首南雍本、閩本并作言。先謙曰：官本首作言。

樹達按：景祐本作言。

食至日跌爲疾。（四十六下）

錢大昭曰：南雍本疾作稷。朱一新曰：疾汪本作稷，是。先謙曰：官本疾作稷，《天官書》亦作稷。

樹達按:景祐本作稷。

東并秦地。(四十九上)

錢大昭曰:并南雍本、閩本作井。先謙曰:官本作井,是。

樹達按:景祐本作井。

占曰:爲白衣之會,非秦也。(五十二上)

錢大昭曰:非南雍本、閩本作井。朱一新曰:汪本作井,是也。先謙曰:官本作井。

樹達按:景祐本作井。

太初中,星孛于招摇。傳曰。(五十四上)

錢大昭曰:傳上南雍本、閩本有星字。朱一新曰:汪本有星字,此脱。先謙曰:官本有星字。

樹達按:景祐本有星字。

其後熒惑守房之鉤鈐,鉤鈐,天子之御也。占曰:不太僕,則奉車。(五十五下)

樹達按:語亦見《霍光傳》。此事應在霍山,山爲奉東都尉,以謀反誅也。

其十二月,鉅鹿都尉謝君男詐爲神人,論死,父免官。(五十六下)

孟康曰:姓謝,名君。男者,兒也,不記其名,直言男耳。

樹達按:《史記·越世家》記陶朱公中男殺人,囚於楚,朱公長男固請謀出之,朱公不得已而遣長子。按中男即中子,長男即長子也,故文又稱長子。

永始二年二月癸未夜,東方有赤色,大三四圍,長二三丈,索索如樹。南方有大四五圍,下行十餘丈,皆不至地

滅。（五十八上）

樹達按：張文虎云：《成紀》云："星隕如雨。"《谷永傳》同。《五行志》則云："星隕如雨，長一二丈，繹繹未至地滅。"所紀不同，然彼文皆爲星隕，而此獨云赤色，一書之中，不相掩覆，何也？

王氏之興，萌於成帝。（五十九上）

錢大昭曰：南雍本、閩本帝下有時字。朱一新曰：汪本有時字。先謙曰：官本有時字。

樹達按：景祐本有時字。

五行志第七上（漢書二十七）

五行志第七上。（一上）

樹達按：古人於君主專政無奈之何，故創爲陰陽五行災異之說以恐之。漢世此說盛行，故班創爲此志以記其說。由今觀之，其說絶無義理，讀者勿爲所惑可也。

次二曰：羞用五事。（一下）

錢大昕曰：案古文敬作茍，與羞相似，羞疑敬之訛也。

樹達按：《説文》九篇上"茍部"云："茍，自急敕也。从羊省，从包省，从口。或作䓇，从羊不省。"錢説敬古文作茍，誤。江聲云："貌言視聽思爲切身之事，人當自整敕者，䓇與羞相似，故誤䓇爲羞。"按江説是也。

次三曰：農用八政。（二上）

張晏曰：農，食之本，食爲八政首，故以農爲名也。師古曰：此説非也。農,厚也,羞用義例皆同,非田農之義也。

樹達按:顏說是矣,而未盡也。《左傳·文公七年》曰:"正德,利用,厚生,謂之三事。"八政首食貨,次之以祀,司空、司徒、司寇、賓師,皆厚生之事,故云厚以八政也。

次四曰:叶用五紀。(二上)

師古曰:叶讀曰叶,和也。周壽昌曰:《韻會》:叶,古文協字。

樹達按:段玉裁云:《説文》叶叶皆古文協。顏不知漢人作注言讀爲讀曰者皆是易其字而妄效之,但當云叶同協。樹達按:叶用五紀者,謂以歲月日星辰厤數合天時,即《堯典》所謂"協時月正日"也。叶協同字見於《説文》,周氏引《韻書》爲證,失之。

次七:曰明用稽疑。(二上)

應劭曰:疑事明考之於蓍龜。

樹達按:應説非也。此謂吉凶禍福不明者,以卜筮稽疑明之。

次九:曰嚮用五福,畏用六極。(二上)

應劭曰:天所以嚮樂人用五福,所以畏懼人用六極。

樹達按:嚮疑當讀爲賞。賞字從尚聲,尚從向聲,向嚮音同。畏《洪範》作威,畏與威同。經傳威字古文皆作畏。《毛公鼎》云"敃天疾畏",即《詩》之旻天疾威。《全盂鼎》云"畏天畏",即畏天威也。

宣元之後,劉向治《穀梁春秋》,數其𥛚福,傳以《洪範》。(二下)

樹達按:《藝文志》書家有劉向《五行傳記》十一卷。

此人將有害,則陰氣協木。(四上)

錢大昭曰:協南雍本、閩本作脅。朱一新曰:汪本作脅。葉德輝曰:德藩本作脅。先謙曰:官本作脅,晉、宋、隋、唐志同。

樹達按：景祐本作脅。

故致太災。（五下）

錢大昭曰：太南雍本、閩本作大。

樹達按：景祐本作大。

釐公二十年五月己酉，西宫災。（五下）

錢大昭曰：《左氏》作乙巳，南雍本、閩本同。朱一新曰：汪本作乙巳。葉德輝曰：德藩本作乙巳。先謙曰：官本作乙巳。

樹達按：景祐本作乙巳。

西宫者，小寢，夫人之居也。（六上）

樹達按：《鹽鐵論·備胡》篇云："魯妾不得意而魯寢災也。"稱西宫爲魯寢，正用董義。

郊保之民使奔火所。（七上）

師古曰：郊保之民謂郊野之外保聚者也。使奔火所，共救災也。

樹達按：《禮記·月令》云："四鄙入保。"鄭注云："小城曰保。"顏訓保聚，非也。

伯姬幽居守節三十餘年，憂傷國家之患禍，積陰生陽，故火生災也。（八上）

樹達按：《鹽鐵論·備胡》篇云："宋伯姬愁思而宋國火。"用董生義。

妃以五陳。（九上）

錢大昭曰：陳《左氏》作成，南雍本、閩本同。下文亦云故曰配以五成。朱一新曰：汪本作成。葉德輝曰：德藩本作成。先謙曰：官本作成。

樹達按：景祐本作成。

鳳誣章以大逆辠，下獄死。（十三下）

錢大昭曰：辠閩本作章。葉德輝曰：德藩本作辠。

樹達按：景祐本作辠。

劉向以爲：先是前將軍蕭望之光禄大夫周堪輔政，爲佞臣石顯、許章等所譖。（十四下）

樹達按：章又見《諸葛豐傳》。

闕，法令所從出也。（十五上）

錢大昭曰：南雍本、閩本闕上有門字。葉德輝曰：德藩本有門字。先謙曰：官本有門字。

樹達按：景祐本無門字。

又戾后起於微賤，與趙氏同。（十五下）

錢大昭曰：同字下南雍本、閩本皆有應字。先謙曰：官本有應字。

樹達按：景祐本有應字。

金鐵冰滯涸堅不成者衆，及爲變怪。（十八上）

蘇輿曰：及下疑當有金字，上文及木爲變怪，與此一例。

樹達按：蘇説非也。木爲變怪句上文無木字，故有木字。此上文有金鐵二字，故不重見耳。下文鷄多死及爲怪，犬多狂死及爲怪，羊多疫死及爲怪，豕多死及爲怪，牛多死及爲怪，皆與此一例。

致令逆時。（十九上）

朱一新曰：致汪本作政，是。葉德輝曰：德藩本作政。先謙曰：《晉志》作政。

樹達按：致景祐本作政。

大敗不解，兹謂皆陰。解，舍也，王者於大敗誅首惡，赦其衆，不則皆函陰氣，厥水流入國邑。（十九下）

樹達按：李慈銘云：《續志》、晉、宋志兹謂皆陰下即接厥水流入國邑句，無“解舍也”至“皆函陰氣”二十一字。案上文：“兹謂狂，厥災水流殺人。”又“兹謂追非，厥水寒殺人。”又“兹謂不理，厥水五穀不收。”皆與此文法一例。解舍也以下二十一字，乃大敗二句之注，不知何時混入正文。上文，“歸獄不解”注張晏曰：“解，止也。”此處解字與上異議，故注曰：“解，舍也。”蓋亦師古所引舊注，而傳寫失其名耳。皆函陰氣下有師古注。案文以“皆函陰氣”釋“皆陰”二字，故師古以函同含釋之。然皆陰二字不成文義，疑本當作函陰，故舊注既以皆函陰氣釋函陰，師古復以含釋函字也。

隕霜殺穀。（十九下）

宋祁曰：穀當作菽。先謙曰：晉、宋志作穀。

樹達按：景祐本作殺叔草。按中之下卷亦云隕霜殺叔草。

五行志第七中之上（漢書二十七）

惟金沴水。（二下）

朱一新曰：汪本水作木，是。葉德輝曰：德藩本作木。先謙曰：官本作木。

樹達按：水景祐本作木。

下及許商。（二下）

樹達按：《儒林傳》云：商著《五行論歷》。《藝文志》書家有許商《五行傳記》一篇。

視遠曰絶其誼。（四下）

蘇輿曰：案《周語》作日，下同。韋注言日日絶其宜也。

樹達按：日乃誤字，當據此文正彼文。韋據誤文爲説，非也。

晉侯爽二，吾是以云。（五上）

張晏曰：視遠，一也；步高，二也。

樹達按：爽即上文"偏喪""既喪"之喪，以同音假爽爲喪耳。

《左氏》使桓公十三年。（五上）

錢大昭曰：使南雍本、閩本皆作傳。葉德輝曰：德藩本作傳。先謙曰：官本作傳，是。

樹達按：景祐本作傳。

成肅公受賑于社。（五下）

錢大昭曰：賑當作脤。葉德輝曰：德藩本作脤。先謙曰：官本作脤。

樹達按：景祐本作脤。

又犯天子命而伐滑。（十上）

師古曰：僖二十四年，鄭公子士及堵俞彌帥師伐滑。錢大昭曰：注士下南雍本、閩本有洩字。朱一新曰：汪本士下有洩字，是。先謙曰：官本有洩字。

樹達按：景祐本士下無洩字。僖公二十年《左傳》：鄭公子士，洩堵寇。杜注以公子士爲一人，洩堵寇爲一人。考宣公三年《傳》云："又娶於江，生公子士。"則杜此注是也。惟僖公二十四年《傳》又云："鄭公子士洩堵俞彌。"杜注云："堵俞彌，鄭大夫。"則誤以公子士洩連讀。顔此注云公子士，并非脱誤，惟及字下當有"洩"字耳。各本作公子士洩者，乃依杜注之誤讀增之，朱氏以爲是，非也。

昭帝時，昌邑王賀遣中大夫之長安多治仄注冠。（十下）

師古曰：蔡邕云：高九尺，鐵爲卷。錢大昭曰：注尺南雍本、閩本作寸。朱一新曰：尺汪本作寸，是。先謙曰：官本作寸。

樹達按：景祐本作寸。

主司時起居人。（十二下）

樹達按：司當讀爲伺，候也。

晉爲湨梁之會。（十三下）

樹達按：湨字誤，當作溴。右旁犬字上从目，不从自也。景祐本亦誤。

犬以吠守而不可信。（十六下）

樹達按：《説文》十篇上"犬部"狗下云：孔子曰：狗，叩也，叩氣吠以守。

二卿而五大夫。（十七上）

錢大昭曰：二閩本作三。朱一新曰：汪本二作三，是。葉德輝曰：德藩本作二。

樹達按：景祐本作三。

號桓叔。（十八上）

師古曰：桓，謚也。昭侯叔父，故謂之叔也。

樹達按：伯叔是字，不關叔父。

九月，高子出奔燕。（十八上）

樹達按：《史通》云：所載至此，更無他説。按《左氏·昭公二十年》，宋司徒奔陳，而班氏採諸本傳，直寫片言，閲彼全書，唯徵半事。遂令學者疑邱明之説有是有非，女齊之言或得或失，此所謂虚編古語，討事不終也。

趙孟不復年矣。（十九上）

師古曰:謂其即死,不復見明年。

樹達按:顔用杜注之説,其説非也。《説文》七篇上"禾部"云:年,穀熟也。不復年謂不復見穀熟。《左傳·僖公二年》云:不可以五稔。注:稔,熟也。《説文》云:稔,穀熟也。年與稔義同。

叔父唐叔,成王之母弟,其反亡分乎?(二十下)

師古曰:分音扶問反。周壽昌曰:分者,分寶玉於伯叔之國,上所謂受明器也。宜平聲讀,顔音誤。

樹達按:昭公十二年《左傳》云:"四國皆有分,我獨無有。"《釋文》:分音扶問反。與顔音同。蓋分與之分爲動字,讀平聲;分而爲我所有之物,名字,讀去聲。周説非是。

昊天不弔,不慭遺一老,俾屏余一人。(二十下)

應劭曰:慭,且辭也。言昊天不善於魯,不且遺一老,使屏蔽我一人也。錢大昭曰:昊天南雍本、閩本作旻天,注同。先謙曰:官本并作旻天。

樹達按:景祐本并作旻天。

欲德不用茲謂張。(二十一上)

孟康曰:欲得賢者而不用,人君徒張此意。

樹達按:德與得古通用,孟讀德爲得,是也。惟用郎顗之説訓爲得賢,又云人君徒張此意,則皆非是。此言人君貪欲多得財貨而不能用,猶人貪食不能化而患張病也。《韓詩外傳》三述人主之疾十有二,其一曰脹,云:"無令倉廩積腐,則脹不作。"倉廩積腐,正得而不用之所致也。張脹字同。

上緣求妃茲謂僭。(二十一上)

師古曰:緣,歷也,言歷衆處而求妃妾也。

樹達按:妃即今配偶字,顔釋爲妃妾,非也。上緣求妃者,謂求偶攀緣在己上者,即《晉語》所謂"欲求繫援"者也。鄭公子忽曰"齊大,非吾偶",此不肯上緣求妃者也。顔釋緣爲歷,云歷衆處,增字成義而仍不可通,非是。下文云:"以尊降妃兹謂薄嗣。"蓋配求匹敵,上緣下降,皆非道也。

《左氏傳》:晉獻公時,童谣曰:丙之晨。(二十四下)

王念孫曰:景祐本丙下有子字云云。

樹達按:此處《補注》應置下文"取虢之旂"句下,乃不隔斷"師古徒歌曰谣"之注。

成帝時,童谣曰:燕燕,尾涏涏。(二十六上)

先謙曰:官本涏作涎,是。下同。

樹達按:涏字是也,王説非。説詳本書卷十《外戚傳》。

擁其服以爲人彘。(二十七下)

錢大昭曰:服當作眼,南雍本、閩本不誤。葉德輝曰:德藩本作眼。先謙曰:官本作眼。

樹達按:景祐本作眼。

五行志第七中之下(漢書二十七)

羊上角下號。(一下)

錢大昭曰:號南雍本作蹏。葉德輝曰:德藩本作蹏。先謙曰:官本作蹏,晉志同。

樹達按:景祐本作蹏。

禄不遂行兹謂欺，厥咎奥，雨雪四至而温。（二上）

樹達按：蘇先生云：成公元年《公羊傳》何注引《易》京房傳曰：當寒而温，倒賞也。

於易，五爲天位，爲君位。（四上）

錢大昭曰：閩本無下爲字，朱一新曰，汪本無下爲字。

樹達按：景祐本無下爲字。

《書序》曰：伊涉相大戊。（四上）

先謙曰：官本涉作陟，是。

樹達按：景祐本作陟。

野鳥入處，宫室將空。王不寤，卒以亡。（八下）

樹達按：《論衡·遭虎》篇云："昌邑王時，夷鴣鳥集宫殿下，王射殺之。以問郎中令龔遂。遂對曰：夷鴣，野鳥，入宫，亡之應也。"《昌邑王傳》云："王以問郎中令遂，遂爲言其故；語在《五行志》。"據此野鳥句疑是遂答詞，而此不著，非此有奪文，即班失之檢校也。

男子孫通等聞山中羣鳥鵲聲，往視，見巢爇盡墮地，中有三鷇燒死。（八下）

師古曰：爇古然字。先謙曰：官本地作池。

樹達按：《説文》十篇上"火部"然字或體作難，從艸無義，乃爇字之誤也。又按：顔於中字下置注。昔年寓北京，曾從傅沅叔君借得惠棟校本《漢書》，校此條云："中字連下讀。"按：惠説是也，顔以地中連文，乃誤讀。中有三鷇燒死，中謂巢中也。地字景祐本同。清官本以地中無義，改地爲池，此因誤讀而妄改字也。段氏《説文注》然字下引此文"巢爇墮地"，與惠讀同。

萬衆睢睢。（九上）

師古曰：睢睢，仰目視貌也。

樹達按：《說文》四篇上“目部”云：睢，仰目也。从目，隹聲。

與諸吕同衆。（十一上）

錢大昭曰：衆南雍本、閩本作象。朱一新曰：汪本作象，是。葉德輝曰：德藩本作象。先謙曰：官本作象。

樹達按：景祐本作象。

時夫人有淫齊之行，而桓有妬媢之心。（十二下）

錢大昭曰：媢閩本作娼。葉德輝曰：德藩本作娼。先謙曰：官本作娼。

樹達按：景祐本作娼。

董仲舒以爲：象大人專恣，陰氣盛也。（十二下）

先謙曰：大官本作夫，是。

樹達按：景祐本作夫。

晉大夫先軫謂襄公曰：秦師過不假塗，請擊之。遂要崤陒，以敗秦師，匹馬觭輪無反者。操之急矣！（十六上）

師古曰：操，持也，謂執持所虜獲也。

樹達按：操之急謂要擊之事爲過甚也。下文晉不惟舊云云，即申明其説。《春秋經·莊公三十年》云：齊人伐山戎。《公羊傳》云："此齊侯也，其稱人，何？貶。曷爲貶？子司馬子曰：蓋以操之爲已蹙矣。"此文義與彼同。顔謂執持所虜獲，殊謬。

臨延登受策，有大聲如鍾鳴。（十六下）

樹達按：《王莽傳》引《書·嘉禾》篇云："周公奉鬯，立於阼階，延登。"此延登二字所本。

明年有嫪毐之誅。（十七上）

先謙曰：毒官本作毒，是。

樹達按：景祐本作毒。

殺生不中。（十八下）

師古曰：中音竹仲反。

樹達按：中，當也。

棄灰於道者黥。（二十二上）

孟康曰：商鞅爲政，以棄灰於道必坋人，坋人必鬭，故設黥刑以絶其原也。

樹達按：孟説本《韓非子》。

五行志第七下之上（漢書二十七）

正晝雷。（三下）

先謙曰：官本晝作晝，是。

樹達按：景祐本作晝。

王心弗䝉。（五下）

錢大昭曰：䝉閩本作䛦。朱一新曰：汪本作䛦，是。葉德輝曰：德藩本作䛦。先謙曰：官本作䛦。

樹達按：景祐本作䛦。

是歲，二川竭。（七上）

錢大昭曰：二閩本作三。朱一新曰：汪本二作三，《史記》、《國語》皆作三。葉德輝曰：德藩本作三，作三，是也。先謙曰：官本作三。

樹達按：景祐本作三。

蜺白在日側，黑蜺果之，氣正直。（十二下）

師古曰：果謂干之也。

樹達按：果當讀爲裹。《説文》八篇上"衣部"云：裹，纏也。顔訓非。

知佞厚之兹謂庳。（十三下）

樹達按：庳當作痹，形近之誤。蓋知佞而不能遠，近於麻痺不仁也。《韓詩外傳》三云："無使賢人伏匿，則痹不作。"厚佞則隱賢，同一事也。《説文》庳訓中伏舍，又訓屋卑，與此文義皆不合。

丁未，京師相驚言：大水至。渭水虒上小女陳持弓年九歲，走入横城門，入未央宫尚方掖門，門衛户者莫見。至句盾禁中而覺，得。（二十一上）

師古曰：句盾，少府之署。覺得，事覺而見執得也。王念孫曰：此當作至句盾禁中句，覺而得句，即師古所謂事覺而見執也。今作而覺得，亦文不成義。《漢紀·孝成紀》正作覺而得。

樹達按：此當覺字斷句，得字一字爲句，《志》文不誤。《溝洫志》云"中作而覺"，與此句例正同。《張釋之傳》云："其後人有盗高廟坐前玉環，得。"得字一字爲句，其明證也。顔出"覺得"二字，本是誤讀，王氏不能訂正，反據《漢紀》校改本文，不知《漢紀》多不得班義而妄改，不足據也。

民驚走，持稾或棷一枚。（二十二上）

如淳曰：棷，麻幹也。

樹達按：《説文》七篇下"麻部"云：黀，麻藍也。又一篇下"艸部"云：菆，麻蒸也。按《玉篇》云：藍，麻莖也。棷爲黀菆之借字。

京師郡國民聚會里巷阡陌，設祭張博具。（二十二上）

錢大昭曰：閩本無祭字。朱一新曰：汪本無祭字。

樹達按：景祐本無祭字。

五行志第七下之下（漢書二十七）

襄公十五年八月丁已，日有食之。（七上）

錢大昭曰：丁已下閩本有朔字。

樹達按：景祐本有朔字。

劉歆以爲：正月二日，燕趙分。（十一下）

錢大昕曰："趙"當作"越"。王引之曰：周之正月，今十一月。是月二日，日躔去箕而入斗。箕，燕也，斗，越也，故曰燕越分。若作趙，則爲胃之分野。胃爲三月之朔日躔所在，非十一月之宿矣。此國名之誤也。蘇輿曰：案"趙"字不誤，乃正月爲三月之誤也。《春秋經》本作"正月辛卯朔日有食之"三傳同，上文三月當作正月，此正月當作三月，轉寫互誤。班所據本《春秋經》前後無一異者。歆凡出某月二字，所推皆與《經》異，此以經作正月，故云三月二日，否則贅矣。且三月適趙分，《天文志》"辰邯鄲，王念孫云：邯鄲即趙。在辰曰執徐，三月出。"即正本作三之顯證。錢王不據以正今本月分之誤，轉改趙爲越，失之。

樹達按：余所讀王氏《補注》本平江蘇厚庵先生舊藏，蘇先生手注云：《公羊》作正月，《左傳》、《穀梁》作三月，此云三傳同，不知何以失檢。辛卯朔當作辛亥朔。又按《經》作三月，則此作正月亦合，此條尚當酌改。按後凡題蘇先生云者放此。

文帝三年十月丁酉晦，日有食之，在斗二十三度。（十三下）

錢大昭曰：閩本作二十二度。葉德輝曰：德藩本作二十三度，《西漢會要》二十九引亦作二十三度。先謙曰：官本考證云：宋本作二十二度。

樹達按：景祐本作二十二度。

能應之司德則咎異消。（十五下）

樹達按：司字誤，《杜欽傳》作目，是也。

辟嫛公行，兹謂不伸。（十七上）

樹達按：嫛當作嫛。嫛與愆同。

民去其上政繇下作尤著，故星隕於魯。（十九上）

朱一新曰：尤，過也。尤著者，言其過甚著。

樹達按："尤著"當與"民去其上政繇下作"連讀，猶上文云不義至甚也。朱以尤著二字爲一句，訓尤爲過，非也。

地理志第八上之一（漢書二十八）

二百里納銍。（十四下）

錢大昭曰：納南監本、閩本作内。上下文皆爲内，此納字誤。

樹達按：景祐本作内。

東漸于海，西被於流沙，朔南鼂、聲教訖于四海。（十五下）

師古曰:漸,入也。被,加也。朔,北方也。訖,盡也。言東入于海,西加流沙,北方南方皆及聲教,盡於四海也。一曰:漸,浸;泉,及也。

樹達按:李慈銘云:臬及也當作被及也。顔氏上已訓臬爲及,不應重贅。蓋顔前用《孔傳》漸入也之訓,而被加也則别采他訓,故此復采《孔傳》被及也以備一説,注誤被爲臬耳。

凡十三郡,置刺史。(十八下)

樹達按:郡字誤,當作部。景祐本作部,不誤。

是以采獲舊聞,考迹《詩》、《書》,推表山川,以綴《禹貢》、《周官》、《春秋》,下及戰國、秦、漢焉。(十八下)

樹達按:朱一新云:班書多補《史記》之缺,《史記》無《地理志》,故詳述古制以補之。或疑其論古太繁,非也。

長子。(五十六下)

師古曰:長讀曰長短之長,今俗爲幼長之長,非也。

樹達按:李慈銘云:監本注長短之長下有"蓋以長狄所居得名"八字。樹達按:影宋景祐本無此八字。

滎陽。(六十七上)

先謙曰:滎當作熒,詳上。

樹達按:周明泰《續封泥攷略》卷三有熒陽丞封泥,周云:《地理志》滎字从水,此印从火,可證今本《漢書》之誤。北魏《鄭文公碑》猶作熒陽,至唐人則有書作滎陽者矣。

新成。(七十三上)

先謙曰:《秦紀》、《白起傳》并云:攻韓新城,《括地志》以爲即漢縣。

樹達按:有三老董公,見《高紀》。彼文作新城。

父城,應鄉。故國,周武王弟所封。(九十上)

樹達按:李慈銘云:應鄉上當脱一有字。

地理志第八上之二(漢書二十八)

雩婁。(二十九上)

樹達按:《封泥攷略》卷六有虖婁丞印封泥,字作虖。雩虖古音同。《左傳》作雩婁,漢自作虖婁,不得以《左傳》改之。

合肥。(三十三上)

應劭曰:夏水出城父東南,至此與淮合,故曰合肥。

樹達按:李慈銘云:與淮合,淮字當作肥。《水經注》引應劭曰:夏水出城父東南,至此與肥合,故曰合肥。

東城。(三十三上)

樹達按:《封泥攷略》卷六有東成丞印。陳介祺云:《漢書・地理志》作東城。《史記・惠景間侯者年表》:東城侯劉良,淮南厲王子。《淮南王傳》作東成。又《東越傳》:繇王居股封東成侯。此印文作東成,足證《惠景間侯者年表》與《地理志》作城之誤。

相。(四十一上)

樹達按:李慈銘云:《魏書・地形志》:相縣有相山,是因山名縣。

鄲。(四十二下)

孟康曰:音多。段玉裁曰:鄲之音多,其音古矣。《史記・周緤傳》、《史》《漢》二侯表、《水經注》皆同。《集韻》、《類篇》本之,不可易。徐松曰：全氏《經史問答》據《漢書·周緤傳》引蘇林鄲多寒翻以駁之，非也，毛本無"寒翻"二字。先謙曰：鄲多雙聲，俗呼轉變，段徐説是。後人紛紛辨難，適形其陋。

樹達按：鄲从單聲，單古音在寒部，讀入歌部，音如多，此古音歌寒二部對轉之理。驒鼉鼉三字皆从單聲，驒讀代何切，鼉讀徒何切，鼉讀丁可切，與鄲讀如多爲例正同。王申段徐，是也，而云俗呼轉變，則昧於古音之説也。

魏郡。（四十六上）

樹達按：《封泥考略》卷三有巍郡太守封泥，字作巍。

漯陰。（六十九上）

師古曰：漯音它合反。

樹達按：《齊魯封泥集存》有濕陰丞印，亦見周明泰《再續封泥考略》卷二。王國維云：《前志》漯陰，《後志》作濕陰，今封泥作濕陰，則《後志》是也。樹達又按：《景武元宣功臣表》有濕陰定侯昆邪，濕顔音吐合反，字仍作濕，不誤。

歷城。（七十四上）

樹達按：《齊魯封泥集存》有磿城丞印，亦見周明泰《續封泥考略》卷三。王國維云：歷數與地名之磿，自漢以後均作歷字。唯《周禮·遂師》之抱磿，《秦策》及《史記·春申君列傳》之濮磿，《史記·侯表》之磿侯，《樂毅傳》之磿室，《禮記正義》引《易通卦驗》之律磿，義雖爲歷，而字均作磿。今封泥有磿城丞印，其字从麻从石，可知作歷固非，作磿亦誤。《顔氏家訓》謂《世本》容城造歷，以歷爲碓磨之磨，則歷之正字自當从麻从石，六朝之際尚如此作。轉訛作磿，事乃有因，不有此印，奚以定之。

著。（七十四下）

師古曰：音竹庶反，又音直庶反，而韋昭誤以爲蓍龜之蓍字，乃音紀咨反，失之遠矣。

樹達按：《齊魯封泥集存》及《續封泥攷略》卷三并有蓍丞之印，王國維云：濟南著縣，前後二志均爲著字，韋昭讀爲蓍龜之蓍，師古非之。然後魏濟南尚有蓍縣，今封泥有蓍丞之印，則韋是而顔非也。

萊蕪。（七十七上）

樹達按：《齊魯封泥集存》及《續封泥攷略》卷三并有來無丞印，字作來無，則志作萊蕪者誤也。

齊郡，秦置。（七十九上）

王國維《齊魯封泥集存序》云：此編郡守封泥有臨菑，爲《漢志》所無。案《漢書・高帝本紀》：以膠東、膠西、臨淄、濟北、博陽、城陽郡七十三縣立子肥爲齊王，則漢初有臨淄郡也。臨菑守一印，齊國既建之後，當稱内史；國除之後，又當稱齊郡太守。此印云臨菑守，必在高帝初葉悼惠未封之時，且臨菑二字猶當爲秦郡之名也。始皇既滅六國，所置諸郡無即以其國名名之者，東郡不云衛郡，潁川不云韓郡，邯鄲不云趙郡，何獨臨菑乃稱齊郡？然則漢之初郡必襲秦名，班固以齊郡爲秦置，而不云故秦臨淄郡者，非也。

臨淄。（七十九下）

樹達按：《封泥攷略》卷四有臨菑卒尉，又卷七有臨菑二字封泥，《齊魯封泥集存》有臨菑丞印、臨菑市丞、臨菑左尉、臨菑右尉各印。《續封泥攷略》卷三有臨菑市丞、臨菑鐵丞印，又卷五有臨菑尉印、臨菑左尉、臨菑右尉各印。《再續封泥攷略》卷一有臨菑丞相。字皆从艸作菑，不作淄。陳介祺云：今傳世漢器及印、臨淄淄川皆作菑，則志作淄者誤也。

地理志第八上之三(漢書二十八)

掖。(一上)

樹達按:《齊魯封泥集存》有夜丞之印,夜印,周明泰《再續封泥攷略》卷二亦有夜丞之印。王國維云:掖縣二志皆從手旁,唯《齊策》"封安平君以夜邑萬户"及"東有夜邑之奉",均作夜字。今封泥有夜丞之印、夜印,則《齊策》是也。

不其。(四上)

樹達按:《齊魯封泥集存》及周明泰《續封泥攷略》卷四有芾其丞印,志作不其,蓋誤。

贛榆。(四上)

樹達按:《封泥攷略》卷六有贛榆丞印,周明泰《續封泥攷略》卷二有贛揄令印,字并从手作揄。吴式芬説陳介祺所得贛揄馬丞印亦作揄,知志文作榆者誤也。

琅邪。存四時祠。(五下)

錢大昭曰:存當作有。先謙曰:官本作有。

樹達按:景祐本作有。

横故山。久台水所出。(七上)

先謙曰:官本作名台水。齊召南云:名台水當作久台水,久名字形相近而誤。王鳴盛云:久南監本作名。錢大昭云:閩本作名。朱一新云:汪本作名。先謙案作久是也。

樹達按：景祐本作久台。

承莽曰承治。（十二上）

錢大昭曰：閩本作承始。徐松曰：丞縣以丞水得名，作承者誤。

樹達按：周明泰《再續封泥攷略》卷二有承丞之印，則承字不誤，徐説非也。又按景祐本作承治。

盱眙。（十四上）

先謙曰：《續志》作盱台，《史·高紀》同。

樹達按：周明泰《再續封泥攷略》卷二有盱台丞印，字作台，則《史·高紀》及《續志》作台者是，此作眙者，誤也。又按：《王子侯表》有盱台侯蒙之，字作台，不誤。

會稽郡，十二年更名吴，景帝四年屬江都。（十六下）

劉攽曰：景帝四年封江都王，并得鄣郡而不得吴，名曰江都，然則會稽不得云屬江都。先謙曰：據《五宗世家》及本書《非傳》，會稽屬江都，《宋志同》。此非初封時全有會稽之證。武帝建元三年，遣嚴助發會稽兵救東甌，會稽守歆拒不爲發，又助與朱買臣相繼爲會稽守，此會稽後别爲郡不屬江都，而廣陵國得鄣不得吴之證，志文不誤。

樹達按：李慈銘云：漢初諸侯王各有屬郡，其太守皆屬諸王國，擅其貢賦而郡未嘗廢。故本書《外戚傳》："文帝母薄姬父死山陰，因葬焉，文帝尊爲靈文侯，會稽郡置園邑三百家，奉守寢廟。"《越絶書》云："漢文帝前九年，會稽郡并故鄣郡，太守治故鄣郡，都尉治山陰。前十六年，太守治吴郡，都尉治錢唐。"文帝之世，會稽正屬吴王濞，而太守都尉仍置不改，是爲郡如故矣。《三國志注》引朱育云："景帝四年，濞反誅，乃復爲郡，治于吴。"蓋亦誤也。金氏榜以武帝建元中嚴助朱買臣相繼爲會稽太守，正當江都王時，謂此志"景帝四年屬江都"七字爲衍文，亦由未知屬王國者郡本不廢耳。樹達按：郡沿革詳《三國·吴志·虞翻傳》注。

鄞。有鎮亭。（二十七上）

樹達按：李慈銘云：鎮亭即今之天台山，鎮亭天台音相轉。

有越天門山。（二十七下）

樹達按：李慈銘云：越天門山即今之南田島也，明時爲昌國衛。

錢唐。西部都尉治。（二十九下）

先謙曰：《楊雄傳》：東南一尉。孟康云：會稽東部都尉也。如淳云：《地理志》：在會稽。今志錢唐有西部都尉，回浦有南部都尉，無東部。

樹達按：趙明誠《金石録》有漢明帝永平八年《會稽東部都尉路君闕銘》。《吴志·張紘傳》：紘爲會稽東部都尉。《全琮傳》：全柔爲會稽東部都尉。《虞翻傳注》亦云：會稽立東部都尉。此皆會稽有東部都尉之證，志不載者，班氏脱漏也。

歙。都尉治。（三十九上）

樹達按：《吴志·周魴傳》：爲丹陽西部都尉。

雩都。（四十五上）

樹達按：《封泥攷略》卷七有虖都之印，字作虖，與志前文廬江郡雩婁封泥作虖婁者同。吴式芬云："虖通雩。《史記·秦紀》樗里疾、樗字从虖，《列傳》从雩作樗。《匈奴傳》係雩淺，《漢書》作係虖淺。"樹達按：地名宜有定字，不得以同音字爲之，此皆封泥作虖者是，志文作雩者，音近誤字也。

西城。（六十一上）

樹達按：周明泰《再續封泥攷略》卷二有西成令印，字作成。志作城，誤。

嚴道。有木官。（七十上）

王念孫曰：木官當作橘官，《蜀都賦》注可證。下文巴郡朐忍、魚復二縣并云有橘官。周壽昌曰：宋洪邁《容齋隨筆續集》於漢郡國官條内引此作木官，而别引朐忍、魚復之橘官，足證宋本此處本作木，非橘字脱寫，劉注或因朐忍、魚復之橘官誤引耳。

樹達按：王説是，周説非也。《封泥攷略》卷六有嚴道橘丞印十六事，又有嚴道橘園印二十二事。《攷略》云："左太沖《蜀都賦》：户有橘柚之園。劉淵林注引《漢書・地理志》：蜀郡嚴道出橘，有橘官。知班史本注橘官，後乃誤爲木官耳。橘丞即橘官。"按陳説是也。周據《容齋續筆》作木官，反疑劉注誤引，可謂顛倒黑白矣。然則宋本書必無誤字耶？

郁鄢。（七十六上）

王念孫曰：郁本作存，此因鄢字而誤加阝也。《説文》：存鄢，犍爲縣，宋本如是，今本改存爲郁。而無郁字，自《玉篇》始有之，而字書韻書皆仍其誤。《水經》作郁鄢，亦後人所改。《華陽國志》、《晉書》尚作存鄢。且師古注鄢字有音而郁字無音，則本作存明矣。

樹達按：王校是也，《封泥攷略》卷七有存鄢左尉印三事，字皆作存。

越嶲郡。（七十七上）

樹達按：《封泥攷略》卷三有跋蒍太守章，字作跋蒍。又卷四有跋蒍都尉章，知志作越嶲者誤。

地理志第八下之一(漢書二十八)

臨水。莽曰堅水。(三十上)

錢大昭曰:南監本、閩本堅作監。先謙曰:官本作監,是。

樹達按:景祐本作監。

五原郡。蒱澤。(三十三上)

錢大昭曰:南監本、閩本作蒲澤。朱一新曰:汪本正統本作蒲。先謙曰:官本作蒲。

樹達按:景祐本作蒱。

遼東郡。文。莽曰受亭。(五十六下)

錢大昭曰:南監本、閩本受作文。朱一新曰:汪本作文。先謙曰:官本作文,是。

樹達按:景祐本作文亭。

沓氏。應劭曰:氏水也。(五十六下)

錢大昭曰:南監本、閩本氏水作沓水。朱一新曰:汪本作沓水。先謙曰:官本作沓水。

樹達按:景祐本作氏水。

玄菟郡。(五十七上)

樹達按:《封泥攷略》卷四有玄兔太守印,字作兔。

樂浪郡。駟望。(五十八下)

樹達按:《翰苑》注引志云:長駟望,封箕子縣也。"長"下疑脱"岑"字。

夫租。（五十九下）

樹達按：《翰苑》注引作夭祖。日本内藤虎云：今本夫租，那珂、白鳥、箭内三博士嘗疑其誤寫，讀《翰苑》注，方知三君之精審。

地理志第八下之二（漢書二十八）

交趾郡。北帶。（十上）

錢大昭曰：閩本作比帶。

樹達按：景祐本作比帶。

劇。（二十六上）

樹達按：《齊魯封泥集存》有勮丞之印，周明泰《續封泥攷略》卷四有勮丞印，字皆从力，不从刀。地志此文及前北海郡劇侯国皆刀作劇。按《説文》有勮無劇，從刀乃從力之誤寫也。

挺。（二十七下）

樹達按：周明泰《續封泥攷略》卷四有梃丞二字印，周云：印文梃从木，志从手，誤也。

莒。（二十八下）

樹達按：《齊魯封泥集存》及周明泰《再續封泥攷略》并有筥丞之印，字從竹作筥。志文從艸作莒，蓋誤。

好惡取舍，動靜亡常，隨君上之情欲，故謂之俗。（四十九下）

樹達按：欲俗同从谷聲，文以欲釋俗，乃聲訓。

漢承百年之末。（四十九下）

朱一新曰:汪本年作王,是。先謙曰:官本作王。

樹達按:景祐本作王。

長沙國。收。(四十五下)

錢大昭曰:南監本、閩本作攸,注云:音收。今本攸作收,又脱注二字。王鳴盛曰:何氏所見北宋本音收二字在音鈐下。據此可見皆孟注,其初音收之上别有"孟康曰"三字在攸字下方,傳寫脱去三字,又誤移於下耳。北宋本亦誤。朱一新曰:汪本收作攸,下注云音收。先謙曰:官本作攸音收。音上奪文,王説是也。

樹達按:景祐本作攸,下無注。下文酃下孟康注音鈴,下有上音收三字。王稱何氏所見北宋本豈即此本耶?

至周有造父。(五十上)

師古曰:造音於到反。

樹達按:景祐本作千到反,是也,於字誤。蓋千誤爲于,又寫于作於。

高士宦。(五十八下)

錢大昭曰:士南監本、閩本作仕,是。朱一新曰:汪本作仕。先謙曰:官本作仕。

樹達按:景祐本作仕。

女子彈弦跕躧,遊媚富貴,徧諸侯之後宫。(五十九下)

臣瓚曰:躡跟爲跕,挂指爲躧。

樹達按:《竇嬰傳》云:"嬰自引謝病,擁趙女。"知遊媚富貴漢初俗猶如此。今日本人著屐,以屐係夾將指與第二指間著之,即此注所謂挂指也。

船行可八月,到日南、象林界云。(六十八下)

錢大昭曰：八南監本、閩本并作二。先謙曰：汪本、官本作二。

樹達按：景祐本作二。

壽春、合肥受南北湖皮革鮑木之輸。（八十六下）

師古曰：皮革，犀兕之屬也。鮑，鮑魚也。木，楓柟豫章之屬。錢坫曰：鮑即鞄字。《説文》：鞄，柔革工也，讀若朴。《周禮》曰：柔皮之工鮑氏，鞄即鮑也。

樹達按：錢據《説文》讀鮑爲鞄，則與皮革木不類，其説非也。《説文》十一篇下"魚部"云：鮑，饐魚也。

溝洫志第九（漢書二十九）

令吾臣皆西門豹之爲人臣也。（五上）

先謙曰：官本皆作如，是。

樹達按：景祐本作"令吾臣皆如西門豹之爲人臣也"，是也。毛本脱如字，清官本脱皆字，并誤。

魏氏之行田也以百畝。（五上）

師古曰：賦田之法，一夫百畝也。

樹達按：《禮記·月令》云："仲秋之月，行糜粥飲食。"鄭注云："行猶賜也。"《高紀》五年云："且法以有功勞行田宅。"蘇林曰："行猶付與也。"

於是以史起爲鄴令，遂引漳水溉鄴以富魏之河内。（五上）

先謙曰：《河渠書》：西門豹引漳水溉鄴以富魏之河内。褚先生補《滑稽傳》言："西門豹發民鑿十二渠，引河水灌民田，田皆溉。"《後書·安帝紀》："初元二年，修西門豹所分漳水爲支渠以溉田。"不及史起。班取《吕覽·樂成》篇補之，然後起事以傳。左思《魏都賦》："西門溉其前，史起灌其後。"《史正義》引《括地志》云："按横渠首接漳水，蓋西門豹、史起所鑿之渠也。"皆豹、起并稱。但豹既引漳，起無容不知而訾之。《吕覽》乃敵國記載之詞，不免失實。班因之全没豹事，亦病其偏。

樹達按：《論衡·率性》篇云'魏之行田百畝，鄴獨二百，西門豹灌以漳水，成爲膏腴，則畝收一鍾'，云云。亦足證孟堅之缺誤。

發卒數萬人穿清渠，三歲而通。（七上）

錢大昭曰：閩本作二歲。

樹達按：景祐本作二歲。

又其口所居高，於以分殺水力。（十四上）

錢大昭曰：南監本、閩本分下并有流字。朱一新曰：汪本有流字。先謙曰：官本有流字。

樹達按：景祐本有流字。

白博士許商治《尚書》，善爲算，能度功用。（十四下）

樹達按：《藝文志》歷譜有許商《算術》二十六卷。

莫有應書。（十七上）

先謙曰：言無應詔書者。

樹達按：書乃者之誤字，王强説之，非也。

故曰：善爲川者決之使道，善爲民者宣之使言。（十七下）

樹達按：語見《國語·周語》。

聞禹治河時，本空此地，以爲水猥盛則放溢。（二十下）

師古曰:猥,多也。蘇輿曰:案此處文義當以猥字絶句。盛則放溢,少稍自索,二語對文。猥與隈通訓,隈有曲義。《説文》隈下云:水曲也。隩下云:水隈厓也。言禹空此地,不置民居,爲水隈厓,水盛任其放溢,水少漸自索盡也。若訓猥爲多而屬下爲義,則以爲二字無著,多盛義亦複。《御覽》六十一引此文至水猥,無下數語,雖屬删節,而以猥字爲句,可資印證。

樹達按:顔訓猥爲多,固爲誤訓。蘇以猥字句斷,讀猥爲隈,益爲臆説。以爲云云者,明禹空此地之意也,焉得以爲無著乎?按:猥,頓也,猝也,詳見《經傳釋詞》及《詞詮》。

藝文志第十(漢書三十)

太史令尹咸校數術。(一下)

樹達按:《劉歆傳》云:丞相史尹咸以能治《左氏》與歆共校經傳,則咸不僅校數術也。

每一書已,向輒條其篇目,撮取指意,録而奏之。(二上)

樹達按:向叙録今存者,有《戰國策》、《管子》、《晏子》、《列子》、《荀子》、《鄧析子》、《説苑》七篇。其《關尹子》、《子華子》二篇,僞託不足信。

《易經》十二篇,施孟梁丘三家。(二下)

先謙曰:志言《易經》全文惟此三家,其餘傳説諸家,經文蓋不悉録。

樹達按:王説非也。孔氏《詩正義》云:"漢初爲傳訓者,皆與經别行,三傳之文不與經連,故《石經》書《公羊傳》皆無經文。及馬融爲《周禮注》,欲省學者兩讀,故具載本文。”然則經注并列,後漢以後始然。王氏以後漢説經家方式説西漢事,誤矣。

《服氏》二篇。(二下)

師古曰:劉向《别録》云:服氏,齊人,號服光。

樹達按:吴承仕云:服光《釋文叙録》作服先,是也。先者,先生之省稱,如《梅福傳》稱叔孫通爲叔孫先之比。以係尊稱,故云號服先。若光是其名,不得云號矣。《儒林傳》稱服生,蓋史家以通語追改之。

《蔡公》二篇。衛人,事周王孫。(二下)

先謙曰:李鼎祚《周易集解》上經謙卦稱虞翻引彭城蔡景君説,疑即其人,或衛人而官彭城者。

樹達按:馬國翰輯《蔡公易傳》序云:“虞稱彭城,乃稱其官號,如以南郡稱馬融,以長沙稱賈誼。”王説本此。姚振宗云:“虞稱彭城蔡景君,不云蔡彭城景君,馬氏以此蔡公當之,恐未然。”樹達按:姚説是也。

《韓氏》二篇。名嬰。(三上)

樹達按:姚振宗云:《韓詩外傳》間有引《易》文者,亦《韓氏易》也。

《丁氏》八篇。(三上)

姚振宗云:以上自周氏至此凡七家,皆蒙上《易傳》二字爲文。舊本文相連屬,如《隋志》之體。明天順五年,栝蒼馮讓重修福唐郡庠宋版猶存其行款。至嘉靖十六年廣東崇正書院重修宋本,則惟存《易》、《禮》如舊款,以此兩葉猶是宋槧也。餘皆同今本矣。

《淮南道訓》二篇。班氏自注：淮南王安聘明《易》者九人，號九師法。（三上）

錢大昭曰：法南雍本、閩本并作説。先謙曰：官本法作説。

樹達按：景祐本作説。

《孟氏京房》十一篇，《災異孟氏京房》六十六篇。（四上）

沈欽韓曰：《隋志》又有焦贛《易林》十六卷，今見行而志不列，殆以焦氏無師法，故不録中祕，或以京氏包之耳。先謙曰：《易林》當在蓍龜家《周易》中，沈説非。

樹達按：《孟氏京房》、《災異孟氏京房》，皆京房述孟喜之學者也。下文《京氏段嘉》十二篇，與此例同。見行之《易林》乃後漢崔篆所撰，見《後漢書·崔駰傳》，舊題焦贛撰者，誤也。説詳吾友余嘉錫《四庫提要辨證》子部三，沈、王説并非也。

凡《易》十三家，二百九十四篇。（四上）

樹達按：凡數每多不合，蓋因傳寫訛奪致然，不復詳校。

漢興，田和傳之。（五上）

錢大昭曰：和當作何。先謙曰：官本作何。

樹達按：景祐本作何。

而民間有費高二家之説。（五上）

樹達按：《儒林傳》云：高相，沛人，治《易》，與費公同時。自言出於丁將軍，傳至相。

《歐陽章句》三十一卷。（六上）

樹達按：莊述祖云：《歐陽經》三十二卷，章句僅三十一卷，其一卷無章句，蓋序也。

《經》二十九卷。（六上）

樹達按:上云《古文經》,此但云《經》,乃今文也。其不云今文者,二劉時尚無今文之名也。熊朋來云:鼂錯受之伏生,以漢隸寫之,故曰今文。又按:下文《禮》古經五十六卷,古文也。又經十七篇,十七今誤作七十。今文也。《春秋古經》十二篇,古文也。次又記經十一卷,爲《公羊》、《穀梁》二家經,今文也。與此正同。

劉向《五行傳記》十一卷。(六下)

樹達按:《五行志》云:"劉向治《穀梁春秋》,數其禍福,傳以《洪範》。"即此書也。《五行志》多採之。又按:下文春秋家記《公羊穀梁經》十一卷,向書蓋依經次列,故其書亦十一卷,與《公羊穀梁經》卷數相同也。

率簡二十五字者,脱亦二十五字;簡二十二字者,脱亦二十二字。(八上)

樹達按:閻若璩《尚書古文疏證》卷八引胡渭云:《春秋左傳序疏》云:"簡之所容,一行字耳。牘乃方版,版廣於簡,可以并容數行。"此可證率簡若干字之説。蓋簡制狹長,僅容一行,故向但云率簡若干字而義已明,不必以行計也。

《齊後氏傳》三十九卷。(九上)

先謙曰:蓋後氏弟子從受其學而爲之傳,如《易》《周氏傳》、《書》《伏生大傳》之例。

樹達按:《韓故》及内、外《傳》皆韓嬰自著,毛公合故訓與傳爲一,其爲一人之作甚明。《魯詩》則申公有《故》亡《傳》,故《儒林傳》特記其爲訓故以教,亡傳。由此推論,《齊後氏故》及《后氏傳》并出后蒼,王云傳爲弟子從受其學者所爲,非也。

《韓内傳》四卷。(九上)

先謙曰:《儒林傳》:“嬰推詩人之意而作内、外《傳》數萬言,其語頗與齊魯間殊,然歸一也。”則内、外《傳》皆韓氏依經推演之詞。《隋志》云:齊詩魏代已亡,《魯詩》亡於西晉,《韓詩》雖存,無傳之者。至南宋後,《韓詩》亦亡,獨存《外傳》。

樹達按:王氏謂内、外《傳》皆韓氏依經推演之詞,是也。至謂《韓詩》獨存《外傳》,則非。愚謂《内傳》四卷實在今本《外傳》之中。《班志》《内傳》四卷,《外傳》六卷,其合數恰與今本《外傳》十卷相合。今本《外傳》第五卷首章爲“子夏問曰:《關雎》何以爲國風始”云云,此實爲原本《外傳》首卷之首章。蓋内、外《傳》同是依經推演之詞,故後人爲之合并,而猶留此痕迹耳。《隋志》有《外傳》十卷而無《内傳》,知其合并在隋以前矣。近儒輯《韓詩》者皆以訓詁之文爲《内傳》,意謂内、外《傳》當有别,不知彼乃《韓故》之文,非《内傳》文也。若如其説,同名爲傳者,且當有别,而《内傳》與故可無分乎?《後書·郎顗傳》引《易内傳》曰:“人君奢侈,多飾宫室,其時旱,其災火。”此是雜説體裁,并非訓詁,然則漢之《内傳》非訓詁體明矣。

《韓説》四十一卷。(九下)

樹達按:《王吉傳》云:“匪風發兮,匪車揭兮,顧瞻周道,中心怛兮。《説》曰:是非古之風也,發發者;是非古之車也,揭揭者:蓋傷之也。”按吉學《韓詩》,所引《詩説》,殆即此書也。又按:宋張端義《貴耳集》卷中云:“《韓詩》有四十一卷,慶歷中將作簿李用章序之。”卷數相合,不知即此書否。

《毛詩故訓傳》三十卷。(九下)

樹達按:《齊詩》有《后氏故》,又有《后氏傳》;《韓詩》有《韓故》,又有韓内、外《傳》。惟《魯詩》但有《魯故》,無傳。故者,訓詁也,傳則雜説也。《毛詩》有《訓故》，又有《傳》，與齊韓同，而體裁仍異，以齊韓兩家故與傳各自爲書，而毛則統名爲《故訓傳》，混而一之也。《毛・周南・關雎傳》云："關關，和聲也。雎鳩，王雎也。"此故訓也。《小雅・魚麗傳》云："太平而後，微物衆多，取之有時，用之有道。"以下百十餘字。《車攻傳》云："田者大芟草以爲防。"以下百十餘字。《小弁傳》全録《孟子》"高子曰小弁小人之詩也"全章，凡百六十餘字。《巷伯傳》録顔叔子不納嫠婦事，凡二百餘字。此外尚頗有之，則皆傳也。《志》言齊韓傳取春秋，采雜説，咸非其本義，如毛《魚麗》、《車攻》、《小弁》、《巷伯》諸傳所記，正所謂取春秋，采雜説，非其本義者也。故訓每篇皆備，傳則偶爾有之，毛不别自爲書，殆以此故耳。

或取春秋，采雜説。（十上）

樹達按：古人凡歷史皆謂之春秋，如《虞氏春秋》、《吕氏春秋》皆是。非謂孔子之《春秋經》也。

又有毛公之學，自謂子夏所傳，而河間獻王好之，未得立。（十上）

姚振宗云：平帝時立《毛詩》博士，以迄王莽之末，此云未得立者，本《七略》舊文，哀帝時之言也。樹達按：平帝時立《毛詩》，見《儒林傳贊》。

《記》百三十一篇。（十下）

錢大昕曰：鄭康成《六藝論》云：戴德傳記八十五篇，戴聖傳記四十九篇，此云百三十一篇者，合大小戴所傳而言。《小戴記》四十九篇，《曲禮》、《檀弓》、《雜記》皆以簡策重多，分爲上下，實止四十六篇。合大戴之八十五篇，正協百三十一之數。

姚振宗云：錢説非也。大、小戴所取，合《記》百三十一篇，《明堂陰陽記》三十三篇，《孔子三朝記》七篇，《王史氏記》二十一篇，《樂記》二十三篇，合五種二百十五篇，非僅於百三十一篇内取裁也。樹達按：姚説是也。《大戴》之《盛德》及《小戴》之《月令明堂位》，并出自《明堂陰陽》，《小戴》之《樂記》，即本之《樂記》三十三篇，《大戴》之《千乘》、《四代》、《虞戴德》、《誥志》、《小辨》、《用兵少閒》即《孔子三朝記》之七篇，二戴所采不限於此百三十一篇之《記》明矣。又如《哀公問》、《投壺》諸篇，二戴彼此皆加采録，錢氏欲合二戴之篇數爲百三十一者，數不相合，其説不可通明矣。

《王史氏》二十一篇。（十一上）

姚振宗云：鄭樵《通志・氏族略》引《風俗通》云：周先王太史號王史氏。

《曲臺后倉》九篇。（十一上）

如淳曰：行禮射于曲臺，后倉爲記，故名曰《曲臺記》。《漢官》曰：大射于曲臺。王念孫曰：后倉下脱記字，則文義不明。據如注云：后倉爲記，故名曰《曲臺記》，則有記字明矣。《儒林傳》云："后倉説禮數萬言，號曰《后氏曲臺記》。"《初學記・居處部》、《御覽・居處部》五引此并作《曲臺后倉記》。

樹達按：王説似矣，而實非也。姚振宗云："《明堂陰陽》、《王史氏》、《曲臺后倉》三書皆蒙上文記字。"今按姚説是也。蓋書之本名無妨爲《曲臺后倉記》，而劉班皆蒙上省稱之。《隋志》記《明堂陰陽記》三十三篇，《王氏史氏記》二十一篇，王下氏字衍。知二書本名亦當原有記字，而此志文但稱《明堂陰陽》、《王史氏》，皆無記字，由彼例此，知《曲臺后倉》下本省去記字，非脱文明矣。

《中庸説》二篇。（十一下）

師古曰：今《禮記》有《中庸》一篇，亦非本禮經，蓋此之流。

姚振宗云：顏注殆以《禮記》之外别有此《中庸》之書，不知此乃説《中庸》之書也。

《古封禪羣祀》二十二篇。（十二上）

姚振宗云：范書《張純傳》：純案《孝武太山明堂制度》，欲具奏之。《太山明堂制度》似即在此《漢封禪羣祀》三十六篇中。

《議奏》三十八篇。（十二下）

樹達按：《隋志》有《石渠禮論》四卷，即此書。清王謨、馬國翰、洪頤煊并有輯本。

至周，曲爲之防，事爲之制。（十二下）

師古曰：委曲防閑，每事爲制也。

樹達按：《禮記·禮器》云：曲禮三千。鄭注云：曲猶事也。《中庸》云：其次致曲。鄭注云：曲猶小小之事也。是曲亦訓事。此文曲與事爲互文，顏注非。

《禮古經》者，出於魯淹中及孔氏，學七十篇文相似，多三十九篇。（十三上）

劉敞曰：讀當云：《禮古經》者，出於魯淹中及孔氏，孔氏則安國所得壁中書也。學七十篇當作與十七篇文相似，五十六卷除十七，正多三十九也。沈欽韓云：古經之出有三説：《後書·儒林傳》云：孔安國所獻。《論衡·佚文》篇云：魯恭王發孔子宅，得禮三百，上言武帝，武帝遣吏發取。《隋志》：古經出於淹中，而河間獻王好古愛學，收集餘燼，得而獻之，合五十六篇，并威儀之事。案本傳云：獻王所得書《周官》、《尚書》、《禮記》，言獻王得者是也。又云及孔氏，則志亦兩岐其説，范書殆因此孔氏擧可名之孔安國言之。《論衡》又云河内女子發老屋，得佚《禮》一篇，不言何篇，乃充妄説。葉德輝曰：志文當於學字絶句，七十篇當依劉説作十七篇，言淹中古經及孔氏學古經十七篇文大致相似，多三十九篇及下《明堂陰陽》云云，别爲一節，言多出之篇及《明堂陰陽》、《王史氏記》，所見乃多天子諸侯卿大夫之制，則有岐異耳。高堂生所傳十七篇，淹中古經及孔氏學所傳皆有其書，合多之三十九篇，則總五十六篇矣。曰孔氏學者，如《公羊》題何休學之例，漢注有此名義。先謙曰：七十誤倒，劉説是。學屬上讀，葉説是。樹達按：此節以有誤字，頗失其讀，以"及孔氏"三字下屬爲文。劉原父訓釋及正讀校誤，字字精核，本無問題，而《補注》又引沈葉兩家之説，令人目迷五色，真所謂道以多岐而亡羊也。爲恐後生迷誤，聊爲糾正之。志文："《禮古經》者，出於魯淹中及孔氏。"此説古《禮經》之來源，猶上文書家云："《古文尚書》者，出孔子壁中也。"上文又云："武帝末，魯恭王壞孔子宅，欲以廣其宫，而得《古文尚書》及《禮記》、《論語》、《孝經》凡數十篇，皆古字也。孔安國者，孔子後也，悉得其書，安國獻之。"此文古文二字，不止繫尚書二字，乃直貫《禮記》、《論語》、《孝經》三書，故班又總括之云："皆古字也。"彼文所謂《古文禮記》者，即此節之"《禮古經》五十六卷"也。特《書》家下云出孔子壁中，此但云出孔氏，立文雖異，而事則同也。《劉歆傳》云："及魯恭王壞孔子宅而得古文於壞壁之中，《逸禮》有三十九。天漢之後孔安國獻之。"《逸禮》三十九，即此文之多三十九篇也。以無師説，故稱逸也。秦時焚書，儒生好古從事壁藏者不知凡幾，淹中藏之，孔子故宅藏之，河内老屋亦藏之，河間獻王又從人得之。班氏記淹中孔壁二事，王仲任聞河内老屋一事，分别記之。而沈氏乃謂志文言及孔氏爲兩岐，又以王仲任爲妄説，專主河間獻王得之一事。然則上文“書家”及《劉歆傳》所記“魯恭王壞孔子宅”之説皆不可信乎？好古壁藏之事不止一人，沈氏似欲止限於一人一事，何其固也！且范書云孔安國獻之者，即本之《藝文志》及《歆傳》，而乃謂“因此文孔氏舉可名之孔安國言之”，抑何誤會乃爾耶？此沈説之謬也。葉以“孔氏學”連讀，舉“《公羊傳》何休學”爲例證。按《公羊傳釋文》云：“學者，言爲此經之學，即注述之意。”孔安國止獻《禮古經》，并未爲經作注，何得以何休爲例而云“孔氏學”耶？傳十七篇者爲高堂生，何得以屬之孔氏邪？此葉説之疏也。要之劉氏據班書記載以“古經者出於魯淹中及孔氏”爲一句，其説確鑿不可易，必如此而後可與《志》文及他傳相通。王氏但贊其校改七十爲十七之説，而於正顔誤讀無所言，又不從其學爲誤字之説，遂浪引誤説，可謂庸人自擾者矣。

《王禹記》二十四篇。（十四上）

王應麟曰：《樂記疏》云：王禹二十四卷記無所録。

樹達按：王氏《考證》全録《樂記疏》文，今按《疏》云：“劉向校書，得《樂記》二十三篇，與禹不同，其道浸以益微。此四句用班志文。故劉向所校二十三篇箸於《别録》，今《樂記》所斷取十一篇，餘有十二篇，其名猶在。二十四卷記，無所録也。”按文謂今《小戴記》中之《樂記》，乃採取古《樂記》二十三篇中之十一篇爲之，其《小戴》未採之十二篇，《别録》猶存其名，即奏樂第十二以下云云是也。王禹二十四卷之記，《别録》未記其目也。今《補注》删削上文，但存一語，令人不知其爲何語矣。

《雅琴趙氏》七篇。（十四上）

《補注》引王應麟所引《别録》文至“時間燕爲散操”句止。然嚴可均、洪頤煊所輯《别録》。“散操”下尚有“多爲之涕泣者”六字，必有此文義乃完。

《雅琴龍氏》九十九篇。名德，梁人。（十四上）

先謙曰：《王褒傳》作龔德。

姚振宗云：當從《别録》、《藝文志》作龍德。宋鄧名世《古今姓氏書辨證》云：龍德乃論治地龍子之後。樹達按：龍子見《孟子》。

《春秋古經》十二篇。（十五上）

錢大昕曰：謂《左氏經》也。

樹達按：王觀國云：《志》文《春秋古經》十二篇，《左氏傳》三十卷，蓋古本《春秋經》自爲一帙，至左氏作傳三十卷，自爲一帙，杜預作《春秋經傳集解》，乃分經之年而居傳之首，於是不復有古經《春秋》矣。樹達按：襄公十七年邾子牼卒，《左氏經》作牼，《公羊》、《穀梁》二家經皆作瞯。又襄公十三年取邿，《左氏經》作邿，而《公羊經》作詩。考彝器有《邾公牼鐘》及《邿伯鼎》，字作牼作邿，與《左氏經》合，知古經可信勝於今文經也。《古經》莊公元年夏，單伯送王姬，杜注謂單伯爲天子卿。公、穀二家經作逆王姬，二傳謂單伯爲魯大夫。今按魯國卿大夫絶無以單爲氏者，而周則屢見，彝銘《揚段》有司徒單伯，亦明是周卿士，此又古經優勝之一證也。

《公羊傳》十一卷。公羊子，齊人。（十五下）

師古曰：名高。

樹達按：王應麟云：戴宏序云：子夏傳與公羊高，高傳與子平，平傳與子地，地傳與子敢，敢傳與子壽。至漢景帝時，壽乃共弟子胡母子都著於竹帛。姚振宗云：《四庫提要》云：傳中有子公羊子曰，此傳不出於高之明證。知傳確爲壽撰，而胡母子都助成之。舊本首署高名，蓋未審也。

《穀梁傳》十一卷。（十五下）

姚振宗云：《四庫提要》云：楊士勛疏稱穀梁子受經于子夏，爲經作傳，則當爲穀梁子所自作。徐彦《公羊疏》又稱公羊高五世相授，至胡母生乃著竹帛，題其親師，故曰《公羊傳》。《穀梁》亦是著竹帛者題其親師，故曰《穀梁傳》，則當爲傳其學者所作。案《公羊傳》定公即位一條引子沈子曰，何休《解詁》以爲後師。此傳定公即位一條亦稱沈子曰，公羊、穀梁既同師子夏，不應及見後師。又初獻六羽一條稱穀梁子曰，傳既穀梁自作，不應自引己説。且此條又引尸子曰，尸佼爲商鞅之師，其人在穀梁後，不應豫爲引據。疑徐彦之言爲得其實，但誰著于竹帛，則不可考耳。

《鄒氏傳》十一卷。夾氏傳十一卷。有録無書。（十五下）

先謙曰：有録者，見於二劉著録。

樹達按：王應麟云：《七録》云：建武中，鄒夾氏皆絶。姚振宗云：《王吉傳》：吉兼通五經，能爲《鄒氏春秋》。又按：見於二劉著録，不得云有録。且班志本之劉歆《七略》，班自注有録無書，亦當是《七略》原文，而云見於二劉著録，何可通乎？今以下文“《太史公》百三十篇十篇有録無書”推之，當爲有目録而無書耳。《太史公自序》作《五帝本紀》云云，即太史公之録也。其文有作《孝景本紀》第十一，作《今上本紀》第十二，而史公此兩紀原文不傳，即《魏志・王肅傳》所謂於今此兩紀有録無書者也。劉向校《戰國策》、《列子》、《荀子》、《晏子》，校上序皆次於目録之後，文末往往云：“謹第録。”第録者，謂具其次第與目録也。又文後必有結題，稱“護都水使者光禄大夫臣向所校某書録。”所謂某書録者，亦謂某書之目録也。則有録爲有目録無疑。《隋志》"儒家"有"《魯仲連子》五卷:録一卷","雜家""《尉繚子》五卷,梁并録六卷"。亦皆謂目録也。王説殊誤。

《穀梁章句》三十三篇。(十六上)

沈欽韓曰:范甯序云:"釋者近十家。"《疏》云:"尹更始則漢時始爲《章句》者也。"《釋文敘録》:"尹更始《穀梁章句》十五卷。

樹達按:《儒林傳》云:"尹更始又受《左氏傳》,取其變理合者以爲《章句》。"《文選·魏都賦注》引"天子以千里爲寰"一條,楊疏引"所者侠之氏"一條。

《公羊董仲舒治獄》十六篇。(十六下)

樹達按:王謨、馬國翰、洪頤煊并有輯本。

《議奏》三十九篇。石渠論。(十七上)

樹達按:《儒林傳》云:"宣帝好《穀梁》説,召五經名儒蕭望之等大議殿中,平《公羊》、《穀梁》同異,各以經處是非,議三十餘事,多從《穀梁》,由是《穀梁》之學大盛。"此《後書·陳元傳》所謂"宣帝爲石渠論而穀梁氏興"也。按義三十餘事,事爲一篇,故爲三十九篇。

《國語》二十一篇。(十七上)

王應麟曰:《史通》云:邱明既爲《春秋内傳》,又稽逸文,纂别説,分周、魯、齊、晉、鄭、楚、吴、越八國事,起周穆王,終魯悼公,爲外傳《國語》。

樹達按:以《國語》名外傳,始見於《論衡》。《論衡·案書》篇云:"《國語》,左氏之外傳也。左氏傳經,辭語尚略,故復選録《國語》之辭以實。"

《世本》十五篇。(十七上)

樹達按:清代王謨、張澍、秦嘉謨、洪飴孫、茆泮林并有輯本,又有錢大昭、孫馮翼合輯本。

《戰國策》三十三篇。（十七下）

樹達按：邊通學短長，蒯通善爲短長説，主父偃學長短縱横術，漢初此學盛行如此。

《奏事》二十篇。秦時大臣奏事及刻石名山文也。（十七下）

姚振宗云：嚴可均輯《全秦文》有王綰、李斯、公子高、周青臣、淳于越及諸儒生羣臣議凡十五篇，李斯獄中上書云：更剋畫，平斗斛度量，文章布之天下以樹秦之名，則刻石名山文皆斯手筆也。

《楚漢春秋》九篇。（十七下）

樹達按：茆泮林、洪頤煊并有輯本。

馮商所續《太史公》七篇。（十八上）

韋昭曰：馮商受詔續《太史公》十餘篇，在班彪《别録》。商字子高。

樹達按：韋引班彪《别録》及《張湯傳》如淳注引班固《目録》并云商續十餘篇，而《志》文只七篇者，姚振宗謂商書本十一篇，班氏省去四篇，故爲七篇，其説是也。班省見下文。樹達又按：《張湯傳贊》云："馮商稱：張湯之先與留侯同祖。"《趙尹韓張兩王傳贊》云："馮商傳王尊。"知商所續書中有張湯、王尊二傳也。《馮奉世傳》篇首有叙馮氏世系百餘言，錢大昕疑爲商《自序》原文。余謂續《史記》者有馮衍，衍爲奉世後人，則《奉世傳》當採自衍，非出於商，錢説非也。

《魯安昌侯説》二十一篇。（二十上）

姚振宗云：《安昌侯説》，鄭氏作注何氏作《集解》即據其本，止于二十篇，此多出一篇，《魯夏侯説》亦多出一篇。此一篇疑即鄭氏所注《論語篇目弟子》,詳余所輯《後漢藝文志》。

《魯王駿説》二十篇。（二十上）

姚振宗云:史傳但言王陽名家,不及王駿,蓋傳其父學。而王陽傳《齊論》,而其子乃爲《魯説》,則又别自名學,與其父異,猶劉向治《穀梁》,子歆治《左氏》也。

《議奏》十八篇。石渠論。（二十上）

姚振宗云:《論語》家與石渠者唯淮陽中尉韋玄成,太子大傅蕭望之二人,皆治魯《論語》者也。時黄門郎梁邱臨奉使問諸儒,蕭望之則平奏其議,可考見者唯此三人而已。

《孔子三朝》七篇。（二十上）

師古曰:今《大戴禮》有其一篇,蓋孔子對哀公語也。朱一新曰:汪本哀公上有魯字。先謙曰:官本注有魯字。

樹達按:景祐本有魯字。

少府宋畸。（二十下）

姚振宗云:《百官公卿表》孝宣本始二年,詹事東海宋疇翁壹爲大鴻臚,徙左馮翊。四年,左馮翊宋疇爲少府。六年,坐議鳳皇下彭城,未至京師,不足美,貶爲泗水太傅。蓋即此宋畸,而表書爲疇。按《蕭望之傳》云:"地節三年夏,京師雨雹,望之上疏,下少府宋疇問狀。"考地節三年即表所載宋疇爲少府六年中之第四年也。宋畸始末略可考見如此。

魯扶卿。（二十一上）

樹達按:《論衡·正説》篇説《論語》云:孔子孫孔安國以教魯人扶卿,官至荆州刺史,始曰《論語》。

《孝經》一篇。（二十一下）

王應麟曰：隋河間顔芝所藏，漢初芝子貞出之。

樹達按：《玉海》四十一云："《隋志》：秦焚書，爲河間顔芝所藏。"《補注》所引，乃王氏《藝文志考證》文，見《考證》卷四。王引隋字下脱去志字。

《翼氏説》一篇。（二十一下）

姚振宗云：翼奉爲后倉弟子，其《孝經》之學亦受之后氏可知。

《后氏説》一篇。（二十一下）

樹達按：馬國翰有輯本。

《安昌侯説》一篇。（二十一下）

樹達按：馬國翰有輯本。

《爾雅》三卷，二十篇。（二十二上）

樹達按：《爾雅》作者，舊云周公孔子，清《四庫提要》以爲皆出依託，是也。鄭志答張逸云："《爾雅》之文雜，非一家之著。"《提要》云："《釋地》有鶼鶼，《釋鳥》又有鶼鶼，同文復出，知非纂自一手。"樹達按《釋詁》例舉單文，《釋訓》盡臚駢字，然《釋詁》有亹亹暀暀皇皇藐藐穆穆之訓，知《釋詁》在前，《釋訓》在後，釋訓之作因《釋詁》亹亹等訓而擴充之也。鶼鶼復出，亦同此例。

《弟子職》一篇。（二十二上）

樹達按：明人朱長春云：《第子職》韻格相叶，便於兒童誦讀。子游示灑掃應對進退，此略具格式矣。莊述祖云：《弟子職》是古家塾教弟子之法，記弟子事師之儀節，受業之次叙，亦《曲禮》、《少儀》之支流餘裔也。

《孝經》者，孔子爲曾子陳孝道也。（二十二下）

王應麟云：詳其文義，當是仲尼弟子所爲書。

樹達按：仲尼王氏《藝文志考證》作曾子，《補注》引作仲尼，誤。

《史籀》十五篇。周宣王大史作大篆十五篇，建武時亡六篇矣。（二十二下）

王國維云：《説文》云：籀，讀也。又云：讀，籀書也。古籀讀二字同聲同義。古者讀書皆史事：《周書·春官》：大史讀禮書，讀誄。小史讀禮灋，讀誄。內史讀四方之命書。《聘禮》：史讀書。《喪禮》：主人之史讀賵，公史讀遣。是古之書皆史讀之。《逸周書·世俘解》：乃俾史佚繇書于天號。《嘗麥解》：作筴許諾，乃北向繇書于兩楹之間。繇即籀字，《左傳》之卜繇，《説文》引作卜籀，知《左氏》古文繇本作籀，《逸周書》之繇書亦當作籀書矣。籀書爲史之專職，昔人作字書者，其首句蓋云"大史籀書"，以目下文，後人因取句中"史籀"二字以名其篇，古字書皆以首二字名篇，存者有《急就篇》，可證。大史籀書猶言大史讀書。漢人不審，乃以史籀爲箸此書之人，其官名爲大史，其生當宣王之世，非也。樹達按：王説甚核。王氏有《史籀篇疏證》。

《倉頡》一篇。（二十三上）

朱謙曰：近儒馬國翰有輯本。

樹達按：輯此書者尚有任大椿、孫星衍、梁章鉅、陳其榮、陶方琦、王國維諸家。

杜林《倉頡訓纂》一篇。杜林《倉頡故》一篇。（二十四上）

姚振宗云：林實後漢人，班氏修志時，其人已早卒，書已行世，因并附入，非通例也。

太史試學童，能諷書九千字以上，乃得爲史。（二十四下）

王鳴盛曰：即史籀大篆也，諷書許自序作諷籀書。

樹達按：段玉裁云：籀文字數不可知。《尉律》：諷籀書九千字乃得爲史,此籀字訓讀書,或因之謂籀文九千字,誤矣。樹達按:段說是也。

又以六體試之。(二十四下)

李賡芸曰:《説文叙》云:"學僮十七以上,始試諷籀書九千字,乃得爲吏;又以八體試之。"此六乃八之誤。據《説文叙》言王莽時甄豐改定古文有六體,蕭何時止有八體,無六體也。先謙曰:六當爲八,李説是也。上文明言八體,是班氏非不知有八體者。且此數語與《説文序》脗合,不應事實歧異,淺人見下六體字而妄改耳。

樹達按:姚振宗云:班書皆據《别録》、《七略》,此文先言六體課試,次言六體之目,文一氣貫注,斷不致誤。諸家以《説文叙》謂新莽時始有六體,竊謂莽之前已有六體,故劉光禄父子得以著于《録》、《略》。若事在新莽之時始有,則《録》、《略》不及著録,此尤顯而易見者。《文心雕龍·練字》篇《隋書·經籍志》并作六體,與《漢志》相同,證據碻鑿,李賡芸説六體爲八體之説不足信明矣。

吏民上書字或不正,輒舉劾。(二十五上)

姚振宗云:《百官公卿表》云:御史中丞内領侍御史員十五人,受公卿之奏事,舉劾按章。樹達按:此節《説文叙》引之,稱爲《尉律》。

六體者,古文、奇字、篆書、隸書、繆篆、蟲書。(二十五上)

先謙曰:此方釋亡新所定六體,上所云六技也。

樹達按:王氏誤信李賡芸之説,改上文六體爲八體,而無以處此文六體之目,因强以亡新之六體當之。然《志》文絶不及亡新之事,何當於此唐突言之乎?《志》引《律》文,與《説文叙》所引互有詳略,段氏注《説文》,但評其優劣,不作更張,其通議過李王遠矣。

《蒼頡》多古字,俗師失其讀。宣帝時,徵齊人能正讀者,

張敞從受之。（二十六下）

樹達按：《郊祀志》記敞辨識美陽鼎刻書，《顔氏家訓·書證》篇記敞造緦字，與此文記敞從受《倉頡》正讀，皆敞篤志古文之事也。

《晏子》八篇。（二十七下）

樹達按：劉向《叙録》稱晏子書義理可法，皆合六經之義，其入之儒家以此。隋、唐《志》皆同《漢志》，至宋晁公武始從柳子厚之説，改入墨家。清《四庫書目》以其書皆述晏嬰遺事，非嬰自著立説，改隸史部傳記類，於理爲協矣。

《子思》二十三篇。（二十七下）

樹達按：清儒黄以周有輯本。

《曾子》十八篇。（二十七下）

樹達按：清儒阮元有《曾子注釋》四卷。

《漆雕子》十二篇。孔子弟子漆雕啟後。（二十八下）

王應麟曰：《史記》列傳作漆雕開，《史記》避景帝諱，著書者其後也。

樹達按：後字蓋衍文。志文順序謹嚴，決非妄列。此條前爲《曾子》十八篇，後爲《宓子》十六篇，曾、宓皆孔子弟子，則漆雕亦當爲孔子弟子。若是漆雕啟之後，不應置《宓子》之前。景子似宓子弟子，世子公孫尼子是七十子之弟子，李克爲子夏弟子，則皆次《宓子》之後。此一證也。《論衡·本性》篇云："宓子賤、漆雕開、公孫尼子之徒亦論情性，與世子相出入。"宓、世、公孫皆與《志》合，則此文之漆雕子，亦即是仲任所説之漆雕開。仲任親讀原書，必非妄説。此二證也。

《公孫尼子》二十八篇。（二十八下）

樹達按:《春秋繁露·循天之道》篇引公孫之《養氣》曰:"裹藏泰實則氣不通,泰虚則氣不足。熱甚則氣□原文缺,寒勝則氣□。泰勞則氣不入,泰佚則氣宛至。怒則氣高,喜則氣散,憂則氣狂,懼則氣懾:凡此十者,氣之害也,而皆生於不中和。故君子怒則反中而自說以和,喜則反中而收之以正,憂則反中而舒之以意,懼則反中而實之以精。"孫詒讓據《御覽》四百六十七引定爲《公孫尼子》文,是也。又按《韓非子·顯學》篇云:"孔子死後,儒分爲八,有公孫氏之儒。"蓋即尼子。

《孟子》十一篇。(二十九上)

沈欽韓曰:《史記》云:《孟子》七篇。趙岐《章指題辭》云:七篇二百六十一章,三萬四千六百八十五字。又有《外書》四篇,《性善辨》、《文説》、《孝經》、《爲正》。其書不能宏深,似非《孟子》本真也。今《外書》遂不可見。

樹達按:姚振宗云:《經義考》引應劭曰:孟子著書中外十一篇。孟中書七篇,外書四篇,當劉中壘叙録是書時,亦必如《晏子春秋·外篇》云不敢遺失,仲遠據《叙録》之言也。《外書》不知何人所輯,南匯吴省蘭刻入《藝海珠塵》中。沈云不可見,非也。

《内業》十五篇。(二十九下)

王應麟曰:《管子》有《内業》篇,此書恐亦其類。

樹達按:馬國翰謂《管子·内業》篇旨與他篇不相類,蓋古有成書而《管子》述之,與《弟子職》在《管子》書者相同,理或是也。

《河間周制》十八篇。似河間獻王所述也。(二十九下)

樹達按:《金樓子·説蕃》篇云:獻王又爲《周制》二十篇,與志云十八篇小異。

《讕言》十一篇。（二十九下）

先謙曰：官本作十篇。

樹達按：景祐本作十篇。

《王孫子》一篇。（三十上）

樹達按：佚文馬國翰、嚴可均皆輯之。

《董子》一篇。名無心，難墨子。（三十下）

樹達按：《玉海·藝文》云：《中興書目》：與纏子辨上同兼愛上賢明鬼之非，纏子屈焉。

《俟子》一篇。（三十下）

李奇曰：或作《侔子》。先謙曰：官本俟作俟。陶憲曾云：官本是也。

樹達按：景祐本作俟。

《平原君》七篇。朱建也。（三十一上）

先謙曰：當次下《高祖傳》後。官本君作老，引宋祁曰：老一作君，案高似孫《子略》亦作老。

樹達按：沈濤云：書既爲建作，不應廁魯連虞卿之間。蓋後人誤以爲六國之平原君而移易其次第。樹達按：景祐本作平原君。老是誤字，王引《子略》，殊爲無謂。

《虞氏春秋》十五篇。虞卿也。（三十一上）

樹達按：《孔叢子·執節》篇云：虞卿著書，名曰《春秋》。魏齊曰：子無然也！《春秋》，孔聖所以名經也。今子之書，大抵談説而已，亦以爲名，何？答曰：經者，取其事常也，可常則爲經矣。且不爲孔子，其無經乎？齊問子順，子順曰：無傷也。魯之史記曰《春秋》，經因以爲名焉，又晏子之書亦曰《春秋》，不嫌同名也。

《高祖傳》十三篇。高祖與大臣述古語及詔策也。（三十一上）

王應麟曰：《隋志》：梁有《漢高祖手詔》一卷。

樹達按：《古文苑》載高祖手敕太子五事。

《陸賈》二十三篇。（三十一上）

朱一新曰：今存二卷十二篇。《四庫提要》謂篇數反多於宋本，或後人因不完之本補綴五篇，以合本傳舊目也。司馬遷取《新語》作《史記》，著於《本傳》，而是書之文悉不見於《史記》。《論衡・本性》篇引《新語》，今本亦無之。《穀梁傳》至武帝時始出，而《道基》篇末乃引《穀梁傳》，時代尤相牴牾。馬總《意林》李善《文選注》引皆與今本合，則雖或後人依託，亦必在唐以前。

樹達按：《漢書・司馬遷傳》并無取《新語》作《史記》之語，《提要》説誤。今本十二篇足本，乃流傳於明弘治間李庭梧，并非後人補綴，説見嚴可均《鐵橋漫稿》卷五《新語叙》。漢初瑕丘江公受《穀梁春秋》於申公，申公蓋受之於浮邱伯。陸賈與浮邱伯同時，自得見《穀梁春秋》。《提要》謂武帝時始出，亦誤。以上皆吾友余嘉錫季豫之説，詳見其所著《四庫提要辨證》。

《兒寬》九篇。（三十一下）

葉德輝曰：本傳引對封禪一事，《律歷志》引改正朔一事，餘無考。

樹達按：本傳尚有從東封泰山還登明堂上壽一事。

《終軍》八篇。（三十二上）

樹達按：《軍傳》有《白麟奇木對》一篇，《奉詔詰徐偃矯制狀》一篇，自請使匈奴、使南越各一篇，凡四篇。

《吾丘壽王》六篇。

《虞丘説》一篇。（三十二上）

先謙曰：虞吾字同，虞丘即吾丘也。此壽王所著雜説。

樹達按：馬國翰以虞丘吾丘爲一人，王説本之。姚振宗云：此虞丘名説，未詳其始末，志列吾丘壽王、莊助之間，則武帝時人。馬氏以爲即吾丘壽王，以説爲所説之書。然例以上下文，殊不然也。樹達按：姚説是也。若如馬説，則《志》當合計之云吾丘壽王七篇，不必别爲二事矣。

《莊助》四篇。（三十二上）

姚振宗云：本傳載《諭意淮南王》一篇，《上書謝罪》一篇，又《淮南王諫伐閩越》一篇，或當在是書四篇中。

《鉤盾冗從李步昌》八篇。（三十二上）

王應麟云：《枚皋傳》：與冗從争。注：冗從，散職。姚振宗云：《詩賦略》中有李步昌賦二篇，蓋宣帝時奏御，固能文之士也。

劉向所序六十七篇。《新序》、《説苑》、《世説》、《列女傳頌圖》也。（三十二下）

先謙曰：《世説》不詳，本傳有《世頌》，疑即其書。

樹達按：姚振宗云：《説苑》本中祕書《説苑雜事》，《别録》有明文。《新序》則莫詳所自。唯《晉書·陸喜傳》載喜自叙云："劉向省《新語》而作新序。"則舊有《新語》之書，省其複重，别編爲《新序》，喜所言必得之於《别録》也。《世説》疑即本傳所云《疾讒》、《摘要》、《救危》及《世頌》凡八篇，終無碻證。

《楊雄所序》三十八篇。《太玄》十九，《法言》十三，樂四，箴二。（三十二下）

樹達按：揚景祐本作楊。樂不入樂類，箴不入詩賦略而入之此，蓋以著作人統之也。

右儒五十三家，八百三十六篇，入揚雄一家，十八篇。（三十三上）

錢大昭曰：閩本十八篇作三十一篇。先謙曰：官本作三十八篇。

樹達按：景祐本作三十八篇。

後進循之。（三十三上）

先謙曰：《官本考證》云：宋本作修之，案文應作循之，今從監本。

樹達按：景祐本作循之。

《鬻子》二十二篇。名熊，爲周師，自文王以下問焉。周封爲楚祖。（三十四上）

嚴可均曰：鬻子年九十見文王，而其書有成王問及康叔封衛事，且於文王、周公、康叔皆曰昔者，古書不必手著，蓋康王、昭王後周史臣所録，或鬻子子孫記述先世嘉言，爲楚國之令典也。樹達按：周封爲楚祖，語不可通，蓋有脱誤。

《老子鄰氏經傳》四篇。姓李，名耳，鄰氏傳其學。《老子傳氏經説》三十七篇。《老子徐氏經説》六篇。（三十四下）

章學誠云：《老子》本書，今傳《道德》上下二篇，共八十一章。《漢志》不載本書篇次，則劉班之疏也。姚振宗云：《鄰氏經傳》四篇者，本經二篇，《鄰氏傳》二篇，經傳合爲一編，故下注姓李名耳。《漢志》於篇數章數多不及載，不獨此書。蓋其時有《别録》，有《七略》，言之已詳，《志》在簡要，故悉從其略，非劉班之疏也。樹達按：劉氏校書，中祕所有者則及之，否則不載也。余疑中祕當時偶無本經，故劉氏不及而班仍之耳。實齋獻疑，姚爲左袒，説皆非也。

《文子》九篇。（三十四下）

沈欽韓曰：書爲《淮南》襲取殆盡。

樹達按：此今本《文子》襲《淮南》，非《淮南》襲《文子》，沈説殊誤。

《蜎子》十三篇。名淵，楚人，老子弟子。（三十五上）

王應麟曰：《文選》枚乘《七發》：便蜎、詹何之倫。注云：《淮南子》：雖有鉤鍼芳餌，加以詹何、蜎蠉之數，猶不能與罔罟争得也。宋玉與登徒子偕受釣于玄淵。《七略》：蜎子名淵。三文雖殊，其人一也。

樹達按：梁玉繩云：考高誘云：娟嬛，古善釣人名，故同詹何并舉。善以與環淵爲一人，恐誤。

《關尹子》九篇。（三十五上）

樹達按：此書《隋唐志》皆不著録，是其書已久佚。今本出自宋人，陳振孫疑其依託，清《四庫提要》謂是唐宋五代間方士解文章者所爲也。

《列子》八篇。（三十五下）

樹達按：孟子言"楊子爲我"，然楊朱無書，其大要獨見於此書《楊朱》篇中。

《老成子》十八篇。（三十五下）

姚振宗云：《世本·氏姓》篇云：老成氏，宋有大夫老成方。《元和姓纂》及《廣韻》、《通志·氏族略》并言：老成方在宋爲大夫，著書十篇，言黄老之道，豈著書即老成方乎？其言十篇，與此十八篇不合。

《田子》二十五篇。名駢，齊人，遊稷下，號天口駢。（三十

六上)

錢大昭曰:劉向《七略》云:齊田駢好談論,故齊人爲語曰天口駢。

樹達按:《别録》云:稷,齊城門名,談説之士期會于稷門下者甚衆,故曰稷下。又按《七略》爲劉歆撰,《補注》向字誤。

《鶡冠子》一篇。(三十六下)

姚振宗云:《七略》兵權謀家有《鶡冠子》,班氏以其重復省之。

《黄帝銘》六篇。(三十七上)

王應麟曰:《皇覽》記武王問尚父曰:五帝之誡可得聞歟?尚父曰:黄帝之誡曰:吾之居民上也摇摇,恐夕不至朝!故爲金人,三封其口,曰:古之慎言。《金人銘》蓋六篇之一也。

樹達按:《金人銘》今見《説苑・敬慎》篇。

《孫子》十六篇。六國時。(三十七上)

姚振宗云:《人表》孫子居第五等。梁玉繩云:孫子惟見《莊子・達生》篇,名休。按《人表》列此孫子于田太公和魏武侯之時,與春秋時孫武自别,亦與此言六國時相合。《莊子・達生》篇引其語,當出是書。

《捷子》二篇。(三十七下)

錢大昭曰:《史記・孟荀傳》作接子,接捷古字通。

樹達按:姚振宗云:《史記・孟荀》傳云:田駢、接子、環淵皆學黄老道德之術,因發明序其指意。環淵著上下篇,而田駢、接子皆有所論焉。又云:接子,齊人。樹達按:《鹽鐵論》云:湣王矜功不休,百姓不堪,慎到接子亡去。

《郎中嬰齊》十二篇。武帝時。(三十七下)

姚振宗曰:《詩賦略》有郎中臣嬰齊十篇,次司馬遷之後。

《鄭長者》一篇。(三十七下)

樹達按:《鹽鐵論·箴石》篇云:"吾聞之鄭長者曰:者字今本誤作孫,依顧千里校改。君子正顏色則遠暴慢,出辭氣則遠鄙倍矣。與《論語》曾子語同。

《公檮生終始》十四篇。傳鄒奭終始書。(三十八下)

章學誠云:鄧名世《古今姓氏書辨證》引作傳黄帝終始,今本乃傳寫之誤。樹達按:《史記·三代世表》褚先生補引《黄帝終始傳》。

《鄒子》四十九篇。(三十八下)

班氏自注云:名衍,齊人,爲燕昭王師,居稷下,號談天衍。

樹達按:《嚴安傳》安引鄒衍曰:"政教文質者,所以云救也,當時則用,過則舍之,有易則易也。"《劉向傳》云:《淮南枕子鴻寶》言鄒衍《重道延命方》。疑皆當在此四十九篇中也。

《將鉅子》二篇。(三十九下)

葉德輝曰:《元和姓纂·十陽》引《漢志》云:"六國時將鉅彰箸子書五篇。"是唐時《志》文明言將鉅名彰,今本疑有奪字。

樹達按:《通志·氏族略》注引《志》文作將具子彰,亦有彰字。具鉅音近。皮錫瑞云:《莊子》言:墨子以鉅子爲聖人,將鉅子當是治《墨》學者。墨子敬天明鬼,與陰陽家相近。

《五曹官制》五篇。漢制,似賈誼所條。(三十九下)

章學誠云:觀班固注云:漢制,似賈誼所條,則當入于官禮,今附入陰陽家,豈有當耶!

于長《天下忠臣》九篇。(四十上)

師古曰:劉向《别録》云:傳天下忠臣。

樹達按：章學誠云：書已不傳，然劉向云傳天下忠臣，則其書可以想見。蓋《七略》未立史部，傳記一門之撰著惟有劉向《列女》與此二書耳。附于《春秋》而别爲之説，猶愈于攙入陰陽家也。

《雜陰陽》三十八篇。不知作者。（四十上）

姚振宗云：此如儒家之《儒家言》十八篇，道家之《道家言》二篇相類，皆劉中壘裒録無名氏之説類次于篇末者。

《李子》三十二篇。名悝，相魏文侯，富國彊兵。（四十上）

樹達按：嚴可均輯《三代文》載《韓非子·内儲説》上引李悝習射令及《食貨志》引盡地力之教二條。

《申子》六篇。（四十下）

樹達按：《淮南子·要略》云：申子者，韓昭釐之佐。韓，晉列國也，地墽民險，而介于大國之間，晉國之故禮未滅，韓國之新法重出；先君之令未收，後君之令又下，新故相反，前後前繆，百官背亂，不知所用，故刑名之書生焉。

《處子》九篇。（四十一上）

樹達按：姚振宗云：《史》、《漢》舊本或作劇，或作處，唐宋人已莫衷一是矣。

《慎子》四十二篇。（四十一上）

王應麟云：《漢志》四十二篇，今三十七篇亡，惟有《感德》、《因循》、《民雜》、《德立》、《君人》五篇。

樹達按：姚振宗云：《史記·孟荀傳》云：慎到，趙人；田駢、接子，齊人；環淵，楚人：皆學黄老道德之術，因發明序其指意，慎到著十二論。按接子、環淵并見道家，據史公言，則《慎子》書中有十二論乃道家言也。樹達按《慎子》入法家，此史公所謂刑名源於道德也。又按:嚴可均輯本據《羣書治要》多出《知忠》、《君臣》二篇,《感德》篇較舊本多二百五十餘字,説見《鐵橋漫稿》卷五。

《法家言》二篇。不知作者。(四十一下)

姚振宗云:此亦如儒家道家陰陽家之例。

《鄧析》二篇。(四十二上)

樹達按:《吕氏春秋》卷十八《離謂》篇云:"洧水甚大,鄭之富人有溺者,人得其死死即今屍字。者,富人請贖之,其人求金甚多,以告鄧析。鄧析曰:安之!人必莫之買矣。買本誤賣,今改正。得死者患之,以告鄧析,鄧析又答之曰:安之!此必無所更買矣。"按劉向謂析操兩可之説,設無窮之辭,此類是也。

《成公生》五篇。與黄公等同時。(四十二下)

姚振宗云:班氏注與黄公等同時,明是在黄公之前,惠子之後。今列惠子之前,似寫者顛倒亂之。

惠子一篇。(四十二下)

葉德輝曰:《莊子·至樂》篇云:惠施多方,其書五車,其道舛駁,其言也不中。

樹達按:語見《莊子·天下》篇,至樂二字誤。

黄公四篇。名疵,爲秦博士,作歌詩,在秦時歌詩中。(四十二下)

樹達按:姚振宗云:《秦始皇紀》:三十六年,使博士爲仙真人詩,及行所游天下,傳令樂人歌弦之。黄公疵爲博士,蓋即是時也。

《毛公》九篇。趙人,與公孫龍等并游平原君趙勝家。(四十二下)

師古曰:此蓋《史記》所謂藏於博徒者。

樹達按：姚振宗云：毛公在六國時而其書列于黄公之次者，亦傳寫亂其舊次。樹達又按：顔意謂此毛公即《史記·信陵君傳》之毛公，余謂非也。毛公既游平原君家，則不得謂爲藏於博徒矣。信陵君在趙與毛公游，平原君以此譏信陵爲妄人，若本是平原君客，何至有此語乎！趙國同時有兩毛公耳，非一人也。

及警者爲之，則苟鉤鈲析亂而已（四十二下）

師古曰：鈲，破也，音普革反，又音普狄反。

樹達按：李慈銘云：鈲當作鎃，从𠂢聲，見《方言》。鎃，摫裁也，梁益之間裁木爲器曰鎃。郭注音劈歷。

《田俅子》三篇。（四十三上）

沈欽韓曰：《吕覽》、《韓非》諸書作田鳩子。

樹達按：《吕覽·首時》篇注云：田鳩，齊人。

墨家者流，蓋出於清廟之守。（四十四上）

樹達按：宋翔鳳《過庭録》云：《隋·經籍志》亦作清廟之守。案守疑官字之誤。魯請郊廟禮，而王使史角往，則正是清廟之官。余嘉錫《四庫提要辨證》云：守字乃官字之誤。《漢紀》二十五叙諸子源流作清廟之官，唐趙蕤《長短經·正論》篇全録《漢志》，《廣弘明集》卷八及《佛祖通載》卷十一載北周釋道安《二教論》引《藝文志》亦并作官，知唐以前《漢書》古本如此。守字乃宋以後刻本之誤。其唐以前書如《羣書治要》卷十四之類有作清廟之守者，蓋後人據今本《漢書》妄改也。宋人《重廣會史》據日本育德財團總裁前田利爲尊經閣影印宋刻本。卷七十引《藝文志》亦作守字，其書刻於建中靖國以前，每册後有高麗國十四葉辛巳歲書，大宋建中靖國元年，大遼乾統元年朱文印。是北宋本《漢書》已誤矣。《志》叙諸子十家，皆云出於某官，不應墨家獨作守。班論墨家茆屋采椽是以貴儉云云，所舉皆宗廟之事，故曰出於清廟之官。《吕氏春秋·當染》篇曰："魯惠公使宰讓請郊廟之禮於天子，桓王使史角往，其後在於魯，墨子學焉。"此墨家出於清廟之官之證也。

莊安一篇。（四十五下）

樹達按：莊安傳作嚴安，避明帝諱改莊爲嚴也。

言其當權事制宜，受命而不受辭。（四十六上）

樹達按：《公羊傳·莊公十九年》云：聘禮：大夫受命不受辭。

《孔甲盤盂》二十六篇。（四十六上）

樹達按：《田蚡傳》云：蚡學盤盂諸書。

《五子胥》八篇。（四十六下）

樹達按：蘇先生手注云：《吴越春秋》載伍子胥推日辰法，如今六壬。

《尉繚子》二十九篇。（四十六下）

錢大昭曰：南雍本、閩本尉繚下無子字。沈欽韓曰：《始皇紀》：大梁人尉繚來説秦王，其計以散財物賂諸侯强臣，不過三十萬金，則諸侯可盡。朱一新曰：汪本無子字。先謙曰：官本無子字。

樹達按：梁玉繩云：尉繚子疑即《尸子》所謂料子貴别者也。《漢志》雜家《尉繚》二十九篇，先《尸子》，兵家《尉繚》三十一篇，先魏公子。蓋兩人尸佼所稱，非爲始皇國尉者。姚振宗云：《始皇紀》：大梁人尉繚來説秦王，以爲秦國尉，其時爲始皇十年，與李斯同官，已在六國之末。此尉繚叙次在由余之後，尸子、吕不韋之上，遠在其前，非大梁人尉繚可知。梁氏所疑，近得其似。樹達按：梁姚説是，沈説非也。又按景祐本無子字。

《尸子》二十篇。（四十七上）

樹達按：清儒汪繼培有輯本。

《吕氏春秋》二十六篇。（四十七上）

沈欽韓曰：總十二紀、八覽、六論也。

樹達按：此書本以八覽、六論、十二紀爲次，八覽首有始覽，全書之首也。十二紀後有《序意》一篇，乃全書之殿尾，猶《淮南王書》之《要略》，《太史公書》之《自序》也。司馬遷省稱其書曰《吕覽》，據書首之八覽稱之也。若如今本，遷當稱之曰“吕紀”矣。後人以十二紀之文同於《禮記》之《月令》篇，《禮記》屬於經籍，因移十二紀置之卷首，失不韋本書之次第矣。

《淮南内》二十一篇。（四十七上）

沈欽韓曰：《隋志》許慎、高誘兩家注并列，今惟存高注。

樹達按：今本許高二注混雜。篇題下注有“因以題篇”四字者爲高注，爲《原道》、《俶真》、《天文》、《地形》、《時則》、《覽冥》、《精神》、《本經》、《主術》、《氾論》、《説山》、《説林》、《修務》十三篇。餘八篇爲《繆稱》、《齊俗》、《道應》、《詮言》、《兵略》、《人間》、《泰族》、《要略》，皆許注也。高注諸篇注釋往往有一事兩説者，其稱一曰云云者，大都是許注，并後人所羼入也。

《蔡癸》一篇。（四十九上）

錢大昭曰：閩本蔡作祭。朱一新曰：汪本蔡作祭，古祭蔡同。

樹達按：景祐本作蔡。

農家者流，蓋出農稷之官。（四十九下）

朱一新曰：汪本出下有於字，此脱。先謙曰：官本有於字。

樹達按：景祐本有於字。

欲使君臣并耕，誖上下之序。（四十九下）

樹達按：《孟子·滕文公下》篇云：陳相見孟子，道許行之言曰：賢者與民并耕而食，饔飧而治。

《伊尹説》二十七篇。其語淺薄，似依託也。（四十九下）

樹達按：嚴可均云：《吕氏春秋·本味》篇疑即小説家之一篇。《孟子》：伊尹以割烹要湯，謂此篇也。

《師曠》六篇。（五十上）

樹達按：《潛夫論·相列》篇云："師曠曰：赤色不壽，火家性易滅也。"當出此書。

《宋子》十八篇。（五十下）

樹達按：《韓非子·顯學》篇云：宋榮子設不争鬬，取不隨仇，不羞囹圄，見侮不辱，世主以爲寬而禮之。按宋荣子與宋鈃、宋牼爲一人。

《黄帝説》四十篇。迂誕依託。

《封禪方説》十八篇。武帝時。（五十下）

沈欽韓曰：此方士所本，史遷所云其文不雅馴。

樹達按：漢方士多稱黄帝，沈意謂本自此黄帝説也。《史記·五帝紀贊》稱百家言黄帝，其文不雅馴，故沈據以爲説。《補注》取此，應注在《黄帝説》條之下，乃與正文相合。但以刊本沈氏疏證原書誤以《黄帝説》四十篇《封禪方説》十八篇合爲一條，置《疏證》於其下。王氏不知其誤，遂以沈説置《封禪方説》條下，疏矣。又按：方説者，《史記·封禪書》記李少君以祀竈穀道卻老方見上，亳人謬忌奏祠太一方，齊人少翁以鬼神方見上，膠東宮人欒大求見言方之類是也。

《百家》百三十九卷。（五十一上）

樹達按:姚振宗云:劉中壘《説苑叙録》曰:除去與《新序》複重者,其餘者淺薄不中義理,别集以爲百家,似即此《百家》。蓋《説苑》之餘,猶宋李昉等既撰集《太平御覽》,復裒録《太平廣記》也。樹達按:《藝文類聚》七十四引《風俗通》説門户鋪首引《百家書》,即此。

皆起於王道既微,諸侯力政。(五十一下)

樹達按:政讀爲征。力征謂以力相征伐。

是以九家之説。(五十一下)

朱一新曰:汪本説作術。先謙曰:官本作術。

樹達按:景祐本作術。

唐勒賦四篇。楚人。宋玉賦十六篇。楚人,與唐勒并時,在屈原後也。(五十二上)

姚振宗云:《史記·屈原傳》:屈原既死之後,楚有宋玉、唐勒、景差之徒,皆好辭而以賦見稱。然皆祖屈原之從容辭令,終莫敢直諫。

《宋玉賦》十六篇。(五十二上)

王應麟曰:《隋志》:《宋玉集》三卷。沈欽韓曰:《隋志》:《宋玉集》三卷。

樹達按:王已引《隋志》,復録沈説,重複失檢。

上所自造賦二篇。(五十三上)

章學誠云:臣工稱當代之君曰上。劉向爲成帝時人,其去孝武之世遠矣。此必武帝時人標目,劉向從而著之。

《陸賈賦》三篇。(五十三下)

樹達按:《文心雕龍·才略》篇云:"漢室陸賈,首發奇采,賦孟春而選典誥。"是賈有《孟春賦》,當爲此三篇之一。

《枚皋賦》百二十篇。（五十三下）

樹達按：本傳有《平樂館賦》、《皇太子生賦》、及《立皇子禖祝》、《衛皇后立時戒終之賦》。

《蕭望之賦》四篇。（五十四上）

樹達按：班固《兩都賦序》云：故言語侍從之臣，若司馬相如、虞邱壽王、枚皋、王褒、劉向之屬，朝夕論思，日月獻納。而公卿大臣御史大夫倪寬、太常孔臧、宗正劉德、太子大傅蕭望之等時時間作，或以抒下情而通諷諭，或以宣上德而盡忠孝，雍容揄揚，著于後嗣，抑亦雅頌之亞也。故孝成之世論而録之，蓋奏御者千有餘篇，而後大漢之文章炳焉與三代同風。樹達按：司馬相如、虞邱壽王、枚皋、劉向、倪寬、孔臧、劉德、蕭望之八家之賦，并見於《詩賦略》，東方朔亦有賦，《詩賦略》中未見者，以統括在雜家《東方朔》二十篇中，此猶儒家楊雄三十八篇，中有樂四，不入六藝樂類，箴二不入《詩賦略》，以人統括各類，不復細分也。

《博士弟子杜參賦》二篇。（五十四上）

師古曰：劉歆又云：參，杜陵人，以陽朔元年病死，時年二十餘。先謙曰：官本注重死字。

樹達按：景祐本重死字。

李思《孝景皇帝頌》十五篇。（五十四下）

樹達按：《文心雕龍・詮賦》篇云：容告神明謂之頌，頌主告神，義必純美。漢之惠景，亦有述容。據劉説，惠帝亦有頌，而《志》不載。

《別栩陽賦》五篇。（五十五上）

王應麟曰：庾信《哀江南賦》：栩陽亭有離別之賦，蓋亭名也。沈濤曰:案别栩陽當是姓别而封栩陽亭侯者,若以爲離别之别,則當列於雜賦家而不列於賦家矣。兵陰陽家有《别成子望軍氣》六篇,此人當即成子之後。古有别姓,《元和姓纂》引《姓苑》云:京兆人。先謙曰:前漢無亭侯之制,沈説非也。庾賦當有所本。

樹達按:姚振宗云:顧炎武《日知録》云:詳上下文例,當是人姓名,姓别,名栩陽也。以爲離别之别,非也。《四庫提要》云:庾賦誤記《藝文志》,與所用桂華馮馮誤讀《郊祀志》者相等。王應麟因而附會,以爲漢代亭名,未免失之嗜奇。樹達按:亭林及《提要》之説是也。

《文雜賦》三十四篇。(五十六上)

錢大昭曰:文閩本作大。朱一新曰:汪本作大。先謙曰:官本作大。

樹達按:景祐本作大。

《成相雜辭》十一篇。(五十六上)

樹達按:王應麟云:相者,助也,舉重勸力之歌,《史》所謂五羖大夫死而舂者不相杵,是也。謝墉云:觀《荀子·成相》篇音節,即後世彈詞之祖。

《河南周歌聲曲折》七篇。(五十八上)

姚振宗云:以下文周謡歌詩聲曲折例之,歌下當有詩字。

《周謡歌詩聲曲折》七十五篇。(五十八上)

姚振宗云:《河南周歌詩》,《周謡歌詩》,此兩家皆有聲律曲折,《隋書·王劭傳》所謂曲折其聲,有如歌詠,是也。《河南周歌詩》指東周人而言也。《周謡歌詩》,則合東西兩周,故篇數多于東周十倍有餘也。

《傳》曰:不歌而頌謂之賦。(五十八下)

樹達按:黄生《義府》云:言不可被之聲音,但可諷誦而已。此所以雖出古《詩》之流,而實與《詩》異也。

詩賦爲五種。(五十九上)

錢大昭曰:南雍本、閩本詩賦上并有序字。朱一新曰:汪本有序字。先謙曰:官本有序字。

樹達按:景祐本有序字。

《吴起》四十八篇。(五十九下)

樹達按:嚴可均《三代文》據《韓非子·内儲説》引吴起南門令、西門令、攻秦亭令。《吕氏春秋·慎小篇》又引南門令。

《季子》十篇。(六十上)

錢大昭曰:閩本作李子。沈欽韓曰,疑李悝。朱一新曰,汪本作李。先謙曰,官本作李。

樹達按:姚振宗云:《韓非子·内儲説》引李悝習射令,法家於李悝書亦曰《李子》,與此相同。班氏以明注於前,故引不復贅。樹達按:景祐本作李子。

《韓信》三篇。(六十上)

樹達按:《高紀》云:韓信申軍法,《司馬遷傳》亦云,即此書也。

《王孫》十六篇。(六十下)

姚振宗云:王孫疑爲吴王孫雄。《左·襄十三年》傳正義曰:《吴語》:王孫雄設法,百人爲行,十行一旌,十旌一將軍。今本《國語》文大異。又今《國語》作王孫雒,《史·越世家》作公孫雄。

《封胡》五篇。(六十二上)

葉德輝曰:《元和姓纂》二冬封姓下云:"封鉅爲黄帝師胙土命

氏。”案封鉅疑封胡字訛。

樹達按：封鉅爲黄帝師，見本書《古今人表》。《路史·國名紀》謂封鉅即封胡，此葉説所本。梁玉繩謂《人表》别有封胡，不得合而一之，是也。

《力牧》十五篇。（六十二上）

樹達按：敦煌出土未簡，一簡有“己不聞者何也，力墨對曰：官”凡十一字。又一簡有“黄帝問□□□曰：官毋門者，何也”存十字。力墨即力牧，墨牧古音同。王國維謂簡出塞上，當是兵家之力牧，非道家之力牧，説或是也。

《公勝子》五篇。（六十三上）

樹達按：公勝疑即公乘。《説苑·善説》篇記魏文侯飲酒，公乘不仁爲觴政。本書《張耳傳》記公乘氏以女妻陳餘。勝乘古音同。

《伍子胥》十篇。（六十三上）

姚振宗曰：《武帝紀》注臣瓚曰：伍子胥書有戈船，以載干戈，因謂之戈船也。又曰：伍子胥書有下瀨船。瀨，湍也，吴越謂之瀨，中國謂之磧。

《逢門射法》二篇。（六十三上）

師古曰：即逢蒙。

樹達按：姚振宗云：《孟子·離婁》篇：逢蒙學射于羿，盡羿之道，思天下惟羿爲愈己，于是殺羿。

護軍射師王賀《射書》五篇。（六十三下）

姚振宗云：《百官表》：護軍都尉，秦官。哀帝元壽元年，更名司寇。平帝元始元年，更名護軍。

捃摭遺逸，紀奏兵録。（六十五上）

師古曰:捃摭謂拾取之。捃音九問反,摭音之石反。

樹達按:《説文》十二篇上"手部"云:攈,拾也。从手,麇聲。捃乃或字。

《圖書祕記》十七篇。(六十六下)

姚振宗云:《續漢·麻志》云:中興以來,圖讖漏泄,則當西京時猶祕而不宣,故曰祕記歟。

夫觀景以譴形,非明王亦不能服聽也。以不能由之臣,諫不能聽之王。(六十七上)

錢大昭曰:王南雍本、閩本并作主。朱一新曰:汪本王作主。先謙曰:官本作主,是。

樹達按:景祐本作王,不作主。

《天歷大歷》十八卷。(六十八上)

樹達按:《晉書·束晳傳》記《汲冢書》有《大歷》二篇,云:鄒子談天類也。疑即此書也。

《帝王諸侯世譜》二十卷。(六十八下)

《古來帝王年譜》五卷。(六十九上)

沈濤云:世譜年譜即世表年表。劉杳云:三代世表并效《周譜》,可見譜與表名異而實同。

《鐘律災異》二十六卷。(七十下)

姚振宗云:《續漢·百官志》劉昭補注:《漢官》曰:靈臺待詔四十二人,七人候鐘律。又《律志》云:殿中侯鐘律,用玉律十二。

《鐘律叢辰日苑》二十三卷。(七十下)

朱一新曰:汪本作二十二卷。先謙曰:官本作二十二。

樹達按:景祐本作二十二。

《鐘厤消息》二十九卷。（七十下）

姚振宗云：《史記·厤書》：黄帝考定星厤，建立五行，起消息。《正義》：皇侃云：乾者陽，生爲息，坤者陰，死爲消也。

《泰一》二十九卷。（七十一上）

姚振宗云：《易乾鑿度》鄭玄注曰：太一者，北辰神名也。《吴志·劉惇傳》云：惇于諸術皆善，尤明太一，皆能推演其事，窮盡要妙。

《風鼓六甲》二十四卷。（七十一下）

王應麟云：六甲謂甲子甲戌甲申甲午甲辰甲寅。《漢志》云：日有六甲，八歲入小學，學六甲五方書計之事。

《羡門式》二十卷。（七十二上）

樹達按：《王莽傳》云：天文郎按拭於前，拭與式同，即今之星盤也。

《大次雜易》三十卷。（七十四上）

全祖望云：《春秋傳》中有卜筮不引《易》文，據所見雜占而言之者，見杜預、劉炫之説，所謂《雜易》者歟。

《鼠序卜黄》二十五卷。（七十四上）

姚振宗云：《郊祀志》粤人以雞卜，上信之，雞卜自此始用。李奇曰：推雞骨卜如鼠卜。按鼠卜即此鼠序也。雞卜即此《卜黄》也。唐段公路《北户録》曰：邕州之南有善行禁呪者，取雞卵墨畫，祝而煮之，剖爲二片以驗其黄，然後决嫌疑，定禍福，言如響答。《神仙傳》曰：人有病，就茅君請福，煮雞子十枚，以内帳中。須臾，茅君悉擲出。中無黄者病多愈，有黄者不愈，常以此爲候。

《嚏耳鳴雜占》十六卷。（七十五上）

樹達按:《詩·邶風·終風》云:願言則疐。《鄭箋》云:疐讀當爲不敢嚏咳之嚏。今俗:人嚏,云人道我,此古之遺語也。按此以嚏爲占之類也。

《人鬼精物六畜變怪》二十一卷。(七十五上)

樹達按:《史記·留侯世家贊》云:"學者多言無鬼神,然言有物。"與此文物字皆假爲鬽。《説文》九篇上"鬼部"云:"鬽,老物精也。從鬼彡,彡,鬼毛。或作魅。"物與鬽古同音,故假物爲鬽。

《執不祥劾鬼物》八卷。(七十五下)

姚振宗云:《後漢·方術傳》:河南有麴人聖卿,善爲丹書符劾,厭殺鬼神而使命之。章帝時有壽光侯者,能劾百鬼衆魅,令自縛見形。又費長房以符驅使社公,劾繫鬼物,後失其符,爲衆鬼所殺。此皆劾鬼物之術也。

《禳祀天文》十八卷。(七十五下)

姚振宗云:《周禮·天官》冢宰之屬女祝掌以時招梗禬禳之事,以除疾殃。鄭注:卻變異曰禳,禳,攘也。四禮唯禳其遺象今存。

《請禱致福》十九卷。(七十六上)

姚振宗云:《周禮》大宗伯之屬都宗人掌都宗祀之禮,凡都祭祀,致福於國。國有大故,則令禱祠。家宗人掌家祭祀之禮,凡祭祀致福,國有大故,則令禱祠。

《泰壹雜子候歲》二十二卷。(七十六上)

《子贛雜子候歲》二十六卷。(七十六上)

姚振宗曰:《世本·作》篇曰:后益作占歲之法。

《神農教田相土耕種》十四卷。(七十六下)

樹達按:《吕氏春秋》卷二十六有《任地》、《辨土》二篇,是此相土耕種之類也。

《相六畜》三十八卷。（七十八上）

樹達按:《莊子·徐无鬼》篇記徐无鬼見魏武侯,語之以相狗相馬。而《荀子》云:"曾不如相雞狗之足以爲名也。"《魏志·夏侯泰初傳》注云:"漢世有《鷹經》、《牛經》、《馬經》。"《鷹經》、《牛經》、《馬經》正相六畜一類書也。

《外經》三十九卷。（七十九上）

錢大昭曰:南雍本、閩本九作七。先謙曰:官本九作七。

樹達按:九景祐本作七。

醫經者,原人血脈經絡。（七十九下）

朱一新曰:汪本絡作落,古絡落通。先謙曰:官本作落。

樹達按:景祐本作落。

拙者失理,以瘉爲劇,以死爲生。（七十九下）

先謙曰:官本作以生爲死,義兩通。

樹達按:以死爲生,與以瘉爲劇不類,此毛本誤文,王云義兩通,非也。景祐本作以生爲死。

《五藏六府疝十六病方》四十卷。（七十九下）

師古曰:疝,心腹氣病。音山諫反。錢大昭曰:南雍本、閩本山諫下有又音删三字。朱一新曰:汪本有三字。先謙曰:官本有。

樹達按:景祐本有又音删三字。

《五藏傷中十一病方》三十一卷。（八十上）

姚振宗云:《素問·診要經絡論》:凡刺胸腹者必避五藏,中心者環死,環讀爲還,與旋同。中脾者五日死,中腎者七日死,中鬲者皆爲傷中,其病雖愈,不過一歲必死。

《客疾五藏狂顛病方》十七卷。（八十上）

姚振宗云：《素問・脈解》篇曰：所謂狂顛疾者，陽氣在上，而陰氣從下，下虚上實，故狂顛疾也。

《金創瘲瘛方》三十卷。（八十上）

師古曰：小兒病也。瘲音充制反，瘛音子用反。

樹達按：《潛夫論・貴忠》篇云："小兒哺乳太多，則必掣縱而癇。"掣縱與瘲瘛同。

《容成陰道》二十六卷。（八十下）

王應麟云：《後漢・方術》傳：冷壽光者，行容成公御婦人法。姚振宗云：《後漢書・方術》傳，甘始、東郭延年、封君達三人皆方士也，率能行容成御婦人術。

《天老雜子陰道》二十五卷。（八十一上）

姚振宗云：《論語摘輔象》：黄帝七輔，天老受天籙。

《三家内房有子方》十七卷。（八十一上）

樹達按：《千金冀方》卷五《行房法》云：婦人月信斷，一日爲男，二日爲女，三日爲男，四日爲女，以外無子。

房中者，性情之極。（八十一上）

朱一新曰：性情汪本作情性。先謙曰：官本作情性。

樹達按：景祐本作情性。

《黄帝歧伯按摩》十卷。（八十一下）

沈欽韓曰：《唐六典》：太醫令屬官按摩博士一人，置按摩師、按摩工佐之，教按摩生。

樹達按：今日本按摩術盛行，大率瞽者於街頭自名鬻技，中土之流傳也。

《泰壹雜子黄治》三十一卷。（八十二上）

姚振宗云:《抱朴子·金丹》篇云:“金液,大乙所服而仙者也。”則神仙家有自名爲大乙者,似即此泰壹也。

卷　四

陳勝項籍傳第一(漢書三十一)

勝廣迺謀曰:今亡亦死,舉大計亦死。等死,死國,可乎?(一下)

先謙曰:《史記索隱》謂欲經營圖國,假使不成而敗,猶愈爲戍卒而死。

樹達按:亡亦死,謂逃亡觸法而死也。《索隱》謂爲戍卒而死,不切。

今誠以吾衆爲天下倡,宜多應者。(二上)

先謙曰:《史記》衆下有詐自稱公子扶蘇、項燕九字。

樹達按:九字當有,否則上文語無著,此班删之失也。

獨守丞與戰譙門中。(三下)

師古曰:守丞,謂郡丞之居守者。一曰郡守之丞,故曰守丞。先謙曰:顔前説是。

樹達按:守丞謂權守丞者。顔二説皆非。

勝迺立爲王,號爲張楚。(四上)

錢大昭曰：閩本號下無爲字。先謙曰：號下官本無爲字。

樹達按：景祐本無爲字。

葛嬰至東城，立襄彊爲楚王。後聞勝已立，因殺襄彊還報。至陳，勝殺嬰。（四上）

樹達按：據《吴志·諸葛瑾傳》注引《風俗通》説，孝文時嘗追録嬰功，封嬰孫爲諸縣侯，後其子孫因姓諸葛。

而遣故上谷卒史韓廣將兵北徇燕，燕地貴人豪桀謂韓廣曰。（五下）

王先慎曰：地字當在上文北徇燕下。燕地貴人當爲燕故貴人，故貴人謂昔六國時燕貴人而今失勢者，如《李廣傳》故將軍之比。若此秦時，燕地無所謂貴人也。疑轉寫者脱故字，誤移地字實之。《史記》地作故，上燕下有地字，即其證。

樹達按：此班改《史》文處，不當盡以《史記》校改之，《陳餘傳》亦但云使韓廣略燕，無地字也。凡原文可通而必以《史記》改之者，乃無事自擾者也。

今趙又安敢害將軍之家乎？（五下）

錢大昭曰：閩本又作獨，無之字。南監本作獨，有之字。先謙曰：官本與閩本同。

樹達按：又景祐本作獨，無之字。

夥涉爲王，由陳涉始。（八上）

先謙曰：漢世相傳鄙語。

樹達按：王説是也。《蕭何傳》云："故世謂東陵瓜，從召平始也。"義同。

諸將以故不親附。（八上）

樹達按：張耳、陳餘勸武臣自立，正以徇地者多得罪故也。

梁嘗有櫟陽逮，請蘄獄掾曹咎書抵櫟陽史司馬欣。（九上）

應劭曰：項梁曾坐事傳繫櫟陽獄，從蘄獄掾曹咎取書與司馬欣。抵，相歸抵也。先謙曰：《集解》引韋昭云：抵，至也。《索隱》引劉伯莊云：相憑託也。語較明顯。

樹達按：韋訓抵爲至，是也。書謂作書，乃動字，非如書札之書爲名字也。書抵司馬欣，猶今人言作書與司馬欣。書抵二字當連讀，否則文義不順。應訓書爲取書，王於書字下注斷，皆失其義。

以故事皆已。（九上）

王先慎曰：事止梁一人，不當云皆已，皆字涉下文誤衍。《史記》作得已，是。

樹達按：此班與《史》不同處。上文逮字，《索隱》訓及，謂有罪相連及。據此，則事有主名，故云皆已，謂主者與梁皆得已耳。王説誤。

陰以兵法部勒賓客子弟，以知其能。（九上）

樹達按：李慈銘云：《史記》以下有是字，蓋此誤脱。

梁眴籍曰：可行矣。（九下）

師古曰：眴，動目也，音舜，動目而使之也。

樹達按：《説文》四篇上"目部"云：旬，目摇也。或作眴。又云：瞚，開闔目數摇也。音義并相近。文公七年《公羊傳》云："眣晉大夫使與公盟也。何注云：以目通皆曰眣。《釋文》云：眣音舜。則眴字又作眣。

嬰迺不敢爲王，謂其軍曰。（十下）

錢大昭曰：南監本、閩本軍下有吏字。葉德輝曰：德藩本有吏字。先謙曰：官本有吏字，《史記》同，此脱。

樹達按：景祐本有吏字。

項氏世世將家，有名於楚。（十下）

錢大昭曰：名閩本作功。先謙曰：官本作功，《史記》作名。

樹達按：景祐本作功。下文云，我倚名族，名字義長。

嘉還戰一日，嘉死。（十一上）

樹達按：還戰一日，四字當連讀。顏於還戰下注斷，非是。

梁已并秦嘉軍胡陵。（十一上）

錢大昭曰：南監本、閩本軍下皆重軍字。先謙曰：官本重軍字，《史記》同，此脱。

樹達按：景祐本重軍字。

故南公稱曰。（十一下）

齊召南曰：本書《藝文志》：《南公》十三篇。

樹達按：《志》云《南公》三十一篇，齊引誤。

今君起江東，楚蠭起之將皆争附君者，以君世世楚將，爲能復立楚之後也。（十一下）

樹達按：陳涉之起，詐稱項燕，謂從民望，然則梁起附從者多，固宜也。

於是梁迺求楚懷王孫心在民間爲人牧羊立以爲楚懷王。（十一下）

樹達按：在民間爲人牧羊七字，乃原文自注，"梁迺求楚懷王孫心立以爲楚懷王"當連讀。説詳本書卷九《儒林傳》。

梁自號武信君。（十二上）

樹達按：此叙在秦二世二年，《史記》世家與此同，《史・月表》云在二世元年九月，蓋誤。前此武臣嘗自號武信君，梁蓋不及知，故與其名號相襲。

田假復自立爲齊王。（十二上）

樹達按：《田儋傳》云："齊人立假爲王。"此云自立者，人立之爲其表形而實則自立也。此史家互文見義之法。

梁曰：田假，與國之王。（十二上）

宋祁曰：田假與國之王，又在《田儋傳》，作懷王語。

樹達按：《田儋傳》劉奉世校云：謂田假與國之王者，項梁之語也，見《羽傳》中。今按此時梁臣於懷王，云項梁者紀其實，云懷王者據其名，此史家互見之例，非自相違異也。宋劉似俱未瞭。《左傳・襄公四年》疏云：此言韓獻子使行人問，《魯語》云晉侯使行人問者，彼孔晁注云：韓獻子白晉侯使行人問也。按孔説得之，此例是其比類。

不引兵渡河，因趙食，與并力擊秦。（十四上）

樹達按：趙食謂趙地之食。若彼時之鉅鹿，據《陳餘傳》城中方食盡，固無食可因也。

戰少利。（十四下）

樹達按：此少字與今通用稍字義同。《英布傳》云：數有利，可證。非謂不利也。

諸侯軍救鉅鹿者十餘壁。（十五上）

樹達按：據《陳餘傳》，其時救趙者尚有燕齊及張敖之兵。齊將爲田都，燕將爲臧荼，見《田儋傳》及本傳下文。

欣至軍，報曰：事無可爲者。（十五上）

師古曰:言不可復爲軍旅之事。

樹達按:勝敗兩皆不免,故云事無可爲,文義甚明,顔説誤。

使當陽君擊關。(十七上)

樹達按:當陽君英布也。據《布傳》,布先從間道破關下軍。

陰謀曰:巴蜀道險,秦之遷民皆居之。迺曰:巴蜀亦關中地。(十八上)

樹達按:此羽與范增謀所定之計,見《蕭何傳》。

徙魏王豹爲西魏王,王河東。(十八上)

樹達按:據《豹傳》,羽欲自有梁地,故徙豹王西魏。

齊將田都從共救趙入關,立都爲齊王。(十八下)

樹達按:田榮不肯發兵助楚,都畔榮,從羽救趙,故羽尤德之,而榮聞都王齊乃大怒也。

聞其在南皮,故因環封之三縣。(十八下)

樹達按:據《餘傳》爲侯也。

予彭越將軍印,令反梁地。(十八下)

樹達按:《高紀》云:時越在鉅野,衆萬餘人,無所屬。

越乃擊殺濟北王田安。(十八下)

何焯曰:《田儋傳》:榮還攻殺安,與《異姓諸王表》同。此云越殺,誤也。

樹達按:《高紀》亦云越殺。蓋此時越既屬榮,其殺安亦榮使之。此各就事爲言,猶田假與國之王,或以爲懷王語,或以爲項梁語也,不爲違誤。何説非。

迺以故吴令鄭昌爲韓王以距漢。(十九上)

樹達按:韓王成已爲羽所殺,故更以韓封昌。

又以齊梁反書遺羽。（十九上）

樹達按：《良傳》云：又以齊反書遺羽，曰：齊與趙欲并滅楚，云趙而不及梁。然梁之反楚者爲彭越，越時屬於齊田榮，彼傳單言齊，此兼言齊梁，其實一也。

陳餘使張同、夏説説齊王榮曰。（十九上）

樹達按：餘怨羽不王己，故爲此。

漢王稍收散卒，蕭何亦發關中卒悉詣滎陽，戰京索間。（二十上）

樹達按：時韓信亦收兵與漢王會。

攻下梁地十餘城。（二十一上）

樹達按：睢陽外黄等。

羽怒，伏弩射傷漢王。（二十二上）

樹達按：傷胸也。

漢王用張良計，致齊王信建成侯彭越兵。（二十二下）

樹達按：良計謂許以梁楚分王信越也。

羽復引而東，至東城，迺有二十八騎。（二十三上）

樹達按：《吕氏春秋·義賞》篇云："天下勝者衆矣，而霸者乃五。"高注云："乃猶裁也。"按裁者，僅也，但也。《史記·東越傳》云：且秦舉咸陽而棄之，何乃越也！謂何僅棄越也。《孟子荀卿傳》云：儒者所謂中國者，於天下乃八十一分居其一分耳。謂僅八十一分居一分也。《潛夫論·邊議》篇云：自古有戰，非乃今也。言不但今日有戰也。《漢書》多古字古言，故乃字皆作迺。迺有二十八騎，謂僅有二十八騎也。《韓安國傳》云：匈奴大入上谷漁陽，安國壁迺有七百餘人。謂僅有七百餘人也。《蘇武傳》云：蘇武使匈奴，二十年不降，還，迺爲典屬國。大將軍長史無功勞，爲捜粟都尉。言僅爲典屬國也。《高五王傳》云："今王有七十餘城，而公主迺食數城。"謂僅食數城也。《蒯通傳》云："且酈生一士，伏軾掉三寸舌下齊七十餘城，將軍將數萬之衆，迺下趙五十餘城。"謂僅下趙五十餘城也。《文三王傳》云："案事者迺驗問惡言，何故猥自發舒?"言但驗問惡言也。《趙充國傳》云"耿中丞請糴百萬斛，迺得四十萬斛耳"，謂僅得四十萬斛也。諸迺字皆當訓裁訓僅。顏注皆不及，故明之。

張耳陳餘傳第二(漢書三十二)

富人公乘氏以其女妻之。(一下)

樹達按：《説苑・善説》篇載：魏文侯飲酒，公乘不仁爲觴政，則魏之有公乘氏舊矣。周壽昌乃謂史失其姓，以秦爵氏之，臆説無據。

兩君羈旅，而欲附趙，難可獨立，趙後輔以誼。(五上)

師古曰：謂求取六國時趙王後而立之，以名義自輔助也。錢大昭曰：獨字下南監本、閩本俱重立字。先謙曰：官本重立字，是也，《史記》亦作難獨立，立趙後扶以義。

樹達按：景祐本重立字。此謂以誼輔趙後之見立者耳。顏説謬。

且什一二相全。(五下)

先謙曰：官本什下有有字，引宋祁曰：别本無有字。錢大昭云：南監本、閩本作且什有一二相全。先謙按：《史記》亦作且十有一二相全，有有字者是。

樹達按：景祐本有有字。

迺脱解印綬與耳。（六上）

樹達按：古人官印佩身旁，觀項梁殺殷通及此事可知。

迺使夏説説田榮。（六上）

齊召南曰：《史記》作使張同夏説，則遣説田榮者有二人，此袛夏説一人。

樹達按：《項籍傳》有張同，此偶脱。

四年夏，立張耳爲趙王。（七下）

樹達按：王耳係從韓信之請，見《信傳》。

於是上賢張王諸客，皆以爲諸侯相郡守。（九上）

樹達按：田叔爲漢中守，孟舒爲雲中守，此可考見者。

高後元年，魯元太后薨。後六年，宣平侯敖復薨。吕太后立敖子偃爲魯王，以母爲太后故也。（九上）

樹達按：《史記》敖後六年薨，與此文合。而本書《異姓諸侯王表》載偃封魯王在高后元年，是敖未死時已受封，與此文叙於敖死後者不同。

壽爲樂昌侯。（九下）

樹達按：《後書·張酺傳》云：壽封細陽之池陽鄉。

封敖玄孫慶忌爲宣平侯，食千户。（九下）

樹達按：《後書·張酺傳》：酺爲敖之後。

魏豹田儋韓信傳第三（漢書三十三）

《魏豹田儋韓信傳》第三。（一上）

樹達按：三人皆故六國之人，故合傳。

至國，則絶河津畔漢。（一下）

樹達按：《外戚傳》云：豹背漢而中立，與楚連和。

酈生至，豹謝曰。（一上）

錢大昭曰：至南雍本、閩本作往。先謙曰：官本作往。

樹達按：景祐本作往。

今漢王嫚侮人，駡詈諸侯羣臣如奴耳。（二上）

樹達按：蕭何追韓信歸，高祖駡之。駡陸賈云："乃公以馬上得之，安事《詩》、《書》！"駡劉敬云："齊虜以口舌得官。"皆高祖駡詈羣臣之事也。

吾不忍復見也。（二上）

樹達按：此豹自言其背漢之故。《外戚傳》謂豹聞許負言，豹姬薄姬當生天子，故心喜而背漢，又别一説也。

漢王遣韓信擊豹，遂虜之。（二上）

樹達按：時騎將爲灌嬰，步將爲曹參，此但舉信，以信爲大將也。

章邯走而西，項梁因追之。（二下）

樹達按：追者爲沛公及項羽，見《高紀》。

田假田角田閒於楚趙，非手足戚，何故不殺？（三上）

文穎曰：言將亡身，非手足憂也。臣瓚曰：田假於楚，非手足之親也。師古曰：瓚説是也。先謙曰：董份云：斬手足則戚甚矣。今三田於楚趙無親，非特斬手足之戚也；而使秦得志，則墳墓齮齕，非特蝮螫害身也，故曰何爲不殺。注謬。先謙案：瓚説與上下不貫，董説亦非。《史記》作於楚趙非直手足戚也，直猶特也，但也。齊王意謂齊楚趙皆首用事，憂患同之，田假等反側，不獨齊之患，亦必爲害於楚趙，故以蝮之害身爲喻，而詰其何故不殺。且言與國離心，秦復得志，彼此不利也。文注意正合。非手足憂也，非下疑有但字，而後人妄删之。《漢紀》改作豈有手足之戚，語意似順；而爲害于身仍不貫注，亦非確詁。

樹達按：諸説紛紛，皆非也。此以手足喻諸田，身喻楚趙。文言：諸田之於楚趙，非若手足於身之親。人以全身之故，不惜自斬其手足，則楚趙以全己國之故，自應殺諸田。楚趙不殺諸田，則齊不出兵，害必及楚趙而國不可保也。文義甚明，毋煩曲説。

楚兵東走。（三下）

樹達按：項羽沛公與吕臣俱由陳留之彭城。

榮以負項梁，不肯助漢攻秦，故不得王。（三下）

先謙曰：漢當作楚。齊不出兵，章邯果殺項梁，破楚兵，是榮不肯助楚，非不肯助漢也。《史記》作不肯助楚趙攻秦，楚字是而趙字亦誤。

樹達按：王校改漢爲楚，是也，而云《史記》有趙字爲誤，則非。梁趣齊兵擊章邯者，所以救趙，即所以攻秦也。齊不出兵，故云不肯助楚趙攻秦耳。

榮使人將兵助陳餘，令反趙地，而榮亦發兵以距擊田都。（三下）

樹達按：此榮因餘之請而助之。據《蒯通傳》，榮將畔項羽，劫齊士不與者死，因劫東郭先生及梁石君二人，當在此時。

今斬吾頭，馳三十里間，形容尚未能敗，猶可知也。（五下）

錢大昭曰：閩本知作觀。先謙曰：閩本是，《史記》作觀。

樹達按：景祐本亦作知，作知者是也。知，識也，即今語認識之義。《左傳·襄公二十八年》云："以其棺尸崔杼於市，國人猶知之，皆曰：崔子也。"國人猶知之，謂國人猶認識其爲崔杼也。又《成公三年》云："齊侯視韓厥，韓厥曰：君知厥也乎？齊侯曰：服改矣。"君知厥也乎？謂君尚認識厥否也。此班氏知字義所本。横言此者，蓋欲使高祖知横實死，非若高祖往時之所以給陳餘者耳。班用《左傳》知字改《史記》之觀字，義實勝於《史記》。王以觀字爲是，未能心知其意也。

高帝曰：嗟乎！有吕！起布衣，兄弟三人更王，豈非賢哉！（五下）

周壽昌曰：《史記》作："高帝曰：嗟乎！有目也夫！起自布衣，兄弟三人更王，豈不賢乎哉！"班以"有目"二字屬下讀，目字不另作句。荀紀嗟乎下省有字，更下加立爲二字，豈非作豈不。

樹達按：目屬下讀，文不成義，班省《史》文"也夫"二字，仍當於目字斷句。荀紀省有字，以字乃當下屬耳。

故立韓公子横陽城君爲韓王。（六上）

錢大昭曰：南監本、閩本作横陽君成。先謙曰：官本作君成，是，《史記》同。

樹達按：景祐本作横陽君成。

韓王成以不從，無功，不遣之國，更封爲穰侯。（六下）

樹達按：更音庚，改也。下文迺更以太原郡爲韓國，義同。

專死不勇，專生不任。（七上）

李奇曰：傳曰：期死，非勇也；必生，非任也。

樹達按：《左傳·哀公十六年》云：復言，非信也；期死，非勇也。

其將白土人曼丘臣。（七下）

樹達按：《切韻》云：《尸子》有曼邱氏，齊有曼邱不擇。唐林寶《元和姓纂》卷九同。按曼邱不擇見《孟子外書》，字作丘，與此同，丘邱古通作。據此知《外書》實隋唐以前書也。

上居晉陽，使人視冒頓，還報曰：可擊。上遂至平城。（八上）

樹達按：時匈奴見其老弱羸畜，故使者十輩皆云可擊。婁敬疑其詐，高祖不聽，見《敬傳》。

吴楚反時，弓高侯功冠諸將。（九上）

樹達按：據《吴王濞傳》，頹當討平膠西也。

嬰孫以不敬失侯。（九上）

先謙曰：坐詐疾不從，耐爲隸臣。

樹達按：《功臣表》：嬰子釋之嗣，坐詐疾不從，耐爲隸臣。史表不從下有不敬二字，與此文不敬失侯尤合。傳不至孫，傳文孫字誤，當作子。王既據《表》爲説，而不能校本文之誤，疏矣。

還爲光禄勳，掘蠱太子宫，爲太子所殺。（九下）

樹達按：《戾太子傳》云：太子使客爲使者收捕江充等，説疑使者有詐，不肯受詔，客格殺説。

昭帝時，至前將軍。（十上）

樹達按：增爲前將軍，以馮奉世爲軍司空令，舉奏奉世使送大宛國客，并見《奉世傳》。增於元鳳元年將兵擊武都反氐，見《昭紀》及《西南夷傳》，本傳失載。

與大將軍霍光定策立宣帝，益封千户。（十上）

樹達按：宣帝定策功，增與蔡誼同比誅諸吕時之灌嬰，見《杜延年傳》。

本始二年，五將征匈奴，增將三萬騎出雲中，斬首百餘級，至期而還。（十上）

樹達按：期謂所期約之地。

代張安世爲大司馬車騎將軍，領尚書事。（十上）

樹達按：增爲車騎將軍，宣帝使問蕭望之計策，見《望之傳》。帝畫象麒麟閣，增爲第三人，見《蘇武傳》。

增世貴，幼爲忠臣。（十一）

周壽昌曰：幼爲忠臣，語不甚可解。《功臣表》：陽都敬侯丁復注爲將軍忠臣侯，亦有忠臣字。考《後書・趙溫傳》，辟司空曹操子丕爲掾，操怒，奏溫辟忠臣子弟，選舉不實，免官。時操封武平侯，是知功臣列侯得稱忠臣，必漢制如此。不然，操奏劾人，豈自稱爲忠耶！《鮑昱傳》："帝報曰：吾固欲令天下知忠臣之子復爲司隸也。"案昱父永封關内侯。《羊續傳》："續以忠臣子孫拜郎中。"案續七世二千石卿校，祖爲司隸校尉，父爲太常，其先并未以忠節著，是世卿之家亦可稱忠臣。本書《吴芮傳》："高祖定著令，稱芮爲忠。"功臣之名忠臣，或肇於此。《藝文志》：于長《天下忠臣》九篇。注：劉向《别録》云：傳天下忠臣。疑亦是紀述功臣也。

樹達按：李慈銘云：忠臣即中臣，如《史》、《漢》《齊哀王傳》，《後書・趙溫傳》所言皆同。按李説是也。幼爲功臣，語不可通。曹操奏劾趙溫，亦不當自稱爲功臣也，周説無據。中臣謂中朝之臣，增少爲郎諸曹侍中，故云中臣耳。《齊悼惠王肥傳》云，今諸吕劫列侯忠臣撟制以令天下，義同。

王莽敗乃絶。（十一上）

樹達按:《後書・韓稜傳》云:稜,頽當之後也。《魏志・韓暨傳注》引《楚國先賢傳》云:暨,韓王信之後。

韓彭英盧吴傳第四(漢書三十四)

《韓彭英盧吴傳》第四。(一上)

樹達按:五人皆異姓有功而王者。

爲連敖,坐法當斬,其疇十三人皆已斬。(二上)

師古曰:疇,類也。

樹達按:《高紀》注如淳引《律》云:"《律》年二十三,傅之疇官,各從其父疇學之。"按父疇猶今言父輩,此文云其疇,亦謂其同輩也。

上不欲就天子乎?(二上)

錢大昭曰:天子南監本、閩本作天下。先謙曰:官本作天下,《史記》同。

樹達按:景祐本作天下。

漢王以爲治粟都尉,上未奇之也。(二上)

樹達按:上字《史記》同,疑當作尚,上尚古亦通用。若謂指高祖,則與漢王義複。

信度何等已數言上,不我用,即亡。(二上)

樹達按:上字當屬上讀。《史記》此文重上字,班省一字,則上字上屬爲是。言上者,言於上也。顔於言字下注斷,非是。

王曰:以爲大將。何曰:幸甚。(二下)

樹達按:《張敞傳》云:蕭相國薦淮陰,累歲乃得通。然則自信歸漢至此時爲日已久矣。

必欲拜之。（二下）

錢大昭曰：南監本、閩本上必欲上皆有王字。先謙曰：官本有王字，《史記》同。

樹達按：景祐本有王字。

今東鄉争權天下，豈非項王邪？（三上）

樹達按：争權天下，乃所與争權天下之意，屬漢王言，故云東鄉。若項王不得言東鄉矣。

項王意烏猝嗟，千人皆廢。（三下）

樹達按：垓下之役，羽叱漢將楊喜，喜人馬俱驚，辟易數里，是其例也。

二年，出關，收魏河南韓殷王皆降，令齊趙共擊楚彭城。（四下）

王念孫曰：令當依《史記》作合，謂漢與齊趙合而共擊楚也。先謙曰：《西漢年紀考異》云：楚方擊齊於城陽，齊安得助漢入彭城！意齊字後人妄加耳。先謙案：《史記》作合齊趙共擊楚，四月至彭城，漢兵敗散，各爲一事，未嘗不合。若擊楚彭城，則齊不與，是班氏改并《史記》偶未及檢處。

樹達按：《年紀》及《考異》之説是也。《高紀》云："漢王以故得劫五諸侯兵東伐楚，到外黄，彭越將三萬人歸漢，漢王拜越爲魏相國，令定梁地，漢王遂入彭城。"魏、河南、韓、殷、趙，正合五諸侯之數。若有齊，亦與彼文不合矣。

齊趙魏亦皆反與楚和。（四下）

先謙曰：齊未嘗與楚和，此及《史記》并衍齊字。

樹達按：下文信請益兵，云：當東擊齊。又信擊齊時，楚使龍且往救齊，則齊楚當時實有連合之事，王説非也。陳餘聞張耳詐死，故背漢。魏豹請視親疾，絶河津，畔漢。此趙魏叛漢之事也。

信遂虜豹。（五上）

樹達按：今山西安邑縣治相去里許有古城，名魏豹城，相傳爲信虜豹處也。

信之下魏代，漢輒使人收其精兵詣滎陽以距楚。（五下）

樹達按：信虜豹後，請益兵三萬人，高祖亦即與之，似無收其精兵之事，魏字疑誤或衍。

今韓信兵號數萬，其實不能，千里襲我，亦𠀌罷矣。（六上）

齊召南曰：不能斷句，言實兵不能數萬也。《史記》作“其實不過數千，能千里襲我，亦已罷極”，能字屬下句讀。先謙曰：其實不能語仍不了，當以其實不爲句，能千里襲我爲句。不即否字，其實否者，謂無數萬之多也。能讀爲乃，非才能之能，能乃聲近義通。此王念孫説，詳見《經傳釋詞》。

樹達按：齊説是也。古人凡云不至某數曰不能。《禮記・王制》云：“不能五千里者，不合于天子，附於諸侯曰附庸。”《趙策》云：“其地不能十里。”《管子・輕重丁》篇云：“行令未能一歲，五衢之民皆衣帛完履。”《史記・淮南王傳》云：“方今大王之兵衆，不能十分吴楚之一。”《論衡・藝增》篇云：“宣王以至外族内屬，血脈所連，不能千億。”本書《劉向傳》云：“用賢未能三旬而退。”蓋《漢書》自與《史記》異讀，王氏以高郵讀《史記》之説讀《漢書》，非也。

恐吾阻險而還。（六下）

樹達按:李慈銘云:吾下《史記》有至字,是也。謂彼未見大將旗鼓,則不肯出擊,恐吾至時彼亦阻險不出也。

此在兵法,顧諸君弗察耳。(七下)

師古曰:顧,念也。

樹達按:顧猶但也,顔説非。又按:《藝文志》兵權謀有《韓信》三篇。

兵法有右背山陵,前左水澤。(七下)

樹達按:李慈銘云:有,衍字,《史記》無。

《經》所謂歐市人而戰之也。(七下)

師古曰:經亦謂兵法也。王先慎曰:經《史記》作此,則經非指兵法言,顔説無據。

樹達按:《吴語》云:挾經秉枹。韋昭注云:經,兵書也。此顔説所據也。王以《史記》作此,遂謂經不能作兵法解,設思之奇,令人驚詫。

廣武君曰:臣聞:智者千慮,必有一失;愚者千慮,亦有一得。(八上)

王先慎曰:亦當作必。《晏子·雜篇》下:聖人千慮,必有一失;愚人千慮,必有一得。《史記》亦作必,明亦爲必之誤。

樹達按:《史記》作必,班改作亦,則立語較婉,與當時廣武君初時遜謝必不得已而後有言之態度正合,此班氏用意處。王氏必欲改從《史記》,但泥文字,不解物情,非善讀書者也。

乃遣使報漢,因請立張耳王趙以撫其國,漢王許之。(九上)

樹達按:《高紀》:三年十月破趙後,置常山代郡,四年始封耳爲趙王,《傳》及《表》封耳亦在四年。傳書夏,表書十一月。此終言之耳。史家書法多類此。

拜信爲相國。(九下)

錢大昕曰:前爲左丞相,位蕭何下。今爲相國,位何上。

樹達按:此周壽昌《校補》引錢泰吉之説,王改爲大昕,何也?《二十二史考異》、《三史拾遺》俱無此説,知王氏爲誤。又按:此説無理。

或説龍且曰:漢兵遠鬭,窮寇,戰鋒不可當也。(九下)

宋祁曰:一本戰字上有久字。錢大昭曰:閩本戰作其。

樹達按:景祐本作久戰鋒不可當也。

齊,夸詐多變反覆之國,南邊荒。(十上)

錢大昭曰:南監本、閩本并作南邊楚。先謙曰:官本作楚,《史記》同。

樹達按:景祐本作楚。

足下何不反漢與楚?(十下)

樹達按:與楚猶言助楚。《左傳·襄公三十年》云:子皮與我矣。

信至國,召所從食漂母,賜千金,及下鄉亭長錢百,曰:公小人,爲德不竟。召辱己少年令出跨下者,以爲中尉。(十一下)

樹達按:高祖封兄伯之子爲羹頡侯,不忘丘嫂轑釜之怨事見《楚元王傳》,及信此等,當時豪傑恩怨分明如此。

信知漢王畏惡其能。(十二上)

宋祁曰:浙本無王字。案六年遊雲夢時,高祖已即帝位,不容更稱王也。

樹達按：此《史》駁文，班未及檢校者，浙本删王字，文不可通。

漢十年，豨果反，高帝自將而往，信病不從。（十二下）

宋祁曰：浙本病字上有稱字。錢大昭曰：南監本、閩本有稱字。周壽昌曰：《史記》亦云信病，無稱字。

樹達按：景祐本有稱字。

呂后欲召，恐其黨不亂。（十三上）

錢大昭曰：亂南監本、閩本作就。先謙曰：官本作就，是。《史記》同。

樹達按：景祐本作就。

遂夷信三族。（十三上）

樹達按：《刑法志》云：當三族者，皆先黥，劓，斬左右止，笞殺之，梟其首，菹其骨肉市。

常漁鉅野澤中，爲盜。（十三上）

樹達按：越時與欒布遊，見《布傳》。

齊王田榮叛項王，漢乃使人賜越將軍印，使下濟陰以擊楚。（十三下）

劉氏曰：田榮使越擊楚，此不合有漢字。先謙曰：劉説是也。事見《高紀》。

樹達按：劉氏當作劉攽。

漢王敗，使使召越并力擊楚。越曰：魏地初定，尚畏楚，未可去。（十四上）

樹達按：此《田儋傳》所謂越中立，且爲漢，且爲楚者也，猶越言兩龍方鬬且待之之旨矣。

漢王追楚，爲項籍所敗固陵。（十四上）

錢大昭曰:固陵上當有脱字。漢王之敗,敗於陽夏南,非固陵也。其與留侯計議合信越并力擊楚,乃在壁固陵之時,見於《本紀》及《張良傳》。此固陵上當有壁字。先謙曰:《高紀》明言擊楚至固陵,楚大破之,錢説謬。

樹達按:王説是也。《韓信傳》亦云:"漢王之敗固陵。"又按:《後漢書·安帝紀》云:車騎大將軍鄧隲爲種羌所敗於冀西,與此句例同,第此文省去於字耳。

立越爲梁王,都定陶。(十四下)

樹達按:越爲梁王,請贖欒布,見《布傳》。

項梁敗死,懷王與布及諸侯將皆聚彭城。(十五下)

樹達按:吕臣軍彭城東,項羽軍彭城西,沛公軍碭。

懷王使宋義爲上將。(十五下)

宋祁曰:越本將字下有軍字。

樹達按:景祐本有軍字,《陳勝傳》亦作上將軍。

使布先涉河。(十六上)

樹達按:據《羽傳》,布與蒲將軍二萬人渡河。

項王往擊齊,徵兵九江,布稱病不往。(十六上)

齊召南曰:案敘此事於追殺義帝之後,與《史記》合,是也。乃《項羽傳》敘於追殺義帝之前,蓋誤。

樹達按:《羽傳》就羽徵兵時言之,此傳就布遣將時言之,故次序先後不同,非有誤也。

漢王與楚大戰彭城,不利,出梁地,至虞。(十六上)

劉攽曰:上文云:漢之敗楚彭城,此文又云:漢與楚大戰彭城,不利,出梁。案隨何説前後殊差。云漢王大戰彭城,不利,出梁地,至虞，是則項王已去齊矣，安得復言留項王於齊。及隨何自明己功，亦云：陛下攻彭城，楚王未去齊也，然則漢王使隨何在未至彭城之前明矣。實説項王伐齊，召兵黥布，漢王度羽得布共伐齊，西方有變，必留布而羽自至，故欲使人説布叛楚，則項王必自終齊事，故必數月留，而漢可取天下矣。故隨何説布歸漢，漢果得入彭城也。然則説辭差錯，或楚漢初紀事者各不同，班氏合之，不能無誤耳。又檢《高紀》，二年敗彭城，三年布方歸漢，此時漢與楚相持滎陽矣。此傳文云：項王留而攻下邑，非事理也。及隨何説詞亦自不倫，疑漢之辯士寓言如此，非本語也。先謙曰：案下文留項王於齊數月，《高紀》改爲“項王必留擊之，得留數月”，班氏亦知《史記》之不合也。此傳全用《史記》，故未改其文，劉氏疑爲寓言，過矣。上文漢之敗楚彭城，是實事，此言漢王與楚大戰彭城不利，乃追溯之詞，非謂兩次會戰也。

樹達按：何説辭有漢王收諸侯還守成皋滎陽之語，明是在彭城爲項羽所敗以後之事。劉云：使何在未至彭城之前，何説布歸漢，漢始得入彭城，大誤。《高紀》叙使何在敗彭城之後，亦可證也。又按：上文言漢之敗楚彭城者，高祖入彭城之事也。此文漢王與楚大戰彭城不利者，《項羽傳》所謂羽從蕭晨擊漢軍，而東至彭城，大破漢軍者也。二語皆所以起下文，王乃云一是實事，一是追溯詞，殊誤。

漢王方踞牀洗。（十八下）

師古曰：洗，濯足也。

樹達按：《説文》十一篇上“水部”云：洗，灑足也。

醫家與中大夫賁赫對門。（十九下）

師古曰：賁音肥，姓賁，名赫。

樹達按：《儒林傳》記受《韓詩》者有淮南賁生。

布大怒，悔來，欲自殺。出就舍，張御食飲從官如漢王居，布又大喜過望。（十八下）

師古曰：高祖以布先久爲王，恐其意自尊大，故峻其禮，令布折服。已而美其帷帳，厚其飲食，多其從官，以悦其心，此權道也。張音竹亮反，若今言張設。

樹達按：高祖踞兩女子洗見酈食其，豈酈生亦久王而高祖欲折之乎？顔説鑿矣。

布見赫以罪亡上變，已疑其言國陰事，漢使又來，頗有所驗，遂族赫家，發兵反。（十九下）

樹達按：時朱建諫止布，布不聽，聽梁父侯，遂反，見《建傳》。

遂西，與上兵遇蘄西。（二十一上）

樹達按：《曹參傳》云：參從齊王肥會兵擊布，南至蘄，豈即此所謂上兵歟？

封賁赫爲列侯。（二十一下）

樹達按：朱建以諫止布反，賜號平原君，見《建傳》。

豨以郎中封爲列侯，以趙相國將監趙代邊，邊兵皆屬焉。（二十二上）

先謙曰：據《高紀》言代地吾所急，故封豨爲列侯，以相國守代，是豨爲代相國明矣。又云：代地與夷狄邊，趙乃從南山有之，故豨爲代相國，并監趙代邊。及豨反，周昌以趙相相如意之國，别封文帝爲代王，趙代始分，合觀《紀傳》自知。

樹達按：如意以九年正月立爲趙王，周昌即以趙相赴趙，昌既行，高帝以趙堯代昌爲御史大夫，而堯又以御史大夫擊陳豨有功封侯，事具見《昌傳》。蓋如意初封代王，雖以幼不之國，及徙封趙，則固已就國也。下文昌求入見上言豨事,亦正以在趙悉知豨事而然。又《高紀》於豨反時記趙相周昌奏常山二十五城亡其二十城,請誅守尉云云,皆豨反前昌爲趙相之證。王云:及豨反,昌乃相如意之國,差誤甚矣。

上令人覆案豨客居代者。(二十二下)

樹達按:《爾雅·釋詁》云:覆,審也。《考工記》注云:覆猶察也。《説文》七篇下"宀部"云:察,覆也。

傳至曾孫,有罪,國除。(二十四上)

樹達按:名賀,元光六年,坐受衛太子節掠死。

吴芮,秦時番陽令也,甚得江湖間民心。(二十四上)

樹達按:湖謂彭蠡湖。

沛公攻南陽,迺遇芮之將梅鋗。(二十四上)

樹達按:《高紀》云:攻胡陽。胡陽縣屬南陽郡,故此文云攻南陽,文異而事同也。

荆燕吴傳第五(漢書三十五)

《荆燕吴傳》第五。(一上)

樹達按:此以宗族諸王合傳。

入楚地,燒其積聚。(一上)

樹達按:據《高紀》,乃佐彭越燒之。

昆弟少,又不賢。(一下)

樹達按:不賢者,如劉仲之不能守代是。

爲布軍所殺。（二上）

樹達按：賈無後，見《高紀》詔文。

以將軍擊陳豨將王黄，封爲營陵侯。（二上）

周壽昌曰：《史記》作得黄，是。《樊噲傳》云：虜大將王黄，而《史記·陳豨傳》王黄以賞購得之，情事可互證。

樹達按：周説是也。《表》正云得王黄侯。

高后時，齊人田生游，乏資。（二上）

樹達按：田生所爲，仍戰國説士之餘習也。

吕産王也，諸大臣未大服。（三上）

樹達按：王字上疑奪之字。

今營陵侯澤，諸劉長爲大將軍，獨此尚觖望。（三上）

先謙曰：《史記》諸劉下少長字，當依此訂。大將軍者，侈言之，非澤本立此號也。

樹達按：此謂諸劉之長者皆已爲大將軍，獨澤尚未，故云觖望耳。《史記》無長字，以"諸劉爲大將軍"六字爲句，文義亦同，非有脱字也。蓋此乃惠帝少子立時事，長指楚元王等而言。澤與高祖爲兄弟行，故亦爲長耳。王誤以諸劉長三字屬上讀，謂大將軍屬澤爲言，自知其不可通，又以侈言爲解。苟澤已爲大將軍，則不復有觖望矣。《齊王肥傳》云：澤於劉氏最爲長年，義自不同，與此文不相涉也。

故遂立營陵侯爲琅邪王。（三上）

劉攽曰：《高后紀》：元年王諸吕，七年立劉澤，與此傳不同，説在《高紀》。

樹達按：當云説在《高后紀》。

皇太子引博局提吴太子，殺之。（五上）

師古曰：提，擲也。音徒計反。

樹達按：《説文》十二篇上“手部”云：擿，投也。提爲音近通借字。《史記·荆軻傳》云：引其匕首以擿秦王，《燕策》擿作提，是二字通用之證。

於是遣其喪歸葬吴。（五上）

樹達按：觀此知漢時習俗，旅喪歸葬。《太平御覽》五百五十五引桓譚《新論》云：“楊子雲居長安，比歲亡其兩男，持歸葬蜀，以此困乏。”《後書》記張霸遺敕諸子，謂“蜀道阻遠，不宜歸塋”，皆足爲證。

吴王由是怨望，稍失藩臣禮，稱疾不朝。（五上）

樹達按：時鄒陽、枚乘皆諫王，王不納，見陽、乘傳。

而賜吴王几杖，老，不朝。（五下）

樹達按：《伍被傳》云：吴王賜號爲劉氏祭酒，受几杖而不朝。

如此者三十餘年，以故能使其衆。（六上）

先謙曰：《史記》作四十餘年。《正義》云：史公盡言吴王一代行事也。班固見其語在孝文之代，乃減十年。

樹達按：下文濞遺諸侯書自云三十餘年，故班據改耳。

詔赦削東海郡。（六下）

樹達按：《楚元王傳》作東海薛郡，此脱薛字。

及前二年趙王有罪，削其常山郡。（六下）

先謙曰：《史記》作河間郡。

樹達按：《高五王傳》作常山郡，與此同。考文帝二年取趙之河間立遂弟辟彊爲河間王，河間雖於文帝十五年國除，不聞復以其地與趙，則此所削者常山非河間甚明，此班疑《史》文而改正之者耳。又《史記·楚元王世家》亦云削趙王常山之郡，則《史》傳之誤尤顯然矣。

不敢自外，使使臣諭其愚心。（六下）

樹達按：《國策·燕策》三云：光竊不自外，言足下於太子。

高曰：今者主上任用邪臣，聽信讒賊，變更律令。（六下）

樹達按：《錯傳》云：錯所更令三十章，諸侯讙譁。

膠西王瞿然駭曰。（七上）

師古曰：瞿然，無守之貌。

樹達按：《説文》十篇下"夰部"云：界，舉目驚界然也。從夰，從䀠，䀠亦聲。此本字，瞿爲同音假借字。

御史大夫朝錯營或天子，侵奪諸侯。（七下）

師古曰：營謂回繞之也。錢大昕曰：營與熒通，非回繞之義。

樹達按：《説文》四篇上"目部"云：瞢，惑也。營熒皆借字。

治次舍須大王。（七下）

樹達按：須本字作䇓。《説文》十篇上"立部"云：䇓，待也。從立，須聲。此假須爲䇓。

孝景前三年正月甲子。（八下）

樹達按：上文已云三年冬，此復云三年，誤複叙也。

吴王劉濞敬問膠西王、膠東王、菑川王、濟南王、趙王、楚王、淮南王、衡山王、廬江王、故長沙王子幸教以漢有賊臣錯。（八下）

先謙曰：幸教下《史記》有寡人二字。

樹達按：膠西王云云上屬問字爲讀，則幸教以下無主辭。以之下屬，則問字無著。疑問當作聞，而以敬聞直貫至幸教云云爲句也。《史記》亦同誤。

寡人雖不肖,願以身從。諸王南越直長沙者,因王子定長沙以北。(九上)

如淳曰:南越直長沙者,因王子定之。師古曰:直,當也。言越地之北當長沙者也。先謙曰:南越已從吴王,何得更定南越,南越上屬爲句。直長沙者但謂地近長沙者也。

樹達按:如蓋於定字斷句,以"長沙以北"下屬,故云然。然其説實誤,王駁正之,是矣。然王以南越上屬,則直長沙者四字虚懸無著,亦非也。今按此文當於從字斷句,諸王南越四字俱當下屬。文意謂:諸王及南越諸近長沙國,當出兵因長沙王子定長沙以北之地,西走蜀漢耳。如顔固誤,王氏亦失之。

楚王淮南三王與寡人西面。(九上)

師古曰:淮南三王謂厲王三子爲王者,淮南、衡山、濟北也。

樹達按:淮南三王,後淮南王安欲應吴而爲相所劫,不果。廬江王不應,衡山王堅守,皆未助吴,見《淮南王傳》。又吴楚破後,漢始徙廬江王於濟北以褒其貞信,吴楚反時尚爲廬江王,顔遽於此云濟北,誤也。

天子迺遣太尉條侯周亞夫將三十六將軍往擊吴楚。(十上)

樹達按:《伍被傳》載淮南王語云:"吴何知反?漢將一日過成皋者四十餘人。"據此知不僅三十六將軍矣。今可考見者,下文酈寄、欒布外,尚有衛綰、直不疑、江都易王非,各見《本傳》。又有謁者僕射鄧公,見《鼂錯傳》。又潁陰侯灌何,見《灌夫傳》。彨昭見《高惠功臣表》,公孫昆邪見《公孫賀傳》,似皆在此三十六人之中。

將軍欒布擊齊。(十上)

錢大昕曰：七國起兵，齊固未嘗反也。然濟南、菑川、膠東、膠西皆故齊地，史言擊齊，擊齊地之反者耳。故《功臣表》亦稱布以將軍擊齊有功。

樹達按：錢説似是而實非也。據《高五王傳》，當時膠東、膠西、菑川、濟南四王以齊孝王城守不聽，故圍之。後布擊破諸國兵，齊圍始解。然則此文擊齊，乃指當時戰地言之，非謂故齊地也。

方今計獨斬錯。（十上）

樹達按：此爰盎傾錯以報怨也。

以盎爲泰常。（十上）

先謙曰：胡三省云：中六年始改奉常爲太常，時盎猶爲奉常也。

樹達按：太常字不作泰，王氏校《爰盎傳》，謂泰爲奉字之誤，是也。此泰字亦當正作奉。

客曰：吴楚兵鋭甚，難以争鋒。（十一上）

樹達按：以，與也。此與宋義皆戰國策士偷巧之餘習，極不足取。條侯雖以此幸勝，而賈怨亦不少矣。

於是王不用桓將軍計。（十一下）

樹達按：傳記田禄伯及此二事，言吴王不能用人謀以致敗也。

蓋聞：爲善者天報以福，爲非者天報以殃。（十二上）

樹達按：《韓詩外傳》卷七云：子路曰：爲善者天報之以福，爲不善者天報之以賊。

三王之圍齊臨菑也。（十三下）

樹達按：上文云：膠西、膠東與菑川、濟南共圍臨菑，是四國也。此云三國，疑古四字積畫作亖，遂誤爲三也。《高五王傳》亦誤作三。

王苟以錯爲不善，何不以聞？及未有詔虎符，擅發兵擊

義國。以此觀之，意非徒欲誅錯也。（十四上）

王念孫曰：及當爲乃，言王何不以聞，而乃擅發兵也。《史記》誤同。

樹達按：此言既不以錯之不善聞而遽舉兵，又無虎符而擅發兵擊齊，兩事相連，故用及字。若作乃字，則文不可通。本書中此種及字用法之例至多，王校殊誤。又按：《文帝紀》記與郡守爲銅虎符，然有銅虎符者實不止郡守。此文頽當責卬未有虎符而擅發兵，知諸侯王明有虎符也。吴大澂《恒軒吉金録》載漢泗水王虎符，尤足爲證。詳具《文紀》。

王曰：如卬等，死有餘罪。遂自殺。（十四上）

樹達按：《龔遂傳》：遂諫昌邑王云：膠西王卬信諛臣侯德以致於亡，此及《高五王傳》并不載其事。

酈將軍攻趙，十月而下之。（十四上）

樹達按：十月當作七月，形近誤也。《高五王傳》云：趙王城守邯鄲，相距七月。《酈商傳》云：寄圍趙城，七月不能下。并其證。

濟北王以劫故不誅。（十四上）

樹達按：王志初欲自殺，公孫玃爲説於梁孝王，孝王聞之於朝，故得不誅，詳見《鄒陽傳》。

楚元王傳第六（漢書三十六）

楚元王交，字游。（一上）

樹達按：漢諸王傳未有記字者，此獨記字。蓋向、歆父子皆嘗續撰《史記》,於其先世必有記述,疑班此傳即承用其文也。

初,高祖微時,常避事,時時與賓客過其丘嫂食。(一下)

樹達按:此即《盧綰傳》所云高祖微時有吏事避宅者也。

文帝乃以宗正上邳侯郢客嗣,是爲夷王。(二下)

樹達按:王令申公傅太子戊,見《儒林傳》。

子禮爲平陸侯。(二下)

錢大昭曰:閩本無子字。

樹達按:景祐本有子字。又按禮於文帝後六年以宗正爲將軍,軍霸上,備匈奴,見《文紀》及《周亞夫傳》。

埶爲宛朐侯。(二下)

師古曰:埶古蓺字。

樹達按:《景紀》三年詔書作蓺。

王戊稍淫暴。(三上)

樹達按:韋孟歷傅元王、夷王及王戊,戊不道,作詩諷諫,見《韋賢傳》。

王曰:季父不吾與,我起,先取季父矣。(三下)

師古曰:不吾與,言不與我同心。

樹達按:《秦策》云:不如與魏以勁之。《高注》云:與,助也。顏説非。

二十一年春,景帝之三年也。(三下)

樹達按:漢諸侯王在其國自有年號,此其一事也。説詳《文帝紀》。

戊自殺。(三下)

樹達按:戊有女孫解憂嫁烏孫,見《西域傳》。

景帝乃立宗正平陸侯禮爲楚王。（三下）

樹達按：時爰盎爲楚相，嘗上書，不用，見《盎傳》。

故爲其後母弟趙何齊取廣陵王女爲妻。（三下）

宋祁曰：後疑是后字。

樹達按：宋説是也。《廣陵厲王傳》云：胥女爲楚王延壽后弟婦。

使廣陵王立，何齊尚公主，列侯可得也。（四上）

樹達按：《三王世家》云：楚王宣言曰：我先元王，高帝少弟也，封三十二城。今地邑益少，我欲與廣陵王共發兵，廣陵王爲上，我復王楚三十二城，如元王時事。

事下有司，考驗，辭服，延壽自殺。（四上）

樹達按：金安上與發舉延壽反謀，見《金日磾傳》。

宗家以德得官宿衛者二十餘人。（五下）

先謙曰：宗家，同宗屬之家。二字亦見《史記·晉世家》、《後漢·樊宏傳》。或以爲宗室之誤，非。

樹達按：本書《韋玄成傳》亦有宗家字。

德上書訟罪。會薨，大鴻臚奏德訟子罪，失大臣體，不宜賜謚置嗣。制曰：賜謚繆侯，爲置嗣。（五下）

師古曰：繆，惡謚也，以其妄訟子。

樹達按：甘露三年，宣帝畫功臣象於麒麟閣，德爲第八人。

會初立《穀梁春秋》，徵更生受《穀梁》，講論五經於石渠。（七上）

樹達按：此宣帝甘露三年事。

少傅周堪爲諸吏光禄大夫。（七上）

樹達按：堪見《儒林傳》。

其春，地震。夏，客星見昴卷舌間。（七上）

樹達按：據《元紀》及《天文志》，地震與客星見并在初元二年。此文承上文元帝初即位而言，當正云初元二年春，不當但云其春也。

時恭顯、許、史子弟侍中諸曹皆側目於望之等。（七下）

樹達按：此言許、史子弟，不詳何人。《五行志》云：望之爲佞臣石顯、許章等所譖。許章不見《外戚傳》，然《諸葛豐傳》言章以外屬侍中，則此所云許氏子弟即許章也。

董仲舒坐私爲災異書，主父偃取奏之。（八上）

樹達按：説遼東高廟長陵高園殿災事也，事詳《仲舒傳》，其書見《五志行》。

夏侯勝坐誹謗。（八上）

樹達按：坐非議詔書、毁先帝也。

下太傅韋玄成諫大夫貢禹與廷尉雜考，劾更生前爲九卿，坐與望之誣罔，不道。（八下）

樹達按：據《佞幸傳》，禹嘗爲石顯所薦，此蓋承顯旨爲之。

堪弟子猛，光禄大夫。（八下）

樹達按：猛爲張騫之孫，見《騫》傳，云有俊才。

更生見堪猛在位，幾己得復進。（八下）

師古曰：幾讀曰冀。

樹達按：《説文》八篇下“見部”云：覬，钦幸也。从見，豈聲。几利切。又《欠部》云：钦，幸也，从欠，乞聲。居气切。此皆幾冀本字。

欲終不言，念忠臣雖在甽畝，猶不忘君，惓惓之義也。（九上）

宋祁曰：正文句末，據文勢不合有也字。

樹達按：惓假爲款。《説文》八篇下"欠部"云：款，意有所欲也。《司馬遷傳》云：誠欲效其款款之愚。款與款同。惓惓之義也，乃申釋上文之詞，五字别斷爲句。宋誤以猶不忘君惓惓之義連讀，故欲删也字，非是。

周大夫祭伯乖離不和，出奔於魯，而《春秋》爲諱不言來奔，傷其禍殃自此始也。（十一上）

樹達按：《公羊傳》謂王者無外，故不言奔，此説與彼義異。

日食三十六。（十一下）

樹達按：顔注詳記三十六事。《左氏傳》於此外尚有哀公十四年五月庚申朔一事。蓋向據《穀梁春秋》，故與《左氏》不同也。

有蜮蜚。（十二上）

樹達按：《説文》十三篇下"蟲部"云：蠹，臭蟲負蠜也。或作蜚。

鄭傷桓王。（十三下）

應劭曰：王以諸侯伐鄭，鄭伯禦之，射王中肩。師古曰：事在桓五年秋。

樹達按：傷王事但見於《左氏傳》，《公》、《穀》二傳并無之。然則向雖持《穀梁》義，亦時兼用左氏之説也。

今賢不肖渾淆。（十四上）

樹達按：上文語氣未竟，今字亦與上文複，今疑令字之誤。景祐本亦誤今。《説文》十一篇上"水部"云：渾，混流聲也。溷，亂也。此假渾爲溷。

邪正雜糅。（十四上）

樹達按：糅《説文》作粗或鈕。七篇上"米部"云：粗，雜飯也。五篇下"食部"云：鈕，雜飯也。

朝臣舛午，膠戾乖剌。（十四上）

樹達按：《説文》十四篇下“午部”云：午，牾也。牾，逆也。《禮記·哀公問》云：午其氣以伐有道。午《大戴記》作忤。

分曹爲黨，往往羣朋。（十四上）

樹達按：《説文》十二篇上“手部”云：攩，朋羣也。黨假爲攩。

羽翼陰附者衆，輻湊於前。（十四下）

樹達按：此指牢梁、陳順、五鹿充宗諸附石顯者而言。

禹稷與皋陶傳相汲引，不爲比周。（十六上）

先謙曰：胡注：傳，杜戀反，遞也。

樹達按：本書傳轉多通用，不必訓爲遞。

時長安令楊興以材能幸。（十七下）

朱一新曰：興又見《賈捐之傳》。

樹達按：興嘗爲諫大夫，見《元后傳》。

後三歲餘，孝宣廟闕災。（十八上）

樹達按：此永光三年事，見《元紀》及《五行志》。

排於異人。（十八下）

樹達按：異人謂他人。

遂廢十餘年。（十八下）

樹達按：向在元帝時，以故宗正上書論陳湯之功，見《湯傳》。

成帝即位，顯等伏辜，更生乃復進用，更名向。（十八下）

樹達按：建始二年，罷甘泉汾陰祠。是日大風拔畤中大木，帝異之，以問向，向對不宜罷，見《郊祀志》。

詔向領校中五經祕書。（十九上）

樹達按:時向考《易》説,以爲諸《易》家説皆祖田何,見《儒林傳》。同校書者有班斿,見《叙傳》。

向乃集合上古以來歷春秋六國至秦漢符瑞災異之記,推迹行事,連傳禍福,著其占驗,比類相從,各有條目,凡十一篇,號曰《洪範五行傳》,奏之。(十九上)

樹達按:《藝文志》劉向《五行傳記》十一卷,名與此異。今其説散見《五行志》中。

天子心知向忠精,故爲鳳兄弟起此論也。(十九上)

樹達按:故猶特也。

故賢聖之君,博觀終始。(十九下)

樹達按:終始謂終始五德之運。《史記·秦始皇紀》云:"始皇推終始五德之傳,以爲周得火德,秦代周德,從所不勝,方今水德之始。"又《封禪書》云:"齊威、宣之時,騶子之徒論著終始五德之運。"《郊祀志贊》云:"包羲氏始受木德,其後以母傳子,終而復始。"即其事也。又本書《張蒼傳》亦云:"魯人公孫臣上書陳《終始五德傳》。"或疑終始五德不宜但稱終始,然《律歷志》云:"丞相屬寶長安、單安國、安陵、桮育治終始,言黄帝以來三千六百九十二歲。"《藝文志》陰陽家有"《公檮生終始》十四篇,鄒子《終始》五十六篇",鄒子《終始》正《封禪書》所謂騶子之徒論著終始五德之運者也。然則終始五德省稱終始,信而有徵矣。

孝文寤焉,遂薄葬,不起山墳。(二十下)

樹達按:據《王莽傳》,漢末赤眉起,漢陵皆見發掘,唯文帝之霸陵及宣帝之杜陵完,蓋有以也。

歛以時服。(二十二上)

樹達按:《韓非子·顯學》篇云:墨者之葬也,冬日冬服,夏日夏服。

呂不韋集知略之士而造《春秋》,亦言薄葬之義。(二十二上)

樹達按:《呂氏春秋·孟冬紀》《節喪》、《安死》二篇是也。

機械之變。(二十二下)

孟康曰:作機發木人之屬,盡其巧變也。晉灼曰:《始皇本紀》:令匠作機弩矢,有所穿,近輒射之。又言工匠爲機,咸皆知之,已下,閉羡門,皆殺工匠矣。師古曰:晉説是也。王文彬曰:據下有生薶工匠之文,則此不得從晉説,當以孟説爲是。

樹達按:孟、晉二説意同,皆以事證明本文耳。顏以晉據《本紀》爲説,較爲有據,故是其説而謂孟説非也。殺工匠,乃帶叙之詞,王認爲本文之正解,誤矣。

項籍燔其宫室營宇,往者咸見發掘。(二十三上)

師古曰:言至其墓所者,發掘之而求財物也。

樹達按:往者咸見發掘,謂往日之所經營皆被發掘耳。顏云至其墓所,乃釋往爲往來之往,非是。

亡萬世之安。(二十四上)

樹達按:亡讀爲忘。

上以我先帝舊臣,每進見,常加優禮。(二十四下)

樹達按:《風俗通·正失》篇載成帝召見向問文帝等事。

孔子曰:禄去公室,政逮大夫,危亡之兆。(二十五下)

師古曰:《論語》:孔子曰:禄去公室五君矣,政逮於大夫四君矣,故三桓之子孫微矣。先謙曰:顏注避諱,改世爲君。

樹達按：古人引書，撮其大意，不必一一如本文，此例是也。

其梓柱生枝葉，扶疏上出屋。（二十七上）

樹達按：《説文》六篇上"木部"云：枎，枎疏四布也。扶假爲枎。

天下幸甚。（二十八上）

先謙曰：《通鑑》載此疏於陽朔二年，而前《諫昌陵疏》載永始元年，以罷陵在是年也。

樹達按：上文制度泰奢下《補注》謂《漢紀》、《通鑑》載《起陵疏》於永始元年爲誤，今又爲此説，自相矛盾。按前説是也。

以向爲中壘校尉。（二十八上）

樹達按：向爲中壘校尉，奏劾甘忠可假鬼神罔上惑衆，見七十五卷《李尋傳》。

元延中，星孛東井，蜀郡岷山崩，雍江。（二十八上）

樹達按：星孛在元延元年，山崩在三年。

昔孔子對魯哀公，并言夏桀、殷紂，暴虐天下，故歷失則攝提失方，孟陬無紀。（二十九上）

孟康曰：首時爲孟，正月爲陬。

樹達按：孔子語見《大戴禮・用兵》篇，云：夏桀、商紂羸暴於天下，歷失制，攝提失方，鄒大無紀。《爾雅・釋天》云：正月爲陬。《離騷》云：攝提貞於孟陬。王注云：孟，始也。

野禽戲廷。（二十九上）

張晏曰：野鳥入處，主人將去。

樹達按：張説本賈誼《服鳥賦》。

其言多痛切，發於至誠。（三十下）

樹達按：向數切諫成帝微行，見《五行志》。據《禮樂志》，向説成帝興辟雍，設庠序，陳禮樂，帝以向言下公卿議，會向病卒。是向卒未久之前所陳説也。

居列大夫官，前後三十餘年，年七十二卒。卒後十三歲而王氏代漢。（三十下）

錢大昕曰：依此推檢，向當卒於成帝綏和元年。葉德輝曰《漢紀》云：前後四十餘年。案傳言卒後十三年王氏代漢，則向卒於成帝建平元年。由建平元年上推，向生於昭帝元鳳四年。自既冠擢爲諫大夫，至此實四十餘年，當以《漢紀》爲是。吴修《續疑年録》亦推向生元鳳四年，卒建平元年。蓋莽代漢在孺子嬰初始元年十二月，是年上距向卒，正十三歲之後，錢氏誤推，不足據。

樹達按：史言卒後十三歲而王氏代漢，明向之先識也。又按向生卒年，葉説是也。蓋錢氏以莽之居攝爲代漢，故誤耳。至三十餘年《漢紀》作四十餘年，則是荀悦之誤。蓋向自元帝初元二年廢爲庶人，至成帝初立，再爲中郎。中間凡見廢者十六年。其居列大夫官，實止得三十餘年。傳文云前後三十餘年，著前後二字，語自分明。荀悦粗心妄改，不可信也。

歆字子駿，少以通《詩》、《書》能屬文召見成帝，待詔宦者署。（三十一上）

樹達按：成帝召見歆誦讀詩賦，悦之，欲以爲中常侍，王鳳不可而止，見《元后傳》。

向死後，歆復爲中壘校尉。（三十一上）

樹達按：繼父爲此官，故云復。向卒於哀帝時，則歆初任此職在哀帝時也。歆再任此官在平帝時。時歆嘗議武帝廟不宜毁，見《韋玄成傳》。

遷騎都尉奉車。（三十一上）

樹達按:《李尋傳》云:解光白甘忠可書,事下奉車都尉劉歆,歆以爲不合五經,不可施行。此文奉車下當有都尉二字,因上文云騎都尉省去。

宣帝時,詔向受《穀梁春秋》。十餘年,大明習。（三十一上）

樹達按:參校《儒林傳》,則向先後從蔡千秋、江公之孫及周慶、丁姓四人受之。十餘年大明習者,即彼傳所云自元康中始講,至甘露元年皆明習也。

時丞相史尹咸能治《左氏》,與歆共校經傳。（三十一上）

樹達按:據《儒林傳》,尹更始通《穀梁》,兼受《左氏》。咸爲更始之子,傳其父學,故亦能治《左氏》也。

初,《左氏傳》多古字古言,學者傳訓故而已。（三十一下）

樹達按:《周禮·小宗伯》鄭注云:古者立位同字,古文《春秋經》公即位爲公即立。按鄭引《春秋古文經》,即《藝文志》之《春秋古經》,亦即《左氏傳》之經也。今《左氏》仍作位,蓋篇中古字爲後人改竄盡矣。

歆數以難向,向不能非間也。（三十一下）

樹達按:雖父子不苟相從,漢人之重學術如此。

歆因移書太常博士責讓之。（三十一下）

樹達按:時與歆共移書者有房鳳、王龔,見《儒林傳》房鳳條下。

理軍旅之陳。（三十二上）

宋祁曰:理一作治。

樹達按:蓋本當是治字,而理字爲唐人避諱所改也。

行是古之罪。（三十二上）

師古曰：以古事爲是者，即罪之。

樹達按：《秦始皇紀》云：以古非今者族。顔説泛。

《詩》始萌芽。（三十二下）

樹達按：此指《詩》學而言。申公、轅固生、韓嬰皆景武時人，故文帝時爲始萌芽也。

天下衆書往往頗出，皆諸子傳説，猶廣立於學官，爲置博士。（三十二下）

姚振宗云：《漢舊儀》云：孝文皇帝時博士七十餘人。樹達按：趙岐《孟子題辭》云：孝文皇帝欲廣遊學之路，《論語》、《孝經》、《孟子》、《爾雅》皆置博士，後置傳記博士，獨立五經而已。按趙氏所言，與此脗合。諸子者，謂《孟子》。傳説者，漢人引《論語》、《孝經》皆稱傳。楊雄《方言》稱《爾雅》爲孔子門徒解釋六藝之書，王充《論衡》亦以爲五經之訓故，故亦爲傳也。

在漢朝之儒，唯賈生而已。（三十二下）

宋祁曰：在漢朝不容更有漢字。錢大昕曰：漢初菑川田何、濟南伏生、魯申公、齊轅固、燕韓嬰、魯高堂生、齊胡母生皆諸侯王國人，唯賈生洛陽人，在漢十五郡之内，故云漢朝之儒唯賈生一人，宋未之思耳。

樹達按：錢説似核而實非也。田何雖菑川人，然徙杜之後號杜田生，則已爲京師人矣。歆云然者，蓋田何、伏生、高堂生皆不聞官閥，毛公仕於趙，申公初仕於魯，武帝時始被徵入朝，轅固生與胡母生之爲博士，皆在景帝時，其時漢廷既無他儒，而賈生爲傳《左氏》之先師，故歆獨舉賈生也。惟《儒林傳》云"韓嬰文帝時爲博士"，子駿不應不知。或疑歆意在尊《毛詩》,故舍韓不言,其説非也。考《論衡·骨相》篇記嬰爲諸生時,相工入辟雍中相辟雍子弟,相工指兒寬富貴,嬰因徙舍從寬,深自結納。據此嬰與兒寬同學辟雍,寬受業於歐陽生及孔安國,出仕於武帝時。核其年代,不應嬰於文帝時已先爲博士。若然,則歆之獨舉賈生,固爲審諦,而錢説爲不足信矣。漢人言三家皆稱魯、齊、韓,乃以時代爲次。若韓嬰文帝時已爲博士,則反先於齊魯矣。

《泰誓》後得,博士集而讀之。(三十三上)

樹達按:此即載白魚入王舟云云,而馬融以五事疑之者也。

《逸禮》有三十九,書十六篇。(三十三上)

樹達按:《藝文志》記共王所得,《書》、《禮》之外尚有《論語》、《孝經》。以非歆意所屬,故不言耳。

乃陳發祕藏,校理舊文,得此三事。(三十三下)

先謙曰:三事謂《左氏春秋》、《古文尚書》、《逸禮》也。葉德輝云:三事不及《毛詩》者,以《毛詩》無先師也。班志《藝文》叙《毛詩》,則云子夏所傳,河間獻王好之。《儒林傳》則云毛公爲河間獻王博士,授同國貫長卿,長卿授解延年,廷年授徐敖,敖授九江陳俠,爲王莽講學大夫,由是言《毛詩》者本之徐敖。班意皆有微詞,歆亦知《毛詩》不如《書》、《禮》、《左傳》之可信,故祇專重三事也。

樹達按:《毛詩》本不出於祕府,故歆不及耳。此在當時爲先朝掌故,歆未能以意爲去取也。

則有魯國桓公膠東庸生之遺學。(三十三下)

樹達按:沈欽韓云:《文選》注引《七略》云:《禮》家先魯有桓生,説經頗異。錢大昭云:《後漢·儒林傳》:庸生名譚。

而無從善服義之公心。（三十四上）

沈欽韓曰：《鹽鐵論·論誹》篇：文學曰：論者相扶以義，相喻以道，從善不求勝，服義不恥窮。

樹達按：《管子·弟子職》篇云：見善從之，聞義則服：此歆語所本，桓寬亦本《管子》耳。

謂《左氏》爲不傳《春秋》。（三十四上）

樹達按：《華陽國志·士女傳》載胥君安以《左傳》不祖聖人駁歆，正此文所謂也。

徙守五原。（三十五上）

樹達按：《古文苑》載歆《遂初賦序》云：徙五原太守，歆以論見排擯，志意不得。之官，經歷故晉之域，感今思古，遂作斯賦。

遷中壘校尉、羲和、京兆尹。（三十五上）

樹達按：歆爲中壘校尉，與莽議復長安南北郊。爲羲和，與莽議定地祇之名與五帝兆居，并見《郊祀志》。

傳曰：聖人不出，其間必有命世者焉。（三十五下）

樹達按：《孟子·公孫丑下》篇云："五百年必有王者興，其間必有名世者。"命名古字通用。

季布欒布田叔傳第七（漢書三十七）

《季布欒布田叔傳》第七。（一上）

樹達按：三人皆有俠烈之行，又皆初得罪而後見赦者。

諸公皆多季布能摧剛爲柔。（一下）

樹達按:《説文》十二篇上"手部"云:"摧,擠也。一曰:折也。"此文當訓折。

布弟季心,氣蓋關中,遇人恭謹,爲任俠,方數千里士争爲死。(三上)

樹達按:袁盎云:夫一旦叩門,不以親爲解,不以在亡爲辭,天下所望者獨季心、劇孟。

嘗殺人,亡吴,從爰絲匿。(三上)

樹達按:亡吴謂亡之吴。從爰絲匿者,爰盎嘗爲吴相也。

及項王滅,丁公謁見,高祖以丁公徇軍中,曰:"丁公爲項王臣,不忠,使項王失天下者也。"遂斬之,曰:"使後爲人臣無效丁公也。"(三下)

樹達按:季布畏罪而自匿,丁公求見而銜恩,故其禍福相反如此。鄉先輩周樹槐説如此。

吴楚反時,以功封鄃侯。(四下)

樹達按:布破膠西、菑川、濟南三國兵,解齊圍,見《高五王傳》。

田叔,趙陘城人也。(四下)

樹達按:褚補《史記》云:叔字少卿。

趙人舉之趙相趙午,言之趙王張敖,以爲郎中。(四下)

樹達按:李慈銘云:《史記》午下重一午字,不可省。

叔曰:上無以梁事爲問也!今梁王不伏誅,是廢漢法也;如其伏誅,太后食不甘味,臥不安席,此憂在陛下。於是上大賢之,以爲魯相。(五下)

樹達按:參校《梁孝王傳》,景帝未全用叔言也。

王輒休相就館。（五下）

樹達按：休相謂使相休也。

高五王傳第八（漢書三十八）

齊悼惠王肥，其母，高祖微時外婦也。高祖六年立，食七十餘城，諸民能齊言者皆與齊。（一上）

樹達按：黥布反時，肥將軍會擊布，見三十九卷《曹參傳》。

帝與齊王燕飲太后前，置齊王上坐，如家人禮。（一下）

師古曰：以弟兄齒列，不從君臣之禮，故曰家人也。

樹達按：下文劉澤説齊王云：齊悼惠王，高皇帝長子也。是肥爲惠帝之兄，故如家人禮置齊王上坐也。

自以爲不得脱長安。（一下）

樹達按：《説文》十二篇上"手部"云：捝，解捝也。此假脱爲捝。

於是齊王獻城陽郡以尊公主爲王太后。（一下）

齊召南曰：案《史記》無此句，但曰獻城陽郡以爲魯元公主湯沐邑而已。

樹達按：以字文勢未了，疑此文正脱去"爲魯元公主湯沐邑"八字。

吕太后徵王到長安，鴆殺之。（二上）

樹達按：事詳《外戚傳》。

自快中野兮，蒼天與直。（二上）

樹達按：快字無義，恐是決字之誤。

欒布自破齊還。（三上）

樹達按：破齊者，實破膠東、膠西、菑川圍齊之兵。

景帝憐趙相内史守正死，皆封其子爲列侯。（三上）

樹達按：建德子横封遽侯，悍子棄之封新市侯，見《功臣表》。

吕后徙恢王趙，恢心不樂。（三上）

樹達按：以前趙王如意及友皆不善終故也。

齊哀王襄，孝惠六年嗣立。（三下）

樹達按：張熷云：六當爲七。《史記》：哀王元年，惠帝崩。《諸侯王表》：孝惠七年，哀王襄嗣。

自是後，諸吕憚章，雖大臣皆依朱虚侯，劉氏爲彊。（四下）

師古曰：爲音于僞反。朱一新曰：爲當讀如字，顔音非。

樹達按：文謂劉氏因此而加彊，顔音是也。

齊王聞此計，與其舅駟鈞、郎中令祝午、中尉魏勃陰謀發兵。（四下）

樹達按：《後書・循吏・王景傳》云：八世祖仲，琅邪不其人，好道術，明天文。諸吕作亂，齊哀王襄謀發兵，而數問於仲。是與謀者諸人外尚有王仲。

王欲發兵，非有漢虎符驗也。（四下）

先謙曰：胡三省云：《史記・文紀》：三年九月，初與郡國守相爲銅虎符。既有初字，則前此未有銅虎符也。召平、魏勃事在前，何緣有銅虎符？沈欽韓云：史家以後事追稱，此類甚多。

樹達按：《韓信傳》：高祖即信卧奪其印符。又誅諸吕時，紀通尚符節，見《吕后紀》。漢之有符舊矣。疑先時雖有虎符，而不以銅爲之,至文帝時始以銅,故《文紀》云初也。説詳《文帝紀》。

劫列侯忠臣撟制以令天下。(五下)

樹達按:李慈銘云:忠臣猶中臣,謂朝臣也。

以子則順。(六上)

樹達按:立齊王則爲高帝孫矣,故云以子則順也。

文帝元年,盡以高后時所割齊之城陽琅邪濟南郡復予齊。(六下)

樹達按:齊王肥獻城陽在惠帝時,不在高后時,此連言,不復分别。

興居以爲天子自擊胡,遂發兵反。(七下)

樹達按:興居時欲委兵師王仲,仲不從他去,見《後書·循吏·王景傳》。

時悼惠王後尚有城陽王在。(七下)

樹達按:城陽共王喜也。

於是乃分齊爲六國,盡立前所封悼惠王子列侯見在者六人爲王。(七下)

樹達按:此文帝從賈誼之説爲之,見《誼傳》。

孝景三年,吴楚反,膠東、膠西、菑川、濟南發兵應吴楚,欲與齊。(八上)

師古曰:與之同反。

樹達按:與齊猶言結齊連齊耳。顔説非。三十四卷《黥布傳》云:項王方北憂齊趙,西患漢,所與者獨布。又云:言之而非邪,使何等二十人伏斧質淮南市,以明背漢而與楚也。與字義并同。

會漢將欒布平陽侯等兵至齊，擊破三國兵，解圍已，後聞齊初與三國有謀，將欲移兵伐齊。（八下）

王念孫曰：已後聞三字文義不順，後當爲復，言欒布等破三國兵解齊圍，已而復聞齊與三國有謀，遂欲伐齊也。《通鑑·漢紀八》作後，則所見《漢書》本已誤。《史記》正作已而復聞齊與三國有謀。復後二字篆隸皆相似，故復訛作後。

樹達按：此當以"解圍已"三字爲句，言解圍事終竟也。此班改《史記》處，故與《史記》讀不同。王氏泥於《史記》，誤於"解圍"斷句，因謂後字爲復字之誤，非也。《蘇武傳》云："會論虞常，欲因此事降武。劍斬虞常已，律曰：漢使張勝謀殺單于近臣。"《王尊傳》云："食已，乃還致詔。"《王莽傳》云："宇妻焉懷子，繫獄，須産子已殺之。"句例皆同。已又或言既已。《衛綰傳》云："乃賜綰告歸，而使郅都治捕栗氏。既已，上立膠東王爲太子，召綰拜爲太子太傅。"《張釋之傳》云："王生，老人，曰，吾韤解。顧謂釋之：爲我結韤。釋之跪而結之。既已，人或讓王生。"又事竟則云既已，事未竟則云未已。《丙吉傳》云"吉善其言，召東曹案邊長吏，瑣科條其人。未已，詔召丞相御史，問以虜所入郡吏，吉具對"是也。

而膠東、膠西、濟南、菑川王皆伏誅，國除。（八下）

樹達按：事詳三十五卷《吳王濞傳》。

齊有宦者徐甲。（八下）

樹達按：蓋不知其名，故謂之甲。

皇太后有愛女曰脩成君，脩成君非劉氏子，太后憐之。（九下）

樹達按：脩成君非劉氏子一句乃文中自注。説詳本書卷九《儒林傳》。

太后曰：毋復言嫁女齊事。（九上）

樹達按：娥後嫁淮南王安太子遷，見《淮南王傳》。

齊臨菑十萬户，市租千金，人衆殷富，鉅於長安，非天子親弟愛子，不得王此。（九下）

樹達按：此田肯賀高祖之説也，見《高紀》。

王年少，懼大罪。（九下）

樹達按：《偃傳》云：恐效燕王論死。

爲吏所執誅，乃飲藥自殺。（九下）

樹達按：據《諸侯王表》，事在元朔三年。

是時趙王懼主父偃壹出敗齊，恐其漸疏骨肉，乃上書言偃受金及輕重之短。（九下）

樹達按：趙王爲敬肅王彭祖，時彭祖太子丹與其姊妹姦，彭祖之懼蓋以此。《偃傳》云：使人上書告偃受諸侯金，以故諸侯子多以得封者。

濟北王志，吴楚反時初亦與通謀，後堅守不發兵，故得不誅。（九下）

樹達按：據《吴王濞傳》，郎中令劫守王不得發兵也。

子考王尚嗣，五年薨。（十下）

周壽昌曰：五年《表》作六年。

樹達按：據《表》，尚以初元三年立，永光三年薨，《表》作六年，是也。

子懷王交嗣。（十下）

樹達按：朱一新云：交《表》作友。

左官附益阿黨之法設。（十下）

張晏曰：諸侯有罪，傅相不舉奏，爲阿黨。師古曰：皆新制律令之條也。左官解在《諸侯王表》。附益，言欲增益諸侯王也。周壽昌曰：左官，《諸侯王表》注應劭曰：人道爲右，今舍天子而仕王侯，故謂之左官也。附益二字見《論語》。《諸侯王表》注：張晏曰："《律》鄭氏說：封諸侯過限曰附益。"顏注非。《匡衡傳》："丞相主簿陸賜曹屬明阿承衡意，猥舉郡計，亂滅縣界，附下罔上，擅以地附益大臣，皆不道。"阿黨二字見《禮記·月令》，鄭注謂治獄吏以私恩曲橈相爲也。本注引張晏曰："諸侯有罪，傅相不舉奏爲阿黨。"《諸侯王表》注："或曰：阿媚王侯有重法也。"《元后傳》："上使尚書劾奏：章知野王前以王舅出補吏，而私薦之，欲令在朝阿附諸侯。"朱博言："大司馬嘉阿黨大臣，無益政治。"皆是也。

樹達按：周舉匡衡、朱博傳二例，皆與諸侯王無關。《王嘉傳》對問云："竊見相等前治東平王獄，不以雲爲不當死，欲關公卿，示重慎，誠不見其外內顧望阿附爲雲驗。"據此知當時有人罪梁相爲阿附諸侯王也。

蕭何曹參傳第九（漢書三十九）

蕭何，沛人也。（一上）

樹達按：班彪譏《史記》於蕭、曹、陳平之屬及董仲舒并時之人不記其字，蓋爲不暇。今班書亦不記，豈其時已不可考見邪！又按：高祖舉三傑，於張良稱子房，於蕭何、韓信則直稱其名，據此疑何、信本無字也。

以文毋害爲沛主吏掾。（一上）

服虔曰：爲人解通，無嫉害也。應劭曰：雖爲文吏而不刻害也。蘇林曰：毋害若言無比也。一曰：害，勝也，無能勝害之也。晉灼曰：《酷吏傳》：趙禹爲丞相亞夫吏，府中皆稱其廉，然亞夫不任，曰：極知禹無害，然文深，不可以居大府。蘇説是也。師古曰：害，傷也，無人能傷害之者。蘇晉兩説皆得其意，服應非也。劉奉世曰：持法者或以己意私怨陷人謂之害，故貴於文毋害。毋害者，取其爲人毋害於行，則可以爲吏矣。文毋害者，蓋其時擇吏之二事也。亞夫所以稱禹無害，廉其一節也。故韓信又云：無行不得推擇爲吏。餘説太汎。先謙曰：《宣紀》詔云："能使生者不怨，死者不恨，則可謂文吏矣。"文者，循禮用法之謂。過於理則爲文深，爲舞文。《集解》引《漢書音義》云："無害者如言無比，陳留間語也。"此無害之確詁。文毋害猶言文吏之最能者耳。蜀中舟子長年三老號曰最能，唐杜甫有《最能行》，最能之稱，猶無害也。周亞夫稱趙禹云："極知禹無害，然文深，不可以居大府。"顔注："無害言無人能勝之者。"訓爲無比，意是也。而此注云："無人能傷害之。"則尚拘於字義，不悟其爲當時語耳。既言禹無害，又云然文深，則無害非無嫉害不刻害之義甚明，服、應非也。《索隱》引韋昭云："有文理，不傷害。"訓文爲有文理，是。訓毋害爲無傷害，非也。《續志》："郡國春秋遣無害吏案訊諸囚，平其罪法。"謂遣吏能最高者。劉昭注："《律》有無害都吏，猶今言公平吏。"天下豈有公平而文深者，劉注誤矣。《墨子・號令》篇："請擇吏之忠信者無害可任事者。"案無害可任事者猶云最能可任事者也。《論衡・程材》

篇論文吏云:“巧習無害,文高德少。”巧習無害猶言巧習無比,是無害二字,言吏高下皆可施用。

樹達按:文毋害是一事,蓋言能爲文書無疵病。緣官書貴於周密,稍有罅隙,即可僨事。《王莽傳》載莽孫宗刻印三,莽按驗,宗自殺。莽下令云:“刻銅印三,文意甚害,不知厭足,窺欲非望。”文意甚害者,正文毋害之反,即今言語有疵病之謂。不知厭足,窺欲非望,正其文害之所在也。據此文毋害乃是一事,或單稱無害,則謂其人無疵病耳。以服虔以下諸説解《莽傳》文,皆不可通,故知其未諦矣。

高祖爲布衣時,數以吏事護高祖。(一下)

師古曰:言居家時爲何所護。

樹達按:《盧綰傳》:高祖爲布衣時,有吏事避宅,與此文吏事正同。蓋事涉縣廷,何以主吏掾之力維護高祖也。顏説汎而不切。

漢王曰:善,乃遂就國。(二下)

樹達按:李慈銘云:自“初諸侯相與約”至此一段,《史記》所無。此事係漢之興亡,何之諫功爲最大。班氏補之,是也。

何守關中,侍太子治櫟陽,爲令約束。(三上)

樹達按:李慈銘云:《史記》令上有法字。又按:《司馬遷傳》云:“漢興,蕭何次律令。”蓋於此時已肇其端矣。

漢王數失軍遯去,何常興關中卒,輒補缺。(三上)

樹達按:漢二年五月,高祖敗於彭城,何發關中老弱未傅者悉詣軍,是也。

上以此剸任何關中事。(三上)

師古曰:剸讀與專同。先謙曰:《史記》剸作專。

樹達按:剸《説文》作嫥,十二篇下“女部”云:嫥,壹也。

夫上與楚相距五歲,失軍亡衆跳身遯者數矣。(四上)

師古曰:跳身,謂輕身走出也。周壽昌曰:跳史作逃,據文下有遯字,作跳爲是。

樹達按:《高紀》,漢三年,羽圍成皋,漢王跳,是其一事也。

使使拜丞相爲相國。(四下)

樹達按:據《張良傳》,蕭相國之立,乃良之計謀。

拊循勉百姓。(五上)

先謙曰:《史記》勉下有力字,是也。無力字不成句。

樹達按:《説文》十二篇上"手部"云:拊,揗也,揗,摩也。此假循爲揗。《趙充國傳》:拊循和輯,同。又按:王據《史記》增力字,非也。《左傳·宣公十二年》云:王巡三軍,拊而勉之,此《史記》、《漢書》所本。《史記》力字疑後人妄增,拊循勉力百姓,冗贅甚矣。

數日,王衛尉侍,前問曰:相國胡大罪,陛下繫之暴也?(五下)

樹達按:胡字《史記》作何,則與相國名何相混,故班氏改何爲胡字。

上不懌。(六上)

師古曰:懌,悦也。感衛尉之言正,故慙悔而不悦也。先謙曰:官本悔作愧。帝不欲何布德於民,故繫治之,而衛尉之言正,不能不勉從,故不懌,非感言而慙悔也。

樹達按:王説即在感言慚悔之中,不必別説。《陸賈傳》云:"高帝不懌,有慙色。"顔説非無據也。

相國爲民請吾苑,不許。(六上)

先謙曰:官本吾字在苑下,引宋祁曰:越本作相國爲民請吾苑不許。錢大昭云:南監本、閩本吾字在苑下。先謙案《史記》同。

樹達按:景祐本作請吾苑。

傳子至曾孫,至王莽敗乃絶。(七上)

樹達按:後漢章帝建初七年,封何末孫熊爲鄼侯,見《後書·韋彪傳》。

參以中涓從擊胡陵方與。(七上)

樹達按:顏於從下注斷,今按從擊胡陵方與當連讀。《高紀》:“秦二年十月,沛公攻胡陵方與。”時參從沛公,故云從擊也。《周勃傳》云:“勃以中涓從攻胡陵,下方與。”《樊噲傳》云:“噲以舍人從攻胡陵方與。”《夏侯嬰傳》云“從攻胡陵”,與此同是一事,故句例相同,顏誤讀。

參自漢中爲將軍中尉,從擊諸侯及項王,敗還至滎陽。(九下)

樹達按:“敗還至滎陽”下,《史記》有凡二歲三字,此文亦當有,否則語意不了。《周勃傳》云:“自初起沛還至碭,一歲二月。”句例同。

斬龍且,虜亞將周蘭。(十上)

樹達按:斬龍且虜周蘭皆與灌嬰合功,見《嬰傳》。

高祖以長子肥爲齊王,而以參爲齊相國。(十下)

樹達按:參以魏勃爲舍人,言之於王,見《高五王傳》。

參功凡下二國,縣百二十二,得王二人,相三人,將軍六人,大莫囂郡守司馬候御史各一人。(十下)

樹達按:二國,魏與齊也。二王,魏豹、田廣也。三相,夏説、田光、許章也。六將軍,李由、王襄、戚公、龍且、周蘭、田既也。郡守一人,蓋南陽守齮。大莫囂本傳不載。

參盡召長者諸先生,問所以安集百姓。(十一上)

樹達按:《蒯通傳》云:參爲齊相,禮下賢人,請通爲客,又以通言禮東郭先生、梁石君二人,以爲上賓,則此文所謂長老諸先生也。

聞膠西有蓋公,善治黄老言。使人厚幣請之。(十一上)

樹達按:《史記·樂毅傳贊》云:"樂臣公學黄帝老子。樂臣公教蓋公,蓋公教於齊高密膠西,爲曹相國師。"即此。

蓋公爲言:治道貴清靜而民自定。(十一上)

樹達按:《老子》五十七章云:"我好静而民自正。"此作定,義較長。《説文》定從正聲,《老子》蓋假正爲定也。

以齊獄市爲寄,慎勿擾也!(十一上)

樹達按:《説文》七篇下"宀部"云:寄,託也。《論語·泰伯》篇云:"可以託六尺之孤,可以寄百里之命。"寄託對文,寄亦託也。此言參以獄市託後相。

參代何爲相國,舉事無所變更,壹遵何之約束。(十一下)

師古曰:舉,皆也,言凡事皆無變改。

樹達按:舉事猶言行事,顔讀舉爲《蕭何傳》"舉宗數十人皆隨我"之舉,非也。《李陵傳》云:"今舉事一不幸,全軀保妻子之臣隨而媒孽其短。"《匈奴傳》云:"舉事隨月,盛壯以攻戰,月虧則退兵。"皆可證。

度之欲有言,復飲酒,醉而後去。(十一下)

先謙曰:度之《史記》作間之,猶言頃之也。此謂揣度之。

樹達按:《禮記·檀弓》云:"聞之死。"與此句例同,之猶其也。王以度之爲讀,非。

窋既洗沐歸,時間自從其所諫參。(十二上)

師古曰:間謂空隙也。自從其所,猶言自出其意也。

樹達按:李慈銘云:時猶同也。按李説是也。《論語·陽貨》篇云:“孔子時其亡也而往拜之。”與此時字同。《鄧通傳》云:“文帝時間如通家遊戲。”義同。又按《疏廣傳》云:“宜從丈人所勸説君買田宅。”《薛宣傳》云:“今掾進見,自從其所問宣不教戒惠吏職之意。”《匈奴傳》云:“根即但以上指曉藩,令從藩所説而求之。”又云:“單于曰:此天子詔語邪?將從使者所求也?”《魏志·田疇傳》云:“疇素與夏侯惇善,太祖説惇曰:且往以情喻之,自從君所言,無告吾意也。”句例皆同。又或云隨某某所。《匈奴傳》云:“新室順天制作,故印隨將率所自爲破壞。”是也。《後漢書·列女·廣漢姜詩妻傳》云:“妻乃寄止鄰舍,晝夜紡績,市珍羞,使鄰母以意自遺其姑。”變從所之文爲以意,足證小顔自出其意之説。

至朝時,帝讓參曰:與窋胡治乎?(十二上)

師古曰:胡,何也。言共窋爲何治也。陳景雲曰:漢人以笞掠爲治,治即笞耳。錢大昕曰:與窋胡治,猶言胡與窋笞也。陳説是。

樹達按:顔云共窋爲何治,義不可通,陳、錢説亦非。按治者爲也。《韓安國傳》云:“公等足與治乎?”《元后傳》云:“與何治而壞之?”是治乃漢人常語,不當作笞掠義説之。與窋胡治,猶今語言與窋幹甚事也。

陛下觀:參孰與蕭何賢?(十二下)

宋祁曰:浙本觀參字下有能字。先謙曰:《史記》亦有能字。與,如也。賢,優也。言材能孰優,浙本是。

樹達按:景祐本亦無能字。孰,何也。與,如也。此云觀參何如蕭何賢耳,無能字文可通。《秦策》云:"今之韓魏孰與始强?"又云:"今之如耳、魏齊孰與孟嘗、芒卯之賢?"句例正同,王説非是。

載其清静,民以寍壹。(十二下)

錢大昭曰:静南監本、閩本作靖。先謙曰:官本靜作靖。

樹達按:景祐本作靖。

窋嗣侯,高后時至御史大夫。(十二下)

樹達按:窋高后死時與誅諸吕之謀,見《高后紀》。時行御史大夫事,即此所謂至御史大夫也。文帝時,窋舉鼂錯賢良,見《錯傳》。

至今八侯。(十三上)

樹達按:後漢章帝建初二年,封參後曹湛爲平陽侯,見《後書·韋彪傳》。又《和帝紀》云:永元三年,詔以曹相國後容城侯無嗣,求近親紹封。

當時録録未有奇節。(十三上)

師古曰:録録猶鹿鹿,言在凡庶之中也。

樹達按:《史記·平原君傳》云:"公等録録,所謂因人成事者也。"《索隱》引王劭云:"録録,借字耳。《説文》云:娽娽,隨從之貌也。"按王説是也,隨從之貌今《説文》作隨從也。又二篇下"辵部"云:"逯,行謹逯逯也。"行謹與隨從義亦相因。《灌夫傳》云:"此特帝在即録録。"《蕭望之傳》云:"不肯録録。"録并是娽之借字。

張陳王周傳第十(漢書四十)

父平,相釐王、悼惠王。(一上)

錢大昭曰:《人表》作桓惠王。先謙曰:《索隱》、《韓世家》及《世本》并作桓。

樹達按:《説苑·復恩》篇作悼。

有一老父衣褐至良所,直墮其履汜下。(二上)

師古曰:直猶故也。一曰正也。先謙曰:直猶故也,語本崔浩,《索隱》駁之,謂當訓正。王念孫云:老父墮履使良取,欲以觀其能忍與否,如小司馬説,是墮履出於無意,失其指矣。直之言特也,謂特墮其履而使取之。并引《禮·祭義》、《穀梁》文十一年《傳》、《孟子·梁惠王》篇、《莊子·德充符》篇、《齊策》、《韓詩外傳》、《梁孝王世家》直特同義以釋之。詳《史記雜志》。《詩·柏舟》:"實維我特。"《韓詩》特作直。《史記·叔孫通傳》:"吾直戲耳。"《漢書》直作特。尤明證。

樹達按:崔顔訓故,故乃故意之故,正是讀直爲特耳。王説正足申成崔顔之説,非有二義也。

良愕然,欲歐之。(二下)

師古曰:歐,擊也。音一口反。先謙曰:《史記》歐作毆。

樹達按:李慈銘云:毆擊之毆從殳。歐从欠,乃歐吐字。

出一編書,曰:讀是則爲王者師。(三上)

樹達按:《後書·臧宫傳》光武詔報宫引《黄石公記》曰:柔能制剛,弱能制彊。柔者德也,剛者賊也。弱者仁之助也,彊者怨之歸也。故曰:有德之君,以所樂樂人;無德之君,以所樂樂身。樂人者其樂長,樂身者不久而亡。舍近謀遠者勞而無功,舍遠謀近者逸而有終。逸政多忠臣,勞政多亂人。故曰:務廣地者荒,務廣德者彊。有其有者安,貪人有者殘。殘滅之政,雖成必敗。又按:《隋書·經籍志》有《黄石公記》三卷。

令酈食其持重寶啗秦將。（四上）

樹達按：《高紀》令酈食其、陸賈二人。

沛公入秦，宫室帷帳狗馬重寶婦女以千數。（四上）

樹達按：李慈銘云：《史記》重一宫字，是也，入秦宫爲句。

今有事急，亡去，不義。（四下）

先謙曰：官本作今事有急。

樹達按：景祐本作今事有急，是也。

九江王布，楚梟將，與項王有隙。（五下）

樹達按：以羽擊齊及漢敗楚彭城時布皆稱病故也。

德義已行，南面稱伯，楚必斂衽而朝。（五下）

樹達按：《食其傳》云："食其好讀書。"又騎士謂食其云："沛公不喜儒，未可以儒生説。"則酈生所讀乃儒家書，故有此等迂闊之論也。

臣請借箸以籌之。（六上）

樹達按：孔廣森云：宋元人算草六七八九或爲丅 ㅠ 𝍫 𝍬，或爲⊥ ⊥ 亖 亖，蓋權輿自古。《射禮》釋獲，横縮相變，即其遺象。此借箸者，言以箸當籌。時方食，有兩箸，復借高帝前箸，得四箸。每發一難，輒下一籌，至五横之，六丅之，七ㅠ之，八𝍫之，故用四箸而足。

且楚唯毋彊，六國復橈而從之。（七上）

服虔曰：唯當使楚無彊，彊則六國弱而從之。晉灼曰：當今唯楚大無有彊之者，若復立六國，皆橈而從之，陛下焉得面臣之乎？師古曰：服説是也。

樹達按：晉説是也。楚唯無彊，與《孟子·梁惠王》篇"晉國，天下莫强焉"語例同。

誠用此謀，陛下事去矣。（七上）

樹達按：良之起本爲韓復仇，故嘗説項梁立韓成爲韓王，而此時則力阻高祖立六國後者，知六國已無可爲也。此良之所以爲智也。

上曰：天下屬安定，何故而反？（七下）

師古曰：屬，近也，言近始安。

樹達按：《國語》韋昭注云：屬，適也。屬安定猶今語云纔安定，顔説非。

上曰：吾惟之，豎子固不足遣，迺公自行耳。（十上）

師古曰：乃公，汝父也。

樹達按：《廣雅·釋親》云：公，父也。《陳萬年傳》：萬年怒其子咸云："乃公教戒汝，汝反睡，不聽吾言，何也？"乃公正是汝父，足證顔説。

是時叔孫通已爲太傅。（十下）

樹達按：據《通傳》，爲太傅在九年。

叔孫太傅稱説引古，以死爭太子。（十下）

樹達按：李慈銘云：《史記》作引古今，是也。《通傳》載其語引秦立二世事云：陛下所親見，此所謂今也。樹達按：古謂晉獻公事，詳《通傳》。

四人者從太子，年皆八十餘，鬚眉皓白，衣冠甚偉。（十下）

樹達按：《後書·馮衍傳》注引《楚漢春秋》云：四人冠偉冠，佩銀環，衣服甚鮮。

高帝崩，吕后德良，迺彊食之。（十一下）

樹達按：高祖所謂三傑，淮陰見誅，蕭何械繫，良之辟穀，所以自全耳。及高祖已崩，良固可以食矣，不必全由吕后之彊也。

後十三歲，從高帝過濟北，果得穀城山下黄石。（十一下）

樹達按：終汜上老人之言。

及良死，并葬黄石。（十一下）

先謙曰：《史記》衍冢字，當依此訂。

樹達按：《史記》作并葬黄石冢者，謂并葬之於良冢，《漢書》省去於字耳。王不得其解而以《史記》冢字爲衍文，非。

子不疑嗣侯。（十一下）

樹達按：良有子辟彊爲侍中，見《外戚傳》。

孝文三年，坐不敬國除。（十一下）

樹達按：《表》元康四年，良玄孫之子千秋詔復家。

吾聞先生事魏不遂，事楚而去。（十四上）

師古曰：遂猶竟也。

樹達按：遂猶成也，達也。顔説非。《説文》二篇上"八部"云：㒸，從意也。經傳通用遂。

雖有奇士不能用。（十四上）

樹達按：如韓信及《蒯通傳》之齊安其生，皆是也。

然大王資侮人。不能得廉節之士。（十四下）

樹達按：《説文》八篇上"人部"云：侮，傷也。古文從母作㑄。又按此二語謂漢王之短不易去。

顧楚有可亂者，彼項王骨鯁之臣亞父、鍾離昧、龍且、周殷之屬不過數人耳。大王能出捐數萬斤金行反間，間其君臣以疑其心，項王爲人意忌信讒，必内相誅。漢因舉兵而攻之，破楚必矣。（十四下）

樹達按：此謀破項羽之所長也。漢王既不能去侮人之短，則集兩長之事爲不能。不得已則去項羽之所長，使其有一短而無一長。兩人各有一短，彼此相等，以一長抗無一長，則一長者勝，故云破楚必也。平自言我多陰謀，此事殆其一邪！

人有短惡噲者。（十六下）

樹達按：謂噲黨於吕氏，高帝崩後，噲將盡誅戚氏及趙王如意也。見《噲傳》。

惠帝六年，相國曹參薨，安國侯王陵爲右丞相，平爲左丞相。（十七下）

樹達按：張熷云：案《紀》，參實以五年八月薨，此傳冒下爲文耳。

以善雍齒，雍齒高祖之仇，陵又本無從漢之意，以故後封陵爲安國侯。（十七下）

樹達按："雍齒高祖之仇"六字乃文中自注，説詳本書卷九《儒林傳》。又按：傳世有安國侯銅虎符，見羅振玉《貞松堂吉金圖》卷下。《王子侯表》又有安國侯劉吉。

杜門，竟不朝請。（十八下）

師古曰：杜，塞也。閉塞其門也。杜字本作敷，音同。

樹達按：《説文》三篇下"攴部"云：敷，閉也，讀若杜。

陵之免，吕太后徙平爲右丞相，以辟陽侯審食其爲左丞相。食其亦沛人也。漢王之敗彭城西，楚取太上皇吕后爲質，食其以舍人侍吕后。其後從破項籍爲侯，幸於吕太后。及爲相，不治。（十八下）

樹達按："以食其爲左丞相"至"幸於吕太后"亦文中自注。此

《陳平傳》,及爲相不治,謂陳平,非謂食其也。

文帝立,舉以爲相。(十八下)

如淳曰:舉猶皆也。衆人之議皆以爲勃、平功多矣。師古曰:言文帝以平、勃俱舊臣有功,皆欲以爲相。

樹達按:舉當讀爲舉賢才之舉,此但言舉平以爲相耳。如顔説均未合。

吾世即廢,亦已矣,終不能復起,以吾多陰禍也。(二十上)

樹達按:《晉語》注云:世,嗣也。即猶若也。

其後曾孫陳掌以衛氏親戚貴。(二十上)

樹達按:掌見《衛青傳》,衛少兒之夫也。

攻開封,先至,城下,爲多。(二十一上)

文穎曰:勃士卒至者多也。

樹達按:李慈銘云:當以先至爲句。下讀去聲。攻開封勃既先至,及城破,又勃功爲多也。

項羽至,以沛公爲漢王。(二十一下)

樹達按:時勃勸漢王攻項羽,見《蕭何傳》。

東守嶢關。(二十一下)

先謙曰:此高帝使距關不內諸侯軍。

樹達按:此事已在還定三秦之後,《表》所叙亦同,何得以元年距關毋内諸侯之事爲説耶!王大誤。

陳豨屠馬邑。(二十二上)

錢大昭曰:陳豨上脱擊字,《史記》及南監本、閩本皆有。先謙曰:官本有。

樹達按:景祐本有擊字。

勃爲人木强敦厚。(二十三上)

樹達按:張釋之稱勃言事曾不能出口,是其木强敦厚之證。

上復用勃爲丞相。(二十四上)

樹達按:勃朝罷,爰盎毀勃於文帝,見《盎傳》。

前日吾詔列侯就國。(二十四下)

樹達按:文帝二年十月事也。

勃太子勝之尚之。(二十四下)

樹達按:漢諸侯之子稱太子,列侯之子亦然。如此傳及《淮南厲王傳》云棘蒲侯柴武太子奇,《趙破奴傳》云破奴與其太子安國亡入漢:皆是也。

於是使使持節赦,復爵邑。(二十五上)

樹達按:爰盎明勃無罪,勃之得釋,盎頗有力,見《盎傳》。

勃既出,曰:吾嘗將百萬軍,然安知獄吏之貴也!(二十五上)

樹達按:賈生《陳政事疏》言當待大臣有節,因勃此事發也,見《誼傳》。

然既已貴如負言,又何説餓死,指視我!(二十五上)

師古曰:視讀曰示。

樹達按:顔讀是也。《史記》及《論衡·骨相》篇視皆作示。

迺拜亞夫爲中尉。(二十六下)

樹達按:時亞夫見張釋之爲廷尉持議平,結爲親友,見《釋之傳》。

太尉如其計,至雒陽。(二十六下)

樹達按:時亞夫得劇孟,見《吴王濞傳》及《游俠傳》。

亞夫出精兵追擊,大破吴王濞。(二十七上)

樹達按:《李廣傳》:廣以驍騎都尉從亞夫戰昌邑下顯名,即此時事也。

遷爲丞相。(二十七下)

樹達按:亞夫時用趙禹爲丞相史而弗任,見《禹傳》。

亞夫心不平,顧謂尚席:取箸!(二十八上)

樹達按:據《郅都傳》,條侯素以貴倨名,故不能忍此也。

上視而笑曰:此非不足君所乎?(二十八上)

孟康曰:設胾無箸者,此非不足滿於君所乎?嫌恨之也。如淳曰:非故不足君之食具,偶失之也。師古曰:孟説近之。帝言賜君食而不設箸,此由我意於君有不足乎!宋祁曰:浙本注文由我字上有豈不二字。

樹達按:如説及此引顔云此由我意於君有不足乎,語氣皆適與原文相反。顔意在申孟義,以孟説證之,浙本有豈不二字者是也。然如此,語氣雖合,而理仍不可通。天下豈有不滿於人而自舉以告人者!今按所猶意也。《曹參傳》自從其所,顔注猶言自出其意。又《漢書》、《三國志》云從某某所者,《後漢書》、《列女傳》改其文則云以意,詳《曹參傳》。是所有意字之義甚明。景帝蓋言:君所以顧尚席取箸者,非君意有不足乎!《文選》五十四陸機《五等論》注引《楚漢春秋》載下蔡亭長詈淮南王黥布語云:封汝爵爲千乘,東南盡日出,尚未足黥徒羣盜所邪?而反,何也?亦言豈猶未足黥徒羣盜之意也。與此句例正同,可以互證。

亞夫果餓死。(二十九上)

樹達按:此終許負之言。

死後,上乃封王信爲蓋侯。(二十九上)

樹達按:此史家微詞。然景帝之忌畏亞夫如此,固猶賢於後世人主之不顧一切者矣。

後封勃玄孫之子恭爲絳侯,千户。(二十九上)

樹達按:《平紀》及《表》皆云勃玄孫共,共恭字同。此云玄孫之子,與彼不同,疑傳誤也。

贊曰:聞張良之智勇,以爲其貌魁梧奇偉。(二十九上)

樹達按:《説文》九篇上"頁部"云:"顝,大頭也,讀若魁。"又八篇上"人部"云:"俁,大也,引《詩》碩人俁俁。"按《毛傳》云:"俁俁,容貌大也。"魁梧乃顝俁之假字。

傾側擾攘楚魏之間。(二十九上)

樹達按:《説文》十二篇下"女部"云:孃,煩擾也。此假攘爲孃。

卷　五

樊酈滕灌傅周傳第十一（漢書四十一）

從攻秦軍，出亳南，河間守軍於杠里，破之。（二上）

樹達按：據《高紀》破杠里在二年。

從攻破揚熊於曲逆。（二上）

樹達按：據《高紀》，破揚熊在秦三年。

暴師霸上以待大王。（三上）

師古曰：時項羽未爲王，故《高紀》云以待將軍。此言大王，史追書耳。先謙曰：《高紀》惟留張良謝羽曰：聞將軍有意督過之，不載噲語，顔注誤。

樹達按：《高紀》記沛公與項伯語云：籍吏民，封府庫，待將軍。顔引此耳，不謂是噲也。王氏誤會。

項羽入屠咸陽，立沛公爲漢王。（三下）

樹達按：時高祖怒欲攻羽，噲亦勸之，以蕭何諫而止，見《何傳》。

先黥布反時，高帝嘗病。（五下）

師古曰：黥布未反之前。

樹達按：先猶言前或初。《張良傳》云：黥布反，上疾。然則高帝正以布反時病，不得云布未反之前也。顏說非。

始陛下與臣等起豐沛，定天下，何其壯也！今天下已定，又何憊也！（五下）

師古曰：憊，力極也。

樹達按：《説文》十篇下“心部”云：㥜，㦗也。《通俗文》云：疲極曰㥜。憊蓋㥜之或字。

高帝大怒，迺使陳平載絳侯代將，而即軍中斬噲。（六上）

樹達按：《王莽傳》載陳崇奏云：公孫戎位在充郎，選繇旄頭，壹明樊噲，封二千户。晉灼引《楚漢春秋》云：上東圍項羽，聞樊噲反，旄頭公孫戎明之，卒不反，封戎二千户。然則高祖之疑噲，不始於此矣。

子伉嗣，而伉母呂須亦爲臨光侯，噲呂后時，用事顓權。（六上）

錢大昭曰：南監本、閩本無噲字，用事顓權謂呂須也。先謙曰：官本及《史記》無噲字。

樹達按：景祐本無噲字。

得代丞相程縱，守相郭同，將軍以下至六百石十九人。還，以將軍將太上皇衛，一歲。（七下）

先謙曰：將太上皇宫衛卒，《公卿表》商爲衛尉，即此事也。

樹達按：王説誤也。據《表》，商爲衛尉在六年，而得代丞相程縱，乃十年陳豨反時事，前後不合，不得言得縱還爲衛尉也。縱乃豨相，見《周勃傳》。

十月，以右丞相擊陳豨，殘東垣。（七下）

先謙曰：《高紀》：十年九月豨反，十一年冬攻降東垣。此十月即十一年冬，《史記》作七月，誤。

樹達按：王説誤也。此傳叙商戰功，上下文皆無年月，此處不應獨異。十月當屬上讀，謂將太上皇衛一歲十月也。上文從擊項羽二歲，《史記》二歲下有三月二字，文例正同。

元始中，賜高帝功臣自酈商以下爵乎關内侯。（九上）

錢大昭曰：南監本、閩本乎作皆。先謙曰：官本作皆，是。

樹達按：景祐本作皆。

從入蜀漢。（九下）

樹達按：嬰在蜀漢時，釋韓信弗斬，言信于漢王，見《信傳》。

闕所奪邑五百户。（十下）

錢大昭曰：闕南監本、閩本作賜。先謙曰：官本作賜，《史記》同，闕字誤。

樹達按：景祐本作賜。

從擊陳豨黥布軍。（十下）

樹達按：豨反時，嬰以薛公有籌策可問，薦之於高帝，見《布傳》。

沛公爲漢王。（十一下）

樹達按：時嬰勸漢王攻項羽，見《蕭何傳》。

從入漢中，十月，拜爲中謁者。（十二上）

先謙曰：據《高紀》，漢王元年四月入漢中，五月即出襲雍，圍廢丘，八月降塞王。稽合本傳，此十月當作四月。

樹達按：上文皆不叙年月，此十月無所屬，此亦當屬上讀，謂入漢中後十月而後拜爲中謁者也。

受詔别擊楚軍後，絶其饟道，起陽武至襄邑。（十二下）

樹達按：起陽武至襄邑，謂所絶饟道之所在也。《靳歙傳》云：擊絶楚饟道，起滎陽至襄邑，義同。

所將卒斬右司馬騎將各一人。（十二下）

宋祁曰：淳化本作左右馬。今越本無左字，疑馬字上有司字，不當去。錢大昭曰：右司閩本作左右。

樹達按：景祐本作右司馬。

身生得亞將周蘭。（十三上）

樹達按：斬龍且，得周蘭，皆與曹參合功，互見《參傳》。

所將卒虜單騎將軍華毋傷。（十三上）

錢大昭曰：單騎南監本、閩本并作車騎。先謙曰：官本作車，《史記》同，單字誤。

樹達按：景祐本作車騎。

所將卒五人共斬項籍，皆賜爵列侯。（十四上）

樹達按：據《項羽傳》，五人爲騎司馬吕馬童，及王翳、楊喜、郎中吕勝、楊武。

傳至孫彊，有罪絶。（十五下）

先謙曰：官本彊作彊，是。《史記》同。

樹達按：景祐本作彊。又按：此注云彊字是，《表》補注又云彊字誤，自相矛盾。

武帝復封嬰孫賢爲臨汝侯。（十五）

樹達按：賢見《灌夫傳》。即夫行酒時與程不識耳語，夫遂發怒者也。

後有罪，國除。（十五下）

樹達按：據《表》，坐子傷人首匿免。

傳至曾孫偃,謀反誅。(十六上)

樹達按:據《表》,坐與淮南王謀反誅。

子亭嗣,有罪,國除。(十七下)

樹達按:錢大昭云:坐事國人過律免。

子仲居嗣,坐爲太常有罪,國除。(十九上)

樹達按:據《功臣表》,坐收赤側錢不收完爲城旦。又《公卿表》云:坐不收赤側錢收行錢。

當孝文時,天下以酈寄爲賣友。夫賣友者,謂見利而忘義也。若寄父爲功臣,而又執劫,雖摧吕禄以安社稷,誼存君親可也。(十九下)

先謙曰:《漢紀》摧吕禄作權賣吕禄,於義亦通。

樹達按:王念孫云:權賣吕禄,正承上賣友言之,於義爲長。蓋仲豫所見《漢書》本如是。權與摧字形相似而誤,又脱去賣字耳。樹達按班意謂酈寄并非見利忘義,不爲賣友,故云摧吕禄。荀悦不明班旨妄改,而王念孫從之,大謬。《補注》不采王校,是矣,又復依違兩可,可謂無定識也。

張周趙任申屠傳第十二(漢書四十二)

《張周趙任申屠傳》第十二。(一上)

樹達按:此以諸爲御史大夫者合傳。

好書律歷。(一上)

樹達按:《儒林傳》云:蒼修《左氏傳》。《説文序》云:北平侯張蒼獻《春秋左氏傳》。

於是苛昌自卒史從沛公。（二上）

宋祁曰：越本自作以，校改以作自。王念孫曰：汪本從宋改。念孫按：宋改以爲自，從《史記》也。然以自皆由也，則改猶不改耳。景祐本作以。

樹達按：於文不當言自，越本、景祐本是也。以字本作㠯，《史記》作自者，形近而誤耳。宋校及王説皆失之。

臣口不能言，然臣心知其不可。（二下）

錢大昭曰：南監本、閩本皆作然臣期期知其不可。先謙曰：官本同南監本、閩本，《史記》亦同。據下顏注，此文亦當爲期期，後人據宋説妄改也。

樹達按：景祐本作然臣期期知其不可。

昌謝病不朝見，三歲而薨。（四上）

樹達按：《説苑·臣術》篇記趙簡子事，末云：御史大夫周昌曰：人主誠能如趙簡主，朝不危矣。此昌言論之僅存者。

傳至孫意，有罪，國除。（四上）

樹達按：據《表》，意坐行賕髡爲城旦。

初，任敖免，平陽侯曹窋代敖爲御史大夫。高后崩，與大臣共誅諸吕，後坐事免。（四下）

齊召南曰：《史記》作窋不與大臣共誅吕禄等免，以《高后紀》核之，窋行御史大夫事，郎中令賈壽以灌嬰及齊楚合從告相國産，窋即以其語馳告丞相太尉。及吕禄已去北軍，相國産欲入未央宫作亂，窋復馳語太尉，則窋固非不與大臣共謀誅諸吕者也。但代邸上議羣臣列名即云御史大夫臣蒼，則孝文未立之前窋已罷官矣，其後賞功又不及窋。意者《史記》所云固得其實乎！不然，即不與太尉丞相較功，亦當與相襄平典客共賞矣。先謙曰：不與者，不與其事也。窋坐事免官在前，及誅諸吕迎文帝時，張蒼已代任，故賞蒼而不及窋，説詳《吕后紀》，此傳誤也。

樹達按：窋兩次馳語，斷非不與其事，《史記》誤叙，班改正之，是也。王於《吕后紀》補注云：窋雖有誅諸吕功，已不預迎立文帝之事，與此注兩説相違。細意核之，彼説是，此説非也。蓋自誅諸吕至文帝入代邸，中間凡三十七日，劉攽説見《文紀》。窋之免乃在此三十七日之中，故誅諸吕雖爲窋所與聞，而尊立文帝時已爲蒼而非窋。《表》載高后八年蒼爲御史大夫，高后以是年七月崩，窋免實在七月以後，此傳可以證明。當時任免，蓋以少帝名義行之。王云窋免官在前，《高后紀》下亦云高后先已詔張蒼代窋，皆非也。

代灌嬰爲丞相。（五上）

樹達按：蒼爲丞相，奏淮南厲王不法事，見《厲王傳》。

傳子至孫類，有罪，國除。（六上）

樹達按：據《表》，坐臨諸侯喪後。

迺以御史大夫嘉爲丞相。（六下）

樹達按：嘉爲丞相，納爰盎不當箝天下口之諫，見《盎傳》。

上曰：君勿言，吾私之。（七上）

師古曰：言欲私戒教之。先謙曰：案私之謂愛之也。《吕覽·去私》篇：子，人之所私也。注：私，愛也。《離騷》：皇天無私兮。注：竊愛爲私。顔謂私教之，非。

樹達按：顔訓是，王説非也。苟如王説，文帝爲一不肖之主矣。

傳子至孫臾，有罪，國除。（八上）

樹達按:據《表》,臾坐爲九江太守受故官送免。又據《後書·申剛傳》:剛爲嘉七世孫。剛性方直,與嘉類也。

自嘉死後,開封侯陶青,桃侯劉舍,及武帝時柏至侯許昌,平棘侯薛澤,武彊侯莊青翟,商陵侯趙周皆以列侯繼踵,齪齪廉謹,爲丞相,備員而已,無所能發明功名著於世者。(八上)

樹達按:諸人無可特紀,故附書上,此古史省約之法。《公孫弘傳》亦附書丞相李蔡、嚴青翟、趙周、石慶、公孫賀、劉屈氂六人,與此傳可互參。《王貢兩龔鮑傳》附書紀逡、王思、薛方諸人例亦同。又按舍爲丞相時,與衛綰奏定笞律,見《刑法志》。又按以列侯繼踵以下文氣不屬,疑爲丞相三字當在繼踵二字下,文當云:"皆以列侯繼踵爲丞相,齪齪廉謹,備員而已。"《公孫弘傳》云:"其後李蔡、嚴青翟、趙周、石慶、公孫賀、劉屈氂繼踵爲丞相。"文句正同,可證此文之誤。

張蒼文好律歷,爲漢名相,而專遵用秦之《顓頊歷》,何哉?(八上)

樹達按:此贊承用《史記》文,史公譏蒼用秦歷,故言之武帝,而漢遂用夏正也。

酈陸朱劉叔孫傳第十三(漢書四十三)

足下欲助秦攻諸侯乎?欲率諸侯攻秦乎?(二上)

錢大昭曰:下攻閩本作破。先謙曰:官本作破,引宋祁云:浙本破作攻。按《史記》作破,《羣書治要》引此亦作破。

樹達按：景祐本作破。

侯平有罪，國除。（五上）

樹達按：據《表》，平坐詐衡山王取金免。又按《後書·文苑傳》，酈炎爲食其後人。

欲以區區之越與天子伉衡爲敵國。（五下）

先謙曰：官本伉作抗，《史記》同。

樹達按：伉景祐本作抗。錢大昭云：南雍本、閩本作抗，王氏漏採錢説。

有五男，迺出所使越槖中裝，賣千金，分其子，子二百金，令爲生産。（七下）

樹達按：據此知後世諸子均分財産，漢世已然矣。

女給人馬酒食，極飲，十日而更。（七下）

錢大昭曰：閩本飲作欲。先謙曰：官本飲作欲，引宋祁曰：欲疑作飲。案《史記》作極欲，於義亦通。

樹達按：景祐本作極欲。

數擊鮮。（八上）

樹達按：《説文》十一篇下"魚部"云：鱻，新魚精也。鮮，假字。

足下位爲上相，食三萬户侯。（八下）

樹達按：平封曲逆侯。據《平傳》，曲逆秦時三萬餘户，漢時五千餘户，此云三萬户，乃據秦時户口誇言之。

臣常欲謂大尉絳侯。（八下）

師古曰：謂者，與之言。錢大昭曰：謂閩本作語，注同。

樹達按：景祐本作謂。

及建母死，貧未有以發喪。（九下）

先謙曰:《索隱》按劉氏云:謂欲葬時須啟發殯宫,故云發喪也。

樹達按:發喪謂以喪赴告人以便受弔耳,劉氏曲説。高祖爲義帝發喪,豈亦謂啟發殯宫乎?

建曰:我死,禍絶,不及乃身矣。遂自剄。(十上)

樹達按:《藝文志》儒家有《平原君》七篇。班氏自注云:朱建也。

吕望、伯夷自海濱來歸之。(十一上)

樹達按:事具《孟子·離婁上》篇及《盡心上》篇。

有德則易以王,無德則易以亡。(十一上)

樹達按:《説苑·至公》篇云:昔周成王之卜居成周也,其命龜曰:予一人兼有天下,辟就百姓,敢無中土乎?使予有罪,則四方伐之,無難得也。《吕氏春秋·長利》篇云:成王之定成周,其辭曰:惟余一人營居於成周,惟余一人有善,易得而見也;有不善,易得而誅也。

凡居此者,欲令務以德致人,不欲阻險,令後世驕奢以虐民也。(十一上)

樹達按:阻,恃也。《左傳·隱公四年》云:夫州吁阻兵而安忍。

當是時,冒頓單于兵彊,控弦四十萬騎。(十二下)

齊召南曰:《史記》作三十萬。

樹達按:唐寫《翰苑注》殘卷引《漢書》作卅萬,與《史記》合。

妾唯㠯一大子一女。(十三上)

師古曰:言唯目此自慰。

樹達按:顔不曉㠯字之義,故言目此自慰,增字以釋之,非也。《爾雅·釋詁》云:已,此也。已㠯古字通,故㠯亦可訓此。《禮記·射義》引《詩》云:大夫君子,凡以庶士。王引之《經傳釋詞》訓以爲此，是也。《國策・魏策》云：以三者，身上也，河内其下也。以三者，此三者也。以爲目之隸變。

使敬往結和親約。（十三上）

樹達按：《韓安國傳》云：遣劉敬奉金千斤以結和親。

乃使劉敬徙所言關中十餘萬口。（十三下）

樹達按：據《高紀》，事在九年十一月。

叔孫通，薛人也。秦時以文學徵。（十三下）

樹達按：張揖《上廣雅表》云：爰暨帝劉，魯人叔孫通撰置禮記，文不違左。今俗所傳三篇《爾雅》，或言仲尼所增，或言子夏所益，或言叔孫通所補。《經典釋文敘録》謂《釋言》以下如揖所云。

博士諸生三十餘人前曰：人臣無將，將則反，罪死無赦。（十四上）

樹達按：始皇焚書坑儒，而博士此時置對猶持《春秋》義爲説者，蓋方以此獻諛，而不意尚觸二世之怒也。

我幾不免虎口。（十四下）

樹達按：《莊子・盜跖》篇：孔子云：疾走！料虎頭，編虎須，幾不免虎口哉！

通迺謂曰：漢王方蒙矢石争天下，諸生寧能鬭乎？故先言斬將搴旗之士。（十四下）

師古曰：搴，拔取，音騫。

樹達按：《説文》十二篇上“手部”云：攓，拔取也。搴爲攓之或體。

漢王拜通爲博士，號稷嗣君。（十四下）

張晏曰：后稷佐唐，欲令復如之。沈欽韓曰：《集解》：徐廣曰：蓋言其德業足以繼踪齊稷下之風流也,《淄水注》亦引之。張説非。先謙曰:《集解》引《漢書音義》曰:稷嗣,邑名,誤也,故顏不從之。

樹達按:《高紀》顏引孟康曰:"稷嗣,邑名。"則《集解》所引《音義》乃孟康之書。顏前後異説,知王説爲未然矣。

臣願頗採古禮與秦儀雜就之。(十五上)

樹達按:《論衡·謝短》篇云:高祖詔叔孫通制作儀品十六篇。《晉書·刑法志》云:叔孫通益律所不及,傍章十八篇。本書《禮樂志》云:今叔孫通所撰《禮儀》,與律令同録,藏於理官。然則《晉書》與《論衡》所云同是一事,十八十六當有一誤。

於是通使徵魯諸生三十餘人。(十五上)

師古曰:通爲使者而徵諸生。

樹達按:使謂見使。

高帝悉以爲郎。(十六下)

樹達按:《儒林傳》云:通作《漢禮儀》,因爲奉常,諸弟子共定者咸爲選首。

及稍定漢諸儀法,皆通所論著也。(十七上)

樹達按:上文言起禮樂,故通嘗定樂章。《禮樂志》所載《嘉至》、《永至》、《登歌》、《休成》、《永安》諸樂章皆通所制也。又《禮樂志》云:通定儀法,未盡備而通終。

子孫奈何乘宗廟道以行哉。(十七下)

錢大昭曰:以南監本、閩本作上。先謙曰:官本亦作上,是也。

樹達按:景祐本作上。

劉敬脱輓輅而建金城之安,叔孫通舍枹鼓而立一王之儀,遇其時也。(十八上)

樹達按:語本揚雄《解嘲》。

附會將相以彊社稷。(十八下)

樹達按:此指賈使平勃交歡事言也。

淮南衡山濟北王傳第十四(漢書四十四)

趙王獻美人,厲王母也,幸,有身。(一上)

樹達按:厲王母也四字乃文中自注。説詳本書卷九《儒林傳》。

即立子長爲淮南王。(一下)

樹達按:張蒼相王,見《蒼傳》。

臣母不當坐趙時事。(二上)

宋祁曰:時字浙本添。先謙曰:《史記》作趙事,下云其時辟陽侯力能得之,浙本時字當在事下而誤倒。

樹達按:原文可通,班書不必盡同《史記》。本傳下文云:"先吴軍時,彗星出,長數尺。"《鄭當時傳》云:"以武安魏其時議貶秩爲詹事。"句例略同。

臣請爲天下誅賊,報母之仇,伏闕下請罪。(二上)

樹達按:時袁盎諫,謂太驕必生患,可適削地,上勿許,見《盎傳》。

而殺列侯以自爲名。(二下)

先謙曰:自爲主名也。一曰:自居爲親殺讐之名也。

樹達按:一説是也。

大王欲屬國爲布衣,守冢真定。(二下)

師古曰：屬謂委棄之也，音之欲反。何焯曰：屬國當謂傳國於子。洪亮吉曰：顔説是。一説欲傳位於子。今詳上下文勢，必不然。

樹達按：《公羊・桓公十六年》傳云：屬負兹。何休注：屬，託也。《荀子・禮論》篇云：屬諸侯。楊注：屬謂付託之。此文但言託國於人，顔訓委棄，何謂傳國於子，并非其義。

身被創痍。（三上）

樹達按：廣武之役，高祖中項王伏弩傷胸，擊黥布爲流矢所中，皆是也。

大王不察古今之所以安國便事，而欲以親戚之意望于太上，不可得也。（三下）

如淳曰：太上，天子也。何若瑶曰：按《曲禮》：太上貴德。《左氏傳》：太上以德撫民。又云：太上有立德。《春秋正義》：太上者，最上之稱。經傳言太上，皆謂五帝以前上聖之人。言欲望於太古上聖，亦不可得，甚言其不可也。先謙曰：天子尊無二上，故稱太上。何引《正義》：太上者，最上之稱，得之。詳文意不當釋爲太古上聖也，仍依如説爲正。

樹達按：梁玉繩云：《匡衡傳》：太上者，民之父母。《文選》班固《辟雍詩》：於赫太上。王褒《四子講德論》：太上聖明。是天子可稱太上也。

今諸侯子爲吏者，御史主。（四上）

如淳曰：主御史也。自此以下至縣令主，皆謂王官屬。先謙曰：諸侯王之子在其國爲吏者，雖貴，其國之御史主督察之。下中尉同。

樹達按：諸侯王之子與此文不相涉，諸侯子與《高紀》"諸侯子在關中者"義同，謂諸侯王之人也。下文諸侯人正是此諸侯子之義。

自此至下内史縣令主,所以詳釋上文吏主者坐也。

諸從蠻夷來歸誼及以亡名數自古者,内史縣令主。(四上)

錢大昭曰:古南監本、閩本作占。先謙曰:官本作占,是。

樹達按:景祐本作占。

居處無度,爲黄屋蓋,儗天子。(五上)

樹達按:《五行志》下之上卷云:長自稱東帝。賈誼亦云:親弟謀爲東帝。故僭禮如此。

長所犯不軌,當棄市,臣請論如法。(六下)

樹達按:據《賈山傳》,山嘗訟淮南王無大罪,宜急令反國,當在此時。

吴使者至淮南,淮南王欲發兵應之。(八上)

錢大昭曰:淮南二字,閩本不重。先謙曰:官本不重。

樹達按:景祐本不重。

作爲《内書》二十一篇,《外書》甚衆。(八下)

先謙曰:官本《考證》云:《藝文志》:詩賦有《淮南王》二十九篇。

樹達按:高步瀛云:《藝文志》:淮南王賦八十二篇。《考證》因彼文前行《司馬相如賦》二十九篇致誤。

使爲《離騷傳》,旦受詔,日食時上。(九上)

師古曰:傳謂解説之,若《毛詩傳》。王念孫曰:傳當爲傅,傅與賦古字通。使爲《離騷傅》者,使約其大旨而爲之賦也。安辯博,善爲文辭,故使作《離騷賦》。下文云:安又獻《頌德》及《長安都國頌》,《藝文志》有淮南賦八十二篇,事與此并相類也。若謂使解釋《離騷傳》,則安才雖敏,豈能旦受詔而食時成書乎!《漢紀·孝武紀》云:

上使安作《離騷賦》,旦受詔,食時畢。高誘《淮南鴻烈解序》云:詔使爲《離騷賦》,自旦受詔,日早食已。此皆本於《漢書》。《御覽·皇親部》十六引此作《離騷賦》,是所見本與師古不同。

樹達按:傳字不誤,王説非也。西漢時傳與故不同,故謂訓故,傳則泛論也。《齊詩》有《后氏故》,又有《后氏傳》。《韓詩》有《韓故》,又有《韓内外傳》。祇《魯詩》有《魯故》而無傳。《毛詩》合訓詁與泛論爲一書,故統名《故訓傳》,説詳具《藝文志》。《藝文志》言齊韓傳取春秋,采雜説,咸非其本義,此説明西漢時傳之體裁本如此,今《韓詩外傳》尚可見也。梁昭明太子《文選》卷五十一載王褒《四子講德論序》云:"褒既爲益州刺史王襄作《中和樂職宣布之詩》,又作傳,名曰《四子講德》以明其意焉。"《褒傳》亦云:褒既爲刺史作頌,又作其傳。今觀《四子講德論》,但明作意,非解釋文字之訓詁體也。至東漢則不然。馬融箸諸經傳,荀爽著《易傳》,書雖不存,遺文可見,則皆訓故體也。東漢之所謂傳者,實西漢之故。荀悦東漢人,但知有訓故體之傳,不知有西漢時泛論體之傳,妄疑《離騷》全篇之訓故非半日所可成,故妄改傳爲賦。不知泛論作意之傳,以安之博辨善爲文辭,半日成之,决非難事也。班固《離騷序》云:淮南王安叙《離騷傳》,以"《國風》好色而不淫"云云,又《文心雕龍·辨騷》篇云:昔漢武愛《騷》而淮南作《傳》,以爲"《國風》好色而不淫,《小雅》怨誹而不亂,若《離騷》者,可謂兼之。蟬蜕穢滓之中,浮游塵埃之外,皭然涅而不淄,雖與日月争光可也。"《史記·屈原傳》即用淮南傳文。所引即是淮南王所作之傳文,與《四子講德論》文體略同,非賦體也。荀悦殆未考此文,故爾妄改。王氏博學,不容未見,乃亦盲從荀悦之説,殊可怪詫。要之皆坐不知傳字兩漢體裁之不同,故有所蔽而不覺耳。説詳余《離騷傳與離騷賦》,見《積微居小學述林》。

其羣臣賓客，江淮間多輕薄。（九上）

樹達按：多字疑當在江淮間上，此誤倒。《河間獻王傳》云：安所招致率多浮辯。

建元六年。（九下）

樹達按：是年安上書諫伐閩越，見《嚴助傳》。

先吴軍時。（九下）

先謙曰：《史記》時上有起字，此無起字，不詞，蓋脱。

樹達按：無起字可通。説詳上“臣母不當坐趙時事”下。

元朔二年。（九下）

樹達按：《史記》作三年。

妃求去，王乃上書謝歸之。（十上）

先謙曰：《高五王傳》：修成君女娥欲嫁齊王，蓋在淮南謝歸後也。

樹達按：據《諸侯王表》，齊厲王次昌以元朔二年自殺，此文叙娥謝歸事在元朔二年下，然則二事略同時。蓋始謀嫁齊不成，後乃嫁淮南耳。王説誤。

是時上不許公卿，而遣漢中尉宏即訊驗王。（十下）

樹達按：上下文有淮南中尉，故特明言漢中尉以别之。

諸使者道長安來，爲妄言，言上無男，即喜。言漢廷治，有男，即怒，以爲妄言，非也。（十一上）

樹達按：《伍被傳》：王問伍被：漢廷治乎？亂乎？被曰：天下治。王怒不説。此其證也。

日夜與左吴等按輿地圖。（十一上）

樹達按：左吴等者，吴之外尚有趙賢、朱驕如等也，見《伍被傳》。

時諸侯皆得分子弟爲侯。（十一下）

樹達按：《武紀》：元朔二年有詔，諸侯王得分封子弟，正前五年事也。

被常諫之，以吴楚七國爲效。（十二上）

樹達按：《外戚傳》云：是欲陷我效也。顔注：效，徵驗也。

乃令官奴入宫中，作皇帝璽、丞相御史大夫將軍吏中二千石都官令丞印、及旁近郡太守都尉印、漢使節法冠。（十二上）

樹達按：《賈捐之傳》：捐之珠崖對云：淮南王盗寫虎符。

而説丞相弘下之，如發蒙耳。（十二下）

樹達按：《汲黯傳》云：淮南王謀反，憚黯，曰：黯好直諫，守節死義，至説公孫弘等，如發蒙耳。

迺謂王曰：羣臣可用者皆前繫，今無足與舉事者。（十三上）

樹達按：伍被亦有此語，見《被傳》。

王亦愈欲休。（十三上）

王念孫曰：愈讀爲偷，故《史記》作王亦偷欲休，言偷安而不欲發兵也。上文云：王鋭欲發，此云王偷欲休，二語正相反。《齊世家》："桓公欲無與魯地，而殺曹沬，管仲曰：夫劫許之而倍信殺之，愈一小快耳，而棄信於諸侯。"謂偷一小快也。《燕策》："人之饑，所以不食烏喙者，以爲雖偷充腹而與死同患也。"《史記·蘇秦傳》偷作愈。《韓子·難一》："偷取多獸。"《淮南·人間》篇偷作愈。是偷與愈通也。而愈字師古無音，則已不知其爲偷字矣。

樹達按：王説是也。偷欲休猶言姑欲休，苟欲休，不必言偷安，致蹈增字爲釋之病。

上下公卿治，所連引與淮南王謀反列侯二千石豪傑數千人，皆以罪輕重受誅。（十三上）

樹達按：治淮南獄者爲咸宣，《宣傳》云：所以微文深詆殺者甚衆，正謂此也。又《五行志》云："淮南衡山王謀反，皆自殺，使者行郡國治黨與，坐死者數萬人。"又按《江都易王非傳》云："淮南事連及王建，王建使人多推金錢絶其獄。"然則當時治獄，不僅濫而已也。

《春秋》曰：臣毋將，將而誅。（十三下）

蘇輿曰：此《春秋》義説也。《公羊》莊三十一年、昭元年《傳》云："君親無將，將而誅焉。"義同而文小異。本書《叔孫通傳》博士諸生亦引人臣無將語。《王莽傳》：《春秋》之義，君親無將，將而誅焉，文同《公羊》而不言傳。《越絶書·叙外傳記》：《易》之卜將，《春秋》無將，蓋漢時義説如此。或以爲《春秋》下脱傳字，非也，《史記》亦無傳字。

樹達按：脱傳字乃周壽昌之説，蘇駁之，是也。《鹽鐵論·鼂錯》篇云："《春秋》之法，君親無將，將而必誅。"亦不言傳。蓋古人稱引傳注輒目爲本書，周氏不知耳。

王怒，故劾慶死罪，强榜服之。（十四下）

樹達按：故與律言故殺之故同。

后乘舒死。（十四下）

錢大昭曰：閩本無乘舒二字。

樹達按：景祐本有二字。

王奇孝材能，迺佩之王印，號曰將軍，令居外家。（十五下）

錢大昭曰：今南監本、閩本作令。先謙曰：官本作令，《史記》同。

樹達按：景祐本作令。

子式王胡嗣。（十七上）

樹達按：《郊祀志》云：濟北王以爲天子且封禪，上書獻泰山及其旁邑，天子以它縣償之，是胡時事。

蒯伍江息夫傳第十五（漢書四十五）

《蒯伍江息夫傳》第十五。（一上）

樹達按：四人皆辨詐之士，故合傳。

先下君，而君不利。（一下）

宋祁曰：一本利下有之字。錢大昭曰：南監本、閩本有之字。

樹達按：景祐本有之字。

且酈生一士，伏軾掉三寸舌下齊七十餘城，將軍將數萬之衆，迺下趙五十餘城。（二上）

樹達按：迺古乃字，裁也，僅也。《吕氏春秋·義賞》篇云：天下勝者衆矣，而霸者乃五。高注云：乃猶裁也。乃字《漢書》作迺，此文謂僅下越五十餘城也。説詳《項籍傳》。

相君之面，不過封侯，又危而不安。相君之背，貴而不可言。（二下）

樹達按：貴而不可言，而字《史記·淮陰侯傳》作乃。按而字古讀與耐同，乃與耐同音，故而與乃可通用。

蓋聞：天與弗取，反受其咎；時至弗行，反受其殃。（三下）

樹達按:取古韻在侯部,咎在幽部,二部音近合韻。行殃在唐部。

語曰:野禽殫,走犬亨;敵國破,謀臣亡。(四上)

樹達按:亨今作烹,與亡字同在古韻唐部。

夫執在人臣之位,而有高天下之名,切爲足下危之。(四下)

樹達按:切《史記》作竊,是也,此音近之誤。

故猛虎之猶與,不如蠭蠆之致蠚。(四下)

樹達按:《説文》十三篇上"虫部"云:蛬,螫也。從虫,若省聲。徐音呼各切。此蠚字從䖵,從若不省,蛬之或體也。

通曰:狗各吠非其主。(五上)

樹達按:《國策·齊策六》云:貂勃曰:跖之狗吠堯,非貴跖而賤堯也,狗固吠非其主也。

且秦失其鹿,天下共逐之。(五上)

張晏曰:以鹿喻帝位。

樹達按:張説固是,然鹿何以喻帝位,當必有故。余謂鹿禄古音同,此用鹿字之音寓禄字之意也。《論語·爲政》篇云:子張學干禄。集解云:禄,禄位也。此後世所謂雙關語。上文相君之背,用背脊之背寓背畔之意,與此正同。但彼背脊背畔爲同字,此鹿與禄爲異字耳。

天下匈匈,争欲爲陛下所爲,顧力不能。(五上)

師古曰:顧,念也。

樹達按:《禮記·祭統》云:是故有大澤,惠必及下,顧上先下後耳。鄭注云:顧,但也。此顧字當訓但。顔释爲念,文義不合。

即束緼請火於亡肉家。（五下）

師古曰：緼，亂麻，音於粉反。先謙曰：緼與蘊通。《文選·西京賦》：既蘊崇之，又行火焉，是也。

樹達按：《説文》十三篇上"糸部"云：緼，紼也；紼，亂枲也。枲字从段校。顔訓緼爲亂麻，與許君義同，是也。王説支離無謂。

彼東郭先生梁石君，隱居不嫁。（五下）

洪亮吉曰：案《列子》言嫁于衛，意同。《爾雅》：嫁，往也。《方言》：自家而出謂之嫁。

樹達按：不嫁明承上文"夫死守寡不嫁"而言。蒯通辨士，故語多雙關。上文相君之背，秦失其鹿，乞火於曹相國，及此隱居不嫁皆是。洪不喻通立言之意，訓嫁爲往，失之粘滯，不免點金成鐵矣。

通論戰國時説士權變，亦自序其説，凡八十一首，號曰《雋永》。（五下）

樹達按：《藝文志》：縱横家有《蒯子》五篇，班氏自注云：名通。

是時淮南王安好術學，折節下士，招致英雋以百數。（六上）

樹達按：《淮南王安傳》云：招致賓客，方術之士數千人。此云百數，與彼文不合者，此舉其特出之英雋言之。

王又曰：山東即有變，漢必使大將軍將而制山東。（七上）

樹達按：大將軍衛青也。

王四郡之衆。（七下）

樹達按：《吴王濞傳》云：王三郡五十三城，此云四郡，與彼文異。

破大梁。（七下）

樹達按：吴王濞爲梁孝王將韓安國及張羽所破，此云破大梁，謂見破於大梁也。

天下勞苦有間矣。（八上）

如淳曰：言天下勞苦，人心有間隙，易動亂。師古曰：此説非也，有間猶言中間已有也，故謂比者乃爲間也。先謙曰：顔注中間已有當爲中已有間，有間即謂有隙可乘。

樹達按："天下勞苦有間矣"七字爲一句，言天下勞苦已久也。《孟子》言爲間不用，爲間與有間同，亦謂久不用也。《史記·五帝紀贊》云："書缺有間矣，其軼乃時時見於他説。"《索隱》云：言古典殘缺有年載，故曰有間。按《索隱》説是也。如顔王説皆誤。

於是百姓力屈。（九上）

師古曰：屈，盡也，音其勿反。先謙曰：屈字雙聲不當爲其，上注文音具勿反，其乃具字之誤。《廣韻》：區勿切，《集韻》：渠勿切。區渠具音一也。

樹達按：屈爲羣母字。據陳澧《切韻考》，其具同是羣母切語上字，其勿具勿二切實同音。王强生分别，誤也。

冠禪纚步摇冠。（十二上）

樹達按：《詩·鄘風·君子偕老》箋云：副既笄而加飾，如今步摇上飾。《周禮·天官·追師》注云，副之言覆，所以覆首爲之飾，其遺象若今步繇矣。按繇與摇同。

充爲人魁岸，容貌甚壯。（十二下）

師古曰：魁，大也。岸者，有廉稜如崖岸之形。

樹達按：《説文·屵部》云：岸，水厓而高者。余謂魁言其大，岸言其高，爲人魁岸猶言爲人長大也。顔説岸字非是。

後充從上甘泉。（十三上）

錢大昕曰:後閩本作先。

樹達按:景祐本作後。又按錢説出自《漢書辨疑》,大昕當作大昭。

聞邪臣託往事,以爲大山石立而先帝龍興。(十四上)

周壽昌曰:先當作宣。

樹達按:文言先帝,意固指宣帝,何必明言。此是漢家史事,雖不明指,人人可知也。周説殊陋。

而后舅伍宏反因方術以醫技得幸,出入禁門,霍顯之謀,將行於杯杓。(十四下)

樹達按:霍顯弑宣帝許后,因女醫淳于衍,故躬云爾。

是時侍中董賢愛幸,上欲侯之,遂下詔云:躬寵因賢以聞。(十四下)

樹達按:此從傅嘉之策爲之,見《王嘉傳》。

烏孫兩昆彌弱,卑爰疐强盛。(十五下)

錢大昭曰:爰《匈奴傳》作援。

樹達按:時卑爰疐欲并兩昆彌,見《烏孫傳》。錢説出《二十二史考異》,大昭當作大昕。

擁十萬之衆。(十六上)

樹達按:《烏孫傳》云:將衆八萬餘口,此云十萬,乃舉成數言之。

而丞相御史奏躬辠過。(十七下)

樹達按:諫大夫鮑宣上書詆孫寵及躬,見《宣傳》。

心結愲兮傷肝。(十九上)

樹達按:《説文》十三篇上"糸部"云:緭,結也。從糸,骨聲。古忽切。文云結愲,愲蓋緭之假字。

豎牛奔仲叔孫卒。（十九下）

樹達按：奔仲謂使仲出奔。

萬石衛直周張傳第十六（漢書四十六）

《萬石衛直周張傳》第十六。（一上）

樹達按：此以性篤謹諸人合傳。

建元二年，郎中令王臧以文學獲罪皇太后。（二下）

樹達按：御史大夫趙綰請毋奏事東宮，竇太后大怒，罷逐綰及臧，事見《田蚡傳》。

建爲郎中令，奏事下，建讀之，驚恐，曰：書馬者與尾而五，今迺四，不足一，獲譴死矣。其爲謹慎，雖他皆如是。（三下）

樹達按：《藝文志》云：吏民上書，字或不正，輒舉劾。知漢廷本有正字之法，然亦何至譴死，此言建之過慎也。

慶醇謹而已，在位九歲，無能有所匡言。（四上）

樹達按：《公孫弘傳》云：自李蔡至石慶，丞相府客館丘虛而已。

上報曰：間者河水滔陸。（四下）

樹達按：詔報《史記》但約其文，此獨完具，此班補《史》處也。

隄防勤勞，弗能陻塞。（四下）

樹達按：《説文》十三篇下"土部"云：垔，塞也。或作陻。

問百年民所疾苦。（五上）

樹達按：百年謂耆老也。

惟吏多私，徵求無已，去者便，居者擾。（五上）

樹達按：《鹽鐵論·未通》篇云：往者軍陳數起，用度不足，以訾徵賦，常取給見民。大抵逋流皆在大家，吏正畏憚不敢篤責，刻急細民。細民不堪，流亡遠去，中家爲之色出，後亡者爲先亡者服事。録民數創於惡吏，故相做效，去尤甚而就少愈。按當時去者便居者擾之實況如此。

朕方答氣應，未能承意。（五上）

錢大昭曰：氣閩本作瑞。

樹達按：景祐本作氣。

後三歲餘薨。（五下）

樹達按：《公卿表》：慶元封二年正月薨。

醇謹無它。（六上）

師古曰：無它餘志念也。王先慎曰：謂無它材能也，與下文無它腸義別。顔説非。

樹達按：醇謹無它與下文忠實無它腸義同。顔説是，王説非也。

孝景爲太子時，召上左右飲，而綰稱病不行。文帝且崩時，屬孝景曰：綰，長者，善遇之！及景帝立，歲餘，不孰何綰。（六上）

李奇曰：孰，誰也。何，呵也。先謙曰：官本《考證》云：《史記》作不譙呵綰，疑譙呵是誰何之訛。

樹達按：《説文》三篇下"攴部"云：敦，怒也，詆也。一曰：誰何也。從攴，𦎧聲。惠棟《讀説文記》云：《漢書》不敦何、敦誤作孰。樹達按：惠説是也。敦訓怒訓詆，何假爲呵。《説文》三篇上"言部"云：訶，大言而怒也。李奇訓何爲呵，訶與呵同。敦訶同訓怒，敦又訓詆，敦訶即詆訶矣。敦音都昆切，對轉讀丁回切，丁回切與誰字音近，故敦何或作誰何。《過秦論》云：陳利兵而誰何，是也。

上曰：劒，人之所施易，獨至今乎！（六下）

如淳曰：施讀曰移，言劒者人所好，故多數移易貿換之也。師古曰：施讀曰貤，貤，延也。音弋豉反。沈欽韓曰：施讀如字，言劒服用所施，故常易也。先謙曰：古人佩劍，乃常施而常易者，施讀如字，於義爲備，不勞改讀。沈説是也。

樹達按：如淳説是，顔、沈、王説并非也。施易古人成語。《荀子·儒效》篇云：充虚之相施易也。施字或作弛。《韓非子·内儲説上》篇云：然上黨之安樂其處甚劇，臣恐弛之而不聽，奈何？王曰：必弛易之矣。施讀爲移，移易同義，故又可倒之而云易施。《莊子·人間世》篇云：哀樂不易施乎前，是也。人情厭故喜新，用劍亦常以此易彼，故云劍人之所施易。施易猶今言掉換也。如顔説則云人之所延易，如沈王説則云人之所用易，豈可通乎！如淳三國時人，尚能不失古義。小顔以下不考故書，憑臆立言，不免郢書燕説矣。

劍尚盛，未嘗服也。（六下）

師古曰：盛謂在削室之中也。盛音成，削音先召反。周壽昌曰：劍在削室，不待言盛，謂什襲藏之以敬君賜也。先謙曰：周説是。

樹達按：盛正謂藏在劍室中，顔説是。周云不待言盛，大謬。服通訓用，義固可通，關涉劍事，服當讀爲佩。服佩古音近字通。

三歲，以軍功封綰爲建陵侯。明年，上廢太子，誅栗卿之屬。上以綰爲長者不忍，乃賜綰告歸，而使郅都治捕栗氏。（七上）

先謙曰：按《表》，綰以六年四月封，距擊吴楚三歲，而廢太子在四年，則明年者擊吴楚之明年也。

樹達按：王説於文理不合，事實尤舛。廢太子在七年，《公卿表》亦載景帝七年郅都爲中尉，則明年自謂封侯之明年也。

遷爲御史大夫。（七上）

樹達按：時綰與丞相劉舍合請定箠令，見《刑法志》。

然自初宦以至相，終無可言。（七上）

師古曰：不能有所興建及廢罷。周壽昌曰：《武紀》：建元元年，丞相綰奏所舉賢良，或治申、商、韓非、蘇秦、張儀之言，亂國政，請皆罷，奏可。武帝承文景尚黄老之後，獨能尊儒向學，得董仲舒諸人，皆綰言導之，僅附見於《紀》而《傳》不載。先謙曰：無可言謂無可訾議也。

樹達按：武帝初立時，田蚡以帝舅用事。蚡與竇嬰俱好儒術，奏罷賢良蓋嬰、蚡所主持，綰以丞相具奏尸其名耳。周以其事屬綰，殊昧於當時情事。王因周説而釋無可言爲無可訾議，不惟文理難通，又復繆以千里矣。

朝廷見人或毁不疑。（七下）

師古曰：當於闕廷大朝見之時而人毁之。劉敞曰：朝廷見人謂達官也。先謙曰：見，顯也；見人猶言顯者，劉説是也。

樹達按：顔、劉説并非也。見與今現字同，朝廷見人謂現在在朝廷之人。《史記》、《漢書》此類例句至多。《史記・項羽紀》云：軍無見糧。《漢書・王莽傳》云：倉無見穀。《王嘉傳》云：故少府水衡見錢多也。此皆以見字狀物者也。《史記・吕后紀》云：代王，方今高帝見子。高帝見子，謂高帝之子現在者也。《文帝紀》云：發近縣見卒萬六千人。見卒謂現在爲卒者。《漢書・王嘉傳》云：時見大夫無可使者。見大夫謂現在之爲大夫者也。《王莽傳》上云：時元帝世絶，而宣帝曾孫有見王五人。見王謂現在爲王者也。以上諸例與此傳見人皆以見字狀人者也。

周仁，其先任城人也。（八上）

樹達按：先謂先世，今言祖先。

景帝爲太子時，爲舍人，積功遷至大中大夫。景帝初立，拜仁爲郎中令。（八上）

樹達按：《續志》：太子舍人秩二百石。《公卿表》：太中大夫秩比千石，郎中令不記石數，然《續志》言郎中令丞千石，則郎中令當在千石以上也。

仁爲人陰重不泄。（八上）

服虔曰：質重不泄人之陰謀也。張晏曰：陰重不泄，下溼，故溺袴，是以得比宦者，得入後宫也。仁有子孫，先未得此疾時所生也。師古曰：服、張二説皆非也。陰，密也，爲性密重，不泄人言也。霍去病少言不泄，亦其類也。

樹達按：顔説是也。張文虎云：《孔光傳》："或問光：温室省中樹皆何木也？光嘿然不應，更答以它語，其不泄如此。"亦一證也。

上時問人，仁曰：上自察之！然亦無所毁，如此。（八下）

樹達按：如此二字語意不完，疑當云其慎如此，脱去二字也。下傳云：其愛人如此。

家徙陽陵，上所賜甚多。（九上）

樹達按：《景紀》：五年，作陽陵邑，募民徙陽陵，賜錢二十萬。按仁以近幸應募，宜所賜甚多也。

歐孝文時以治刑名侍太子。（九上）

樹達按:《儒林傳》云"孝文本好刑名之言",故以歐與鼂錯教太子,二人皆治刑名者也。景帝爲人刻深,蓋有由矣。

文三王傳第十七(漢書四十七)

十二年,徙梁。(一上)

樹達按:徙梁從賈誼之説也。

招延四方豪傑,自山東游士莫不至。(二下)

樹達按:鄒陽、嚴忌、枚乘初仕吴,後皆去吴歸梁,見《陽傳》。自,雖也。詳《高帝紀》。

太后心欲以梁王爲嗣,大臣及爰盎等有所關説於帝。(三上)

樹達按:據《盎傳》,是盎家居時景帝問盎籌策所言。

遣使冠蓋相望於道,覆案梁事。(三上)

樹達按:田叔其一人也,見《叔傳》。

梁相軒丘豹及内史安國皆泣諫王。(三下)

樹達按:安國泣諫事詳《安國傳》。

由此怨望於梁王。(三下)

樹達按:《説文》三篇上"言部"云:謭,責望也。《史》、《漢》皆假望爲謭。

太后泣曰:帝殺吾子。弟憂恐。(三下)

錢大昭曰:弟南監本、閩本作帝,《史記》作景帝。先謙曰:官本作帝,是。

樹達按：景祐本作帝。

有獻牛，足上出背上，孝王惡之。（四上）

張晏曰：足當處下，所以輔身也，今出背上，象孝王背朝而奸上也。先謙曰：《史記》足下無上字。

樹達按：張晏下奸上之説本於劉向，見《五行志》。《五行志》足下亦有上字。

六日薨。（四上）

樹達按：《後書·儒林傳》：劉昆爲梁孝王之後。又《袁紹傳》：孝王冢漢末被掘。宋馬永卿《懶真子》卷四云：亳州永城縣之七十里有芒碭山，有梁孝王墓。僕嘗與宿州知録邵渡同遊，入隧道中，百餘步至堂皇，如五間七架屋許大，周迴有石門子十許，上鎸作内臣宫女狀。中有大石柱四，所以懸棺，棺不復見矣。故老云：前數年時，有人入其中，嘗得黄金而出，今不復有矣。樹達按：漢末墓見掘，不應宋時尚有黄金，姑記之以待考。

年坐廢爲庶人，徙房陵，與湯沐邑百户。立三年，國除。（五上）

樹達按：據《表》，年以地節元年嗣立，而《景紀》年廢在地節四年，是凡立四年，表作四年，是也。此作三年，誤。

帝愛之，異於他子。（五下）

樹達按：賈誼傅王，見《誼傳》。

梁共王買。（五下）

樹達按：買召枚皋爲郎，見《皋傳》。

七年，坐射殺其中尉，有司請誅。（五下）

劉攽曰：武紀：坐殺太傅中傅，與此不同。先謙曰：中傅是，此中尉蓋因後人少見中傅而妄改,說詳《武紀》。

樹達按:《諸侯王表》作中傅。

孝王有罍尊。(六下)

應劭曰:《詩》云:酌彼金罍。罍,畫雲雷之象,以金飾之也。鄭氏曰:上蓋刻爲山雲雷之象。師古曰:鄭說是也。罍,古雷字。先謙曰:應言畫,鄭言刻,故師古是鄭。《禮・明堂位》:山罍,夏后氏之尊也。孔疏:罍,爲雲雷也,畫爲山雲之形也,是宗應說。《集解》引鄭德曰:上蓋刻爲雲雷象,去山字,非也。

樹達按:《說文》六篇上"木部"云:櫑,龜目酒尊,刻木作雲靁象,象施不窮也。籒文櫑從缶回作罍。鄭說從許氏。

他物雖百鉅萬,猶自恣。(六下)

先謙曰:猶與由同。

樹達按:猶,尚也,言他物雖值百鉅萬,尚可自由與人,而罍尊則必不可與人也。王讀猶爲由,不可通矣。

王襄直使人開府,取尊,賜任后。(六下)

樹達按:直,徑也。謂李太后雖不許,王不再請而徑使人取之。王念孫《讀史記雜志》訓直爲特,非是。

薨,又不侍喪。(七上)

先謙曰:《史記》作持喪,是也,侍與持形近致誤。

樹達按:侍字不誤。

披布宣揚於天下。(八下)

樹達按:披布義不相承,披當讀爲播。《廣雅・釋詁》三云:播,布也。昭公四年《左傳》云:播于諸侯。杜注云:播,揚也。古皮番音同,故二聲之字可通作。《詩・十月之交》云:番維司徒。《漢書・古今人表》作司徒皮。《書・禹貢》云:滎波既豬。波《史記》、《漢書》皆作播。《周禮・職方氏》云:其浸波溠。注波讀爲播。皆其證也。又按《説文》三篇上"言部"云:譒,敷也。譒敷即播布,然則本字當作譒也。

上下不和,更相眄伺。(十下)

樹達按:《説文》四篇上"目部"云:眄,邪視也。

賈誼傳第十八(漢書四十八)

聞河南守吴公治平爲天下第一。(一上)

樹達按:《循吏傳序》云:河南守吴公蜀守文翁之屬,皆謹身帥先,居以廉平,不至於嚴而民從化。又《後書・鄭玄傳》云:昔太史公、廷尉吴公、謁者僕射鄧公,皆漢之名臣,世加其高,皆悉稱公。吴公後爲廷尉,故稱廷尉吴公。

廷尉迺言:誼年少,頗通諸家之書。(一上)

樹達按:《儒林傳》云:誼修《左氏春秋傳》,爲《左氏傳訓故》。

誼以爲:漢興二十餘年,天下和洽,宜當改正朔,易服色制度。(一下)

錢大昭曰:閩本制上有法字。先謙曰:閩本是也。此後人不解法字之義而妄删之,賴有閩本猶存其真,《史記》亦作法制度。法,正也,説詳《鄒陽傳》。

樹達按:景祐本作宜當改正朔服色制度。

迺草具其儀法,色上黄,數用五,悉更奏之。(一下)

樹達按:《藝文志》陰陽家有《五曹官制》五篇,班氏自注云:漢制,似賈誼所條。疑即此傳所稱草具其儀法者也。

絳灌東陽侯馮敬之屬盡害之。(一下)

師古曰:東陽侯,張相如也。

樹達按:東陽侯又見《張釋之傳》,文帝稱爲長者,釋之以與周勃并稱,謂其言事不能出口者也。

歷九州而相其君兮,何必懷此都也?(四上)

師古曰:言往長沙爲傅,不足哀傷,何用苟懷此之都邑,蓋亦誼自寬廣之言。先謙曰:《文選》注:言知時之亂,當歷九州相賢君而事之,何必思此都而遭放逐。先謙案:原睠懷宗國,義不他適。誼爲此言,哀弔之甚,無可奈何之辭耳。顏說失之愈遠矣。

樹達按:張文虎云:此言屈子遭此放逐,咎由自取,不能周遊擇君而戀戀於楚,以反射己之今日時勢不同也。按張説得之,王説知其一未知其二。

固將制於螻螘。(四下)

樹達按:張文虎云:螘從豈聲,與上韻不叶。《史記索隱》本出正文作蟻螻。《集韻・十虞》:螻有龍珠一音,此轉侯入虞也。觀師古注,可見《漢書》本作蟻螻。蓋蟲名多取疊均,蛣蜋蛣蝠之類,具見《爾雅》,螻蛄二字轉螻聲以從古。蟻自一物,螻蛄自一物,傳作螻螘,後人改之也。按張説是也。漢人以侯模二部字通叶,上文故都二字,下文去魚二字,皆模部,螻侯部。

憂喜聚門。(六上)

樹達按:《荀子・大略》篇云:慶者在堂,弔者在閭。

怵迫之徒,或趨西東。(七下)

樹達按：或當讀爲惑。下文云：衆人惑惑，用本字，此用假字。

上方受釐，坐宣室。（八下）

蘇林曰：宣室，未央前正室也。

樹達按：《淮南子·本經》篇云：武王破紂牧野，殺之于宣室，蓋宣室殷已有之。

懷王，上少子，愛而好書。（九上）

樹達按：愛謂見愛。

夫抱火厝之積薪之下而寢其上。（九下）

樹達按：火不可抱，蓋古無拋字，以抱爲之。《史記·三代世表》云：抱之山中。《集解》云：抱，普茅反，是今拋字之音也。

國制搶攘。（九下）

晉灼曰：傖攘，亂貌也。

樹達按：《莊子·在宥》篇云：之八者，乃始臠卷傖囊而亂天下也。槍攘與傖囊同。《說文》二篇上"吅部"云：㲎，亂也。从爻工交吅，讀若穰。按㲎爲本字，攘囊皆借字。

今或親弟謀爲東帝。（十一上）

應劭曰：淮南厲王長。

樹達按：《五行志》下之上云：長自爲東帝。

彼自丞尉以上，偏置私人。（十一上）

先謙曰：官本偏作徧。案《治要》作徧。《通志》九十七引《賈誼傳》作偏，宋建本《新書》同。盧文弨云：舊本《漢書》亦是偏字，作徧者非也。

樹達按：景祐本作偏，偏當讀爲徧。

高皇帝與諸公并起，非有仄室之埶以豫席之也。（十二

上）

應劭曰：禮：卿大夫之支子爲側室。席，大也。臣瓚曰：席，藉也，言非有側室之埶爲之資藉也。師古曰：瓚説是也。王先慎曰：《左·桓二年》傳：師服曰：吾聞國之立也，本大而末小，是以能固。故天子建國，諸侯立家，卿置側室，大夫有貳宗。鄭注：側室，衆子也，得立此一官。孔疏：趙有側室曰穿，是卿得立此官也。按國家側室貳宗，皆天子諸侯卿大夫之副貳，此言淮陰侯等非有副貳之埶爲之憑藉也。

樹達按：周壽昌云：文帝自稱高皇帝側室之子，此正指文帝言，仄即側字。今按周説至確，王先慎乃謂指淮陰侯等言，可謂囈語。又按《左傳》乃杜預注，鄭注字誤。

諸公幸者迺爲中涓，其次廑得舍人。（十二上）

樹達按：中涓，周勃是也；舍人，樊噲是也。各見本傳。

其後十年之間，反者九起。（十二下）

樹達按：九起者，上述七事之外，尚有臧荼、利幾。

若此諸王，雖名爲臣，實皆有布衣昆弟之心。（十二下）

樹達按：黄生云：布衣昆弟，諸事平等，不若天子諸侯，雖爲兄弟，禮制懸絶。又按：淮南厲王嘗謂文帝爲大兄，誼語蓋指此。

動一親戚，天下圜視而起。（十三上）

樹達按：如一尺布之歌是也。

陛下之臣雖有悍如馮敬者。（十三上）

如淳曰：馮無擇子，名忠直，爲御史大夫，奏淮南厲王誅之。師古曰：悍，勇也。宋祁曰：案《功臣表》，非馮無擇子。孝文七年，自典客爲御史大夫。先謙曰：敬是無擇子，見《高紀》，宋説謬也。

樹達按：趙紹祖云：此有兩馮敬，而注誤爲一也。考淮南厲王之死在文帝六年，賈誼疏上於七年，《通鑑》載之六年。余以賈誼作《服鳥賦》後歲餘之言徵之，似當得七年。《百官公卿表》下：文帝七年，典客馮敬爲御史大夫。十六年，申屠嘉御史大夫，則馮敬始遷。《景紀》：後二年春，匈奴入雁門，太守馮敬與戰死。然魏豹反於高帝二年，而馮敬已爲之騎將，高帝且賢之，非小幼也。至景帝後二年，凡六十四年，而戰死，其事可疑，是當别有馮敬也。《功臣表》：博成敬侯馮無擇，亦當别是一人，非敬父也。《高帝紀》謂敬父無擇爲秦將，又制謚亦不當以其子名爲其父謚。

同姓襲是迹而動，既有徵矣。（十三上）

樹達按：此蓋謂吴王濞也。

曩令樊酈絳灌據數十城而王，今雖已殘亡可也。（十四上）

樹達按：目同已。

宗室子孫莫慮不王。（十四下）

師古曰：慮，計也。先謙曰：《新書》作慮莫不王，是也。詳顔注，則《漢書》本作慮莫不王，故訓慮爲計，言宗室子孫自計莫不可王，故無倍畔之心。若作莫慮不王，則當釋爲無憂不王，不訓慮爲計矣。《治要》引亦作莫慮，是唐初已有誤本。

樹達按：王説慮當在莫上，是也，上文慮無不帝制而自爲者，慮字義同。彼文顔訓大計，此注計字上疑亦本有大字，而後人妄删之。

植遺腹，朝委裘而天下不亂。（十五上）

孟康曰：委裘若容衣，天子未坐朝，事先帝裘衣也。

樹達按：黄生云：古未有主幼不坐朝而虚設先帝衣裘以朝者，孟説無稽。此言幼君不勝禮服,坐朝則委裘於地耳。

陛下誰憚而久不爲此?(十五下)

樹達按:《説文》三篇上"言部"云:誰,何也。非誰孰之誰也。

今之王者,從弟之子也。(十六上)

樹達按:楚王戊也。

夷狄徵令,是主上之操也;天子共貢,是臣下之禮也。(十六下)

師古曰:共讀曰恭。

樹達按:共當讀爲供。共貢與徵令對文,不當讀如恭。

將吏被介胄而睡。(十七上)

樹達按:《説文》四篇上"目部"云:睡,坐寐也。

緁以偏諸。(十八上)

樹達按:《説文》十三篇上"糸部"云:緁,緶衣也。

古者以奉一帝一后而節適。(十八上)

樹達按:節適謂不輕用,如上文云廟而不宴是。

筦子曰:禮義廉恥,是謂四維。四維不張,國乃滅亡。(二十一上)

樹達按:沈欽韓云:見《牧民》篇。

故姦人幾幸而心疑惑。(二十一上)

師古曰:幾讀曰冀。

樹達按:《説文》八篇下"見部"云:覬,钦幸也。《小爾雅》云:覬,望也。幾冀皆假字。

曰少保少傅少師,是與太子宴者也。(二十二下)

師古曰:宴謂安居。先謙曰:《新書》宴作燕,於燕居時隨事輔導也。與讀曰預。

樹達按：如王讀，與太子燕居，文不成義，與當如字讀。

故迺孩提有識。（二十二下）

樹達按：上文太子迺生，顏訓迺爲始，此迺字義同。

習貫如自然。（二十二下）

樹達按：《說文》十二篇上"手部"云：摜，習也。貫，省借字。

秦世之所以亟絶者，其轍迹可見也。然而不避，是後車又將覆也。（二十五下）

樹達按：誼此言乃有爲而發。《張歐傳》：歐孝文時以治刑名侍太子。《鼂錯傳》：錯學申商刑名，上書言：皇太子宜知術數，文帝善之，拜錯爲太子家令。是文帝之所以教太子者與秦略同，故誼切言之如此。

今而有過。（二十八下）

樹達按：而與如同。

坐汙穢淫亂男女亡別者，不曰汙穢，曰帷薄不脩。（三十上）

樹達按：《莊子・達生》篇云：高門懸薄。注云：薄，簾也。

故其在大譴大何之域者。（三十上）

師古曰：譴，責也。何，問也。

樹達按：《說文》三篇上"言部"：訶，大言而怒也。何，借字。

人有告勃謀反，逮繫長安獄治。（三十一下）

樹達按：據《文紀》，勃入獄事在文帝四年。

唯陛下財幸。（三十四下）

師古曰：財與裁同，裁擇而幸從其言。王念孫曰：財猶少也，唯陛下財幸者,唯陛下少幸從之。

樹達按:《趙策》云:惟王才之,顔説不可易也。

文帝於是從誼計,迺徙淮陽王武爲梁王。(三十四下)

樹達按:據《文三王傳》,此文帝十二年事。

文帝思賈生言,乃分齊爲六國,盡立悼惠子六人爲王。(三十五下)

先謙曰:誼前疏言梁足扞齊趙,淮陽足禁吴楚,帝慮齊大難制,值文王薨,帝思誼言,迺分王悼惠六子以弱之。

樹達按:思賈生言者,謂誼前疏請衆建諸侯而少其力之説也。王引前疏云云,非是。

後十年,文帝崩,景帝立,三年而吴楚趙與四齊王合從舉兵,西鄉京師,梁王扞之,卒破七國。至武帝時,淮南厲王子爲王者兩國亦反誅。(三十五下)

樹達按:此著誼之先識。

賈嘉最好學,世其家。(三十五下)

樹達按:《儒林傳》云:嘉頗能言《尚書》。誼曾孫捐之,别有傳。九世孫逵,《後書》有傳。

追觀孝文玄默躬行以移風俗,誼之所陳略施行矣。及欲改定制度,以漢爲土德,色上黄,數用五,及欲試屬國,施五餌三表以係單于,其術固已疏矣。(三十六上)

樹達按:文連用兩及欲,殊爲不辭。文帝十五年,定漢爲土德,正是文帝施行誼策之事。及武帝太初五年正歷,以正月爲歲首,色上黄,數用五,又是追行誼説。國家採行之説,史家豈有譏其術疏之理!愚疑上及欲二字爲衍文,"改定制度,以漢爲土德,色上黄,數用五”，凡十五字，當在誼之所陳略施行矣一句之上，傳寫者誤倒在下，遂至事理不可通耳。今爲删乙，則文理事理兩皆順矣。

誼以夭年早終，雖不至公卿，未爲不遇也。（三十六上）

先謙曰：官本以夭二字作亦天。

樹達按：景祐本作亦天。夭年早終義複，云夭年，亦與下句未爲不遇不貫。文當作以天年早終，作亦者誤。《史記·聶政傳》云：今母幸以天年終，可證。

凡所著述五十八篇。（三十六上）

樹達按：《藝文志》在儒家。

爰盎鼂錯傳第十九（漢書四十九）

爰盎字絲，其父楚人也，故爲羣盜，徙安陵。（一上）

先謙曰：據《史記》，其父爲盜也。

樹達按：王意謂此文爲盜屬盎言，故有此注，然本文自承上句其父爲言也。安陵，惠帝陵。

丞相如有驕主色，陛下謙讓，臣主失禮，竊爲陛下不取也。（一下）

樹達按：文帝後遣勃就國，蓋由盎此語啟之。

盎諫曰：諸侯太驕，必生患，可適削地。（二上）

樹達按：據此盎主適削諸侯，與鼂錯所見正同，而盎後竟以此傾錯，史家敘此，蓋有微旨。

如遇霜露行道死。（二上）

王念孫曰:霜當爲霚,霚《説文》本作霿,與霜相近,因訛而爲霜。考《史記·袁盎傳》、《淮南厲王傳》及《漢書·淮南厲王傳》并作霧露。《後漢書·謝弼傳》:如有霧露之疾,陛下當何面目以見天下?語意即本此。

樹達按:王説是矣。然《公孫弘傳》云:不幸罹霜露之疾。《趙充國傳》云:令反畔之虜竄於風寒之地,離霜露疾疫瘃墮之患。霜露非不可通也。

盎時爲中郎將。(二上)

樹達按:盎爲中郎將,請徙張釋之,見《釋之傳》。

盎繇此名重朝廷。(二下)

樹達按:此蓋史家微詞。

盎兄子種爲常侍騎。(三上)

樹達按:《論衡·定賢》篇云:袁將軍再與兄子分家財,多以爲有恩義。又《風俗通·過譽》篇云:傳稱袁盎三兄子,分而供其公家之資。

於是上朝東宮。(三上)

樹達按:東宮太后所居。《竇嬰傳》:東朝廷議之,是也。

百金之子不騎衡。(三上)

如淳曰:騎,倚也。衡,樓殿邊欄楯也。師古曰:騎謂跨之耳,非倚也。

樹達按:如如説,衡字當作横。《説文》六篇上"木部"云:横,闌木也。横衡古通用,猶連横之作連衡矣。

今陛下既以立后,慎夫人乃妾,妾主豈可以同坐哉。(四上)

樹達按：主謂后。《韓非子·愛臣》篇云：主妾無等，必危嫡子。

今陛下騁六飛。（三下）

如淳曰：六馬之疾若飛也。沈欽韓曰：《宋書·禮志》：《逸禮·王度記》曰：天子駕六飛，謂飛黄也。

樹達按：如如説六馬之疾若飛，不得言六飛。沈説飛爲飛黄，亦未是。愚謂飛當讀爲騛。《説文》十篇上"馬部"云：騛，馬逸足也。從馬飛。六騛謂六逸足之馬耳。

獨不見人豕乎？（四上）

樹達按：人豕《外戚傳》作人彘。

徙爲吴相。（四上）

樹達按：相吴王濞也。《季布傳》云：季心嘗殺人，亡吴，從袁絲匿，長事盎，蓋在此時。

南方卑溼，絲能日飲，亡何，説王毋反而已。（四上）

師古曰：無何言更無餘事。吴仁傑曰：《衛綰傳》：不孰何綰。《賈誼傳》：大何之域。顔注皆曰：何，問也。《史記》作日飲毋苛。按《王莽傳》按門僕射苛，又亭長苛之，古苛何通。種本意蓋曰：吴王驕日久，又南方卑溼，宜日飲酒而已，其他一切勿有所問，如此而後可免禍也。亡與毋義訓不同。亡者，有亡之亡，而毋則禁止之辭也。彼方戒盎勿有所問，則其字當從《史記》爲正。先謙曰：吴説是也。亡毋古自通用，但不當如顔解耳。

樹達按：《荀子·天論》篇云：星墜木鳴，國人皆恐。曰：是何也？曰：無何也。楊倞注云：無何言不足憂也。此文意謂南方卑溼，如能日飲，酒可禦溼，則亦不足憂也。此三句爲一事，屬於養生者也。説王毋反又一事，屬於政治者也。如吴説如能日飲一切不問，能字之假設無著落,成不了語矣。

君迺爲材官蹶張,遷爲隊帥。(四下)

樹達按:《賈誼傳》顔注:迺,始也。

且陛下從代來,每朝,郎官者上書疏,未嘗不止輦受。其言不可用,置之;言可采,未嘗不稱善。(四下)

王念孫曰:受其言下當更有一言字。言不可用,正與言可采對文,今本脱一言字。《御覽·人事部》引此正作言不可用。《史記》同。

樹達按:王説誤也。此當於受字斷句。受謂受郎官所上之書疏,非謂受言也。《風俗通》卷二引劉向語云:文帝禮言事者,不傷其意。羣臣無大小,至即便從容言,上止輦聽之。其言可者,稱善,不可者,喜笑而已。此其言二字當下屬之證。王誤斷句,遂欲增字,誤矣。

願致前口對狀。(五下)

師古曰:至天子之前也。錢大昭曰:致南監本、閩本作至。先謙曰:官本作至,《史記》同,是也,顔注不誤。

樹達按:景祐本作至。

梁王欲求爲嗣,盎進説,其後語塞,梁王以此怨盎,使人刺盎。(七下)

樹達按:據《鄒陽傳》,王欲求爲漢嗣,又欲自築甬道徑至長樂宫朝太后,盎等皆建以爲不可。然則孝王怨盎,不止一事,此舉其大者言之耳。

太常遣錯受《尚書》伏生所,還,因上書稱説。(八上)

樹達按:《後書·何敞傳》云:六世祖比干學《尚書》於鼂錯。

詔以爲太子舍人門大夫，遷博士。（八上）

樹達按：《續志》云：太子舍人秩二百石。《公卿表》云：博士六百石。又門大夫注引應劭云：秩六百石。

於是拜錯爲太子家令。（九上）

樹達按：《魏相傳》云：孝文皇帝時，以二月施恩惠於天下，賜孝弟力田及罷軍卒，祠死事者，頗非時節。朝錯時爲太子家令，奏言其狀。

以其辯得幸太子。（九上）

樹達按：據《吴王濞傳》，此時錯嘗從容言吴過可削，爲他日景帝削吴楚之因。

錯上言兵事曰。（九上）

樹達按：上下疑脱書字。

趨利弗及，避難不畢。（十上）

先謙曰：畢，盡也。

樹達按：《淮南子・覽冥》篇云：體便輕畢。高注云：畢，疾也。避難不畢與趨利弗及意同。王訓爲盡，非是。

此將不省兵之禍也。（十下）

樹達按：周壽昌云：上文云：此不習勒卒之過也。此禍字疑亦當作過。

四者，國之至要也。（十下）

錢大昭曰：國南監本、閩本并作兵。先謙曰：作兵者是也。官本亦作兵。《治要》引作兵，《通鑑》同，《漢紀》亦作此四者兵之要也。知古本作兵，汲古本誤國耳。

樹達按：景祐本作兵。

胡人食肉飲酪衣皮毛,非有城郭田宅之歸居,如飛鳥走獸於廣壄。(十三上)

宋祁曰:浙本居字下有也字,獸字下有放字。若去也去放,語迫而不文,放字尤害於義。先謙曰:《治要》引有放字,浙本是也,此奪文。

樹達按:唐寫本《翰苑注》殘卷引此無歸字,居下亦無也字,獸下一字作牧,牧蓋放之誤字。

居則習民於射法,出則教民於應敵。(十六下)

樹達按:於猶以也。樂毅《報燕惠王書》云:薊丘之植,植於汶篁,於亦以也。字或作于。《左傳·宣公十二年》云:訓之于民生之不易,是也。説詳余《古書疑義舉例續補》。

今陛下配天象地,覆露萬民。(二十下)

樹達按:《晉語》云:則是先君覆露子,是覆露二字所本。《淮南子·時則》篇云:包裹覆露。《嚴助傳》云:陛下垂德惠以覆露之,皆以覆露連文。

錯又言宜削諸侯事,及法令可更定者,書凡三十篇。孝文雖不盡聽,然奇其材。(二十二上)

樹達按:錯言宜削諸侯,帝不聽者,《吴王濞傳》云:文帝寬,不忍罰諸侯故也。

丞相遂病死。(二十二下)

樹達按:《嘉傳》云:歐血而死。

遷爲御史大夫,請諸侯之罪過,削其支郡,奏上。(二十二下)

樹達按:奏見《吴王濞傳》。

上公卿列侯宗室，莫敢難。（二十二下）

先謙曰：官本公上有令字，是。《史記》同。

樹達按：景祐本作上令公卿列侯宗室雜議，是也。清官本亦有雜議二字。

獨竇嬰争之，繇此與錯有隙。（二十二下）

樹達按：吴楚七國反時，景帝用嬰爲將，蓋以此。

上問盎曰：君嘗爲吴相，知吴臣田禄伯爲人乎？（二十三上）

先謙曰：田禄伯詳《吴王濞傳》。

樹達按：田禄伯時爲吴大將軍，故景帝以爲問也。

丞相青翟。（二十三下）

沈欽韓曰：《公卿表》：丞相嘉薨，御史大夫陶青爲丞相，此與《漢紀》皆訛爲青翟。《文苑英華》蕭綸《陶隱居碑》云：陶舍子青翟位至丞相，則知其誤已在六朝傳本矣。錢大昕曰：因武帝時有丞相嚴青翟，相涉而誤。

樹達按：上文《補注》齊召南亦云：青下不當有翟字。今按晉文公名重耳，《左傳·定公四年》述踐土之盟，但曰晉重。曹叔振鐸，《晉語》稱叔振，《史記》稱叔鐸。魯隱公名息姑，《史記·魯世家》只稱息。二字之名省稱一字，古人自有此例。《公卿表》無翟字，乃承用《史記·將相名臣年表》之文，此文則補完之。《史記·汲黯傳》有宗正劉棄，《漢書》作劉棄疾，此史公省稱而班增之之明證也。齊、沈、錢説并非。説詳余《古書疑義舉例續補》。

計畫始行，卒受大戮，内杜忠臣之口，外爲諸侯報仇，臣竊爲陛下不取也。（二十四上）

樹達按：史叙此者，明錯之死不以其罪，而袁盎之惡益見矣。又按：《中山王勝傳》云："武帝初即位，大臣懲吴楚七國行事，議者多寃鼂錯之策。"知鄧公之言不久成爲公論矣。

錯雖不終，世哀其忠，故論其施行之語著於篇。（二十五上）

樹達按：《史記》贊頗責錯，班改之，是也。

張馮汲鄭傳第二十（漢書五十）

十餘問，尉左右視，盡不能對。（一下）

先謙曰：盡不能對者，上林尉非一人也。

樹達按：十餘問皆不能對，故云盡不能對，王説非。

虎圈嗇夫從旁代尉對上所問禽獸簿甚悉，欲以觀其能，口對嚮應無窮者。（一下）

樹達按：對字直貫至甚悉爲句，甚悉謂嗇夫對甚悉也。王於對字下置補注，以上所問禽獸簿甚悉爲一句，則甚悉屬文帝之問言，下句欲以觀其能句無所承矣。

尉無賴。（一下）

張晏曰：材無可恃也。

樹達按：亡賴者，以慙不自安故。亡賴猶今言難堪，張説非。

時慎夫人從，上指視慎夫人新豐道，曰：此走邯鄲道也。（二下）

張晏曰：慎夫人，邯鄲人也。

樹達按：《外戚傳·竇后傳》云：文帝幸邯鄲慎夫人，張説本之。

聞蹕，匿橋下久，以爲行過。既出，見車騎，即走耳。（三上）

先謙曰：《史記》既作即，是也，言以爲天子行過乃出也。若作既，則以爲行過四字不相屬矣。即與既形近致誤。

樹達按：《史記》作即，即出屬上讀。班作既，既出屬下讀。文可兩通，不必改從《史記》。

有如萬分一假令愚民取長陵一抔土，陛下且何以加其法虖？（四上）

樹達按：有如萬分一假令云云者，以事涉先帝陵寢，囁嚅不敢直言，故辭緩而複沓如此。

當是時，中尉條侯周亞夫與梁相山都侯王恬啟見釋之持議平，迺結爲親友。（四下）

樹達按：恬啟高帝時嘗爲廷尉，見《史記·彭越傳》。彼作恬開，避景帝諱改也。

張廷尉，繇此天下稱之。（五上）

樹達按：《疏廣傳》云：朝廷稱曰：張釋之爲廷尉，天下無冤民。又《刑法志》云：孝文選釋之爲廷尉，罪疑者予民，是以刑罰大省，至於斷獄四百，有刑錯之風。又按：張廷尉繇此天下稱之，乃倒文爲句。《吴芮傳》云：初，文王芮，高祖賢之。《竇嬰傳》云：每朝議大事，條侯魏其，列侯莫敢與亢禮。句例并同。

王生，老人，曰：吾韤解。（五上）

樹達按：閻若璩云：此謂韤帶解散也。《吕氏春秋》：按見廿四卷《不苟論》"武王至殷郊，係墮。王人御於前，莫肯之爲，曰：吾所以事君者，非係也。"《哀帝紀》："中山孝王來朝，賜食於前，後飽，起，下韈繫解。"係繫并音計，蓋韈所束之帶也。下文跪而結，結亦音計。樹達按：閻説是也。《韓非子・外儲説左下》篇云：文王伐崇，至鳳黄虚，韈繫解，因自結。文亦明云韈繫解，可以爲證。

釋之事景帝歲餘，爲淮南相，猶尚以前過也。（五下）

樹達按：周壽昌云：景帝三年七國反時，釋之正爲淮南相，釋之將淮南兵，不令王從反，事後卒不見録。《淮南傳》不載姓名，本傳亦絶不叙入，若非以紀傳年分推求，幾無知者。是不但景帝之左遷淮南相以前過，恐不録其功亦以此也。

瀸澹林。（七上）

師古曰：澹音都甘反，又音談。先謙曰：案注都甘切談，既云音都甘反，不得又音談也。談疑作淡。

樹達按：《廣韻》：談徒甘切，徒字舊屬定母。澹都甘切，都字屬端母。音有清濁之不同，王説都甘切談，非也。

夫士卒盡家人子，起田中從軍，安知尺籍伍符？（七下）

師古曰：家人子謂庶人之家子也。先謙曰：《通鑑》胡注引顔注作謂庶人家之子也，是。

樹達按：王説非也。《惠帝紀》云：有兩龍見蘭陵家人井中。顔注：家人言庶人之家。《婁敬傳》云：取家人子爲公主，妻單于。注云：於外庶人之家取女而名之爲公主。是家人訓庶人之家，乃顔通説也。

上聞，召爲主爵都尉。（九上）

樹達按：時有竇嬰田蚡之争，黯是魏其，見《嬰蚡傳》。

合己者善待之，不合者弗能忍見，士亦以此不附焉。（九

下）

先謙曰：所見之士不親附也。

樹達按：見字當上屬爲句。《陳遵傳》云：惡不可忍聞。《後書·郅惲傳》云：吾不能忍見子有不容君之危。又《方術傳》云：其父母悲號怨痛，不可忍聞。句例并同。王以見士連讀，非是。

爲人性倨少禮。（九下）

樹達按：《周陽由傳》云：汲黯爲忮。

黯時丞史皆與同列，或尊用過之。（十一下）

先謙曰：黯時丞史，謂黯爲東海太守時之丞史。《史記》作故黯時丞相史，則謂故黯列爲九卿時之丞相史。二義未知孰是。

樹達按：此文承上文始黯列九卿爲言，亦自謂九卿之丞史，與《史記》文義同。王説非是。

黯褊，心不能無少望。（十一下）

樹達按：褊字爲讀，心字下屬。吴汝綸讀《史記》似據《詩》維是褊心句以褊心爲讀，非也。上文云：弘、湯心疾黯。《張湯傳》云：買臣固心望。句例并同。望字《説文》三篇上"言部"作謹，云：責望也。

黯居郡如其故治，淮陽政清。（十一下）

樹達按：《論衡·自然》篇云：淮陽鑄僞錢，吏不能禁。汲黯爲太守，不壞一鑪，不刑一人，高枕安臥而淮陽政清。

居淮陽十歲而卒。（十四上）

樹達按：《史記·樂書》記武帝伐大宛，得千里馬，作歌。中尉汲黯進曰：凡王者作樂，上以承祖宗，下以化兆民。今陛下作歌，先帝百姓豈能知其音耶？上默然不説云云。據《傳》，黯未嘗爲中尉，而獲馬事在太初四年，黯亦不及見。《樂書》所言，殆誤記，不足信。

安文深巧宧，四至九卿。（十四上）

樹達按：《周陽由傳》云：司馬安之文惡。

濮陽段宏始事蓋侯信。（十四下）

樹達按：此以同邑人連類書之。

然衛人仕者皆嚴憚汲黯，出其下。（十四下）

樹達按：據《周陽由傳》，黯與陽由俱在二千石列，同車未嘗敢均茵馮。黯雖性倨少禮，爲人所憚，固亦别有所憚哉！

詔盡拜名籍者爲大夫而逐鄭君，鄭君死。孝文時，當時以任俠自喜，脱張羽於阸，聲聞梁楚間。（十四下）

先謙曰：孝文時鄭君乃死也。與《司馬遷傳》"蘄孫昌爲秦王鐵官當始皇之時"同一文法。

樹達按：鄭君死三字爲句。孝文時三字屬下讀，王説非。

以武安魏其時議貶秩爲詹事。（十五上）

樹達按：事詳《竇田灌韓傳》。

遷爲大司農。（十五上）

樹達按：時當時爲渭漕回遠，議引渭穿渠至河，見《溝洫》、《食貨》二志。

其推轂士及官屬丞史，誠有味其言也。（十五下）

樹達按：據《食貨志》，東郭咸陽孔僅二人皆當時所進言也。

數歲，以官卒。（十六上）

樹達按：據惠棟《補注後書鄭興傳》引《世系》，興爲當時八世孫。

楊子以爲孝文親詘帝尊以信亞夫之軍，曷爲不能用頗牧？彼將有激云爾。（十六下）

樹達按：楊雄語見《法言·重黎》篇。

卷　六

賈鄒枚路傳第二十一(漢書五十一)

使天下之人戴目而視,傾耳而聽。(一下)

師古曰:戴目者,言常遠視,有異志也。

樹達按:戴載通用,載則亦通用,戴目即側目也。顔説非。

起咸陽而西至雍,離宫三百。(一下)

師古曰:此言離宫者,皆謂於别處置之,非常所居也。先謙曰:官本注此作凡,是。《始皇紀》:"乃令咸陽之旁二百里内宫觀二百七十。"據此咸陽以西離宫止有二百七十,非三百也。

樹達按:注此字景祐本作凡。三百以成數言之,王説泥。

道廣五十步,三丈而樹。(二上)

王先慎曰:三丈,中央之地,惟皇帝得行,樹之以爲界也。《三輔黄圖》云:"漢令:諸侯有制得行馳道中者行旁道,無得行中央三丈也。不如令,没入其車馬。"蓋沿秦制。

樹達按:三丈而樹,謂道之兩旁每三丈植一樹。王説附會《黄圖》,非是。

桼塗其外。（二下）

樹達按:《説文》六篇下"桼部"云:"桼,木汁可以髹物。象形桼如水滴而下。"經傳通用漆字,此獨用本字,《漢書》多古字古言,信矣。

萬鈞之所壓,無不糜滅者。（三上）

樹達按:《説文》七篇上"米部"云:糜,糁也。與本文義不合。字當讀爲䊶,《説文》云:䊶,碎也。

祝餶在前,祝鯁在後。（四上）

師古曰:餶古饐字。宋祁曰:餶當作飴。

樹達按:《説文》五篇下"食部"饐從壹聲,十篇下"壺部"壹字則從吉聲。如顔説餶爲古饐字,則字從吉作餶者是也。宋説誤。

用民之力不過歲三日。（四下）

王文彬曰:不過歲三日當作歲不過三日,此《禮記·王制》文。孔疏云:"謂使民治城郭道渠,年歲雖豐,不得過三日,自下皆然。按《周禮·均人》云:豐年,旬用三日;中年,旬用二日;無年,旬用一日。年歲不同,雖豐不得過三日。"若云不過歲三日,則是歲止以三日爲限,且猶有一日二日之差,而城郭道渠之治,安能暫時畢事乎?本書《食貨志》:毋過歲什一,與此句例相似而義不同。先謙曰:《貢禹傳》正作歲不過三日。

樹達按:歲謂每歲,非謂樂歲。不過歲三日即歲不過三日,文字次序不同,而義訓無二。王氏强生分别,殊爲無理。《禮記》疏引《周禮·均人》爲説,然豐年旬用三日,與歲不過三日全是兩事,絶不相涉。蓋一以歲計,一以旬計也。用民者不必同時用之,更迭相續,何患事之不畢乎!王説固滯不通甚矣。

篩土築阿房之宫。（五上）

師古曰：篩，以竹篵爲之。篩音師。篵音山爾反。

樹達按：篩字《説文》作籭。五篇上"竹部"云："籭，竹器也，可以取麤去細。"古名字動字義相因。《説文》釋爲名字，此文篩字作動字用，猶梳字器名曰梳，理髮亦曰梳也。

《詩》曰：匪言不能，胡此畏忌！聽言則對，譖言則退。（六上）

師古曰：此《大雅·桑柔》之篇也。言賢者見事之是非，非不能分别言之，而不言者，何也？此但畏忌犯顔得罪罰也。今《詩》本云：聽言則對，誦言如醉。

樹達按：顔説胡此畏忌本鄭箋。今按：胡此畏忌者，言何爲如此畏忌也。《莊子·德充符》云"子毋乃稱"，謂毋如此稱也。《孟子·告子上》篇云"非天之降才爾殊也"，謂如此殊也。句例并同。庾子山《哀江南賦》云："天何爲而此醉！"亦言如此醉也。如鄭、顔説，則當于胡字逗句，與文義不合。按《桑柔》云："聽言則對，誦言如醉。"《小雅·雨無正》云："聽言則答，譖言則退。"不知山雜引或誤引也。

疾則臨視之亡數。（六上）

師古曰：言心實憂念之，不爲禮飾也。

樹達按：此以疾有久暫，故臨視無定數，數非謂禮數，顔説非。《喪大記》所稱"君子大夫疾三問之"者，三乃泛言其多，非謂三次也。

省廐馬以賦縣傳。（七上）

樹達按：上文舉賢良方正及此省馬事皆在文帝二年，見紀。《通鑑》列此書於二年，是也。

九十者一子不事，八十者二算不事。（七上）

樹達按:《武紀》建元二年詔:“八十復二算,九十復甲卒。”山在文帝時,而有此語,則文帝時已先行之,紀失載耳。

赦罪人,憐其無髮,賜之巾,憐其衣赭書其背父子兄弟相見也,而賜之衣。(七上)

沈欽韓曰:書其罪於衣褶,今時猶然。《周官·司圜》:“加明刑。”疏云:“以版牘書其罪狀與姓名,著於背,表示於人,是明刑也。”《後漢書》:河南尹李燮遇甄邵於塗,使卒投諸溝中,笞捶亂下,大署帛於其背,曰:“諂貴賣友,貪官埋母。”先謙曰:經赦之人,不復衣赭,沈説乃明刑之事,於憐意不合。此言罪人已赦歸,與父子兄弟相見,上憐其無髮,則賜之巾,憐其曾衣赭書背,則賜之衣也。文特參錯其辭。

樹達按:罪人初被赦,無所得衣巾,無已,則當以無髮之首及書背之赭衣與其父子兄弟相見,使其愧對父兄。文帝憐其如此,故賜之以衣巾耳。文本當云:憐其無髮父子兄弟相見,以與下文複,省去耳。王不得其解而斥沈説,又云參錯其辭,并非。

今從豪俊之臣,方正之士,直與之日日獵射,擊兔伐狐。(七下)

樹達按:從音縱,謂使人隨行。直,但也。

又訟淮南王無大罪,宜急令反國。(八下)

樹達按:《淮南王傳》:“文帝六年,厲王謀反事覺,使使召淮南王至長安,丞相張蒼等奏長犯不軌,當棄市。詔列侯二千石議。”山言此蓋在此時。

又言柴唐子爲不善,足以戒。(八下)

鄧展曰:《淮南傳》:棘蒲侯柴武太子柴奇與士伍開章謀反。齊召南曰：按棘蒲侯柴武太子奇謀反，見《淮南王傳》。此文應云柴武子，疑唐字訛。先謙曰：《淮南傳》但言棘蒲侯太子奇，不云柴武柴奇也。

樹達按：《淮南傳》明云棘蒲侯柴武太子奇，王大誤。又按：山以淮南反事盡蔽罪於柴奇，故以爲王無大罪。文似分爲二事，實一事也。

其後復禁鑄錢云。（九上）

樹達按：此言山之先識。

胡馬遂進，窺於邯鄲，越水長沙，還舟青陽。（十上）

張晏曰：青陽，地名。還舟，聚舟船也。言胡爲越難，越爲吴難，不可恃也。劉奉世曰：越水長沙者，陽蓋謬言：越先以水軍攻長沙，而後還舟侵吴也。下文云：水章邯，是其爲文如此。青陽，吴地。沈欽韓曰：《水經注》引蘇林曰："青陽，長沙縣也。"《輿地廣記》："潭州，長沙縣，故青陽地。秦始皇二十六年，荆王獻青陽以西，是也。"先謙曰：《文選》注："蘇林曰：青陽，水名也。言胡越水陸共伐漢也。善云：此同孟康之義也。"按水長沙，劉説是。韓退之《龍説》"水下土"，亦用此爲文。青陽，沈説是。越至青陽，已據上游，將爲吴患。下文越亦益深，則其辭又進，然不敢斥言侵吴也。其隱顯之義，善注備之。

樹達按：胡助趙而反言之曰窺，實則謂胡與趙爲一耳。越水長沙，還舟青陽，亦言吴與越爲一，青陽吴地之説得之。王説殊非鄒意。還當音旋。

臣聞：交龍襄首奮翼，則浮雲出流，霧雨咸集。（十一上）

樹達按：襄假爲驤。《説文》十篇上"馬部"云：驤，馬之低仰也。

故願大王之無忽，察聽其志。（十一上）

先謙曰：志不可聽。《文選》志作至，李善注云：劉瓛《周易》注：至，極也，謂極言之。據此志爲至之訛。

樹達按：聽，從也。察聽其志，謂察其意而從之。至但訓極，無極言之義。善注增字爲釋，不可從。王説非是。

臣聞：鷙鳥絫百，不如一鶚。（十一上）

樹達按：宋人《芥隱筆記》云：二語出《史記》，趙簡子語。樹達按：百鶚古鐸部韻。

陸擊則荆王以失其地。（十二下）

如淳曰：荆亦楚也，謂項羽敗走。

樹達按：上文言西楚大破，故此變楚言荆，此避複變文之例也。

介於羊勝公孫詭之間。（十三上）

師古曰：介謂間廁也。周壽昌曰：介，特也。言陽特立於勝詭之間，不肯苟合，故勝等疾之。

樹達按：顔説是也。

勝等疾陽，惡之孝王。（十三上）

師古曰：惡謂讒毁也。其下亦同。

樹達按：惡本字作諲。《説文》三篇上"言部"云：諲，相毁也。从言，亞聲。徐音宛古切。

此二人者，皆信必然之畫，捐朋黨之私，挾孤獨之交，故不能自免於嫉妒之人也。（十五上）

先謙曰：信必然之畫，以爲計畫必行，果於自信。

樹達按：王於信字如字讀之，非是。余謂信當讀爲伸。

此二國豈係於俗，牽於世，繫奇偏之浮辭哉。（十六下）

先謙曰:奇偏無義,《史記》作阿偏,奇與阿形近致誤也。

樹達按:奇當讀爲倚。《禮記·中庸》篇云:"中立而不倚。"又云:"夫焉有所倚?"倚皆謂偏也。掎《説文》亦訓偏引,踦訓一足,大抵奇聲字皆具偏義也。倚與偏同義,故文以奇偏連文。《史記》作阿者,阿倚古音同,假阿爲倚耳。王説奇偏無義,謂奇爲阿之誤字,此疏於訓詁之説也。

是以聖王覺悟,損子之之心而不説田常之賢。(十六下)

先謙曰:官本損作捐,是。

樹達按:景祐本作捐。

終與之窮達,無愛於士。(十七下)

王文彬曰:窮,盡也。言舉情素德厚盡達之於士,無所愛惜也。

樹達按:《孟子·盡心上》篇云:"窮則獨善其身,達則兼善天下。"窮與達爲對文。終與之窮達,猶言與之同憂樂,共甘苦耳。王説誤。

然則軻湛七族,要離燔妻子,豈足爲大王道哉!(十八上)

師古曰:此説云湛七族,無荆字也。尋諸史籍,荆軻無湛族之事,不知陽所云者定何人也。劉敞曰:王充書言:秦怨荆軻,并殺其九族,殺則是湛矣,非必沈之水也。宋祁曰:淳化本作荆軻,景祐本無荆字。按浙本郭本去荆字,云據注無荆字,南本徐鍇亦滅荆字。錢大昭曰:閩本則下有荆字。王念孫云:劉説是也。《論衡·語增》篇仲任不信町町之説,而信滅九族之語,九族七族小異而大同,則漢時傳語固有荆軻滅族之事矣。且荆軻湛七族,要離燔妻子,相對爲文,則正文内當有荆字。若無荆字,則應注當云:軻,荆軻也。今直云荆軻爲燕刺秦始皇,則正文原有荆字甚明。師古所見本偶脱荆字,遂云不知何人,誤矣。諸校本去荆字,即惑於師古之説也。《史記》、《新序》、《文選》皆有荆字。先謙曰:《治要》引此文亦有荆字。《文選》劉孝標《廣絶交論》云:約同要離焚妻子,誓殉荆軻湛七族,即用此文,明有荆字,師古未深考耳。

樹達按:今景印景祐本有荆字,與宋説景祐本無荆字者不同。然細繹今本,荆字上下數字字體特小。明是出於剜補。據文荆字當有,二王之説是也。

是使布衣之士不得爲枯木巧株之資也。(十九上)

先謙曰:巧官本作朽,是。

樹達按:景祐本作朽。

使不羈之士與牛驥同皁。(十九下)

師古曰:皁,歷也。楊雄《方言》云:"梁、宋、齊、楚、北、燕之間謂歷曰皁。"皁音在早反。

樹達按:皁本字當作槽。《説文》六篇上"木部"云:槽,畜獸之食器。

書奏,孝王立出之,卒爲上客。(二十下)

樹達按:《史記·鄒陽傳》文至此止。

夫仁人之於兄弟,無臧怒,無宿怨,厚親愛而已。(二十二上)

樹達按:《孟子·萬章上》篇云:仁人之於弟也,不藏怒焉,不宿怨焉,親愛之而已矣。

慶父親殺閔公,季子緩追免賊,《春秋》以爲親親之道也。(二十二上)

師古曰:公羊之説也。言季友親其兄也。

樹達按：見閔公二年《公羊傳》。免字今傳文作逸，隱公元年《穀梁傳》同。《鹽鐵論·周秦》篇云："聞兄弟緩追以免賊。"作免與此同。疑此與桓寬所據皆是《嚴氏春秋》，故與何休本異也。

漢既破吴，齊王自殺，不得立嗣，濟北王亦欲自殺，幸全其妻子。（二十二下）

樹達按：以齊濟北初皆與吴通謀也。

權不足以自守，勁不足以扞寇。（二十二下）

王念孫曰：勁當爲埶，字之誤也。權輕則不足以守國，埶弱則不足以扞寇，埶與權正相對。若作勁，則與權不相對矣。師古云：權謀勁力不能扞守，加謀力二字以曲通其義，而不知勁爲埶之訛也。《漢紀·孝景紀》作勢不足以扞寇，以是明之。

樹達按：《説文》十三篇下"力部"云：勁，彊也。言濟北之彊不足以扞寇也。必勁字句義乃貫，作埶則泛而不切矣。《漢紀》喜竄改班書，往往點金成鐵，豈可據信耶！

濟北王得不坐，徙封於淄川。（二十三下）

樹達按：淄當作菑。

欲湯之滄。（二十四下）

沈欽韓曰：《逸周書》：天地之間有滄熱，善用道者絶無竭。孔晁注：滄，寒也。

樹達按：《逸周書》見《周祝解》，絶無竭原書作終無竭，絶字誤。

不如絶薪止火而已。（二十五上）

先謙曰：《文選》注：《吕氏春秋》曰：夫湯止沸，沸愈不止，去火則止矣。

樹達按：《吕氏春秋》見《盡數》篇。原書作夫以湯止沸，此奪以字。

不絶之於彼而救之於此，譬猶抱薪而救火也。（二十五上）

樹達按：抱讀如拋，説詳五十四《李廣傳》。

福生有基，禍生有胎。納其基，絶其胎，禍何自來？（二十五上）

樹達按：基、胎、來，古韻同在咍部。

夫銖銖而稱之，至石必差；寸寸而度之，至丈必過。（二十五下）

樹達按：差、過，古韻同在歌部。

夫十圍之木，始生如蘖，足可搔而絶，手可擢而拔。（二十五下）

樹達按：蘖、絶、拔，古韻同在月部。

據其未生，先其未形也。（二十五下）

樹達按：生形古韻同在青部。

夫吴有諸侯之位，而實富於天子；有隱匿之名，而居過於中國。（二十七上）

師古曰：隱匿謂僻在東南。

樹達按：僻在東南，不得言有隱匿之名，顔説非也。僖公十五年《左氏傳》云："於是展氏有隱慝焉。"隱匿與隱慝同。中國指漢言。吴有叛亂之心而迹未顯，故云隱慝，然天下皆知其事，故云有隱慝之名。漢誅三公以謝前過，是居其過於漢也。文義甚明，顔殊誤解。

皋不通經術，詼笑類俳倡，爲賦頌，好嫚戲，以故得媟黷貴幸，比東方朔、郭舍人等，而不得比嚴助等得尊官。（二十九下）

樹達按:郭舍人事見《東方朔傳》。《嚴助傳》云:"朔皋不根持論,上頗俳優畜之,唯助與壽王見任用。"數語可與此參證。

又自詆娸,其文骫骳曲隨其事,皆得其意。(三十上)

師古曰:骫古委字也。骳音被。骫骳猶言屈曲也。

樹達按:《倉頡篇》云:骫,曲也。

臣聞:《春秋》正即位,大一統而慎始也。(三十一下)

樹達按:大一統見隱公元年《公羊傳》。

陛下初登至尊,與天合符,宜改前世之失,正始受命之統。(三十一下)

王念孫曰:命字涉上文受命而衍。上文云:《春秋》正即位,大一統而慎始也,故此云正始受之統,且與改前世之失對文,則本無命字明矣。《漢紀》及《説苑·貴德》篇皆無命字。

樹達按:王氏校衍命字,但云始受,則受者爲何物乎?文不可通矣。因求字數之對稱而損文義,王氏校書之失,此爲最甚矣。《説苑·貴德》篇明云始受命之統,王氏云無命字,尤爲疏失。

遏過者謂之妖言。(三十一下)

師古曰:遏,止也,音一曷反。

樹達按:遏疑當讀爲謁,謁,白也。

方今天下賴陛下恩厚,亡金革之危,飢寒之患。(三十一下)

樹達按:恩厚《説苑》作厚恩。

《書》曰:與其殺不辜,寧失不經。(三十二上)

師古曰:《虞書·大禹謨》載咎繇之言。

樹達按：襄公二十六年《左傳》楚聲子引《夏書》如此，僞《古文尚書·大禹謨》襲用之。

上奏畏卻，則鍛練而周内之。（三十二下）

先謙曰：《説文》：鍛，小冶也。練，湅繒也。鍊，冶金也。鍛練二字義不相屬，練當爲鍊之借字。

樹達按：《説苑》正作鍊字。下文"成練者衆"，字亦作鍊。

故俗語曰：畫地爲獄議不入，刻木爲吏期不對。（三十二下）

樹達按：語又見《司馬遷傳》遷《報任安書》。

敗法亂正，離親塞道，莫甚乎治獄之吏。（三十三上）

樹達按：正讀爲政，《説苑·貴德》篇字作政。

省法制寬刑罰以廢治獄。（三十三上）

先謙曰：廢，除也，謂除去治獄之弊政。

樹達按：治獄不可廢，王亦强説。《説苑》作煩獄，於義爲長。

上善其言。（三十三上）

樹達按：宣帝因温舒言詔置廷平，見卷二十三《刑法志》。

時詔書令公卿選可使匈奴者，温舒上書：願給廝養，暴骨方外。（三十三下）

師古曰：求爲卒而隨使至匈奴也。周壽昌曰：求以廝養卒給之，出使匈奴，非自求爲卒也。

樹達按：顔説固誤，周駁之，是也。然給廝養猶云效犬馬，乃臣下謙卑之辭，周認實，亦非是。

竇田灌韓傳第二十二(漢書五十二)

孝景三年,吴楚反,上察宗室諸竇,無如嬰賢。(一下)

樹達按:《鼂錯傳》:錯請讁削諸侯,公卿列侯宗室莫敢難,獨嬰争之。當此禍發,景帝賢嬰,殆由於此。蓋時帝已有悔用錯計之意,亦即錯被殺之見端。錯愚不知,袁盎則已窺見帝隱而進其讒矣。不然,盎於淮南厲王之驕,固亦嘗主讁削諸侯矣。今則自違前議,忽獻計誅錯,不憚以反覆見詰者,正非無故也。

太后亦慙。(二上)

樹達按:慙前遇嬰過甚也。

嬰言爰盎、欒布諸名將賢士在家者進之。(二上)

樹達按:《爰盎傳》,盎與嬰素相善,盎時又夜見嬰,爲言吴所以反,願至上前對狀,故嬰薦之。《盎傳》云:是時諸陵長安中賢大夫争附嬰、盎,車騎隨者日數百乘。

七年,栗太子廢,嬰争,弗能得。(二下)

樹達按:栗太子廢爲臨江王,有罪對簿,欲得刀筆,郅都弗予,嬰使人間予之,見《都傳》。

用建陵侯衛綰爲丞相。(三上)

樹達按:綰性醇謹敦厚,與魏其正相反也。

竇嬰已爲大將軍,方盛,蚡爲諸曹郎。(三上)

先謙曰:《史記》方盛上有後字,則似竇嬰七字與上生長陵相屬爲義。王皇后生武帝在景帝元年,其前尚生三公主,嬰爲大將軍在景帝四年，豈有臧兒晚嫁至是方生田蚡之理。且蚡以是時生，至孝景末年甫及十餘歲，何能以材辯稱。《漢書》删後字，以"竇嬰已爲大將軍"爲句，連下爲文，是也。疑《史》文失實。

樹達按：縱有後字，竇嬰句決無上屬之理。王氏强誣《史記》，輒肆非難，疏謬甚矣。

辯有口。（三下）

樹達按：《外戚傳》云：田蚡、勝貪，巧於文辭。

蚡以舅封爲武安侯，弟勝爲周陽侯。（三下）

樹達按：周壽昌云：王田别族，蚡、勝猶得以母舅封侯，故成帝云："封田氏非正也。"見《元后傳》。

藉福賀嬰，因弔，曰：君侯資性喜善疾惡。（四上）

樹達按：《國策・燕策》記蘇秦説齊王，再拜而賀，因仰而弔。《蒯通傳》記通説范陽令，又先弔而後賀。蓋戰國以來風習如此。

嬰、蚡俱好儒術，推轂趙綰爲御史大夫，王臧爲郎中令。（四上）

樹達按：綰、臧皆申公弟子，見《儒林傳》。

令列侯就國。（四下）

樹達按：《文紀》云：二年，詔令列侯之國。三年，又遣丞相率列侯之國。蓋此事迄未實行，故今復有此議耳。

以禮爲服制。（四下）

樹達按：此欲革文帝短喪之制也。

二年，御史大夫趙綰請毋奏事東宫。（四下）

樹達按：《史記》二年上有建元二字，是。

迺罷逐趙綰、王臧。（四下）

樹達按：卷二十五《郊祀志》云：綰、臧自殺，諸所興爲皆廢。

以柏至侯許昌爲丞相。（四下）

樹達按：昌爲功臣許盎之孫，見卷十六《高惠高后文功臣表》。卷四十二《申屠嘉傳》云：昌爲相，備員而已，無所發明。

蚡雖不任職，以王太后故親幸，數言事，多效。（四下）

樹達按：六十四《嚴助傳》：建元三年，東甌告急於漢，帝以問蚡，蚡欲不救，亦見《兩粵傳》，正蚡不任職而言事之證也。

上以蚡爲丞相。（五上）

樹達按：蚡徵張湯爲丞相史，見五十九《湯傳》。言瓠子決河不必塞，見二十九《溝洫志》。

又以爲諸侯王多長，上初即位，富於春秋，蚡以肺附爲相，非痛折節以禮屈之，天下不肅。（五上）

樹達按：時數奏暴諸侯王過惡，諸侯王多自以侵寃，見卷五十三《中山靖王勝傳》，與此文可相參證。

以爲漢相尊，不可以兄故私橈，由此滋驕。（五下）

樹達按：卷五十《汲黯傳》云：中二千石拜謁，蚡弗爲禮，亦蚡驕之一事也。

夫以千人與父俱。（六上）

樹達按：《靳歙傳》注：如淳曰：騎將率號爲千人。《漢儀注》：邊郡置部都尉千人司馬候也。別詳七十六卷《韓延壽傳補注》。

孟年老，潁陰侯彊請之，鬱鬱不得意。（六上）

先謙曰：孟年老，太尉亞夫不欲用之，潁陰侯强請而後可，故孟不得意也。

樹達按：孟年老，不欲行，潁陰侯强請，不得已而行，故不得意耳。

吴軍敗。（六下）

先謙曰：官本敗作破。

樹達按：景祐本作破。

以爲淮陽天下郊，勁兵處。（七上）

師古曰：郊謂四交輻湊，而兵又勁彊。

樹達按：郊假爲交。顔注意是，而不明言其爲通假，非也。

夫不好文學，喜任俠。（七上）

樹達按：三十七卷《季布傳》：季心爲任俠，弟畜灌夫，正以氣類相合故爾。

潁川兒歌之曰：潁水清，灌氏寧；潁水濁，灌氏族。（七下）

樹達按：清、寧，古青部韻，濁、族，古屋部韻。

福惡兩人有隙，乃謾好謝蚡曰：魏其老，且死，易忍，且待之。（八下）

樹達按：三十七卷《季布傳》，季心弟畜灌夫、籍福之屬。然則福亦游俠之徒，故頗有排難解紛之意也。

夫亦持蚡陰事，爲姦利，受淮南金與語言。（九上）

樹達按：下篇《韓安國傳》：蚡受安國五百金，受王恢千金，爲恢言於太后，皆其爲姦利之事也。受淮南金與語言，見本傳下文。

賢方與程不識耳語。（九下）

樹達按：不識事詳見五十四卷《李廣傳》。

蚡吏皆爲耳目，諸灌氏皆亡匿。夫繫，遂不得告言蚡陰事。（十下）

樹達按：朱安世在獄中，尚得上書告公孫敬聲，夫竟不得告者，蚡多耳目之故也。

主爵都尉汲黯是魏其。（十一下）

樹達按：五十卷《黯傳》云：黯善灌夫、鄭當時。

今日廷論，局趣效轅下駒。（十一下）

應劭曰：局趣，蹴小之貌也。

樹達按：趣假爲促。《説文》八篇上“人部”云：促，迫也。趣促通假，本書屢見。

且帝寧能爲石人邪？（十一下）

師古曰：言徒有人形耳，不知好惡也。一曰：石人者，謂常存不死也。李慈銘曰：一説是也。

樹達按：武帝意本不直武安，特以太后故，不欲出之於己，故借羣臣廷辯之言以張目。觀鄭當時不敢堅對，帝怒責之，可以見矣。太后亦知此意，故以石人責之，謂其不應不自主張，反問羣臣也。下武帝以俱外家故廷辯之爲解，尤可證明。顔前説是。李拘於下文百歲後之語，謂後説爲是，非也。

君何不自喜！（十二上）

師古曰：何不自謙遜爲可喜之事也。先謙曰：言何用多怒爲也。《集解》引蘇林曰：何不自解釋爲喜樂邪？得此文意。顔説非。

樹達按：黄生云：《史記·外戚世家》：壹何不自喜！《酈生傳》：足下何不自喜也！諸云不自喜，即今俗云好不思量之意，必當時方言如此。《史記》蘇林注何不自解釋爲喜樂，與顔説俱牽强，且於《外戚世家》、《酈傳》不可通。

魏其必媿，杜門齰舌自殺。（十二上）

師古曰：杜，塞也。齰，齧也，音仕客反。先謙曰：《史記》齰作齚，同。

樹達按：杜《說文》三篇下“攴部”字作敷，云：閉也。二篇下“齒部”云：齰，齧也。或作齚。

劾繫都司空。（十二下）

樹達按：太史公《報任少卿書》云：魏其，大將也，衣赭衣，關三木。

春，蚡疾，一身盡痛，若有擊者，謼服謝罪。（十三下）

樹達按：《論衡·死僞》篇云：田蚡病甚，號曰：諾諾。

元朔中，有罪免。（十三下）

樹達按：十八卷《外戚恩澤侯表》云：坐衣襜褕入宫，不敬，免。

唯梁最親，爲限難。（十四上）

周壽昌曰：言七國自東向西，梁限止其間，與之爲難。

樹達按：難猶阻也。《鹽鐵論·險固》篇云：吴有三江五湖之難，謂吴有三江五湖之阻也。又云：君子爲國，必有不可犯之難，謂君子爲國必有不可犯之險阻也。此難字義亦當訓阻，謂梁爲之限阻也。限難義近，故連云限難，周析言之，非是。

言之，帝心迺解，而免冠謝太后曰：兄弟不能相教，迺爲太后遺憂。（十四下）

樹達按：此與五十卷《張釋之傳》文帝謝教兒子不謹事正同。合觀之，可見漢廷家法。

獄吏田甲辱安國。（十五上）

樹達按：不知其名，故云甲，與五十九卷《張湯傳》田甲同。

王新得齊人公孫詭，説之，欲請爲内史。竇太后所，乃詔

王以安國爲内史。（十五上）

先謙曰：於太后所請之也。《史記》作竇太后聞，句讀不同。

樹達按：所是誤字，當從《史記》作聞。若作所字，下文乃詔句無所承矣，明是字誤也。

語曰：雖有親父，安知不爲虎；雖有親兄，安知不爲狼。（十五下）

樹達按：父、虎，古模部韻，兄、狼，古唐部韻。

此二聖之迹，足以爲效矣。（十七下）

樹達按：《外戚傳》顔注云：效，徵驗也。

此仁人之所隱也。（十八上）

張晏曰：隱，痛也。

樹達按：《説文》十篇下"心部"云：㥯，痛也，此假隱爲之。

至如猋風，去如收電。（十八上）

師古曰：猋，疾風也，音必遥反。

樹達按：《説文》十三篇下"風部"云：飆，扶摇風也。猋，省借字。

并國十四。（十八下）

樹達按：《韓非·十過》篇及《史記·秦本紀》十四作十二。

單于可禽，百全必取。（十九下）

齊召南曰：安國與王恢論馬邑之計，反覆折辨，較《史記》爲最詳。

樹達按：文具《新序·善謀下》篇，班氏蓋采之彼。

安國爲人多大略，知足以當世取舍，而出於忠厚。（二十下）

樹達按：劉劭《人物志·流業》篇云：術家之流，不知創制垂則，而能遭變用權，權智有餘，公正不足，是曰智意：陳平、韓安國是也。

上欲用安國爲丞相，使使視，蹇甚，迺更以平棘侯薛澤爲丞相。（二十一下）

樹達按：四十二卷《申屠嘉傳》附載諸丞相，班氏所謂齷齪廉謹爲相備員者，澤亦其一人也。

安國壁迺有七百餘人。（二十一下）

樹達按：迺，裁也，僅也。説詳《項籍傳》。

壹遂與太史遷等定漢律歷，官至詹事。（二十二上）

樹達按：遂定律歷事詳二十一卷《律歷志》。志稱大中大夫壺遂。

景十三王傳第二十三（漢書五十三）

賈夫人生趙敬肅王彭祖、中山靖王勝。（一上）

樹達按：賈夫人即賈姬，又見九十卷《酷吏・郅都傳》。

河間獻王德以孝景前二年立。（一上）

樹達按：姚振宗云：《金樓子・説蕃》篇云：昔蕃屏之盛德者，則劉德字君道，造次儒服，卓爾不羣。獻王字君道唯見於此。又按：衛綰爲王太傅，見四十六卷《綰傳》。

被服儒術，造次必於儒者。（二上）

師古曰：造次謂所嚮必行也。先謙曰：《索隱》引顏注"謂所嚮必行也"作"謂所向所行皆法於儒者"，此文傳寫誤也。顏訓造次爲所向所行，義尚微隔。造當訓行，次當訓止，造次必於儒者，言其行止皆有矩度。《史記》作被服造次必於儒者，則謂不服奇衺，不苟行止也。《集解》引杜業奏亦云："被服造次必於仁義。"皆以被服造次平列。後儒訓造次爲急遽苟且之時，與古義異矣。

樹達按：《廣雅·釋詁》云：造，猝也。次字《説文》作趀，二篇上"走部"云：倉卒也。《論語·里仁》篇云："造次必於是。"《集解》引馬融云："造次，急遽也。"造次雙聲連語，二字義同，不得分訓。王分訓爲行止而以訓急遽者爲非古義，是以不狂爲狂矣。

山東諸儒者從而游。（二上）

錢大昕曰：者閩本作多。先謙曰：官本作多，《史記》亦作多從之游，者字誤。

樹達按：景祐本作多。又按：錢説出《漢書辨疑》，大昕當作大昭。

武帝時，獻王來朝，獻雅樂。（二上）

樹達按：二十二卷《禮樂志》云：獻王以爲治道非禮樂不成，因獻所集雅樂。三十卷《藝文志》云：獻八佾之舞。

其對推道術而言，得事之中。（二上）

樹達按：《説苑·君道》、《建本》二篇屢引獻王語，其云堯存心於天下，及禹稱民無食則我不能使云云，皆推本儒術之言。

中尉郅都簿責訊王，王恐，自殺。（三下）

樹達按：時王欲得刀筆，都禁弗予，後得之，爲書謝上，乃自殺，見九十卷《酷吏都傳》。

好治宫室苑囿狗馬。（四上）

樹達按：《田叔傳》云：魯王好獵，與《傳》此文合。又云："叔初至官，民以王取其財物，自言者百餘人。"然則王固非令主也。

於其壁中得古文經傳。（四下）

先謙曰:《藝文志》:得古文《尚書》及《禮記》、《論語》、《孝經》凡數十篇,皆古字。

樹達按:三十六卷《劉歆傳》云:得《逸禮》三十九篇,《書》十六篇。

非好氣力。（五上）

樹達按:非入朝武帝,從獵上林,見九十三卷《佞幸·韓嫣傳》。

蚡宣言曰:子迺與其公争妻。（五上）

樹達按:《廣雅·釋親》云:公,父也。

建自殺,后成光等皆棄市。（七上）

樹達按:建有女細君,武帝元封中,以妻烏孫,見九十六卷《西域傳》。

膠西于王端。（七上）

樹達按:端嘗議淮南王安爲逆事,見四十四卷《安傳》。

彭祖爲人巧佞,卑諂足共。（八上）

師古曰:共讀曰恭。足共謂便辟也。

樹達按:《論語·公冶長》篇云:巧言、令色、足恭,左丘明恥之,丘亦恥之。《集解》孔安國云:足恭,便僻貌。

二千石欲治者,則以此迫劫,不聽,迺上書告之及汙以姦利事。（八下）

樹達按:彭祖告主父偃受諸侯金,告張湯與魯謁居有姦,偃、湯皆以此被誅,其中傷人之力且及中朝矣。

彭祖立六十餘年。（八下）

樹達按:彭祖嘗議淮南王安大逆事,見四十四卷《安傳》。

彭祖上書冤訟丹。（九上）

樹達按：書見四十五卷《江充傳》。

議者匃寃鼂錯之策。（十上）

先謙曰：官本匃作多，是。

樹達按：景祐本作多。據錢大昭校，閩本亦作多，王氏漏采。

皆以諸侯連城數十，泰强，欲稍侵削，數奏暴其過惡。（十上）

樹達按：此田蚡之策也，五十二卷《蚡傳》文可證。

勝聞樂聲而泣，問其故：勝對曰。（十上）

沈欽韓曰：或謂此對疑亦文士寓言，非當時辭令。

樹達按：沈引或説，乃何焯説，見《義門讀書記》。

臣聞：悲者不可爲累欷，思者不可爲歎息。（十上）

樹達按：爲字當讀去聲。

故高漸離擊築易水之上，荆軻爲之低而不食。（十上）

樹達按：息、食，古德部韻。

雍門子壹微吟，孟嘗君爲之於邑。今臣心結日久，每聞幼眇之聲，不知涕泣之横集也。（十下）

樹達按：邑、集，古合部韻。

夫衆煦漂山，聚蟁成靁，朋黨執虎，十夫橈椎。（十下）

樹達按：靁、椎，古微部韻。

是以文王拘於牖里，孔子阸於陳蔡，此乃烝庶之成風，增積之生害也。（十下）

樹達按：蔡、害，古曷部韻。

塵埃拂覆，昧不泰山。（十一上）

錢大昭曰：泰山上脱見字。先謙曰：官本有見字。

樹達按：景祐本有見字。

有子百二十餘人。（十二上）

樹達按：六十六卷《劉屈氂傳》：屈氂，王子也。

子剌王建德嗣。（十三下）

樹達按：近年長沙建德后墓被掘，出器物甚多。

去即繆王齊太子也，師受《易》、《論語》、《孝經》，皆通。（十四下）

先謙曰：受疑當作授。下文云：事師受《易》，言事師則可云受《易》，師但可云授《易》也。

樹達按：文本當云從師受《易》，省從字耳。王説非。

更愛之。（十四下）

樹達按：更，改也，謂舍昭平地餘而改愛昭信。

崔修成爲明貞夫人，主永巷。（十五上）

錢大昭曰：永巷二字誤，南監本、閩本皆作衣服。

樹達按：景祐本作永巷。

昭信知去已怒，即誣言：望卿歷指郎吏臥處，具知其主名，又言郎中令錦被，疑有姦。（十五下）

樹達按：此以望卿主繒帛，疑郎中令之錦被爲受之望卿也。

無令出敖。（十六上）

師古曰：敖謂游戲也。

樹達按：《説文》四篇下"放部"云：敖，出游也。从出，从放。

愁莫愁，居無聊。（十六下）

樹達按：愁、聊，古韻同在幽部。

內茀鬱，憂哀積，上不見天，生何益。（十六下）

師古曰：茀音拂。

樹達按：茀本字作怫。《說文》十篇下"心部"云：怫，鬱也。積、益，古韻同在錫部。

日崔隤，時不再，願棄軀，死無悔。（十六下）

樹達按：再、悔，古韻同在咍部。

倡辭：本爲王教修靡夫人望卿弟都歌舞。（十六下）

樹達按：九十七卷《外戚傳》，賈長兒妻貞及從者師遂辭。顏注云：辭，對辭。

望卿前亨煮，即取他死人與都死并付其母。（十六下）

師古曰：死者，尸也，次下求其死亦同。先謙曰：都死之死即屍字省文。《說文》：屍，終主。從尸，從死。今作尸，非也。《史記·魯世家》"以其死與之"，與此同。

樹達按：《說文》四篇下"歺部"云：歺，澌也，人所離也。从歺人。段氏云：形體與魂魄相離，故其字从歺人。按段說是也。歺即屍之初字，葬字从死在茻中，是其證也。死加尸旁爲屍，乃後起字，王謂死爲屍之省文，非也。他死人疑當作他人死。

有司請廢勿王，與妻子徙上庸。（十七上）

先謙曰：去妻即昭信，下云昭信棄市，不得與去俱徙，明妻字衍。

樹達按：王說固有因，然恐非當時事實。去得與妻子徙上庸者，漢廷之寬典，此與下常山嗣王勃以家屬處房陵事同。及去道自殺，昭信本首惡之人，漢廷初以寬去而并及昭信者，今則不必矣。特漢廷當日必有棄市之令，而班書偶遺之耳。王以後事疑前文，殆未能心知其意矣。

又海陽女弟爲人妻，而使與幸臣姦，又與從弟調等謀殺一家三人，已殺。（十七下）

樹達按：海陽及調事詳七十六卷《張敞傳》。

於是上聞寄有長子賢，母無寵，少子慶，母愛幸，寄常欲立之。（十八上）

樹達按：寄后爲樂成侯之姊，無子，見二十五卷《郊祀志》，則賢、慶之母皆諸姬也。

清河哀王乘以孝景中三年立。（十八下）

樹達按：《儒林傳》：轅固生景帝時爲清河太傅，蓋傅乘也。

常山憲王舜以孝景中五年立。（十八下）

樹達按：《儒林傳》：韓嬰景帝時官常山太傅，蓋傅舜也。

子共王普嗣。（十九下）

樹達按：共王有女嫁郭昌，見《後書・光武郭后紀》。

泗水思王商。（十九下）

樹達按：傳世有泗水王虎符，見吴大澂《恒軒吉金録》。

何則，沈溺放恣之中，居勢使然也。（二十上）

樹達按：居勢二字平列，或倒云勢居。《淮南子・原道》篇云：形性不可易，勢居不可移也。《鹽鐵論・險固》篇云：險阻固而勢居然也。

夫唯大雅，卓爾不羣，河間獻王近之矣。（二十上）

樹達按：《司馬相如傳》云：揜羣雅。張揖曰："《詩・小雅》之材七十四人,《大雅》之材三十一人。"《史記·孟荀傳》云:"騶衍覩有國者益淫侈,不能尚德,若大雅整之於身施及黎庶矣,乃深觀陰陽消息,而作怪迂之變終始大聖之篇十餘萬言。"按《史記》及此文《大雅》,皆謂《大雅》之材也。

李廣蘇建傳第二十四(漢書五十四)

典屬國公孫昆邪爲上泣曰。(一下)

錢大昕曰:即平曲侯公孫昆邪,丞相賀之大父也。

樹達按:錢說據《賀傳》文,《功臣表》則云賀爲昆邪之子。

匈奴入上郡。(一下)

先謙曰:官本入作侵。

樹達按:景祐本作侵。

已縛之上山,望匈奴數千騎。(二上)

周壽昌曰:《史記》作上馬,是。若廣先上山,匈奴又何以上山陳耶!

樹達按:周說誤。上山望匈奴數千騎,文意正相貫,戰地豈只有一山耶!

莫府省文書。(三上)

樹達按:《說文》十二篇下"女部"云:媘,減也。省乃媘借字。

程不識正部曲行伍營陳,擊刁斗,吏治軍簿至明,軍不得自便。(三下)

樹達按:顏於軍簿下置注,今按"吏治軍簿至明"六字當連讀。

還至亭,霸陵尉醉,呵止廣。(四上)

譚宗浚曰:按《説文》無呵字,呵當作抲。《説文》抲下云:撝也。从手,可聲。《周書》曰:盡執何。疑此及《江充傳》"館陶公主行馳道中充呵止之"皆作抲爲是。抲止謂撝止不使行也。呵字或淺人所改耳。又《説文》訶下云"大言而怒也",與抲止之抲義相通而微異。

樹達按:呵字从口,與从言之訶義同。《廣韻·七歌》謂訶呵同字,是也。譚説非是。

《司馬法》曰:登車不式,遭喪不服,振旅撫師,以征不服。率三軍之心,同戰士之力,故怒形則千里竦,威振則萬物伏,是以聲名暴於夷貉,威稜憺乎鄰國。(四下)

樹達按:式、服、服、力、伏、國,古德部韻。

彌節白檀。(四下)

先謙曰:顧炎武云:彌與弭同。《司馬相如傳》:"於是楚王乃弭節徘徊。"郭璞曰:"弭猶低也。節,所仗信節也。"

樹達按:彌讀爲弭,是也。此文當訓止,訓低不合。

諸將多中首虜率爲侯者。(五下)

如淳曰:中猶充也,充本法得首若干封侯也。師古曰:率謂軍功封賞之科,著在法令者也。中音竹仲反。其下率亦同。

樹達按:《穆天子傳》注:中猶合也。《禮記·月令》注:中猶應也。此文中字當訓合訓應,言與首虜率相合相應而封侯也。訓充不切。

而廣身自以大黄射其裨將。(五下)

服虔曰:黄肩弩也。晉灼曰:黄肩即黄間也。大黄,其大者也。師古曰:服、晉二説是也。沈欽韓曰:《文選·射雉賦》:"奉黄間以密彀。"《鐘鼎款識》:右中郎將弩機上字云:"中郎將曹悦赤黑間。"按所謂黄間白間,皆在弩機上名之也。先謙曰:《集解》韋昭曰:角弩色黄而體大也。《索隱》:韋説是。

樹達按:晉舉黄間,沈舉赤黑間,外尚有紫間。李光廷《吉金志存》卷四載漢弩機云:"章和元年八月朔日,中尚□當是方字造所□當是置字紫間□一,臂師衡。"馮雲鵬《金索》載晉太和弩機云:"太和元年十二月三日,左尚方治弩一具,監作史炅雋,司馬楊式,臂師黑所置紫間。"陸機《七導》云:"操紫間之神機。"并其事也。沈引《鐘鼎款識》,見阮元《積古齋鐘鼎彝器款識》卷十。

初,廣與從弟蔡俱爲郎,事文帝,景帝時,積功至二千石。武帝元朔中,爲輕車將軍。(六上)

樹達按:《衛青傳》云:代相李蔡爲輕車將軍。按諸侯王相秩二千石,此云積功至二千石,謂代相也。

蔡爲人在下中。(六上)

樹達按:《外戚傳》云:"曾孫體近,下人乃關内侯。"及此文言"蔡爲人在下中",下文又云"材能不及中",漢人以上中下差别人之法如此。

大將軍陰受上指,以爲李廣數奇。(七下)

樹達按:黄生云:《後漢書·桓譚傳》云:"陛下聽納讖記,其事雖有時合,譬猶卜數奇偶之類。"蓋古有此占法,以偶爲吉,奇爲凶。《霍去病傳》:"諸將留落不偶。"亦此意也。

大將軍弗聽,令長史封書與廣之莫府,曰:急詣部,如書!(八上)

先謙曰:此青面告廣之言,詣部即下所云就部也。不明示之,但令諂部如書指而行，然弗聽之意已在言外，故廣不謝而起行也。《正義》謂令廣如其文牒急引兵徙東道，是以爲青明告廣徙東道，則上封書爲贅文矣。

樹達按：急詣部如書，乃長史致書時之辭，非青面告廣也。青既不聽廣請，又不欲面拒，故封書與廣莫府告以不從之意。揣此時青務欲避廣，不與相見，何至有面告之事乎！若如王説，不惟於事理不合，文理亦絶不可通。《正義》説并無差誤，王則全未瞭然耳。

廣結髮與匈奴大小七十餘戰。（八下）

樹達按：黄生云：結髮猶今人攏頭之謂。本文及蘇武詩："結髮爲夫妻，恩愛兩不疑。"皆指初攏頭時而言。今人以結髮之義屬妻言，誤也。

敢從上雍至甘泉宫獵。（九上）

師古曰：雍之所在地形積高，故云上也。

樹達按：《史記》索隱引大顔云：雍地形高，故云上，知師古此説乃襲之於遊秦。

敢男禹有寵於太子，然好利，亦有勇。嘗與侍中貴人飲，侵陵之，莫敢應，後愬之上，上召禹使刺虎。（九下）

樹達按：《儒林傳》云："竇太后怒轅固，使固入圈擊彘，上知太后怒，而固直言無罪，迺假固利兵，下圈刺彘，正中其心，彘應手而倒，太后默然，無以復罪。"與此事正相類。按此乃古以解廌觸人之遺法而小變者。《説文》十篇上"廌部"云："廌，解廌獸也，似山羊，一角。古者決訟令觸不直。"又云："灋，刑也，平之如水，从水。廌所以觸不直者去之，從去。"蓋古者令獸觸人，事近殘暴，漢人用古人遺意而以人刺獸，刺獸死者爲無罪，視古爲進矣。以是古人之遺，相承爲之，故《刑法志》不載也。

陵曰:吾士氣少衰,而鼓不起者,何也? 軍中豈有女子乎!(十一下)

樹達按:杜詩云:"婦人在軍中,兵氣恐不揚。"本此。

尚四五十里得平地,不能破,迺還。(十二上)

樹達按:尚,更也。

父韓千秋,故濟南相,奮擊南越,戰死。(十二下)

樹達按:事具《南粤傳》,濟南彼傳作濟北。

其後乘隅,下壘石。(十二下)

師古曰:言放石以投人,因山隅曲而下也。壘音盧對反。錢大昭曰:陵居谷中,虜在山上,故以壘石投之。亦謂之藺石:《鼂錯傳》云:"具藺石。"服虔曰:"藺石,可投人石。"如淳曰:"藺石,城上雷石。"先謙曰,《周禮·量人》注,軍壁曰壘。《廣雅·釋詁》:壘,重也。又云:積也。石重積而下,高若軍壁然,故云壘石。陵入谷欲南出,而匈奴遮其後,乘山隅下石以壘斷谷口也。若投人之石,無壘石之名,顔錢説亦誤也。

樹達按:《左傳·襄公十年》云:"親受矢石。"孔疏云:《周禮·職金》:"凡國有大故而用金石,則掌其令。"鄭玄云:"用金石者,作槍雷之屬。"雷即礧也。《兵法》:"守城用礧石以擊攻者。"陳思王《征蜀論》云:"下礧成雷,榛殘本碎。"是也。以上孔疏語。據此,礧石壘石雷石并同。礧藺雙聲字,亦名藺石,錢説得之。王乃據壘字字形爲説,又云投人無壘石之名,疏謬甚矣。

財令陵爲助兵。(十四上)

師古曰:財與纔同,謂淺也,僅也。史傳通用字。他皆類此。王念孫曰:《廣雅》,堇,少也。堇與僅同。凡言財幸裁幸財察裁察財擇財哀財覽,義皆訓少。"

樹達按:此王氏校《賈誼傳》語,《補注》於《誼傳》已采録之。葵園以王氏《雜志》原文引及此注,復節録於此。然此文顏訓財爲僅,其義已明,復訓爲少,義轉迂矣。

而數數自循其刀環。(十五下)

師古曰:循謂摩順也。周壽昌曰:環者還也,故循刀環。先謙曰:官本注順作循,是。

樹達按:《説文》十二篇上"手部"云:揗,摩也。从手,盾聲。文假循爲揗。《釋名・釋兵》云:刀,其本曰環,形似環也。

握其足,陰諭之,言可還歸漢也。(十五下)

樹達按:文公十三年《左傳》:晉人謀復士會,魏壽餘至秦,履士會之足於朝。立政握武足,意正同也。又按:《荀子・大略》篇云:絶人以玦,反絶以環。楊倞注云:古者臣有罪,待放於境,三年不敢去,與之環則還,與之玦則絶,皆所以見意也。此古人以環示還之事也。

後陵律持牛酒勞漢使,博飲。(十五下)

樹達按:竇嬰爲田蚡張具,所市者牛酒,此漢故丞相飲今丞相也。陵律以匈奴王勞漢使,所持者亦僅牛酒。當時中外儉約相同,視後世餚饌紛陳者大異矣。

元平元年,病死。(十六上)

先謙曰:天漢二年至宣帝元平元年,二十六年。

樹達按:當云昭帝元平元年,宣字誤。

以校尉從大將軍青擊匈奴。(十六上)

樹達按:建嘗説青招士,見《衛青霍去病傳贊》。

以右將軍再從大將軍出定襄。（十六下）

樹達按：朱一新云：右將軍《功臣表》作前將軍。

失軍，當斬，贖爲庶人。（十六下）

樹達按：事詳《衛青霍去病傳》。

賢爲騎都尉。（十六下）

樹達按：賢字孺卿，見下文。

中子武，最知名。（十六下）

樹達按：建八世孫章，《後書》有傳。

盡歸漢使路充國等。（十六下）

樹達按：《匈奴傳》云：漢使之不降者路充國等。

衛律驚，自抱持武，馳召毉。鑿地爲坎，置煴火，覆武其上，蹈其背以出血。（十七下）

樹達按：背不可蹈，况在刺傷時耶！蹈當讀爲搯。《國語·魯語》云："無搯膺。"韋注云："搯，叩也。"馬融《長笛賦》云："搯膺擗摽。"搯膺謂叩胸也。搯背者，輕叩其背使出血，不令血淤滯體中爲害也。

女爲人臣子，不顧恩義，畔主背親，爲降虜於蠻夷，何以女爲見？（十八上）

師古曰：言何用見女爲也。王念孫曰：見字本當在女字上，何以見女爲，猶《論語》言"何以文爲""何以伐爲"耳。若云何以女爲見，則文不成義矣。《漢紀·孝昭紀》作何用見女爲兄弟乎，爲下加兄弟二字，遂失其指。然據此知《漢書》本作何以見女爲也。

樹達按：顔王説皆非也。《荀子·禮論》篇云："故人苟生之爲見，若者必死；苟利之爲見，若者必害。"與此句例同。此爲字與《左傳》"固敗是求","唯余馬首是瞻"之是字用法同。何以女爲見,言何用見女也。

使牧羝,羝乳乃得歸。(十八下)

樹達按:《説文》十二篇上"乙部"云:"人及鳥生子曰乳,獸曰産。"按許氏析言之,統言則可互通,此言羝乳是也。

教使者謂單于言:天子射上林中,得雁,足有係帛書,言武等在某澤中。(二十一上)

王念孫曰:某澤二字文義不明,某當爲荒,字之誤也。《藝文類聚・鳥部》中引作某澤,則此字之訛已久。《漢紀》正作荒澤。

樹達按:某澤者,當時教使者時必質言何澤,故單于聞之而驚。史家不詳澤名,故但云某澤耳。若云荒澤,泛言無所確指,單于必不聞之而驚矣。荀悦妄改可笑如此,而王氏從之,傎矣。顧炎武《日知録》卷二十六云:"《漢紀》與《漢書》小有不同,皆以班書爲長。"真篤論也。或疑荒澤是當時澤名,此不可信。班氏所不詳,荀悦無由知之也。

如惠語以讓單于。(二十一上)

師古曰:讓,貴也。

樹達按:貴字誤,當作責。景祐本作責,不誤。

庶幾乎曹柯之盟。(二十一下)

李奇曰:欲劫單于如曹劌劫齊桓公柯盟之時。

樹達按:劉台拱云:陵自以敗軍之將,欲立功自贖,故引曹劌爲比。而李云欲劫單于,不近事情。

歌曰:經萬里兮度沙幕,爲君將兮奮匈奴。路窮絶兮矢刃摧,士衆絶兮名已隤,老母已死,雖欲報恩,將安歸?

（二十一下）

樹達按：幕、奴，古韻同在模部，隤、死、歸，同在微部。

常惠、徐聖、趙終根皆拜爲中郎。（二十二上）

樹達按：《惠傳》云："漢嘉其勤勞，拜爲光禄大夫。"與此異。

自丞相黄霸，廷尉于定國，大司農朱邑，京兆尹張敞，右扶風尹翁歸，及儒者夏侯勝等，皆以善終著名宣帝之世，然不得列於名臣之圖，以此知其選矣。（二十三下）

樹達按：《論衡·須頌》篇云：宣帝之時，畫圖漢列士，或不在於畫上者，子孫恥之。李慈銘云：蘇武惟畫麒麟閣一事足以伸眉身後，故班氏特以此事系之《傳》後，以慰讀史者之心。良史用心之苦，非晉、宋以後史家所知。如以後世史法論，圖畫麒麟功臣事必當屬之《霍光傳》矣。此知班氏猶得《春秋》微而顯志而晦之旨者也。樹達按：李説至確，可謂善讀書者矣。

衛青霍去病傳第二十五（漢書五十五）

人奴之生。（二上）

沈欽韓曰：人奴謂衛媪本主家僮也。

樹達按：母爲家僮，青無自言之理，沈説殊戾人情。按上文云："父使青牧羊。"牧羊奴虜之事，故青云爾。《公孫弘傳贊》云："衛青奮於奴僕。"亦謂青身爲奴僕，其確證也。

上曰。（三下）

樹達按：姜宸英《湛園集·書史記衛霍傳後》云："驃騎戰功三

次，皆於天子詔辭見之，此良史言外褒貶法也。”按姜説甚諦。衛青戰功，《史》、《漢》亦如此叙之，不獨驃騎也。

已封爲列侯。（四上）

樹達按：此五字疑當在下文“益封青三千八百户”句上，《史記》亦同誤。

青問其罪正閎，長史安，議郎周霸等。（六下）

先謙曰：《集解》徐廣曰：霸，儒生。《索隱》：案《郊祀志》議封禪有周霸，故知儒生也。

樹達按：安殆即下文之任安。霸爲申公弟子，明見《儒林傳》。小司馬引《郊祀志》，迂矣。

自歸而斬之，是示後無反意也，不當斬。（六下）

樹達按：示後無反意，謂教示後人以遂降匈奴不必反歸漢朝之意。

霍去病，大將軍青姊少兒子也。（七上）

樹達按：《霍光傳》云：“光，去病弟也，父中孺，河東平陽人也。”邑里已具於彼，故此傳不及。《賈捐之傳》云：“捐之，賈誼之曾孫也。”不復叙其爲洛陽人，此班書精密處。後漢馬融爲馬援之兄孫，范書於援、融兩傳兩云扶風茂陵人，於文爲繁矣。

甯乘説青曰：將軍所以功未甚多，身食萬户，三子皆爲侯者，以皇后故也。（八上）

樹達按：此史家見意處。

元狩三年春，爲票騎將軍，將萬騎，出隴西。（八上）

樹達按：時去病道出河東，迎其父霍仲孺，爲買田宅奴婢，見《霍光傳》。

捷首虜八千九百六十級。（九上）

先謙曰：捷猶斬也。下文捷首虜三萬二百，《史記》捷作斬，可證。

樹達按：王説是也。《後漢書·西羌傳》注引《竹書紀年》云："大丁十一年，周人伐翳徒之戎，捷其三大夫。"捷字用法同。捷古韻在帖部，斬在添部，二部爲對轉音。

悉以李敢等爲大校，當裨將，出代右北平二千餘里，直左方兵。（十四上）

先謙曰：左方當爲左王。《匈奴傳》：票騎之出代二千餘里，與左王接戰，漢兵得胡首虜凡七萬餘人，左王將皆遁走，是其證。《功臣表》：路博德、復陸支伊、即軒下皆作擊左王，無作左方者。方與王音近而誤也。《史記》亦誤。此與左王接戰，故云直左王兵，若左方，但虚指其地，則所直爲誰之兵乎？史文舉無此例。胡注以爲匈奴分其國爲左右，故謂之左右方，亦曰左右地，説雖有據，以釋此文，未當也。

樹達按：王説是也。左王即左賢王。《李廣傳》云：敢以校尉從票騎將軍擊胡左賢王，力戰，奪左賢王旗鼓，是其事也。

上嘗欲教之吴孫兵法，對曰：顧方略何如耳，不至學古兵法。（十六上）

樹達按：不至與今語不必同，説詳本書卷九《匡衡傳》。

其在塞外，卒乏糧，或不能自振，而去病尚穿域蹋鞠，也事多此類。（十六上）

樹達按：《史記》無也字，孟堅於《史記》虚助之字往往節去，此文《史記》本無也字，而班獨增之，與全書體例不合。余謂也、它古同字，此也字當讀爲它，與下事多此類連讀。

青仁喜士退讓。（十六下）

先謙曰：《史記》作爲人仁善退讓，不言喜士。

樹達按：《贊》云："青言：人臣奉法遵職而已，何與招士！"此不當又言其喜士。蓋喜善二字形近，古書多相亂，善誤爲喜，後人又妄增士字耳。又按：汲黯不拜青而青愈賢黯，遇之加於前，足爲青退讓之證。

以和柔自媚於上。（十六下）

樹達按：《汲黯傳》云："大將軍青侍中，上踞廁視之。"觀此語可知其故。

嬗字子侯，上愛之，幸其壯而將之。爲奉車都尉，從封泰山而薨。（十七上）

樹達按：《郊祀志》云："子侯暴病，一日死。"《文心雕龍·哀弔》篇云："漢武封禪而霍子侯暴亡，帝傷而作詩。"黄注引《漢武帝集》云："嬗死，上甚悼之，乃自爲歌詩。"《史記·封禪書》索隱云：顧胤案：《武帝集》，帝與子侯家語云："道士皆言子侯仙去，不足悲。"帝愛嬗之深，可以推見。又案《初學記》十八"離别門"引武帝與奉車子侯家詔，《史記》注語字乃詔字之誤。

無子，國除。（十七上）

樹達按：《霍光傳》，光病時，請分國邑封兄孫山爲列侯以奉去病祀。光既葬，山封樂平侯。

再益封，凡萬六千三百户。（十七下）

宋祁曰：景德本無益字。

樹達按：據上文益封二次，益字當有。景祐本亦脱益字。

李廣、張騫、公孫賀、李蔡、曹襄、韓説、蘇建皆自有傳。（十七下）

樹達按：蔡附見《李廣傳》，襄附見《曹參傳》，説附見《韓王信傳》。

七歲，復以因杅將軍再出擊匈奴，至余吾。（十八下）

樹達按：時武帝遣敖迎李陵，見《陵傳》。

坐妻爲巫蠱族。（十八下）

樹達按：事在征和二年。

以校尉從大將軍，封岸頭侯。（十八下）

樹達按：《義縱傳》云：以勇悍從軍敢深入有功封。

路博德，西河平州人。（十九下）

錢大昕曰：《地理志》：西河郡有平周，無平州。先謙曰：《史記》亦作平州。《王莽傳》：民棄城郭，流亡爲盗賊，并州、平州尤甚。西河郡平州在并州部内，故云，或當時周州通假也。

樹達按：《左傳》華周，《古今人表》作華州。《韓非子·難三》篇云"遂以東州反"，東州即東周，此皆州周通作之證。

爲强弩都尉。（十九下）

樹達按：天漢二年，李陵擊匈奴，武帝詔博德將兵半道迎陵軍，正其爲强弩都尉時事。

居匈奴中十歲，復與其太子安國亡入漢。（二十上）

宋祁云，越本國作定。

樹達按：景祐本作定。

青謝曰：自魏其武安之厚賓客，天子常切齒，彼親待士大夫，招賢黜不肖者，人主之柄也。人臣奉法遵職而已，何

與招士！票騎亦方此意爲將如此。（二十下）

樹達按：《論衡·講瑞》篇及《定賢》篇并云：漢將軍衛青及將軍霍去病門無一客。自，雖也，説詳本書卷一《高帝紀》。

董仲舒傳第二十六（漢書五十六）

少治《春秋》，孝景時爲博士，下帷講誦。（一上）

樹達按：《論衡·別通》篇云：董仲舒睹重常之鳥，劉子政曉貳户之尸，皆見《山海經》。董、劉不讀《山海經》，不能定二疑。又按《古文苑》載董子《士不遇賦》。

弟子傳以久次相授業，或莫見其面。（一上）

師古曰：言新學者但就其舊弟子受業，不必親見仲舒。劉氏曰：久，衍字。先謙曰：《史記》亦有久字，文義較足，劉説非。據顔注，授業當作受業，且上言傳，則下不得復言授，轉寫誤授耳。《史記》正作受業。

樹達按：傳讀爲轉，謂轉相授業，授字義長。王誤讀傳爲傳授之傳，故欲改授爲受，非也。顔注詳説其事，故與正文授業字不同耳。又案：久次爲漢人恒語，謂年時久暫之次序。漢官陞遷有以久次者：《孔光傳》云："竊見國家故事，尚書以久次轉遷。"是也。此即後世之年資。有以功次者：《兒寬傳》云："以射策爲掌故，功次補廷尉文學卒史。"是也。董生以在門下較久之弟子教授後至之學者，故亦云久次，删久字則非其義矣。王駁劉説雖是，而云文義較足，則猶非真知灼見者。又按：仲舒弟子有褚大、嬴公、段仲、吕步舒，見《儒林傳》，步舒亦見本傳。又有吾邱壽王，見《壽王傳》。

或夭或壽，或仁或鄙，陶冶而成之，不能粹美，有治亂之所生，故不齊也。（四下）

樹達按：有讀爲又。

陽不得陰之助，亦不能獨成歲。（五下）

樹達按：《禮樂志》作成歲功。

刑者不可任以治世，猶陰之不可任以成歲也。

樹達按：刑者《禮樂志》作刑罰，是也。者字誤。

自古以來，未嘗有以亂濟亂，大敗天下之民如秦者也。其遺毒餘烈，至今未滅，使習俗薄惡，人民嚚頑抵冒，殊扞孰爛如此之甚者也。（七上）

樹達按：殊扞孰爛句與上文不相承，疑有訛奪。《禮樂志》有此文，但云習俗薄惡，民人抵冒，無殊扞以下十字。

如以湯止沸，抱薪救火，愈甚，無益也。（七下）

宋祁曰：越本甚作其，甚與其小差，則成誤矣。然其字施於此，則未安也。

樹達按：抱字古有抛音。《史記·三代世表》褚先生補云："抱之山中。"《集解》云：抱，普茅反。《索隱》云：抱，普交反。按普茅普交皆抛字之音也。宋校其爲誤文，是也。《禮樂志》作甚。景祐本亦誤作其。

臨淵羡魚，不如蛛而結網。（七下）

錢大昭曰：蛛南監本、閩本并作退。先謙曰：官本作退。

樹達按：景祐本作退。

故漢得天下以來，常欲善治，而至今不可善治者。（七下）

宋祁曰：越本無上一善字，然善治要須複語，不容上言治而下言善治也。浙本亦同有善字。

樹達按：《禮樂志》作常欲善治。

未始云獲也。（九上）

樹達按：云猶有也，見《經傳釋詞》。

廉恥貿亂，賢不肖渾淆。（九上）

樹達按：下文又云："廉恥異路，賢不肖異處。"皆以廉恥與賢不肖爲對文。然則廉謂廉士，恥謂可恥之人，与恒言廉恥異義。

動作應禮，從容中道。（九下）

樹達按：《廣雅·釋訓》云：從容，舉動也。

故詳延特起之士，意庶幾乎！（九上）

宋祁曰：古浙本有意字，他本無。

樹達按：景祐本無意字。

故太公起海濱而即三公也。（十上）

樹達按：《新語·道基》篇云：太公自布衣昇三公之位。

臣聞：良玉不琢，資質潤美，不待刻琢。（十下）

樹達按：《説苑·反質》篇云：孔子曰：丹漆不文，白玉不雕，寶珠不飾，何也？質有餘者不受飾也。

行韓非之説。（十一上）

先謙曰：韓非至秦即死，秦未嘗行其説，秦所行與非説合耳。

樹達按：韓非力詆儒術，《五蠹》篇言明王無書簡之教，以吏爲師，秦焚書坑儒正行其説也。王説殊誤。

非有文德以教訓於天下也。（十一上）

宋祁曰:景德本無天字,古本有。

樹達按:景祐本無天字。按有天字文雖可通,然下文云:今吏既亡教訓於下,則無天字者是也。

曾子曰:尊其所聞,則高明矣;行其所知,則光大矣。(十一下)

樹達按:光與廣古音同,光當讀爲廣,光大即廣大也。

貧窮孤弱寃苦失職。(十二上)

樹達按:寃讀爲怨。《鹽鐵論·毀學》篇云:"是以終日言無口過,終身行無寃尤。"用《孝經》之文,以寃尤爲怨尤,是古寃怨字通之證。

晏然自以如日在天。(十六上)

樹達按:《尚書大傳》云:桀云:天之有日,猶吾之有民。日有亡哉!日亡,吾亦亡矣。

然夏上忠,殷上敬,周上文者,所繼之捄當用此也。(十六下)

樹達按:《鹽鐵論》亦云:"夏忠,殷敬,周文,"與他書言殷質者不同,蓋《公羊》家説如此。

古之所予禄者,不食於力,不動於末。(十七下)

樹達按:動字無義,疑勤字形近之誤。

及至周室之衰,其卿大夫緩於誼而急於利,亡推讓之風,而有争田之訟。(十八下)

樹達按:《左傳·成公十一年》:"晉郤至與周争鄇田,王命劉康公、單襄公訟諸晉。"然則争田者實周王,此言卿大夫,蓋恐直斥武帝,故曲言之歟!

若居君子之位，當君子之行，則舍公儀休之相魯亡可爲者矣。（十九上）

樹達按：武帝他日興利之政，仲舒蓋早有所窺見，故其言如此。

粤王句踐與大夫泄庸、種、蠡謀伐吴，遂滅之。孔子稱殷有三仁，寡人亦以爲粤有三仁。（十九上）

師古曰：泄庸，一也；大夫種，二也；范蠡，三也。

樹達按：《春秋繁露·對膠西王越大夫不得爲仁》篇云："今以越王之賢與蠡、種之能，此三人者，寡人亦以爲粤有三仁。"是以句踐、蠡、種爲三仁，與此文異。又《繁露》以爲膠西王問，與《漢書》以爲江都王者又不同，疑《繁露》得其實也。

繇此言之，粤本無一仁。（十九下）

樹達按："粤本無一仁"，語意未了，當據《繁露》補"而安得三仁"五字。此由句末并有仁字，傳寫混脱耳。

故求雨閉諸陽，縱諸陰，其止雨反是。（十九下）

師古曰：謂若閉南門，禁舉火，及開北門，水灑人之類是也。

樹達按：《北史·魏孝静帝紀》：天平二年夏五月，大旱。勒城門殿門及省府寺署坊門以水澆人，不簡王公，無限日，得雨而止。宋邵博《聞見後録》云："汾、晉間祈雨，裸袒叫呼，奮臂爲反覆手狀，又以水洒行道之人，殆可笑。"是水灑人之法，後世猶有行之者。

公孫弘治《春秋》不如仲舒而弘希世用事，位至公卿。（二十下）

師古曰：希，觀相也。

樹達按：希字無觀相之義，蓋假爲睎。《説文》四篇上"目部"云：睎，望也。从目，希聲。

膠西王亦上兄也,尤縱恣,數害吏二千石。弘迺言於上曰:獨董仲舒可使相膠西王。(二十下)

樹達按:王鳴盛謂此事弘欲死仲舒,是也。

教令國中,所居而治。(二十下)

樹達按:《循吏傳序》云:江都相董仲舒居官可紀。

仲舒在家,朝廷如有大議,使使者及廷尉張湯就其家而問之,其對皆有明法。(二十下)

樹達按:《春秋繁露·郊祀對》篇云:臣湯承制以郊事問故膠西相仲舒云云,即其事也。仲舒請令關中民種宿麥及限民名田,見《食貨志》,又論匈奴事見《匈奴傳贊》。

年老,以壽終於家。(二十一上)

樹達按:平江蘇厚庵先生著《董子年表》,繫董生卒於太初元年。今考《食貨志》上云:"仲舒死後,功費愈甚,天下虛耗,人復相食。"據《武紀》,關東郡國飢,人相食,事在元鼎三年。又《食貨志》下云:"作柏梁臺,高數十丈,宮室之修,繇此日麗。是時山東被河災,及歲不登數年,人或相食。"所敘與上篇爲同時事。築柏梁臺關東水災,據《紀》皆在元鼎二年。則董生之卒,當在元鼎二年以前,不及至元封太初時矣。先生云:"《止雨篇》有二十一年之文,知董生元狩四年尚存。"此說甚是。然則董之卒當在元狩五六年及元鼎元年三年間也。又按:《夏侯始昌傳》云:"自董仲舒韓嬰死後,武帝得始昌,甚重之。始昌先言柏梁臺災日,至期日,果災。"據《五行志》上及《武紀》,柏梁臺之災在太初元年十一月乙酉,此十一月,實爲太初元年之第二月。計董生死而帝始得始昌,始昌先言柏梁臺當災,而後柏梁臺始災,其間爲時自當不少。然則董生不得卒於太初元年,又甚明也。

至向子歆，以爲伊、吕迺聖人之耦，王者不得則不興，故顔淵死，孔子曰：噫！天喪余！唯此一人爲能當之。（二十一下）

師古曰：事見《論語》。噫，歎聲也，言失其輔佐也。

樹達按：哀公十四年《公羊傳》云："顔淵死，子曰：噫！天喪予。子路死，子曰：噫！天祝予！"何注云："天生顔淵、子路爲夫子輔佐，皆死者，天將亡夫子之徵。"按此《公羊》家説。劉歆素主《左氏》，此謂唯顔淵一人爲能當伊、吕，則謂子路不足當輔佐之目，實暗駁《公羊》家義也。

自宰我、子贛、子游、子夏不與焉。（二十一下）

樹達按：自，雖也，詳卷一《高祖紀》。

司馬相如傳第二十七上（漢書五十七）

卓王孫僮客八百人，程鄭亦數百人，迺相謂曰：令有貴客，爲具召之。（一下）

樹達按：吕公客沛令所，沛人以令有重客，皆往賀，與此事正同，可見秦、漢間風俗。

相如爲不得已而强往。（二上）

樹達按：爲與僞同。

故相如繆與令相重而琴心挑之。（二上）

師古曰：寄心於琴聲以挑動之也。挑音徒了反。

樹達按：相重謂相引重。《灌夫傳》云："兩人相爲引重。"是也。

挑假爲誂,相呼誘也。此謂以琴心誘之。

相如時從車騎,雍容閒雅,甚都。(二上)

韋昭曰:都邑之容也。師古曰:都,閑美之稱也。韋言都邑,失之遠矣。

樹達按:都鄙對文,都謂都邑,鄙謂鄉邑也。由都邑引申之,則都訓皆美義。《廣雅·釋詁》云:都,大也。《詩·有女同車》傳云:都,閑也。《史記·相如傳》索隱引郭璞云:都,雅也。又《集解》引韋昭云:都,姣也。及此注顔訓美,皆美義也。鄙爲鄉邑,引申之,鄙訓皆惡義。《廣雅·釋詁》云:鄙,小也。《孟子·盡心》篇注云:鄙,狹也。《史記·樂書》云:鄙,陋也。昭公十六年《左傳》注云:鄙,賤也。《文選》嵇叔夜《幽通詩》注云:鄙,俚也。《一切經音義》二十五引《廣雅》云:鄙,猥也。本書《董仲舒傳》注云:鄙,不通也。皆惡義也。本書都固訓美,韋云都邑之容者,乃探語源爲説,以都邑之容無不美也。顔不知其意而斥之,妄矣。

及飲卓氏,弄琴,文君竊從户窺,心説而好之,恐不得當也。(二上)

師古曰:當謂對偶之。

樹達按:周壽昌云:當音丁浪切,言恐不得當其意也。《禮記·學記》:水無當於五色。《哀公問》:求得當欲,不以其所。《昏義》:而後當於夫。注:當,合也。一曰稱也。不當如顔説。

獲多乎? 曰:少。(四上)

樹達按:《説文》十篇上"犬部"云:獲,獵所獲也。

樝梨梬栗。(九下)

樹達按:梬即曾子所嗜之羊棗也。今北京俗呼爲黑棗。

右夏服之勁箭。（十一上）

伏儼曰：服，盛箭器也。師古曰：箭服即今之步叉也。

樹達按：如注説，字當作箙。《説文》五篇上“竹部”云：箙，弩矢箙也。

洞胷達掖，絶乎心繫。（十二下）

樹達按：《説文》十二篇上“手部”云：掖，臂下也。

衯衯裶裶，揚袘戌削。（十三下）

張揖曰：袘，衣袖也。師古曰：揚，舉也。袘，曳也。或舉或曳，則戌削然見其降殺之美也。錢大昭曰：《説文》：衯，長衣貌。裶，長衣貌。先謙曰：《史記》戌作卹。袘《史記》、《文選》并作袘。《玉篇》：袘，衣緣也。《士昏禮》：纁袘。注：袘謂緣。袘之言施，以纁緣裳，象陽氣下施也。《類篇》：褫，裳下緣也。袘袘褫同一字，訓爲裳緣。

樹達按：文言揚袘，裳緣不可揚，王説非也。下文云：“曳獨繭之褕袣，眇閻易以恤削。”張揖曰：褕，襜褕也。袣，褏也。郭璞曰：閻易，衣長貌也。勘校兩文，旨義相同，則張訓袘爲衣袖者是也。

浮文鷁。（十五下）

樹達按：鷁字《説文》四篇上“鳥部”作鶃，又或體作鵜，云：司馬相如説从赤。然則此賦原文當作鵜字，後人改耳。

榜人歌，聲流喝。（十六上）

郭璞曰：言悲嘶也。先謙曰：喝讀若暖，所謂暖迺之聲，即櫂歌也。暖迺與欸乃同，參諸郭説，若今歌之尾聲羡字，激楚含哀矣。

樹達按：《莊子·庚桑楚》釋文引崔譔云：喝，啞也。《後漢書·張酺傳》云：王青被矢貫咽，音聲流喝。然則流喝謂音聲㽡散，郭王説并非也。

泊乎無爲，澹乎自持。（十六下）

師古曰：泊澹皆安静意也。先謙曰：泊澹文選作怕憺。

樹達按：澹借字，憺乃本字。《説文》十篇下"心部"云：憺，安也。

二者無一可，而先生行之，必且輕於齊而累於楚矣。（十八上）

師古曰：言楚使者失辭，自爲累重，而於齊無所負擔，故云輕也。先謙曰：《文選》注：使者失辭爲輕於齊，使非其人，爲累於楚也。較顔説爲長。

樹達按：輕於齊謂見輕於齊。《吕氏春秋·審分》篇注云：累猶負也。按累又有害義，《論衡》有《累害》篇。顔云累重，非是。

射乎之罘。（十八上）

樹達按：閻若璩《四書釋地》云：秦始皇三十七年，自琅邪北至榮成山，射巨魚之罘，此暗用秦皇事。

横流逆折，轉騰潎洌。（二十一下）

孟康曰：轉騰，相過也。

樹達按：騰當讀爲滕。《説文》十一篇上"水部"云：滕，水超湧也。轉滕謂或轉或滕，非相過也。孟説非。

明月珠子，的皪江靡。（二十四上）

樹達按：的皪本字當爲玓瓅。《説文》一篇上"玉部"云：玓瓅，明珠色。

隨風澹淡。（二十五下）

樹達按：《説文》十一篇上"水部"云：澹，水摇也。

黄甘橙楱。（三十四下）

樹達按：沈欽韓云：香橼即楱也。

亭奈厚朴。（三十四下）

張揖曰：厚朴，藥名也。

樹達按：張文虎云：此文所舉皆爲果。李時珍注《本草》云："厚朴實如冬青子，有核，七八月采之，味甘美。"是亦果也。注以爲藥名，失之。

沙棠櫟櫧。（三十五下）

樹達按：櫧味苦，長沙呼苦櫧子。

柴池茈虒，旋還乎後宮。（三十七下）

郭璞曰：柴音差。

樹達按：柴古音在支部，差在歌部，二部音近多通。《詩·君子偕老》云：玼兮玼兮。《周禮·內司服》注引作瑳兮瑳兮。是此聲差聲相通之證也。

偃蹇杪顛。（三十九上）

師古曰：杪顛，枝上端也。

樹達按：顛假爲槙。《說文》六篇上"木部"云：槙，木頂也。

江河爲阹。（三十九上）

樹達按：《說文》十四篇下"𨸏部"云：阹，依山谷爲牛馬圈也。

絝白虎。（四十二上）

張揖曰：著白虎文絝也。師古曰：絝，古袴字。先謙曰：《集解》引郭璞曰：絝謂絆絡之，不如張說爲合。

樹達按：《說文》三篇下"䰜部"云："䰞，羽獵韋絝。"是獵絝以韋爲之。此蓋謂以白虎之皮爲絝耳。張說非。

羂要褭。（四十二下）

師古曰：羂謂羅繫之也。

樹達按：罥《説文》四篇下“网部”字作䍐，云：網也。《聲類》云：䍐，以繩係取獸也。《楊雄傳》：絹嘄陽，以絹字爲之。

流離輕禽，蹵履狡獸。（四十三上）

師古曰：流離，困苦之也。先謙曰：《文選》注：張揖曰：流離，放散也。案流離當如顏説，與蹵履意對。

樹達按：流離張訓放散，是也。王説非是。困苦與蹵履意對，放散獨不對乎？

彎蕃弱。（四十三下）

文穎曰：彎，牽也。蕃弱，夏后氏之良弓名。

樹達按：《説文》十二篇下“弓部”云：彎，持弓關矢也。文訓牽，非是。

揜焦明。（四十四下）

先謙曰：《文選》作焦朋，《楚辭·遠遊》：“從玄鶴與鷦朋。”王注：“鷦朋，俊鳥。”《吴都賦》作鷦鵬。《廣雅·釋鳥》又云：焦明，鳳凰屬也。是明朋互寫，其來已久，疑以朋爲正。此鳥鳳屬，朋鵬二字并鳳之異文，且非焦朋，《吴都賦》無緣作鷦鵬也。

樹達按：《楚辭》作鷦明，《吴都賦》作鷦鵬，王據誤本爲説，殊爲疏失。且本文以凰明羊鄉爲韻，《説文》四篇上“鳥部”鷫字下亦以明明鷞昌皇爲韻。皆古韻唐部。果如王説明字作朋，朋爲登部字，與唐部不相通，豈不皆失其韻耶！且《吴都賦》以鳴驚鵬鶬爲韻，惟漢人讀明入青部，與今讀同，故可相叶，若朋則漢時與青部亦不相通也。

鏗鎗闛鞈。（四十六下）

師古曰：闛鞈，鼓音也。先謙曰：汲古本《史記》作鏗鏘鏜鼛。《文選》注：《毛詩》曰：擊鼓其鏜。《字書》曰：鞈，鼓聲。闛與鏜，鞈與鞈，古字通。

樹達按：《説文》五篇上"鼓部"云：鼛，鼓聲也。鼛，鼓聲也。古文鼛从革作鞈。《毛詩》之鏜，《史記》之鏜，及此文之闛，皆以音近通假耳。

實陂池而勿禁。（四十九上）

師古曰：實謂人滿其中，言恣其有所取也。先謙曰：《文選》注引司馬彪曰：養魚鼈滿陂池，而不禁民取也。與顔説異，於義并通。

樹達按：陂池不可實人，司馬説是。

僕恐百姓被其尤也。（五十下）

師古曰：尤，過也。

樹達按：《説文》三篇上"言部"云：訧，過也。尤乃省借字。

司馬相如傳第二十七下（漢書五十七）

發巴蜀之士各五百人以奉幣，衛使者不然。（二上）

樹達按：《墨子·辭過》篇云：府庫實滿，足以待不然。

唐蒙已略通夜郎，因通西南夷道，發巴蜀廣漢卒，作者數萬人，治道二歲，道不成，士卒多物故。（三下）

樹達按：《食貨志》云：作者數萬人，千里負擔餽饟，率十餘鍾致一石，數歲而道不通。

蜀民及漢用事者多言其不便。（三下）

樹達按：用事者言其不便，公孫弘其一人也，時弘爲御史大夫。

且因宣其使指。（六上）

錢大昭曰：詣當作指，《史記》及閩本俱作指。先謙曰：官本作指。

樹達按：景祐本作指。

耆老大夫搢紳先生之徒二十有七人儼然造焉。(六上)

樹達按：《秦策》云：今先生儼然不遠千里而庭教之。《高注》云：儼然，矜莊貌。

今割齊民以附夷狄。(六下)

何焯曰：附，附益之也。割齊民謂賂以巴蜀吏幣物。先謙曰：《文選》注：附謂令之親附也，非是，當從何說。

樹達按：附字《文選》注説是也。

僕尚惡聞若説！(六下)

師古曰：尚，猶也。若，如也。言僕猶惡聞如此之説，況乎遠識之人也。惡音一故反。宋祁曰：若，汝爾也。《莊子》"予語若"之類，不容詁爲如。先謙曰：宋説是。《索隱》引張揖云：惡聞若曹之言也。

樹達按：惡，於何也，顔音誤。若字張宋訓固可通，惟語氣較促。今按：若當訓此，文言巴蜀不變，則君等至今爲夷人，僕無由聞此論也。

夏后氏戚之，乃堙洪原。(七上)

樹達按：《説文》十篇下"心部"云：慼，憂也。經傳通假戚爲之。

常稱疾閒居，不慕官爵。(十上)

樹達按：《嚴助傳》云："其尤親幸者，東方朔，枚皋，嚴助，吾丘壽王，司馬相如，相如常稱疾避事。"與此文合。

信讒不寤兮，宗廟滅絶。(十二上)

師古曰：信讒，謂殺李斯也。

樹達按：信讒但謂信任趙高耳，不必專指殺李斯事言。

魂亡歸而不食。（十二上）

樹達按：《文心雕龍·哀弔》篇云：相如之弔二世，全爲賦體，桓譚以爲其言惻愴，讀者歎息。

乃遂奏《大人賦》。（十二下）

先謙曰：《史記》奏作就。案上文云："嘗爲《大人賦》未就，請具而奏之。"後文云："相如奏《大人賦》。"則此處作就者是，疑涉下奏《大人賦》而誤耳。

樹達按：《史》作就，班改《史》作奏，於義爲長。上文"請具而奏"，猶未奏也。下文"既奏《大人賦》"，則已奏也。此云奏，與上下相承，最適宜爾。

靡屈虹而爲綢。（十三上）

張揖曰：綢，韜也。

樹達按：《爾雅·釋天》云："素錦綢杠。"郭注云："以白地錦韜旗之竿。"以綢爲韜，爲相如所本。

跮踱輵螛，容以骫麗兮。（十四上）

張揖曰：跮踱，互前卻也。師古曰：跮音丑日反。踱音丑略反。先謙曰：《集解》引徐廣曰：跮踱，乍前乍卻也。

樹達按：跮踱《説文》作彳辵。二篇下"彳部"云：彳，小步也。又"辵部"云：辵，乍行乍止也。

吾欲往乎南娭。（十五下）

先謙曰：娭《史記》作嬉。《楚辭·招魂》注：娭，戲也。《廣雅·釋詁》：嬉，戲也。義得兩通。

樹達按：娭嬉同字，上卷"娭游往來"《補注》引王念孫説已詳言之。此處忽忘前説，作此游移之詞，非也。

騷擾衝蓯其相紛挐兮。（十五下）

樹達按：《史記·衛霍列傳》正義引《倉頡解詁》云：紛挐，相牽也。

杭絶浮渚涉流沙。（十六下）

張揖曰：杭，船也。

樹達按：《説文》八篇下"方部"云：航，方舟也。此與下文"躍魚隕杭"皆假杭爲之。

其遺札書言封禪事，所忠奏焉，天子異之。（十九下）

樹達按：武帝奇其書，以問兒寬，後因封禪，詳《寬傳》。

伊上古之初肇，自顥穹生民。（十九下）

樹達按：此文多以訓詁之字代通用之字，爲楊子雲文所自昉。

皇皇哉斯事，天下之壯觀，王者之卒業，不可貶也。（二十四上）

師古曰：皇皇，盛貌也。卒，終也，字或作本，或作丕。丕，大也。先謙曰：《史記》作丕。

樹達按：王念孫云：《爾雅》云："莊，大也。"壯觀丕業，皆承上皇皇哉斯事言之，則作丕者是也。作卒作本，則非其旨矣。隸書丕或作丕，本或作夲，卒或作卆，三者皆相似，故丕訛作卒，又訛作本。《史記》正作丕，五臣本《文選》同。

滋液滲漉，何生不育？（二十五下）

樹達按：滋液連言，滋亦液也。鄒陽《酒賦》云："甘滋泥泥。"楊雄《羽獵賦》云："上獵三靈之流，下決醴泉之滋。"滋皆謂液也。

蓋聞其聲，今視其來。（二十六上）

師古曰：來合韻音郎代反。瞿鴻禨曰：來與之哉喜態皆叶，顏讀非也。

樹達按：之古韻在咍部，與哉喜態固爲同韻，然上文匪唯雨之以下六句乃以古韻模鐸部之雨澤護慕爲韻，之字不入韻也。名山顯位以下十二句以來哉囿喜態來爲韻，瞿不舉囿字，亦非也。瞿氏不瞭古音，故出入兩失之如此。

厥之有章，不必諄諄。（二十六下）

文穎曰：天之所命，表以符瑞，章明其德，不必諄諄然有語言也。

樹達按：《孟子·萬章上》篇云："萬章曰：天與之者，諄諄然命之乎？孟子曰：否。"此爲相如語意所本。之字當與《萬章》篇下文"天下諸侯朝覲者不之堯之子而之舜，訟獄者不之堯之子而之舜"諸之字義同，當訓爲往。此謂龍之所往，即所以章顯天意，不必由天諄諄然命之也。文說未是。

採其尤著公卿者云。（二十七上）

樹達按：武帝令相如作詩頌，見《李延年傳》。

相如雖多虛辭濫説，然要其歸引之於節儉，此亦《詩》之風諫何異。（二十七下）

樹達按：亦當作㠯，㠯，與也。音近誤耳。景祐本亦誤作亦。

楊雄以爲：靡麗之賦勸百而風一，猶騁鄭、衛之聲，曲終而奏雅，不已戲乎！（二十七下）

張揖曰：不亦輕戲乎哉。宋祁曰：已當作亦。先謙曰：謂楊雄之論過輕相如也。

樹達按：已，太也，過也。宋謂當作亦，非也。文謂先騁淫聲，曲終奏雅，不太輕戲乎！王説誤。

公孫弘卜式兒寬傳第二十八(漢書五十八)

《公孫弘卜式兒寬傳》第二十八。(一上)

樹達按:此以諸人同爲御史大夫合傳。

年四十餘,乃學《春秋》雜説。(一下)

何焯曰:雜説,雜家之説,兼儒、墨,合名、法者也。《藝文志》亦有《公羊雜記》八十三篇。以宏所對"智者術之原也"一條味之,其學蓋出於雜家,則此雜説非《春秋》經師之雜説也。

樹達按:弘受《春秋》於胡母生,見《儒林傳》。何説《春秋》與雜説爲二事,是也。《韓安國傳》云"受《韓子》雜説",謂韓子與雜説也。《燕剌王旦傳》云"博學經書雜説",謂經書與雜説也。與此并同,足以爲證。

是時弘年六十,以賢良徵。(一下)

樹達按:時弘仄目視轅固生,生諷弘以無曲學阿世,見《儒林傳》。

問子大夫。(二上)

先謙曰:官本問上有敢字,是。

樹達按:景祐本有敢字。

夫厚當重刑。(二下)

錢大昭曰:當閩本及《漢紀》并作賞。先謙曰:官本作賞,是。

樹達按:景祐本作賞。

通塞之塗。(三下)

錢大昭曰：通下脱𤲅字，南監本、閩本及鼂錯所引并有𤲅字。

樹達按：景祐本有𤲅字。又按錢説本云《鼂錯傳》注所引，《補注》脱去傳注二字。

順之和起，逆之害生。（四上）

王念孫曰：和當爲利，草書之誤也。順逆利害皆對文，若作和，則與害不相對矣。《漢紀》作和，亦後人以誤本《漢書》改之。《文選·永明十一年策秀才文》注引此正作利。

樹達按：王校大誤。上文"氣同則從"以下一節專論和，和字凡十餘見，大意謂人主有和德則天地之和應之。此節承彼爲言，意謂水旱爲主德不和所致，順天則和起，逆天則害生，害謂災害，非利害之害也。但求文字爲對文，不顧立言之主旨，王氏之疏，斯爲甚矣。

及其教馴服習之。（四下）

師古曰：馴，順也。

樹達按：馴當讀爲訓。《説文》三篇上"言部"云：訓，説教也。訓馴二字同從川聲，故得通用耳。

習文法吏事。（四下）

樹達按：何焯云：弘習文法吏事，以少爲獄吏力也。

緣飾以儒術。（四下）

樹達按：《食貨志》云："公孫弘以《春秋》之義繩臣下，取漢相。"所謂緣飾儒術者也。

一歲中至左内史。（五上）

樹達按：《循吏傳序》云：内史公孫弘居官可紀。

常與主爵都尉汲黯請間，黯先發之，弘推其後，上常説，所言皆聽。（五上）

樹達按：何焯云：他人先發而推其後，則先以他人試上之喜怒也。

齊人多詐而無情，始爲與臣等建此議，今皆背之，不忠。（五上）

先謙曰：《史記》情下有實字，始下無爲字。爲讀曰僞。

樹達按：如王説，始僞建議而今背之，但爲不信於友耳，非不忠也。今按爲猶將也。《孟子·梁惠王》篇云："克告於君，君爲來見也。"趙注云："君將欲來。"是也。《史記·衛將軍驃騎傳》云："驃騎始爲出定襄，當單于。捕虜，虜言單于東，乃更令驃騎出代郡。"始爲出定襄，始將出定襄也。以始爲爲始將，句例與此正同。若云始僞出定襄，不可通矣。

遷御史大夫。（五上）

樹達按：弘爲御史大夫，止武帝勿以甯成爲郡守，見《酷吏·義縱傳》。議殺郭解，見《游俠傳》。

元朔中，代薛澤爲丞相。（五下）

樹達按：弘爲相，請禁民毋得挾弓弩，見《吾丘壽王傳》。數稱張湯之美，見《湯傳》。

其後以爲故事，至丞相封，自弘始也。（六上）

樹達按：文帝時申屠嘉爲相曾封侯，但不爲故事，爲故事實自弘始。宋程大昌《攷古編》卷六謂丞相封侯實始於申屠嘉，不始於弘者，似是而實非也。

於是起客館，開東閣以延賢人。（六上）

樹達按：《朱雲傳》："薛宣爲丞相，語雲：且留我東閣，可以觀四方奇士。"是客館後雖就廢，東閣之名固終漢世存也。

弘身食一肉，脱粟飯。（六下）

樹達按：《食貨志》云：公孫弘以宰相食不重味爲下先，然而無益於俗。

殺主父偃，徙董仲舒膠西，皆弘力也。（六下）

樹達按：徙董事詳《仲舒傳》。

後淮南衡山謀反，治黨與方急。（六下）

樹達按：《淮南王傳》：弘以審卿之言，深探淮南之獄，則治黨與之急亦弘爲之。

陛下過意擢臣弘卒伍之中。（七上）

樹達按：周衍齡云：《貢禹傳》："陛下過意徵臣。"亦用過意字。

守成文。（七上）

錢大昭曰：成下脱上字，南監本、閩本皆有。先謙曰：官本有上字。據下注顔本有上字，《史記》亦作尚文。

樹達按：景祐本有上字。

年八十，終丞相位。（八上）

先謙曰：陳鵬年云：按《史記》，弘以建元元年徵爲博士，罷歸年六十。

樹達按：弘以元狩二年卒，年八十，則當生於漢高帝七年辛丑。徵博士罷歸事在建元元年，其年弘年當爲六十一也。姚振宗云：《恩澤侯表》云：平津獻侯公孫弘元朔三年十一月乙丑封，則其謚曰獻。

其後李蔡、嚴青翟、趙周、石慶、公孫賀、劉屈氂繼踵爲丞相。（八上）

樹達按：蔡爲李廣之從弟，事詳《廣傳》。

自蔡至慶，丞相府客館丘虚而已，至賀、屈氂時，壞以爲

馬廄車庫奴婢室矣。（八上）

樹達按：《鹽鐵論·救匱》篇云："公孫丞相兒大夫側身行道，分禄以養賢，卑己以下士，而葛繹澎侯之等隳壞其緒，紕亂其紀，毀其客館議堂，以爲馬廄婦舍，無養士之禮，而尚驕矜之色，廉恥陵遲而争於利矣。"按賀封葛繹侯，屈氂封澎侯。

唯慶以惇謹復終相位，其餘盡伏誅云。（八上）

樹達按：慶雖不見誅，然武帝以慶乞休，詔報深責，至有勸慶引决者，其不見誅亦僅矣。

今天下不幸有事，未有奮繇直道者也。（十上）

孟康曰：未有奮迅樂出身勞於徭役者也。臣瓚曰：言未有奮厲於正直之道也。師古曰：二説皆非也。奮，憤激也。繇讀與由同，由，從也。直道謂報怨以直，征南越也。言無欲奮厲而從於報怨之道。

樹達按：臣瓚説是也。《爾雅》云："繇，於也。"《詩·大雅·抑》云："無易由言。"《箋》云："由，於也。"繇由字通，孟顔説并非。

其賜式爵關内侯，黄金四百斤，田十頃，布告天下，使明知之。（十下）

先謙曰：官本作黄金四十斤，以理度之，十字是也。《史記》作金六十斤，又詔文與此多不同。

樹達按：《食貨志》作四十斤。

式既在位，言郡國不便鹽鐵而船有算，可罷，上由是不説式。（十下）

樹達按：詳見《食貨志》下卷。據志文，式因孔僅言之。又此類皆桑弘羊主其事，武帝正信賴弘羊甚，而式力詆羊，亦見《食貨志》故武帝不説也。

治《尚書》，事歐陽生，以郡國選詣博士，受業孔安國。（十下）

樹達按：《論衡·正説》篇謂鼂錯從伏生受《尚書》而傳於兒寬，與此及《儒林傳》并不同。《儒林傳》云：寬授歐陽生之子，歐陽、大小夏侯之學，皆出於寬也。

寬爲人温良，有廉知自將。（十一上）

樹達按：有當爲以。蓋以古字作㠯，形近誤爲有耳。《張敞傳》云："以經術自輔。"句例同。

善屬文，然懦於武，口弗能發明也。（十一上）

樹達按：《鹽鐵論·刺復》篇云：曹丞相日飲醇酒，兒大夫閉口不言。

寬既治民，勸農桑，緩刑罰，理獄訟，卑體下士，務在於得人心。（十一下）

樹達按：周壽昌云：《鹽鐵論·救匱》篇云：倪寬練袍，衣若僮僕，食若庸夫。又賢良曰：倪大夫側身行道，分禄以養賢，卑己以下士。

課更以最。（十二上）

樹達按：《循吏傳序》云：孝武之世，惟江都相董仲舒，内史公孫弘、兒寬居官可紀。

官屬易之。（十四上）

師古曰：易，輕也。

樹達按：易本字作傷。《説文》八篇上"人部"云：傷，輕也。

公孫弘、卜式、兒寬皆以鴻漸之翼，困於燕爵。（十四上）

樹達按：《説文》四篇上"隹部"云："雀，依人小鳥也。讀與爵同。”又五篇下“鬯部”云:“爵,禮器也,象雀之形。所以飲器象雀者,取其鳴節節足足也。”二字音近,故經傳多假爵爲雀。

始以蒲輪迎枚生。(十四上)

樹達按:枚乘也,事具《乘傳》。

張湯傳第二十九(漢書五十九)

訊鞫論報。(一上)

樹達按:鞫當作簐。《説文》十篇下“㚔部”云:簐,窮治罪人也。从㚔,从人,从言,竹聲。”又云:“報,當罪人也。从㚔,从𠬝。𠬝,服罪也。”

并取鼠與肉具獄磔堂下。(一下)

樹達按:《説文》五篇下“桀部”云:磔,辜也。从桀,石聲。

治方中。(二上)

孟康曰:方中,陵上土作方也。蘇林曰:天子即位,豫作陵,諱之,故言方中,或言斥土。

樹達按:《趙廣漢傳》又云方上。

與趙禹共定諸律令。(二上)

樹達按:《晉書·刑法志》云:張湯《越宫律》二十七篇,趙禹《朝律》六篇。《太平御覽·刑法部》引張裴《律序》云:張湯制《越宫律》,趙禹作《朝會正見律》。

湯爲廷尉。(二上)

樹達按:湯爲廷尉,汲黯罵湯,見《黯傳》。爲湯廷尉史者有杜周、王温舒，見《周及温舒傳》。

始爲小吏，乾没。（二下）

樹達按：黄生云：此言以公家財物入己，如水之淹物，沉没無迹也。不水而没，故曰乾没，與陸沉意同。

是時上方鄉文學，湯決大獄，欲傅古義，乃請博士弟子治《尚書》、《春秋》補廷尉史。（二下）

先謙曰：用兒寬是其一證。

樹達按：《兒寬傳》載廷尉有疑奏，再見卻，寬爲奏，即時得可。武帝以問湯，湯言兒寬，湯由是鄉學。然則湯決獄欲傅古義，正是由寬啟之，王説倒因爲果。

上所是，受而著讞法廷尉挈令。（二下）

韋昭曰：在板挈也。師古曰：著謂明書之也。挈，獄訟之要也，書於讞法挈令以爲後式也。先謙曰：言上所允行者，則受而書之於板，著其上請之事爲定法，復舉此令以宣布上美。《杜周傳》云：後主所是疏爲令也。挈，舉也。《史記》作絜，借字，挈絜古通用。

樹達按：沈家本云：著讞法廷尉挈令，言著其所讞之法於廷尉之挈令也。顔注不明。按王説繳繞，沈説是也。

遷御史大夫。（三下）

樹達按：湯爲御史大夫，問通褒斜道事，見《溝洫志》。治顔異罪論死，見《食貨志》。見使立齊懷王閎，見《武五子傳》。劾奏徐偃矯制，見《偃傳》。爲御史者有尹齊，見《齊傳》。

湯承上指，請造白金及五銖錢。（四上）

樹達按：指讀爲恉。《説文》十篇下"心部"云：恉，意也。

湯之治淮南江都，以深文痛詆諸侯，别疏骨肉，使藩臣不

自安，臣固知湯之爲詐忠。（四下）

樹達按：固與故同。

河東人李文故嘗與湯有隙，已而爲御史中丞，薦數從中，文事有可以傷湯者，不能爲地。（五上）

服虔曰：薦，藉也。文與湯故有隙，已而爲御史中丞，藉己在内臺，中文書有可用傷湯者，因會致之，不能爲湯作道地。蘇林曰：薦，仍也。師古曰：薦數義同，蘇説是也。數數在其中，其有文書事可用傷湯者，不爲作道地也。先謙曰：不能爲地，不爲湯餘地也。

樹達按：不能爲地，服蘇釋不爲作道地，是也。《酷吏・田延年傳》云："霍將軍召問延年，欲爲道地。"是其證矣。《灌夫傳》云："程李俱東西衛尉，今衆辱程將軍，仲孺獨不爲李將軍地乎？"單用地字，與此傳同，蘇亦釋爲不除道地。

湯常排趙王。（五下）

樹達按：趙王彭祖也。

遂自殺。（七上）

樹達按：《食貨志》云：湯死而民不思。

復稍進其子安世。（七上）

樹達按：湯有子卬爲漢中守，見《溝洫志》。

王行淫亂，光復與安世謀廢王。（八上）

樹達按：時光以夏侯勝言臣下有謀上者，疑安世泄語，安世實不言，見《勝傳》。

功次大將軍光。（八上）

樹達按：據《杜延年傳》，當時論功，以誅諸吕事爲比，光功過周勃，安世比陳平也。

毋空大位以塞争權。（八上）

師古曰：大臣位空，則起争奪之權也。

樹達按：注當云則起争權之事。

君而不可，尚誰可者？（八下）

樹達按：而，如也。

數月，罷車騎將軍屯兵，更爲衛將軍。（八下）

樹達按：時安世薦蘇武明習故事，奉使不辱命，見《武傳》。蓋寬饒劾奏安世居位無補，見《寬饒傳》。

安世瘦懼，形於顔色。（八下）

樹達按：瘦懼二字義不貫，懼疑臞字之誤。《説文》四篇下“肉部”云：臞，少肉也。

其欲匿名迹，遠權埶如此。（九上）

樹達按：何焯云：宣帝尤多忌，不欲權在臣下。觀《趙充國傳》，安世始亦嘗不快上，故務爲畏謹抑退，求自免也。

及曾孫壯大，賀教書，令受《詩》。（九下）

樹達按：《宣帝紀》云：受《詩》於東海澓中翁。

爲取許妃。（九下）

樹達按：事詳《外戚傳》。

賀聞知，爲安世道之，稱其材美，安世輒絶止。以爲少主在上，不宜稱述曾孫。（十上）

樹達按：少主謂昭帝也。賀嘗欲以女孫妻曾孫，安世止之，見《外戚傳》。

彭祖又小與上同席研書，指欲封之。（十上）

先謙曰：書指欲封之，言詔書意欲封之。

樹達按：帝欲封則竟封矣，書意欲封，於事理不合。《佞幸傳》云："彭祖少與帝微時同席研書。"知當於書字句絶。研蓋研討之謂，王氏誤讀也。

上自處置其里，居家西鬬雞翁舍南，上少時所嘗游處也。（十上）

樹達按：《宣帝紀》云：帝喜游俠鬬雞走馬。

其封賀弟子侍中關内侯彭祖爲陽都侯。（十下）

樹達按：《佞幸傳》云：彭祖以舊恩封陽都侯，出常參乘，號爲愛幸。其人謹敕，無所虧損，爲其小妻所毒，薨，國除。

天子甚尊憚大將軍，然内親安世，心密於光焉。（十下）

樹達按：《霍光傳》云："光驂乘，宣帝若芒刺在背；安世驂乘，則從容肆體，甚安而近焉。"又按《趙充國傳》："上欲誅安世，充國爲言，乃得免。"然則宣帝於安世，亦非能魚水無間也。

謚曰敬侯。（十一上）

樹達按：安世爲《麒麟閣》畫象第二人，見《蘇武傳》。

户口如故而租税減半，薨。（十一下）

樹達按：宣帝嘗遣延壽問蕭望之以匈奴事，見《望之傳》。

大官私官并供具第。（十二上）

錢大昭曰：具南監本、閩本作其。先謙曰：官本作其，是。

樹達按：景祐本作其。

常從爲微行出游。（十二上）

樹達按：周壽昌云：成帝與放游行，自稱富平侯家，時童謡所云張公子也。

數月,復徵入侍中,太后以放爲言。(十三上)

樹達按:《叙傳》載太后與帝書云:前所道尚未效,富平侯反復來,其能默虖!

歎曰:霍氏世衰,張氏興矣。(十三下)

樹達按:世謂後世,即今言後裔或子孫也。《王莽傳》云:"博採二王後及周公孔子世,列侯在長安者適子女。"又云:"不忍以一知之罪,滅稽侯狦之世。"義并同。

放子純嗣侯,恭儉自修,明習漢家制度故事,有敬侯遺風,王莽時不失爵。(十三下)

樹達按:《後書·純傳》亦云:"純王莽時至列卿,以敦謹守約保全前封。"今按列侯九百二人爲莽求九錫,純名居首,然則純實以阿莽得全也。此殆以班修書時張氏正盛,不免曲筆,范氏不察,仍用班説耳。

其推賢揚善,固宜有後。(十四上)

樹達按:沈欽韓云:湯之深文導諛,毒被天下,區區之善,足以食其報乎! 矧彼之推賢揚善,即其獻媚工諛以熒惑主心者乎! 天道若遠若近,未可以是定之。

杜周傳第三十(漢書六十)

大氐盡詆以不道吕上。(二下)

先謙曰:罪至不道極矣,更無所謂不道以上也。《索隱》道字絶句,以上屬下讀,謂吏具獄以上之廷尉及中都官也。似當從之。

樹達按:《索隱》讀是,而説則非。此文敘周爲廷尉事,不得云以上之廷尉及中都官,乃謂决其獄以之上奏於天子耳。

延年字幼公,亦明法律。(三上)

樹達按:《後書·郭躬傳》云:"躬父弘習《小杜律》。"又《荆州從事范鎮碑》云:"韜律大杜。"《丹陽太守郭旻碑》云:"治律小杜。"蓋延年父子所定律法爲世所重如此。

上官桀父子與蓋主燕王謀爲逆亂,假稻田使者燕倉知其謀。(三上)

樹達按:《燕王旦傳》云:蓋主舍人父燕倉,彼叙其關繫,此書其官稱,史家互見之例也。

由是擢爲太僕右曹,給事中。(三上)

樹達按:延年爲太僕,承詔問路温舒求出使匈奴狀,罷温舒,見《温舒傳》。奇張敞,見《敞傳》。簿責田廣明,白霍光欲救田延年,并見《酷吏傳》。

光以廷尉少府弄法輕重,皆論棄市,而不以及丞相,終與相竟。(四上)

師古曰:謂終丞相之身無貶黜也。先謙曰:姚範云:言不窮竟其事耳。十字一句讀。案顔姚二説并通。

樹達按:終與相竟,謂終不傷丞相。顔説意是,姚説非也。

詔有司論定策功,大司馬大將軍光功過太尉絳侯周勃。(五上)

樹達按:此及下皆以誅諸吕時功爲比也。

皆封侯益土。(五下)

樹達按:霍光以武帝遺詔封侯,張安世、杜延年以告上官桀反事封，楊敞、蔡誼以爲丞相封，與韓增之侯皆在昭帝時。據《宣紀》，此時封侯者僅趙充國、田延年、史樂成三人。蓋未侯者則封侯，已侯者則益土。

延年迺選用良吏，捕繫豪强。（五下）

劉奉世曰：繫當爲擊，字之誤也。

樹達按：劉説是也。景祐本作擊。

延年遂稱疾篤。（六上）

錢大昭曰：疾南監本、閩本作病。先謙曰：官本作病。

樹達按：景祐本作病。

後數月薨，謚曰敬侯。（六上）

樹達按：據《蘇武傳》，延年爲麒麟閣圖象功臣之一人。

子緩嗣。（六上）

樹達按：《後書・杜篤傳》，篤爲延年玄孫。

茂陵杜鄴與欽同姓字，俱以材能稱京師，故衣冠謂欽爲盲杜子夏以相别。（六下）

王念孫曰："俱以材能稱"絶句，故字當在京師上，而以"故京師衣冠"五字連讀。京師衣冠，謂京師士大夫也。《白帖》十二引此作"京師衣冠謂欽爲盲杜子夏。"《御覽・疾病部》三同，則"京師衣冠"四字連讀明矣。《漢紀》作"俱好學，以才能稱，故京師謂欽爲盲子夏"，則"故京師"三字又連讀明矣。

樹達按：王氏歷引《漢紀》及類書作證，欲乙故字於京師二字之上，似覺言之成理矣，然實非也。此文當以"俱以材能稱京師"爲句，稱京師者，見稱於京師也，班省去於字耳。《漢紀》及類書不知文有省略，疑京師二字當下屬，故妄倒乙其文，不足據也。余意：校勘者改字乙字,必原文決不可通,萬不得已而後爲之,若原文可通,則不當改,不當乙也。王氏可謂善於校書矣,往往爲《漢紀》及類書所誤,惜哉!抑思班孟堅本一能文之人,其學識超出荀悦輩遠甚。今不信孟堅可通之文,而盲從若輩低能之改竄,豈非大不智乎?

迺爲小冠,高廣財二寸。(六下)

師古曰:財與纔同,古通用字。

樹達按:李慈銘云:財與才通。才,物之始生也。纔乃假字,《説文》:纔,帛雀頭色也。

廢而不由,則女德不厭。(七下)

師古曰:女德不厭,言好色之甚也。

樹達按:《説文》五篇上"甘部"云:猒,飽也。此假厭爲之,不厭謂無厭足。

男子五十好色未衰,婦人四十容貌改前。以改前之容,侍於未衰之年,而不以禮爲制,則其原不可救,而後徠異態,則正后自疑,而支庶有間適之心。(七下)

樹達按:《韓非子·備内》篇云:"丈夫年五十而好色未解也,婦人年三十而美色衰矣。以衰美之婦人,事好色之丈夫,則身疑見疏賤,而子疑不爲後,此后妃夫人之所以冀其君之死者也。此鴆毒扼昧之所以用也。"此爲欽語意所本。按成帝後竟死於趙氏姊妹之手,此孟堅贊所以稱欽爲識微也。

後有日蝕地震之變。(九上)

樹達按:《谷永傳》云:建始三年冬,日食地震同日俱發。又見《五行志》。

臣欽愚贛,經術淺薄。(九下)

樹達按：《谷永傳》云：永於經書汎爲疎達，與杜欽、杜鄴略等，不能洽浹如劉向父子及楊雄也。

臣竊觀人事以考變異，則本朝大臣無不自安之人。（九下）

樹達按：李慈銘云：本朝謂朝廷也，自晉以前語皆如此。

戊夫，土也。（九下）

錢大昭曰：夫當作未，南監本、閩本皆不誤。先謙曰：官本作未。

樹達按：景祐本作未。

數御安車，由輦道。（十上）

樹達按：成帝好微行，故欽有此言。又按：《成紀》載鴻嘉元年始爲微行出，據此疏上於建始三年冬，欽已爲此言，則《紀》文似未審也。

近觀其所爲，遠觀其所主。（十一上）

師古曰：所爲主謂託人以爲援而自進也。其所主爲令援而進也。劉攽曰：當云近觀其所爲主。注文舊有，妄刊去之。宋祁曰：爲字下南本、浙本并有主字。先謙曰：據下顔注，明有主字，是也。

樹達按：《孟子·萬章上》篇云："吾聞觀近臣以其所爲主，觀遠臣以其所主。"此欽語所本。景祐本爲字下亦奪主字。

此則衆庶咸説，繼嗣日廣，而海内長安。萬事之是非，何足備言。（十一下）

樹達按：此皆刺趙氏姊妹專寵事也。其論不爲不正，然《谷永傳》載永黨於王氏，專攻後宫，欽亦王氏私人，爲人正與谷永類，此亦猶永之所爲也。又按《永傳》云："時對者數十人，永與欽爲上第，上皆以其書示後宫。"

欽以前事病,賜帛罷。(十一下)

先謙曰:因前事稱病,故未録用。

樹達按:前事蓋即上文司馬君力與欽兄子私通事。前事病殆謂因前事爲累,故賜罷,非謂稱病也。王説非是。

及繼功臣絶世,填撫四夷,當世善政,多出於欽者。(十二上)

樹達按:欽上疏追訟馮奉世誅莎車之功,見《奉世傳》。又《匈奴傳》載欽諫止受匈奴使伊邪莫演之降,《西南夷傳》載欽説王鳳請討夜郎王興等,《西域傳》載欽諫遣使送罽賓使者,皆其填撫四夷之事也。欽説王鳳遣楊焉等與王延世等治河,見《溝洫志》。

心不介然有間。(十二上)

樹達按:《孟子·盡心下》篇云:"山徑之蹊間介然,用之而成路。"趙岐注以介然屬上讀。此文用《孟子》,以"介然有間"連文,是亦屬上讀。今讀以介然屬下讀,非也。

毋使范睢之徒得間其説。(十二下)

樹達按:欽嘗説鳳尊重成帝后父許嘉,見《外戚傳》。

夫欲天下治安變異之息,莫有將軍。(十三上)

師古曰:言衆人之意皆不如也。

樹達按:有當作若,形近致誤。顔注云:皆不如,則所見本不誤。景祐本亦誤。

雖然,是無屬之臣,執進退之分,絜其去就之節者耳。(十二下)

師古曰:無屬,無親屬於上也。分音扶問反。字或作介,介,隔也,其義兩通。先謙曰:分,别也,介亦别也。合則進,不則退,辨之畫然，守而不移，故曰執進退之分。分介隸形相亂，經典字多互用，陸氏《釋文》中不可枚舉。

樹達按：分介兩字皆可通。惟顔訓介爲隔，王訓爲别，説皆非是。《楚辭·悲回風》注云：介，節也。執進退之介，絜其去就之節，介與節文異意同。絜今字作潔。

如是，塞争引之原，損寬明之德。（十三下）

樹達按：争讀爲諍。《説文》三篇上"言部"云：諍，止也。

欽之補過將美，皆此類也。（十三下）

樹達按：後王商輔政時，翟方進爲丞相，欽過方進，欲爲陳咸解説，見《方進傳》。

長舅紅陽侯立與業書曰：誠哀老姊垂白隨無狀子出關，願勿復用前事相侵。（十四上）

樹達按：以業爲關都尉，長出關當過之，故立以爲請也。

今在長者歸故郡，已深一等。（十四下）

錢大昭曰：在當作坐，南監本、閩本不誤。先謙曰：官本作坐。

樹達按：景祐本作坐。

刑罰無平，在方進之筆端。（十四下）

樹達按：《金樓子·雜記》篇云：子路問夫子：上士殺人，如之何？曰：用筆端。

方進素與司直師丹相善，臨御史大夫缺，使丹奏咸爲姦利，請案驗，卒不能有所得，而方進果自得御史大夫。（十四下）

樹達按：據《方進傳》，時陳咸、逢信與方進三人俱在選中，故方進亟排咸也。

今聞方進卒病死。（十五上）

樹達按：方進實自殺死，以成帝祕其事，故此云病死也。

業復上書言：王氏世權日久，朝無骨骾之臣，宗室諸侯微弱，與繫囚無異。自佐史以上至於大吏，皆權臣之党。（十五下）

樹達按：何焯云：此因哀帝素惡王氏之專，故爲此奏，與請爲恭王立廟同耳。

高陽侯薛宣有不養母之名。（十五下）

樹達按：詳見《宣傳》。

前後所言，皆合指施行。（十六上）

樹達按：業疏請繼功臣絕世，見《高惠高后文功臣表》。

卷　七

張騫李廣利傳第三十一（漢書六十一）

竟不能得月氏要領。（二上）

師古曰：要，衣要也。領，衣領也。凡持衣者則執要與領。言騫不能得月氏意趣，無以持歸於漢，故以要領爲喻。

樹達按：《儀禮·既夕禮》云：復者朝服，左執領，右執要。《禮記·雜記上》篇云：襚者執冕服，左執領，右執要。此古人執衣要領之證也。

臣在大夏時，見卭竹杖、蜀布。（二下）

服虔曰：布，細布也。

樹達按：《説文》十三篇上"糸部"云：纔，蜀細布也。

迺封騫爲博望侯。（三下）

師古曰：取其能廣博瞻望。周壽昌曰：《地理志》：南陽博望縣。注：侯國。《水經注》亦以爲即騫所封。後宣帝復以封王舜爲侯。顔不引《地志》，但取美名，幾疑無此地名矣。

樹達按：李慈銘云：漢中世後封侯或於地名取義，如霍去病之冠軍,田千秋之富民,李廣利之海西,及騫之博望,皆是。

其秋,渾邪王率衆降漢,而金城河西西并南山至鹽澤,空無匈奴。(四上)

錢大昭曰:南監本、閩本皆不重西字。先謙曰:官本不重西字,《史記》重。

樹達按:景祐本不重西字。

則是斷匈奴右臂也。(五上)

樹達按:《趙策》張儀説趙王云:楚與秦爲昆弟之國,而韓、魏稱爲東蕃之臣,齊獻魚鹽之地,此斷趙之右臂也。

騫還,拜爲大行。(六上)

樹達按:騫爲大行,被遣驗問常山憲王子棁告言王太后事,見《景十三王傳》。

初,天子發書易。(六上)

鄧展曰:發《易》書以卜。宋祁曰:古本作發《易》書。先謙曰:《史記》亦作發書易。然詳鄧説,則古本是也。

樹達按:易猶云占,乃動字。《西域傳》云:"易之,卦得大過爻九五。"是其證也。宋引古本,果何自來?未可信也。

來還不能無侵盜幣物及使失指。天子爲其習之,輒覆按致重罪,以激怒令贖復求使。(七上)

樹達按:顔注"天子爲其習之"云:言其串習,不以爲難,必當更求充使也。又注"以激怒令贖"云:令立功以贖罪。郭嵩燾云:顔注非也。漢法:死罪皆聽贖罪,罪愈重則贖金愈多。所侵盜幣不足當重罪,輒加覆按致之重罪,使繳所侵盜以贖。既贖而復求使,是以其事益習而其法益輕。

樹達按:“以激怒令贖復求使”,八字當作一句讀。武帝意以諸人既習外國事,故因其有過失,傅致以重罪,激怒之使復求使以自贖。蓋欲往使者之衆,不在罪其侵盗失指,即上文所謂廣其道之意也。顔全未了,郭説尤繳繞不通,全非史意,王氏取之,疏矣。

騫孫猛,字子游,有俊才,元帝時爲光禄大夫。(九下)

樹達按:時猛止元帝乘樓船,見《薛廣德傳》。

使匈奴。(九下)

樹達按:時猛與呼韓邪單于盟約,見《匈奴傳》。

爲石顯所譖,自殺。(九下)

樹達按:顯譖猛事詳《劉向傳》。《石顯傳》云:自殺於公車,云太中大夫張猛。《向傳》初稱光禄大夫,後稱太中大夫,是猛曾任太中大夫,而本傳脱之。

漢所爲攻宛,以王毋寡。(十一下)

王念孫曰:“其外城壞”至“以王毋寡”錯簡正文六十九字,當依《史記》移置“攻之四十餘日”下。

樹達按:自“其外城壞”至“以王毋寡”正文只三十二字,非六十九字也。王氏《雜志》原文標題稱“誤簡正文六十九字”者,以自“匿善馬”至“共殺王”凡三十七字錯簡在上,二事合數之,則爲六十九字也。《雜志》原文本極明白,《補注》不細審核,籠統言之,疏略甚矣。

漢軍取其善馬數十匹。(十二上)

樹達按:《陳湯傳》云:三十四匹。

校尉王申生故鴻臚壺充國等。(十二上)

樹達按:充國嘗副司馬相如使西夷,見《相如傳》。

四人相謂:郁成漢所毒,今生將,卒失大事。(十二下)

師古曰：卒讀曰猝。先謙曰：恐其猝佚去，事重大也。

樹達按：如顔説，則文義未了。如王説，則卒失當爲一讀，大事又爲一讀，文亦未安。余謂卒當如字讀，義當訓終，謂終失大事也。失大事猶今言害大事也。

天子爲萬里而伐，不録其過。（十三上）

樹達按：《陳湯傳》載劉向疏論此事云：孝武以爲萬里征伐，不録其過。而字作征，於義爲長。

危須以西及大宛皆合約殺期門車令、中郎將朝及身毒國使。（十三下）

樹達按：車令事見《張騫傳》。

司馬遷傳第三十二(漢書六十二)

夫陰陽、儒、墨、名、法，此務爲治者也。（四下）

樹達按：武帝尊儒術，而太史談尚黄老，論六家獨首陰陽者，蓋談職掌天官，官守所在故耳。

直所從言之異路，有省不省耳。（四下）

師古曰：言發迹雖殊，同歸於治，但學者不能省察，昧其端緒耳。直猶但也。

樹達按：《爾雅・釋詁》云：省，善也。有善不善，如下文所舉是也。顔訓省爲省察，似非。

五年而當太初元年，十一月甲子朔旦冬至，天歷始改。（九下）

樹達按:太初歷爲遷與兒寬所共定,見《律歷志》及《寬傳》。

《春秋》之中,弑君三十六,亡國五十二,諸侯奔走不得保社稷者不可勝數。(十一上)

先謙曰:《春秋》書殺戒君三十四,亡國四十一,説見《向傳》。

樹達按:蘇先生云:《向傳》顔注正作三十六五十二。又按《淮南子·主術》篇云:春秋二百四十二年,亡國五十二,弑君三十六。

《春秋》采善貶惡。(十二上)

樹達按:《論衡·案書》篇云:《春秋》采毫毛之善,貶纖介之惡。趙岐《孟子注》云:孔子舉毫毛之善,貶纖芥之惡,故皆録之於《春秋》。

而賈誼、朝錯明申、韓。(十五上)

樹達按:誼持儒家言甚篤,故上疏有云:今或言禮義之不如法令,胡不引殷周秦事以觀之?以其主挫抑諸侯王,與朝錯説同,遂謂誼明申、韓,非事實也。

罔羅天下放失舊聞。(十五上)

先謙曰:《索隱》:有舊聞遺失放逸者,網羅而考論之。

樹達按:失讀爲佚,後世多作逸字。《索隱》云放逸,是矣,又云遺失,非也。

是以抑鬱而無誰語。(十六下)

師古曰:無誰語者,言無相知心之人,誰可告語。

樹達按:《説文》三篇上"言部"云:"誰,何也。"《吕氏春秋·貴信》篇云:"信而又信,誰人不親?"誰亦何也。此自謂己無何語,非謂無人可共語也。顔注非。《武五子傳》云:"立者誰子?"誰亦當訓何。

僕又薄從上上雍。(十七下)

李奇曰:薄,迫也,迫當從行也。如淳曰:遷時從上在鹵簿中也。師古曰:李説是也。

樹達按:《楊王孫傳》云:僕迫從上祠雍,字作迫,足以證明李説。

闕然不報,幸勿過。(十七下)

樹達按:《莊子·盗跖》篇云:今者闕然數日不見。

爲埽除之隸,在闒茸之中。(十八下)

樹達按:中書令本名尚書令,武帝游宴後庭,始改今名,初以士人爲之,帝改用宦者。遷以下蠶室後爲此職,身同宦豎,非復士類,故有此語也。

僕少負不羈之材。(十九上)

師古曰:負者,亦言無此事也。先謙曰:負才猶言恃才。《説文》:負,恃也。从人守貝,有所恃也。本書訓負爲恃者甚多,顔解失之。

樹達按:《淮南子·説林》篇注云:負,抱也。顔訓固誤,王説亦非。人豈有自言其恃才者乎!

誠欲效其欵欵之愚。(二十下)

樹達按:《説文》八篇下"欠部"云:歀,意有所欲也。或作款。徐音苦管切。

而僕又茸以蠶室。(二十一上)

師古曰:茸音人勇反,推也,謂推致蠶室之中也。

樹達按:《説文》十二篇上"手部"云:搑,推擣也。顔訓茸爲推,乃讀茸爲搑。

至孔氏籑之,上繼唐虞,下訖秦繆。(二十五上)

樹達按:吴承仕云:繼字無義,字當爲斷。《藝文志》云:斷自《堯典》。《儒林傳》云：上斷唐虞。并其證也。

接其後事，訖於大漢。（二十五下）

樹達按：大漢無義，當作天漢。天漢，武帝年號。司馬貞《史記索隱序》云："太史公記事，上始軒轅，下訖天漢。"張守節《史記正義序》云："上起軒轅，下暨天漢。"并本此文爲説，是唐人所見《漢書》并不誤。裴駰《史記集解序》引此文作天漢，尤其明證矣。

武五子傳第三十三（漢書六十三）

太子急，然德言。征和二年七月壬午，乃使客爲使者收捕充等。（二下）

樹達按：《五行志》云："太子與母皇后議，恐不能自明，乃殺充舉兵。"是與議者不止石德也。

父子不和則室家散亡。（三下）

錢大昭曰：散南監本、閩本作喪。先謙曰：官本作喪。

樹達按：景祐本作喪。

張富昌爲題侯。（五上）

樹達按：據《金日磾傳》及《功臣表》，是役封者尚有莽通、景建二人。

及泉鳩里加兵刃於太子者，初爲北地太守，後族。（五下）

周壽昌曰：失其名，疑者下有脱文。

樹達按：失名説是，無脱文。

允執其中，天禄永終。（七下）

樹達按:《論語·堯曰》篇云:“堯曰:咨爾舜,天之曆數在爾躬,允執其中,四海困窮,天禄永終。”按天禄永終,古注作美義解之,朱子《集注訓》終爲絶,以爲惡義。今按《雋不疑傳》云:“威行施之以恩,然後樹功揚名,永終天禄。”《叙傳》載《王命論》云:“毋貪不可幾,爲二母之所笑,則福祚流于子孫,天禄其永終矣。”《後漢書·禮儀志》注引靈帝《立皇后詔》云:“無替朕命,永終天禄。”獻帝《禪位册》云:“允執其中,天禄永終。”合此諸文,知漢人皆不以爲不祥義。閻若璩謂永終猶《洪範》之言“考終命”,《大雅》之言“高朗令終”。必如《王嘉傳》“亂國亡軀,不終其禄”,《薛宣朱博叙傳》“位過厥任,鮮終其禄”之言不終或鮮終者,始屬不祥之義,是也。三國以後始有用天禄永終爲不祥義者矣。

毋迺廢備。(八下)

樹達按:《史記》亦作毋乃廢備,於文不順。疑當作“毋廢迺備”,文誤倒耳。上傳云“迺凶於乃國”,文例同。

須期日。(十上)

師古曰:須,待也。

樹達按:《説文》十篇下“立部”云:䇓,待也。須省借字。

平聞左將軍素輕易,車騎將軍少而驕。(十二上)

樹達按:《昭紀》云:票騎將軍上官安。此車字誤,當作票。

長安中民趣鄉之。(十二上)

師古曰:鄉讀曰嚮。

樹達按:《匈奴傳》云:國人鄉之。顔注云:鄉讀曰嚮,謂悉皆附之。

飲井水,水泉竭。(十二上)

宋祁曰:越本無泉字。王念孫曰:越本是也,景祐本亦無。井水二字即承上文言之,不當更有泉字。此是一本作水,一本作泉,而後人誤合之也。《開元占經·虹蜺占》篇、《初學記·天部》下、《白帖》二引此并作井水竭,《漢紀》同。先謙曰:官本作井水泉竭。

樹達按:王氏《雜志》所據本作"飲井水,井水泉竭",王校删泉字,故云井水二字即承上文言之,《開元占經》諸書并作"井水竭"也。《補注》用毛本作"飲井水,水泉竭",與王氏所據本不同。顧亦録《雜志》之文,不加别白,致注文與正文不合,亦與王氏本意乖違,疏誤甚矣。

殿上户自閉,不可開。(十二下)

樹達按:《論衡·别通》篇云:旦在明光宫,欲入所卧,户三百盡閉。使侍者二十人開户,户不開。

大風壞宫城樓,折拔樹木。(十二下)

樹達按:《五行志》下之上云:燕王都薊,大風雨,拔宫中樹七圍以上十六枚,壞城樓。

流星下墮。(十二下)

樹達按:《天文志》云:流星下燕萬載宫極,東去。

樊酈絳灌攜劒推鋒,從高帝,墾菑除害,耘鉏海内。(十三下)

師古曰:菑古災字。錢大昭曰:此下脱正文"當此之時頭如蓬葆"八字,又注文"頭久不理如蓬草羽葆也。師古曰:草叢生曰葆,音保"二十字,當據南監本、閩本補。先謙曰:官本有此二十八字。又引宋祁曰:浙本注文頭字上有"服虔曰"三字。

樹達按:墾災義不相屬。顔以文有害字,遂以菑爲災字,其説殊誤。《說文》一篇下"艸部"云:葘,不耕田也。引《易》曰:不葘畬。鄭注《禮記》云:一歲曰葘,二歲曰畬,三歲曰新田。此猶《左傳》云:"篳路藍縷以啟山林"耳。又按景祐本有二十八字,注無"服虔曰"三字。

動作無法度,故終不得爲漢嗣。(十五上)

先謙曰:《霍光傳》:昭帝崩,羣臣議立王,有郎上書,言不可承宗廟,遂立昌邑,故云終不得。

樹達按:《昭紀》云:"武帝末,戾太子敗,燕王旦、廣陵王胥行驕嫚。後元二年二月,遂立昭帝爲太子。"是胥不得爲漢嗣,出於武帝之意。此昭帝未立以前事,王專據昭帝崩後事言之,非也。

左右皆服。(十五下)

錢大昭曰:服南監本、閩本作伏。先謙曰:注言伏而聽之,是顏所見《漢書》本作伏也。官本正作伏。

樹達按:景祐本作伏。

後延壽坐謀反誅。(十五下)

樹達按:事詳《楚元王傳》。

蒿里召兮郭門閱。(十六下)

師古曰:蒿里,死人里。

樹達按:《說文》四篇下"死部"云:薨,死人里也。蒿,假字。

死不得取代庸,身自逝。(十六下)

師古曰:言死當自去,不如他徭役得顧庸自代也。王念孫曰:代字句絕。庸用古字通。《倉頡篇》:用,以也。言死不得取代,當以身自往也。如顏說,則當以死不得取代庸爲句,大爲不詞矣。

樹達按:《方言》云:庸,次,比,侹,更,佚,代也。代庸同義,故得連文。代庸亦可倒云庸代。《鹽鐵論·禁耕》篇云:"責取庸代。"是也。顏云顧庸自代，非是。《淮南子·繆稱》篇云："取庸而强飯之，莫之愛也。"本書《景帝紀》云："吏發民若取庸采黄金珠玉者，坐臧爲盜。"《周勃傳》云："取庸，苦之，不與錢。"《後漢書·光武紀》云："吏人死亡，或在壞垣毁屋之下，而家羸弱，不能收拾者，其以見錢穀取傭，爲尋求之。"取庸爲漢人恒語，本文云取代庸，猶諸書云取庸也。顏於代庸斷句，是矣，不知代庸同義，以顧庸自代爲釋，則非是。王以庸字下屬，尤失之。

幸而得葬，薄之，無厚也。（十七上）

李慈銘曰：阮元《揅經室三集·甘泉山獲石記》云：嘉慶十一年，甘泉山惠照寺階下獲四石，其一石有中殿第廿八字，體在篆隸間。江鄭堂謂即淮南厲王冢上石也。

樹達按：阮集原文作淮南厲王胥，淮南二字明是廣陵之誤。李引阮文，王采李説，皆不加校正，何也？又按石疑廣陵王宫殿石，江云冢上石，不知何據。

立二十年，薨。（十七下）

先謙曰：《表》：十七年薨。案宏以居攝二年嗣，則守薨於居攝元年，距元延二年立恰十七年，表是，此誤。

樹達按：表下王氏云："《傳》作二十年，皆誤。元延二年至居攝元年十八年。"與此自相違異。據《表》，彼説是也。

昌邑哀王髆，天漢四年立，十一年，薨。（十七下）

樹達按：《表》亦作十一年。據《武帝紀》，髆以後元元年薨，則當云十年，《傳》、《表》皆誤。

其日中，賀發，晡時至定陶，行百三十五里。（十八上）

樹達按：《張敞傳》敞諫昌邑王有云："東迎之日，唯恐屬車之行遲。”故急迫如此。

侍從者馬死相望於道。（十八上）

先謙曰：從人衆也。

樹達按：此以行疾，故馬多死耳。王説誤。

道買積竹杖。（十八上）

樹達按：據《太平御覽》卷七百十引《新序》，於滎陽買之。

賜湯沐邑二千户。（十九上）

樹達按：《表》作三千户。

嘗見白犬高三尺，無頭，其頸以下似人，而冠方山冠。後見熊，左右皆莫見。又大鳥飛集宫中，王知，惡之，輒以問郎中令遂，遂爲言其故，語在《五行志》。（十九上）

樹達按：《五行志》記問遂者止犬熊二事，大鳥事未見。《論衡·遭虎》篇云：“王以問遂，遂對曰：夷鴣，野鳥，入宫，亡之應也。”

王夢青蠅之矢積西階東，可五六石，以屋版瓦覆。（十九下）

樹達按：《論衡·商蟲》篇記此事作西階下。

願詭禍爲福。（二十上）

師古曰：詭猶反。

樹達按：詭當讀爲恑。《説文》十篇下“心部”云：恑，變也。《廣雅·釋言》云：恑，反也。

心内忌賀，元康二年，遣使者賜山陽太守張敞璽書。（二十上）

樹達按：《敞傳》云：宣帝心憚賀，徙敞爲山陽太守。

傳子至孫，今見爲。（二十二上）

錢大昭曰：爲下南監本、閩本有矦字。先謙曰：官本有矦字。

樹達按：景祐本有矦字。

頭盧相屬於道。（二十三上）

樹達按：《説文》九篇上“頁部”云：顱，項顱，首骨也。盧，省假字。

是以倉頡作書，止戈爲武。（二十三上）

樹達按：宣公十二年《左傳》：楚莊王云：夫文，止戈爲武。

嚴朱吾丘主父徐嚴終王賈傳第三十四上（漢書六十四）

上令助等與大臣辨論，中外相應以義理之文，大臣數詘。（一下）

樹達按：下記助詘田蚡，及朱買臣難詘公孫弘築朔方，吾丘壽王難弘禁民挾弓弩，皆其事也。

迺遣助以節發兵會稽。（二上）

朱一新曰：案《武紀》及《兩粤傳》，建元三年事。

樹達按：上文明云建元三年，朱説殊贅。朱氏《管見》無此條，宜矣。

越，方外之地，劗髮文身之民也。（二下）

晉灼曰：《淮南》云：越人劗髮，張揖以爲古剪字也。師古曰：劗與翦同，晉説是也。先謙曰：《治要》正作翦。官本下晉作張，是。

樹達按：晉引《淮南》書見《齊俗》篇。晉説是也，景祐本作張説是也。

處谿谷之間，篁竹之中。（三上）

服虔曰：竹叢也，音皇。師古曰：竹田曰篁。先謙曰：顔説是。《説文》及《史記·樂毅傳》引徐廣同。

樹達按：竹叢所在，即是竹田，服顔説不異也。且下文不云：夾以深林叢竹乎？王是顔而非服，頗難索解。

以地圖察其山川要塞，相去不過寸數，而間獨數百千里。（三上）

師古曰：間，中間也。或八九百里，或千里也。郭嵩燾曰：《説文》：間，隙也，言其隙地與所著山川要塞曠遠不相屬，其中險阻林叢必尚多，弗能詳也。間讀爲古莧切，謂相間隔之意。

樹達按：顔説是也。此謂地圖中相距寸數之地，中間實有數百千里也。文義甚明，郭説誤甚。養知先生卓識宏文，訓詁非其所擅。王氏屢加稱引，適彰先生之短，殊無謂也。

輿轎而隃嶺。（四上）

服虔曰：輿，車也。

樹達按：輿當讀爲舁。《説文》三篇上"舁部"云：舁，共舉也。輿轎與下拕舟爲對文。輿字从舁聲，故得通用。

前時南海王反，陛下先臣使將軍間忌將兵擊之，以其軍降，處之上淦。（四下）

樹達按：《五行志》下之上云：文帝二年六月，淮南王都壽春大風，毁民室殺人。劉向以爲：是歲南越王反，攻淮南邊，淮南王長破之云云，則事在文帝二年也。

長老至今以爲記。（四下）

先謙曰：書其事爲監戒。

樹達按：王讀記爲書記之記，故云書其事，以意不了，又增爲監戒以足之，可謂迂矣。今按記假爲諅。《説文》三篇上"言部"云：諅，誡也。此言至今以爲誡耳。

鼂不及夕。（五上）

師古曰：鼂古朝字也。

樹達按：《説文》十三篇下"黽部"云：鼂，匽鼂也。从黽，从旦。杜林以爲朝旦，非是。按顔所云古字，多不可信。此字用杜林説，較爲有據耳。

歷歲經年，則士卒罷勌，食糧乏絶。（六下）

師古曰：勌亦倦字。

樹達按：《説文》八篇上"人部"云：倦，罷也。故顔説云然。惟《説文》十三篇下"力部"又云：券，勞也。從力，卷省聲。勌從力從卷，當爲券之或字，从卷聲不省耳。

秦之時，嘗使尉屠睢擊越，又使監禄鑿渠通道。越人逃入深山林叢，不可得攻，留軍屯守空地。曠日持久，士卒勞倦，越迺出擊之，秦兵大破，迺發適戍以備之。（六下）

樹達按：《淮南子・人間》篇云：秦皇利越之犀角象齒翡翠珠璣，乃使尉屠睢發卒五十萬，爲五軍，一軍塞鐔城之嶺，一軍守九疑之塞，一軍處番禺之都，一軍守南野之界，一軍結餘干之水，三年不解甲弛弩，使監禄轉餉，又以卒鑿渠而通糧道，以與越人戰，殺西嘔君譯吁宋，而越人皆入叢薄中，與禽獸處，莫肯爲秦虜，相置桀駿以爲將，而夜攻秦人，大破之，殺尉屠睢，伏尸流血數十萬，乃發適戍以備之。

農夫勞而君子養焉，愚者言而智者擇焉。（八上）

沈欽韓曰：語見《文子·上德》篇。《趙策》：武靈王胡服，趙文諫，語同。

樹達按：語亦見《淮南子·説林》篇。

助還，又諭淮南曰。（八下）

樹達按：此言諭淮南，下又有"助諭意曰"云云，文似複沓，實則不然。蓋此爲武帝諭王之辭，載之簡策者也。下文則助申述帝意之辭，由助口説者也。《宣元六王傳》元帝遣王駿賜淮陽王欽璽書，又别有駿諭指之辭，與此傳正同。特彼文明記璽書，較爲明晰，然正可以彼證此也。

是以比年凶菑害衆。（八下）

師古曰：菑古災字。

樹達按：菑爲菑畬字，與災字略不相涉。書傳以音同假菑爲災，非古災字也。

事效見前。（十上）

師古曰：見，顯也。前謂目前。先謙曰：言事效已見於前所云也，顔注非。

樹達按：顔説是也。

助侍燕從容。（十下）

樹達按：助嘗爲汲黯請告，因言黯之爲人，見《黯傳》。

君厭承明之廬。（十下）

樹達按：承明，殿名，在未央宫。《霍光傳》：皇太后車駕幸未央承明殿，是也。亦見《翼奉傳》。

間者闊焉久不聞治，具以《春秋》對，毋以蘇秦縱横。（十

下）

樹達按：武帝崇儒術，罷黜百家，賜助書云云，猶此志也。

朱買臣字翁子。（十一上）

李慈銘曰：翁子即公子也。如《儒林傳》劉公子，《游俠傳》高公子、羽公子，《尹翁歸傳》暴公子之比。後漢薛漢亦字公子。

樹達按：字以表德，無勞改字爲説。郭解字翁伯，金日磾字翁叔，趙充國字翁孫，貢禹字少翁，疏廣字仲翁，豈可盡改作公字耶？《尹翁歸傳》無暴公子，《雋不疑傳》有之。

富貴不歸故鄉，如衣繡夜行，今子何如？（十二下）

樹達按：此項籍語也，當時君臣間脱略如此。

視其印，會稽太守章也。（十二下）

樹達按：古者居官一人一印。《宋書》五十六《孔琳之傳》云：傳國之璽，歷代迭用；襲封之印，奕世相傳。今世唯尉一職獨用一印，至於内外羣官，每遷悉改。愚請衆官即用一印，無煩改作。知六朝時猶與漢制同也。

會東郡盜賊起，拜爲東郡都尉。上以壽王爲都尉，不復置太守。（十四下）

樹達按：《論衡·定賢》篇云：上以壽王之賢，不置太守。

及至連十餘城之守。（十四下）

樹達按：守字《論衡》作勢，義似較長。

職事并廢，盜賊從横。（十四下）

樹達按：《論衡》云：盜賊浮船，行攻取於庫兵。

是以巧詐并生，知者陷愚。（十五上）

錢大昭曰：南監本、閩本是以二字俱在巧詐并生之下。先謙曰：

官本與監閩本同,《治要》亦同。

樹達按:景祐本是以二字在巧詐句下。

是日賜壽王黄金十斤。(十六下)

樹達按:壽王爲武帝計建上林苑事,見《東方朔傳》。

晚迺學《易》、《春秋》百家之言。(十六下)

樹達按:《儒林傳》:偃受《易》於王同。

元光元年,迺西入關。(十七上)

樹達按:偃候董仲舒,竊其説災異書奏之,見《仲舒傳》。

天下旣平,天子大愷。(十七下)

應劭曰:大愷,《周禮》還師振旅之樂也。沈欽韓曰:見《司馬法·仁本》篇。

樹達按:《説文》五篇上"豈部"云:豈,還師振旅之樂也。此本字,文假愷爲豈。

上以德施,實分其國,必稍自銷弱矣。(十九下)

樹達按:銷讀爲削,二字同從肖聲,故得通用。

尊立衛皇后及發燕王定國陰事,偃有功焉。(十九下)

樹達按:偃之尊立衛后,所以報衛將軍薦己之德也。

偃始爲布衣時,嘗游燕趙。及其貴,發燕事。趙王恐其爲國患,欲上書言其陰事。爲居中,不敢發。(二十下)

先謙曰:趙王,景帝子彭祖。

樹達按:彭祖太子與女弟及同産姊姦,後爲江充所告,此正與燕王事同,彭祖之恐蓋以此。

公孫弘争曰:齊王自殺,無後,國除爲郡入漢。偃本首

惡，非誅偃，無以謝天下。（二十下）

樹達按：誅首惡乃《春秋》義，見僖公二年虞師晉師滅夏陽《公羊傳》。弘本學《春秋》，此《弘傳》所謂緣飾以儒術者也。

迺遂族偃。（二十下）

樹達按：偃之獄咸宣所治，見《宣傳》。

金石絲竹之聲不絕於耳，帷幄之私俳優朱儒之笑不乏於前，而天下無宿憂。（二十二下）

樹達按：《齊策》蘇秦説齊閔王云："故鐘鼓竽瑟之音不絶，地可廣而欲可成；和樂倡優侏儒之笑不乏，諸侯可同日而致也。諸侯無成謀，則其國無宿憂矣。此樂語所本。

嚴朱吾丘主父徐嚴終王賈傳第三十四下（漢書六十四）

臣聞鄒衍曰。（一上）

錢大昭曰：衍南監本、閩本并作子。先謙曰：官本作子。

樹達按：景祐本作子。

故姦軌浸長。（一下）

樹達按：《説文》七篇下"宀部"云：宄，姦也。外爲盗，内爲宄。文假軌爲宄。

心既和平，其性恬安，恬安不營，則盜賊銷。（一下）

樹達按：營當讀爲瞀。《説文》四篇上"目部"云：瞀，惑也。不瞀謂不爲物欲所惑。

及秦皇帝崩，天下大畔。（三上）

樹達按：畔假爲叛。

禍拏而不解。（三下）

師古曰：拏，相連引也。音女居反。錢大昭曰：拏當作紛挐之挐。《霍去病傳》：漢匈奴相紛挐。先謙曰：官本正文及注皆作挐，此本誤也。觀顔音，則所見本亦作挐。

樹達按：《説文》十二篇上"手部"云：拏，牽引也。挐，持也。顔訓連引，正是拏字之訓。王云挐之誤，非也。

今野獸并角，明同本也。（六上）

樹達按：《論衡·講瑞》篇云：終軍曰："野禽并角，明天下同本也。"不正名麟而言野禽者，終軍亦疑，無以審也。

衆支内附，示無外。（六上）

樹達按：支字當作枝。上文云：其枝旁出，輒復合於木上，可證。《論衡·指瑞》篇正作枝。

斯拱而竢之耳。（六上）

樹達按：《爾雅·釋獸》云：豹文，鼮鼠。郭注云："鼠文采如豹者。漢武帝時得此鼠，孝廉郎終軍知之，賜絹百匹。"是軍於白麟奇木二事外尚有所對也。

偃以《春秋》之義，大夫出疆，有可以安社稷存萬民，顓之可也。（六下）

樹達按：莊公十九年《公羊傳》云：聘禮：大夫受命不受辭。出竟，有可以安社稷利國家者；專之可也。

故春秋王者無外。（六下）

樹達按：見《公羊》隱公元年，桓公八年，成公十一年傳。

此言與實反者非？（七上）

師古曰:重問之。先謙曰:謂此明係言與實反,偃能以此語爲非情實乎? 詰責之辭,故顔云重問之。

樹達按:非字用於句末,與否字用同。此言與實反者非,即此言與實反否也。《後漢書·董卓傳》注引《獻帝起居注》云:"天子出到宣平門,當度橋,汜兵數百人遮橋,曰:是天子非?"是天子非,即是天子否也。王云偃能以此語爲非情實乎? 增字釋之,非也。

關吏予軍繻。(七下)

張晏曰:繻音須,繻,符也。書帛裂而分之,若券契矣。蘇林曰:繻,帛邊也。舊關出入皆以傳。傳煩,因裂繻頭,合以爲符信也。師古曰:蘇説是也。

樹達按:繻《説文》字作幓。七篇下"巾部"云:幓,繒耑裂也。

啟前行。(八上)

先謙曰:啟當作開,此後人回改。

樹達按:《詩·大雅·公劉》云:爰方啟行。《毛傳》釋啟行爲開道路。又《小雅·六月》云:元戎十乘,以先啟行。軍正用《詩》文,王説誤。

臣年少材下,孤於外官。(八上)

師古曰:孤,遠也。外官謂非侍衛之臣也。先謙曰:外官,官於外而捍邊境也。自言孤負所願,不任一方之寄。軍給事中,得列宿衛,顔以爲非侍衛之臣,非也。

樹達按:王釋句義較顔爲晰。至顔云非侍衛之臣,乃釋外官二字,不謂軍也。王駁誤矣。

益召高材劉向、張子僑、華龍、柳褒等待詔金馬門。(八下)

樹達按：御覽二百二十一引劉向《别録》云：孝宣皇帝重申不害《君臣》篇，使黄門郎張子喬正其字。張子喬即此張子僑。

宣帝召見武等觀之。（九上）

樹達按：《武傳》云：召見於宣室。

褒既爲刺史作頌，又作其傳。（九上）

師古曰：解釋頌歌之義及作者之意。郭嵩燾曰：顔注非也。傳者，依聲應律，傳其音容節奏以合雅樂，作蓋興起之義，即上《中和樂職宣布詩》所依《鹿鳴》之聲，不宜異訓。

樹達按：《文選》卷五十一載褒《四子講德論序》云："褒既爲益州刺史王襄作《中和樂職宣布之詩》，又作傳，名曰《四子講德》以明其意焉。"是所謂傳者，即《四子講德論》也。其文正所以解釋頌歌之義及作者之意者，則顔注不誤。郭氏不求訓詁之安，不考諸事實，喜爲憑臆之談，王氏取之，疏矣。又按《講德論》云：刺史見太上聖明，股肱竭力，德澤洪茂，黎庶和睦，天人并應，屢降瑞福，故作三篇之詩以歌詠之也。是上文《中和樂職宣布詩》，顔釋爲詩三篇，亦不誤。郭謂中和樂職爲協律之意，亦是臆説。

夫荷旃被毳者，難與道純綿之麗密。（九下）

師古曰：純，絲也。謂織爲繒帛之麗，絲纊之密也。一説：純綿，不雜綿也。

樹達按：《説文》十三篇上"糸部"云：純，絲也。八篇上"毛部"云：氈，撚毛也。此假旃爲氈。

羹黎唅糗者，不足與論太牢之滋味。（九下）

先謙曰：黎官本作藜。王闓運云：《説文》：黎，履黏也。黏以黍米，蓋若今漿粉，故可羹以充飢，與糗之熬米以爲乾糧，二者皆窮餓聊自救之物。若作藜,不甚與糗對。

樹達按:景祐本作藜,是也。羹藜,所謂藜藿之羹也。闓運據誤文曲説,不可從。

所任賢,則趨舍省而功施普。(十上)

先謙曰:省亦少也。趨含省言不煩改變。

樹達按:趨舍與少義不貫,王氏强説。《爾雅·釋詁》云:省,善也。

越砥歛其咢。(十上)

師古曰:咢,刃旁也。

樹達按:《説文》四篇下"刀部"云:䚯,刀劍刃也。咢,省借字。

剖符錫壤而光祖考。(十二下)

樹達按:錫作予義用者皆假爲賜。《説文》六篇下"貝部"云:賜,予也。以同从易聲通假。

不單頃耳而聽已聰。(十四上)

師古曰:單,盡極也。頃讀曰傾。

樹達按:單假爲殫。《説文》四篇下"歺部"云:殫,極盡也。

其後太子體不安,苦忽忽善忘,不樂。(十四下)

先謙曰:事詳《外戚傳》。

樹達按:此以悲司馬良娣之死故也。事具《元后傳》,非《外戚傳》也。

太子喜褒所爲《甘泉》及《洞簫頌》。(十四下)

樹達按:《藝文類聚》六十二引褒《甘泉宫頌》,《文選》及《類聚》四十四并載《洞簫賦》全文。

後方士言:益州有金馬碧雞之寶,可祭祀致也。宣帝使

褒往祀焉。（十四下）

沈欽韓曰：《後漢·西南夷傳》注：王褒《碧雞頌》曰：持節使者王褒謹拜，南崖敬移金精神馬縹碧之雞，處南之荒，深谿回土，非上之鄉。歸來歸來，漢無疆。廉平唐虞，澤配三皇。

樹達按：《文選·廣絶交論》注引云：黄龍見兮白虎仁，歸來歸來，可以爲倫。歸來翔兮，何事南荒。

含氣之物，各德其宜。（十五下）

錢大昭曰：德南監本、閩本作得。先謙曰：官本作得，是。

樹達按：景祐本作得。

及其衰也，南征不還。（十六上）

樹達按：此用《左傳》"昭王南征而不復"語。賈誼傳《左氏》，捐之蓋承其家學也。

太倉之粟，紅腐而不可食。（十七上）

師古曰：粟久腐壞則色紅赤也。

樹達按：紅假爲粠。《説文》七篇上"米部"云：粠，陳臭米。

都内之錢貫朽而不可校。（十七上）

樹達按：《説文》六篇下"貝部"云：貫，錢貝之貫。

相枕席於道路。（十八上）

樹達按：《淮南子·本經》篇云：民之專室蓬廬無所歸宿，凍餓飢寒死者相枕席也。枕席與枕藉同，席與藉音義并相近。

《詩》云：蠢爾蠻荆，大邦爲讎。（十八上）

師古曰：《詩·小雅·采芑》之詩。蠢，動貌也。蠻荆，荆州之蠻也。言敢與大國爲讎也。

樹達按：大邦爲讎，猶言大邦是讎也。《蘇武傳》云：何以女爲見？句例同。師古釋非。

臣愚以爲：非冠帶之國，《禹貢》所及，《春秋》所治，皆可且無以爲。（十八下）

師古曰：爲猶用也。王引之曰：皆可且無以用殊爲不辭。今案：無以者無用也，爲，語助耳。言非《禹貢》所及，《春秋》所治者，其他皆可無用也。凡言無以爲，何以爲者；皆謂無用也。《郊祀志》："寶鼎事已決矣，尚何以爲？"言此書尚何用也。《論語》："叔孫武叔毁仲尼。子貢曰：無以爲也！"言無用毁也。又曰："何以文爲！""何以伐爲！"言何用文，何用伐也。又曰："雖多，亦奚以爲？"言雖多何用也，爲字皆是語助。古書若是者多矣，詳見《經傳釋詞》。

樹達按：王釋無以爲無用，是也，而以爲爲語助，則非。爲猶治也，無以爲猶今語言不用做不用辦也。《論語》之"無以爲"，亦言不用毁也。與諸言"奚以爲""何以爲"爲反詰語氣者不同，不當混視。無以爲又或但云無爲。《高紀》云："沛今共誅令，擇可立立之以應諸侯，即室家完。不然，父子俱屠，無爲也。"是也。

而長安令楊興新以材能得幸。（十九下）

樹達按：《劉向傳》云：興者，傾巧士也。

顯鼎貴。（二十上）

如淳曰：鼎音釘，言方且欲貴矣。師古曰：方且是也，讀如本字。

樹達按：鼎本字無方且之義，當讀爲正。《史記·五帝紀》曰："我思舜，正鬱陶。"此正字之義也。顯鼎貴者，顯正貴也。《賈誼傳》云"天子春秋鼎盛"，謂春秋正盛也。《匡衡傳》云"毋説《詩》，匡鼎來"，謂匡正來也。鼎與正古音同，故得通假。

持正六年，未嘗有過。（二十下）

樹達按：正讀爲政。

用之介胄，則冠軍侯。（二十下）

樹達按：冠軍侯，霍去病也。

東方朔傳第三十五（漢書六十五）

東方朔，字曼倩，平原厭次人也。（一上）

樹達按：《水經注》五《河水篇》云：厭次縣西有東方朔冢，冢側有祠。

臣少失父母，長養兄嫂。年十三學書，三冬文史足用。（一下）

先謙曰：十三官本作十二，引宋祁曰：十二景本作十三。先謙案三冬謂三年，學書三年，除十五數之，則十二是也。

樹達按：《風俗通·正失》篇云："十二失父，長養兄嫂。十三學書。"則作十三者是也。王云十五除三爲十二，豈必文史足用之後而後始學擊劍耶？

十五學擊劍。（一下）

樹達按：《風俗通》云：十四擊劍。

臣朔年二十二。（二上）

樹達按：二十二《風俗通》作二十三。

目若懸珠，齒若編貝。（二上）

沈欽韓曰：《韓詩外傳》九引《傳》曰："目如擗杏，齒如編貝。"古語已久。

樹達按:《莊子·盜跖》篇云:脣如激丹,齒如齊貝。

捷若慶忌。(二上)

樹達按:《説文》十二篇下"手部"云:捷,獵也,軍獲得也。八篇上"人部"云:倢,佽也。佽,便利也。此假捷爲倢。

久之,朔紿騶朱儒。(二下)

樹達按:《淮南子·繆稱》篇云:"侏儒瞽師,人之困慰者也,人主以備樂。"按侏儒即後世之伶官。紿假爲詒。《説文》三篇上"言部"云:詒,相欺詒也。

耕田力作,固不及人;臨衆處官,不能治民;從軍擊虜,不任兵事;無益於國用,徒索衣食。(二下)

樹達按:人民,古真部韻。事,咍部。食,德部。咍德平入爲韻。按下文云:"朔口諧辭給。"出言成韻,所謂口諧也。故此傳韻語皆詳記之。

朱儒飽欲死,臣朔飢欲死。臣言可用,幸異其禮!不可用,罷之,無令但索長安米。(三上)

樹達按:死、禮、米,古微部韻。

因使待詔金馬門。(三上)

樹達按:《後書·馬援傳》云:孝武皇帝時,善相馬者東門京鑄作銅馬法,獻之。有詔立馬於魯班門外,則更名魯班門曰金馬門。

臣以爲龍又無角,謂之爲虵又有足,跂跂脈脈善緣壁,是非守宫即蜥蜴。(三上)

師古曰:跂跂,行貌也。脈脈,視貌也。

樹達按:《説文》十三篇上"虫部"云:蚑,行也。此本字。二篇下"足部"云:跂,足多指也。此假跂爲蚑。脈假爲眽。四篇上"目部"

云：眡，目財視也。角足，屋部韻。壁蝪，錫部韻。

臣願令朔復射，朔中之，臣榜百；不能中，臣賜帛。（三下）

樹達按：射、百、帛，古鐸部韻。

朔曰：生肉爲膾，乾肉爲脯。著樹爲寄生，盆下爲寠數。（四上）

樹達按：脯，模部。數，侯部。二部音近，漢人多合用。

朔笑之曰：咄！口無毛，聲謷謷，尻益高。（四上）

樹達按：口無毛，謂後竅。毛、謷、高，古豪部韻。

朔曰：夫口無毛者，狗竇也；聲謷謷者，鳥哺鷇也；尻益高者，鶴俯啄也。（四下）

師古曰：啄，鳥嘴也。啄音竹救反。

樹達按：據顔音訓，乃讀啄爲咮。然《説文》二篇上"口部"云：啄，鳥食也。文謂鶴俯食則尻益高，文義至明，無煩改讀。竇，覺部。鷇、啄，屋部。二部合韻。

令壺齟，老柏塗，伊優亞，狋吽牙，何謂也？（四下）

樹達按：齟、塗、亞、牙，古模部韻。

齟者，齒不正也。（五上）

樹達按：齟《説文》作齬。二篇上"齒部"云：齬，齬齒也。齬，齒不相值也。

柏者，鬼之廷也。（五上）

師古曰：言鬼神尚幽闇，故以松柏之樹爲廷府。沈欽韓曰：陵寢兆域爲柏城。《齊書・王僧虔傳》：鬼惟知愛深松茂柏。

樹達按：古人墓上樹柏。《史記・晉世家》云："重耳妻笑曰：犁二十五年，吾冢上柏大矣。"《龔勝傳》云："勿隨俗動吾冢，種柏作祠堂。”知漢世猶如此。顏説鑿空，沈亦未能探本。

伊優亞者，辭未定也。（五上）

樹達按：《説文》二篇上“口部”云：嚘，語未定貌。優嚘聲類同。

狋吽牙者，兩犬争也。（五上）

樹達按：《説文》十篇上“犬部”云：狋，犬怒貌。从犬，示聲。讀又若銀。按許讀與上注應劭音銀者同。又云：㹜，兩犬相齧也。从二犬。音語斤切。按語斤切即銀音，此與兩犬争義正合。又云：犷，犬吠聲。亦語斤切。狋吽牙，殆象犬吠聲，則犷其本字矣。盛、正、敬、廷、徑、定、争，古青部韻。命或入真部，然恒與青部通叶。

臣聞：謙遜静慤，天表之應，應之以福；驕溢靡麗，天表之應，應之以異。（七下）

樹達按：福、異，古德部韻。

弋獵之處恐其不廣也。（七下）

樹達按：《説文》四篇上“隹部”云：隿，繳射飛鳥也。從隹，弋聲。弋，省借字。

夫殷作九市之宫而諸侯畔，靈王起章華之臺而楚民散，秦興阿房之殿而天下亂。（八下）

樹達按：畔、散、亂，古寒部韻。

是乃國家之大賊，人主之大蜮。（十二下）

師古曰：蜮，魅也。音或。説者以爲短狐，非也。短狐，射工耳，於此不當其義，今俗猶云魅蜮也。劉攽曰：劉向説《春秋》，蜮，南方淫氣所生以應哀姜。然則朔正用指偃爾，何必遷就魅蜮也。

樹達按：蜮當讀爲蟘。《説文》十三篇上“虫部”云：“蟘，食苗葉者。”《吕氏春秋・任地》篇云：“又無螟蜮。”高注云：“蜮或作螣，食心曰螟,食葉曰螣。兖州謂蜮爲螣,音相近也。”按螣亦蟘之音假字,蓋蟘之假爲螣,猶黱之今字作黛,幐之今字作袋也。《爾雅·釋蟲》云:“食苗心,螟;食葉,蟘;食節,賊;食根,蟊。”此文蜮與賊對,蜮賊正爲一類,顔劉説俱未是。賊、蜮,古德部韻。

伯姬燔而諸侯憚。(十二下)

應劭曰:憚,敬也,敬其節直也。蘇輿曰:襄三十年《經》:諸侯會於澶淵,宋災故。《公羊傳》:會言其所爲者,録伯姬也。何注:重録伯姬之賢,爲諸侯所閔憂。憚與怛同,怛,憯也,即閔憂意。

樹達按:《穀梁傳》云:“澶淵之會,中國不侵伐夷狄,夷狄不入中國,無侵伐八年,善之也。晉趙武、楚屈建之力也。”疏引徐邈云:“晉趙武、楚屈建感伯姬之節,故爲之息兵。”據此應劭敬憚之説是也。第云閔憂,似與朔立言之意不合。燔、憚,古寒部韻。

夫宣室者,先帝之正處也,非法度之政,不得入焉。(十二下)

樹達按:《賈誼傳》記文帝受釐宣室,宣帝嘗齋居之以決事,足爲朔語之證。

故淫亂之漸,其變爲篡。是以竪刁爲淫而易牙作患,慶父死而魯國全,管蔡誅而周室安。(十二下)

樹達按:篡、患、全、安,古寒部韻。

貴爲天子,富有四海。(十三下)

樹達按:子、海,古咍部韻。

身衣弋綈,足履革舄,以韋帶劍,莞蒲爲席。(十三下)

樹達按:《鹽鐵論·散不足》篇云:“及其後大夫士蒲平單莞。”又云:“庶人鞔鞮革舄。”然而文帝所御,乃大夫士庶常用之物也。舄、席,古鐸部韻。

兵木無刃,衣緼無文。(十三下)

樹達按:刃、文,古痕部韻。

狗馬被繢罽。(十四上)

師古曰:罽,織毛也。即氍毹之屬。

樹達按:《説文》十三篇上"糸部"云:綱,西胡毳布也。罽乃省借字。

飾文采,藂珍怪。(十四上)

樹達按:采、怪,古咍部韻。

撞萬石之鐘,擊雷霆之鼓,作俳優,舞鄭女。(十四上)

樹達按:靁,古雷字。鼓、女,古模部韻。

《易》曰:正其本,萬事理。失之豪氂,差以千里。(十四上)

樹達按:理、里,古咍部韻。

朔雖詼笑。(十四上)

師古曰:詼,謿戲也。詼笑,謂嘲謔發言可笑也。詼音恢。

樹達按:詼《説文》字作悝。十篇下"心部"云:悝,啁也。

宋萬爲式道候。(十五下)

樹達按:《續漢書·百官志》云:本有式道左右中候三人,六百石。車駕出,掌在前清道,還,持麾,至宫門,宫門乃開。

臣觀其臿齒牙,樹頰胲,吐脣吻,擢項頤,結股腳,連脽尻。(十六上)

樹達按:此謂其徒具人形也。胲、頤,古咍部韻。尻,古幽部。二部音近通叶。

遺蛇其迹。（十六上）

樹達按：遺蛇即逶蛇。《莊子·田子方》篇注云：遺蛇其迹。《釋文》云：遺又作逶。

指意放蕩。（十六下）

樹達按：《説文》十篇下“心部”云：恉，意也。愓，放也。此假指爲恉，假蕩爲愓。

著於竹帛，脣腐齒落，服膺而不釋。（十六下）

樹達按：帛、落、釋，古鐸部韻。

自以智能海内無雙。（十六下）

沈欽韓曰：《鹽鐵論·毁學》篇：東方朔自稱辯略消堅釋石，當世無雙。

樹達按：見《褒賢》篇，沈誤記。

得士者彊，失士者亡，故談説行焉。身處尊位，珍寶充内，外有廩倉。澤及後世，子孫長享。（十七上）

樹達按：彊、亡、行、倉、享，古唐部韻。

今則不然。聖帝流德，天下震慴，諸侯賓服。（十七上）

樹達按：德、服，古德部韻。

連四海之外以爲帶，安於覆盂。（十七上）

周壽昌曰：此下《文選》有天下均平，合爲一家八字。先謙曰：《史記》同。

樹達按：八字當有。盂、家，古模部韻。

遵天之道，順地之理，物無不得其所。其綏之則安，動之則苦，尊之則爲將，卑之則爲虜，抗之則在青雲之上，抑

之則在深泉之下，用之則爲虎，不用則爲鼠。雖欲盡節效情，安知前後。夫天地之大，士民之衆，竭精談説，并進輻輳者不可勝數。悉力慕義，困於衣食，或失門户。使蘇秦、張儀與僕并生於今之世，曾不得掌故。（十七上）

樹達按：所、苦、虜、下、虎、鼠、户、故，古模部韻。後、數，侯部。二部合韻。

太公體行仁義，七十有二，迺設用於文、武，得信厥説。封於齊，七百歲而不絶。（十七下）

樹達按：説、絶，古月部韻。

此士所以日夜孳孳，敏行而不敢怠也。（十八上）

樹達按：孳、怠，古咍部韻。

辟若鶺鴒，飛且鳴矣。（十八上）

樹達按：鴒、鳴，真青二部合韻。

《傳》曰：天不爲人之惡寒而輟其冬，地不爲人之惡險而輟其廣，君子不爲小人之匈匈而易其行。（十八上）

樹達按：冬，鐘部。廣、行，唐部。合韻。

天有常度，地有常形，君子有常行。君子道其常，小人計其功。《詩》云：禮義之不愆，何恤人之言！（十八上）

樹達按：《荀子・天論》篇云：天有常道矣，地有常數矣，君子有常體矣。君子道其常，而小人計其功。《詩》曰：何恤人之言兮，此之謂也。

故曰：水至清則無魚，人至察則無徒。（十八上）

樹達按：魚、徒，古模部韻。

枉而直之，使自得之；優而柔之，使自求之；揆而度之，使自索之。（十八下）

樹達按：六語見《大戴禮記·入官》篇。直、得，德部。柔、求，幽部。度、索，鐸部韻。

今世之處士，魁然無徒，廓然獨居，上觀許由，下察接輿，計同范蠡，忠合子胥，天下和平，與義相扶。（十八下）

樹達按：徒、居、輿、胥、扶，古模部韻。

寡耦少徒，固其宜也，子何疑於我哉！（十八下）

樹達按：宜、我，古歌部韻。

説行如流，曲從如環，所欲必得，功若丘山，海内定，國家安。（十八下）

樹達按：環、山、安，古寒部韻。

至則靡耳，何功之有。（十九上）

師古曰：靡，碎滅也。

樹達按：靡假爲爢。《説文》十篇上"火部"云：爢，爛也。

談何容易。（二十上）

師古曰：不風寛容，則事不易，故曰何容易也。

樹達按：顔訓容爲寛容，其説非也。《楊敞傳》云："事何容易。"豈亦謂寛容乎！《左傳·昭公元年》云："五降之後，不容彈矣。"《後書·李固傳》云："竊感古人一飯之報，況受顧遇而容不盡乎！"容與可義近，談何容易猶言談何可易耳。

宗廟崩阤，國家爲虚。（二十下）

師古曰：阤，頽也。

樹達按:《説文》十四篇下“自部”云:阤,小崩也。

遂居家山之間。(二十一上)

錢大昭曰:家閩本作深。先謙曰:官本作深。

樹達按:景祐本作深。

損車馬之用。(二十一下)

先謙曰:官本損作捐,是。

樹達按:車馬不能捐,損字是。景祐本亦作損。

及皇太子生禖。(二十二上)

樹達按:《武五子傳》云:朔作《禖祝》。

而揚雄亦以爲朔言不純師,行不純德,其流風遺書蔑如也。然朔名過實者,以其詼達多端,不名一行,應諧似優,不窮似智,正諫似直,穢德似隱。(二二下)

樹達按:語見《法言·淵騫》篇。

而後世好事者因取奇言怪語附著之朔,故詳録焉。(二十三上)

樹達按:《文選》四十七《東方朔畫贊》注引《風俗通》云:東方朔是太白星精,黄帝時爲風后,堯時爲務成子,周時爲老聃,在越爲范蠡,齊爲鴟夷子,言其變化無常也。按此蓋即班氏所謂奇言怪語者也。

公孫劉田王楊蔡陳鄭傳第三十六(漢書六十六)

《公孫劉田王楊蔡陳鄭傳》第三十六。(一上)

樹達按：諸人皆武帝時丞相御史大夫。

賀祖父昆邪，景帝時爲隴西太守。（一上）

樹達按：昆邪嘗爲典屬國，稱李廣於景帝，見《廣傳》。此失載其典屬國官。

不知其始所以進。（二上）

樹達按：《陳豨傳》云："豨者，不知始所以得從。"《劉賈傳》云："不知其初起時。"《循吏傳》云："王成，不知何郡人也。"與此文皆守不知爲不知之義，古史闕文之遺法也。

内者令郭穰。（四下）

樹達按：穰又見《丙吉傳》，作内謁者令。

數月，遂代劉屈氂爲丞相，封富民侯。（五下）

樹達按：《食貨志》云：武帝末年，悔征伐之事，迺封丞相爲富民侯。《西域傳》云：封丞相車千秋爲富民侯，以明休息思富養民也。

單于曰：苟如是，漢置丞相，非用賢也，妄一男子上書，即得之矣。（五下）

蘇輿曰：妄一男子，當作一妄男子。《晏子·諫下》：則嬰有一妄能書，足以治之矣。語意正同。

樹達按：此謂一男子妄上書耳。《荀子·正論》篇云：湯武者，至天下之善禁令者也。此言天下之至善禁者令也。《田蚡傳》云：素天下士歸之。言天下士素歸之也。與此句例相同，蘇説未諦。

終不肯有所言。（六下）

樹達按：《杜延年傳》云："丞相素無所守持而爲好言於下，其素行也。"謂千秋也。

始元六年，詔郡國舉賢良文學士，問以民所疾苦，於是鹽

鐵之議起焉。（七上）

樹達按：詔舉賢良文學，據《昭紀》事在五年。問民疾苦事，據《鹽鐵論》在六年，此連言之。

桑弘羊爲御史大夫八年，自以爲國家興榷筦之利，伐其功。（七上）

樹達按：《鹽鐵論》有《伐功》篇，本此義也。

子譚嗣，以列侯與謀廢昌邑王，立宣帝。（七下）

樹達按：《霍光傳》載廢昌邑奏有宜春侯臣譚，是也。

楊敞，華陰人也，給事大將軍莫府，爲軍司馬，霍光厚愛之，稍遷至大司農。（八上）

先謙曰：又爲長史，見《昭紀》及《燕王旦傳》。

樹達按：《燕王旦傳》云：大將軍長史敞無功勞，爲搜粟都尉：是敞又嘗爲搜粟都尉。

代王訢爲丞相。（八上）

樹達按：據《表》在元鳳六年。

汗出洽背。（八上）

樹達按：《説文》十一篇上“水部”云：洽，霑也。

以敞居位定策安宗廟，益封三千五百户。（八下）

樹達按：《杜延年傳》，時論定策功，敞與張安世功比誅諸吕時之陳平。

惲母，司馬遷女也。惲始讀外祖《太史公記》，頗爲《春秋》。（八下）

樹達按：《遷傳》云：惲祖述《太史公書》，遂宣布焉。又按古史皆稱春秋,《藝文志》《太史公書》屬《春秋》家。

霍氏謀反,惲先聞知,因侍中金安上以聞。(八下)

樹達按:據《霍光傳》,長安男子張章先發覺,以語期門董忠,忠告惲,惲告侍中金安上也。又按:敞不敢告上官桀,而惲告霍氏,可謂幹蠱之子矣。

惲爲中郎將,罷山郎,移長度大司農,以給財用。(九上)

樹達按:沈欽韓云:《管子·輕重甲》:"死而不葬者,予之長度。"并謂公家羨餘。

由是擢爲諸吏光禄勳,親近用事。(九上)

樹達按:惲爲光禄勳,宣帝遣問蕭望之計策,又使詰問望之,又使策詔望之左遷,并其親近之證。

長樂常使行事隸宗廟。(九下)

錢大昭曰:隸閩本作肄。下副帝隸及注同。先謙曰:官本同。

樹達按:景祐本作肄。

指桀紂畫謂樂昌侯王武曰:天子過此,一二問其過,可以得師矣。(十上)

樹達按:武,宣帝舅也。一二又見《劉向傳》。

古與今如一丘之貉。(十上)

樹達按:《説文》九篇下"豸部"云:"貉,北方豸種。"此乃今蠻貊字。獸名之貉,《説文》作貈,云:似狐善睡獸。引《論語》狐貈之厚以居。今《論語》作貉。

不當治産業,通賓客,有稱舉。(十一上)

朱一新曰:監本作稱譽。《文選》注引《漢書》仍作稱舉。先謙曰:官本作稱譽。

樹達按：景祐本作稱譽。按惲答書云：尚何稱譽之有！則作稱譽者是也。

仰天拊缶。（十二上）

應劭曰：缶，瓦器也，秦人擊之以節歌。

樹達按：《説文》五篇下"缶部"云："缶，瓦器，所以盛酒漿。秦人鼓之以節歌。"應説本之。《史記·藺相如傳》云："相如曰：趙王竊聞秦王善爲秦聲，請奏盆缻秦王。秦王爲一擊缻。"缻即缶後起字，然則爲秦聲者必擊缶矣。

田彼南山，蕪穢不治，種一頃豆，落而爲萁。人生行樂耳！須富貴何時！（十二上）

樹達按：治、萁、時，古咍部韻。

漂然皆有節槩，知去就之分。（十二下）

師古曰：漂然，高遠意。漂音匹遥反。先謙曰：漂，飄借字。

樹達按：漂然與有節槩義不相屬。《文選》漂字作凜，是也。漂乃形近誤字，顔王并據誤文爲説，疏矣。

蔡義，河内温人也。（十三下）

樹達按：《杜延年傳》、《霍光傳》、《儒林傳》義字皆作誼。

久之，詔求能《韓詩》者，徵義。（十三下）

樹達按：《儒林傳》，蔡誼受《詩》於河内趙子，爲韓嬰再傳弟子。

遷御史大夫。（十三下）

樹達按：時義與羣臣合奏廢昌邑王，見《霍光傳》。

代楊敞爲丞相，封陽平侯。（十三下）

樹達按：時義劾夏侯勝非議詔書，毁先帝，不道，見《勝傳》。

又以定策安宗廟益封，加賜黄金二百斤。（十三下）

樹達按：據《杜延年傳》，義定策功與韓增同，比誅諸吕時之灌嬰。

萬年廉平，内行修。（十四上）

樹達按：萬年事後母孝，見《丙吉傳》。

丞相丙吉病，中二千石上謁問疾。（十四上）

樹達按：《漢官儀》云：：丞相有疾，御史大夫三日一問起居，百官亦如之。

萬年竟代定國爲御史大夫。（十四上）

樹達按：萬年爲御史大夫，建議當擊珠崖，見《賈捐之傳》。與于定國并位八年，論議無所拂，見《定國傳》。

子咸，字子康，年十八，以萬年任爲郎。有異材，抗直數言事，刺譏近臣，書數十上，遷爲左曹。（十四上）

樹達按：《蕭育傳》云：咸年十八，爲左曹；二十餘，御史中丞：則即以任郎之年遷左曹也。又按咸爲左曹時，薦王駿，見《王吉傳》。

咸睡，頭觸屏風。（十四上）

樹達按：《説文》四篇上"目部"云：睡，坐寐也。

下獄掠治。（十四下）

樹達按：時朱博救助咸，詳見《博傳》。

坐爲京兆尹王章所薦，章誅，咸免官。（十四下）

樹達按：據《章傳》，章與咸相善也。

或私解脱鉗釱。（十四下）

樹達按：《御覽》六百四十四引《晉律》云：鉗重二斤，翅長一尺五寸。

爲少府三歲，與翟方進有隙。（十五下）

樹達按：時詔使五二千石雜問丞相薛宣及御史大夫翟方進，而咸詰責方進也，詳《方進傳》。

方進爲丞相。（十五下）

樹達按：方進初爲相，咸令杜欽往方進所解説，見《方進傳》。

而官媚邪臣陳湯以求薦舉。（十六上）

樹達按：朱一新云：官猶公也。

不宜處位。（十六上）

樹達按：此奏互見《方進傳》，文不同，可互參。

次卿爲太原涿郡太守。（十六上）

樹達按：《刑法志》載昌疏請删定律令，正其爲涿郡太守時事。又按《蓋寬饒傳》載諫大夫鄭昌上書訟寬饒，則昌又嘗爲諫大夫。

皆著治迹。（十六上）

樹達按：《循吏傳序》云：王成、黄霸、朱邑、龔遂、鄭弘、召信臣等所居民富，生有榮號，死見奉祀。

代韋玄成爲御史大夫。（十六上）

樹達按：時元帝嘗令弘入議隴西羌反事，弘漠然不對，見《馮奉世傳》。議郡國廟宜毋修，見《韋玄成傳》。

六年，坐與京房論議免。（十六上）

齊召南曰：案《公卿表》，弘以永光二年爲御史大夫，五年有罪，自殺。据《京房傳》，但言房見道幽厲事，出爲弘言之，弘坐免爲庶人，與此傳合。《表》云自殺，誤也。

樹達按：《五行志》中之下亦云弘坐免爲庶人。

中山劉子推言王道。（十七上）

錢大昭曰:《鹽鐵論》作子雍。

樹達按:《鹽鐵論·雜論》篇無推字,雍疑即推字之誤。彼文上下皆不出名字也。

鉅儒宿學不能自解。(十七上)

樹達按:《史記·莊周傳》云:周善屬書離辭,指事類情,用剽剥儒墨,雖當世宿學,不能自解免也。

楊胡朱梅云傳第三十七(漢書六十七)

《楊胡朱梅云傳》第三十七。(一上)

樹達按:此以狂狷諸人合傳。范蔚宗書有《獨行傳》,本此傳也。

楊王孫者,孝武時人也。(一上)

樹達按:他傳皆記郡縣,此獨記其時世,特爲變例。

及病且終,先令其子。(一上)

樹達按:《何并傳》:并疾病,召丞掾作先令書,與此同。

欲從其,心又不忍。(一上)

錢大昭曰:閩本其作之。先謙曰:官本作之。

樹達按:景祐本作之。

反真冥冥,亡形亡聲,迺合道情。(二上)

樹達按:冥、聲、情,古青部韻。

夫飾外以華衆。(二上)

樹達按:華讀爲譁。《藝文志》云:苟以譁衆取寵,可證。

精神者,天之有也;形骸者,地之有也。(二上)

樹達按：二語見《淮南子·精神篇》及《列子·天瑞》篇。

裹以幣帛，鬲以棺槨，支體絡束，口含玉石，欲化不得，鬱爲枯腊。千載之後，棺槨朽腐，迺得歸土，就其真宅。繇是言之，焉用久客。（二上）

樹達按：鬲與隔同。以上十二句皆韻。帛、槨、石、腊，古鐸部韻。後、腐，侯部。宅、客亦鐸部。

故聖王生易尚，死易葬也。（二下）

樹達按：尚、葬、古唐部韻。

監御史與護軍諸校列坐堂皇上。（三上）

師古曰：室無四壁曰皇。沈欽韓曰：《廣雅·釋器》：堂皇，壂也。

樹達按：《説文》九篇下"广部"云：廣，殿之大屋也。廣從黄聲，音亦如黄，廣乃堂皇之皇正字。章君太炎説如此，與沈引《廣雅》訓壂義合。

亡以帥先士大夫。（三上）

樹達按：《説文》二篇下"辵部"云：達，先道也。帥，同音借字。

建自殺。（四上）

周壽昌曰：據《鹽鐵論》賢良文學議在昭帝始元六年二月，已云建不得其死，則此必是年正二月事。

樹達按：上文稱故京兆尹樊福。據《公卿表》，福昭帝始元六年始守京兆尹，然則建死當在六年後。蓋《鹽鐵論》爲桓次公推演之文，不必盡出當時議文也。周説似未審。

欲以匹夫徒走之人。（五上）

錢大昭曰：走南鹽本、閩本作步。先謙曰：官本作步。

樹達按：景祐本作步。

是時少府五鹿充宗貴幸，爲《梁丘易》。（五上）

樹達按：據《儒林傳》，梁丘賀傳子臨，臨傳五鹿充宗。臨傳之傳字，今本《漢書》誤作代，説詳後《儒林傳》。陸德明《經典釋文序録》亦云：臨傳少府五鹿充宗。是充宗爲梁丘賀再傳弟子也。

五鹿嶽嶽，朱雲折其角。（五下）

樹達按：嶽、角，古屋部韻。

遷杜陵令。（五下）

樹達按：雲勸蕭望之自裁，蓋在此時，望之本居杜陵也。據此雲爲令當在元帝初元二年矣。

小臣居下訕上，廷辱師傅。（六下）

樹達按：《論語·陽貨》篇云：惡居下流而訕上者。

孝文皇帝好忠諫。（八上）

錢大昭曰：文南監本、閩本作武。先謙曰：官本作武，是。

樹達按：景祐本作武。

是以天下布衣各厲志竭精以赴闕廷，自衒鬻者，不可勝數。（八上）

樹達按：《東方朔傳》云：武帝初即位，四方士上書言得失自衒鬻者以千數。

故淮南安王緣間而起。（八下）

錢大昭曰：安王二字當乙。朱一新曰：監本作王安。先謙曰：官本作王安。

樹達按：景祐本作王安。

所以計慮不成而謀議泄者，以衆賢聚於本朝，故其大臣

不敢和從也。（八下）

樹達按：當時淮南王心憚汲黯，伍被亦忌衛青，謀欲先刺之，與福比數語正合。

方今布衣迺窺國家之隙，見間而起者，蜀郡是也。（八下）

樹達按：迺，始也。

臣聞齊桓之時，有以九九見者，桓公不逆，欲以致大也。（九上）

師古曰：九九，算術，若今《九章》、《五曹》之輩。

樹達按：敦煌木簡載九九術，起九九八十一訖二二而四。羅振玉云：《孫子算經》乘法載此四十五句，亦起九九而訖一一，末言從九九至一一，總成一千一百五十五，是古法始九九之證。以木簡及《孫子算經》證之，九九蓋即乘法。其術始於九九，故稱九九之術。顏注以爲《九章》、《五曹》之輩者，誤矣。

一色成體謂之醇。（十上）

先謙曰：官本醇作純，是。

樹達按：景祐本作醇。《説文》十四篇下"酉部"云：醇，不澆酒也。不澆謂不薄，引申爲醇駁之醇。純訓絲，無不雜義也。此文正用本字，王以後世用字通假純爲醇，純字爲是，謬矣。

白黑雜合謂之駮。（十上）

樹達按：《説文》十篇上"馬部"云：駁，馬不純。駮與駁同。

且惡惡止其身。（十下）

樹達按：惡惡止其身，昭公二十年《公羊傳》文。

陰盛陽微，金鐵爲飛，此何景也。（十下）

蘇林曰：景，象也，何象言將危亡也。

樹達按：上文言不見其形，願察其景，景即今影字。此何景即承上文爲言。

莽以爲惡人黨皆當禁固。（十三下）

錢大昭曰：固南監本、閩本作錮。先謙曰：官本固作錮。

樹達按：景祐本作錮。

全性市門。（十四上）

樹達按：性讀爲生。

清則濯纓，何遠之有！（十四上）

師古曰：《楚辭》：漁父之歌曰：滄浪之水清，可以濯我纓，滄浪之水濁，可以濯我足。遇治則仕，遇亂則隱，云敞謝病去職，近於此義也。

樹達按：《滄浪歌》首見《孟子·離婁》篇，不當稱《楚辭》，清則濯纓用《孟子》引孔子語，尤當引《孟子》也。又按此贊多用韻語。狷、遠，古寒部韻，成、刑，耕部，聞、門，痕部，實是以至支二部合韻，外、隊，以曷没二部合韻，府，有，以侯咍二部合韻。此以漢人用韻較寬，故不盡合於周秦古音耳。

霍光金日磾傳第三十八（漢書六十八）

以縣吏給事平陽侯家。（一上）

樹達按：平陽侯曹參之後也。

去病死後，光爲奉常都尉、光禄大夫。（一下）

錢大昭曰：常當作車。先謙曰：官本作車。

樹達按：景祐本作車。

帝年八歲，政事壹決於光。（二上）

樹達按：光始先寬緩，欲以說下，見《五行志》中下卷。及上官、蓋主之難後，光遵武帝法度，以刑罰痛繩羣下，由是俗吏上嚴酷，見《黄霸傳》。又按光以妖言罪誅眭弘，見《五行志》中下卷及《弘傳》。白遣傅介子斬樓蘭王，見《介子傳》。遣任立政等至匈奴招李陵，見《陵傳》。寢廷尉逮捕蘇武之奏，見《武傳》。責魏相不當斥逐武庫令，見《相傳》。

遺詔封金日磾爲秺侯，上官桀爲安陽侯，光爲博陸侯，皆以前捕反者功封。（二上）

先謙曰：日磾擒何羅，桀、光蓋共捕誅通也。

樹達按：王說是矣。然《昭紀》：始元二年，光、桀以前捕斬馬通功封，是事有明文也。

帝病，忽在左右，安得遺詔封三子事！羣兒自相貴耳。（二上）

樹達按：沈欽韓云：武帝以後元二年二月崩，光等以昭帝始元二年封，果有遺詔，何至自逾兩年，遺詔信妄也。蓋上官氏鋭欲自侯託之。今按沈說非也。以《日磾傳》參之，可知當時情事。蓋日磾以帝少不肯受封，桀、光未能獨封，故遺詔閣置未行。及始元元年時，日磾病困，光白封日磾，日磾旋薨。日磾既封，則光、桀以遺詔故，亦不得不受封矣。此當時情事顯然可知者，不得以遲封爲疑，沈說殊未審考。

數月，立爲皇后。（三上）

樹達按：事詳《外戚傳》。

光時休沐出，桀輒入代光決事。（三上）

樹達按：《胡建傳》：蓋主劾建，光寢其奏。後光病，上官氏代聽事，下吏，捕建。知光病亦由桀代決事也。

桀、安欲爲外人求封，幸依國家故事，以列侯尚公主者。（三上）

樹達按：納女事由安請外人言之，蓋主成之，安説外人，嘗以封侯之説動之，此欲實其言也。

道上稱趕。（三下）

樹達按：《説文》二篇上"走部"云：趕，止行也。此即今之斷絶交通。趕傳記多作蹕，《燕王傳》亦然，獨此傳字與《説文》合。

又引蘇武前使匈奴，拘留二十年，不降，還迺爲典屬國。（三下）

樹達按：《吕氏春秋·義賞》篇注云：乃猶裁也。迺與乃同。《燕王傳》作亶，亶同但。説詳本書卷四《項籍傳》。

上曰：將軍之廣明都郎，屬耳。（四上）

師古曰：屬耳，近耳也。屬音之欲反。先謙曰：耳，語詞，郎羽林皆郎屬也，屬不當訓近。

樹達按：顔訓屬爲近，是也。屬耳猶言此近日事耳。《中山策》："田簡謂司馬憙曰：趙使者來，屬耳，獨不可語陰簡之美乎？"是此文所本。王氏不審考而以郎屬連讀，誤矣。

即日承皇太后詔遣行大鴻臚事，少府樂成宗正德光禄大夫吉中郎將利漢迎昌邑王賀。（四下）

樹達按：皇太后謂昭帝后，此時，無皇太后，史家追稱耳。

中黄門宦者各持門扇。（六上）

樹達按：《説文》十二篇上“户部”云：扇，扉也。

太后被珠襦，盛服，坐武帳中。（六上）

樹達按：武帳又見《汲黯傳》，彼注詳之。

大子所以永保宗廟，總壹海内者。（七上）

錢大昭曰：大當作天。先謙曰：官本大作天。

樹達按：景祐本作天。

遣宗正大鴻臚光禄大夫奉節使徵昌邑王典喪，服斬縗。（七上）

師古曰：典喪服，言爲喪主也。錢大昭曰：典喪，爲喪主也。下言賀服斬縗無悲哀之心，顔以典喪服爲句，失其指矣。

樹達按：錢説也是。《昌邑王傳》云：霍光徵王賀典喪，其明證也。

居道上，不素食。（七上）

師古曰：素食，菜食無肉也。沈欽韓曰：居喪之禮，亦不火食，只以糒糗菜果爲膳，亦不當以釋氏説爲解。

樹達按：顔解不誤。《王莽傳》云：“每有水旱，莽輒素食。太后語莽曰：聞公素食，憂民深矣。今秋幸孰，公勤於職，以時食肉，愛身爲國。”若如沈説，元后亦知釋氏之説乎？

會下還，上前殿。（八上）

如淳曰：下謂柩之入冢。葬還不居喪位，便處前殿也。

樹達按：傳文但言上，未言居也。如説非。今謂上前殿當與下“擊鼓磬”六字連讀，此謂上殿時不當奏樂耳。

召内泰壹宗廟樂人輦道牟首。（八上）

孟康曰：牟首，地名也，上有觀。臣瓚曰：牟者，池名也，在上林苑中。師古曰：牟首，瓚説是也。先謙曰：牟首似孟説是。

樹達按：孟説地字蓋池字之誤。惟爲池，故云上有觀也。顔不辨其誤，又引瓚説，王又以孟説爲是，皆無事自擾者也。

取諸侯王列侯二千石綬及墨綬黄綬以并佩昌邑郎官者免奴。（八下）

先謙曰：者字當衍。

樹達按：者疑諸之誤。《御覽》六八二引《新序》記龔遂諫云：高皇帝造花綬五等，陛下取之與賤人，臣以爲不可，願陛下收之。

文學光禄大夫夏侯勝等及侍中傅嘉數進諫以過失。（九上）

樹達按：諫者尚有于定國，見《定國傳》。

使人簿責勝，縛嘉繫獄。（九上）

樹達按：《勝傳》云：王謂勝爲祅言，縛以屬吏，則勝亦見縛與嘉同。

臣敞等謹與博士臣霸、臣雋舍、臣德、臣虞舍、臣射、臣倉議。（九上）

樹達按：王國維云：霸，孔霸。倉，后倉。樹達按諸人皆只具名，不言姓，雋舍、虞舍以同官博士，又同名舍，故二人皆具姓。

陛下未見命高廟。（九下）

先謙曰：未見高廟而受命。

樹達按：《文帝紀》：元年冬十月，皇帝見於高廟。下文記宣帝謁於高廟。

王曰：聞天子有争臣七人，雖無道，不失天下。（九下）

師古曰：引《孝經》之言。

樹達按:《後書·荀爽傳》記:漢制:使天下誦《孝經》,故以昌邑之狂惑,猶能稱引其文也。

王西面再拜曰:愚戇不任漢事。(十上)

樹達按:朱一新云:觀昌邑臨廢兩言,猶非昏悖,特童騃不解事耳。班氏載此,具有深意。

王行自絶於天。(十上)

樹達按:《谷永傳》引《書》曰:"迺用婦人之言,自絶於天。"此今文《泰誓》之辭,亦見《史記·周本紀》。

昌邑羣臣坐亡輔導之誼陷王於惡,光悉誅殺,二百餘人。(十上)

樹達按:王吉與龔遂以數諫正得免死,髠爲城旦,王式以《詩》諫,亦免死,見《吉傳》及《儒林傳》。又諫昌邑者皆超遷,見《于定國傳》。

當斷不斷,反受其亂。(十上)

樹達按:《史記·春申君傳贊》引二句作語曰,蓋自古相傳之語。斷、亂,古寒部韻。

近親唯有衛太子孫號皇曾孫在民間,咸稱述焉。(十上)

樹達按:稱述曾孫可考知者有丙吉、杜延年,各見本傳。

大宗亡嗣,擇支子孫賢者爲嗣。(十下)

樹達按:言此者,嫌於以戾太子爲大宗,寃其死而立其後,故特明言支子以釋其嫌,文隱而志則顯也。

與故所食凡二萬户。(十一上)

樹達按:《王莽傳》云:光益封三萬户。

自昭帝時,光子禹及兄孫雲皆中郎將。(十一上)

樹達按：禹爲中郎將，將兵隨范明友擊烏桓，見《張安世傳》。

上及皇太后親臨光喪。（十一下）

樹達按：閻若璩云：時宣帝已立六七年，久尊上官氏爲太皇太后。此稱皇太后，未核。

既葬，封山爲樂平侯。（十二下）

樹達按：此及下雲封冠陽侯，《恩澤表》皆失載。

善善及後世。（十二下）

樹達按：昭公二十年《公羊傳》云：善善及子孫。

他人壹間女，能復自救邪？（十三下）

樹達按：《方言卷》三云：間，非也。《石顯傳》云：有以間己，義同。

於是上始聞之而未察。（十四上）

樹達按：據《魏相傳》，蓋相白之。

更以禹爲大司馬，冠小冠，亡印綬，罷其右將軍屯官兵屬，特使禹官名與光俱大司馬者。（十四下）

樹達按：《百官公卿表》云："元狩四年，初置大司馬，以冠將軍之號。宣帝地節三年，置大司馬，不冠將軍，亦無印綬官屬。"即此事也。蓋宣帝欲削禹權，而特變武帝以來之舊制。

廷尉李种、王平，左馮翊賈勝胡，及車丞相女壻少府徐仁皆坐逆將軍意，下獄死。（十五上）

先謙曰：官本考證云：王平、徐仁、賈勝胡事詳《杜延年傳》。

樹達按：《杜延年傳》無賈勝胡事。

百官以下，但事馮子都、王子方等。（十五上）

樹達按：古詩《羽林郎》云：昔有霍家奴，姓馮名子都，依倚將軍勢，調笑酒家胡。

熒惑守御星，御星，太僕、奉車都尉也，不黜則死。平内憂山等。（十六上）

樹達按：《天文志》云：熒惑守房之鉤鈐，鉤鈐，天子之御也。占曰：不太僕，則奉車，不黜即死也。按山爲奉車都尉，故平憂之。

巷端人共見有人居雲屋上，徹瓦投地。（十六下）

樹達按：《説文》十三篇下"力部"云：勶，發也。徹，省借字。

上迺下詔曰。（十七上）

樹達按：此詔又見《宣帝紀》而文不同。

無言入霍氏禁闥。（十七上）

樹達按：入，納也。言無納霍氏戚屬於禁闥也。

上内嚴憚之，若有芒刺在背。（十八上）

樹達按：《説文》一篇下"艸部"云：芒，艸耑也。《七篇上》"朿部"云：朿，木芒也，象形。文假刺爲朿。

元始二年，封光從父昆弟曾孫陽爲博陸侯，千户。（十八下）

樹達按：《後書·韋彪傳》載章帝詔求霍光後，以光无苗裔，無所封。據此文觀之，則平帝時光已無後矣。

日磾子二人，皆愛，爲帝弄兒，常在旁側。（十九上）

王先慎曰：旁即側也，二字不當連文，疑旁是帝形近而誤。

樹達按：《元后傳》云：太后旁弄兒病在外舍，莽自親候之。知弄兒爲漢宫中所常有。《五行志》載董仲舒云："視近臣在國中，處旁仄，及貴而不正者，忍而誅之。"《鮑宣傳》云："罷退外親及旁仄素餐之人。"旁仄旁側同,旁字非誤,古人自有複語耳。王説陋甚。

日磾捽胡投何羅殿下。(二十上)

晉灼曰:胡,頸也,捽其頸而投殿下也。

樹達按:《説文》四篇下"肉部"云:胡,牛顄垂也。《詩·豳風》云:狼跋其胡。《史記·封禪書》有龍胡髯。胡在頸,故引申之胡有頸義。

賞爲奉車,建駙馬都尉。(二十下)

王念孫曰:車下有都尉二字,而今本脱之。《百官表》云:奉車都尉掌御乘輿車,駙馬都尉掌駙馬。《藝文類聚·人部》十七、《御覽·儀式部》三引此并作賞爲奉車都尉,建駙馬都尉。

樹達按:此因下都尉二字省。《類聚》、《御覽》引有都尉二字,乃二書補足之耳。《儒林傳》云:上於是出龔等補吏,龔爲弘農,歆河内,鳳九江太守。弘農河内下各省太守二字。《王莽傳》云:又置師友祭酒及侍中諫議六經祭酒各一人,凡九祭酒。琅邪左咸爲講《春秋》,穎川滿昌爲講《詩》,長安國由爲講《易》,平陽唐昌爲講《書》,沛郡陳咸爲講《禮》,崔發爲講《樂》祭酒。講《春秋》,講《詩》,講《易》,講《書》,講《禮》下各當有祭酒二字,因下講《樂》祭酒字而省,與此句例正同。又《翟方進傳》云:其左氏則國師劉歆,星律則長安令田終術師也。劉歆下省師字,與此亦略同。《魏志·董卓傳》云:以暹爲征東,才爲征西,樂爲征北將軍。征東征西下各省將軍二字,亦襲此句法。王説知其常而不知其變也。

霍氏有事萌芽,上書去妻。(二十下)

樹達按:有事義不可通,有當爲反字之誤。疑反誤爲友,又改爲有耳。《孫寶傳》云:馮氏反事明白,句例正同。

安上字子侯，少爲侍中，惇篤有知，宣帝愛之。（二十一上）

樹達按：宣帝時安上得徑出入省中，見上《霍光傳》。爲侍中，宣帝使諭意於蕭望之，見《望之傳》。

頗與發舉楚王延壽反謀。（二十一上）

樹達按：事詳《楚元王傳》。

至建章衛尉，薨。（二十一上）

樹達按：安上爲衛尉，宣帝使詰問蕭望之，見《望之傳》。安上奏海昏侯賀不宜得奉宗廟朝聘之禮，見《昌邑哀王傳》，未詳其奏於何時。

帝即位，爲騎都尉、光禄大夫、中郎將，侍中。（二十一上）

樹達按：敞爲侍中，與蕭望之、周堪、劉向等同心輔政，見望之、向傳。元帝使敞語貢禹，欲禄禹子，見《禹傳》。

涉明經儉節，諸儒稱之。成帝時，爲侍中。（二十一下）

樹達按：涉言王莽之賢，見《莽傳》。

欽從父弟遷爲尚書令。（二十二上）

樹達按：欽是明子，見下文，然則遷乃岑之子也。按常亡子，見下文。遷光武時爲侍中，見《後書·竇融傳》。

欽使護作。（二十二上）

王文彬曰：欽使疑當作使欽。

樹達按：使護作謂見使護作也。下卷云：義渠安國使行諸羌。《平當傳》云：使行流民幽州。又云：使行河。《王尊傳》云：鄭寬中使行風俗。《蕭望之傳》云：侍中謁者良使丞制詔蕭望之。《孔光傳》云：諫大夫持節，與謁者二人使護喪事。句例皆同。王説非。

當上南大行爲太夫人。（二十二下）

鄧展曰:當上南爲太夫人,恃莽姨母故耳。

樹達按:漢法:凡侯之夫人,子爲侯者,乃得爲太夫人。當雖爲侯,其父未侯,故鄧云恃莽姨母也。

太皇太后懲艾悼懼逆天之咎、非聖誣法大亂之殃。(二十二下)

樹達按:懲艾悼懼應與下十二字連讀,顔於悼懼下注斷,非是。

霍光以結髮内侍。(二十二上)

樹達按:此言光十餘歲即侍中也。

七世内侍。(二十三下)

樹達按:日磾至湯不過五世,七字疑誤。即謂日磾母死得圖畫宫中,生時必嘗内侍,亦不足七世也。

趙充國辛慶忌傳第三十九(漢書六十九)

與大將軍霍光定册尊立宣帝,封營平侯。(二上)

樹達按:宣帝論定策功,充國與田延年、史樂成同比誅諸吕時之劉揭,見《杜延年傳》。

本始中,爲蒲類將軍,征匈奴,斬虜數級。(二上)

樹達按:趙廣漢時爲充國屬將,見《廣漢傳》。

還,爲後將軍、少府。(二上)

樹達按:充國爲後將軍,宣帝嘗與充國議,欲因匈奴衰弱擊其右地,見《魏相傳》。

抵冒渡湟水。(二下)

師古曰：抵冒，犯突而前。冒音莫北反。宋祁曰：冒作莫報反。

樹達按：冒本有莫北反之音，冒頓單于是也。然此冒字實是假字。《説文》八篇下“見部”云：覓，突前也。《一切經音義》卷九云：“覓，莫勒反。《國語》：覓没輕儳。賈逵曰：覓没猶輕弱也。”又卷十二云：“覓猶輕觸直進也。字从冖从見。今皆作冒。”據此覓爲本字，冒乃假字，顔訓犯突而進，音莫北反，與《説文》覓字之訓及《一切經音義》音正合。《周禮·太史》：“若約劑亂則辟法。”注云：“謂抵冒盟誓者。”又云：“辦事者攷焉，不信者誅之。”注云：“謂抵冒其職事。”又《司約》注云：“治者，謂其相抵冒上下之差也。”本書《禮樂志》、《董仲舒傳》皆云民人抵冒，是抵冒乃漢人常語。

以尤桀黠，皆斬之。（三下）

樹達按：《説文》十篇上“黑部”云：黠，堅惡也。

於是諸降羌及歸義羌侯楊玉等恐怒，亡所信鄉。（三下）

師古曰：恐中國汎怒，不信其心而納嚮之。鄭讀曰嚮。劉奉世曰：恐怒，且恐且怒也。羌未有變，而漢吏無故誅殺其人，故楊玉等謂漢無所信向，於是與他族皆叛也。王念孫曰：案顔、劉二説皆非也。恐怒二字義不相屬，恐當爲怨，字之誤也。怨怒無所信嚮，謂怨怒漢吏，不親信而歸嚮之也。《後漢·西羌傳》述其事曰：“安邦召先零豪四十餘人斬之，因放兵擊其種，斬首千餘級，於是諸羌怨怒，遂寇金城。”此文大略本於《漢書》，怨怒二字亦本《漢書》也。《王莽傳》：五威將帥出，改句町王以爲侯，王邯怨怒不附，文義亦與此相似。

樹達按：王校恐怒爲怨怒，是也。釋亡所信鄉爲不親信歸嚮漢吏，則未合文義。周壽昌引方扶南説云：亡所信鄉，言欲信匈奴而不及聯謀,欲鄉漢朝而已爲所擊也。今按方説是也。

有詔將八校尉與驍騎都尉金城太守合疏捕山間虜。(五上)

蘇林曰:疏,搜索也。師古曰:疏字本作迹,言尋迹而捕之也。沈欽韓曰:《小司徒》注:胥,伺捕盗賊也。疏胥字義并通。樹達按:《後書·馬融傳》云:庾疏嶁領。李注云:"疏猶搜索也。"蓋本蘇林此注爲説。又按顔注云:疏字本作迹。《説文》迹字從辵亦聲,或體籀文從朿聲作速。竊疑此字本作踈,即迹字,故或又作迹。後人誤以爲疎字,故又寫作疏耳。

以一馬自佗負三十日食。(六上)

樹達按:《説文》八篇上"人部"云:佗,負何也。

此殆空言,非至計也。(六下)

師古曰:殆,僅也。

樹達按:殆無僅義,當訓近。

將軍士寒,手足皸瘃。(七上)

樹達按:皸《説文》作䐜。二篇下"足部"云:䐜、瘃足也。七篇下"疒部"云:瘃,中寒腫覈。

今先零羌楊玉,此羌之首帥名王。(八上)

錢大昭曰:閩本無此羌句。

樹達按:景祐本無此羌句。

行攻釋致虜之術,而從爲虜所致之道。(八下)。

師古曰:釋,廢也。宋祁曰:廢也姚改作廢棄。先謙曰:《通鑑》注引作廢也。

樹達按:《説文》二篇上"采部"云:釋,解也。解釋者堅凝之反。

如下文所云：虜交堅黨合而後攻之，則爲攻堅，與攻釋正相反也。顔訓釋爲廢，未的。注廢也景祐本作廢弃。

鹵馬牛羊十萬餘頭，車四千餘兩。（九上）

樹達按：鹵字假爲虜。《説文》十三篇下“力部”云：虜，獲也。

將軍年老加疾。（九下）

樹達按：《龔勝傳》云：年老被病，加疾猶言被病。

今虜亡其美地薦草。（十一下）

師古曰：薦，稠草。沈欽韓曰：《韓非·内儲説》：獸鹿唯薦草而就。《齊物論》音義：司馬云：美草也。

樹達按：《説文》十篇上“廌部”云：薦，獸之所食草。

貧破其衆。（十二上）

錢大昭曰：貧《漢紀》作分。案《説文》：貧，財分少也，則貧亦有分意。

樹達按：貧破其衆，使其衆貧而破之。不令得歸肥饒之地，則貧矣。錢説非是。

將軍獨不計：虜聞兵頗罷，且丁壯相聚，攻擾田者及道上屯兵，復殺略人民？（十二下）

樹達按：且，將也。

部曲相保爲壍壘木樵。（十三上）

師古曰：樵與譙同，謂爲高樓以望敵也。

樹達按：樵本字作樔。《説文》六篇上“木部”云：樔，澤中守艸樓。

校尉臨衆幸得承威德。（十三下）

樹達按：臨衆，辛武賢之弟也。見後文。

不足以故出兵。（十四上）

王念孫曰：不足以故出兵，本作不足以疑故出兵。疑故者，疑事也。宣帝以罕幵前言而疑其變，故急欲出兵。充國則謂罕幵雖有前言，而既聞明詔，宜皆鄉風，無有異心，不足因此疑事而出兵也。今本脱去疑字，則文不成義。《漢紀·孝宣紀》正作不足以疑故出兵。

樹達按：《陳勝傳》云："諸將以故不親附。"《項籍傳》云："以故事皆已。"《王溫舒傳》云："以故齊趙之郊，盜不敢近廣平。"

他傳言以故者，多不可勝舉，句例與此同。以故者，以此也。荀紀妄增疑字，不足據也。

定計遺脱與煎鞏黄羝俱亡者不過四千人。（十四下）

先謙曰：胡注：定計，以定數計算也。

樹達按：定計猶今言確實計算。《項籍傳》"項梁聞陳王定死"，定字亦確實之義。胡說非。

所善浩星賜迎説充國。（十四下）

樹達按：顧炎武謂浩星姓即《孟子》浩生不害之浩生，是也。

有詔更用臨衆。（十五下）

樹達按：更，改也。

湯數醉酗羌人。（十五下）

樹達按：《説文》十四篇下"酉部"云：酗，醉醟也。醟，酗也。《通俗文》云：酗酒曰醟。

卬道車騎將軍張安世始嘗不快上，上欲誅之。（十六上）

樹達按：安世爲車騎將軍在昭帝崩後，則上謂宣帝也。不快上者，本當言不快於上，此省於字。不快於上，言不爲上所悦。

元始中修功臣後，復封充國曾孫伋爲營平侯。（十六下）

樹達按：一九四五年甘肅出土《三老掾趙寬碑》記復封充國曾孫纂，不作伋。

征烏孫至敦煌，後不出。（十七上）

樹達按：事詳《西域・烏孫傳》。不出謂不出塞也。

始武賢與趙充國有隙，後充國家殺，辛氏至慶忌爲執金吾。（十七下）

樹達按：殺字句斷，辛氏屬下讀。殺乃衰殺之義，與下文坐子殺趙氏句義不同。周壽昌以殺辛氏爲讀，非也。

坐子殺趙氏。（十七下）

樹達按：句疑有脱誤。

歲餘，徙爲左將軍。（十八下）

樹達按：時慶忌救劉輔，見《輔傳》。

於是司直陳崇舉奏其宗親隴西辛興等侵陵百姓，威行州郡。（十九上）

樹達按：興又見《鮑宣傳》。

傅常鄭甘陳段傳第四十（漢書七十）

《傅常鄭甘陳段傳》第四十。（一上）

樹達按：此傳諸人皆經營西域者。

匈奴使屬過。（一上）

樹達按：《魯語》注云：屬，適也。

發兵殺略衛司馬安樂,光禄大夫忠,期門郎遂成等三輩,及安息大宛使,盗取節印獻物。(二上)

樹達按:忠,王忠。《匈奴傳》云:馬宏者,前副光禄大夫王忠使西國,爲匈奴所遮,忠戰死,是也。

食邑七百户。(二上)

樹達按:朱一新云:《功臣侯表》:七百五十九户。

介子薨。(二上)

樹達按:據表,介子元康元年薨。

遂封惠爲長羅侯,復遣惠還賜烏孫貴人有功者。(三上)

樹達按:神爵三年,使惠送公主,見《蕭望之傳》。辛慶忌隨惠屯田烏孫赤谷城,見《慶忌傳》。

宣帝不許,大將軍霍光風惠以便宜從事。(三上)

樹達按:據此知霍光未死前宣帝非絶不問政,所謂霍光死後帝始親政者,亦據大體言之耳。

惠與吏士五百人俱至烏孫,還過發西國兵二萬人,令副使發龜兹東國二萬人,烏孫兵七千人,從三面攻龜兹。(三上)

樹達按:西國者,龜兹西國。因下有龜兹東國之文,故此文省稱。

至宣帝時,吉以侍郎田渠黎,積穀,因發諸國兵攻破車師。(四上)

樹達按:此地節二年事。《西域傳》云:吉發城郭諸國兵萬餘人,自與所將田士千五百人共擊車師,攻交河城,破之。

故號都護。（四上）

樹達按：吉爲都護時，烏孫狂王子細沈瘦圍漢使及公主於赤谷城，吉護發諸國兵救之，見《西域傳》。

都護西域騎都尉鄭吉拊循外蠻，宣明威信。迎匈奴單于從兄日逐王衆，擊破車師兜訾城，功效茂著，其封吉爲安遠侯，食邑千户。（四上）

樹達按：據《表》，吉以校尉光禄大夫侯，與此異，疑彼誤。又按：漢無安遠縣，此以美名封。

吉於是中西域而立莫府。（四上）

樹達按：《孟子·公孫丑下》篇云：我欲中國而授孟子室。《墨子·非攻中》篇云：中楚國而朝宋與魯。《新書·屬遠》篇云：公侯地百里，中之而爲都。《魏志·張遼傳》云：遼將親兵數十人，中陣而立。句例并同。

吉薨（四下）

樹達按：據《表》，吉當薨於宣帝黄龍元年。

試弁爲期門。（五上）

樹達按：《哀帝紀贊》云：時覽卞射武戲。注晉灼説引此文作卞。按弁卞字同。《詩·小弁》，《杜欽傳》作小卞，是其證。延壽爲期門時，宣帝遣之爲副送馮夫人，見《西域·烏孫傳》。

封義成侯，薨。（五上）

樹達按：據表，延壽當薨於成帝河平四年。

傳國至曾孫，王莽敗迺絶。（五上）

樹達按：據表，曾孫相嗣，建武四年爲兵所殺。

少好書,博達,善屬文。(五上)

樹達按:《法言·先知》篇云:或曰:載使子草奏,曰:吾不如陳湯。

湯待遷,父死不犇喪,司隸奏湯無循行,勃選舉故不以實。會薨,因賜謚曰繆侯,湯下獄論。(五上)

樹達按:元帝崇儒術,故有此事,前此罕見也。

御史大夫貢禹博士匡衡以爲:《春秋》之義,許夷狄者不壹而足。(五下)

樹達按:見文公九年、襄公二十九年《公羊傳》。文公九年何注云:嫌夷狄質薄,不可卒備,故且以漸。

不宜敢桀。(六上)

師古曰:言郅支畏威,不敢桀黠也。

樹達按:《説文》四篇下"受部"云:敢,進取也。敢桀平列字,顔注非。

漢遣使三輩至康居求谷吉等死。(七上)

師古曰:死,尸也。先謙曰:死,屍省文。《廣川王傳》:即取他人死與都死付其母。都死謂都屍也,與此同。

樹達按:《説文》歺訓人所離,又葬字從歺在茻中,知制字時死即是今屍字之義。後人習用爲動字生死之義,本義爲其所奪,故復造屍字耳。王以死爲屍字之省文,非也。説詳余《釋死》篇。

今郅支單于威名遠聞,侵陵烏孫大宛,常爲康居畫計,欲降服之。如得此二國。(七上)

王念孫曰:二國當爲三國。三國謂烏孫、大宛、康居也。《漢紀·孝元紀》作如得此三國,是其證。

樹達按:王説大誤。是時康居已全爲郅支所用,且文方言郅支爲康居畫計降服烏孫大宛,何得復言得康居乎!二國自謂烏孫大宛。《漢紀》三國正是誤字,王乃欲據以改此不誤之文,不亦傎乎?

郅支單于雖所在絶遠。(七下)

王念孫曰:郅支單于雖所在絶遠,本作郅支單于分離,所在絶遠。上文曰:郅支單于西奔康居。康居在大宛之西北,去匈奴甚遠,故曰郅支單于分離,所在絶遠也。去國既遠,又無金城强弩之守,則攻之易克。下文守則不足自保,承無金城强弩而言;亡則無所之,承所在絶遠而言。若云雖所在絶遠,則與下文義不相屬矣。隸書離字或作離,形與雖相似,因誤爲雖,雖上又脱去分字耳。《御覽·職官部》四十九不得其解而删去離字,謬矣。《漢紀》正作郅支分離所在絶遠。

樹達按:此亦當如本文,王説非是,此又王氏據《漢紀》改字之失也。上文貢禹、匡衡議云:郅支單于鄉化未淳,所在絶遠,是以郅支爲遠,乃當時衆意。此文言郅支雖如人言所在絶遠,漢往攻之,似屬不易,然彼無金城强弩之守,則攻之必可破滅耳。文義甚明,本無難解,荀悦妄改雖爲分離,不知郅支奔居康居,何得謂爲分離乎!昔顧亭林先生嘗云:《漢紀》與漢書小有不同皆以班書爲長。《日知録集釋》廿陸卷玖葉。王氏不知此,乃恒據《漢紀》以改《漢書》,可謂蔽之甚者矣。

故使都護將軍來迎單于妻子。(八下)

齊召南曰:案都護不稱將軍,延壽湯自稱以耀遠人耳。下文見將軍受事者同。

樹達按:將字與陛下不善將兵之將字同,將軍猶言率兵耳。齊説誤。

單于下騎,傳戰大内。(九下)

師古曰:大内,單于之内室也。周壽昌曰:傳載大内,蓋傳呼大内諸人助戰。

樹達按:大内二字因下文走入大内而衍。顏周并强説,不可通。

夜過半,木城穿,中人却,入土城,乘城呼。(九下)

先謙曰:穿,塹穴也。木城穿中人即上文重木城中人也。胡注:中人,木城中人也,是以木城穿爲句,誤。

樹達按:木城穿當爲句,胡説是也。

御史大夫繁延壽。(十下)

樹達按:《百官表》及《馮野王傳》皆作李延壽。《表》云:一姓槃。槃繁形近,未知孰審。

湯素貪,所鹵獲財物入塞,多不法。(十下)

師古曰:不法者,私自取之,不依軍法。先謙曰:胡注:不法者,以外國財物闌入邊關也。

樹達按:依文義,顏説是也。

今司隸反逆收繫按驗。(十一上)

先謙曰:胡注:當勞來而收,是於事理爲反也。逆,迎也。

樹達按:反,顧也。逆,不順也。當迎勞而收繫,是逆於事理也。反逆同義連文,胡訓逆爲迎,非也。

石顯、匡衡以爲延壽、湯擅興師矯制。(十一上)

何焯曰:匡衡之上冠以石顯,史家之辭嚴矣。

樹達按:衡議意固在阿顯,然宣帝時馮奉世誅莎車,蕭望之議奉世不當封,奉世竟不得封。衡此時即據以爲言,見《奉世傳》,是更有先朝故事可以藉口矣。

故宗正劉向上疏曰。（十一上）

樹達按：《向傳》云：向雅奇陳湯智謀，與相親友。

其《詩》曰：嘽嘽焞焞，如霆如雷，顯允方叔，征伐獫狁，蠻荆來威。（十一下）

師古曰：《小雅·采芑》之詩也。嘽嘽，衆也。焞焞，盛也。言車徒既衆且盛有如雷霆，故能克定獫狁，而令荆土之蠻亦畏威而來也。

樹達按：蠻荆來威猶言蠻荆是威，顏説爲畏威而來，非也。

雖斬宛王毋鼓之首。（十三上）

師古曰：《西域傳》作毋寡，而此云鼓，鼓寡聲相近，蓋戎狄之言不甚諦也。

樹達按：近人汪榮寶謂魚虞模部之字，漢魏人讀如麻部，其説甚確。若然，則鼓古音本同寡，故或作毋鼓，或作毋寡，非如顏説由音不諦也。

其私罪惡甚多。（十三上）

樹達按：廣利出征，戰死不多，而將吏侵牟，士卒物故者衆，所謂私罪惡，殆指此類。

遂封拜兩侯三卿二千石百有餘人。（十三上）

樹達按：兩侯者，廣利及趙弟也。《廣利傳》云：軍官吏爲九卿者三人，諸侯相郡守二千石百餘人，與此相合。

太中大夫谷永上疏訟湯曰。（十四上）

樹達按：永爲谷吉之子，其訟湯，宜矣。

臣聞：楚有子玉得臣，文公爲之仄席而坐。（十四上）

樹達按：《鹽鐵論·崇禮》篇云：楚有子玉得臣，文公側席。

蓋君子聞鼓鼙之聲，則思將率之臣。（十四下）

樹達按：《説文》二篇下"行部"云：衛，將衛也。率，省借字。

雪邊吏之宿恥。（十四下）

樹達按：《説文》四篇下"刀部"云：刷，刮也。雪，同音假借字。

告類上帝。（十五上）

張晏曰：謂以所征之國事類告天也。

樹達按：《説文》一篇上"示部"云：禷，以事類祭天神。類爲禷之省借字。

病兩臂不屈申。（十五下）

樹達按：《説文》八篇上"人部"云：伸，屈伸。申爲省借字。

今作初陵而營起邑居，成大功，萬年亦當蒙重賞。子公妻家在長安，兒子生長長安，不樂東方，宜求徙，可得賜田宅，俱善。（十六上）

樹達按：俱善謂兩人俱有利。

果起昌陵邑，後徙内郡國民。（十六下）

樹達按：《五行志》上云：徙郡國吏民五千餘户以奉陵邑。

羣臣多言其不便者。（十六下）

樹達按：王閎、淳于長言不便，見《成紀》及《平當傳》。

下至衆庶，熬熬苦之。（十六下）

師古曰：熬熬，衆愁聲。

樹達按：《説文》二篇上"口部"云：嗷，衆口愁也。熬乃同音借字。

弘農太守張匡坐臧百萬以上，狡猾不道，有詔即訊。（十

七上）

師古曰：就其所居考問之。周壽昌曰：即訊謂即時定讞也，無有司就所居考問之理。王文彬曰：即訊，來就鞫訊也。先謙曰：二説并通。

樹達按：此謂就弘農訊之。本書言即訊者多矣，皆謂就而訊之，顔説是也。周王二説殊陋，王氏是之，疏矣。

父早死。犯不封。（十七上）

錢大昭曰：犯南監本、閩本作獨。先謙曰：官本作獨，是。

樹達按：景祐本作獨。

許謝錢二百萬，皆此類也。（十七上）

樹達按：《陳咸傳》云：咸數賂遺湯，竟得少府。按事在王音輔政時。

議郎耿育上書言便宜。（十八上）

樹達按：育又見《外戚・孝成趙后傳》。

竟寧中，以杜陵令五府舉爲西域都護、騎都尉、光禄大夫。（十九上）

樹達按：會宗爲都護，爲烏孫大昆彌招還亡叛安定之，見《西域傳》。

明年，末振將殺大昆彌。（二十上）

樹達按：大昆彌雌栗靡也。時會宗見遣持金幣與都護圖方略，因立伊秩靡，見《西域傳》。

元延中，復遣會宗發戊己校尉諸國兵即誅末振將太子番丘。（二十上）

樹達按：據《西域傳》，此元延二年事。

明年，會宗病死烏孫中。（二十一上）

樹達按：誅番丘事在二年，則會宗卒於三年也。

廉褒以恩信稱，郭舜以廉平著，孫建用威重顯。（二十一上）

樹達按：此《班書》附著之例。

陳湯儻葛，不自收斂。（二十一上）

師古曰：儻葛，無行檢也。

樹達按：《說文》十篇下"心部"云：愓，放也。葛，同音假字。

卷　八

雋疏于薛平彭傳第四十一(漢書七十一)

《雋疏于薛平彭傳》第四十一。(一上)

樹達按:劉咸炘云:此六人皆宣元以來名公卿也。

公卿大臣當用經術明於大誼。(三上)

先謙曰:句似未了,疑有奪文。《通鑑》作當用有經術明於大誼者,《漢紀》作當用經術士方明於大義。

樹達按:用,以也。此謂公卿大臣當以通經術之故明大誼耳。荀悦、司馬光皆誤釋此用字爲用人之用,故爾加字,王氏疑其有奪文,皆誤。

延尉驗治何人,竟得姦詐。(三上)

師古曰:凡不知姓名及所從來者皆曰何人,他皆類此。王文彬曰:竟,究也,謂窮究。

樹達按:《後書·來歙傳》云:"臣夜人定後爲何人所賊傷。"《宦者·曹節傳》云:"竇太后崩,有何人書朱雀闕。"《魏志·夏侯玄傳》云:"有何人,天未明,乘馬以詔版付玄門吏。"與此句例并同,足以證成顔説。又按:竟,遂也,終也。竟得姦詐猶言果得姦詐。上句已言驗治,不必更言考竟也。王説非是。

少好學,明《春秋》。(三下)

樹達按:據《儒林傳》,廣受春秋於孟卿,爲董生三傳弟子。廣著有《疏氏春秋》,亦見《儒林傳》,《藝文志》不載。

家居教授,學者自遠方至。(三下)

樹達按:廣弟子著者有琅邪筦路,見《儒林傳》。

辭禮閑雅。(三下)

樹達按:《説文》十二篇下"女部"云:"嫺,嫺雅也。"閑借字。

相免冠謝,曰:此非臣等所能及。(三下)

樹達按:宋戴埴《鼠璞》卷上云:相豈真念不到此。蓋相之進由許伯,感汲引之恩,不敢諫耳。

父子并爲師傅。(四上)

周壽昌曰:漢時從父從子稱父子。

樹達按:周説是也。《後書·蔡邕傳》云:"言事者欲陷臣父子。"父謂邕叔父,與此傳同。

加賜黄金二十斤,皇太子贈以五十斤。(四上)

樹達按:《意林》四引《風俗通》云:俗説,有功得賜金,皆黄金也。按孫子《兵書》:"日費千金。"千金,百萬錢也。陳平間楚千金,贈二疏金五十斤,并黄金也。或云:一金亦是一萬錢也。

子孫幾及君時頗立産業基阯。(四下)

樹達按:《説文》十四篇下"𨸏部"云:阯,基也。

于定國字曼倩,東海郯人也。(五上)

樹達按:沈欽韓云:《説苑·貴德》篇郯作下邳,二縣同屬東海。

郡中枯旱三年，後太守至，卜筮其故。于公曰：孝婦不當死，前太守彊斷之，咎黨在是乎！（五下）

樹達按：《淮南子・天文》篇云："殺不辜則國赤地。"是漢人有此信念也。

條奏羣臣諫昌邑王者皆超遷。（六上）

樹達按：張敞以太僕丞擢爲豫州刺史，其一人也。見《敞傳》。

定國繇是爲光禄大夫，平尚書事。（六上）

樹達按：據《張敞傳》，時定國與敞同平尚書事，敞與定國相善也。

超爲廷尉。（六上）

樹達按：據《刑法志》，宣帝欲平刑，故選定國爲廷尉也。時定國治楊惲之獄，見《惲傳》。

遷御史大夫。（六下）

樹達按：丙吉病篤，宣帝臨問，吉薦杜延年、陳萬年及定國，帝用定國，見《吉傳》。定國爲御史大夫，與黄霸議呼韓邪單于朝儀，見《蕭望之傳》。

代黄霸爲丞相。（六下）

樹達按：時定國是賈捐之捐珠崖之議，見《捐之傳》。

時陳萬年爲御史大夫，與定國并位八年，議論無所拂。（六下）

樹達按：珠崖之議，萬年以爲當擊，定國以爲當棄，持議不同，此就其大體言之。

由是以列侯爲散騎光禄勳。（八上）

樹達按：時永舉馮逡茂材，見《馮奉世傳》。除王嘉爲掾，見《嘉傳》。

以《魯詩》教授。（八上）

樹達按：廣德受《詩》於王式，爲申公三傳弟子，見《儒林傳》。

以明經爲博士。（九下）

樹達按：時當議河間樂當領屬雅樂，見《禮樂志》。

文雅雖不能及蕭望之匡衡，然指意略同。（九下）

樹達按：《陳咸傳》云："其治放嚴延年，其廉不如。"《張敞傳》云："其治京兆，略循趙廣漢之迹，方略耳目，發伏禁姦，不如廣漢。"《朱博傳》云："其治左馮翊，文理聰明殊不及薛宣，而多武譎。"《谷永傳》云："永於經書汎爲疏達，與杜欽、杜鄴略等，不能洽浹如劉向父子及楊雄也。"《何武傳》云："功名略比薛宣，其材不及也，而經術正直過之。"《黄霸傳》云："霸材長於治民，及爲丞相，總綱紀號令，風采不及丙、魏、于定國。"《甯成傳》云："其治效郅都，其廉弗如。"《韋玄成傳》云："玄成爲相七年，守正持重不及父賢，而文采過之。"與此傳皆取漢世人物互爲較量以定其長短，知班氏於一代人材，高下在心，其書之非苟作，亦可以見矣。

復徵入爲太中大夫，給事中。（十下）

樹達按：時當奏劾丞相司直翟方進，見《方進傳》。勸成帝存張霸《百兩篇》，見《儒林傳》。

當以經明《禹貢》，使行河。（十下）

樹達按：《地理志》平原郡鬲下云：平當以爲鬲津，是當行河學説之僅存者。

爲騎都尉，領河隄。（十一上）

樹達按：當領河隄，奏請博求能疏河者，見二十九卷《溝洫志》。

復爲光禄勳，御史大夫。（十一下）

樹達按：當再爲光禄勳時，雜治夏賀良等，見《李尋傳》。

子晏明經，歷位大司徒，封防鄉侯。（十一下）

樹達按：晏與王莽護復長安南北郊，見《郊祀志》。時晏爲長樂少府。

治《易》，事張禹。（十一下）

樹達按：《儒林傳》，易施家有張彭之學，彭即宣也。宣爲人恭儉有法度，禹敬而疏之，并見《禹傳》。

復入爲大司農，光禄勳，右將軍。（十一下）

樹達按：宣爲光禄勳，議武帝廟宜毀，見《韋玄成傳》。

哀帝即位，徙爲左將軍。（十一下）

樹達按：宣爲左將軍，受詔問朱博、趙玄請免傅喜封爵事，因劾奏博、玄，見《博傳》。

諫大夫鮑宣數薦宣。（十二上）

樹達按：鮑宣兩薦宣，其辭皆具鮑宣本傳。

新都侯王莽爲大司馬。（十二上）

樹達按：《莽傳》，太后詔公卿舉可大司馬者，宣與孔光舉莽爲大司馬。觀下宣之求退，莽之恨宣，舉莽或非宣之本意乎！

使光禄勳豐册詔君，其上大司空印綬，便就國。（十二上）

樹達按：豐，甄豐也。

王貢兩龔鮑傳第四十二（漢書七十二）

依老子嚴周之指，著書十餘萬言。（二下）

沈欽韓曰:君平作《老子指歸》。

樹達按:《弘明集》二宋宗炳《明佛論》云:君平之説一生二,謂神明是也。此君平《老子》學説之僅存者。

或問:君子疾没世而名不稱,盍埶諸。名,卿可幾。曰:君子德名爲幾。(二下)

孟康曰:盍,何不也。言何不因名卿之埶以求名。韋昭曰:言有勢之名卿庶幾可不朽,楊子以爲不然,唯有德者可以有名。師古曰:或人以事有權力之卿,用自表顯,則其名可庶幾而立。揚雄以爲自蓄其德則有名也。

樹達按:近人汪榮寶注《法言》,以名一字爲句,卿可幾三字爲句,是也。諸説以名卿連讀,非是。幾當讀爲冀。德名爲幾猶言德名是幾。韋顔釋幾爲庶幾,亦誤。

鄭子真嚴君平皆未嘗仕。(三上)

樹達按:《藝文類聚》引《益部耆舊傳》載嚴遵爲揚州刺史行部事,據班云未嘗仕,則彼説未確,殆别一人也。

説曰:是非古之風也,發發者;是非古之車也,揭揭者。蓋傷之也。(三下)

樹達按:吉學《韓詩》,《藝文志》《詩》下有《韓説》四十一卷,此其遺文之僅存者矣。

馮式撙銜。(四上)

先謙曰:胡注:馮讀曰凴。

樹達按:《説文》十四篇下"几部"云:"凭,依几也。從任几。讀若馮。"此馮依本字。

遣大鴻臚宗正迎昌邑王。(五上)

樹達按：大鴻臚史樂成，宗正劉德。

唯吉與郎中令龔遂以忠直數諫正，得減死髡爲城旦。（五下）

樹達按：減死者吉遂外尚有王式，見《儒林傳》。又《于定國傳》云："霍光條奏羣臣諫昌邑王者，皆超遷，定國繇是爲光禄大夫。"蓋初減死而後皆超遷也。

起家復爲益州刺史。（五下）

樹達按：吉行部至九折阪而歎，見《王尊傳》。

世俗嫁娶太早，未知爲人父母之道而有子，是以教化不明而民多夭。（六下）

樹達按：《韓詩外傳》卷一論男女之道云："不肖者精化始具而生氣感動，觸情縱欲，反施亂化，是以年壽亟夭而性不長也。"知吉此文云云，本師説也。

又言：舜湯不用三公九卿之世而舉臯陶、伊尹，不仁者遠。（七上）

樹達按：《晉語》云："非德不及世。"韋注云："世，嗣也。"《秦策》云："澤可以遺世。"高注云："世，後世也。"《論語・顔淵》篇云：子夏曰："舜有天下，選於衆，舉臯陶，不仁者遠矣。湯有天下，選於衆，舉伊尹，不仁者遠矣。"

東家有樹，王陽婦去；東家棗完，去婦復還。（七下）

樹達按：樹在古侯部，去在古模部，二部漢人多通用。完還古同寒部韻。

吉兼通五經。（八上）

樹達按：《論衡・初稟》篇云："白魚入于王舟，王陽曰：偶適也。"

按此蓋吉說《書・太誓》之語，殆不以説爲周家受命之符者爲是也，可謂卓識矣。

以《詩》、《論語》教授。（八上）

樹達按：吉受《詩》於蔡誼，爲韓太傅三傳弟子；吉弟子有長孫順，并見《儒林傳》。張禹從吉問《論語》，見《禹傳》。

光禄勳匡衡亦舉駿有專對材。（八上）

樹達按：杜欽嘗稱達駿，見《欽傳》。

先是京兆有趙廣漢、張敞、王尊、王章，至駿皆有能名。故京師稱曰：前有趙張，後有三王。（八上）

樹達按：此上三十三字乃文中自注。說詳本書卷九《儒林傳》。張王古韻同在唐部。

會御史大夫缺。（八上）

樹達按：據《薛宣傳》，于永卒也。

谷永奏言：聖王不以名譽加於實效，考績，用人之法。薛宣政事已試。（八上）

樹達按：永奏詳具《薛宣傳》。

駿爲少府時，妻死，因不復娶。或問之，駿曰：德非曾參，子非華元，亦何敢娶。（八下）

如淳曰：華與元，曾參之二子也。《韓詩外傳》曰：曾參喪妻，不更娶。人問其故，曾子曰：以華元善人也。

樹達按：駿世學《韓詩》，此可謂能尊其所聞者矣。

成帝舅安成恭侯夫人放寡居，共養長信宫。（八下）

樹達按：文稱安成恭侯者，以恭侯亦名王崇，與本傳之王崇名姓皆同,故特改稱以免相混也。

以明經絜行著聞。（九下）

樹達按:據《儒林傳》,禹學《公羊春秋》,初事嬴公而成於眭孟,爲董生三傳弟子。禹傳學於堂谿惠,亦見《儒林傳》。

復舉賢良。（九下）

樹達按:觀禹奏事,持議與桓寬《鹽鐵論》所述文學賢良語多同,則禹舉賢良疑在昭帝始元五年,而禹嘗與議鹽鐵也。

徵禹爲諫大夫。（九下）

先謙曰:爲石顯所薦,詳《佞幸傳》。

樹達按:禹爲諫大夫,劾奏劉向,見《向傳》,疑其事亦承石顯旨爲之。班以禮讓進退稱禹,非其實也。

秣馬不過八匹。（九下）

師古曰:秣,養也。謂以粟米飯也。

樹達按:《說文》五篇下"食部"云:餗,食馬穀也。經傳通用秣字。

今大夫僭諸侯,諸侯僭天子,天子過天道,其日久矣。（十上）

樹達按:《周禮·考工記》鄭注引子家駒曰:"天子僭天。"賈疏引《公羊·昭公二十五年》傳文爲證。今本《公羊傳》云:"諸侯僭於天子,大夫僭於諸侯,久矣。"無天子僭天語。孫志祖《讀書脞録》以爲脱文,是也。禹本學《公羊春秋》,此語全用《公羊傳》文,亦有天子過天道語,足證孫脱文之説爲確。云過天道,不云僭天者,以有所忌諱而變文耳。

昭帝晏駕,光復行之。至孝宣皇帝時,陛下烏有所言。

（十一上）

師古曰：不能自言減省之事。何焯曰：諒闇不言也。先謙曰：官本烏作惡。胡注：惡有所言者，惡以天下儉其親，此語承上園陵事。

樹達按：景祐本作惡，是也，烏字誤。

獨可以聖心參諸天地，揆之往古，不可與臣下議也。若阿意順指，隨君上下。臣禹不勝拳拳，不敢不盡愚心。（十一下）

樹達按：若其二句似謂恐其如此，然文意不明。

妻子穅豆不贍。（十二上）

樹達按：《説文》七篇下"禾部"云：穅，穀之皮也。或作康。

夫以王命辨護生家，雖百子何以加？（十三上）

先謙曰：辨與辦同。

樹達按：《墨子·號令》篇云："養吏一人，辨護諸門。"《後書·胡廣傳》注引《續漢書》云："及拜郎，恪勤職事，所掌辨護。"宣公五年《公羊傳》注云："其有辯護伉健者爲里正。"

《傳》曰：亡懷土。（十三上）

師古曰：《論語》孔子曰：君子懷德，小人懷土。

樹達按：明楊慎云：不直引《論語》者，嫌於以小人目禹也。

禹代爲御史大夫。（十三上）

樹達按：時禹除諸葛豐及鄭賓爲屬，見《豐傳》及《鄭崇傳》。議送郅支單于子，以爲宜但送至塞，見《陳湯傳》。數駁議丞相于定國，見《定國傳》。

捽屮杷土，手足胼胝。（十三下）

師古曰：杷，手掊之也，其字从木。

樹達按:《説文》六篇上“木部”云:杷,收麥器也。把,握也。掊,把也。又四篇下“刀部”云:刮,掊把也。據此把字於把握一義外,别有掊把一義,字仍當徒手,不敢从木。

賤貪汙。(十四上)

樹達按:《説文》十二篇下“女部”云:婬,㕍貪也,此貪汙之汙本字。

盜賊并起,亡命者衆,郡國恐伏其誅,則擇便巧史書習於計簿能欺上府者,以爲右職。(十四下)

朱一新曰:監本無於字,是。

樹達按:朱氏《管見》原書此條乃下文“能操切於百姓”句下校語,朱所據本操切下有於字。王據毛本,操切下無於字,與監本同,乃誤將朱校置此句之下,疏失甚矣。

目指氣使,是爲賢耳。(十五上)

沈欽韓曰:以上語與《新書·時變》篇同,彼正言孝文時風俗如此。

樹達按:禹言指武帝時,沈説誤。

爲御史大夫數月,卒。(十六上)

樹達按:《百官表》,禹以初元五年六月爲御史大夫,十二月卒。

竟下詔罷郡國廟,定迭毁之禮,語在《韋玄成傳》。(十六上)

先謙曰:禮下官本有“然通儒或非之”六字,引宋祁曰:“然通儒或非之。”江南兩浙本無此六字。錢大昭云:閩本有六字。

樹達按:景祐本有六字。

少皆好學明經。(十六上)

樹達按：勝舍事薛廣德受《魯詩》，見《廣德傳》。勝受《尚書》於陳翁生，見《儒林傳》。

大司空何武執金吾閻崇薦勝。（十六上）

樹達按：《武傳》云：武爲楚内史，厚兩龔。

徵爲諫大夫。（十六下）

樹達按：時勝議朱博、趙玄、傅晏等罪，見《博傳》。

其言祖述王吉貢禹之意。（十六下）

樹達按：觀此可明合傳之旨。

遷丞相司直。（十六下）

樹達按：下《鮑宣傳》宣奏云："勝爲司直，郡國皆慎選舉，三輔委輸官不敢爲姦。"

徙光禄大夫。（十六下）

樹達按：時勝救孫寶，見《寶傳》。按勝三爲光禄大夫，救寶不知確在何時，姑記於此。

左將軍公孫禄、司隸鮑宣、光禄大夫孔光等十四人皆以爲嘉應迷國不道法。（十六下）

樹達按：據《嘉傳》，持此議者尚有右將軍王安，光禄勳馬宫，當在十四人之中。

聞之白衣，戒君勿言也。（十七下）

師古曰：白衣，給官府趨走賤人。沈欽韓曰：白衣謂庶人耳，何必以官府給使爲白衣。韓昌黎詩：白衣長衫紫領中，差科未動是閒人。

樹達按：《後書・酷吏・董宣傳》云："文叔爲白衣時，臧亡匿死。今爲天子，威不能行一令乎！帝笑曰：天子不與白衣同。"此白衣爲庶人之證，沈説是也。

媠謾亡狀。（十七下）

樹達按：《説文》十篇下"心部"云：憜，不敬也。或省自作惰，古文作媠。

勝常稱疾臥，數使子上書乞骸骨。（十八上）

樹達按：《劉歆傳》云："歆移書責讓太常博士，其言甚切，諸儒皆怨恨。是時名儒光禄大夫龔勝以歆移書，上疏深自罪責，願乞骸骨罷。"蓋即此事。

自昭帝時，涿郡韓福以德行徵至京師。（十八上）

樹達按：《儒林·韓嬰傳》云："孝宣時，涿郡韓生其後也。"所謂韓生，殆即福也。

常以歲八月賜羊一頭、酒二斛，不幸死者，賜復衾一，祠以中牢。（十八上）

齊召南曰：韓福事《昭紀》作郡縣常以正月賜羊酒，紀系録詔書原文，疑此八月當爲正月之訛。

樹達按：《後書·劉平傳序》記毛義事云："章帝下詔褒寵義，常以八月長吏問起居，加賜羊酒。"又江革、劉般傳亦皆作八月。東京用西京故事，則八字是，《昭紀》誤也。

使者至縣，請舍，欲命至廷拜授印綬。（十八下）

樹達按：授當作受。

勿隨俗動吾冢，種柏，作祠堂。（十九上）

樹達按：《鹽鐵論·散不足》篇云："古者不封不樹，無壇宇之居，廟堂之位。今富者臺榭連閣，集觀增樓，中者祠堂屏閣，垣闕罘罳。"知作祠堂乃漢時通俗矣。

鮑宣字子都，渤海高城人。好學，明經。（二十上）

樹達按：宣受《尚書》於平當，徒衆尤盛，見《儒林傳》。又按：《論衡·命禄》篇云："儒者明説一經，習之京師，明如匡穉圭、深如鮑子都，今本《論衡》鮑誤趙，説詳《趙廣漢傳》。初階甲乙之科，遷轉至郎博士。"本傳但云爲郎，不云爲博士，王語足補本傳之缺。

復爲州從事。（二十上）

樹達按：魏文帝《列異傳》云：故司隸校尉上黨鮑子都少時舉上計掾，于道中遇一書生，獨行無伴，卒得心痛。子都下車爲掩摩，奄忽而亡，不知姓氏。有素書一卷，銀十鉼，即賣一鉼以資殯殮，餘銀及素書著腹上埋之。謂曰：若子魂靈有知，當令子家知子在此。今使命不獲久留。遂辭而去京師，有駿馬隨之，人莫能得近，唯子都得近。子都歸，行失道，過一關内侯家，日暮往宿，見主人，呼奴通刺。奴出，見馬，入白侯曰：外客盜騎昔所失駿馬。侯曰：鮑子都，上黨高士，必應有語。問曰：若此乃吾昔年無故失之，君何以致此馬？子都曰：昔上計，遇一書生卒死道中。具述其事，侯乃驚愕曰：此吾兒也。侯迎喪開槨，視銀書如言。侯乃舉家詣闕上薦，子都聲名遂顯。"按宣本高城人，後乃徙上黨。故稱上黨鮑子都也。

豈徒欲使臣美食大官，重高門之地哉！（二十一下）

晉灼曰：高門，殿名也。師古曰：在未央宫中。

樹達按：顔説本《翼奉傳》。據奉言文帝時尚無之，蓋武帝所築。

使奴從賓客漿酒霍肉。（二十二上）

劉德曰：視酒如漿，視肉如霍也。師古曰：霍，豆葉也，貧人茹之也。

樹達按：劉、顔讀霍爲藿，然漿與酒爲類，藿非肉之類也。霍當假爲臛。《説文》四篇下"肉部"云：臛，肉羹也。竹部靃或作篧，知靃聲隺聲字可通用矣。霍乃靃之省字。

臣宣吶鈍於辭。（二十三上）

樹達按：《説文》三篇上"㕯部"云：㕯，言之訥也。從内，從口。吶與㕯同。

今日蝕於三始。（二十三上）

如淳曰：正月一日爲歲之朝、月之朝、日之朝，始猶朝也。

樹達按：《尚書大傳·洪範傳》注云：自正月盡四月爲歲之朝，自五月盡八月爲歲之中，自九月盡十二月爲歲之夕。上旬歲月之朝，中旬爲月之中，下旬爲月之夕。平旦至食時爲日之朝，禺中至日昳爲日之中，下側至黄昏爲日之夕。此與如説不同。

行夜吏卒皆得賞賜。（二十三下）

師古曰：爲賢第上持時行夜者。

樹達按：宋孔平仲《珩璜新論》云：行夜如今持更，持時如今報時。《漢官儀》：黄門持五夜、甲夜、乙夜、丙夜、丁夜、戊夜，亦如今五更也。

拜宣爲司隸。（二十四上）

樹達按：時宣議丞相王嘉迷國不道，見本卷上文《兩龔傳》。

使吏鉤止丞相掾史。（二十四下）

師古曰：鉤，留也。

樹達按：鉤當讀爲拘。

時名捕隴西辛興。（二十五上）

樹達按：興爲辛慶忌宗親，以陳崇奏見捕，見《慶忌傳》。又按此四句乃自注文，説詳本書卷九《儒林傳》。

沛郡則唐林子高，唐尊伯高，皆以明經飭行顯名於世。(二十五上)

樹達按：林與尊皆學《尚書》夏侯氏學，林受學許商，爲大夏侯四傳弟子；尊師事張無故，爲小夏侯三傳弟子；并見《儒林傳》。

紀逡兩唐皆仕王莽，封侯貴重，歷公卿位。(二十五上)

樹達按：逡封封德侯，林封建德侯，尊封平化侯，并見《莽傳》。

唐林數上疏諫正，有忠直節。(二十五上)

樹達按：林薦云敞可典郡，見《敞傳》。救孫寶，見《寶傳》。爲尚書令，上疏訟傅喜，見《喜傳》。上疏救師丹，見《丹傳》。爲莽胥附，見《莽傳》。

被虚僞名。(二十五下)

樹達按：被虚僞名者，《莽傳》載公孫禄云："太傅平化侯飾虚僞以媮名位，賊夫人之子。"是其事也。尊與莽同死於漸臺，亦見《莽傳》。

越散其先人訾千餘萬，以分施九族州里，志節尤高。(二十五下)

樹達按：《後書·周燮傳論》云："荀恁少修清節，資財千萬。父越卒，悉散與九族，隱居山澤。"然則越又有肖子矣。

莽太子遣使裞以衣衾。(二十五下)

樹達按：《説文》八篇上"衣部"云：贈終者衣被曰裞。

著詩賦數十篇。(二十五下)

樹達按：《藝文志》不載。

奏免豫州牧鮑宣，京兆尹薛修等。(二十六上)

樹達按：修爲薛宣之弟。

齊栗融客卿、北海禽慶子貢、蘇章游卿、山陽曹竟子期，皆儒生去官，不仕於莽。（二十六上）

齊召南曰：《宣傳》特附薛方諸人，皆不仕莽，清節著名者。據《後書·卓茂傳》，藏與孔休、蔡勳、劉宣、龔勝、鮑宣六人同志，又申徒剛、宣秉、王丹、王良、郭丹、蔡茂及陳寵之曾祖咸，各見本傳，而《儒林傳》載高詡、包咸，《獨行傳》載譙玄、李業、王皓、王嘉、劉茂，《逸民傳》載向長、逢萌、王君公、周黨、譚賢、殷謨、王霸、戴遵，皆立志較然，不污新室爵命，宜與薛方諸賢牽連書之。

樹達按：《後書》所載，尚有楊震父寶，與兩龔蔣詡俱徵，遁逃不知所處，見《震傳》。又《儒林傳》載牟長及孔僖曾祖父建，皆不仕王莽。齊氏漏舉，故補之。

世祖即位，徵薛方，道病卒。兩龔鮑宣子孫皆見褒表，至大官。（二十六下）

樹達按：光武擢龔勝子賜爲上谷太守，見《後書·卓茂傳》。

故曰：山林之士，往而不能反；朝廷之士，入而不能出。（二十六下）

樹達按：《韓詩外傳》卷五云："朝廷之士爲祿，故入而不出；山林之士爲名，故往而不返。"亦見《風俗通·十反》篇。

韋賢傳第四十三（漢書七十三）

韋賢字長孺，魯國鄒人也。（一上）

樹達按：此傳追叙韋孟及玄成事特爲詳盡。考《史通·正史》

篇,續《史記》者有韋融,疑融爲孟之後人,而班本融辭,下文所言子孫好事述先人之志作詩者亦指融言也。

迭彼大彭。(一上)

應劭曰:《國語》曰:大彭豕韋爲商伯。師古曰:迭,互也。自言豕韋氏與大彭互爲伯於殷商也。

樹達按:顏説於文不順,疑迭當訓代。據《國語》,知大彭爲商伯在前,豕韋在後,故云代彼大彭也。

轡國漸世,垂烈于後。(二上)

師古曰:元王立二十七年而薨,垂遺業於後嗣也。先謙曰:《文選》注:漸,没也。

樹達按:《説文》三篇上"卅部"云:三十年爲一世。漸世謂漸及一世。元王立二十七年,故云爾。

致隊靡嫚。(三上)

樹達按:《説文》十四篇下"𨸏部"云:隊,從高隊也。羣書多作墜,此用正字。

赫赫天子,明悊且仁。(三下)

樹達按:《説文》二篇上"口部"云:哲,知也。或從心作悊。又十篇下"心部"云:悊,敬也。此文當從知訓。

其夢如何?夢争王室。其争如何,夢王我弼。(四上)

師古曰:弼,戾也,言夢争王室之事,王違戾我言也。

樹達按:争當讀爲諍,諫也。争王室謂諍於王室。

以《詩》教授,號稱鄒魯大儒。(四下)

樹達按:據《儒林傳》,賢學《詩》於瑕丘江公及魯許生,爲申公再傳弟子。

賢以與謀議,安宗廟,食邑。(四下)

樹達按:《霍光傳》廢昌邑王奏署名有大鴻臚賢,是也。

代蔡義爲丞相,封扶陽侯。(四下)

樹達按:時宣帝問《穀梁春秋》事於賢,見《儒林傳》。

出遇知識步行,輒下從者與載送之。(五上)

樹達按:知識謂所識之人,即朋友也。《莊子·至樂》篇云:反子父母妻子閭里知識,子欲之乎?

以明經擢爲諫大夫。(五上)

樹達按:據《張禹傳》,玄成嘗説《論語》,《五經異義》引治《魯詩》丞相玄成説。

室家問賢當爲後者。(五下)

周壽昌曰:室蓋宗之誤。

樹達按:室家乃家人之意,此不必與下文同。《平當傳》云:"室家或謂當:不可强起受侯印,爲子孫邪?"《後書·獨行·李業傳》云:"融見業辭志不屈,復曰:宜呼室家計之。"知室家爲漢人恒語,周説失考。

玄成不得已,受爵。(六上)

樹達按:《法言·重黎》篇云:"或問賢,曰:爲人所不能爲。請人,曰:顔淵、黔婁、四皓、韋玄。"蓋稱其讓爵也。

厥賜祁祁,百金洎館。(七上)

師古曰:洎,及也。錢大昭曰:謂賢乞骸骨,賜黄金百斤也。

樹達按:《詩·公劉》疏云:"館者,宫室之名。"此指賢加賜第一區而言。

遷太子太傅。(八上)

樹達按：時玄成與貢禹及廷尉劾劉向，見《向傳》。

貶黜十年之間。（八上）

周壽昌曰：據《百官表》，玄成以太常免官在五鳳三年，至永光二年爲丞相，十五年。此云十年之間，約辭也。

樹達按：據《恩澤侯表》韋賢、魏相、丙吉三條及《百官表》，玄成免太常及削爵，事并在甘露元年，至永光二年，十二年耳。周説誤。

於肅君子，既令厥德。（八上）

師古曰：於，歎辭也。肅，敬也。令，善也。言君子之人皆肅敬以善其德也。

樹達按：古人稱其先人曰君子。《禮記·檀弓上》篇云："昔者吾先君子無所失道。"子思稱其祖孔子也。此君子乃玄成稱其父賢。下云："咨余小子，既德靡逮。"自言德不及其父也。顏以君子爲泛稱，誤矣。

供事靡惰。（八下）

樹達按：《説文》十篇下"心部"云：憜，不敬也。或體省作惰。下文媠字，亦《説文》憜字之或體。

玄成爲相七年，守正持重不及父賢，而文采過之。（九上）

樹達按：《馮奉世傳》記玄成爲相，元帝令議西羌反事，玄成漠然無所對。《京房傳》記房語云："丞相韋侯久亡補於民，可謂亡功矣。"《朱雲傳》雲上疏言："丞相韋玄成容身保位，亡能往來。"《匡衡傳》云："玄成畏石顯，不敢失其意。"綜合諸傳觀之，玄成相業可知矣。

子僖侯育嗣。（九上）

樹達按：育舉杜鄴方正，見《鄴傳》。

玄成兄高寢令方山子安世，歷郡守、大鴻臚、長樂衛尉，朝廷稱有宰相之器，會其病終。（九上）

樹達按：《杜欽傳》目安世爲名士，欽嘗稱之。

賞以舊恩爲大司馬車騎將軍，列爲三公，賜爵關内侯，食邑千户，亦年八十餘，以壽終。（九上）

樹達按：賞孫彪，《後書》有傳。

謹案上世帝王承祖禰之大義。（十四下）

宋祁曰：義越本作禮。錢大昭曰：閩本義作禮。

樹達按：景祐本作禮。

禮：公子不得爲母信，爲後，則於子祭，於孫止。（十五下）

樹達按：隱公五年《穀梁傳》云：禮：庶子爲君，爲其母築宫，使公子主其祭也。於子祭，於孫止。

迺封丞相爲富民侯。（十八上）

樹達按：車千秋也。

禮記祀典曰：夫聖王之制祀也，功施於民則祀之，以勞定國則祀之，能救大災則祀之。（十九上）

蘇輿曰：案今見《禮記·祭法》篇，或漢時一名祀典與。

樹達按：《律歷志》引祭典曰："共工氏伯九域。"即今《祭法》"共工氏之霸九州也。"顔注："《祭典》即《禮經·祭法》也。"蘇説不爲無本。然祭典或祀典，要是汎稱，猶言祭祀之法則耳。篇名《祭法》，亦以是得稱，非《祭法》篇又名祭典或祀典也。禮記祀典，猶言禮書記述祀典耳。蘇以禮記爲書名，似非。

魏相丙吉傳第四十四(漢書七十四)

遷御史大夫。(二上)

樹達按:時相除蕭望之爲屬,見《望之傳》。上封事請尊張安世爲大將軍,見《安世傳》。

兄子樂平侯山復領尚書事。(二上)

師古曰:山者,去病之孫,今言兄子,此傳誤。齊召南曰:案依顏注,當如《張敞傳》稱兄孫山。然下文魏相封事曰:"兄子秉樞機。"即説此事,蒙霍禹言之,可稱兄子。《蕭望之傳》亦曰:"光薨、子禹復爲大司馬,兄子山領尚書。"與此文同,非誤也。

樹達按:若如齊説蒙禹爲言,則當云禹兄子山,此及《蕭望之傳》文仍不晰。

言《春秋》譏世卿,惡宋三世爲大夫。(二上)

先謙曰:《公羊傳》:宋三世無大夫,三世内取也。爲當作無。

樹達按:無字與相立言之意不合,此疑誤用,或本有異文。

相遂代爲丞相。(二下)

樹達按:時相奏劾杜延年,見《杜周傳》。言善鼓雅琴者趙定龔德,見《王褒傳》。言羌事趙充國策可用,見《充國傳》。不許馮野王自請守長安令,見《馮奉世傳》。不行張敞入穀贖罪之議,見《蕭望之傳》。

練羣臣(二下)

樹達按:《説文》六篇下"束部"云:柬,分别簡之也。此假練爲柬。

核名實。（三上）

樹達按：《説文》七篇下"襾部"云：覈，實也，考事襾笮邀遮其辭，得實曰覈。此假核爲覈。

匈奴遣兵擊漢屯田車師者，不能下。（三上）

先謙曰：不能下者，謂不能勝匈奴也。時鄭吉往救，爲匈奴所圍。

樹達按：王説殊誤。若然，宣帝何至謂匈奴衰弱，欲出兵擊之乎。《匈奴傳上》云："是時匈奴不能爲邊寇，遣左右奥鞬各六千騎與左大將再擊漢之田車師城者，不能下。"《馮奉世傳》云："時匈奴又發兵攻車師城，不能下而去。"即此事也。王説據《西域傳》，然《西域傳》明言圍城後數日罷去也。

軍旅之後，必有凶年，言民以其愁苦之氣傷陰陽之和也。（三下）

樹達按：語本淮南王安，見《嚴助傳》。

案今年計。（三下）

樹達按：計謂郡國所上計簿。

相明《易經》，有師法。（四上）

樹達按：師法不言何家，據下文相奏有震司春云云，與孟喜卦氣之説同，蓋治《孟氏易》也。

又數表採《易》《陰陽》及《明堂月令》奏之。（四下）

樹達按：《藝文志》有《雅琴趙氏》七篇，班氏自注云：宣帝時丞相魏相所奏。知相所奏尚多，不止如傳文所記也。

臣相幸得備員。（五上）

樹達按:《説文》六篇下"員部"云:員,物數也。備員猶今云備數矣。

而觀於先聖高皇帝所述書天子所服第八。(五下)

樹達按:《藝文志》儒家有《高祖傳》十三篇。班氏自注云:高祖與大臣述古語及詔策也。

神爵三年,薨,謚曰憲侯。(六下)

樹達按:相爲麒麟閣圖功臣之一人,見《蘇武傳》。

武帝亦寤,曰:天使之也。(七上)

樹達按:寤天子氣應在曾孫也。

遷大將軍長史,霍光甚重之。(七下)

樹達按:時吉薦儒生王仲翁與蕭望之等數人於光,見《望之傳》。

遷御史大夫。(八上)

樹達按:時宣帝遣吉以羌事問趙充國,見《充國傳》。

辭引使者丙吉知狀。(八下)

樹達按:使者謂治獄使者,見下文。

分别奏組等共養勞苦狀。(八下)

樹達按:共讀如供。《昭紀》云:共養省中。顔注云:共讀曰供。

臨當封,吉疾病,上將使人加紼而封之,及其生存也。(八下)

應劭曰:吉時病不能起,欲如君視疾加朝服拖紳就封之也。師古曰:紼,繫印之組也。

樹達按:加紼義不可通,紼字當爲紳,形近誤也。古印佩於帶,加紳者,以印繫於紳加於其身耳。應劭據《論語》"君視疾加朝服拖紳"爲説,是應氏所見《漢書》作紳不作紼。顔氏不能正傳文之誤,而以繫印之祖爲釋，謬矣。《説苑·復恩》篇記此事正作紳，其明證也。

及居相位，上寬大。（九上）

樹達按：此如《韓延壽傳》記"延壽放散東郡官錢，吉以爲更大赦不須考"之類是也。

客或謂吉曰：君侯爲漢相，姦吏成其私，然無所懲艾。（九上）

王念孫曰：然猶乃也。言姦吏成其私而君乃無所懲艾也。古者然與乃同義，説見《釋詞》。

樹達按：然爲轉語之詞，當如字讀之。王釋爲乃，非也。

公府不案吏自吉始。（九上）

樹達按：《後書·馬嚴傳》嚴上封事云："丞相御史親治職事，惟丙吉以年老優遊，不案吏罪，於是宰府習爲常俗，更共罔養以崇虚名。或未曉其職，便復遷徙，誠非建官賦禄之意。"則此事之流弊可知。

吉馭吏耆酒，數逋蕩。（九下）

師古曰：逋，亡也。蕩，放也。

樹達按：《説文》十篇下"心部"云："惕，放也。"蕩，借字。下文云："皇孫敖盪。"又假盪爲惕。顔彼注云：盪讀與蕩同，不知蕩亦假字也。

西曹主吏白欲斥之。（九下）

何焯曰：《續志》：西曹主府吏署用。

樹達按：據《陳遵傳》，遵曹事數廢，以故事適遵者，亦西曹也。

吉薨，謚曰定侯。（十一上）

樹達按：吉亦麒麟閣圖象之一人，見《蘇武傳》。

選擇復作胡組養視皇孫。（十一下）

樹達按：《漢舊儀》云："男爲戍罰作，女爲復作，皆一歲。"又按：《宣紀》孟康注云："弛刑徒復爲官作，滿其本罪年月，律名爲復作。"皇孫本當云曾孫，此省稱之。

少內嗇夫白吉曰：食皇孫亡詔令。（十二上）

師古曰：少內，掖庭主府臧之官也。

樹達按：《周禮・天官・序官》鄭注云：職內，主入也，若今之泉所入謂之少內。疏引王隆《漢官解詁》云：少官嗇夫各擅其職，謂倉庫少內嗇夫之屬各自擅其條理所職主。

夫善善及子孫。（十二下）

樹達按：昭公二十年《公羊傳》文。

眭兩夏侯京翼李傳第四十五（漢書七十五）

《眭兩夏侯京翼李傳》第四十五（一上）

樹達按：諸人皆通術數説災異者。

從嬴公受《春秋》。（一上）

樹達按：弘傳《春秋》於嚴彭祖、顔安樂及貢禹，論學數爲榮廣所困，并見《儒林傳》。

漢家堯後，有傳國之運。（一下）

樹達按：此謂堯禪舜，漢亦宜然也。

廷尉奏賜孟妄設祆言惑衆，大逆不道。（二上）

樹達按：祆《説文》一篇上"示部"字作祅。

以《齊詩》、《尚書》教授。（二上）

樹達按：始昌爲轅固生弟子，見《儒林傳》。

始昌明於陰陽，先言柏梁臺災日，至期日，果災。（二上）

蘇輿曰：下日字當衍。

樹達按：期日謂所期約之日也，蘇説非。《趙策》云："二君即與張孟談陰約三軍，與之期日，夜遣入晉陽。"期日謂期約時日，與此義同，而用法微異。《韓非子・十過》篇云："至於期日之夜，趙氏殺其守隄之吏。"《後書・申屠剛傳》注引《烈士傳》云："角哀夢伯桃曰：今月十五日，當大戰以決勝負。角哀至期日，陳兵馬詣其冢。"與此文用法同。

族子勝亦以儒顯名。（二上）

錢大昕曰：始昌習《尚書》，名已見《儒林傳》。其説災異衹有言柏梁臺災事，附見《勝傳》可矣。乃以兩夏侯題其篇目，何也？朱一新曰：班以兩夏侯標題，蓋謂勝及建爲大小夏侯氏學，故以此題其篇，并未數始昌也。今本提行皆後人分并，非復班舊，錢議過矣。先謙曰：朱説袒班，然失其叙次列傳微意。且下文勝上冠以夏侯，建上不冠夏侯，明本書《勝傳》提行與始昌别傳，而建係帶叙，不當謂兩夏侯爲勝建也。

樹達按：王説是也。此以説災異諸人合傳，贊語有始昌而無建，其明證也。始昌先知柏梁之災，勝豫言臣下之謀，正與眭弘京房爲類，若建則不類也。若以始昌附見《勝傳》，則合傳之旨不明。錢議爲不知義例，朱説又其實，皆非也。

勝少孤，好學，從始昌受《尚書》及《洪範五行傳》，説災

異。（二下）

樹達按：此云《洪範五行傳》，在劉向《五行傳記》之前。據沈約云："伏生創記《大傳》，五行之體始詳；劉向廣演《洪範》，休咎之文益備。"又《隋志》云："伏生之傳，惟劉向父子所著是其本法。"則此《洪範五行傳》乃伏生所記，今見《尚書大傳》中者是也。趙翼以爲始昌所爲，非也。

善説《禮·服》。（二下）

樹達按：蕭望之從勝問《論語》、《禮·服》，見《望之傳》。

遷長信少府。（三上）

樹達按：時宣帝問勝《穀梁春秋事》，見《儒林傳》。

百姓流離物故者過半。（四上）

師古曰：物故謂死也。

樹達按：《説文》四篇下"歺部"云：歾，終也。从歺，勿聲。或作歿。文以聲類同假物爲歾。

勝出爲諫大夫，給事中，霸爲揚州刺史。（四下）

樹達按：時勝令左馮翊宋畸舉霸賢良，勝亦口薦霸，故擢霸，見《霸傳》。

遷太子太傅。（四下）

樹達按：時勝言丙吉不即死，見《吉傳》。

京房字君明，東郡頓丘人也。（五下）

蘇輿曰：房與夏侯勝復於《儒林》中著小傳以明學派，此班氏刱例之精。

樹達按：《史記·仲尼弟子傳》中有子貢，復見《貨殖傳》，班氏效法史公，非其刱例也。

贛貧賤，以好學得幸梁王，王共其資用。（五下）

師古曰：共讀曰恭。

樹達按：共當讀爲供。《説文》八篇上“人部”供下云：“一曰供給。”是其義也。恭字殆傳寫之誤，顔似不應憒憒如此。景祐本注亦作恭。

察舉補小黄令，以候司先知奸邪，盗賊不得發，愛養吏民，化行縣中，舉最，當遷，三老官屬願留贛，有詔許增秩留。（五下）

樹達按：《太平御覽》二百六十八引《陳留風俗傳》云：“昭帝時，蒙人焦貢爲小黄令，路不拾遺，囹圄空虚，詔遷貢。百姓揮涕守闕，求索還貢，天子聽增貢之秩千石。”按貢與贛同，據《御覽》知贛爲梁國蒙人。

以風雨寒温爲候。（六上）

孟康曰：分卦直日之法，一爻主一日，六十四卦爲三百六十日，餘四卦震離兑坎爲方伯監司之官。

樹達按：張文虎云：爻主一日，則六十卦爲三百六十日，故下文云餘四卦也。注中六十四卦四字衍。今案張説是也。宋本《易林序》引孟注無四字。

好鐘律，知音聲。（六上）

樹達按：馬融《長笛賦》云：“《易》京君明識音律，故本四孔加以一。君明所加孔後出，是謂商聲五音畢。”《風俗通·聲音》篇文略同。

上令公卿朝臣與房會議温室。（六下）

師古曰：温室，殿名也。

樹達按:殿在未央宫,見下《翼奉傳》。

齊桓公、秦二世亦嘗聞此君而非笑之,然則任竪刁、趙高,政治日亂。(七上)

樹達按:然則與然而義同。

房上中郎任良姚平。(八上)

樹達按:平河東人,見《儒林傳》。

元帝於是以房爲魏郡太守,秩八百石居,得以考功法治郡。(八上)

樹達按:王氏於八百石下補注,以居字屬下讀,誤也。居字當屬上讀。《黄霸傳》云:"有詔歸潁川太守官,以八百石居。"《西南夷傳》云:"復以立爲巴郡太守,秩中二千石居。"句例并同。王於此傳既誤讀,於《西南夷傳》謂居是衍字,皆非也。

房以建昭二年二月朔拜,上封事。(八下)

樹達按:拜謂拜官。何焯以拜上封事連讀,非是。

臣竊悼懼,守陽平侯鳳,欲見,未得。(九上)

樹達按:《外戚傳》云:"數守大將軍光,爲丁外人求侯。"顔注云:"守,求請之。"《後書·竇融傳》云:"於是日往守萌,圖出河西。"李注云:"守猶求也。"諸守字義同。

平又曰:房可謂小忠,未可謂大忠也。(九下)

樹達按:《韓非子·十過》篇云:行小忠則大忠之賊也。

好律歷陰陽之占。(十一下)

樹達按:《論衡·别通》篇云:昔有商瞿,能占爻卦,末有東方朔、翼少君,能達占射覆,道雖小,亦聖人之術也。

毁落太上廟殿壁木飾。（十五下）

樹達按：《元紀》作太上皇廟，此脱皇字。景祐本亦脱皇字。

宜爲設員，出其過制者。（十八下）

樹達按：《説文》六篇下“員部”云：“員，物數也。”設員謂設一定人數。

重民之財，廢而不爲。（十九上）

樹達按：詳《文紀贊》。

左據成皋，左阻黽池。（十九下）

錢大昭曰：左阻疑當作右阻。葉德輝曰：德藩本閩本作右。先謙曰：官本作右。

樹達按：景祐本作右阻。

寬中等守師法教授。（二十一上）

樹達按：《儒林傳》記張無故守小夏侯説文，正此所謂守師法也。

事丞相翟方進，方進亦善爲星歷，除尋爲吏，數爲翟侯言事。（二十一上）

樹達按：《方進傳》，以尋爲議曹。方進將敗時，尋奏記言之。

哀帝即位，召尋待詔黄門。（二十四下）

樹達按：時朱博受拜丞相，有大聲如鐘鳴，帝以問尋，見《五行志》中之下卷。

毋聽女謁邪臣之態，諸保阿乳母甘言悲辭之託，斷而勿聽。（二十六上）

樹達按：時哀帝寵幸董賢及乳母王阿，故尋言此也。

設羣下請事、若陛下出令有謬於時者。（二十九上）

先謙曰:若猶及也。

樹達按:若猶或也。王訓及,非。

夫本彊則精神折衝。(三十上)

師古曰:折衝,言有欲衝突爲害者,則能折挫之。

樹達按:衝謂衝車,顔注誤。

天下未聞奇策固守之臣也。語曰:何以知朝廷之衰,人人自賢,不務於通人,故世陵夷。馬不伏歷,不可以趨道;士不素養,不可以重國。(三十上)

樹達按:此節文義不屬,必有錯亂。"語曰"二字似當在馬不伏歷之上,餘無以訂之,景祐本與此同。

中人皆可使爲君子。(三十下)

樹達按:荀悦《申鑒·政體》篇云:教化之廢,推中人而墜於小人之域;教化之行,引中人而納於君子之塗。

初,成帝時,齊人甘忠可詐造《天官歷包元太平經》十二卷,以言漢家逢天地之大終,當更受命於天。(三十一上)

樹達按:梁玉繩云:據此,則讖緯不始於哀平。

司隸校尉解光亦以明經通災異得幸。(三十一下)

樹達按:光又見《外戚·孝成趙后傳》。

遂下賀良等吏,而下詔曰。(三十二下)

樹達按:此詔亦見《哀紀》。

六月甲子詔書,非赦令,也皆蠲除之。(三十三上)

師古曰:唯赦令不改,餘皆除之。先謙曰。官本注在下句下,是也。

樹達按:也當爲它,與下皆蠲除之五字爲句。顔注餘字正釋它字,今本誤。又《哀紀》亦載此詔,顔注云:“也字有作他字者。”尤其明證。

趙尹韓張兩王傳第四十六(漢書七十六)

《趙尹韓張兩王傳》第四十六。(一上)

樹達按:據贊語,趙、尹、韓傳蓋劉向之文,《王尊傳》蓋馮商或楊雄之文。

趙廣漢字子都。(一上)

沈欽韓曰:《論衡·命禄》篇:趙子都明經,階甲科至郎博士。

樹達按:本傳不言明經,亦未爲郎博士。《論衡》“趙”字當爲“鮑”,言近誤耳。《鮑宣傳》:“宣字子都,好學明經,舉孝廉爲郎。”與仲任言正合。沈引證失考。

廣漢以與議定策,賜爵關内侯。(一下)

樹達按:《霍光傳》廢昌邑王奏,廣漢列名,是也。

廣漢故漏洩其語,令相怨咎。(二上)

樹達按:故與見知故縱之故同,特也。今語言故意。

事推功善,歸之於下,曰:“某掾卿所爲,非二千石所及。”行之發於至誠。(二下)

樹達按:此謂不同張湯之矯僞也。

從軍還,復用守京兆尹,滿歲爲真。(二下)

樹達按:廣漢爲京兆尹,自言朝廷事不及雋不疑,見《不疑傳》。

及吏受取請求,銖兩之姦皆知之。(三上)

樹達按:求當讀爲賕。《説文》六篇下"貝部"云:賕,以財物枉法相謝也。

廣漢疑其邑子榮畜教令。(四下)

師古曰:蘇賢同邑之子也。

樹達按:謂廣漢邑子,非謂蘇賢。

廣漢使所親信長安人爲丞相府門卒,令微司丞相門内不法事。(四下)

樹達按:微假爲䙾。《説文》八篇下"見部"云:䙾,司也。

願下明使者治廣漢所驗臣相家事。(五上)

樹達按:下明景祐本同,二字疑倒。

遂召上辭問,甚奇其對,除補卒史,便從歸府。(六上)

王念孫曰:謂除補翁歸卒史,遂使從歸府中案事也。今本使作便,則非其指矣。《御覽·職官部》五十一引此正作使。

樹達按:王説非也。下《張敞傳》云:"便從闕下亡命。"又云:"便歸臥家。"便字義同,非誤字也。《漢書》從字有二義:其一爲己從他人,又其一則爲使他人從己。如《何并傳》"并自從吏兵追林卿"及此文,皆使人從己之義。便從歸府,謂即令翁歸從己歸府也。類書多不明文義而妄改,豈可信也。

類常如翁歸言,無有遺託。(七下)

錢大昭曰:託南監本、閩本并作脱。先謙曰:官本作脱,是。

樹達按:景祐本作脱。

使斫莝,責以員程,不得取代。(七下)

師古曰:員,數也,計其人數及日數爲功程。

樹達按：員程謂定數之程課，如每日斫莝若干石之類。下文不中程云云，謂不滿此數則責之也，與人數無涉。顏注非。

父義爲燕郎中，刺王之謀逆也，義諫而死，燕人閔之。（八上）

樹達按：義事見《燕王旦傳》。

是時昭帝當於春秋，大將軍霍光持政，徵郡國賢良文學，問以得失，時魏相以文學對策。（八上）

樹達按：昭帝始元六年，詔問賢良文學以民所疾苦。相對中及燕王事，在元鳳元年，在始元後，或詔問不止一次也。

舉行喪讓財。（九上）

樹達按：行喪謂依古禮行喪服者。

延壽遂待用之。（十上）

王念孫曰：待讀爲特，若讀徒亥反，則待用二字義不可通。謂特用此門卒爲掾也。《莊子·逍遥遊》篇："彭祖乃今以久特聞。"崔譔本特作待。待特聲相近，故字相通，而師古無音，則已不知其爲特之借字矣。《漢紀》正作遂特用之。

樹達按：上文云："所至必聘其賢士，以禮待用。"待用謂接待而拔用之也，何不可通之有！王據《漢紀》讀待爲特，近於無事自擾。又云特用爲掾，尤爲無據。

民有昆弟相與訟田，自言，延壽大傷之。（十上）

樹達按：李慈銘云：此處當疊"延壽"二字。

郡中歙然，莫不轉相敕厲，不敢犯。（十下）

樹達按：爲此亦存乎其人。《何并傳》記嚴詡爲潁川太守，即以此致亂，可以知矣。

延壽聞知，即部吏案校望之在馮翊時廩犧官錢放散百餘萬。（十一上）

樹達按：此與趙廣漢之脅魏相壹何相似也！

居馬上，抱弩負籣。（十一下）

樹達按：《説文》五篇上"竹部"云：籣，所以盛弩矢，人所負也。

事下公卿。（十二上）

樹達按：時楊惲上書訟延壽，見《惲傳》。

威又坐奢僭誅，延壽之風類也。（十二下）

樹達按：疑當爲類延壽之風也。

敞本以鄉有秩補太守卒史。（十二下）

樹達按：《漢官》云：鄉户五千則置有秩。

國輔大臣未褒，而昌邑小輦先遷。（十二下）

李奇曰：挽輦小臣也。

樹達按：挽輦小臣不得云小輦，李説非。然句不可通，輦或輩之誤字邪！

臣聞：公子季友有功於魯，大夫趙衰有功於晉，大夫田完有功於齊，皆疇其官邑。（十三上）

先謙曰：案《宣紀》，疇其爵邑。張晏注云：律：非始封，十減二。疇者等也，言不復減也。

樹達按：疇當讀爲醻。《詩·小雅·彤弓》篇云：一朝醻之。《毛傳》云：醻，報也。此文謂醻報以官邑，張晏訓疇爲等，非也。

故仲尼作《春秋》，迹盛衰，譏世卿最甚。（十三上）

樹達按：譏世卿見隱公三年《公羊傳》。

山陽郡户九萬三千，口五十萬以上。（十四上）

齊召南曰：案《地理志》，山陽郡户十七萬二千八百四十七，口八十萬一千二百八十八，與此文大相懸殊，蓋元始中户口十倍於宣帝時矣。

樹達按：《志》數尚不及此數之倍，何云十倍耶！齊氏誤。

事即有業，所至郡條奏其所由廢及所以興之狀。（十四下）

樹達按：《後書·隗囂傳》注云："張敞書曰：蒼蠅之飛，不過十步，自託騏驥之尾，乃騰千里之路。然無損於騏驥，得使蒼蠅絶羣也。見《敞傳》。"疑是此書之文，而此傳不載，豈李本之敞别傳耶！

拜膠東相。（十四下）

樹達按：時敞致書朱邑，勸其薦士，見《邑傳》。

吏追捕有功效者，願得壹切比三輔尤異。（十五上）

如淳曰：壹切，權時也。趙廣漢奏請令長安遊徼獄史秩百石，又《循吏傳》：左馮翊有二百石卒史，此之謂尤異也。劉攽曰：下言上名尚書調補縣令，然則三輔尤異如此。

樹達按：强汝詢云：如説非也。尤異者，課績之美稱，猶之報最云爾。《後漢書·明帝紀》："永平九年，令司隸校尉部刺史歲上墨綬長吏視事三歲已上，理狀尤異者各一人，與計偕上。"又趙廣漢、魯恭、杜詩、劉祐、董恢、伏恭、陳義，皆以縣舉尤異，是其證也。郡吏舉尤異，史闕不載。或他郡無此科，而三輔獨有之，要其賞最優，得補縣令，故敞得調補縣令數十人。

楚嚴好田獵，樊姬爲之不食鳥獸之肉。（十五上）

師古曰：樊姬，楚莊王姬也。

樹達按：樊姬事見《列女傳·賢明》篇。

其以膠東相敞守京兆尹。（十五下）

樹達按：時敞諫請斥遠方士，見《郊祀志》下卷。奏丞相黄霸，見《循吏傳》。書戒嚴延年，見《酷吏傳》。上書請入穀隴西八郡贖罪，見《蕭望之傳》。

自趙廣漢誅後，比更守尹。（十五下）

師古曰：比，頻也。更，歷也。

樹達按：更乃更易之義，顔説非。

然敞本治《春秋》，以經術自輔。（十六下）

周壽昌曰：敞蓋治《左氏春秋》，前封事所引公子季友、晉趙衰、齊田完事皆與《左傳》合。

樹達按：敞修《左氏傳》，《儒林傳》明言之。《經典釋文叙録》云：貫長卿傳敞。周舍明文不引，别爲推測之辭，何也？

以此能自全，竟免於刑戮。（十六下）

樹達按：此蓋勘比趙廣漢、韓延壽言之。

敞爲京兆，朝廷每有大議，引古今處便宜，公卿皆服，天子數然之。（十六下）

樹達按：《郊祀志》載敞議美陽鼎不宜薦見宗廟，制曰：京兆尹議是，是也。

定國爲大夫，平尚書事。（十七上）

樹達按：大夫上疑脱光禄二字。

公卿奏惲黨友不宜處位，等比皆免。（十七下）

師古曰：比，例也，音必寐反。

樹達按：《韋玄成傳》云："等輩數人皆削爵爲關内侯。"等比與等輩同，顔訓比爲例，大謬。

因劾奏廣川王，天子不忍致法，削其户。（十八下）

樹達按：時敞又舉奏河間王元取廣陵厲王等故姬事，見《景十三王傳》。

敞所誅殺太原吏，吏家怨敞。（十九上）

樹達按：李慈銘云：下吏字疑衍。

敞孫竦。（十九下）

樹達按：敞子吉，竦乃吉子，見《杜鄴傳》。敞有女，鄴之母也。

王莽時至郡守，封侯。（十九下）

樹達按：竦爲丹陽太守，封淑德侯。

博學文雅過於敞。（十九下）

樹達按：敞受《倉頡》，見《藝文志》。辨汾脽寶鼎銘文，見《郊祀志》。《論衡·齊世》篇云：揚子雲作《太玄》，造《法言》，張伯松不肯一觀。

竦死，敞無後。（十九下）

樹達按：王莽敗，竦見殺，見《陳遵傳》。

問詔書行事，尊無不封。（十九下）

師古曰：以施行詔條問之，皆曉其事。

樹達按：行事猶言往事故事，與詔書別爲一事，顔説繳繞不可通。

不以時皆奏行罰。（二十三上）

錢大昭曰：皆南監本、閩本作白。先謙曰：官本作白，是。

樹達按：景祐本作白。

衡又使官大奴入殿中問行起居，還言："漏上十四刻行。"

臨到，衡安坐，不變色改容，無怵惕肅敬之心，驕慢不謹，皆不敬。（二十三下）

宋祁曰：行臨到當作行臨時。

樹達按：行字上屬爲句。臨到，臨車駕將到也。《韓延壽傳》云："延壽當出，臨上車，騎馬吏一人後至。"《丙吉傳》云："臨當封，吉疾病。"《杜鄴傳》云："臨拜，日食。"句例皆同。宋因上文云衡知行臨，故以行臨連讀，非是。

有詔左遷尊爲高陵令。（二十三下）

樹達按：時羣下多是尊，見《匡衡傳》。

將迹射士千人逐捕。（二十四上）

師古曰：迹射，言能尋迹而射取之也。

樹達按：迹射或作積射。《後書·鄧晨傳》：晨發積射士千人，是也。李注：積與迹同，古字通用。

外爲大言，倨嫚姍嫌。（二十四下）

師古曰：姍，古訕字也。訕，誹也，音所諫反，又音删。錢大昭曰：嫌南監本、閩本作上。先謙曰：官本作上，是。無注訕誹也三字。

樹達按：景祐本作姍上，注有訕誹也三字。

尊坐先。（二十四下）

錢大昭曰：先當作免。先謙曰：官本作免。

樹達按：景祐本作免。又按：《杜欽傳》，欽嘗求解尊之罪過，不知即此事或他事也。

湖三老公乘興等。（二十五上）

先謙曰：三老爵爲公乘，興其名。

樹達按：《陳餘傳》云："富人公乘氏以其女妻之。"則公乘蓋氏也。下文云:"白馬三老朱英。"姓名連舉,與此同。

上書訟:尊治京兆,功效日著。(二十五上)

劉攽曰:日當作曰,著字衍。劉敞説同。

樹達按:《漢書》無此類句法,二劉臆説。

長安宿豪大猾東市賈萬,城西萬章,翦張禁,酒趙放。(二十五上)

晉灼曰:翦張禁,酒趙放,此二人作翦作酒之家。宋祁曰:翦張禁江南本、浙本并作箭張禁。予案注意,正文當依校本作箭張禁,注中悉作箭,乃安。朱一新曰:西,西市賈也。東市賈萬城,監本作萬城,是。先謙曰:詳《遊俠傳》。

樹達按:《遊俠·萬章傳》云:"章在城西柳市,號曰城西萬子夏。"又云:"酒市趙君都,賈子光,皆長安名豪。"彼文賈子光及此文賈萬,賈皆姓也。朱不知賈爲姓,而讀爲商賈之賈,誤於城字讀斷,以萬城爲人姓名,可謂巨謬。王既云詳《游俠傳》,略不檢校,何也?《章傳》又云:"王尊爲京兆尹,捕擊豪俠,殺章及箭張回、酒市趙君都、賈子光。"剪張禁即彼文箭張回,然則宋説此文翦當作箭,是也。彼文服虔注云:"作箭者,姓張名回。"與此文晉注同。今案《章傳》既云"長安熾盛,街閭各有豪俠",又此文趙放即彼文酒市趙君都,然則箭酒亦皆市名,特承上東市之文省去二市字,張禁、趙放但各居其市而已,不必如服晉之説爲作箭作酒之家也。朱氏《漢書管見》無此條。

更數二千石二十年,莫能禽討。(二十五下)

先謙曰:官本無十字,是也,不能至二十年之久。

樹達按:景祐本作二十,與此同。若止二年,何至更數二千石,清官本臆删而王是之,謬矣。

功岩職修。(二十六下)

錢大昭曰:岩當作著,閩本不誤。先謙曰:官本作著。

樹達按:景祐本作著。

章奏封事,召見,言鳳不可任用,宜更選忠賢。(二十七下)

樹達按:章召見,薦馮野王代王鳳。又據《翟方進傳》,章又嘗言陳咸可御史大夫也。

章小女,年可十二。(二十八上)

劉奉世曰:云年可十二,辭太俚,蓋衍可字。或者章女名可,誤倒書之。宋祁曰:可十二猶言約十二,不煩曲解,當存之。沈欽韓曰:案《列女傳》無可字。

樹達按:《史記·高帝紀》云:"遇剛武侯,奪其軍可四千餘人。"本書《天文志》云:"五殘星,其狀類辰,去地可六丈。"句例并同,宋説是也。

平生獄上呼囚,素常至九,今八而止。我君數剛,先死者必君。(二十八上)

樹達按:素字景祐本作數,數字作素。皆是也。此本二字互誤。

然劉向獨序趙廣漢、尹翁歸、韓延壽,馮商傳王尊,揚雄亦如之。(二十八下)

張晏曰:劉向作《新序》,不道王尊,馮商續《史記》,爲作傳,雄作《法言》,亦論其美也。

樹達按:《史通·正史》篇云:"《史記》所書,止于漢武,太初已後,闕而不録。其後劉向,向子歆及諸好事者若馮商、衛衡、揚雄、史岑、果審、肆仁、晉馮、段肅、金丹、馮衍、韋融、蕭奮、劉恂等相次撰續,迄於哀平間,猶名《史記》。"此文劉向、揚雄并舉,疑皆指其所續撰之《史記》而言，與向之《新序》，雄之《法言》無涉也。又按：今存《新序》頗序漢事，然則已佚之二十卷中亦必多序漢事，疑向續撰之《史記》嘗編入《新序》中，故張晏云云也。

蓋諸葛劉鄭孫毋將何傳第四十七（漢書七十七）

蓋寬饒字次公，魏郡人也，明經。（一上）

樹達按：寬饒受《易》於孟喜與涿韓生，見《儒林傳》。

是時上方用刑法，信任中尚書宦官。（三下）

樹達按：後來元帝之任弘、恭、石顯，實宣帝啟之也。

又引《韓氏易傳》言：五帝官天下，三王家天下。（三下）

沈欽韓曰：《御覽》一百九十三引《韓詩外傳》有此語。

樹達按：《御覽》百五十九引亦作《韓詩外傳》。據《儒林傳》，韓嬰本有《易傳》，蓋二傳并有其文。又《御覽》百五十九引并有"家以傳子，官以傳賢"二語，知下文二語亦《易傳》之文。

諫大夫鄭昌愍傷寬饒忠直憂國。（四上）

樹達按：昌爲鄭弘之兄，見卷六十六《弘傳》。

上無許史之屬，下無金張之託。（四下）

應劭曰：許伯，宣帝皇后父。史高，宣帝外家也。金，金日磾也。張，張安世也。此四家屬無不聽。師古曰：此説非也。許氏史氏有外屬之恩，金氏、張氏自託在於近狎也。屬讀如本字也。何焯曰：屬當讀之欲反，謂屬託也。應説是。以下文直道而行多讐少與之語求之，自見。

樹達按:屬託并顔説是也。

寬饒引佩刀自剄北闕下。(四下)

樹達按:據《宣紀》,事在神爵二年。

京師爲之語曰:間何闊?逢諸葛。(四下)

師古曰:言間者何久闊不相見,以逢諸葛故也。

樹達按:《説文》十二篇上"門部"云:闊,疏也。蓋謂近爲諸葛所糾彈,故久不相見也。一説:近日爲司隸校尉者一何疏闊無賢者,今乃得諸葛耳。於義亦通。闊葛,古月部韻。

德無以報厚。(五上)

錢大昭曰:當作無以報厚德,南監本、閩本不誤。先謙曰:官本不誤。

樹達按:景祐本不誤。

臣聞:伯奇孝而棄於親,子胥忠而誅於君,隱公慈而殺於弟,叔武賢而殺於兄。(五下)

樹達按:《韓詩外傳》卷七云:"《傳》曰,伯奇孝而棄於親,隱公慈而殺於弟,叔武賢而殺於兄,比干忠而誅於君。"文稱《傳》曰,則固古傳記之文也。

獨恐未有云補。(六上)

樹達按:《昭帝紀》云:"通保傅傳《孝經》、《論語》、《尚書》,未云有明。"與此云字皆句中助词。

終於家。(六下)

樹達按:《蜀志·諸葛亮傳》、《魏志·諸葛誕傳》并云是豐之後。

然猶君臣祗懼,動色相戒。(六下)

樹達按:《周禮·太祝》疏引今文《太誓》云:"使使上附以周公書

報誥于王，王動色變。"《檀弓》疏引《尚書·太誓》云："火流爲烏，王動色變。"此輔語所本。

考卜窈窕之女。（六下）

樹達按：《詩·大雅·文王有聲》云："考卜惟王，宅是鎬京。"箋云："考猶稽也。稽疑之法，必契灼龜而卜之。"

里語曰：腐木不可以爲柱，卑人不可以爲主。（七上）

樹達按：柱主古同侯部韻。

元首無失道之僁。（七下）

樹達按：《説文》十篇下"心部"云：愆，過也。或作僁。

鄭崇字子游。（八下）

樹達按：崇爲康成八世祖，見《後書》。

上怒，下崇獄。（十上）

樹達按：時孫寶上書救崇，見下《寶傳》。

以明經爲郡吏。（十上）

樹達按：據《儒林傳》，寶受《公羊春秋》於筦路，爲董生五傳弟子。

設儲偫。（十上）

師古曰：謂豫備器物也。

樹達按：《説文》八篇上"人部"云：儲，偫也。偫，待也。《外戚傳》云："主見所偫美人。"顔注云："偫，儲偫也。"

禮有來學，義無往教。（十上）

樹達按：《禮記·曲禮上》篇云：禮聞來學，不聞往教。

《春秋》之義，誅首惡而已。（十下）

樹達按：僖公二年《公羊傳》云：虞師晉師滅夏陽。虞，微國也，曷爲序乎大國之上？使虞首惡也。

掾部渠有其人乎？（十一上）

師古曰：言掾所部内豈有其人乎。

樹達按：據《尹翁歸傳》，田延年爲河東太守，徙翁歸署督郵。河東二十八縣，分爲兩部。閎孺部汾北，翁歸部汾南。"以彼證此，侯文爲東部督郵，知東部外尚有他部。此言掾部，即謂文所主之東部也。

即度穉季而譴它事。（十一下）

樹達按：上文云："度立而用根。"此傳兩用度字，他傳絶未見。蓋班書採擷頗多，此傳又自一人之作。

自禁門内樞機近臣，蒙受冤譖。（十二下）

樹達按：自，雖也。下《毋將隆傳》："自乘輿不以給共養。"義同。説詳《高祖紀》。

我與穉季幸同土壤，素無睚眥。（十二上）

樹達按：同土壤謂同郡縣，猶今言同鄉也。《後漢書·循吏傳》云："侯覽同郡符融謂覽曰：'與先生同郡壤。'"義同，可證。又按二千石署掾屬皆用本郡人，京房爲魏郡太守，請得除用他郡人，以非常例，故房特請之也。文與穉季皆京兆人，故其言如此。

會淳于長敗，寶與蕭育等皆坐免官。（十二上）

樹達按：以丞相翟方進之奏也，見《方進傳》。

馮氏反事明白，故欲擿觖以揚我惡。（十二下）

師古曰：擿觖謂挑發之也。

樹達按：《説文》無觖字。顔訓挑發，疑字當作抉。《説文》十二篇上"手部"云：抉，挑也。

會越嶲郡上黄龍游江中。（十三上）

王念孫曰:《通鑑·漢紀》二十七同。案上下本有言字,上言二字見於本書者多矣。今本脱言字,則文義不明。《漢紀·孝平紀》有言字。

樹達按:上謂上其事,無言字文可通。

及其具獄於市。(十六下)

樹達按:其具當作具其,疑此誤倒。景祐本同誤。

孫寶橈於定陵。(十七上)

師古曰:橈亦曲也。謂受淳于長託而不治杜穉季也。

樹達按:淳于長封定陵侯。

蕭望之傳第四十八(漢書七十八)

蕭望之字長倩,東海蘭陵人也。(一上)

師古曰:近代譜牒妄相託附,乃云:望之蕭何之後,追次昭穆,流俗學者共祖述焉。但酇侯漢室宗臣,功高望重,子孫胤緒,具詳表傳。長倩鉅儒達學,名節并隆,博覽古今,能言其祖。市朝未變,年載非遥,長老所傳,耳目相接。若其實承何後,史傳焉得弗詳?《漢書》既不叙論,後人焉所取信?不然之事,斷可識矣。錢大昭曰:《梁書·武帝紀》云:"漢相國何生酇定侯延,延生侍中彪,彪生公府椽章,章生皓,皓生仰,仰生太傳望之。"此顔注所指妄相託附者也。

樹達按:錢大昕《十駕齋養新録》卷十二云:"《南齊書》本紀叙述先世,以望之爲何六世孫,顔譏其附會不可信耳。師古精於史學,於私譜雜志不敢輕信，識見非後人所及。”樹達按：竹汀謂顔譏蕭子顯，說較乃弟謂譏姚思廉者爲長，蓋《齊書》爲托附之始，思廉爲祖述之人也。

又從夏侯勝問《論語》、禮服。（一下）

樹達按：《勝傳》，勝言說禮服，故望之從學也。《通典》卷八十九云：“問父卒母嫁，爲之何服？蕭太傅云：當服周，爲父後則不服。”又卷百三云：“以麻終月數者，以其未葬除，無文節，故不變其服爲稍輕也。已除喪服，未葬者，皆反服，庶人爲國君亦如之。”或問蕭太傅：“久而不葬，惟主喪者不除，今則或十年不葬，主喪者除否？答云：所謂主喪者，獨謂子耳，雖過期不葬，子義不可以除。”末條亦見《禮記·喪服小記》正義引，此望之禮服之遺說也。

署小苑東門候。（二上）

先謙曰：《黄圖》：長安十二城門無小苑東門名，此宮苑門。

樹達按：王說是也。下文云：“坐弟犯法不得宿衛免。”其爲宮苑門明矣。

不肯録録，反抱關爲？（二上）

師古曰：録録謂循常也。

樹達按：《說文》二篇下“辵部”云：逯，行謹逯逯也。録録同音假字。

及御史大夫魏相。（二上）

宋祁曰：浙本無及字。

樹達按：浙本是也，景祐本同衍。

除望之爲屬。（二上）

樹達按：《儒林傳》云：“張禹與蕭望之同時爲御史，數爲望之言

《左氏》,望之善之。"正此時事。除爲屬即御史也。

徵入守少府。（三下）

樹達按:時望之論馮奉世誅莎車王不宜受封,見《奉世傳》。

京兆尹張敞上書言:國兵在外,軍以夏發,隴西以北,安定以西,吏民并給轉輸,田事頗廢。（三下）

王念孫曰:"國兵在外軍以夏",本作"充國兵在外軍以經夏",後將軍即趙充國也。以與已同。充國兵在外軍已經夏,言其在外已久也。《宣紀》:"神爵元年夏四月,遣後將軍趙充國、彊弩將軍許延壽擊西羌。"此傳下文曰:"竊憐涼州被寇,方秋饒時,民尚有飢乏病死於道路。"則敞之上書已在秋時,故曰軍已經夏也。今本脱去充字經字,則文不成義。《藝文類聚·刑法部》所引已與今本同,《漢紀》正作充國兵在外已經夏。

樹達按:李慈銘云:王説謂國上脱一充字,是也。謂以下脱一經字,則未然。此當以"軍以夏發"四字爲句。樹達按:李以"軍以夏發"四字爲句,是也。余謂充字亦不當增。國兵謂國家之兵,《項籍傳》云"國兵新破",是二字連用之證,不當屬之充國也。此又王氏依《漢紀》校改本書之失也。

有金選之品。（五上）

應劭曰:選音刷,金銖兩名也。師古曰:音刷是也。字本作鋝,鋝即鍰也。

樹達按:《考工記·冶氏》云:重三鋝。鄭司農云:鋝,量名也,讀爲刷。

故曰不便。（六上）

樹達按:敞與望之相善,見《敞傳》,而望之論事不苟同敞如此。

先是烏孫昆彌翁歸靡因長羅侯常惠上書。（六上）

樹達按：事亦見《西域傳》，在元康二年。

遣長羅侯惠使送公主配元貴靡。（六上）

樹達按：此非真公主，乃取楚主解憂弟子相夫，名爲公主耳。

代丙吉爲御史大夫。（六下）

樹達按：時望之除薛廣德爲屬而薦之，見《廣德傳》。劾韓延壽，見《延壽傳》。

太僕戴長樂問望之計策。（六下）

樹達按：長樂詳《楊惲傳》。

是時大司農中丞耿壽昌奏設常平倉，上善之。望之非壽昌。（七上）

樹達按：時壽昌又白增海租，望之亦非之，見《食貨志》。

御史中丞王忠并詰問望之。（七上）

樹達按：忠又見《匈奴傳》及《傅介子傳》。

本朝所仰。（八上）

周壽昌曰：本朝猶言中朝。

樹達按：漢時中朝與外朝對言，本朝但謂朝廷爾。説詳《杜欽傳》。

踞慢不遜攘。（八上）

師古曰：攘古讓字。

樹達按：《説文》八篇上"人部"云：倨，不遜也。十二篇上"手部"云：攘，推也。踞，倨之假字。

便道之官。（八上）

沈欽韓曰:道當爲導。敕楊惲收印綬,便導往太傅官署,猶唐時云送上也。

樹達按:宋程大昌《考古篇》卷十六云:望之所任新舊官俱在朝著,而曰便道之官者,《漢官舊儀》載御史大夫初拜策曰:惟五鳳三年正月乙巳,御史大夫之官。皇帝延登,親詔之曰云云。據此,入見延登而後之官,是其常也。今許不入謝,徑往受任,故曰便道,猶曰即行不得入見耳。樹達按:程説是也。

君其秉道明孝,正直是與,帥意亡㑿,靡有後言。(八上)

樹達按:宣帝於望之倚信甚深,及事涉丙吉,遂決絶如此。蓋感微時知遇之德獨深,非他人所能間也。

望之既左遷。(八上)

樹達按:望之爲太子太傅,承詔問匡衡《詩》義,薦衡經明,見《衡傳》。又承詔問張禹,薦禹經學精習可試事,見《禹傳》。與諸儒平《公》、《穀》同異,薦清河張禹,并見《儒林傳》。

爲太傅,以《論語》、禮服授皇太子。(八下)

樹達按:《張禹傳》云:望之説《論語》,篇第或異。

言其來荒忽亡常。(九上)

錢大昭曰:閩本來下有服字。先謙曰:官本有服字。

樹達按:景祐本有服字。

多所欲匡正,上甚鄉納之。(九下)

樹達按:元帝欲以張敞輔太子,望之言非宜,見《敞傳》。

修農圃之疇。(十上)

師古曰:美田曰疇。

樹達按:疇《説文》作𤰝,耕治之田也。顔訓美田,義隔。

推所言許史事,曰:皆周堪、劉更生教我。(十下)

樹達按:推今言推諉。觀此,知漢時早有此語矣。

於是侍中許章白見朋。(十下)

樹達按:章又見《諸葛豐傳》。

其賜望之爵關内侯,食邑六百户。(十一下)

樹達按:《元紀》亦載此詔,六百户作八百户。

而教子上書,稱引亡辜之詩。(十一下)

先謙曰:胡注:史不載伋書,不知其所稱引者何詩。《變雅》云:“無罪無辜,讒口嗷嗷。”豈伋所引者即此詩乎?

樹達按:李慈銘云:詞字誤作詩。

望之以問門下生朱雲。(十二上)

樹達按:據《雲傳》,雲從望之受《論語》,傳其業。又按雲嘗爲杜陵令,豈即在此時,故望之得問之乎?

竟飲鴆自殺。(十二下)

樹達按:望之爲麒麟閣圖象功臣之一人,見《蘇武傳》。

歷冀州青州兩郡刺史。(十三上)

錢大昕曰:育又爲朔方刺史,見《馮野王傳》,本傳失書。

樹達按:郡字誤,當作部。

泰山太守。(十三上)

樹達按:時育令王章家屬贖還故田宅,見《章傳》。章,泰山人也。

坐與定陵侯淳于長厚善免官。(十三下)

樹達按:以丞相翟方進之奏也,見《方進傳》。

年十八，爲左曹，二十餘，御史中丞。（十四上）

宋祁曰：餘字下當添爲字。

樹達按：此承上文省，宋説非。

時朱博尚爲杜陵亭長，爲咸育所攀援，入王氏。（十四上）

樹達按：《朱博傳》云："大將軍王鳳秉政，奏請陳咸爲長史，咸薦蕭育朱博，除莫府屬，鳳甚奇之。"是其事也。

咸字仲。（十四上）

樹達按：李慈銘云：咸字仲君，此脱君字。

張掖、弘農、河東太守。（十四上）

樹達按：咸由張掖徙弘農，由張禹之請也。見《禹傳》。

至大司農，終官。（十四上）

樹達按：咸嘗爲王嘉所薦，見嘉傳。

馮奉世傳第四十九（漢書七十九）

其先馮亭爲韓上黨守。（一上）

錢大昕曰：此傳叙馮氏世系百餘言，與司馬遷、揚雄自序略相似。竊意馮商續《太史公書》，亦當有《自序》，而班史承用之，故與它傳不同。

樹達按：錢氏讀書可謂得間，然謂此文本之馮商，則非也。商陽陵人，與奉世非同族。據《史通・正史》篇，續《史記》者有馮衍，衍爲奉世之曾孫，此必衍有《自序》，班氏承用之也。

丞相將軍皆曰：《春秋》之義，大夫出疆，有可以安國家，

則顓之可也。（二下）

樹達按：見莊公十九年《公羊傳》。

奉世代爲右將軍、典屬國，加諸吏之號。（三上）

樹達按：時奉世議送郅支單于侍子事，以爲可遣谷吉送至庭，見《陳湯傳》。

拜太常弋陽侯任千秋爲奮武將軍。（四下）

樹達按：《元紀》作奮威將軍。

羌虜破散創艾，亡出塞。（五下）

錢大昭曰：南監本、閩本亡下有逃字。先謙曰：官本有逃字。

樹達按：景祐本有逃字。

奉世病卒。（五下）

樹達按：馮衍爲奉世曾孫。《後書·衍傳》云："先將軍葬渭陵。哀帝之崩也，營之以爲園，於是以新豐之東，鴻門之上，壽安之中，地勢高敞，遂定塋焉。"

奮武將軍任千秋者，其父宫，昭帝時，以丞相徵事捕斬反者左將軍上官桀封侯。（五下）

樹達按：《功臣表》封弋陽侯。

宣帝時，爲太常，薨，千秋嗣。後復爲太常。（六上）

宋祁曰：後疑作侯。

樹達按：宋誤於後字斷句，故欲改字。今按後字當下屬。

令告則得，詔恩則不得。（八上）

王念孫曰：令當爲今，此涉上下諸令字而誤。上文云："今有司以爲予告得歸，賜告不得，是一律兩科，失省刑之意。"下文云："今釋令與故事而假不敬之法，甚違闕疑從去之意。"此云"今告則得，詔恩則不得,失輕重之差。"三今字文同一例,則當作今明矣。《藝文類聚·刑法部》、《白帖》四十三、《御覽·治道部》十五引并作今。

樹達按:令字不誤,王校非也。告有予告賜告之分:予告由於令,賜告出於詔恩,故文以令告與詔恩爲對文。若作今告,則文混淆無别矣。王氏但欲求文例之同,不顧立言之實,過信類書,輒欲改字,其蔽甚矣。

子座嗣爵。(八下)

樹達按:《後書·馮衍傳》注引《東觀記》云:座生衍。又引《華嶠書》云:衍祖父立,立生滿,滿生衍。

補謁者。(九上)

樹達按:時逡嘗因召見言石顯顓權,見《顯傳》。

參字叔平,學通《尚書》。(九下)

樹達按:野王通《詩》,逡通《易》,立通《春秋》,參通《尚書》,諸子人治一經,不始於東京之鄧禹矣。

宗族徙歸故郡。(十下)

樹達按:《後書·方術·李郃傳》有上黨馮冑,爲奉世後人,知東京末葉馮氏猶居上黨也。

宣元六王傳第五十(漢書八十)

上以故丞相韋賢子玄成陽狂讓侯兄。(一下)

宋祁曰:兄字上疑有於字。

樹達按:漢人文於字多省去,宋説非。

《春秋》之義，大能改變。（四下）

樹達按：《荀子·大略》篇云：《春秋》賢穆公，以其善變也。

《易》曰："藉用白茅，无咎。"言臣子之道，改過自新，絜己以承上，然後免於咎也。（四下）

樹達按：《王吉傳》云："吉好梁丘賀説《易》，令子駿受焉。"則此蓋梁丘氏《易説》也。

楚孝王囂，甘露二年立爲定陶王。三年，徙楚。（五上）

樹達按：囂於元帝時夢祖宗譴罷郡國廟，見《韋玄成傳》。

今迺遭命，離於惡疾。（五下）

樹達按：《論衡·命義》篇云：《傳》曰：説命有三，一曰正命，二曰隨命，三曰遭命。遭命者，行善得惡，非所冀望，逢遭於外而得凶禍，故曰遭命。

夫子所痛，曰：蔑之，命矣夫！斯人也而有斯疾也！（五下）

樹達按：《白虎通·壽命》篇論遭命亦引此事，云："冉伯牛危行正言而遭惡疾。"蓋《論語》舊説也。

不自它於太后。（七上）

李奇曰：不自它者，親之詞也。師古曰：言不自同他人。

樹達按：《吴王濞傳》云："吴王不敢自外，使使臣諭其愚心。"不自它與不自外同。

我見尚書晨夜極苦，使我爲之，不能也。（七下）

樹達按：能當讀爲耐。

有詔奏請逮捕。（八上）

錢大昭曰：詔當作司，閩本不誤。先謙曰：官本作司。

樹達按：景祐本作司。

或明鬼神，信物怪。（八下）

師古曰：物亦鬼。

樹達按：物當讀爲鬽。《説文》九篇上“鬼部”云：鬽，老物精也。或作魅。物與鬽古音同，故相通假。鬽字从鬼，而與人死爲鬼者不同，顔云物亦鬼，非也。

三十三年，薨。（八下）

樹達按：《翟義傳》載莽詔云：東平王雲親毒殺其父思王，本傳不言，蓋莽之誣辭也。

建平二年。（九上）

朱一新曰：案《諸侯王表》及《帝紀》，乃三年事。先謙曰：官本作三年，是。

樹達按：張文虎云：二字誤。《水經・汶水注》引作三年，與《哀紀》合。廣本正作三。樹達按：景祐本作三。

雲自殺，謁棄市。（九上）

樹達按：廷尉梁相疑雲獄有冤，見《王嘉傳》。

母昭儀又幸，幾代皇后太子。（十上）

樹達按：母下疑當有傳字。

成帝即位，緣先帝意，厚遇異於它王。（十上）

樹達按：入朝時，賞賜十倍於他王。又命留京師，不遣歸國，并見《元后傳》。

御史大夫孔光以爲《尚書》有殷及王，兄終弟及。（十下）

樹達按：據《光傳》指言盤庚，以其繼兄陽甲也。

又兄弟不得相入廟。（十下）

宋祁曰:入上當有繼字。

樹達按:《孔光傳》亦作相入廟。

外家王氏與趙昭儀皆欲用哀帝爲太子,故遂立焉。(十下)

樹達按:王氏謂王根也。根受傅太后賂,故欲立哀帝。

卷　九

匡張孔馬傳第五十一(漢書八十一)

《匡張孔馬傳》第五十一。(一上)

樹達按:四人皆儒而佞者,故合傳。

家貧,庸作以供資用。(一上)

師古曰:庸作,言賣功庸爲人作役而受顧也。周壽昌曰:庸作即《司馬相如傳》所云與庸保雜作也。

樹達按:《周勃傳》注云:"庸,賃也。"庸作謂被顧作役。顔云作役受顧,是矣,又云賣功庸,非是。周説支離不合。

無説《詩》,匡鼎來。(一上)

服虔曰:鼎猶言當也,若言匡且來也。應劭曰:鼎,方也。師古曰:服、應二説是也。《賈誼》曰:天子春秋鼎盛,其義亦同。宋祁曰:祝季張云:匡鼎來,來音離,協上。僕檢《左傳・宣公二年》"棄甲復來",來亦音離。

樹達按:應説是也。訓方者,蓋讀鼎爲正。《史記・五帝紀》云:"我思舜,正鬱陶。"謂方鬱陶也。春秋鼎盛亦謂春秋正盛也。寺聲臣聲之字古音皆在之咍部。宋以來字就詩頤二字之今讀,非也。又按《儒林傳》:衡受《齊詩》於后蒼,爲轅固生三傳弟子。《五經異義》引匡衡說。

匡說《詩》,解人頤。(一下)

樹達按:宋周密《齊東野語》卷六云:匡說《詩》,解人頤,此言其善於講誦,能使人喜而至於解頤也。今俗諺以人喜過甚者云兜不上下頦,即其意。本朝盛度以第二名登第,其父喜甚,頤解而卒。又岐山縣樊紀登第,其父亦以喜而頤脱,有聲如破甕。按《醫經》云:喜則氣緩,能令致脱頤,信非戲語也。

長安令楊興說高曰。(二上)

樹達按:《劉向傳》云:興,傾險士。興事又見《賈捐之傳》。

將軍以親戚輔政,貴重於天下無二。然衆庶議論,令問休譽不專在將軍者,何也?彼誠有所聞也。(二上)

師古曰:以其不能進賢也。先謙曰:彼謂望之,聞謂薦達也。

樹達按:彼謂衆庶論議之人。有所聞謂知高不能薦賢,即下文但舉私門賓客乳母子弟之事也。興說未嘗及望之事,何至突兀言之乎?王說殊誤。又按文意本云令聞休譽不在將軍,而云不專在者,詞之婉也。

夫富貴在身,而列士不譽,是有狐白之裘而反衣之也。(二上)

王念孫曰:譽當爲舉,此涉上文令聞休譽而誤也。列士不舉,正對上文所舉不過私門賓客乳母子弟而言。《白帖》十二四十三引此并作不舉,《漢紀》同。

樹達按:譽字不誤。高不舉賢,故列士不稱譽之。此就其果言之,不就其因言之也。有狐白之裘而反衣之,則其美不見。富貴在身而列士不譽,則其美亦不見,故以爲比也,且上文云:"衆庶論議,令問休譽不專在將軍。"又云:"一夫竊議,語流天下。"下文云:"以此顯示衆庶,名流於世。"知興立方之旨在列士之譽也。舉乃誤字,不可從。

人情以不自知。(二上)

錢大昭曰:以南監本、閩本作忽。先謙曰:官本作忽,是。

樹達按:景祐本作忽。

遷博士,給事中。(二下)

樹達按:時衡議遣郅支單于侍子事,以爲當令使者送至塞即還,見《陳湯傳》。

上有克勝之佐,則下有傷害之心。(三下)

先謙曰:克勝謂忌克求勝其民。

樹達按:本書屢云克獲,克與勝義同,非謂忌克。王説誤。

上有好利之臣,則下有盜竊之民。(三下)

樹達按:《鹽鐵論·本議》篇云:"《傳》曰:諸侯好利則大夫鄙,大夫鄙則士貪,士貪則庶人盜。"《説苑·貴德》篇云:"故天子好利則諸侯貪,諸侯貪則大夫鄙,大夫鄙則庶人盜。"桓公十五年《公羊傳》注云:"王者不當求,求則諸侯貪,大夫鄙,士庶盜竊。"

遷衡爲光禄大夫,太子少傅。(五下)

樹達按:衡爲太子少傅,議華陰守丞嘉薦朱雲爲御史大夫之非,見《雲傳》。

《傳》曰:審好惡,理情性,而王道畢矣。(六下)

樹達按:《韓詩外傳》卷二云:"原天命,治心術,理好惡,適情性,而治道畢矣。”又見《淮南子·詮言》篇、《文子·符言》篇。《淮南》、《文子》畢作通。

能盡其性,然後能盡人物之性;能盡人物之性,可以贊天地之化。(六下)

樹達按:《禮記·中庸》篇云:唯天下至誠爲能盡其性,能盡其性,則能盡人之性,能盡人之性,則能盡物之性,能盡物之性,則可以贊天地之化育,可以贊天地之化育,則可以與天地參矣。

必審己之所當戒而齊之以義。(六下)

樹達按:齊讀爲劑,和也。

福之興莫不本乎室家,之道衰莫不始乎梱内。(七下)

錢大昭曰:之道二字當乙。先謙曰:官本作道之衰。

樹達按:李慈銘云:之道南監本作道之。

由是爲光禄勳,御史大夫。(七下)

樹達按:衡爲光禄勳,舉王駿有專對才,見《王吉傳》。舉孔光方正,見《光傳》。

代韋玄成爲丞相。(七下)

樹達按:時衡議郅支王首宜勿懸,甘延壽、陳湯不可封,以盗收康居財物奏免湯,并見《湯傳》。言郡國廟不可復,見《韋玄成傳》。

《傳》曰:君子慎始。(九上)

樹達按:《大戴禮記·保傅》篇云:《易》曰:正其本,萬物理,失之毫釐,差之千里,故君子慎始也。

上敬納其言。(九上)

樹達按:衡戒成帝留神動静之節,而《成帝紀贊》云:“成帝善修容儀,臨朝淵嘿,尊嚴若神。”帝納衡言,信而有徵矣。

今司隸校尉尊妄詆欺加非於君。（九下）

樹達按：羅振玉排印敦煌殘卷子本《漢書》非下有法字。

方下有司問狀。（九下）

師古曰：問司隸。

樹達按：《王尊傳》明云下御史丞問狀，顔説謬。

越騎官屬與昌弟且謀篡昌。（十上）

樹達按：殘卷且作日。

南以閩佰爲界。（十上）

樹達按：佰殘卷皆作伯。

初元元年，郡圖誤以閩佰爲平陵陌，積十餘歲，衡封。（十上）

蘇林曰：平陵陌在閩陌南。積十餘歲，衡乃始封此鄉。

樹達按：殘卷本蘇注在下"臨淮郡"三字下，曰字下有"平陵閩，僮縣千佰名也"九字，南字誤作而，鄉下有也字。下又有"晉灼曰：舉郡而言耳，自封縣也"十二字。據此，殘卷本以"衡封臨淮郡"五字屬讀，而小顔則改於封字爲句也。

顧當得不耳，何至上書？（十下）

樹達按：何至猶今言何必也。《史記·司馬相如傳》云："從昆弟假貸，猶足爲生，何至自苦如此！"《漢書》同。又《汲黯傳》云："且匈奴畔其主而降漢，漢徐以縣次傳之，何至令天下騷動，罷弊中國而以事夷狄之人乎！"《漢書》略同。句例皆同。《韓非子·外儲説右下》篇云："今身不至勞苦，而輩以上者，有術以致人之故也。"《春秋繁露·王道》篇云："《春秋》紀纖芥之失，反之王道，追古貴信結言而已，不至用牲盟而後成約。"《鹽鐵論·憂邊》篇云："夫治亂之端，在於本末而已,不至勞其心而道可得也。"諸言不至,皆猶今言不必也。

案故圖,樂安鄉南以平陵陌爲界,不足故而以閩佰爲界,解何?(十下)

師古曰:不足故者,不依故圖而滿足也。解何者,以分解此時意,猶今言分疏也。先謙曰:詰問郡不依故圖而以此爲解,是何意也?本書何字爲句,如《周亞夫傳》:"君侯欲反,何?"《伍被傳》:"公獨以爲無福,何?"《汲黯傳》:"不早言之,何?"皆其例也,顏説非。

樹達按:不足故敦煌殘卷本作不從故。又按:顏以"解何"二字連讀,是也。《外戚傳》:"太后獨有帝,今哭而不悲,君知其解未?陳平曰:何解?"解何猶言何解也。解猶今言理由,顏以分疏爲説,王以何一字爲句,并非是。

衡遣使之僮收取所還田租穀千餘石入衡家。(十下)

樹達按:殘卷本作九千餘石。

司隸校尉駿,少府忠行廷尉事,劾奏。(十下)

樹達按:駿,王駿也。

《春秋》之義,諸侯不得專地。(十一上)

樹達按:義見桓公元年《公羊傳》。衡丞相封侯,故以春秋時諸侯擬之。

衡位三公,輔國政,領計簿。(十一上)

樹達按:殘卷本作統領計簿。

張禹字子文。(十一上)

樹達按:殘卷本作字文子。

徙家蓮白。(十一上)

錢大昭曰:白擸作勺。先謙曰:官本作勺。

樹達按:殘卷本景祐本并作勺。

從沛郡施讎受《易》。(十一下)

樹達按:《儒林傳》:禹先事梁丘賀,由賀介之於讎。

奏寢,罷歸故官。(十一下)

樹達按:匡衡以宣帝不用儒遣歸,此亦同也。

薦言禹善《論語》。(十一下)

宋祁曰:善字下疑有説字。

樹達按:薦言殘卷本作爲言,善下有説字。

是時,帝舅陽平侯王鳳爲大將軍,輔政,專權。(十一下)

樹達按:殘卷本作帝長舅。《史丹傳》云:太子長舅陽平侯爲衛尉,亦云長舅。

而上富於春秋,謙讓,方鄉經學,敬重師傅。(十一下)

樹達按:《叙傳》云:時上方鄉學,鄭寬中張禹朝夕入説《尚書》、《論語》於金華殿中,即此。蓋成帝即位後,仍繼修太子時所習之業也。

禹成就弟子尤著者,淮陽彭宣至大司空。(十二上)

樹達按:《宣傳》及《儒林傳》,宣受禹《易學》。

沛郡戴崇,至少府。(十二上)

樹達按:崇字子平,受《易》於禹,見《儒林傳》。少府者,長樂少府,崇嘗薦王莽,并見《莽傳》。

宣未嘗得至後堂。(十二下)

樹達按:《宣傳》,禹薦宣經明有威重,可任政事,則禹之於宣,固有厚之者在也。

好平陵肥牛亭部處地。(十二下)

師古曰:肥牛,亭名,欲以置亭處之地爲冢塋。

樹達按:如顔注,則原文部字爲虚設,其説非也。今按:此句亭部二字當連讀。《説文》十三篇下“土部”云:“埍,徒隸所居也,一曰女牢,一曰亭部。”《後書·靈帝紀》云:“使侍御史行詔獄亭部,理寃枉,原輕繫,休囚徒。”蓋亭有繫囚之所,名曰亭部。注當云“欲得亭部所處之地爲冢塋”,乃合。下文但言徙亭者,乃略文。蓋亭部隸屬於亭,亭徙則亭部亦隨之而徙耳。顔注未晰。又按殘卷本無顔注,有“文穎曰肥牛地名也”八字。

禹每病,輒以起居聞。(十三下)

樹達按:病殘卷本作疾。

上親拜禹牀下,禹頓首謝恩,歸誠。(十三上)

宋祁曰:恩字下當有因字。王念孫曰:宋説是也。因歸誠三字下屬爲義,若無因字,則語意不完。此以恩因二字相似,故寫者脱去因字耳。《通典·禮》二十七有因字。

樹達按:殘卷本有因字。

拜爲黄門郎,給事中。(十三上)

樹達按:《後書·楊賜傳》云:賜仰天歎曰:吾每讀《張禹傳》,未嘗不憤恚歎息。不能竭忠盡情,極言其要,而反留意少子,迄還女壻。朱游欲得尚方斬馬劍以理之,固其宜也。

禹雖家居,以特進爲天子師。(十三上)

樹達按:以特進殘卷作以特進侯。

國家每有大政,必與定議。(十三上)

師古曰:與讀曰豫。

樹達按:與當如字讀。據《朱博傳》,成帝建三公官,問禹,禹以爲然，乃定。是其事也。

永始元延之間。（十三上）

樹達按：殘卷本無之字。

上懼變異數見，意頗然之，未有以明見。（十三上）

宋祁曰：未字上當有而字。

樹達按：殘卷本有而字。

春秋二百四十二年間，日蝕三十餘，地震五十六。（十三下）

樹達按：殘卷本四十作卌，三十作卅。

上雅信愛禹，由此不疑王氏。（十三下）

樹達按：杜業上書，謂安昌侯張禹姦人之雄，此類是也。

禹見時有變異，若上體不安，擇日絜齋，露蓍。（十三下）

先謙曰：若，及也。

樹達按：若當訓或，王訓及，非。擇日殘卷本作常擇日。

如有不吉，禹爲感動憂色。（十四上）

宋祁曰：感動字下疑有有字。

樹達按：殘卷本作有憂色。

始魯扶卿及夏侯勝、王陽、蕭望之、韋玄成皆說《論語》，篇第或異。（十四上）

樹達按：《論衡·正說》篇云："武帝發取壁中古文，得二十一篇，齊魯河間九篇，三十篇。至昭帝始讀二十一篇，今時稱《論語》二十篇，又失齊魯河間九篇。本三十篇，分布亡失，或二十一篇，目或多或少，文讚或是或誤。"又按：《夏侯勝傳》：勝受詔撰《論語說》。

欲爲《論》，念張文。（十四上）

周壽昌曰:念,背誦也,今猶云讀書爲念書。

樹達按:念假爲唸。《説文》二篇上"口部"云"唸,吚也",引《詩》"民之方唸吚"。又吚下云:"唸吚,呻也。"唸吚今《詩》作殿屎。《毛傳》云:"殿屎,呻吟也。"今長沙謂新授書爲點書,點疑即唸字。段注云:"郭音坫。"按今云唸書,亦從呻吟義來,非謂背誦也。周説非。論文,古痕部韻。

孔子生伯魚鯉。(十四下)

師古曰:名鯉,字伯魚,先言其字者,孔氏自爲譜牒,示尊其先也。

樹達按:名字連舉,必先字後名,此古書通例。文公十一年《左傳》云:"彨班御皇父充石。"《陳湯傳》云:"楚有子玉得臣。"并其例也。顔説非其實。

上欲致霸相位,自御史大夫貢禹卒及薛廣德免,輒欲拜霸。霸讓位自陳至三,上深知其至誠,迺弗用。(十五上)

宋祁曰:三字下當有日字。

樹達按:殘卷本有日字。

長子福嗣關内侯。(十五上)

宋祁曰:監、浙二本皆云嗣爵。

樹達按:殘卷本作嗣爵。

徙光禄勳,爲御史大夫。(十六上)

樹達按:上文云,爲光禄勳,此徙光禄勳則謂從光禄勳徙也。光爲御史大夫,舉師丹,見《丹傳》。

左遷廷尉。(十六下)

樹達按:時光使持節賜許廢后藥自殺,見《成紀》及《外戚傳》。

是歲，右將軍褒後將軍博坐定陵紅陽侯，皆免爲庶人。（十七上）

師古曰：廉褒、朱博坐與淳于長、王立交厚也。

樹達按：《博傳》，博坐立黨友免，則褒坐長免也。此傳合言之。

即其夜於大行前拜受丞相博山侯印綬。（十七上）

樹達按：光爲丞相，與何武奏定樂人數，見《禮樂志》。請議毀宗廟，見《韋玄成傳》。薛況使人傷申咸事，是御史中丞之奏，見《薛宣傳》。不允劉歆立《左氏》之請，見《儒林傳》。以卓茂爲長史，稱茂爲長者，見《後書·茂傳》。

羣下多順指言：母以子貴。（十八上）

樹達按：母以子貴，見隱公元年《公羊傳》。

由是傅氏在位者與朱博爲表裏，共毁譖光。（十八上）

樹達按：《博傳》：博言：光志在自守，不能憂國。

歲之朝曰三朝。（十九上）

師古曰：歲之朝，月之朝，日之朝，謂之三朝。

樹達按：三朝説詳《鮑宣傳》三始下。

拜爲光禄大夫。（二十上）

樹達按：時光議丞相王嘉迷國不道，見嘉及兩龔傳。

歆以舉故爲東平太守。（二十下）

宋祁曰：舉字上當有光字。

樹達按：此追述前事，與光薦無涉，宋説非。

二月，爲丞相。（二十下）

樹達按：《王嘉傳》：成帝感嘉言，復相光也。

光更爲大司徒。（二十下）

樹達按：時董賢過光，光拜謁送迎，哀帝喜，遂拜光兩兄子爲諫大夫，見《賢傳》。

會哀帝崩，太皇太后以新都侯王莽爲大司馬。（二十下）

樹達按：哀帝崩時，太后詔公卿舉可大司馬者，光舉莽，見《莽傳》。又哀帝崩時，光劾奏張由史立，見《外戚傳》。

所欲搏擊，輒爲草，以太后指風光，令上之。（二十一上）

樹達按：《莽傳》云："爲請奏，令光女壻甄邯持與光。光素畏慎，不敢不上之。"又按：何武、公孫禄、毋將隆、丁、傅、董賢等之免，王立之就國，皆依此法爲之。

明年，徙爲太師。（二十一上）

樹達按：時光與莽議復長安南北郊，又與莽議定地祇名及五帝兆居，并見《郊祀志》。

其令太師毋朝，十日一賜餐。（二十一下）

先謙曰：官本毋作每，是。

樹達按：每朝十日一賜餐，文義不屬。此以前詔光朝朔望，此則令其朔望亦免朝也。景祐本作毋，與此本同，清官本誤。

徵爲詹事，光禄勳，右將軍。（二十三上）

樹達按：宫爲光禄勳，議劾王嘉迷國罔上，見《嘉傳》。

代孔光爲大司徒。（二十三上）

樹達按：時宫與莽議定地祇名及五帝兆居，見《郊祀志》。優士薦陳遵，見《遊俠傳》。辟胡剛，見《後書·胡廣傳》。北宋本《後漢書》作大司徒馬宫辟之，毛本徒誤作農。

本姓馬矢，宫仕學，稱馬氏云。（二十三下）

何焯曰：宫與平晏事莽，尤儒之賤者，著此以别於他馬。沈欽韓曰:矢疑適之轉變。漢有執金吾馬適建,無緣取馬糞爲姓。

樹達按:宫正以馬糞爲嫌,故改稱馬氏耳。沈説殊爲憒憒。《京房傳》云:“房本姓李,推律,自定爲京氏。”自易姓氏,史家記述,事所恒見,何説求之過深,殆非班旨。

王商史丹傅喜傳第五十二(漢書八十二)

《王商史丹傅喜傳》第五十二。(一上)

樹達按:三人皆外戚中之賢者,故不入《外戚傳》而特傳之。

王商字子威,涿郡蠡吾人也。(一上)

樹達按:張熷云:案《外戚傳》,宣帝求得外祖母王媪,媪言:“家本涿郡蠡吾平鄉,嫁爲廣望王迺始婦,産子男無故、武。”商爲武子,乃廣望人,非蠡吾也。

元帝時,至右將軍,光禄大夫。(一上)

樹達按:《賈捐之傳》云:上使侍中駙馬都尉樂昌侯王商詰問捐之。是商於元帝時嘗爲駙馬都尉,本傳未及。商爲右將軍時,議甘泉河東祠宜如禮徙就正陽大陰處,見《郊祀志》。議郅支單于首宜縣,見《陳湯傳》。

長安中大亂。(一下)

先謙曰:官本長安上有正文“老弱號呼”四字,注文“師古曰呼音火故反”八字,此本脱。

樹達按:景祐本有正文四字及注文八字。

從外制中,取必於上。(二下)

樹達按:外謂外朝,中謂中朝。商爲丞相,在外朝,故云從外制中也。

遣票輕吏微求人罪。(二下)

師古曰:微謂私求之也。

樹達按:微當讀爲覹。《説文》八篇下"見部"云:"覹,司也。從见,微聲。"按司與伺同。

故應是而日蝕。(三上)

樹達按:宣公十五年《公羊傳》云:上變古易常,應是而有天災。

《易》曰:日中見昧,則折其右肱。(三上)

宋祁曰:《易》作見沬,王弼云:沬,微昧之明也。王觀國云:昧與沬義同。蘇輿曰:《王莽傳》引亦作昧,不作沬。《易》釋文云:鄭作昧,與此合。服虔説《易》昧義云:日中而昏也。案此引以證日蝕,《莽傳》引以指日中黑氣,知服説是。西漢舊義《子夏傳》以爲星之小者,《字林》以爲斗杓後星,皆爲異訓。今《易》無則字,王觀國《學林》九引此傳亦無,疑衍文。

樹達按:《五行志》下之下劉歆引字亦作昧,無則字。

卒無怵惕憂。(三下)

師古曰:惕,古惕字。

樹達按:《説文》十篇下"心部"云:惕,敬也。或作惕。

宜窮意考問。(三下)

錢大昭曰:意當作竟。南監本、閩本不誤。先謙曰:官本作竟。

樹達按:景祐本作竟。

且失道之至,親戚畔之。(三下)

樹達按:《孟子·公孫丑下》篇云:失道者寡助,寡助之至,親戚畔之。

高侍中,貴幸,以發舉反者大司馬禹功封樂陵侯。(五上)

樹達按:宣帝問《穀梁春秋》事於高,見《儒林傳》。黄霸薦高可太尉,見《循吏傳》。

建昭之間。(五上)

宋祁曰:間考作後,越本作後。

樹達按:景祐本作後,是也。凡二元號之間乃言間。《張禹傳》云:永始、元延之間,是也。此單言建昭,不得云間明矣。

隤銅丸以擿鼓。(五下)

樹達按:《説文》十四篇下"𨸏部"云:隤,下墜也。

丹進曰:凡所謂材者,敏而好學,温故知新。(五下)

樹達按:《論語·公冶長》篇云:子貢問曰:孔文子何以謂之文也?子曰:敏而好學,不恥下問,是以謂之文也。又《爲政》篇云:子曰:温故而知新,可以爲師矣。

上以責謂丹。(五下)

師古曰:謂者,告語也。

樹達按:謂疑誚字形近之誤,顔强説之。

臣誠見陛下哀痛中山王,至以感損。(六上)

樹達按:感當作減。

後徙左將軍、光禄大夫。(六下)

樹達按:丹爲左將軍,舉班斿賢良方正,見《叙傳》。

以喜爲衛尉。(七下)

樹達按:時哀帝遣喜問李尋以災異,見《尋傳》。

明年正月,迺徙師丹爲大司空,而拜喜爲大司馬,封高武

侯。(八上)

樹達按:《百官表》,綏和二年十月,丹爲大司空。建平元年四月,喜爲大司馬。此因喜而及丹,連言不復分别。惟正月與四月不合,必有一誤。又按:喜爲大司馬時,救孫寶,見《寶傳》。薦鄭崇,見《崇傳》。

君輔政出入三年。(八下)

蘇輿曰:漢世君字上下通稱,此君稱臣也。《王章傳》章女云:我君素剛,先死者必君,此子稱父也。

樹達按:此是相對爲稱,與《王章傳》不同,不宜并論。

後又欲奪喜侯,上亦不聽。(八下)

樹達按:詳《朱博傳》。

薛宣朱博傳第五十三(漢書八十三)

故使掾平鐫令。(三上)

晉灼曰:王常爲光武鐫説其將帥。

樹達按:晉説本《東觀記》,范書作曉説其將帥。

君子之道,焉可憮也。(三下)

先謙曰:官本考證引蕭該曰:《學林》云:此傳直用憮字以當誣字耳。憮有空之義,可借與誣字通用。

樹達按:錢泰吉云:此語今見王氏《學林》中。王氏爲宋南渡以後人,蕭博士曠代遥遥,不相及也。

其以府決曹掾書立之柩以顯其魂。(四上)

樹達按：此謂書明旌也。《儀禮・士喪禮》云："爲銘各以其物，書銘于末，曰：某氏某之柩。"《禮記・檀弓下》篇云："銘，明旌也，以死者爲不可别已，故以其旗識之。"

宣考績功課，簡在兩府。（五上）

師古曰：簡，大也，一曰：明也。

樹達按：《説文》五篇上"竹部"云：簡，牒也。此與《論語・堯曰》篇"簡在帝心"文同而義異。

是用越職陳宣行能，唯陛下留神考察。（五下）

樹達按：據《王吉傳》，永此奏推宣，所以抑王駿也。

數月，代張禹爲丞相，封高陽侯，食邑千户。（五下）

樹達按：宣爲相，奏劾張放，見《張安世傳》。請朱雲居東閣，見《雲傳》。請遣掾史與司隸校尉部刺史并力逐捕逃亡，見《翟方進傳》。直何武，見《武傳》。

宣經術又淺。（六上）

樹達按：《翟方進傳》云：宣本不師受經術。

有司法君領職解嫚。（六下）

師古曰：法謂據法以劾。

樹達按：法可訓劾，不必言據法，説詳《百官公卿表》諸吏得舉法條下。

宣知方進名儒，有宰相器，深結厚焉。（六下）

樹達按：互詳《方進傳》。

位次師安昌侯。（六下）

樹達按：朱一新云：張禹爲帝師，故稱師安昌侯。

修歷郡守，京兆尹，少府。（六下）

樹達按：修爲京兆尹，爲丞相司直郭欽奏免，見《鮑宣傳》。修爲王嘉所薦，見《嘉傳》。

欲令創咸面目，使不居位。（七上）

樹達按：《漢官儀》載博士祭酒舉狀，《通典》二十七引後漢督郵狀文，并有"身無金痍錮疾"之語。《後書·張酺傳》載郡吏王青以身有金夷，不被舉。知面目被創不能居位，乃漢制如此。

與謀者同罪。（七下）

樹達按：與讀曰豫。

春秋之義，原心定罪。（八下）

樹達按：《春秋繁露·精華》篇云："《春秋》之聽獄也，必本其事而原其志。志邪者不待成，首惡者罪特重，本直者其論輕。是故逢丑父當斮，而轅濤塗不宜執，魯季子追慶父，而吴季子釋闔廬，此四者罪同異論，其本殊也。"《御覽》六百四十引《董仲舒斷獄》云："甲父乙與丙争言相鬬，丙以佩刀刺乙，甲即以杖擊丙，誤傷乙，甲當何論？或曰：毆父也，當梟首。論曰：臣愚以父子至親也，聞其鬥，莫不有怵惕之心。挾杖而救之，非所以欲毆父也。《春秋》之義，許止父病，進藥於其父而卒，君子原心，赦而不誅。甲非《律》所謂毆父，不當坐。"《鹽鐵論·刑德》篇云："《春秋》之治獄，論心定罪。志善而違於法者免，志惡而合於法者誅。"

初，宣後封爲侯時妻死。（九上）

樹達按：後當爲復。上文云"復爵高陽侯"，是其事也。

且嫂何與取妹披抉其閨門而殺之？（九下）

樹達按：《爾雅·釋親》云：夫之女弟爲女妹。

朱博字子元，杜陵人也。（九下）

樹達按:《翟方進傳》:博爲京師世家。

好客少年,捕博敢行。(九下)

師古曰:好賓客及少年,而追捕擊搏無所避也。錢大昕曰:捕博當爲蒲博之誤。師古解爲追捕擊搏,非也。

樹達按:好客少年謂好結納少年以爲賓客,顏云好賓客及少年,非也。蒲博敢行意不貫,顏説是也。

博出獄,又變姓名爲咸驗,治數百。(十上)

樹達按:驗謂證驗。《王嘉傳》云:"證驗擊治,或死獄中。"是其證也。

大將軍王鳳秉政,奏請陳咸爲長史。(十上)

樹達按:以咸前指言石顯,有忠直節,故補咸長史,見《咸傳》。

徙雲陽平陵三縣。(十上)

樹達按:三當作二,景祐本亦誤。

博奮髯抵几曰。(十一上)

師古曰:抵,擊也,音紙。

樹達按:《説文》十二篇上"手部"云:"抵,擠也。從手,氐聲。"丁禮切。又云:"扺,側擊也。從手,氏聲。"諸氏切。據文義,字當作扺,不作抵。

官屬多褒衣大袑。(十一上)

樹達按:《説文》八篇上"衣部"云:袑,絝上也。

以爲縣自有長吏,府未嘗與也。丞掾謂府當與之邪?(十一下)

樹達按:李慈銘云:嘗疑爲當之誤,與下句當與二字相應。

久之,遷後將軍。(十三下)

樹達按:時王莽以私買侍婢奉博,見《莽傳》。

有司奏立黨友,博坐免。(十三下)

樹達按:此翟方進所奏也,見《方進傳》。

後歲餘,哀帝即位,以博名臣,召見,起家復爲光禄大夫。(十三下)

樹達按:哀帝初即位,杜業嘗薦博,見《業傳》。據《孔光傳》,博爲後將軍時,與議立嗣,博主立定陶王。博之召見超遷,蓋出於哀帝報德之意耳。

《春秋》之義,用貴治賤。(十五下)

樹達按:語見昭公四年《穀梁傳》。

以博代光爲丞相。(十五下)

樹達按:時博奏劾王莽,見《莽傳》。

博受詔與御史大夫趙玄議。(十六上)

樹達按:玄爲鄭寬中弟子,見《儒林·張山拊傳》。

龔勝等十四人以爲:《春秋》之義,姦以事君,常刑不舍。(十六下)

樹達按:姦以事君語見襄公二十六年《左傳》。又文公十八年《左傳》云:"主藏之名,賴姦之用,爲大凶德,有常無赦,在九刑不忘。"此文蓋渾括其義用之。下文叔孫僑如云云,亦本《左傳》。尋《劉歆傳》,歆欲立古文《左氏春秋》等,移書太常博士責讓,其言甚切,諸儒皆怨恨,龔勝以歆移書,上疏深自罪責,願乞骸骨罷,是勝非喜《左氏傳》者。此文乃一再稱引,與彼文乖異,疑此乃《毋將隆傳》所謂連名奏事,勝雖具名而文不必出自勝也。

魯大夫叔孫僑如欲顓公室,譖其族兄季孫行父於晉,晉

執囚行父以亂魯國,《春秋》重而書之。(十六下)

樹達按:晏與喜爲兄弟,故以僑如行父事爲比。

翟方進傳第五十四(漢書八十四)

欲西至京師受經,母憐其幼,随之長安,織屨以給。方進讀經博士,受《春秋》。(一上)

先謙曰:讀字斷句,經猶歷也。

樹達按:以給當爲句。讀經博士,讀經於博士也,王讀非。

以射策甲科爲郎。(一下)

樹達按:時方進與何武爲友,見《武傳》。

遷議郎。(一下)

樹達按:時方進議甘泉泰畤河東后土祠宜徙正陽大陰處,見《郊祀志》下。

是時宿儒有清河胡常,與方進同經。(一下)

蘇輿曰:同習經也。《京房傳》亦云:五鹿充宗與房同經。

樹達按:《儒林傳》:常受《書》於庸生,於《春秋》則明《穀梁》,兼傳《左氏》,與方進受《穀梁》兼習《左氏》者正同。五鹿充宗與京房同經,亦謂同治《易》也。

常爲先進。(一下)

樹達按:《儒林傳》:常受《左氏》於尹更始,方進亦從更始受《穀梁》,似爲同門。然常受《穀梁》於瑕丘江公之孫江博士,爲江公三傳弟子。方進受《穀梁》於更始,爲江公四傳弟子。二人皆以《穀梁》爲本經，故常爲先進也。

所察應條輒舉。（一下）

蘇輿曰：應條謂應科條，吏有無狀如科條所禁者，察出輒舉奏也。下云：上以方進所舉應科，義同。

樹達按：條謂詔條，所謂六條者也。《鮑宣傳》云：所察過詔條，是其證矣。《薛宣傳》云：部刺史不循守條職，亦指詔條言。

《春秋》之義，王人微者序乎諸侯之上，尊王命也。（二下）

樹達按：僖公八年《公羊傳》云："王人者，何？微者也。曷爲序乎諸侯之上？先生命也。"《穀梁傳》云："王人之先諸侯，何也？貴王命也。"

今丞相宣請遣掾史，以宰士督察天子奉使命大夫，甚誖逆順之理。（二下）

師古曰：謂丞相掾史爲宰士者，言其宰相之屬官而位爲士也。奉使命大夫，謂司隸也。

樹達按：天子奉使命大夫，謂天子所使命之大夫也。文用奉字，似於文義未安，然古人有此用法，不能以後世文例繩之。

而宣欲專權作威，迺害於迺國，不可之大者。（三上）

師古曰：《周書·洪範》云："臣之有作福作威，迺凶於迺國，害於厥躬。"故引之。

樹達按：張文虎云：廣本注作乃凶于而國。案今經作其害于而家，凶于而國，自石經以及流傳舊本，又《漢書》它傳屢引此文，無有如顏氏此注者。

貴戚近臣子弟賓客多辜榷爲姦利者。（四上）

宋祁曰：《學林》云：辜榷者，乃阻障而獨阻其利。

樹達按:錢泰吉云:《學林》語今見王氏觀國《學林》中。王氏爲宋南渡以後人,宋景文豈得引之!蓋宋氏校語爲南宋人附益不少。景文卒於嘉祐六年,而校語中往往稱熙寧監本,世人多不及辨正而録之。

遷御史大夫。(四下)

樹達按:時與薛宣奏劾張放,見《張安世傳》。

會丞相薛宣坐廣漢盜賊羣起,及太皇太后喪時三輔吏并徵發爲姦,免爲庶人,方進亦坐爲京兆尹時奉喪事煩擾百姓,左遷執金吾。(四下)

樹達按:《平帝紀》云:"遣諫議大夫行三輔,舉籍吏民,以元壽二年倉卒時横賦斂者償其直。"元壽二年謂哀帝崩時也。然則宣、方進雖坐是受懲,後竟成惡習不改也。

遂擢方進爲丞相,封高陵侯,食邑千户。(四下)

樹達按:時方進又劾張放,見《張安世傳》。重馮參而戒之,見《馮奉世傳》。議立嗣主立定陶王,議淳于長妻迺始等當論罪,并見《孔光傳》。奏請改刺史爲州牧,見《朱博傳》。舉師丹,見《丹傳》。

如陳咸、朱博、蕭育、逢信、孫閎之屬。(五上)

樹達按:孫閎《杜業傳》作孫宏。

後方進爲京兆尹,咸從南陽太守入爲少府,與方進厚善。先是逢信已從高弟郡守歷京兆太僕爲衛尉矣,官簿皆在方進之右。及御史大夫缺,三人皆名卿,俱在選中,而方進得之。(五上)

樹達按:方進時令師丹奏咸爲姦利以沮咸,故方進得之,見《杜欽傳》杜業上書。

咸詰責方進，冀得其處，方進心恨。（五下）

樹達按：其處謂御史大夫。

初，大將軍鳳奏除陳湯爲中郎，與從事。（五下）

樹達按：《湯傳》云：莫府事壹決於湯。

而官媚邪臣。（六上）

樹達按：朱一新云：官猶公也。

臣請免以示天下。（六上）

樹達按：《咸傳》亦載此奏，文不同，當互參。

案後將軍朱博，鉅鹿太守孫閎，故光禄大夫陳咸，與立交通厚善，相與爲腹心，有背公死黨之信。（六下）

樹達按：據《杜業傳》，閎不與立相愛，乃方進以私怨排之，詳具彼傳。

咸既廢錮，復徙故郡，以憂發疾而死。（七上）

宋祁曰：監本、楊本云以憂發疾而死，别本、越本云以憂死。錢大昭曰：閩本無發疾而三字。

樹達按：景祐本作以憂死。《咸傳》亦云：以憂死。

其左氏則國師劉歆，星歷則長安令田終術師也。（七下）

樹達按：國師劉歆，本當云國師劉歆師，因下師字省。終術又見《王莽傳》，助莽居攝者也。

欲當大位爲具臣以全身，難矣。（八下）

樹達按：《論語・先進》篇云：今由與求也，可謂具臣矣。

使議者以爲不便。（九上）

錢大昭曰:使南監本、閩本作後。先謙曰:官本使作後。

樹達按:景祐本作後,是也。使乃誤字。

賜乘輿祕器,少府供張,柱檻皆衣素,天子親臨弔者數至,禮賜異於它相故事。(九下)

樹達按:成帝爲此,杜業嘗論其非,見《業傳》。又按至字上下屬皆不可通,當是焉字之誤。《外戚傳》云:幾死者數焉。

欲令都尉自送,則如勿收邪?(十上)

王念孫曰:如猶將也。言猶欲令都尉自送,則將勿收邪。古者如與將同義,説見《釋詞》。

樹達按:《釋詞》如有當義,此如字當訓當,不訓將。

故擇宗室幼稚者以爲孺子。(十下)

樹達按:故與見知故縱之故字同,猶今言故意也。

設令時命不成,死國埋名,猶可以不慙於先帝。(十下)

師古曰:埋名謂身埋而名立。蘇輿曰:埋名即以身殉名之意。爲國而死,爲名而埋也。

樹達按:焦循《易餘籥録》卷八云:埋名謂汙以惡名也。事成則忠義之名明於天下,事不成而身死,則莽必加以惡名,故曰埋名也。《淮南・俶真訓》:塵垢薶山林。高誘注云:薶,汙也。薶即埋字。樹達按:顔、蘇二説并非是。焦説近之,然訓薶爲汙,則義仍隔。余謂:薶名謂埋没其忠義之名耳。

移檄郡國,言:莽鴆殺孝平皇帝,矯攝尊號。今天子已立,共行天罰。(十一上)

樹達按:義未發時,高康門人上書言:候知東郡有兵。及發,莽誅康。見《儒林傳》。

中郎將震羌侯竇兄爲奮威將軍。（十一下）

師古曰：兄讀曰況。

樹達按：《王莽傳》有護羌校尉竇況，殆即一人。班書多書況作兄，蓋避班況諱改。亦有書作況者，蓋後人所改也。

大誥道諸侯王三公列侯于汝卿大夫元士御事。（十二上）

樹達按：于，與也。見《經傳釋詞》。

予惟以汝于伐東郡嚴鄉捕播臣。（十三下）

樹達按：于，往也。

信父故東平王雲，不孝不謹，親毒殺其父思王，名曰鉅鼠。（十七下）

師古曰：鉅，大也，莽誣雲呼其父曰鉅鼠也。

樹達按：此謂東平王雲有鉅鼠之號耳。莽雖誣謗，亦當取信於人，以子而名父曰鼠，人豈肯信之乎！

諸將東破陳留菑。（十七上）

錢大昭曰：破字誤，南監本、閩本作至。

樹達按：景祐本作至。

兄宣静言令色，外巧内嫉。（十七下）

樹達按：此用《論語》巧言令色語，因下句有外巧字，變巧爲静，乃避複變文之例。静言本《尚書》。

捕得義，尸磔陳都市。（十八下）

樹達按：王翁與義起兵，義敗，餘衆悉降，惟翁力戰，莽燔燒之，見《後書·張酺傳》。又義死後，百姓思漢，多言義不死，故王郎詐稱之，見《郎傳》。

卒不得信。（十八下）

樹達按:天鳳三年,王孫慶捕得,莽使人刳剥之,見《莽傳》中。

夷滅三族,誅及種嗣。(十九下)

樹達按:翟宣女習被捕殺,見《後書·城陽恭王祉傳》。

初,汝南舊有鴻隙大陂,郡以爲饒。(二十上)

樹達按:《説文》十四篇下"𨸏部"云:陂,一曰池也。

方進爲相,與御史大夫孔光共遣掾行事。(二十下)

錢大昭曰:事當作視,南監本、閩本不誤。先謙曰:官本作視。

樹達按:景祐本作視。

童謡曰:壞陂誰?翟子威,飯我豆食羹芋魁。反乎覆,陂當復。(二十下)

樹達按:此陂光武時爲汝南太守鄧晨修復,見《後書·晨傳》及《方術·許楊傳》。彼文引歌云:"飴我大豆,亨我芋魁。"陂名作鴻郤,郤隙古通用。

谷永杜鄴傳第五十五(漢書八十五)

《谷永杜鄴傳》第五十五。(一上)

樹達按:二人皆有文學,同附王氏,故合傳。

欲末殺災異,滿讕誣天。(五上)

樹達按:《説文》十一篇上"水部"云:濊,拭滅皃。徐音莫達切。又云:㳷,濊㳷也。讀若茮椒之椒。此末殺本字。

諸侯大者迺食數縣。(五下)

樹達按:迺,裁也,僅也。説詳《項籍傳》。

三者無毛髮之辜，不可歸咎諸舅，此欲以政事過差丞相父子中尚書宦官，檻塞大異，皆瞽説欺天者也。（五下）

朱一新曰：此當爲比。

樹達按：李慈銘云：此字疑當爲及字之誤，玩下文皆字可見。按：李説是也。

陛下誠深察愚臣之言，致懼天地之異，長思宗廟之計，改往反過，抗湛溺之意，解偏駁之愛。（六下）

師古曰：抗，舉也。

樹達按：抗當訓拒，訓舉不合。

由是擢爲光禄大夫。（七下）

樹達按：時永諫止受匈奴使伊邪莫演之降，見《匈奴傳》。又按永嘗再爲光禄大夫，其第二次在永始三年，由太中大夫遷。據匈奴傳敍其事於河平元年，則其奏當在此時也。

不聽浸潤之譖，不食膚受之愬。（七下）

師古曰：食猶受納也。

樹達按：《鹽鐵論·相刺》篇云：賢聖不能正不食諫諍之君，食字義同。

陽朔中，鳳薨。（八上）

樹達按：《段會宗傳》，陽朔中，會宗復爲都護，谷永閔其老復遠出，予書戒之，是此時事。

屬聞以特進領城門兵。（八下）

師古曰：屬，近也。音之欲反。蘇輿曰：屬猶頃也。《史丹傳》：臣竊戒屬毋涕泣。

樹達按：屬顔訓近，是也。《史丹傳》屬字與今囑字同，非此字義。

永數謝罪自陳,得轉爲長史。(八下)

樹達按:永嘗奏言薛宣應補御史大夫缺,見《宣傳》及《王駿傳》,其事在陽朔四年,當是永爲長史時事。

音猶不平,薦永爲護苑使者。(九下)

沈欽韓曰:典護牧苑在西北邊郡者。

樹達按:沈説是也。《後書·馬援傳》注引《續漢書》云:"過北地任氏畜牧,是時援爲護苑使者,故人賓客皆依援。"是其證也。

如使危亡之言輒上聞,則商周不易姓而迭興,三正不變改而更用。(九下)

王念孫曰:案變改更三字語意重疊,改當爲政,謂變其政而更用之也。變政與易姓對文,此因字形相似而誤。

樹達按:三正變政文義不可通,改字不誤。更用與迭興爲對文,乃更互之義,與變改義不同。王疑其重疊而欲改字,誤。

秦所以二世十六年而亡者。(十一上)

樹達按:梁玉繩云:秦凡十五年,永謂十六年,誤。

許班之貴,頃動前朝。(十一下)

樹達按:頃《叙傳》作傾,是也。

崇聚僄輕無義小人,以爲私客。(十二上)

樹達按:小人《五行志》作之人。

飲醉吏民之家。(十二上)

先謙曰:《通鑑》飲醉作醉飽。

樹達按:《五行志》作醉飽,《通鑑》用彼文。

以次貫行,固執無違。(十三上)

樹達按:《後書·東平王蒼傳》注引此作一以貫行。

明年,徵永爲太中大夫。(十四下)

樹達按:時永諫宣布梁王立淫亂事,見《文三王傳》。上疏訟陳湯,見《湯傳》。救劉輔,見《輔傳》。

絶命隕首,身膏草野。(十四下)

錢大昭曰:草野南監本、閩本并作野草。先謙曰:官本作野草。

樹達按:景祐本作野草。

爲立王者以統理之,方制海内,非爲天子。(十五上)

樹達按:方讀如旁,溥也。

涉三七之節紀。(十五上)

樹達按:《路温舒傳》,温舒從祖父受厤數天文,以爲漢厄三七之間,上封事以豫戒,知宣帝時已有此説。

勤三綱之嚴,修後宫之政。(十七上)

師古曰:三綱,君臣父子夫婦也。

樹達按:三綱之説,或以爲始見於《白虎通》,其實西漢時永已先言之矣。

《易》曰:屯其膏,小貞吉,大貞凶。(十七上)

孟康曰:膏者所以潤人肌膚,爵禄亦所以養人者也。小貞,臣也;大贞,君也。遭屯難飢荒,君當開倉廪振百姓,而反吝,則凶;臣吝嗇則吉。《論語》曰:出内之吝,謂之有司。

樹達按:下文云:"王者遭衰難之世,有飢饉之災,不損用而大自潤,故凶。"又云:"如此,宜損常税小自潤之時。"則永説《易》小大指潤言,孟康所云,非永意也。

大水泛濫郡國十五有餘。(十七下)

宋祁曰：十五姚本作五十。

樹達按：景祐本作五十。十五不得云有餘，作五十者是也。

前後所上四十餘事。（十八下）

樹達按：《論衡・效力》篇云："谷子雲、唐子高章奏百上，筆有餘力，極言不諱，文不折乏。"又按：《遊俠傳》云："長安號曰：谷子雲筆札。"又按：鄭寬中死，永疏請加禮賜謚，見《儒林傳》。説成帝無事鬼神，見《郊祀志》。

專攻上身與後宫而已。（十八下）

王念孫曰：攻字義不可通，攻當爲政，字之誤也。政與正同，諫也。言永所諫正者唯正上身與後宫而已，不言王氏專權之事也。《漢紀》正作正上身與後宫。

樹達按：《五行志》中下載永對問，是專攻後宫之事。又按：攻字後人多訓攻擊，故王氏謂義不可通，校改爲政，其説非也。《詩・小雅・鶴鳴》云：他山之石，可以攻玉。《毛傳》云：攻，錯也。《易・繫辭下》傳云：愛惡相攻。虞翻注云：攻，摩也。專攻上身與後宫，謂專摩切上身與後宫也。荀悦雖漢人，不通古義，故《漢紀》妄改攻爲政。王氏多嫻古訓，乃亦信而從之，何哉？

徵入爲大司農。（十八下）

樹達按：時永議淳于長當封，衆人咎永，見《王嘉傳》。

昔秦伯有千乘之國而不能容其母弟，《春秋》亦書而譏焉。（十九上）

師古曰：秦景公母弟公子鍼有寵於其父桓公，景公立，鍼懼而奔晉，事在昭元年。故經書秦伯之弟鍼出奔晉。《傳》曰：稱弟，罪秦伯也。

樹達按:《公羊傳》云:有千乘之國而不能容其母弟,故君子謂之出奔也。此鄴所本。顏以《左氏》説之,謬矣。

商爲大司馬衛將軍,除鄴主簿,以爲腹心,舉侍御史。(二十上)

樹達按:《郊祀志》載鄴説商復還長安南北郊,蓋鄴爲主簿或侍御史時事。

昔鄭伯隨姜氏之欲,終有叔段篡國之禍;周襄王内迫惠后之難,而遭居鄭之厄。(二十一上)

樹達按:二事皆本《左傳》。隱公元年《傳》云:"姜氏欲之,焉避害!"所謂隨姜氏之欲也。襄王出居於鄭,事在僖公二十五年。《儒林傳》言張敞修《左氏傳》,鄴爲敞外孫,從敞子吉學,故亦稱引《左氏》也。

由後視前,忿邑非之,逮身所行,不自鏡見,則以爲可,計之過者也。(二十二上)

樹達按:李慈銘云:此言視前事則忿恨而以爲非,及身行則不察而以爲可也。

臣聞野鷄著怪,高宗深動。(二十二上)

師古曰:謂雉升鼎耳,故懼而修德,解在《五行志》。

樹達按:漢諱吕后名,故謂雉爲野鷄。

鄴未拜,病卒(二十二下)

樹達按:《西京雜記》上云:杜子夏臨終,作文曰:魏郡杜鄴立志忠款,犬馬未陳,奄先草露。骨肉歸於后土,氣魂無所不之,何必故丘,然後即化。封於長安北郭,此焉宴息。及死,命刊石埋於墓側。

及谷永言王者買私田,彗星,隕石,牡飛之占,語在《五行

志》。（二十二下）

樹達按：買私田在貌傳服妖條，彗星星隕并在皇極傳星辰逆行條，牡飛占見言傳木沴金條，隕石《志》無永説，隕石疑是星隕二字之誤。

鄴子林，清静好古，亦有雅材。（二十二下）

樹達按：林後書有傳。

故世言小學者由杜公。（二十二下）

樹達按：《説文》引杜林説。

何武王嘉師丹傳第五十六（漢書八十六）

以射策甲科爲郎，與翟方進交志相友。（一下）

樹達按：據《方進傳》，方進亦以射策甲科爲郎也。

太僕王音舉武賢良方正。（一下）

樹達按：音，王鳳弟也，爲太僕在成帝河平三年，見《公卿表》。

武使從事廉得其罪。（二上）

師古曰：廉，察也。

樹達按：《説文》八篇下"見部"云："覝，察視也。從見，炏聲。讀若鐮。"音力鹽切。此爲本字。傳文作廉，音同通用。

入爲丞相司直。（三上）

樹達按：武爲丞相司直，上封事薦辛慶忌，見《慶忌傳》。

綏和三年。（三下）

朱一新曰：案《公卿表》，武爲御史大夫，乃綏和元年事。綏和止二年，此作三年，誤。别本均作元年。先謙曰：官本作元年。

樹達按：景祐本作元年。

成帝欲修辟雍，通三公官，即改御史大夫爲大司空。（三下）

師古曰：通，開也，謂更開置之。

樹達按：通字無義，字當作建，形近誤也。《朱博傳》云："何武爲九卿，建言宜建三公官。"字作建，是其證也。顔據誤文爲説，殊爲疏失。

武更爲大司空。（三下）

樹達按：武爲大司空，上書稱薦傅喜，見《喜傳》。除鮑宣爲西曹掾，薦宣爲諫大夫，見《宣傳》。舉何并能治劇，見《并傳》。與丞相孔光請雜議毁宗廟，見《韋玄成傳》。議淳于長小妻迺始等當論罪，主傅大后居北宫，并見《孔光傳》。

及爲公卿，薦之朝廷。（三下）

樹達按：龔勝以武及閻崇之薦，徵爲諫大夫，見《勝傳》。

方當選立親近，不宜令異姓大臣持權。（五上）

樹達按：何焯云：武蒙王音王根之薦舉，至安危之際，不爲王氏用，所以爲貞臣也。

武自殺。（五下）

樹達按：沈欽韓云：《西京雜記》：何武葬北邙山薄龍坂王嘉冢東北一里。

代平當爲丞相。（六上）

樹達按：《後書・梁統傳》云："嘉爲丞相，虧除舊約百餘事。"息夫躬請大將軍行邊兵，斬郡守立威，嘉對駁躬議，見《躬傳》。

孝文時，吏居官者或長子孫。（六上）

樹達按：《莊子·至樂》篇云："與人居，長子老身。"此傳文長子孫所本。

衆庶知其易危。（七上）

師古曰：言易可輕危也。先謙曰：官本輕作傾，是。胡注引同。

樹達按：景祐本作傾危。

令諸大夫有材能者甚少。（七下）

先謙曰：官本諸上令作今，是。《通鑑》同。

樹達按：景祐本作今。

嘉因薦儒者公孫光、滿昌及能吏蕭咸、薛修等，皆故二千石，有名稱。（八上）

樹達按：滿昌治《詩》，爲匡衡弟子，見《儒林傳》。咸，蕭望之之子。修，薛宣之弟也。

昔楚有子玉得臣，晉文爲之側席而坐。（八下）

師古曰：已解於上。

樹達按：解見《陳湯傳》。

掖庭見親有加賞賜，屬其人勿衆謝。（十上）

師古曰：掖庭宫人有親戚來見而帝賜之者，屬其家勿使於衆人中謝也。屬音之欲反。先謙曰：胡注：有見親幸者，加之賞賜，則屬其人勿於衆中謝也。先謙案據下文賢家有賓婚及見親，則見親非見親幸之謂，顔注是也。二字亦見《淮陽憲王傳》，蓋漢世恒言。

樹達按：見與今現字同。掖庭人見親謂現在在掖庭人之親屬，此與《直不疑傳》"朝廷見人"句例同。顔胡二説并非是。説詳《不疑傳》。下文見親自謂見親戚，與此文義不同。

單貨財以富之。（十一下）

師古曰：單，盡也。

樹達按：《説文》四篇下“歺部”云：殫，極盡也。單同音通假字。

孝文皇帝欲起露臺，重百金之費。（十二上）

先謙曰：官本重作惜，引宋祁曰：惜越本作重。錢大昭曰：閩本作惜。

樹達按：景祐本作重。

今賢散公賦以施私惠，一家至受千金。（十二上）

樹達按：今字下疑當有爲字，景祐本與此同。

里諺曰：千人所指，無疾而死。（十二上）

樹達按：指死古同在微部韻。

甚傷尊卑之義。（十二上）

錢大昭曰：尊卑南監本、閩本并作尊尊。先謙曰：官本作尊尊，《通鑑》同。

樹達按：尊卑景祐本作尊尊。

非愛死而不自法。（十二下）

先謙曰：胡注：謂不以違拒詔旨之法自劾。

樹達按：下文云：故不敢自劾，自法即自劾也。胡説非是。説詳《百官公卿表》諸吏得舉法下。

恐天下聞之，故不敢自劾。（十二下）

朱一新曰：劾監本作效。先謙曰：官本作效，《通鑑》作劾。

樹達按：效字誤，景祐本作劾，與此本同，是也。

主簿曰：將相不對理陳寃，相踵以爲故事。（十四下）

先謙曰：理，獄也。

樹達按:漢廷尉爲古之大理,理謂廷尉,王訓獄,非是。

誠不見其外内顧望阿附爲雲驗。(十五上)

樹達按:《諸侯王表》云:有附益之法。注張晏曰:阿媚王侯有重法也。《後書·光武紀》:建武二十四年,詔有司申明舊制阿附蕃王法。

治《詩》,事匡衡。(十五下)

樹達按:據《儒林傳》,齊《詩》有師氏學,即丹也。丹授詩於班伯,見《叙傳》。

建始中,州舉茂材,復補博士。(十五下)

樹達按:時丹議甘泉泰畤河東后土祠宜徙正陽太陰處,見《郊祀志》。

徵入爲光禄大夫,丞相司直。(十五下)

樹達按:丹爲丞相司直,薦馬宫行能高絜,見《宫傳》。

由是爲少府、光禄勳,侍中。(十五下)

樹達按:丹爲光禄勳,救劉輔,見《輔傳》。

甚見尊重。(十五下)

樹達按:詳見《叙傳》上。

成帝末年,立定陶王爲皇太子,以丹爲太子太傅。(十五下)

樹達按:成帝時河決未塞,丹言百姓可哀,見《溝洫志》。

徙爲大司空。(十五下)

樹達按:丹爲大司空,奏劉歆改亂舊章,非毁先帝所立,見《歆傳》及《儒林傳》。奏傅遷罪惡,見《孔光傳》。議薛況傷人事,見《薛宣傳》。

哀帝即位，爲左將軍，賜爵關内侯，食邑，領尚書事。（十五下）

樹達按：時丹請限名田，見《食貨志》。

上少在國，見成帝委政外家，王氏僭盛，常内邑邑。（十五下）

樹達按：《説文》十篇下"心部"云：悒，不安也。邑通假字。

會有上書言：古者以龜貝爲貨。（十八上）

樹達按：《史記·平準書》云："虞夏之幣，或錢，或布，或刀，或龜貝。"《鹽鐵論·錯幣》篇云："夏后氏以玄貝，周人以紫石。"

其上大司空高樂侯印綬，罷歸。（十九上）

樹達按：《傅喜傳》：丹與喜、孔光共執正議，哀帝免丹，所以感動喜也。

時天下衰麤，委政於丹。（十九下）

樹達按：《説文》十三篇上"糸部"云："縗，喪服衣，長六寸，博四寸，直心。"衰，同音省借字。

復免高昌侯宏爲庶人。（二十上）

宋祁曰：《通鑑考異》云：案《功臣表》，建平四年，董宏已死，元壽二年，子武坐父爲佞邪免，不得至今，此傳誤也。

樹達按：周壽昌云：景文何得見《通鑑》，乃引《考異》云云，豈不可笑！此作僞者太不考也。

確然有柱石之固。（二十上）

樹達按：確《説文》作塙。十三篇下"土部"云：塙，堅不可拔也。苦角切。

楊雄傳第五十七上(漢書八十七)

又旁《惜誦》以下至《懷沙》一卷,名曰《畔牢愁》。(三上)

李奇曰:畔,離也。牢,聊也。與君相離,愁而無聊也。宋祁曰:蕭該案牢字旁著水,晉直作牢。韋昭曰:浶,騷也。鄭氏愁音曹。王念孫曰:如李說,則畔牢愁三字義不相屬。訓牢爲聊,而又言無聊,義尤不可通。余謂:牢讀爲懰。《廣韻》:懰,力求切,烈也。《廣雅》:烈烈,憂也,是懰爲憂也。《集韻》:懰慄,憂也。《外戚傳》:懰慄不言。師古曰:懰慄,哀愴之意也。義并相近。牢字古讀若劉,故與懰通。牢愁,疊韻字也。畔者,反也。或言反騷,或言《畔牢愁》,其義一而已矣。

樹達按:《反騷》者,反《離騷》也。《廣騷》、《畔牢愁》皆旁《騷》爲之,乃擬《騷》,非反《騷》也。傳文分别甚明。王以《畔牢愁》與《反騷》爲一義,誤矣。李訓牢爲聊,誠爲誤訓,王糾之,讀牢爲懰,訓爲憂,是矣。至李訓畔爲離,并未誤。《畔牢愁》爲離憂,亦《離騷》之義也。又按:牢字或作浶,韋昭訓浶爲騷。畔訓離,牢訓騷,《畔牢愁》爲《離騷》明矣。

《畔牢愁》《廣騷》文多,不載,獨載《反離騷》。(三上)

宋祁曰:獨字疑可删。

樹達按:下卷云"《法言》文多,不著,獨著其目。"亦有獨字,宋說非。

因江潭而淮記兮,欽弔楚之湘纍。(三下)

師古曰：記，書記也，謂弔文也。因江水之邊而投書記以往弔也。

樹達按：記字文義難通，顔説牽强。字當爲託，形近誤也。此文命意多本賈生《弔屈原文》，賈文云："造託湘流兮，敬弔先生。"爲此二語所本，浾託即造託也。《北堂書鈔》卷百二引蔡邕《弔屈原文》云："迴□世而遥弔，託白水而騰文。"亦用託字，又其證也。顔據誤文爲説，非是。

資娵娃之珍髢兮，鬻九戎而索賴。（四下）

樹達按：《莊子·逍遥遊》云："宋人資章甫適諸越，越人短髮文身，無所用之。"此雄文意所本。資皆當讀爲齎，持也。

衿芰茄之緑衣兮，被夫容之朱裳。（五上）

師古曰：茄亦荷字也，見張揖《古今字譜》。沈欽韓曰：《釋草》：荷，其莖茄。茄非荷字明矣。師古知字詁而忘《爾雅》。

樹達按：吴承仕云：茄荷皆屬歌部，音義本同。張揖尋厥本始，故以爲一文。段玉裁注《説文》茄，正用張揖説。

芳酷烈而莫聞兮。（五上）

樹達按：《司馬相如傳》：芬香漚鬱，酷烈淑郁。《説文》十四篇下"酉部"云：酷，酒味厚也。

愍吾纍之衆芬兮，颺爗爗之芳苓。（五下）

樹達按：衆芬謂於衆中獨爲芬芳，言其自表異也。《灌夫傳》云："今衆辱程將軍。"《王嘉傳》云："屬其人勿衆謝。"諸衆字用法同。

横江湘以南浾兮，云走乎彼蒼吾，馳江潭之汎溢兮，將折衷乎重華。（五下）

樹達按：模部字古皆讀如麻部，故吾與華爲韻。《後書·馬援傳》:"允吾谷。"注:允吾音鉛牙。吾讀牙,乃吾字之古音也。

陵陽侯之素波兮,豈吾纍之獨見許。(六上)

應劭曰:陽侯,古之諸侯也,有罪,自投江,其神爲大波。陵,乘也。言屈原襲陽侯之罪而欲折中求舜,未必獨見然許之也。

樹達按:見許謂被許,應劭説不明。

卷薜芷與若蕙兮,臨湘淵而投之。棍申椒與菌桂兮,赴江湖而漚之。(六下)

師古曰:棍,大束也。宋祁曰:棍疑作混。錢大昭曰:棍疑當作掍。《方言》:掍,同也,宋衛之間語。

樹達按:《爾雅·釋器》云:"百羽謂之緷。"《釋文》引《埤蒼》云:"緷,大束也。"《説文》七篇上"禾部"云:稛,絭束也。棍與緷稛音并近,故顔亦訓棍爲大束。以《離騷》云"雜申椒與菌桂"言之,似宋錢説讀混掍者爲是。然此文以棍與卷爲對文,仍以顔訓爲合也。棍今字作捆,今語尚謂束物爲捆。

違靈氛而不從兮,反湛身於江皋。(六下)

晉灼曰:靈氛,古之善占者。

樹達按:《楚辭》注云:《説文》一篇上"玉部"云:靈,巫也。"或從巫"。"靈,巫也,楚人名巫曰靈子。"《易林》云:"學靈三年,仁聖且神。"靈氛猶云巫咸,靈巫皆舉其職爲言也。

覽四荒而顧懷兮,奚必云女彼高丘。(七下)

蘇林曰:《離騷》云:"哀高丘之無女。"女以喻士,高丘謂楚也。

樹達按:賈生《弔屈文》云:"歷九州而相其君兮,何必懷此都也?"雄語意本於此。

昔仲尼之去魯兮,斐斐遲遲而周邁。(八上)

樹達按:《説文》十二篇下"女部"云:婁婁,往來婁婁也。《孟子·萬章下》篇云:孔子之去齊,接淅而行。去魯,曰:遲遲吾行也。去父母國之道也。

終回復於舊都兮,何必湘淵與濤瀨!溷漁父之餔歠兮,絜沐浴之振衣,棄由聃之所珍兮,蹠彭咸之所遺?(八上)

樹達按:何必二字疑當直貫下四句,始合《反騷》之旨。

録功五帝。(九上)

先謙曰:《後漢·和帝紀》:録謂總領之也。

樹達按:王説紀下脱注字。

歷吉日,協靈辰。(九上)

師古曰:歷選吉日而合善時也。先謙曰:靈,善也。

樹達按:顔已訓靈辰爲善時,王又訓靈爲善,失檢。

仰撟首而高視兮,目冥眴而亡見。(十二下)

師古曰:冥眴,視不諦也。冥音莫見反。眴音州縣之縣。

樹達按:《孟子·滕文公上》篇引書云:"若藥不瞑眩,厥疾不瘳。"趙岐説爲瞑眩憒亂。冥眴與瞑眩同。《説文》四篇上"目部"云:眩,目無常主也。

白虎敦圉虖昆侖。(十四上)

師古曰:敦圉,盛怒也。

樹達按:《説文》三篇下"攴部"云:敦,怒也。

駢交錯而曼衍兮。(十四下)

師古曰:衍音赤戰反。先謙曰:官本注赤作亦。

樹達按:赤形近誤字,景祐本作亦,不誤。

肆玉釱而下馳。(十六下)

晉灼曰：釱，車轄也。

樹達按：《説文》十四篇上"車部"云："軑，車輨也。"釱乃同音假字。阮元云：車轂中軝，古以金，後乃以玉，《離騷》、《漢書》之玉軑是也。其形外方内圓，今猶有存者，俗稱釭頭是也。

度三巒兮偈棠棃。（十八上）

師古曰：偈讀曰憩。

樹達按：《詩·小雅·菀柳》、《大雅·民勞》毛傳并云：愒，息也。《説文》十篇下"心部"同。此文假偈爲愒。

俳佪招摇，靈遲迟兮。（十八下）

師古曰：招音上遥反，遲音又夷反。

樹達按：吴承仕云：上遥反上當作止。招摇之字不應讀與韶同。樹達按：遲音又夷反，清官本又作文，并誤。景祐本作丈夷反，是也。

覽鹽池。（十九下）

樹達按：《説文》十二篇上"鹽部"云：鹽，河東鹽池也。袤五十一里，廣七里，周百十六里。

義和司日。（二十上）

樹達按：義字誤，當作羲。

嘻嘻旭旭，天地稠嶅。（二十下）

師古曰：稠嶅，動摇貌。師古曰：嘻嘻旭旭，自得之貌。

樹達按：《爾雅·釋訓》云："旭旭，蹻蹻，憍也。"按憍即今驕字。吴承仕云：注首"師古曰"、清官本作"服虔曰"，是也。《補注》失校。樹達按：景祐本作服虔。

淫淫與與，前後要遮。（二十六下）

師古曰：淫淫與與，往來貌。

樹達按:《説文》五篇下"冂部"云:冘,淫淫行皃。十篇下"心部"云:"惥,趣步惥惥也。"與與惥惥同。

徽車輕武,鴻絧緁獵。(二十六下)

樹達按:顔不注武字。李善注訓武爲健,余謂非也。《淮南書》謂士爲武,雄文本之。輕武即輕士,與徽車爲對文。

撞鴻鐘,建九流。(二十七上)

錢大昭曰:流南監本、閩本并作旒。先謙曰:官本作旒。

樹達按:景祐本作旒。

皇車幽輵,光純天地。(二十九上)

師古曰:幽輵,車聲也。

樹達按:《説文》十四篇下"車部"云:轄,車聲也。輵與轄同。

絹嘄陽。(二十九下)

先謙曰:案《文選》絹作羂。

樹達按:《説文》七篇下"网部"云:䍐,网也。羂與䍐同字,絹爲同音借字。

東瞰目盡,西暢亡厓。(三十一上)

樹達按:《韓非子·説林》上篇云:陽斯彌見田成子,田成子與登臺。四望,三面皆暢。南望,隰子家之樹蔽之。此文暢字與《韓非》同,疑本之《韓非》也。今語言敞。

隨珠和氏,焯爍其陂。(三十一上)

師古曰:焯古灼字也。焯爍,光貌。爍音式藥反。

樹達按:《説文》一篇上"玉部"云:玓,玓瓅,明珠光也。灼爍與玓瓅同。

漢女水潛,怪物暗冥,不可殫形。(三十一上)

應劭曰：漢女，鄭交甫所逢二女，弄大珠，大如荆鷄子。

樹達按：應説本《韓詩》，見《文選·南都賦》注引《韓詩外傳》。

禪梁基。（三十二上）

先謙曰：《羽獵賦》亦云禪梁父之基。

樹達按：《羽獵》當作《長楊》。

楊雄傳第五十七下（漢書八十七）

捕熊羆豪豬虎豹狖玃狐菟麋鹿。（一下）

樹達按：《説文》九篇下"㣇部"云："豪，豕鬣如筆管者，出南郡。"或從豕作豪。

令胡人手搏之，自取其獲。（一下）

樹達按：《説文》十篇上"犬部"云：獲，獵所獲也。

椓截辥而爲弋。（二上）

先謙曰：弋讀曰杙，故言椓也。

樹達按：《説文》十二篇下"厂部"云：弋，橜也。象折木衺鋭者形。文用本字，王説非是。

木雍槍纍以爲儲胥。（二上）

樹達按：《周禮·秋官·職金》云：國有大故而用金石，則掌其令。鄭注云："用金石者，作槍雷椎椁之屬。"按槍纍槍雷同。

窫窳其民。（三上）

應劭曰：窫窳類貙，虎爪，食人。

樹達按：《爾雅·釋獸》云："貏貐類貙，虎爪，食人，迅走。"《説文》九篇下“豸部”云：“貐，猰貐，似貙，虎爪，食人，迅走。”字作猰貐，乃本字也。

所麾城摲邑，下將降旗。（三下）

李奇曰：摲音車幰之幰。師古曰：摲，舉手擬之也。王念孫曰：《文選》摲作撕，李善注并作撕。案《玉篇》、《廣韻》皆無摲字，蓋即撕字之訛。

樹達按：景祐本正文及注皆作撕。李奇音幰，是所見本已誤作摲，撕字無緣有幰音也。

當此之時，頭蓬不暇疏，飢不及餐。（三下）

師古曰：蓬，謂髮亂如蓬也。宋祁曰：疏與梳疑古通用。先謙曰：《文選》疏作梳。

樹達按：《詩・衛風・伯兮》云：“自伯之東，首如飛蓬。”此雄語所本。《説文》六篇上“木部”：梳從疏省聲，即從疏受義。今篦字古只作比，梳與比以相對爲義。《史記・匈奴傳》云：“比余一。”索隱引《倉頡篇》云：“靡者爲比，麄者爲梳。”按靡謂細密，麄謂麤疏，是其義也。《説文》八篇上“比部”云：比，密也。

七年之間而天下密如也。（四上）

師古曰：密，静也。

樹達按：《説文》三篇上“言部”云：“謐，靜語也。一曰：無聲也。”密爲謐之假字。

砰轒輼，破穹廬。（四下）

應劭曰：轒輼，匈奴車也。沈欽韓曰：此言以轒輼攻車破穹廬也。《六韜・軍略》：“攻城圍邑，則有轒輼臨衝。”《墨子・備城門》篇：“攻者轒輼軒車。”《孫子・謀攻》篇注：“轒輼四輪，其下四輪，從中推之至城下。"應以爲匈奴車，非。先謙曰：轒轀爲中國或匈奴之物，史傳并無明徵。《文選》作碎，則爲匈奴車矣。此皆望文生義，非有塙見。

樹達按：轒轀即見《六韜》及《墨子》書，其爲中國之物可知，王説殊謬。

顧而作《太玄》五千文，支葉扶疏，獨説十餘萬言。（八上）

王鳴盛曰：今《太元經》具存，晉范望叔明所注共十卷，正文大約與五千文之數合。《法言》凡十三篇，分爲十卷，正文不及萬言。此云十餘萬言，不可解。

樹達按：雄自爲《太玄經章句》，見本傳下文及阮孝緒《七録》、《隋書·經籍志》，今其書已佚。此云十餘萬言，蓋據《章句》言之，非不可解之事也。文但云《太玄》，與《法言》無涉，而王氏牽及之，支離甚矣。

孟軻雖連蹇，猶爲萬乘師。（九上）

樹達按：周廣業云。齊宣王稱夫子明以教我，梁惠王言寡人願安承教，皆以師道尊孟子。

折脅拉髂，免於徽索。（十三上）

師古曰：髂，骨也。

樹達按：髂即骼字。《説文》四篇下"骨部"云："禽獸之骨曰骼。"此文用引申義謂人骨耳。

叔孫通起於枹鼓之間，解甲投戈，遂作君臣之儀，得也。（十三下）

師古曰：得其所。

樹達按：蓋言得其時。

蕭規曹隨。（十四上）

錢大昭曰：蕭字上南監本、閩本皆有夫字。先謙曰：官本有夫字，《文選》同。

樹達按：景祐本有夫字。

故默然獨守吾《太玄》。（十四下）

先謙曰：《説文》氏字注引楊雄賦曰："響若氏隤。"徐鉉云"《解嘲》之文古通謂之賦"，故下文賦者云云接續申言之。

樹達按：王氏用後世文章家文法説班書，殊爲可笑。《解嘲》行文偶儷，稱賦自是後世之事。下文云："賦莫深於《離騷》，反而廣之；辭莫麗於相如，作四賦。"四賦指《甘泉》、《河東》、《羽獵》、《長楊》言之，是班不謂《解嘲》爲賦也。

繇是言之，賦勸而不止，明矣。又頗似俳優淳于髠、優孟之徒，非法度所存賢人君子詩賦之正也。於是輟不復爲。（十五上）

樹達按：《法言・吾子》篇云："或曰：賦可以諷乎？曰：諷乎諷則已，不已，吾恐其不免於勸也。"又云："或問吾子少而好賦？曰：然。童子彫蟲篆刻。俄而曰：壯夫不爲也。"

故有首衝錯測攡瑩數文掜圖告十一篇。（十六下）

樹達按：《補注》引蕭該《音義》有案劉向《别録》云云，又引龔疇説云：不知該所謂《别録》者果何書也。今按王氏此等稱引，可謂荒謬。該明言劉向《别録》，豈容不知也！

皆以解剥玄體，離散其文，《章句》尚不存焉。（十六下）

師古曰：《玄》中之文雖有章句，其旨深妙，尚不能盡存，故解剥而離散也。劉敞曰：言此十一篇財以離散《玄》文，未有章句也。

樹達按：阮孝緒《七録》稱《太玄經》九卷，雄自作《章句》。《隋志》載雄《太玄經章句》九卷。傳文意謂雄别有《章句》，不在此十一篇之内耳。顔、劉説并誤。

大音必希。（十八上）

樹達按：《老子》云：大音希聲。

及歷楚漢，記麟止。（十九上）

錢大昭曰：記當作訖。先謙曰：官本作訖。

樹達按：景祐本作訖，是也。

仲尼之後訖于漢，道德顔、閔，股肱蕭、曹，爰及名將尊卑之條，稱述品藻，撰《淵騫》第十一。（二十下）

宋祁曰：李軌注《法言》本無此序，云與《重黎》共序。

樹達按：汪榮寶云：《音義》引柳宗元云："《漢書》《淵騫》自有序，文語俗近不類，蓋後人增之，或班固所作。"宋祁校《漢書》，於《淵騫序》下云："李軌注《法言》本無此序。"是李本别無《淵騫序》，較然甚明。蓋《重黎》、《淵騫》皆論春秋以後國君將相卿士名臣之事，本爲一篇。以文字繁多，故中析爲二，於是《淵騫》雖亦爲一篇，然非别有作意，故不爲之序。《漢書》此文，乃淺人見此篇有目無序，疑爲缺失，遂妄撰此二十八字竄入，不僅文語俗近如子厚所云，又且意義與《重黎序》複重，了無所取，固非子雲舊文，亦并不得以爲班固所作也。按汪説是也。

雄之《自序》云爾。（二十一上）

師古曰：自《法言》目之前皆是雄本《自序》之文也。

樹達按：李詳云：《法言序目》亦雄《自序》原文。《自序》本放史公而作，《史記・自序》入《史記》諸篇序目，故雄亦效之。顔謂《法言》目之前爲雄《自序》,非也。

除爲郎,給事黄門。(二十一下)

樹達按:雄爲黄門郎,成帝令爲《趙充國頌》,見《充國傳》。上書諫不許單于入朝,見《匈奴傳》。作《酒箴》風諫成帝,見《陳遵傳》。朱博受拜爲丞相,有大聲如鐘鳴,雄對問謂爲鼓妖失聽之象,博宜將不宜相,見《五行志》中之下。

吾恐後人用覆醬瓿也。(二十二下)

師古曰:瓿音部,小甖也。

樹達按:瓿《説文》作䍌。五篇下"缶部"云:䍌,小缶也。

侯芭爲起墳。(二十三上)

樹達按:桓譚《新論》云:雄爲中散大夫,病卒,貧無以辦喪事。以貧困故葬長安,妻子棄其墳墓而歸於蜀。

自雄之没,至今四十餘年,其《法言》大行。(二十三下)

樹達按:李詳云:《漢書》采《法言》,如《王貢兩龔傳序》論鄭子真、嚴君平二人引或問君子疾没世而名不稱云云,此《問神》、《問明》兩篇中語。《東方朔傳贊》引楊雄以爲言不純師云云,見《淵騫》篇。又孟堅《東都賦》:"原野厭人之肉,川谷流人之血。"全用《淵騫》篇語。所謂《法言》大行者以此。其見於東漢碑版者,《郎中鄭固碑》"大男孟子有楊烏之才,苗而不毓",出《問神》篇。《隸釋·夏堪碑》"睎驥顔",出《學行》篇。孟堅之言信而有徵矣。

儒林傳第五十八(漢書八十八)

於是應聘諸侯以答禮行誼。(一上)

師古曰:答禮,謂有問禮者,則爲應答而申明之。劉奉世曰:答禮者,迎之有禮,亦以禮答之。先謙曰:孔子周流,欲明禮義於天下,顔説是也。劉所見殊陋。

樹達按:如顔説,是答問禮,非答禮也。劉説近是。

論《詩》則首《周南》。(一下)

師古曰:以《關雎》爲始也。

樹達按:孔子編《詩》,以《周南》爲首,詔伯魚亦以學《周南》、《召南》爲言,見《論語・陽貨》篇。

如田子方、段干木、吴起、禽滑氂之屬。(二下)

師古曰:滑音于拔反。

樹達按:吴承仕云:于拔反,于當爲乎。《集韻》列胡首古忽户八三切,無與于紐相應者,乎拔户八二反同,是其證。

燔《詩》、《書》,殺術士。(二下)

周壽昌曰:經術之士稱術士,猶别傳中有道之人稱道人也。

樹達按:道人見《京房傳》。

六學從此缺矣。(二下)

樹達按:平江蘇先生云:六學本《春秋繁露》,見《玉杯》篇。

陳涉之王也,魯諸儒持孔氏禮器而歸之。(二下)

錢大昭曰:而歸南監本、閩本并作往歸。先謙曰:官本作往。

樹達按:景祐本作往歸。

於是孔甲爲涉博士,卒與俱死。(三上)

師古曰:《孔光傳》云:"鮒爲陳涉博士,死陳下。"今此云孔甲,將名鮒而字甲也。先謙曰:錢東垣云:《孔子世家》云:"慎年五十七生鮒,爲陳王涉博士。"《孔叢・答問》篇:"子魚名鮒甲,陳人或謂之子鮒,或稱孔甲。"

樹達按:鮒字子魚,名字相應,無緣更字甲,顔説非也。蓋班於此偶失其名,而以甲字爲代,猶《石奮傳》之次甲次乙也。至《孔叢》謂名鮒甲,尤謬。蓋作僞書者見《孔光傳》稱鮒死陳下,而此傳稱甲,遂合之爲鮒甲之名以爲彌縫耳。

孝文時,頗登用。(三下)

樹達按:如賈誼仕文帝,張蒼文帝時爲丞相史是。

然文帝本好刑名之言。(三下)

樹達按:張歐治刑名,文帝使侍太子,是其證也。

制曰:蓋聞導民以禮,風之以樂。(三下)

樹達按:此詔在元朔五年,見《武紀》。

故詳延天下方聞之士,咸登諸朝。(四上)

師古曰:詳,悉也。方,道也。有道及博聞之士也。齊召南曰:案《史記》作詳延天下方正博聞之士,義甚明啓。當是《漢書》寫本脱正博二字,而師古因曲爲之説耳。

樹達按:《武紀》亦無正博二字,齊説非是,王念孫已駁之,具《武紀》。

補左右内史,大行卒史。(五下)

樹達按:李慈銘云:《平當傳》:當少爲大行治禮丞,《蕭望之傳》亦有大行治禮丞。

比百石以下,補郡太守卒史。(五下)

樹達按:强汝詢云:郡諸曹卒史,皆太守自辟署,未有由尚書調補者。弘所言郡太守卒史,必文學掾也。匡衡爲太常掌故,調補平原文學,是其明證。

請著功令。（六上）

樹達按：沈欽韓云：掌故未有遷徙之階，故設法變通，若兒寬以掌故功次補廷尉文學卒史，匡衡以掌故調補平原文學，是也。此條作《通考》者亦不能盡解，蓋不知三輔有二百石史，又誤以卒史爲佐史故也。《張敞傳》、《黄霸傳》俱可考證。

自魯商瞿子木受《易》孔子。（六上）

樹達按：李慈銘云："自魯"以下當提行另起。

子庸授江東馯臂子弓。（六下）

樹達按：黄生云：弓《史記》作弘，弘當讀爲肱。弘字從厶，古肱字。以其名臂，故字爲肱。肱與弓音相近，故或爲子弓耳。

田何以齊田徙杜陵，號杜田生。（六下）

樹達按：徙諸田高祖九年事，見《高紀》。吴承仕云：田何授丁寬，寬授田王孫，田王孫亦稱田生，後人恐其相亂，故以地望別之，若《尚書》之有大小夏侯，禮之有大小戴矣。

同授淄川楊何字叔元。（六下）

樹達按：司馬談受《易》於何，見《司馬遷傳》。何有弟子京房，見下文。

齊即墨成至城陽相，廣川孟但爲太子門大夫，魯周霸、莒衡胡、臨淄主父偃，皆以《易》至大官。（七上）

樹達按：此皆王同所授，上文授字直貫至此。又按：霸又兼治《尚書》，見後。

寬至雒陽，復從周王孫受古義，號《周氏傳》。（七上）

樹達按：《藝文志》：《易》有《蔡公》二篇。班氏注："衛人，事周王孫。"是王孫弟子除寬外尚有人。

琅邪邴丹曼容著清名。（八上）

樹達按：丹事見《王貢兩龔鮑傳》。

莫如至常山太守。（八上）

樹達按：《李尋傳》稱光禄大夫毛莫如。

父號孟卿，善爲《禮》、《春秋》。（八上）

樹達按：孟卿下文禮家有傳。

喜好自稱譽。（八上）

樹達按：《説文》八篇上“人部”云：偁，揚也。經傳通假用稱字。

喜授同郡白光少子，沛翟牧子兄。（九上）

樹達按：孟喜又授蓋寬饒，見下文。《朱雲傳》記雲從白子友受《易》，齊召南以爲即白光。

先敺旄頭劍挺。（九上）

師古曰：挺，引也，劍自然引拔出也。

樹達按：顔訓挺爲引，以義不明，又云引拔出以足其義，可謂迂矣。按《説文》十二篇上“手部”云：“挺，拔也。”《廣雅·釋詁》一云：“挺，出也。”《史記·陳涉世家》云：“尉劍挺。”徐廣注云：“挺猶脱也。”

於是召賀筮之，有兵謀，不吉。（九下）

樹達按：《開元占經》引《地鏡》曰：刀劍無故自拔出，憂兵傷，君有血污。

是時霍氏外孫代郡太守任宣坐謀反誅，宣子章爲公車丞。（九下）

師古曰：《霍光傳》云：任宣，霍氏之壻，此云外孫，誤也。周壽昌曰：顔注是也。然此以外孫直貫下宣子章，如《義縱傳》“捕案太后外孫修成子中。"修成太后女，其子中太后外孫也。《左・僖二十四》傳"得罪於母弟之寵子帶"，與此文法微同。

樹達按：周説近是，而未盡也。此班書自注之例。本文當云："是時霍氏外孫代郡太守任宣子章爲公車丞。"坐謀反誅四字，乃自注之文。下宣字乃後人不得其解而妄增者。求諸他傳，類例頗多。《鮑宣傳》云："上感大異，納宣言，徵何武、彭宣，旬月皆復爲三公，拜宣爲司隸。時哀帝改司隸校尉但爲司隸，官比司直。"時哀帝以下二句，班氏自注，申明司隸二字者也。上文云上，此忽稱哀帝，其爲注文甚明。《王尊傳》云："守京兆尹，後爲真，凡三歲，坐遇使者無禮，司隸遣假佐放奉詔書白尊吏捕人，放謂尊：詔書所捕，宜密。尊曰：治所公正，京兆善漏泄人事。放曰：所捕宜今發吏！尊又曰：詔書無京兆文，不當發吏。及長安繫者三月間千人以上云云，尊坐免。"司隸遣假佐以下至不當發吏凡十句，亦文中自注，所以説明遇使者無禮者也。又如《史記・田叔傳》云："月餘，上遷拜爲司直。數歲，坐太子事，時左丞相自將兵，令司直田仁主閉城門，坐縱太子，下吏誅死。"此本文爲坐太子事下吏誅死，時左丞相以下三句，乃史公自注，所以釋太子事者也。又《叔孫通傳》云："於是二世令御史案諸生言反者下吏，非所宜言，諸言盗者，皆罷之。"非所宜言四字係注文，所以説明言反者下吏之罪名也。《項羽本紀》云："項王、項伯東嚮坐，亞父南嚮坐，亞父者，范增也。沛公北嚮坐，張良西嚮侍。""亞父者，范增也"六字乃注文。又《尉佗傳》云："乃爲佗親冢在真定置守邑，歲時奉祀。"在真定三字乃注文。又《匈奴傳》云："於是漢悉兵，多步兵，三十二萬，北逐之。"多步兵三字乃注文。又《東越傳》云："及諸侯畔秦，無諸摇率越歸鄱陽令吴芮，所謂鄱君者也，從諸侯滅秦。""所謂鄱君者也"一句乃注文。《後漢書・董卓傳》云："君觀我方略士衆足辦郭多不？多又刼質公卿，所爲如是，而君苟欲左右之邪？汜一名多。鄘曰：今汜質公卿，而將軍脅主，誰輕重乎？”“汜一名多”四字乃注文。凡此之類，以係文中插注，故直讀之皆不聯貫。在當時必有標乙之號，而後亡失之，於是有不能通其讀而妄增字或致疑者矣。

賀以筮有應，繇是近幸，爲太中大夫，給事中，至少府。（九下）

樹達按：賀爲少府，問匡衡《詩》義，見《衡傳》。嚴延年疑賀毁己，見《延年傳》。

年老，終官。（九下）

樹達按：賀圖象麒麟閣，見《蘇武傳》。

臨代五鹿充宗君孟，爲少府。（十上）

劉奉世曰：臨代五鹿充宗，代當爲授，後人誤改之。代充宗者召信臣，亦非臨也。沈欽韓曰：上不叙充宗《易》所始，而下云梁丘有士孫鄧衡之學，則授《易》者梁丘臨，不可言充宗。陸德明《序録》云：“臨傳少府五鹿充宗及琅邪王駿，充宗授平陸士孫張等。”以《朱雲傳》證之，陸序是也。沈云授《易》者梁丘臨云云，語不可解。

樹達按：劉校意是，而改代爲授，則非。代乃傳之形近壞字耳，非由誤改也。陸氏《釋文序録》云“臨傳少府五鹿充宗”正用《漢書》文，知唐時本尚未誤矣。

充宗授平陵士孫張仲方、沛鄧彭祖子夏、齊衡咸長賓。（十上）

樹達按：充宗又嘗授《易》於續《史記》之馮商。《張湯傳》贊顔注引劉歆《七略》云：“商，陽陵人，治《易》，事五鹿充宗。”班氏不及，蓋但舉諸成家學者言之。

房授東海殷嘉、河東姚平、河南乘弘。（十上）

樹達按：據《房傳》，房弟子尚有中郎任良。

徒以《彖》、《象》、《繫》、《辭》十篇《文言》解説上下經。（十下）

樹達按：許桂林《易確》云：文言文字，爲之字傳寫之誤。按許説是也。《文言》惟乾坤二卦有之，不得言以《文言》解説上下經也。

於是詔太常使掌故朝錯往受之。（十一上）

師古曰：衛宏定《古文尚書序》云：伏生老，不能正言，言不可曉也，使其女傳言教錯。齊人語多與潁川異，錯所不知者凡十二三，略以其意屬讀而已。

樹達按：閻若璩《尚書古文疏證》引馮班云：《藝文志》："秦燔書禁學，伏生獨壁藏之。漢興，求得二十九篇，以教齊魯之間。"云壁藏而求之得二十九篇，是伏生自有本，不假口傳明矣。《儒林傳》：伏生教濟南張生及歐陽生，歐陽生事伏生，夏侯都尉從濟南張生受《尚書》，以傳族子始昌，始昌傳勝，勝傳從兄子建，則是歐陽、夏侯二家漢人列於學官者，自是伏生親傳，非鼂錯所受之本明矣。伏女能傳言，應通文字，何至錯不能得者十二三，以意屬讀之耶！余嘗身至濟南、潁川，語音絶不相遠，雖古今或異，大略可知，何至言語不相通耶！

是後，魯周霸、雒陽賈嘉頗能言《尚書》云。（十一下）

先謙曰：閻若璩云：《史記》云："自此之後，魯周霸，孔安國，洛陽賈嘉頗能言《尚書》事。"此指安國通今文。下别叙孔氏有古文，起自安國。班於三人去孔安國，專歸古文，則安國非伏生一派，而《史》及之爲贅,甚失遷意。兒寬事歐陽生,又事孔安國,則安國先通今文矣。古文不列學官,若安國不通今文,無由爲博士教授也。

樹達按:閻説見《古文尚書疏證》卷二。"兒寬以下"云云,閻書無之。蓋《補注》於閻説乃據沈欽韓《漢書疏證》轉引,此乃沈氏説也。王氏未檢原書,并以爲閻説,誤矣。"兒寬"上當補"沈欽韓曰"四字。

歐陽生字和伯,千乘人也。(十一下)

樹達按:惠棟云:《歐陽氏譜》云:"歐陽欽字子敬,生三子,曰容,曰述,曰興,同受業於伏生。容爲博士,生子曰巨,巨生遠;遠生高,高生仲仁,仲仁生地餘,地餘生政,政生歙。"歐陽修云:"漢世以歙爲和伯八世孫,今譜無生而有容。疑漢世所謂歐陽生者,以其經師謂之生,如伏生之類,而其實名容。容字和伯,於義爲通。"樹達按:《論衡·書解》篇作歐陽公孫,與此字和伯不同,豈公孫爲歐陽生子之字歟!

高孫地餘長賓以太子中庶子授太子。(十一下)

樹達按:授元帝也。

地餘侍中,貴幸,至少府。(十二上)

樹達按:地餘爲少府,與議罷郡國廟,見《韋玄成傳》。

而平當授九江朱普公文、上黨鮑宣。(十二上)

樹達按:《後書·桓榮傳》云:榮學歐陽《尚書》,事博士九江朱普。

勝至長信少府,建太子太傅,自有傳。(十二下)

錢大昭曰:建當作遷。勝本傳云:爲長信少府,遷太子太傅,《劉向傳》同。若建官至太子少傅,非太子太傅也。且建本附《勝傳》,不得云自有傳。

樹達按:此文長信少府四字當作太子太傅,建太子太傅當作建太子少傅。建下當有至字,蒙上文而省。曹襄附《曹參傳》,韓説附《韓王信傳》,然《霍去病傳》末云:襄、説自有傳。下文云:玄成及兄子賞以《詩》授哀帝,至大司馬車騎將軍,自有傳。按官至大司馬車騎將軍者乃韋賞,賞固附見《韋賢傳》也。錢謂建不得云自有傳,誤也。

霸爲博士。(十二下)

樹達按:據《孔光傳》,事在昭帝末年。

堪授牟卿及長安許商長伯。(十二下)

樹達按:堪弟子又有張猛,見《劉向傳》。班伯嘗從商講異同,見《叙傳》。

牟卿爲博士。(十三上)

樹達按:牟卿有《章句》。《後書·張奂傳》云:《牟氏章句》浮碎繁多,有四十五萬餘言,奂減爲九萬言,是也。《藝文志》不載。

號其門人沛唐林子高爲德行,平陵吴章偉君爲言語,重泉王吉少音爲政事,齊炔欽幼卿爲文學。(十三上)

樹達按:後漢向栩弟子有顔淵、子貢、季路、冉有之輩,祖此。

欽、章皆爲博士,徒衆尤盛。(十三上)

樹達按:《云敞傳》云:章弟子千餘人,敞及王莽子宇皆章弟子也。宇師章,又見《莽傳》。

授同縣李尋、鄭寬中,山陽張無故子儒,信都秦恭延君,陳留假倉子驕。無故善修章句,爲廣陵太傅,守小夏侯説文。(十三下)

樹達按：《李尋傳》云：尋治《尚書》，與張孺、鄭寬中同師，寬中等守師法教授。守師法即此所謂守小夏侯説文也，彼云張孺，此云子儒，未知孰是。

寬中有儁材，以博士授太子。（十三下）

樹達按：寬中爲博士，使行風俗，奏王尊治狀，見《尊傳》。薦言張禹善《論語》，見《禹傳》。

成帝即位，賜爵關内侯，食邑八百户，遷光禄大夫，領尚書事，甚尊重。（十三下）

樹達按：時寬中爲成帝講《尚書》於金華殿，見《叙傳》。

近事：大司空朱邑、右扶風翁歸，德茂夭年，孝宣皇帝愍册厚賜。（十四上）

樹達按：各賜予黄金百斤，奉祭祀，見邑、翁歸本傳。

功列施乎政事。（十四上）

樹達按：列與烈同。

未得登司徒，有家臣。（十四上）

師古曰：司徒，掌禮教之官，言寬中學行堪爲之也。家臣，若今諸公國官及府佐也。王文彬曰：案家臣以治喪葬具也。《論語》：子疾病，子路使門人爲臣。子曰：由之行詐也，無臣而爲有臣。

樹達按：王説支離，顔説是也。

孔氏有《古文尚書》。（十四下）

樹達按：自伏生傳至張山拊，皆叙傳今文者。此叙古文，故别起。

孔安國以今文字讀之，因以起其家逸書，得十餘篇，蓋尚

書玆多於是矣。（十四下）

何焯曰：起其家似謂別起家法。司馬貞云：起者，謂起發以出也，則當屬下逸書讀。

樹達按：孫楷第云：《書序正義》引劉向《別録》云："武帝末，民有得《泰誓》書於壁内者，獻之於博士，使讀之，數月皆起。"即此起字。凡人病困而愈謂之起，義有滯礙隱蔽，通達之，亦謂之起。《論語·八佾》篇："起予者商也。"包咸云"言子夏能發明我意"是也。司馬何説皆非。《後書》六十七《桓郁傳》注引華嶠《後漢書》云："上問郁曰：子幾人能傳學？郁曰：臣子皆未能傳學，孤兄子一人學方起。上曰：努力教之！有起者，即白之。"亦足證此起字之義。

安國爲諫大夫，授都尉朝，而司馬遷亦從安國問故。（十四下）

樹達按：據《後漢書·孔僖傳》，自安國以下世傳《古文尚書》以至於僖，則孔氏尚別有其家學，此傳未載。

庸生授清河胡常少子，以明《穀梁春秋》爲博士，部刺史。（十四下）

樹達按：常受《穀梁》於江博士，受《左氏》於尹更始而傳之賈護，見下文。部刺史者，青州刺史，見《翟方進傳》。

授王璜，平陵塗惲子真。（十五上）

樹達按：《後書·賈逵傳》云：父徽，受《古文尚書》於塗惲。

篇或數簡，文意淺陋。（十五上）

樹達按：《論衡·感類》篇引云："伊尹死，大霧三日。"此《百兩》篇文之僅存者。

時太中大夫平當侍御史周敞勸上存之。（十五上）

師古曰：存者，立其學。

樹達按：存之謂不毁廢其書。《論衡·正説》篇云："成帝高其才而不誅，亦惜其文而不滅。"是也。顔云勸立其學，傎矣。

申公愧之。（十五下）

樹達按：愧，恥也。

弟子自遠方至受業者千餘人。（十五下）

齊召南曰：按千餘人《史記》作百餘人。下文言"申公弟子爲博士者十餘人，大夫郎掌故以百數"，則此文作千餘人是也。

樹達按：下文言學官弟子至大夫郎掌故以百數者，指申公弟子爲博士者之學官弟子而言，非謂申公之弟子也。齊説殊誤。

申公獨以《詩經》爲訓故以教，亡傳。（十五下）

樹達按：《藝文志》：《詩》家《齊詩》有《后氏故》，又有《后氏傳》。《韓詩》有《韓故》，又有内、外《傳》。《魯詩》但有《魯故》，無傳。

於是上使使束帛加璧，安車以蒲裹輪，駕駟，迎申公。（十六上）

樹達按：此建元元年事。

太皇竇太后喜老子言。（十六上）

樹達按：太皇二字疑當在竇字下，或是誤添。

申公卒以《詩》、《春秋》授。（十六下）

樹達按：《穀梁春秋》也，見下文。

傳子玄成，以淮陽中尉論石渠。（十六下）

樹達按：《賢傳》有賢門下生博士義倩。

後東平唐長賓，沛褚少孫亦來事式，問經數篇。（十七上）

樹達按：武帝從兒寬問《書》一篇，唐褚問式數篇，似漢人不必皆習全經也。

疑者丘蓋不言。（十七下）

蘇林曰：丘蓋不言，不知之意也。如淳曰：齊俗以不知爲丘。師古曰：二説皆非也。《論語》載孔子曰："蓋有不知而作之者，我無是也。"欲遵此意，故效孔子自稱丘耳。蓋者，發語之辭。劉敞曰：予案荀卿書，區蓋之間，疑則不言，區蓋近意也。丘區聲相變，殆謂此耳。洪頤煊曰：《文選》陳孔璋《爲曹洪與魏文帝書》云："恐猶未信丘言。"《廣雅》："丘，空也。"是丘爲空言。《法言·問神》篇："《酒誥》之説俄空焉。"蓋者，發語辭，空蓋不言，即闕疑之意。

樹達按：段玉裁云：蓋舊音如割。丘蓋《荀子》作區蓋，《論語》作蓋闕，丘區闕三字雙聲。李慈銘云：段説是也。丘蓋者，闕之切音，讀闕爲丘蓋，亦作區蓋。如説當云齊俗以不知爲丘蓋，傳寫脱一蓋字。吴承仕云：丘蓋二字義同，此乃雙聲連語。《月令》：句者畢達，蔡邕《章句》作區者畢達。并云：區，蓋也。可知區丘句三字音同，故與蓋爲雙聲，區亦訓蓋，知區蓋丘蓋爲連語也。顔洪以蓋爲語辭，失之。樹達按：李説甚巧，然解荀則不可通，吴説是也。

博士江公世爲《魯詩》宗。（十七下）

師古曰：爲《魯詩》者所宗師也。

樹達按：此即上文瑕丘江公之孫，宗謂宗主。

至，江公著《孝經説》。（十七下）

樹達按：至字句絶。《藝文志》《孝經》有《江氏説》一篇。

式曰：聞之於師：客歌《驪駒》，主人歌《客毋庸歸》。（十八上）

文穎曰：庸，用也。主人禮未畢，且無用歸也。劉敞曰：尋文衍一客字。《驪駒》者,客將歸之歌,主人無所歸,不當歌也。

樹達按:客歌《驪駒》,上文服注所謂客欲去歌之者,是也。主人歌《客毋庸歸》,主人留客歌之也。

今日諸君爲主人,日尚早,未可也。(十八上)

樹達按:今日諸君爲主人者,謂諸君今日爲主人,當歌《客毋庸歸》以留客,不當歌《驪駒》,嫌於逐客也。日尚早未可者,式謂我今爲客,固當歌《驪駒》,然以日尚早,不欲即行,故不歌也。

式曰:在《曲禮》。江翁曰:何狗曲也!(十八上)

師古曰:意怒,故妄發言。言狗者,輕賤之甚也。今流俗書本云何曲狗,妄改之也。王念孫曰:戴先生云:當作何拘曲也。語含刺譏,不至妄詈,注非。朱一新曰:若僅刺譏,式何至引爲深恥。且狗曲本承《曲禮》而言,若作拘曲,是别出一義,與上文又不相應,仍當以顔注爲長。

樹達按:《禮記·曲禮》上篇云:"侍坐於君子,君子欠伸,撰杖屨,視日蚤莫,侍坐者請出矣。"此殆式所指也。然《曲禮》言侍坐於君子之禮,非謂客自身之事,故江翁斥其狗曲,謂其曲解經義也。顔王朱説并非是。

武恥之,陽醉,逷墜。(十八上)

師古曰:逷,失據而倒也。

樹達按:《説文》二篇下"足部"云:踼,跌也。逷與踼同。

其門人琅邪王扶爲泗水中尉,陳留許晏爲博士。(十八上)

宋祁曰:尉字下當有授字。

樹達按:宋説是也。《釋文叙録》云:扶授許晏。

授龔舍。（十八下）

樹達按：據《廣德傳》，授龔勝、舍二人。

湯武不得已而立，非受命而何？（十八下）

師古曰：此非受命更何爲。錢大昭曰：而何南監本、閩本而并作爲。朱一新曰：案注則爲字是也。此作而，蓋涉下非殺而何句誤。先謙曰：官本作爲何。

樹達按：景祐本作爲何。

冠雖敝，必加於首；履雖新，必貫於足。（十八下）

樹達按：僖公八年《穀梁傳》云：朝服雖敝，必加於上；弁冕雖舊，必加於首。

固曰：必若云，是高皇帝代秦即天子之位非耶？（十九上）

師古曰：謂必如黄生之言。

樹達按：《史記》作必若所云，故顔據以爲説。然班删所字，義自不同。今案若猶如此也。《書・大誥》云："爾知寧王若勤哉！"《翟義傳》載莽誥若勤作若此勤，是若有如此義，必若云即必如此云也。

食肉毋食馬肝，未爲不知味也。言學者毋言湯武受命，不爲愚。（十九上）

師古曰：馬肝有毒，食之憙殺人，幸得無食。言湯武爲殺，是背經義，故以爲喻也。

樹達按：《史記・倉公傳》云："淳于司馬曰：我之王家食馬肝。"知馬肝未嘗不可食也。顔説似誤。

此家人言耳。（十九上）

師古曰：家人言僮隸之屬。

樹達按：家人，庶人也。説詳卷一《惠帝紀》。

安得司空城旦書乎！（十九上）

樹達按：秦焚書令云："令下三十日不燒，黥爲城旦。"

拜爲清河太傅。（十九上）

先謙曰：徐廣注：哀王嘉。

樹達按：清河哀王名乘，不名嘉。

伏理斿君（十九下）

樹達按：據《後書·伏湛傳》，理爲伏生八世孫。理曾祖孺，教授東武，子湛傳父業，教授數百人。

潁川滿昌君都，君都爲詹事。（十九下）

樹達按：昌爲詹事，議武帝廟宜毁，見《韋玄成傳》。

滿昌授九江張邯，琅邪皮容。（十九下）

樹達按：張邯事見《王莽傳》。《後書·馬援傳》注引《東觀記》云："馬援受《齊詩》，師事潁川蒲昌。"按蒲昌即滿昌也。

景帝時至常山太傅。（二十上）

樹達按：《論衡·骨相》篇云：韓生名聞於天下，兒寬位至御史大夫，州郡承旨，召請擢用，舉在本朝，遂至太傅。

韓生亦以《易》授人，推《易》意而爲之傳。（二十上）

樹達按：《蓋寬饒傳》引《韓氏易傳》言"五帝官天下，三王家天下，家以傳子，官以傳賢"，云云。

涿郡韓生其後也。（二十上）

樹達按：《王貢兩龔鮑傳》，昭帝時，涿郡韓福以德行徵，此涿郡韓生殆即福也。

誼授同郡食子公。（二十上）

樹達按：誼又授漢昭帝。

敖授九江陳俠。（二十下）

樹達按:《經典釋文叙録》云:俠授九江謝曼卿。

而魯徐生善爲頌。（二十下）

蘇林曰:《漢舊儀》:有二郎爲此頌貌威儀事,有徐氏,徐氏後有張氏,不知經,但能盤辟爲容。天下郡國有容史,皆詣魯學之。師古曰:頌讀與容同,下皆類此。沈欽韓曰:《新書》卷六有《容經》,此爲容者所誦習也。

樹達按:《龔遂傳》:遂勸昌邑王"坐則誦詩書,立則習礼容",知漢世尚重禮容也。

聖號小戴,以博士論石渠,至九江太守。（二十一下）

樹達按:聖爲九江太守,行治多不法,見《何武傳》。

通漢以太子舍人論石渠,至中山中尉。（二十一下）

樹達按:戴聖及通漢《石渠議》散見《通典》五十一以下各卷中,詳洪頤煊《經典集林》。

而董生爲江都相,自有傳。弟子遂之者,蘭陵褚大、東平嬴公、廣川段仲温、吕步舒。（二十二上）

師古曰:遂謂名位成達者。宋祁曰:遂之者當删之字。劉敞曰:遂之者,之字衍。齊召南曰:案《史記》作舒弟子通者。

樹達按:吴承仕云:遂之疑當作之遂,傳寫誤倒。樹達按:《左傳・哀公二年》云:庶人工商遂。杜注云:"得遂進仕。"此班語所本。又按:褚大見《兒寬傳》,步舒見《仲舒傳》。吾邱壽王從仲舒受《春秋》,高材通明,見壽王傳,此漏舉。

彭祖爲宣帝博士,至河南東郡太守,以高弟入爲左馮翊,遷太子太傅。（二十二下）

宋祁曰：或無東字。

樹達按：《百官表》："元帝初元五年，河南太守劉彭祖爲左馮翊。二年，遷太子太傅。"王先謙以劉爲嚴之誤，是也。據表，東字不當有。彭祖爲太子太傅，議罷郡國廟，見《韋玄成傳》。

始貢禹事嬴公，成於眭孟，至御史大夫。（二十二下）

樹達按：《五經異義》：《春秋公羊》御史大夫貢禹説：王者宗有德，廟不毁。宗而復毁，非尊德之義。

咸爲郡守九卿。（二十三上）

樹達按：咸王莽時爲講《春秋》祭酒，見《莽傳》。

傳子至孫爲博士。（二十三下）

樹達按：此即上文之博士江公。

太子即通，復私問《穀梁》而善之。（二十三下）

樹達按：《後書·陳元傳》云："孝武皇帝好《公羊》，衛太子好《穀梁》。有詔，詔太子受《公羊》，不得受《穀梁》。"案詔不得受，故私問之也。據《戾太子傳》，即從江公問之。

迺召五經名儒太子太傅蕭望之等大議殿中，平《公羊》、《穀梁》同異，各以經處是非。（二十四上）

樹達按：《谷永傳》云："臣愚不能處也。"顔注云：處謂斷決也。此處字義同。

尹更始爲諫大夫，長樂户將。（二十四下）

樹達按：更始爲諫大夫，與議罷郡國廟，見《韋玄成傳》。

咸至大司農。（二十四下）

樹達按：咸校中書術數，見《藝文志》。校經傳，見《劉歆傳》。

鳳九江太守，至青州牧。（二十五上）

樹達按:《後書·侯霸傳》云:霸師事九江太守房元,治《穀梁春秋》,爲元都講。

漢興,北平侯張蒼及梁太傅賈誼、京兆尹張敞、太中大夫劉公子皆修《春秋左氏傳》。(二十五上)

樹達按:劉向《别録》云:左邱明授曾申,申授吴起,起授其子期,期授楚人鐸椒。椒作《抄撮》八卷,授虞卿。虞卿作《抄撮》九卷,授荀卿,荀卿授張蒼。

授蒼梧陳欽子佚,以《左氏》授王莽,至將軍。(二十五下)

樹達按:許慎《五經異義》引奉德侯陳欽説。欽爲莽厭難將軍,見《莽傳》。又按:《左傳·哀公十四年》西狩獲麟疏云:説《左氏》者云:"麟生於火而遊於土。孔子作《春秋》,《春秋》者,禮也,修火德以致其子,故麟來而爲孔子瑞也。"奉德侯陳欽説:"麟,西方毛蟲,金精也。孔子作《春秋》,有立言,西方兑爲口,故麟來。"鄭玄以爲:修母致子不如立言之説密也。按此欽《春秋》説之可考見者。

而劉歆從尹咸及翟方進受。(二十五下)

樹達按:歆以《左氏》授孔奮,見《後書·奮傳》。

初,書唯有歐陽,《禮》后,《易》楊,《春秋》公羊而已。至孝宣世,復立大、小夏侯《尚書》,大、小戴《禮》,施、孟、梁、丘《易》,《穀梁春秋》。(二十五下)

樹達按:王國維《漢魏博士考》云:宣帝增置博士事,《紀》、《表》、《志》、《傳》所紀互異。《宣紀》繫於甘露三年,《百官公卿表》繫於黄龍元年,一不同也。《紀》與《劉歆傳》均言立梁丘《易》,大、小夏侯《尚書》,《穀梁春秋》,而《儒林傳贊》復數大、小戴《禮》,《藝文志》復數慶氏《禮》,二不同也。又博士員數,表云增足十二人,與傳亦不同。據《劉歆傳》,則合新舊僅得八人,如《儒林傳》,則合新舊得十二人,似與表合矣。然二傳皆不數《詩》博士。案申公、韓嬰均於孝文時爲博士,轅固於孝景時爲博士,則文景之世魯、齊、韓三家《詩》已立博士,特孝宣時於《詩》無所增置,故劉歆略之。《儒林傳贊》綜計宣帝以前立博士之經,而獨遺《詩》魯、齊、韓三家,疏漏甚矣。又宣帝於《禮》博士亦無所增置,《儒林傳贊》乃謂宣帝立大、小戴《禮》,不知戴聖雖於宣帝時爲博士,實爲后氏《禮》博士,尚未自名其家,與大戴分立也。《藝文志》謂慶氏亦立學官者,誤與此同。今參伍考之,則宣帝末所有博士,《易》則施、孟、梁邱,《書》則歐陽、大、小夏侯,《詩》則齊、魯、韓,《禮》則后氏,《春秋》公羊、穀梁,通得十二人。《儒林傳贊》遺《詩》三家,因劉歆之言而誤。《贊》又數大、小戴《禮》,《藝文志》并數慶氏《禮》,則又因後漢所立而誤也。又宣帝增置博士之年,《紀》、《表》雖不同,然皆以爲在論石渠之後。然《儒林傳》言歐陽高孫地餘爲博士,論石渠。又林尊事歐陽高,爲博士,論石渠,張山拊事小夏侯建,爲博士,論《石渠》,則論石渠時似歐陽有二博士,小夏侯亦已有博士,與《紀》、《傳》均不合。蓋所紀歷官時代有錯誤也。又《易》施、孟二博士亦宣帝所立但在甘露、黄龍前,則《儒林傳贊》所言是也。

循吏傳第五十九(漢書八十九)

惟江都相董仲舒,内史公孫弘、兒寬居官可紀。(一上)

樹達按:寬爲左内史,治行詳本傳。

與我共此者,其唯良二千石乎!(一下)

樹達按:宣帝選博士、諫大夫通政事者補郡國守相,見《蕭望之傳》。

王成、黄霸、朱邑、龔遂、鄭弘、召信臣等,所居民富,所去見思。(二上)

樹達按:陳立爲天水太守,勸民農桑,爲天下最,見《西南夷傳》,此傳不及。

乃選郡縣小吏開敏有材者張叔等十餘人。(二下)

樹達按:《華陽國志·蜀郡士女贊》自注云:"張寬,字叔文,文翁遣寬詣博士東受七經,還以教授。"是張叔名寬字叔文也。

減省少府用度,買刀布蜀物,齎計吏以遺博士。(二下)

如淳曰:金馬書刀,今賜計吏,是也。作馬形於刀環內,以金鏤之。晉灼曰:刀,書刀。布,布刀也。舊時蜀郡工官作金馬書刀者似佩刀形,金錯其拊,布刀謂婦人割裂財布刀也。師古曰:少府,郡掌財物之府以供太守者也。刀,凡蜀刀有環者也。布,蜀布細密者也。二者蜀人作之皆善,故賫以爲貨,無限於書刀布刀也。如晉二説皆煩爲不當也。

樹達按:顔説是也。楊僕爲將軍,欲請蜀刀;張騫遊大夏,驚見蜀布。二物名貴,略可知矣。

常選學官僮子使在便坐受事。(三上)

師古曰:便坐,别坐可以視事,非正廷也。坐音財臥反。

樹達按:便坐又見《張禹傳》"禹見彭宣於便坐"是也。

蜀地學於京師者比齊魯焉。(三上)

齊召南曰:按《蜀志》,秦宓曰:"文翁遣司馬相如東受七經,還教吏民。”然則相如即文翁所拔以爲蜀人師者,其語與《地理志》所云“繇文翁倡其教,相如爲之師”者正合。但此傳及《相如傳》并無明文。

樹達按:李詳《媿生叢録》卷一云:《地理志》:“景武間,文翁爲蜀守,教民讀書,及司馬相如遊宦京師諸侯,以文辭顯於世,鄉黨慕循其迹。後有王褒、嚴遵、楊雄之徒,文章冠天下。繇文翁倡其教,相如爲之師。”此言王楊文章師法相如而已,非親爲之師也。秦宓誤讀《班志》,以相如爲教授之師。常璩書多從承祚《國志》,而此獨不取《宓傳》,是也。相如景帝時爲武騎常侍,後病免游梁。文翁景帝末始爲蜀郡守,則相如宦游在外,固文翁馳驅所不及也。

以豪傑役使徙雲陵。(三下)

樹達按:據《武帝紀》,太始元年事。

光既誅之,遂遵武帝法度,以刑罰痛繩羣下。(四下)

樹達按:《五行志》云:“光始行寬緩,欲以説下。及遇困,遂變而復行武帝急峻之法也。”與此文正合。

令左馮翊宋畸舉霸賢良。(四下)

樹達按:據《夏侯勝傳》,此宣帝本始四年事也。《公卿表》,是年大鴻臚宋疇爲左馮翊,此作畸,與彼異。二字形近,必有一誤。

緹油屏泥於軾前以章有德。(五上)

樹達按:屏泥蓋即《鹽鐵論·散不足》篇之所謂弇汙。周壽昌云:今俗謂挖泥。

鄉部書言。(五下)

樹達按:書言謂以書言之。

及姦吏緣絶簿書,盜財物。(五下)

師古曰:緣,因也。因交代之際而棄匿簿書以盜官物也。

樹達按:絶字因緣字而衍。顔强説絶爲棄匿,緣絶簿書,豈可通乎!

代邴吉爲丞相。(六下)

樹達按:時霸與于定國議呼韓邪單于朝儀,見《蕭望之傳》。

長吏守丞對時,臣敞舍有鶡雀飛止丞相府屋上。(七上)

樹達按:此當以"長吏守丞對時"爲句,王於"對"字下置注,誤。

霸即取爲妻,與之終身。(九上)

錢大昭曰:事見《論衡·骨相》篇。

樹達按:亦見《吉驗》篇。

韓信雖奇,賴蕭公而後信。(九下)

師古曰:信謂爲君上所信任也。一説:信讀曰伸,得伸其材用也。

樹達按:朱一新云:信字當從後讀。

神爵元年卒。(十上)

樹達按:《儒林傳》載谷永疏云:翁歸、邑德茂夭年,知邑壽爲不高也。

面刺王過。(十上)

樹達按:《説文》三篇上"言部"云:諫,數諫也。刺同音借字。

王至掩耳起走,曰:郎中令善媿人。(十上)

師古曰:媿古愧字。愧,辱也。

樹達按:媿人謂使人媿,顔注非。

王相安樂遷長樂衛尉。(十下)

樹達按:安樂亦見《昌邑王傳》。

陽狂恐知。（十一上）

樹達按：陽狂恐知，如韋玄成是也。

故使陛下赤子盜弄陛下之兵於潢池中耳。（十一下）

樹達按：皮錫瑞《師伏堂筆記》云：潢池事未知所出。《後漢書·東夷傳》："偃王處潢池東，地方五百里。"偃王嘗僭號，盜弄潢池，或即引偃王潢池爲比。

以官壽卒。（十二下）

樹達按：《後書·延篤傳》：篤爲平陽侯相，表龔遂墓，擢用其後於畎畝之中，是遂卒後葬故里也。

止舍離鄉亭。（十三上）

樹達按：離字疑衍。

晝夜𤋎藴火，待温氣乃生。（十三下）

師古曰：藴火，蓄火也。

樹達按：《説文》十篇上"火部"云：煴，鬱煙也。藴乃借字。

信臣年老以官卒。（十四上）

樹達按：《後書·儒林傳》，召馴爲信臣曾孫。

酷吏傳第六十（漢書九十）

而吏治蒸蒸不至於姦。（二上）

樹達按：《書·堯典》云：蒸蒸乂，不格姦。

都遷爲中尉。（三上）

樹達按：時景帝欲治捕栗氏，故以都代衛綰，見《綰傳》。都不敢加季心，見《季布傳》。

後長安左右宗室多犯法。（四上）

師古曰：長安左右，京邑之中也。

樹達按：左右疑謂天子之左右近臣，顔説似非。

徙爲内史（四上）

樹達按：時張湯爲内史掾，見《湯傳》。

司馬安之文惡。（四下）

樹達按：安爲黯姊子，又見《黯傳》。

與張湯論定律令，作見知。（五上）

樹達按：湯之死，禹責湯，見《湯傳》。

遷御史，上以爲能，至中大夫。（五上）

樹達按：張熷云：《百官表》：元光六年，中大夫趙禹爲中尉，傳失載。

嘗中廢，已爲廷尉。（五下）

樹達按：《百官表》：元狩三年有廷尉禹。元鼎四年又云：故少府趙禹爲廷尉。

數歲，誖亂有罪，免歸。（五下）

周壽昌曰：觀二疏傳云"老誖"，又《嚴延年傳》"丞義年老，頗悖"，可證悖即誖字。

樹達按：《説文》三篇上"言部"悖爲誖之或體，周説失考。

甯成家居，上欲以爲郡守，御史大夫弘曰：臣居山東爲小吏時，甯成爲濟南都尉，其治如狼牧羊，成不可令治民。上迺拜成爲關都尉。歲餘，關吏税肄郡國出入關者號

曰:"寧見乳虎,無直甯成之怒。"其暴如此。(六上)

樹達按:虎怒古模部韻。又按:"甯成家居"至"其暴如此",與義縱無涉,疑是錯簡,本當在《成傳》中也。

爲死罪解脱。(六下)

樹達按:《說文》十二篇上"手部"云:挩,解挩也。脱乃同音假字。

是日皆報,殺四百餘人。(六下)

師古曰:奏請得報而論殺。劉敞曰:縱掩定褱獄,一切捕鞠,而云是日皆報殺,則非奏請報可之報矣。然則以論決爲報。

樹達按:劉於王温舒篇又言之,說固是矣。然《說文》十篇下"卒部"云:報,當罪人也。劉不引此,而紛紛作證,何也?

後會更五銖錢白金起。(七上)

樹達按:白金起謂收銀錫爲白金也,見《武紀》元狩四年。行五銖在元狩五年。

其治所誅殺甚多,然取爲小治,姦益不勝。(七上)

樹達按:《佞幸傳》云:"二人之寵取過庸,不篤。"顔注云:"纔過於常人耳,不能大厚也。"《西域·烏孫傳》云:"取羈屬,不肯往朝會。"顔注云:"言纔羈縻屬之而已。"兩傳顔皆訓取爲纔。《張湯傳》云:"丞相取充位。"顔注云:"但充其位而已。"訓取爲但,亦與纔義同。

擇郡中豪敢往吏十餘人爲爪牙。(七下)

師古曰:豪桀而性果敢,一往無所顧者,以爲吏也。宋祁曰:豪字下當有桀字。周壽昌曰:豪即其郡人之桀出者,不必加桀字也。《韓安國傳》:"鴈門馬邑豪聶壹。"敢往吏言敢於前往無所畏避也。

顔注似以敢字屬上讀，幾至不可通。王文彬曰：周云不加桀，是也，而詳其語意，仍以豪桀爲義。《甯成傳》"所居郡必夷其豪"安有豪桀而夷之乎！蓋郡中之渠魁豪惡，温舒因擇用之，觀下文把其陰重罪，義自可見。

樹達按：王説非也。後世用豪桀字皆美稱，王爲所誤，不知《漢書》乃不然也。《嚴延年傳》云："其豪桀侵小民者，以文内之。"《遊俠傳》云："自哀平間郡國處處有豪桀，然莫足數。"若如王説，豪桀必爲美義，豈有侵小民而不足數者乎！

奏行不過二日，得可。（八上）

樹達按：温舒自爲驛，故神速如此。

盡十二月，郡中無犬吠之盜。（八下）

樹達按：温舒以九月至郡，至十二月，不過四月，此言其效速。

徒請召猜禍吏與從事。（八下）

樹達按：王念孫謂此文及下文從事猜禍，二猜字皆猾字之訛，詳具《高祖紀》。

居它，惽惽不辯。（九上）

樹達按：下文云"官事辦"，辯與辦同。又云"壹切爲小治辯"，字作辯。又云"有治辦名"，又作辦。知本書二字通用不别。

至於中尉則心開。（九上）

樹達按：《後書・王常傳》云：聞陛下即位河北，心開目明。

光禄勳徐自爲曰。（九下）

樹達按：自爲又見《匈奴傳》。

及死，仇家欲燒其尸，妻亡去，歸葬。（十上）

先謙曰：《史記》作尸亡去歸葬。徐廣注：未及歛，尸亦飛去。

《風俗通·怪神》篇説同。《公羊傳》:陳侯鮑甲戌之日亡,己丑之日死而得。疏亦引此事爲證。班氏蓋以爲誕而易之。

樹達按:《論衡·死僞》篇引尸亡之説而辯之,用意與班同。蓋仲任受學叔皮,與孟堅學同源也。

使治主父偃及淮南反獄,所以微文深詆殺者甚衆。(十一下)

樹達按:《淮南王傳》云:所連引與王謀反,列侯二千石豪桀數千人,皆以罪輕重受誅。宣與張湯有隙,窮竟湯事,見《湯傳》。石慶爲相,欲治宣而不得,見《慶傳》。

爲御史及中丞者幾二十歲。(十一下)

樹達按:《杜周傳》云:與咸宣更爲中丞者十餘歲。

及以法誅通行飲食。(十二下)

樹達按:通行飲食又見《尹賞傳》。

故城父令公孫勇與客胡倩等謀反。(十三上)

樹達按:《武紀》事在征和三年。

初、四人俱拜於前,小吏竊言。武帝問:言何?對曰:爲侯者得東歸不?上曰:女欲不貴矣。(十三上)

師古曰:言汝意欲歸不,吾今貴汝,謂賜之爵也。

樹達按:顔説非也。"女欲不貴矣"五字當連讀。女欲不貴矣,猶言汝將不得貴矣,即謂將不封爲列侯也。四人同功,同當爲列侯,而小吏獨爲關内侯,是其事也。《後書·隗囂傳》云"吾與隗囂事欲不諧",與此句例同。二欲字皆與將字義同也。

徵入爲大鴻臚。(十三下)

樹達按:時廣明將兵擊武都反氐,見《昭紀》及《西南夷傳》。

昭帝時，廣明將兵擊益州，還，賜爵關内侯。（十三下）

樹達按：事詳《西南夷傳》。

代蔡義爲御史大夫。（十三下）

樹達按：廣明劾夏侯勝非議詔書毁先帝，見《勝傳》。救田延年，見下篇。

以前爲馮翊與議定策。（十三下）

樹達按：《霍光傳》廣明列名廢昌邑王奏。

引軍空還。（十三下）

樹達按：事詳《匈奴傳》上。

田延年，字子賓，先齊諸田也，徙陽陵。（十四上）

樹達按：徙陽陵，《高紀》九年事。

選拔尹翁歸等以爲爪牙。（十四上）

樹達按：事詳《翁歸傳》，以此世稱延年爲知人也。

以選入爲大司農。（十四上）

樹達按：時爲嚴延年所劾，見次篇。

延年以決疑定策封陽城侯。（十四上）

樹達按：論功時延年功比誅諸吕時之典客劉揭，見《杜延年傳》。

延年抵曰：本出將軍之門，蒙此爵位，無有是事。（十四下）

師古曰：抵，拒諱也。

樹達按：《後書・劉隆傳》云："帝詰吏由趣，吏不肯服，抵言於長壽街上得之。"李注："抵，欺也。"按今猶云抵賴。

即無事，當窮竟。（十四下）

師古曰:既無實事,當命有司窮治盡其理。蘇輿曰:光以延年抵拒而忿言,即令無是事,亦應窮治。顏訓即爲既,非。

樹達按:即當訓若。

延年復劾大司農田延年持兵干屬車,大司農自訟不干屬車。(十五下)

樹達按:此嚴延年劾田延年,稱大司農自訟,舉官名者,避同名延年之混淆也。

神爵中,西羌反。(十五下)

樹達按:《宣紀》:西羌反在神爵元年。

吏皆股弁。(十六上)

師古曰:股戰若弁,弁謂撫手也。

樹達按:如顏説弁當作拚。《説文》十二篇下"手部"云:拚,拊手也。

坐怨望非謗政治,不道,棄市。(十七下)

樹達按:據《宣紀》係神爵四年事。

因數責延年。(十八上)

樹達按:句省曰字。

尹賞字子心。(十八下)

周壽昌曰:按《後漢豫州從事尹宙碑》有云:"尹吉甫元孫言多,世事景王,載在史典。"尹言多事見《左傳·襄三十年》,即賞之先也。《碑》又云"故子心騰於楊縣,致位執金吾",即指賞言。宙殆賞之同族後人也。

樹達按:漢人碑版,多妄舉同姓仕宦者以相誇耀,如《張遷碑》并載留侯、張釋之之類。《尹宙碑》恐亦相同,未可據也。

致令辟爲郭。(十九下)

師古曰:致謂積累之也。令辟,甗甎也。郭謂四周之内也。王文彬曰:《爾雅》:瓴甋謂之甓。注:甗甎也。今江東呼爲瓴甓。

樹達按:周壽昌云:致,置也。又按:甓正字,辟假字。《説文》十二篇下"瓦部"云:甓,令適也。

雜舉長安輕薄少年惡子。(十九下)

師古曰:惡子,不承父母教命者。

樹達按:子即謂人,猶諸侯人稱諸侯子。顔泥子字爲説,非是。

便輿出瘞寺門桓東。(十九下)

如淳曰:瘞,埋也。舊亭傳於四角面百步築土四方,上有屋,屋上有柱出,高丈餘,有大板貫柱四出,名曰桓表。縣所治夾兩邊各一桓,陳宋之間言桓聲如和,今猶謂之和表。師古曰:即華表也。宋祁曰:桓徐鍇改作垣,非是。蕭該《音義》作寺門外垣東。又云:今《漢書》多作垣字。蓋後人多知墻垣,不知桓表,當從桓。劉敞曰:便讀如箯。錢大昕曰:桓和華聲皆相近。

樹達按:《説文》六篇上"木部"云:"桓,亭郵表也。"徐楚金既見如説,又頗讀許氏書,乃妄從蕭該,改桓爲垣,何其疏也!如説桓制甚晰。清時官署門外多樹兩桓,築土四方,高柱貫板,正如如氏之言,俗名圍杆,但無屋耳,今不見矣。便猶言即,《武紀》云:"上便令征西南夷,平之。"便字義同。劉以《張耳傳》有箯輿,讀便爲箯,誤矣。

楬著其姓名。(二十上)

師古曰:楬,杙也。椓杙於瘞處而書死者名也。楬音竭,杙音弋,字并從木。沈欽韓曰:《秋官·蜡氏職》:"埋而置楬。"鄭司農云:

"楬欲令其識取之,今時揭櫫是也。"

樹達按:《説文》六篇上"木部"云:"楬,楬櫫也。"楬著其姓名者,《淮南王傳》云:"乃陽聚土,樹表其上曰:開章死葬此下。"是其式也。近人端方《陶齋臧磚記》載漢罪人葬磚數十事,其一云:"永元二年九月二十日,潁川武陽髡鉗東門當死在此下。"亦與《漢書》合。

安所求子死?(二十上)

師古曰:死謂尸也。

樹達按:顔説是也。《説文》一篇下"茻部"云:"葬,臧也。從死在茻中,一其中,所以薦之。"知以死爲尸,制字時已然矣。説詳余《釋死》篇。

丈夫爲吏,正坐殘賊免,追思其功效,則復進用矣。(二十下)

樹達按:宣帝之於張敞,是其例也。正者縱也,雖也。《終軍傳》云:"且鹽鐵郡有餘臧,正二國廢,國家不足以爲利害。"《黄霸傳》云:"許丞,廉吏,雖老,尚能拜起送迎。正頗重聽,何傷!"《遊俠傳》云:"正復讎取仇,猶不失仁義,何故遂爾放縱爲輕俠之徒乎?"《王莽傳》云:"貉人犯法,不從騶起,正有他心,宜令州郡且尉安之。"正字義并同。

賞四子皆至郡守,長子立爲京兆尹。(二十下)

樹達按:《公卿表》未見。

張湯以知阿邑人主,與俱上下。(二十下)

蘇林曰:邑音人相悒納之悒。師古曰:如蘇氏之説,邑字音烏合反。然今之書本或作色字,此言阿諛觀人主顏色而上下也。其義兩通。王念孫曰:邑當音烏合反。阿邑人主,謂曲從人主之意也。阿邑雙聲字，或作阿匼。《唐書·蕭復傳》云：盧杞諂諛阿匼，是也。師古欲從俗本作色，以知阿色人主，則大爲不辭。乃爲之説曰：言阿諛觀人主顔色而上下，其失也迂矣。

樹達按：王説是也。《鹽鐵論·論誹》篇云"而以意阿邑順風"，文義正同，是其證也。今本《鹽鐵論》邑誤作色，與顔引或本誤同。

卷　十

貨殖傳第六十一(漢書九十一)

及至魚鼈、鳥獸、藿蒲、材幹、器械之資。(一上)

師古曰:藿,薍也。即今之荻也。

樹達按:藿字誤,當作萑。《説文》一篇下"艸部"云:萑,薍也。從艸,隹聲。景祐本亦同誤。

於是在民上者,道之以德,齊之以禮,故民有恥而且敬。(二下)

樹達按:《論語·爲政》篇云:"道之以德,齊之以禮,有恥且格。"此云且敬,蓋讀格爲愙。《説文》十篇下"心部"云:愙,敬也。此漢人《論語》説也。

畜至用谷量牛馬。(六上)

樹達按:姜宸英云:高歡問爾朱榮:聞公有馬十二谷云云。以谷量牛馬,乃邊陲舊俗也。

水居,千石魚波。(六上)

師古曰:波讀曰陂。言有大陂養魚,一歲收千石魚也。

樹達按:《説文》十四篇下“𨸏部”云:陂,池也。

山居,千章之萩。(六下)

先謙曰:《史記》萩作材,徐廣注:一作楸。

樹達按:下文,有千樹萩,此作萩則文複,當依《史記》作材。

若千畝卮茜。(六上)

師古曰:茜草,卮子,可用染也。師古曰:茜音千見反。

樹達按:上師古景祐本作孟康,是也,此文誤。

刺繡文不如倚市門。(七上)

樹達按:文、門,古痕部韻。

糓糴千鍾。(七上)

師古曰:謂常糴取而居之。

樹達按:如顔説,糓糴與上文醯醤,下文薪稾、竹竿、軺車爲文不類。且此文所舉,大都謂己所有之物,若糴取而居之,非本文立言之意矣。愚按:糴當爲糶。《説文》七篇上“米部”云:糶,糓也。糓糶同義,故以爲連文。楊雄《蜀都賦》云“糶米肥豬”,糶今誤作糴,與此正同。

蘖麴鹽豉千合。(七下)

師古曰:麴蘖以斤石稱之,輕重齊則爲合。鹽豉則斗斛量之,多少等亦爲合。合者相配偶之言耳。今西楚、荆、沔之俗,賣鹽豉者鹽豉各一升,則各爲裹而相隨焉,此則合也。説者不曉,乃讀爲升合之合,又改作台,競爲解説,失之遠矣。王引之曰:師古以合爲相配耦,所謂曲説也。上文云:荅布皮革千石,桼千大斗。下文云:鮐鮆千斤,鮿鮑千鈞。此獨不言斗斛,不言斤石,而以相配耦爲名,有是理乎?《史記·貨殖傳》作千荅。徐廣曰:“或作台,器名有瓵。孫叔然云：瓵，瓦器，受斗六升。台當爲瓵，音貽。"案徐説是也。《爾雅》："甌瓿謂之瓵。"郭注："瓿甊，小甖，長沙謂之瓵。"《列女仁智傳》：臧文仲曰："斂小器投諸台。"台與瓵同。《史記》或本作台，是也。今本台作荅，乃苔字之譌。苔台古同聲，故得通用。《漢書》作合，則又台之譌也。師古不達，反以作台者爲誤，而强爲合字作解，其失甚矣。

樹達按：李慈銘云：上文云石，云斗，此合自當解爲升合之合。

旃席千具。（八上）

樹達按：旃假爲氈。《説文》八篇上"毛部"云：氈，撚毛也。

節駔儈，貪賈三之，廉賈五之。（八下）

師古曰：儈者，合會二家交易者也。駔者，其首率也。

樹達按：黄生《義府》卷下云：駔儈平定價直而取其酬，大率以三五爲節，謂於百分之中或取三，或取五也。貪賈嗇，故少取；廉賈寬，故多取。舊注并誤。

以鐵冶起，富至鉅萬。（九下）

王文彬曰：《集解》起屬下讀，云起富至鉅萬，是也。下文，刁間起數千萬，《史記》起下亦有富字。

樹達按：上文云：猗頓用鹽鹽起，則起字爲讀自可通。

莽皆以爲納言士。（十下）

樹達按：《王莽傳》：更名大司農曰羲和，後更爲納言。納言爲九卿之一，每一卿置大夫三人，一大夫置元士三人，故有納言士也。

秦之敗也，豪桀争取金玉，任氏獨窖倉粟。（十下）

樹達按：《説文》七篇下"穴部"云：窖，藏也。

塞之斥也。（十一上）

樹達按：塞之斥也以下與任氏無關，應提行。

王莽以爲京司市師，漢司東市令也。（十一下）

樹達按：以《食貨志》文證之，"漢司"之司疑衍。

又況掘冢搏掩，犯姦成富。（十二上）

師古曰：搏掩，謂搏擊掩襲取人物者也。搏字或作博。一説：博，六博也。掩，意錢之屬也。皆戲而賭取財物。先謙曰：據《史記》，搏當爲博，一説是。

樹達按：《功臣表》云"安邱侯張拾坐搏揜髡爲城旦"，揜與掩同。

遊俠傳第六十二（漢書九十二）

自與殺身成名若季路、仇牧，死而不悔也。（一下）

師古曰：言遊俠之徒自許節操同於季路、仇牧。蘇輿曰：與猶謂也，言遊俠自謂殺身成名若季路、仇牧。古書謂與與多互作，其義同也。

樹達按：顔説是也。

唯成帝時，外家王氏賓客爲盛，而樓護爲帥。及王莽時，諸公之間，陳遵爲雄；閭里之俠，原涉爲魁。（二下）

樹達按：據《辛慶忌傳》，辛通長子次兄，與衛子伯兩人俱遊俠，賓客甚盛，當平帝時，此傳不及。

乘不過軥牛。（三上）

晉灼曰：軥，軥梔也。軥牛，小牛也。師古曰：軥，重挽也。音工豆反。晉説是也。沈欽韓曰：《索隱》："大牛當軛，小爲軥牛。"據此時賤牛車，而朱家所乘并是輓軥之小牛，言其貧薄。《説文》：軥，軛下曲者。

樹達按：晉謂㸬牛爲小牛，是矣，又以㸬軛爲説，則非也。㸬本字當作㸬。郭注《爾雅》云：青州呼犢爲㸬，是也。大抵句聲之字多具小義。《爾雅·釋畜》云："犬未成豪，狗。"《釋獸》云："熊虎醜，其子狗。"《晉律》云："捕虎一，購錢五千，其狗半之。"《説文》"駣"下云："馬二歲曰駒。"㸬狗駒音義并相近。

劇孟以俠顯。（三上）

樹達按：爰盎善待孟，見《盎傳》。

以軀耤友報仇。（四上）

師古曰：耤古藉字也，藉謂借助也。

樹達按：古耤助二字音同，耤疑即假爲助。《孟子·滕文公》上篇云："殷人七十而助，助者，藉也。"助藉以同音爲訓。《説文》十三篇上"虫部"云："蜡，蠅胆也。胆，蠅乳肉中也。"二字同義。又一篇下"艸部"云："藉，祭藉也。蒩，茅藉也。"二字同義。又二篇上"齒部"云："齰，齧也。"十篇上"犬部"云："狙，犬暫齧人者。"二字義近。此皆昔聲且聲字相通之證。顔釋助，是也。云借助，則非矣。

與人飲，使之釂。（四下）

師古曰：盡酒曰釂。沈欽韓曰：《史記》作嚼，與釂同。《説苑·尊賢》篇、《善説》篇并作嚼，《荀子·榮辱》篇作噍。

樹達按：《説文》十四篇下"酉部"云："釂，飲酒盡也。"乃本字。嚼噍皆借字。

解使人微知賊處。（四下）

師古曰：微，伺問之也。

樹達按：《説文》八篇下"見部"云："覹，司也。"微爲覹之省假字。

司即今伺字。

邑中賢豪居間以十數,終不聽。(五上)

師古曰:居中間爲道地和輯之而不見許也。

樹達按:居間又見《灌夫傳》。

及徙豪茂陵也。(五下)

樹達按:此元朔二年事,見《武紀》。

季主家上書人又殺闕下。(五下)

師古曰:於闕下殺上書人。

樹達按:此謂上書人見殺於闕下。

東道佗羽公子。(六下)

樹達按:李慈銘云:"它"字上脱一"趙"字,當從《史記》。趙它羽公子是兩人。羽姓出鄭公子羽,《漢書·曹參傳》有羽嬰。《漢書·何武傳》有杜公子,此傳亦有長陵高公子,《儒林傳》有大中大夫劉公子,蓋皆以字爲名,如薛漢字公子比也。

酒市趙君都、賈子光。(七上)

服虔曰:酒市中人也。先謙曰:顧炎武云:服注非也。《王尊傳》:"長安宿豪大猾箭張禁,酒趙放。"晉灼注:"此二人作箭作酒之家。"齊召南云:賈子光當即《尊傳》所云東市賈萬矣。

樹達按:顧説非是,説見前《王尊傳》。齊説賈子光即《尊傳》之賈萬,但彼云東市,此云酒市,二者不合,似非。

長者尤見親而敬。(七下)

樹達按:而字疑當在長者二字上。

論議常依名節,聽之者皆竦。(七下)

樹達按:竦假爲愯。《説文》十篇下"心部"云:"愯,驚也。竦訓敬，非其義。

長安號曰：谷子雲筆札，樓君卿唇舌。（七下）

樹達按：札爲古屑部韻，舌爲曷部韻，音近合韻。

間里歌之曰：五侯治喪樓君卿。（八上）

樹達按：喪卿同古唐部韻。

平阿侯舉護方正，爲諫大夫，使郡國。護假貸，多持幣帛過齊。（八上）

師古曰：官以物假貸貧人，令護監之。劉奉世曰：此謂樓護假貸於人，多齎幣帛過齊以施親故爾。何乃謬斷其句，云監護官貸耶？劉攽説同。

樹達按：攽爲奉世之叔父，似應先引攽説，而以奉世説同附之。

其主簿諫：將軍至尊，不宜入間巷。（八上）

樹達按：宣帝詔云："出入閭巷，無吏體。"吏且不出入閭巷，況將軍乎！

迺賜遂璽書曰：制詔太原太守：官尊禄厚，可以償博進矣。妻君寧時在旁，知狀。（九上）

師古曰：史皇孫名進，而此詔不諱之，蓋史家追書，故有其字耳。君寧，遂妻名，云妻知負博之狀者，著舊恩之深也。劉攽曰：顔云史家追書，妄也。詔書本字，史家何苦改之。蓋進音贐，自不犯諱也。先謙曰：顧炎武云：荀悦《漢紀》云："杜陵陳遂，字長子，上微時與遊戲博奕，數負遂。上即位，稀見進用，至太原太守。乃賜遂璽書曰：制詔太原太守：官尊禄重，可以償博負矣。"進乃悼皇考之名，宣帝不應用之，《荀紀》爲長。錢大昕云：博進之進本作賮，與進退字文義俱別，故詔書不諱。且戾、悼二園未上尊號，當時臣民本無避諱之例，非由追書之故也。

樹達按：俞樾云：數負進下顔注兩説皆是。此遂負帝，非帝負遂，故璽書曰："官尊禄厚，可以償博進矣，妻君寧時在旁知狀。"蓋戲爲索債之詞，故引君寧爲證，見非空言也。遂謝曰："事在元平元年赦令前。"明其已更赦令，雖有宿負當免也。《荀紀》與此正相矛盾。夫遂負帝，則可引赦令以自解，帝負遂而遂引赦令以解之，則失尊卑之分矣。仍以《漢書》爲長。樹達按：俞説是矣，而以"事在元平元年赦令前"爲遂自解之辭，則仍誤説。此謂陳遂辭謝，詔書因稱"事在元平元年赦令前"，免其補償耳。劉、錢説進不必諱，是也，而以賮字爲解，則仍非是。地節四年詔有進藥字，又將何以説之乎？

遵少孤，與張竦伯松俱爲京兆史。（九上）

樹達按：竦，敞之孫，事見張敞、王莽二傳。

竦博學通達。（九下）

樹達按：竦從杜鄴問學，尤長小學，見《鄴傳》。

俱著名字。（九下）

樹達按：漢人云俱著名字，猶今言知名也。朱浮與彭寵書云"伯通以名字典郡"，意同。

槐里大賊趙朋霍鴻等起。（九下）

樹達按：事在莽居攝二年。趙朋《王莽傳》作趙明，云明鴻起兵和翟義。

性善書，與人尺牘，主皆藏去以爲榮。（十上）

樹達按：張爾岐《蒿庵閒話》卷一云：古人往來書疏，例皆就題其末以答，唯遇佳書心所愛玩，乃特藏之，别作柬以爲報。晉謝安輕獻之書，獻之嘗作佳書與之，謂必存録，安輒題後答之，甚以爲恨。漢人藏遵尺牘，亦愛其筆畫也。

時列侯有與遵同姓字者，每至人門，曰陳孟公，坐中莫不震動。既至而非，因號其人曰陳驚坐云。（十下）

樹達按：郅都號蒼鷹，嚴延年號屠伯，及此陳驚坐，皆後世綽號之始也。

繇是起爲河南太守。（十下）

樹達按：《後書・王丹傳》云：時河南太守同郡陳遵，關西之大俠也。其友人喪親，遵爲護喪事，賻助甚豐。丹乃懷縑一匹，陳之於主人前，曰：如丹此縑，出自機杼。遵聞而有慚色。自以知名，欲結交於丹，丹拒而不許。又見《東觀漢記》。

司直陳崇聞之。（十下）

樹達按：陳崇事詳《王莽傳》。

封淑德侯。（十一上）

樹達按：竦以爲劉嘉草誎莽奏封，見《莽傳》。

不得左右，牽於纆徽，一旦叀礙，爲瓽所轠。（十一上）

師古曰：纆徽，井索也。叀，縣也。瓽，井以磚爲甃者也。轠，擊也。言瓶忽縣礙不得下而爲井瓽所擊，則破碎也。叀言上絹反。瓽音丁浪反。轠音雷。諸家之説或以叀爲疐，或音衛，又以瓽爲甓，皆失之。

樹達按：叀作疐者是也。《説文》四篇下"叀部"云：疐，礙不行也。從叀，引而止之也。疐礙義同，故子雲連用之。作叀者，形近誤爾。顏訓爲縣，縣礙二字義不相貫。

身提黄泉，骨肉爲泥。（十一上）

師古曰：提，擲也。擲入黄泉之中也。提音徒計反。

樹達按：提字本作擿。《説文》十二篇上“手部”云：“擿，投也。”提以同音通假。

自用如此，不如鴟夷。（十一上）

樹達按：眉、危、懷、徽、轠、泥、夷，古韻并在微部。

鴟夷滑稽，腹大如壺，盡日盛酒，人復借酤。常爲國器，託於屬車，出入兩宫，經營公家。繇是言之，酒何過乎？（十一上）

樹達按：壺、酤、車、家、乎，古韻同在模部。

子欲爲我亦不能，吾而效子亦敗矣。（十一下）

樹達按：而猶如也，見《經傳釋詞》。

更始至長安，大臣薦遵爲大司馬護軍，與歸德侯劉颯俱使匈奴。（十二上）

樹達按：《東觀漢記》十五《王丹傳》云：更始時，遵爲大司馬護軍，出使匈奴，過辭於丹。丹曰：“俱遭時反覆，惟我二人爲天地所遺。今子當之絶域，無以相贈，贈子以不拜。”遂揖而别，遵甚悦之。

單于欲脅詘遵，遵陳利害，爲言曲直。單于大奇之，遣還。（十二上）

樹達按：事詳《匈奴傳》。

人無賢不肖，闐門。（十二下）

師古曰：闐字與窴同，音大千反。

樹達按：《説文》七篇下“穴部”云：窴，塞也。

子本吏二千石之世。（十二下）

樹達按：世謂後世子孫。説詳《張湯傳》及《王吉傳》。

人嘗置酒請涉,涉入里門,客有道涉所知母病,避疾在里宅者。(十三上)

樹達按:漢人以疾病而徙居,謂之避疾。《後書·魯丕傳》云:趙王商欲避疾,便時移住學官。《來歷傳》云:皇太子驚病不安,避幸乳母王聖舍。皆其事也。

涉何心鄉此。(十三上)

師古曰:鄉讀曰向。

樹達按:李慈銘云:鄉乃饗之省,言無心饗此食也,故下云徹去酒食。顔注非。

涉懼,求爲卿府掾史,欲以避客。(十三下)

樹達按:此蓋爲王莽從弟衛將軍林之掾,見《後書·馬援傳》。

涉單車敺上茂陵,投暮,入其里宅。(十三下)

樹達按:《石顯傳》云:顯故投夜還,稱詔開門入。《後書·范式傳》云:式便服朋友之服,投其葬日,馳往赴之。《任光傳》云:世祖遂與光等投暮入堂陽界。李賢注:投,至也。

原巨先奴犯法,不得。(十四上)

樹達按:得謂見捕得。

使肉袒自縛,箭貫耳,詣廷門謝辠。(十四上)

樹達按:僖公二十七年《左傳》記楚子玉治兵,貫三人耳。《説文》十二篇上"耳部"云:聅,軍法以矢貫耳也。是涉以軍法自罰。

外温仁謙遜,而内隱好殺。(十四下)

樹達按:李慈銘云:隱猶陰也。内隱者,謂其中陰賊也。

諸王子弟多薦涉能得士死。(十四下)

先謙曰:官本士死作死士,引宋祁曰:越本作士死。

樹達按：作士死者是也。景祐本作士死。

尹君！何壹魚肉涉也！（十五上）

樹達按：壹，專也。

佞幸傳第六十三（漢書九十三）

侍中中郎將張彭祖，少與帝微時同席研書。（一下）

樹達按：彭祖，張安世之子也。

官至上大夫。（二上）

先謙曰：《百官表》有太中大夫，中大夫，無上大夫。據《石奮傳》，奮爲太中大夫，二千石，以上大夫禄歸老於家，是上大夫即太中大夫也。下文上大夫義同。

樹達按：王説是也，《申屠嘉傳》正作太中大夫鄧通。

文帝時間如通家遊戲。（二上）

樹達按：時間又見《曹參傳》。《申屠嘉傳》云：文帝常燕通家。

上使善相人者相通。（二下）

樹達按：《潛夫論·相列》篇云：唐舉之相李兑、蔡澤，許負之相鄧通、條侯，雖司命班禄，追叙行事，弗能過也。據此知相通者爲許負也。

文帝嘗病癰，鄧通常爲上嗽吮之。（二下）

樹達按：《説文》二篇上"口部"云：欶，吮也。此正字。

趙談者，以星氣幸。（三上）

樹達按：辯士曹丘生事談，見《季布傳》。

上即位。（三下）

樹達按：嫣白王太后有女在民間，見《外戚傳》。

延年善歌：爲新變聲。（四上）

樹達按：《古今注》載李延年分薤露、蒿里爲二事。

延年繇是貴，爲協律都尉。（四上）

樹達按：延年與衛律善，薦律使匈奴，見《李陵傳》。

恭明習法令故事，善爲請奏。（四下）

樹達按：《法言・先知》篇云：或問曰：載使子草奏。曰：吾不如弘恭。

顯代爲中書令。（四下）

樹達按：時萬章與顯善得其力，見《章傳》。顯議甘延壽、陳湯不可封，見《湯傳》。

後太中大夫張猛。（五上）

樹達按：猛爲騫之孫，見《騫傳》。彼傳作光禄大夫。據劉向、薛廣德傳皆作光禄大夫，疑此誤。

民歌之曰：牢邪、石邪，五鹿客邪！印何纍纍，綬若若邪！（五上）

樹達按：石、客、若，古韻同在鐸部。

加厚賞賜。（六上）

樹達按：加厚二字疑倒。

丞相御史條奏顯舊惡及其黨牢梁陳順，皆免官。（六上）

樹達按：丞相匡衡、御史大夫張譚也，見《衡傳》。

長安謡曰：伊徙鴈，鹿徙菟，去牢與陳實無賈。（六下）

樹達按：菟、賈，古韻同在模部。

至衛尉九卿。（六下）

樹達按：長爲衛尉，成帝使受谷永所欲言，見《永傳》。

賂遺賞賜亦絫鉅萬。（七上）

樹達按：成都羅裒賂遺長，見《貨殖傳》。

紅陽侯立獨不得爲大司馬輔政。（七下）

樹達按：事詳《孫寶傳》。

窮治長，具服戲侮長定宮。（七下）

師古曰：侮古侮字。

樹達按：《説文》八篇上"人部"侮古文作侮。《五行志》云：慢侮之心生，亦作此字。

母若歸故郡。（八上）

師古曰：若者，其母名。

樹達按：李慈銘云：《元后傳》：后姊名君俠，此名若，則非君俠矣。且《元后傳》言元始中封君俠爲廣恩君，此傳不言長母還長安後得封。蓋若是元后從姊，如王音亦后之從弟，未嘗不稱寵任聽也。

詔令賢妻得通引籍殿中，止賢廬，若吏妻子居官寺舍。（八下）

先謙曰：若，及也。因賢妻故，并吏妻子皆得居官寺舍。

樹達按：若，如也。謂令賢妻得止賢廬，如吏妻子之得居寺舍耳。王説誤。

又詔賢女弟，以爲昭儀。（八下）

錢大昭曰：詔南監本、閩本并作召。先謙曰：官本作召。

樹達按：景祐本作召，是也。

詔將作大匠爲賢起大第北闕下。(八下)

樹達按:《鮑宣傳》云:"并合三第,尚以爲小,復壞暴室。"其大可知矣。

又令將作爲賢起冢塋義陵旁。(九上)

樹達按:義陵,哀帝陵。

上於是令躬寵爲因賢告東平事者。(九上)

樹達按:此從傅嘉之謀,見《王嘉傳》。

迺以其功下詔封賢爲高安侯。(九上)

樹達按:先賜爵關内侯,後封高安侯,見《王嘉傳》。賢常薦何武,見《武傳》。

反痛恨雲等,揚言爲羣下所冤。(九下)

樹達按:痛恨猶痛惜也。

上有酒所,從容視賢,笑曰:吾欲法堯禪舜,何如?閎進曰:天下迺高皇帝天下,非陛下之有也。陛下承宗廟,當傳子孫於無窮,統業至重,天子亡戲言。上默然不説。(十一下)

樹達按:閎有諫尊寵董賢疏,見《漢紀》。

賢第新成,功堅。(十一下)

師古曰:言盡功力而作之,極堅牢也。功字或作攻,治也。言作治之甚堅牢。

樹達按:《齊語》云:辨其功苦。韋昭云:功,牢也。《禮記·月令》云:必功致爲上。《淮南子·時則》篇作堅致。《小雅·車攻》篇云:我車既攻。《毛傳》云:攻,堅也。顔訓功力攻治,并非。

後數月，哀帝崩。（十一下）

樹達按：《後書・張步傳》云：哀帝臨崩，以璽綬付賢，曰：無妄以予人。

即日賢與妻皆自殺。（十二上）

樹達按：《王莽傳》載陳崇奏云：賢自絞殺，贊亦云縊死。

長安中小民讙譁，鄉其弟哭，幾獲盜之。（十二下）

樹達按：周壽昌云：弟即第字。《王莽傳》云：賜弟一區，亦作弟，不作第。

賢所厚吏沛朱詡自劾去大司馬府。（十二下）

樹達按：據《後書・朱浮傳》：詡，沛國蕭人。

而王閎王莽時爲牧守。（十二下）

樹達按：《後書・張步傳》云：王莽簒位，潛忌閎，乃出爲東郡太守。按閎後事亦具《張步傳》。《莽傳》下卷云："詔兖州牧壽良卒正王閎迫措青徐盜賊。"壽良本東郡縣，莽蓋析爲郡，故《後書》云東郡太守也。《莽傳》中卷云：卒正連率大尹職如太守。

王者不私人以官。（十三上）

樹達按：《荀子・君道》篇云：故明主有私人以金石珠玉，無私人以官職事業。《鹽鐵論・除狹》篇云：故人主有私人以財，不私人以官。

匈奴傳第六十四上（漢書九十四）

夏道衰，而公劉失其稷官，變於西戎，邑於豳。（一下二上）

樹達按：張文虎云：《國語》："及夏之衰，棄稷不務，我先王不窋用失其官，而自竄於戎狄之間。"《周本紀》云："不窋末年，夏后氏政衰，去稷不務，不窋以失其官，而奔戎狄之間。不窋卒，子鞠立，鞠立，子公劉立。公劉雖在戎狄之間，復修后稷之業。"與《國語》合。此傳固略言之，然已失其故步。

至懿王曾孫宣王，興師命將以征伐之。詩人美大其功，曰：薄伐獫狁，至于太原，出車彭彭，城彼朔方。（二下）

樹達按：《史記》叙此爲襄王時事。《鹽鐵論·繇役》篇云："及後戎狄猾夏，中國不寧，周宣王仲山甫式遏寇虐。《詩》云：薄伐獫狁，至于太原，出車彭彭，城彼朔方。"始以爲宣王時《詩》，蓋今文家之説。班傳文承用《史記》，獨於此易史公襄王之説爲宣王，義與桓同。又《毛傳》雖以《六月》爲宣王北伐之詩，而《出車》則謂是文王時詩也。蔡邕以《出車》爲宣王時詩，却在桓後。

迎内襄王于洛邑。（三下）

樹達按：内與納同。

後秦滅六國，而始皇帝使蒙恬將數十萬之物。（四下）

錢大昭曰：物南監本、閩本作衆。先謙曰：官本作衆，《史記》同，無數字。

樹達按：物景祐本作衆，有數字。

其世信官號。（六下）

錢大昭曰：信當作姓。先謙曰：官本作姓。

樹達按：景祐本作姓。

而左右賢王左右谷蠡最大國。（七上）

劉攽曰：衍國字。先謙曰：《史記》亦作最爲大國。

樹達按:唐人寫本張楚金《翰苑》雍公叡注引作最爲大國,此文脱爲字。景祐本同脱。

大會蹛林。(七下)

師古曰:蹛者,繞林木而祭也。

樹達按:《翰苑注》引此注文作"蹛者繞也,言繞林木而祭也",此注脱繞也言三字。

長左而北向。(七下)

師古曰:左者,以左爲尊。

樹達按:注首疑脱長字。

日上戊己。(七下)

樹達按:《後書·匈奴傳》云:常以正月五月九月戊日祭天神,是日上戊己之證。

其困敗,瓦解雲散矣。(八上)

樹達按:《翰苑注》引瓦上有則字。

於是漢悉兵,多步兵,三十二萬,北逐之。(八下)

樹達按:多步兵三字乃自注文,説詳本書卷九《儒林傳》。三十二萬《翰苑》注引作册萬。

匈奴騎,其西方盡白,東方盡駹,北方盡驪,南方盡騂馬。(八下)

樹達按:數語與上下不相承,乃上三十餘萬騎之自注也。

迺爲書使使遺高后曰:孤僨之君,生於沮澤之中,長於平野牛馬之域,數至邊境,願遊中國。陛下獨立,孤僨獨居。兩主不樂,無以自虞,願以所有,易其所無。(九上)

樹達按:此書有韻。域、國,古德部韻。居、虞、無,古模部韻。

此書《史記》不載，但以妄言二字括之，蓋爲國諱也。東漢初年已斥言吕后不配高祖，孟堅不諱而載之，殆以此也。

令大謁者張澤報書曰：單于不忘弊邑，賜之以書，弊邑恐懼。退日自圖：年老氣衰，髮齒墮落，行步失度。單于過聽，不足以自汙。弊邑無罪，宜在見赦。（九下）

樹達按：朱一新云：日當作而。樹達又按：此報書亦有韻。書、懼、圖、度、汙、赦，模鐸部也。

服繡袷綺衣、長襦、錦袍各一。（十一上）

師古曰：服者，言天子自所服也。袷者，衣無絮也。繡袷綺衣，以繡爲表，綺爲裏也。先謙曰：綺衣下《史記》作繡袷、長襦、錦袷袍，凡三事。

樹達按：服謂衣服，乃總目下文之辭。顔説無理。《翰苑》注引作繡袷綺衣、繡袷長襦，與《史記》合。又據《史記》，繡袷長襦乃一事也。

黄金飭具帶一。（十一下）

沈欽韓曰：案具當作貝。先謙曰：具疑當作貝。

樹達按：具當作貝，沈已言之。王失照。

黄金犀毗一。（十一下）

樹達按：犀毗身上而首曲，腹有圓柱，形略似今之如意。惟如意兩端皆曲，此僅一端曲耳。端方《陶齋吉金録》卷七有《漢君宜高官鉤》，即犀毗也。

嗟！土室之人，顧無喋喋佔佔！冠固何當。（十三上）

師古曰：喋喋，利口也。佔佔，衣裳貌也。

樹達曰：《説文》六篇上"口部"云：呭，多言也。又三篇上"言部"

云：詍，多言也。喋與呭詍同。顔訓佔佔爲衣裳貌，與喋喋不相承貫。愚按：佔當讀爲譫。《説文·言部》云：譫，多言也。《莊子·齊物論》云：小言譫譫。古占詹聲近，故从占從詹之字義或同。

如《説文·耳部》聸訓垂耳，聑訓小垂耳，是也。無喋喋佔佔，并謂無多言耳。

東陽侯張相如爲大將軍。（十三下）

樹達按：張相如見《張釋之傳》，文帝稱爲長者者也。

孝文後二年，使使遣匈奴書。（十四上）

樹達按：遣字誤，當作遺。景祐本不誤。

使萬民耕織射獵衣食。（十四上）

樹達按：耕織謂漢，射獵謂匈奴。

犯今約者殺之。（十五上）

先謙曰：官本今作令，是。《史記》作令。

樹達按：王念孫校《史記》，云當依此作今。按今字義長，念孫説是也。

軍臣單于立歲餘。（十五下）

樹達按：《翰苑》注引此立歲餘作立四歲，是也。《史記》作四歲。

烽火通於甘泉長安。（十五下）

樹達按：《翰苑》注引甘泉長安下有“夜皆明”三字，《史記》與此皆無。

匈奴亦遠塞（十五下）

樹達按：《翰苑》注引作“匈奴亦去，遠塞”，與《史記》合。

御史大夫韓安國爲護軍將軍，護四將軍以伏單于。（十六上）

樹達按:四將軍見《韓安國傳》。伏字《史記》同,疑皆候字之誤。

其明年春,漢復遣大將軍衛青將六將軍十餘萬騎仍再出定襄數百里。(十八上)

樹達按:二月出復還,夏四月再出,此但以春字統之,不復别。

票騎將軍復與合騎侯數萬騎出隴西北地二千里。(十八下)

樹達按:合騎侯公孫敖也。

昆邪王殺休屠王。(十九上)

樹達按:以休屠王後悔故。

明年春。(十九上)

先謙曰:二年。

樹達按:上文云:明年春,《補注》已云二年,此二字誤,當作三。

烏維單于立,而漢武帝始出巡狩郡縣。(二十下)

樹達按:《翰苑》注引無漢字。

吉曰:南越王頭已縣於漢北闕下,今單于即能,前與漢戰。(二十一上)

先謙曰:《史記》能在即上,是也。

樹達按:即猶若也,即能與下即不能爲對文。此班改史公之文,義自可通,毋庸改正。

陽許曰:吾爲遣其太子入質於漢以求和親。(二十一上)

樹達按:其字疑衍。

以分匈奴西方之援國。(二十一下)

樹達按:《翰苑》注引無國字,是也。

不幸而死。（二十二上）

先謙曰:《武紀》:“元封四年秋,以匈奴弱,可遂臣服,迺遣使詔之。單于使來,死京師。”即此事也。

樹達按:詔之《武紀》作説之,王引誤。

而單于年少。（二十二下）

劉攽曰:而改兒。先謙曰:《史記》作兒。

樹達按:《翰苑》注引作兒。句下有新立二字。《史記》與此同。

漢使光禄徐自爲出五原塞數百里。（二十三上）

樹達按:《酷吏·王温舒傳》作光禄勳徐自爲,《武紀》同,此脱勳字。

明年,浞野侯破奴得亡歸漢。其明年。（二十四上）

先謙曰:《武紀》在天漢二年。浞野侯上之明年二字蓋衍。

樹達按:且鞮侯之立在太初四年之冬,立而遣歸路充國等。充國等冬發,明年至漢,故《武紀》叙於天漢元年,此文則叙其發遣時也。天漢元年,浞野亡歸,二年貳師出軍,故不誤也。王説非。

漢使貳師將軍六萬騎步兵七萬出朔方。（二十四上）

先謙曰:《史記》七作十。

樹達按:《武紀》作七,與此同。

其年,匈奴復入五原酒泉,殺兩部都尉。（二十五上）

先謙曰:據《武紀》,其年當作其明年,征和二年事也。

樹達按:《武紀》事在三年,二字誤。王於上文注既云征和二年,則此乃刻本之誤。

匈奴使右大都尉與衛律將五千騎要擊漢軍於夫羊句山狹。（二十五下）

樹達按:《説文》十四篇下“自部”云:陜,隘也。今作陿。狹乃借字。

詐撟單于令。(二十七上)

師古曰:撟與矯同,其字从手,矯託也。

樹達按:《説文》十二篇上“手部”云:撟,撟擅。《漢書》正用本字。顔云與矯同,矯,託也,殊非是。

北橋余吾,令可度。(二十八上)

樹達按:莊公四年《左傳》云:除道梁溠。梁溠謂架梁於溠水。此橋字與《左傳》梁字用法同。

行攻塞外亭長。(二十八下)

錢大昭曰:長當作障,南監本、閩本不誤。先謙曰:官本作障。

樹達按:景祐本作障。

至烏員斬首,捕虜;至候山,百餘級。(三十上)

樹達按:至烏員斬首捕虜,不詳其級數,故不言。至候山,斬首捕虜百餘級也。不言斬首捕虜者,承上文省。

獲單于父行及嫂居次名王犁汙都尉千長將以下三萬九千餘級。(三十下)

樹達按:下卷注引李奇曰:居次者,女之號,若漢言公主也。當移置此下。

然匈奴民衆死傷而去者及畜産遠移死于不可勝數。(三十下)

錢大昭曰:于當作亡。先謙曰:官本作亡。

樹達按:景祐本作亡。

匈奴傳第六十四下(漢書九十四)

單于正月朝天子於甘泉宫,漢寵以殊禮,位在諸侯王上。(三上)

樹達按:此從蕭望之議也,詳見《望之傳》。

漢遣長樂衛尉高昌侯董忠、車騎都尉韓昌將騎萬六千,又發邊郡士馬以千數送單于出朔方雞鹿塞。(四上)

樹達按:《宣紀》於忠昌二人外尚有騎都尉虎。

願爲單于侍史於漢,不敢聽命。(八下)

先謙曰:官本史作使,是。

樹達按:景祐本作使。

長女顓渠閼氏生二子。(八下)

樹達按:此與前顓渠閼氏名同,非一人。

河平四年正月,遂入朝。(十上)

樹達按:時成帝遣班伯王舜持節迎護於塞下,見《叙傳》。

漢遣中郎將夏侯藩、副校尉韓容使匈奴。(十下)

樹達按:藩又見《外戚傳》。

自黄龍、竟寧時單于朝,中國輒有大故。(十二上)

樹達按:黄龍元年正月,單于來朝,十二月,宣帝崩。竟寧元年,單于來朝,五月,元帝崩。

迺發五將之師十五萬騎獵其南。(十三上)

樹達按:本始二年事。五將者,田廣明、趙充國、田順、范明友、韓增。

日逐、呼韓邪攜國歸死。(十三上)

王念孫曰:案歸死二字於義不可通,歸死當爲歸化,字之誤也。此承上文大化神明而言,謂單于攜一國之人來歸王化也。下文曰:今單于歸義,懷款誠之心,歸義猶歸化耳。《通鑑·漢紀》二十六作歸死,則所見《漢書》本已誤。《漢紀·孝哀紀》、《通典·邊防》十一并作歸化。

樹達按:歸死乃漢人常語,猶言歸命耳。本書《五行志》下之上卷云:"事發,負斧歸死。"《王莽傳》云:"史熊、王況詣闕歸死。"《後書·李通傳》云:"守從其計,即上書歸死。"《鄧訓傳》云:"燒當豪帥來號稽顙歸死。"《寇恂傳》云:"如聞乘輿南向,賊必惶怖歸死。"并其證。王說殊誤。此又王據《漢紀》改字之失也。

形容魁健。(十三下)

師古曰:魁,大也。

樹達按:魁字假爲顝。《說文》九篇上"頁部"云:顝,大頭也,讀若魁。此以音同通假。

置城郭都護三十六國,費歲以大萬計者,豈爲康居、烏孫能踰白龍堆而寇西邊哉!(十四上)

樹達按:疑當重護字。

更報單于書而許之。(十四下)

樹達按:更,改也。

元壽二年,單于來朝。上以太歲厭勝所在,舍之上林苑蒲陶宮,告之以加敬于單于,單于知之。(十四下)

樹達按:《哀紀》云:單于歸國不說,爲此事也。

會西域車師後王句姑、去胡來王唐兜皆怨恨都護校尉。（十五上）

樹達按：句姑《西域傳》屢見，皆作姑句，疑此誤。

烏桓距曰：奉天子詔條，之當予匈奴税。（十六上）

錢大昭曰：之當作不。先謙曰：官本作不。

樹達按：景祐本作不。

酋豪昆弟怒，共入匈奴使。（十六上）

錢大昭曰：入當作殺。先謙曰：官本作殺。

樹達按：景祐本作殺。

饒燕士，果悍，即引斧椎壞之。（十七上）

樹達按：饒還，莽以此事拜爲大將軍，封威德子，見《莽傳》。

漢賜單于印，言璽，不言章，又無漢字。諸王已下迺有漢，言章。今印去璽加新，與臣下無别。（十七上）

王念孫曰：案景祐本今印作今即，是也。即者，若也。言今若去璽加新，則與臣下無别也。今本即作印者，後人不曉即字之義而以意改之耳。《御覽・儀式部》四引此正作即。

樹達按：印字是，景祐本作即者，誤字也。今印與下文故印爲對文。王訓即爲若，若乃假設之詞。去璽加新，乃已然去事，何得作假設語氣言今若邪！

故印隨將率所自爲破壞。（十七上）

樹達按：隨將率所與上文"從藩所""從使者所"文例同，隨亦從也。詳見本書卷四《曹參傳》。

西域車師後王須置離謀降匈奴。（十七下）

樹達按：事互見西域傳。

時戊己校尉史陳良、終帶、司馬丞韓玄、右曲候任商等見西域頗背叛，聞匈奴欲大侵，恐并死。（十八上）

樹達按：事互見《西域傳》。

遣左骨都侯、右伊秩訾王呼盧訾及左賢王樂將兵入雲中益壽塞。（十八下）

樹達按：此云益壽塞，下云葛邪塞、制虜塞，皆前所未見，蓋莽所易亭障之名也。

見咸前後爲莽所拜，故遂越輿而立咸爲烏累若鞮單于。（二十上）

樹達按：咸爲兄，輿爲弟，而文云越輿者，輿爲右賢王，咸以前受莽封貶故也。不及左賢王樂者，蓋已死。下文云：烏珠留單于在時，左賢王數死，是也。

咸怨烏珠留單于貶賤己號不欲傳國。（二十下）

樹達按：呼韓邪有傳國與弟之訓，又自雕陶莫皋以下四人皆兄終弟及，咸以次得爲單于，而烏珠留貶之，不欲傳與之也。

莽復遣歙與五威將王咸率伏黯、丁業等六人使送右廚唯姑夕王。（二十一上）

樹達按：黯字稚文，明《齊詩》，位至光禄勳，見《後書·儒林·伏恭傳》。

號匈奴曰恭奴，單于曰善于。（二十一上）

樹達按：朱駿聲云：《王莽傳》：改匈奴單于曰降奴服于，與此異。

所以尊寵之甚厚，終爲欲出兵立之者。（二十二上）

樹達按：古人於擬似或僞飾推度，習用者字表之。《論語·鄉黨》篇云:"孔子於鄉黨,恂恂如也,似不能言者。"《史記・游俠傳贊》云:"吾視郭解,狀貌不及中人,言語不足採者。"《信陵君傳》云:"於是公子立自責,似若無所容者。"此表擬似者也。《鄭語》云:"公曰:周其弊乎?對曰:殆於必弊者。"本書《董仲舒傳》云:"今漢繼大亂之後,若宜少損周之文,致用夏之忠者。"《韋玄成傳》云:"玄成素有名聲,士大夫多疑其欲讓爵辟兄者。"此以者字表推度者也。定公八年《左傳》云:"陽虎僞不見冉猛者。"《史記・齊太公世家》云:"田乞僞事高國者。"本書《翟義傳》云:"大夫人可歸,爲棄去宣家者以避害。"《霍光傳》云:"更以禹爲大司馬,小冠,亡印綬,罷其右將軍屯兵官屬,特使禹官名與光俱大司馬者。"及此文皆表僞飾之意。

漢遣中郎將歸德侯颯。(二十二上)

樹達按:周壽昌云;《功臣表》,歸德侯先賢撣以匈奴日逐王率衆降侯,其孫諷。此殆即其人,颯諷字近,又緣上展德侯颯而誤。下稱劉颯者,必賜姓,史失載也。以故侯從光武得紹封復國,建武六年使匈奴,見《後書》。

樹達按:見《後書・南匈奴傳》。《陳遵傳》作劉颯,則颯字不誤,《表》諷字誤耳。

《春秋》:有道守在四夷。(二十二下)

師古曰:《春秋左氏傳》:昭三十二年,楚囊瓦爲令尹,城郢。沈尹戌曰:古者天子守在四夷,言德及遠。王先慎曰:《春秋》有道,即《春秋》有言也,與《書》戒《詩》稱同意。

樹達按:《賈子・春秋》篇云:"故曰:天子有道,守在四夷;諸侯有道,守在四鄰。"有道明屬下讀。此《春秋》舊説,故《賈子》此文在《春秋》篇中。王説穿鑿可笑。

西南夷兩粤朝鮮傳第六十五(漢書九十五)

西夷君長以十數。(一上)

錢大昭曰:西當作南,南監本、閩本不誤。先謙曰:官本作南。樹達按:景祐本作南。

巴蜀民或竊出商賈,取其莋馬僰僮旄牛。(二上)

樹達按:旄《説文》二篇上"牛部"作犛,云:西南夷長髦牛也。《史記》作髦。

南粤食蒙蜀枸醬。(二上)

樹達按:食讀爲飤,以物與人食之曰飤。《説文》六篇上"木部"云:枸,枸木也,可爲醬,出蜀。又一篇下"艸部"云:蒟,果也。段注云:可爲醬者即蒟。

蜀人司馬相如亦言西夷邛莋可置郡,使相如以郎中將往諭。(三下)

樹達按:詳見《相如傳》。

滇,小邑也,最寵焉。(五上)

樹達按:《史記》文止此。

復遣軍正王平與大鴻臚田廣明等并進。(五上)

樹達按:王平又見《杜延年傳》。

遣執金吾馬適建、龍頟侯韓增與大鴻臚廣明將兵擊之。(五下)

樹達按:《昭紀》云:將三輔太常徒,皆免刑,擊之。

恐議者選耎,復守和解。(五下)

樹達按:《説文》八篇上“人部”云:偄,弱也。耎乃假字。

狂犯守尉。(六上)

師古曰:言起狂勃之心而殺守尉也。

樹達按:狂犯猶言恣犯妄犯,顔説非。

若入水火,往必焦没。(六上)

樹達按:《荀子·議兵》篇云:若入水火,入焉焦没耳。

興將數千人往至亭,從邑君數十人入見立,立數責,因斷頭。(六下)

樹達按:斷下似當有其字。

即被佗書,行南海尉事。(八上)

樹達按:《説文》六篇下“貝部”云:貱,迻予也。貱佗書謂予佗書,被乃同音假字。

朕,高皇帝側室之子。(九上)

師古曰:言非正嫡所生也。沈欽韓曰:《内則》:妻將生子,及月辰,居側室。鄭云:謂夫之室,次燕寢。文帝以吕后取它姓之子爲帝,故特言側室之子,明親高帝子也。

樹達按:顔説是也。沈説鑿。

朕欲定地犬牙相入者。(九下)

先謙曰:言欲以予粤,猶《匈奴傳》漢亦棄造陽斗辟地以與胡意也。

樹達按:定地兼指兩方,不專謂漢與粤。下文吏言兩事,朕不得擅變,言不得予粤也。得王之地不足以爲大,言不欲得粤地也。王知其一,未知其二。

上褚五十衣，中褚三十衣，下褚二十衣，遺王。(十上)

師古曰：以綿裝衣曰褚。上中下者，綿之多少薄厚之差也。褚音竹吕反。沈欽韓曰：顏説非也。遺人衣服，但計精觕，何論綿之厚薄。《周禮·廛人》注：貯藏。釋文云：本或作貯，或作褚。《左·襄三十年》傳：取我衣冠而褚之。注：褚，畜也。《吕覽·樂成》篇作我有衣冠而子産貯之。《一切經音義》四十一引傳亦爲貯。是褚乃貯藏之義。《莊子·至樂》篇：褚小者不可以懷大，亦所貯之器也。蓋御府所貯衣有上中下三等。

樹達按：《説文》八篇上"衣部"云：褚，裝也。顏説是，沈氏臆説。

出令曰：毋予蠻夷外粤金鐵田器。馬牛羊，即予，予牡，毋予牝。(十下)

師古曰：言非中國，故云外越。

樹達按：顏於馬牛羊注斷，非也。上文云：有司請禁粤關市鐵器，不及馬牛羊也。此當於金鐵田器爲句，馬牛羊與下文即予予牡毋予牝連讀。若以金鐵田器馬牛羊連讀，而云即予予牡毋予牡，將金鐵田器亦有牝牡乎！

然其居國竊如故號。(十一下)

樹達按：竊如故號文倒，當作竊號如故。《史記》作竊如故號名，亦疑當作竊號名如故。

要之不可以怵好語入見。(十二上)

師古曰：怵，誘也，不可被誘怵以好語而入漢朝也。

樹達按：《説文》三篇上"言部"云：訹，誘也。怵，同音假字。

嘉遂出，介弟兵就舍。(十三上)

李奇曰：介，被也。師古曰：介，甲也，被甲而自衛也。弟兵即上所云弟將卒居外者。王念孫曰:被弟兵,甲弟兵,皆文不成義。當依《史記》作分弟兵,小司馬謂分取其兵,是也。

樹達按:分弟兵就舍亦不詞,介字是。上文云:"王太后亦恐嘉等先事發,欲介使者權謀誅嘉等。"師古訓介爲恃。此介字亦當訓恃。《史記》分是誤字,不當據彼正此。《史記索隱》云:分《漢書》作介。介,被也,恃也。案訓被非,訓恃是也。

封其子延年爲成安侯。(十四上)

樹達按:延年後隨李陵與匈奴戰死,見《陵傳》。

吕嘉建德等反,自立晏如。(十四上)

師古曰:言自相置立而心安泰無恐懼。

樹達按:晏如謂爵位安然無恙。立非謂置立,晏然亦不謂心也。

主爵都尉楊僕爲樓船將軍。(十四上)

樹達按:副僕者有來漢,見《後書・來歙傳》。

得粤船粟,因推而前,挫粤鋒,以粤數萬人待伏波將軍。(十四下)

劉攽曰:挫粤鋒,以粤,多一粤字。

樹達按:"以數萬人待伏波將軍"爲一句。補注於人字注斷,非是。

伏波將軍將罪人,道遠,後期,與樓船會,迺有千餘人。(十四下)

樹達按:迺,裁也,僅也。説詳本書卷四《項籍傳》。

樓船將軍以推鋒陷堅爲將梁侯。(十五下)

樹達按:推當讀爲摧,即上文之挫粤鋒也。《説文》十二篇上"手部"云:摧,折也。

無諸摇率粤歸番陽令吴芮,所謂番君者也,從諸侯滅秦。(十五下)

樹達按:無諸摇率粤歸番陽令吴芮從諸侯滅秦"爲一句。"所謂番君者也"六字乃番陽令吴芮之注文。説詳本書卷九《儒林傳》。

故爲海常侯,坐法失爵。(十八上)

樹達按:坐酎金也。

於是天子曰:東粤陿,多阻;閩粤悍,數反覆。詔軍吏皆將其民徙處江淮之間,東粤地遂虚。(十八上)

洪頤煊曰:《武紀》元封元年詔:東越險阻反覆,爲後世患,遷其民於江淮間,遂虚其地,而不及閩越。此傳云:無諸爲閩越王,王閩中故地,都冶。《朱買臣傳》:故東越王居保泉山,今聞東越王更徙處南行,去泉山五百里。《地理志》:會稽郡有冶縣而無泉山,此亦當日僅虚東粤而不及閩粤之證。

樹達按:前文封餘善爲東粤王,與繇王并處。自後相承,未聞分地而治。餘善反,繇王居服殺之以降,知東粤始終與閩粤并處,未嘗别有土地人民也。天子曰云云,東粤舉其地勢,閩粤言其民情,雖是二文,實爲一事。《武紀》詔云東越險阻反覆,地勢民情并舉,而但冠以東越,正以閩粤、東粤本一地,不必别言耳。洪未瞭此,故爲此糾紛之詞。

具以素所意告遂。(二十下)

樹達按:意,疑也。

遭世富盛,能成功,然已勤矣。追觀太宗填撫尉佗,豈古所謂招攜以禮,懷遠以德者哉!(二十二上)

樹達按:此班氏之微詞,意謂武帝之興師不如文帝之德化也。

西域傳第六十六上(漢書九十六)

漢使西域者益得職。(六下)

師古曰:赏其勤勞,皆得拜職也。先謙曰:胡注:顔説非也。此言漢使入西域諸國,不敢輕忽,爲得其職耳。得職者,不失其職也。王念孫云:胡解職字亦未了。職非職事之職,職猶所也。言自大宛王以殺漢使見誅,西域諸國皆不敢輕忽漢使,故漢之使西域者皆得其所也。

樹達按:胡説是也。

丞相率百官送至横門外。(十三下)

先謙曰:官本相下有將軍二字,引宋祁曰:淳化本作丞相將軍百官。景德監本及浙本作丞相率百官,無將軍字。今越本作丞相將軍率百官。錢大昭云:閩本作丞相將軍,無率字,南監本丞相下有將軍率三字。王先慎云:《御覽·四夷部》引有將軍二字。

樹達按:景祐本作丞相將軍率百官,與宋引越本及明南監本同。

蒲犂反依耐無雷國。(二十下)

錢大昭曰:反當作及,閩本不誤。先謙曰:官本反作及。

樹達按:景祐本作及。

珠璣、珊瑚、虎魄、璧流離。(二十四下)

樹達按:璧流離西語曰拉璧斯勒求離,即今青金石。説詳章鴻釗《石雅》上卷。

陰末赴鎖琅當德。(二十五上)

王念孫曰:案琅當上本無鎖字,乃後人誤取注文加之也。古者以鐵連環係罪人,謂之琅當。《説文》作鋃鐺,云:瑣也。琅當德即鎖德也。故師古云:琅當,長鎖也,不得又於琅當上加鎖字。

樹達按:《王莽傳》云:"以鐵鎖琅當其頸。"王校亦删鎖字,皆非。此文瑣字上本當有以字,文省去耳。

愿快其求者,爲壞比而爲寇也。(二十五下)

樹達按:《説文》十篇下"心部"云:愿,快也。愿快同義連文。

臨峥嶸不測之深。(二十六下)

師古曰:峥嶸,深險之貌。

樹達按:《説文》九篇下"山部"云:崝,嶸也。嶸,崝嶸也。峥正當作崝。《楚辭·遠遊》云:下峥嶸而無地兮。宋玉《高唐賦》云:俯視崝嶸,窐寥窈冥。峥嶸皆謂深也。

以金銀飾杖。(二十九上)

師古曰:杖謂所持兵器也。

樹達按:以金銀飾兵器,於理未宜,顔説非也。以今歐洲風俗證之,杖乃常人之所持用耳。

以大鳥卵及犁靬眩人獻於漢。(三十下)

樹達按:《翰苑》注引漢作天子。

其欲賈市爲好,辭之詐也。(三十四下)

先謙曰:胡注:謂特欲行賈以市易,其爲好辭者詐也。

樹達按:好字去音,當讀斷。文謂彼欲通市爲和好,乃詐辭耳。胡説於文不順。

宛人斬其王毋寡首。(三十七下)

徐松曰:《陳湯傳》作毋鼓,寡古音讀如鼓。

樹達按：鼓古音同寡，徐説非。

相與兵殺昧蔡，立毋寡弟蟬封爲王。（三十七下）

先謙曰：蜀本兵作共，是。

樹達按：景祐本作共。

又發數十餘輩抵宛西諸國。（三十八上）

錢大昭曰：數閩本、南監本作使。先謙曰：官本作使，是。

樹達按：景祐本作使。

求其物，因風諭以代宛之威。（三十八上）

錢大昭曰：其當作奇，代當作伐。先謙曰：官本其作奇，代作伐。

樹達按：景祐本其作奇，代作伐。

其地皆絲漆。（三十八上）

王念孫曰：皆本作無，無絲漆，不知鑄鐵器，皆言其與中國異也。今作其地皆絲漆者，涉上文其人皆深目而誤。《通典・邊防》八正作無絲漆。

樹達按：李慈銘云：《史記・大宛傳》作皆無絲漆，此脱無字耳。

因畜隨水草。（四十上）

王先慎曰：因畜隨水草當作隨畜逐水草，傳寫者誤逐爲隨，校者未審，改上隨字爲因字。本傳屢言隨畜逐水草，可證。

樹達按：隨與逐義同，因畜隨水草即隨畜逐水草也，毋煩校改。捐毒國云：隨水草，可證。

東至都護治所二千八百六十一里，至疏勒。（四十上）

徐松曰：傳言至疏勒以西北休循、捐毒，是蒙上東至爲文。

樹達按：至疏勒下疑脱里數。下云："西北至大宛千三十里。"休循下云："至捐毒衍敦谷二百六十里。"莎車下云："西至疏勒五百六十里。”皆可證。

西域傳第六十六下(漢書九十六)

令騫齎金幣往。(二下)

樹達按:《翰苑》注引往下有賜字。

天子問羣臣,議許,曰:必先内聘。(三下)

樹達按:《説文》十二篇下“女部”云:娉,問也,聘能假字。

烏孫昆彌因惠上書,願以漢外孫元貴靡爲嗣,得令復尚漢公主,結婚重親。(六上)

徐松曰:謂結兩重姻親。

樹達按:重親亦見《外戚傳》。

使長盧侯光禄大夫惠爲副。(六下)

錢大昭曰:盧當作羅,《功臣表》《匈奴傳》并作羅。先謙曰:《蕭望之傳》同,官本作羅。

樹達按:景祐本作羅。

號狂王。(六下)

樹達按:李慈銘云:肥王、狂王,皆漢人稱之,非其國有是號也。

副使季都别將醫養視狂王。(七下)

徐松曰:醫養,謂知醫者及廝養。

樹達按:狂王豈乏廝養,而必漢使給之乎! 理不可通矣。今按:養視當連讀。《外戚傳》云:“恭母貞君年老,兒孫孤,甚哀之,自養視焉。”又云:“傅太后躬自養視。”又云:“孝王薨,有一男嗣爲王,時未滿歲,有眚病,太后自養視。”皆以養視連文。又云:“哀帝即位,遣中郎謁者張由將醫治中山小王。”又云:“令孫建世子襐飾將醫往問疾。”皆止云將醫,與此文同。

揚言母家匈奴兵來。(七下)

樹達按:以是胡婦子,故云母家匈奴也。

楚主侍者馮嫽。(八上)

師古曰:音了。嫽者,慧也,故以爲名。徐松曰:僚嫽通,婦人以爲美稱。顔訓慧,未知所出。

樹達按:《説文》十篇下“心部”云:憭,慧也。顔讀嫽爲憭耳。

詔焉烏就屠詣長羅侯赤谷城。(八下)

錢大昭曰:焉字衍。先謙曰:官本無焉字。

樹達按:景祐本無焉字。

願使烏孫鎭撫星彌。(九上)

錢大昭曰:彌當作靡,閩本不誤。先謙曰:官本作靡。

樹達按:景祐本作靡。

漢遣之,卒百人,送烏孫焉。(九上)

宋祁曰:越本邵本無烏孫字。錢大昭曰:閩本無烏孫字。

樹達按:景祐本無烏孫二字。

都護韓宣奏:烏孫大吏大禄大監皆可以賜金印紫綬。(九上)

樹達按:以賜疑倒。景祐本與此同。

更以季父左大將樂代爲昆彌,漢不許。(九上)

宋祁曰:大將樂代爲昆彌,當作代將樂大爲昆彌。先謙曰:宋説疑誤。

樹達按：沈赤然云：此當云更以季父左大將大樂代爲昆彌。宋不知脱去大字，乃云云，更不可解。

國中大安和翁歸靡時。（十上）

師古曰：勝於翁歸靡時也。先謙曰：依顔注，和蓋加之誤。

樹達按：大安和翁歸靡時，安和下省於字耳。《賈捐之傳》云："人情莫親父母，莫樂夫婦。"《翟方進傳》云："斷獄歲歲多前。"《酷吏傳》云："王温舒等後起，治峻禹。"皆省於字，與此句例并同，王説非是。

小昆靡末振將恐爲所并。（十上）

先謙曰：官本靡作彌，是。

樹達按：景祐本作彌。

漢恨不自責誅末振將。（十上）

宋祁曰：越本無責字。錢大昭曰：閩本無責字。徐松曰：汪校亦無。

樹達按：景祐本無責字。

還，賜爵關内侯。（十下）

樹達按：據《會宗傳》，又賜黄金百斤。

南至於闐。（十一下）

錢大昭曰：於南監本、閩本作于。先謙曰：官本作于，是。

樹達按：景祐本作于。

征和中，貳師將軍李廣利以軍降匈奴。（十五下）

樹達按：征和三年事。

前開陵侯擊車師時。（十七下）

徐松曰：《功臣表》：開陵侯成娩以故匈奴介和王將兵擊車師。據後傳，事在征和四年。

樹達按：下文車師後城長國下云："征和四年，遣重合侯馬通將四萬騎擊匈奴，道過車師北。復遣開陵侯將樓蘭尉犂危須凡六國兵別擊車師。"徐云事在征和四年，以此。然徐於彼文注云：四年當作三年也。

然尚廝留甚衆。（十七下）

師古曰：廝留，言其前後離廝，不相逮及也。廝音斯。

樹達按：廝蓋假爲斯。《説文》十四篇上"斤部"云：斯，析也。顔言離廝即離析。

故興師遣貳師將軍。（十八上）

錢大昭曰：閩本故興下無師字，尋注文，則無者是。徐松曰：汪校興下無師字。

樹達按：景祐本無師字。

卦諸將，貳師最吉。（十八下）

師古曰：上遣諸將，而於卦中貳師最吉也。王念孫曰：《通典》與此同。案師古所説於文義不順。卦當作卜，言卜諸將孰吉，則貳師最吉也。下文云：卜漢軍一將不吉，即其證。今作卦者，涉上下文卦字而誤。《漢紀》正作卜。

樹達按：王糾顔説是矣，改卦爲卜，非也。卦即卜也，蓋以卦卜，即謂卜爲卦，猶上文以《易》卜即稱易之也，無煩改字。《説苑·反質》篇云："孔子卦，得賁。"《吕氏春秋·慎行》篇作孔子卜得賁，是卦即卜也。《説文》三篇下"卜部"云：卦，筮也。

重合侯毋虜候者。（十九上）

錢大昭曰：毋當作得，南監本、閩本不誤。先謙曰：官本毋作得。

樹達按：毋景祐本作得。

昭帝乃用桑弘羊前議。（二十上）

徐松曰：武帝時欲用未果，故皆議行之。

樹達按：此指田輪臺事，乃武帝所不用，何云欲用未果耶！

召置離驗問。（三十四上）

先謙曰：置上疑脱須字，下同。

樹達按：此省稱，狐蘭支下文稱孤蘭，是其例證。說詳本書卷一《高后紀》。

相與謀曰：西域諸國頗背叛，匈奴欲大侵，要死，可殺校尉，將人衆降匈奴。（三十四下）

如淳曰：言匈奴來侵，會當死耳，可降匈奴也。師古曰：要音一妙反。

樹達按：李慈銘云：要猶總也，謂總之一死耳。

得三百四人。（三十五上）

錢大昭曰：南監本、閩本作三四百人。先謙曰：官本作三四百人。

樹達按：景祐本作三四百人。

列西郡。（三十六下）

宋祁曰：新本西作四。錢大昭曰：作四者是也。四郡，武威、酒泉、張掖、敦煌。

樹達按：景祐本作四郡。

外戚傳第六十七上（漢書九十七）

殷之興也，以有娀及有㜪。（一上）

樹達按：李慈銘云：㜪同莘，伊尹耕於莘野，即此。《左傳》：商有姺邳。説文：姺，殷諸侯。《吕覽》：有侁氏以伊尹爲媵，送女。㜪莘姺侁皆同音通用。湯娶有㜪氏女爲妃，事見《列女傳》卷一。

妾皆稱夫人，又有美人、良人、八子、七子、長使、少使之號焉。（二上）

樹達按：《萬石君傳》云：高祖召其姊爲美人。《左傳・襄公十九年》云："諸子，仲子、戎子。"説者謂諸子爲内官之名，是也。八子，七子，蓋即古之諸子。《廣陵厲王傳》有八子郭昭君，是諸侯王亦有此稱。

至武帝，制倢伃、娙娥、傛華、充依，各有爵位。（二上）

樹達按：《説文》十二篇下"女部"云：娥，秦晉謂好曰娙娥。

上家人子，中家人子，視有秩斗食云。（三上）

樹達按：《廣陵厲王傳》有家人子趙左君，知諸侯王亦有家人子也。

子爲王，母爲虜。終日舂薄莫，常與死爲伍。相離三千里，當誰使告女？（三下）

師古曰：與死罪者爲伍也。

樹達按：薄莫謂至暮。常與死爲伍，意謂隨時可死，非謂與死罪者爲伍也。近日新小説有死神之名，此死字義近之。虜、暮、伍、女，古韻同在模部。

帝晨出射，趙王不能蚤起，太后伺其獨居，使人持鴆飲之。遲帝還，趙王死。（四上）

樹達按：《西京雜記》記殺如意者爲東郭門外官奴，惠帝後腰斬之，吕后不知云。

太后遂斷戚夫人手足,去眼,煇耳,飲瘖藥,使居鞠域中,名曰人彘。(四上)

樹達按:《説文》九篇下"彑"部云:後蹏廢謂之彘。戚夫人斷手足,與蹏廢之彘相類,故以爲名。

因病,歲餘不能起,使人請太后曰:此非人所爲。臣爲太后子,終不能復治天下。(四上)

師古曰:令太后視事,己自如太子然。

樹達按:此病甚憤恨之辭,顔説非其旨。

漢王問其故,兩人俱以實告。(六上)

樹達按:王峻云:俱當從《史》作具。

太后後文帝二歲,孝景前二年崩,葬南陵。用吕后不合葬長陵,故特自起陵近文帝。(六下)

師古曰:以吕后是正嫡,故薄不得合葬也。周壽昌曰:吕后之葬,《本紀》不載。《史記集解》:皇甫謐曰:合葬長陵。《皇覽》曰:高帝吕后山各一所。今據此言,則合葬爲信。

樹達按:文云葬南陵,則未合葬已明,毋庸贅言不合葬。考《史記》云:"以吕后會葬長陵,故特自起陵近孝文皇帝霸陵。"兩相勘校,知此傳不字爲衍文。據顔注,知所見本已衍。周氏并《史記》不加檢校,於史有明文者亦加以推測,疏謬甚矣。

竇姬爲皇后,女爲館陶長公主。(七上)

師古曰:年最長,故謂長公主。

樹達按:《史記》亦云:女嫖爲長公主。今按文帝女,景帝時稱長公主。见《孝景王皇后傳》。武帝時稱大長公主。见《衛青傳》。此文但當云公主,而云長公主者,以後稱前,乃史家駁文。顔不知其誤,曲爲之説，非也。

竇皇后親早卒，葬觀津。（七上）

師古曰：觀津，清河之縣也。錢大昭曰：觀津《地理志》屬信都，《郡國志》屬安平國。顔以爲清河縣，非也。

樹達按：高步瀛云：《史記·外戚世家》："竇太后，趙之清河觀津人也。"顔據彼文爲説耳。樹達按：《竇嬰傳》顔注仍云屬信都。

竇后兄長君。（七下）

樹達按：長君與曹丘生善，與季布互通書，見《布傳》。

竇長君少君由此爲退讓君子，不敢以富貴驕人。（八上）

樹達按：文帝嘗以廣國賢，欲相之而不果，見《申屠嘉傳》。

文帝幸邯鄲慎夫人、尹姬，皆無子。（八上）

樹達按：《爰盎傳》記慎夫人從幸上林，《張釋之傳》記其從幸霸陵，其寵幸可見一斑矣。

竇氏侯者凡三人。（八上）

樹達按：廣國七世孫融，十世孫憲，十一世孫武。竇氏人物蓋與兩漢終始矣。

至武帝時，魏其侯竇嬰爲丞相，後誅。（八下）

樹達按：《灌夫傳》記竇后昆弟有竇甫，此傳未見。

而臧兒卜筮，曰：兩女當貴，欲倚兩女。（八下）

師古曰：冀其貴而依倚之得尊寵也。倚音於綺反。先謙曰：《史記》作因欲奇兩女。《索隱》：《漢書》作倚。是所見本與顔同。先謙案《高紀》：吕媪怒吕公曰："公始常欲奇此女，與貴人。"本傳："霍顯謂淳于衍曰：將軍素愛小女成君，欲奇貴之。"句例皆與此同。班氏非不知文義者，無緣改奇爲倚，疑傳者誤改，顔馬遂據以爲説耳。

樹達按:《高紀》云常欲奇此女與貴人者,常珍重此女,欲以與貴人也。此文若云"兩女當貴,欲珍重兩女",則於事爲倒,於文不可通矣。《史記》雖作奇字,班改奇爲倚,於義較《史記》爲長。至本傳下文"欲奇貴之",則猶今語云欲特別貴之,欲分外貴之,奇字與貴字相繫,於詞類爲狀字。孝武鉤弋趙倢伃傳云"欲奇愛之",奇字與愛字相繫,用法相同,而與此傳及《高紀》奇字作動字用者不同,非同一句例也。王説非是。

封皇后兄信爲蓋侯。(九下)

樹達按:信字長君。信釋梁孝王事於王皇后,見《鄒陽傳》。信之侯乃竇太后促景帝爲之,見《周亞夫傳》。

蓋侯信好酒。(十上)

樹達按:《鄒陽傳》陽説信云"長君行迹多不循道理者",其爲人略可知矣。

帝下車立,曰。(十上)

先謙曰:立當爲泣,字之誤也。褚補《史記》云:"武帝下車,泣曰:嚄!大姊!何藏之深也!"情事宛然。下車則立不待言,此泣脱其半耳。

樹達按:俗與武帝爲一初未嘗相見之人,知而往迎,無哀傷涕泣之理。褚補《史記》云泣,未合人情。下言入宫謁太后,太后垂涕,女亦悲泣,乃情事所當然耳。帝下車立者,殆以車上坐待,嫌於倨傲,故立而待其出而相見耳。王校改立爲泣,非洞達物情者也。

武帝即位數年,無子,平陽主求良家女十餘人,飾置家。帝祓霸上,還過平陽主,主見所偫美人。(十一下)

師古曰:偫,儲偫也。先謙曰:偫字不合,《史記》作侍,是也。顔據誤文爲説。

樹達按:求良家女十餘人飾置家,所謂偫也。若云侍,不可通矣。此當以《漢書》正《史記》,不當以誤正不誤也。王意蓋謂人不得言儲偫,失之泥矣。

帝起更衣,子夫侍尚衣,軒中得幸。(十一下)

師古曰:軒謂軒車,即今車之施幰者,何焯曰:案長廊有窗而周迴者曰軒,此軒中蓋屋也。豈有帝方宴飲時上車更衣者乎!周壽昌曰:《史丹傳》:天子自臨軒檻。注:軒檻,欄板也。凡殿堂前檐特起曲椽無中梁者,天子不御正座而御平臺曰臨軒。左思《魏都賦》:周軒中天。此軒中主第旁室中也。

樹達按:黄生《義府》云《後書·李膺傳》:"羊元羣罷北海郡,贓罪狼藉,郡舍溷軒有奇巧,載之以歸。"注:"溷軒,廁屋也。"本文軒中得幸,即所謂溷軒也。《釋名》云:"廁或曰溷,言溷濁也。或曰軒,前有伏似殿軒也。"師古以軒車解之,不思天子車駕在外庭,豈子夫所得至!又更换衣豈必在車中。蓋貴者入廁,出必更衣,如王敦在石崇家入廁之事,可證,故即謂入廁爲更衣。《漢書》説此者非一。如《竇嬰傳》"坐乃起更衣,稍稍引去",是也。師古注"凡久坐者皆起更衣,以其寒煖或變",誤矣。《通鑑》"隋文帝所寵陳夫人旦出更衣,爲太子所逼",用《漢書》意也。樹達按:黄説是也,顔、周二説皆誤。《論衡·幸偶》篇云"均之士也,或基殿堂,或塗軒户",亦是謂廁爲軒之證。

元朔元年,生男據,遂立爲皇后。(十二上)

樹達按:后之立,主父偃有功,見《偃傳》。枚皋奏賦以戒終,見《皋傳》。

延年侍上起舞,歌曰:北方有佳人,絶世而獨立。一顧傾人城,再顧傾人國。寧不知傾城與傾國,佳人難再得。(十二下)

樹達按:國、得,古韻同在德部,立字在合部,與德部合韻。合部閉口音,與開口音之德部合韻者,漢人用韻已變古也。

上愈益相思悲感,爲作詩曰:是邪！非邪！立而望之,偏何姗姗其來遲。(十四上)

樹達按:非、遲,古韻同在微部。

函菱荴以俟風兮,芳雜襲以彌章。(十五上)

樹達按:李慈銘云:案菱即葰字。《説文》:"葰,薑屬,可以香口。從艸,俊聲。"息遺切。《儀禮》作綏。《既夕》云:"實綏澤。"注:"綏,廉薑。澤,澤蘭。皆取其香也。"蓋菱從夋聲,爲正字。或从俊作葰。同音假借作綏。俗作荾。《文選》潘岳《閒居賦》:"蓼荾芬芳。"李善注引《韻略》曰:"荾,香菜也。相惟切。與葰同。"荴《説文》作蒪,華葉布也。從艸,傅聲。是函菱荴以俟風正謂含香敷布以俟風耳,故下句云芳雜襲以彌章也。

忽遷化而不返兮,魄放逸以飛揚。(十五上)

樹達按:賦首至此,以長、鄉、傷、陽、亡、畺、央、羊、章、莊、揚、明、芒、揚爲韻,皆古唐部韻也。

何靈魂之紛紛兮,哀裴回以躊躇。勢路日以遠兮,遂荒忽而辭去。(十五下)

樹達按:躇、去,古韻同模部字。

寖淫敞克,寂兮無音。思若流波,怛兮在心。(十五下)

樹達按:音、心,同屬古韻覃部字。

亂曰：佳俠函光，隕朱榮兮。嫉妒闒茸，將安程兮。（十五下）

樹達按：榮、程，同屬古韻青部字。

方時隆盛，年夭傷兮，弟子增欷，洿沫悵兮。（十五下）

樹達按：傷、悵，同古韻唐部字。

悲愁於邑，喧不可止兮。嚮不虚應，亦云已兮。嫶妍太息，嘆稚子兮。憭慄不言，倚所恃兮。（十五下）

師古曰：嚮讀曰響。響之隨聲，必當有應，而今涕泣，徒自已耳。夫人不知之，是虚其應。

樹達按：顔讀嚮爲響，是也，而以夫人不知之釋不字，釋虚應爲虚其應，則文理大不可通。余按虚謂空虚，凡響之應聲，應於空虚也。文意謂今我悲愁於邑，喧不可止，其聲甚大，而夫人不知，空虚中并無響聲應之，故云嚮不虚應耳。止、已、子、恃，古韻同屬咍部。

仁者不誓，豈約親兮！（十六上）

如淳曰：仁者之行惠，尚一不以爲恩施，豈有親親而反當以言約乎！

樹達按：《禮記・檀弓》篇云："殷人作誓而民始畔，周人作會而民始疑。"《穀梁・隱公八年》傳云："誥誓不及五帝，盟詛不及三王，交質子不及二伯。"《淮南子・氾論》篇云："夏后氏不負言，殷人誓，周人盟。"按諸書所云，皆仁者不誓之説也。文言仁者不爲盟誓之事，豈當與其所親之人有約言乎！如説未得其義。

既往不來，申以信兮。（十六上）

師古曰，信合韻音新。王鳴盛曰：躊躇與去，傷與悵，信與親，爲韻。古無四聲之分，平仄通爲一韻。顔云合韻，猶吴才老所謂叶韻，此字本無此音，改以叶之也。顔不通古音，不能枚舉，聊一出之。

樹達按：合韻、叶韻，乃宋以後不通古音者根據後世變音，疑其不叶，强爲之説。其實古音本相諧協，無所謂合韻叶韻也。明清以來古韻諸家已詳辨之。嗚盛不解古音，仍持舊説，似於顧亭林、江慎修諸家之書全未寓目者。又於此賦長卿傷陽亡畺央羊章莊揚明芒揚爲韻，音心爲韻，榮程爲韻，止已子恃爲韻，不能列舉，却譏師古不通古音，可謂謬矣。至古韻家亦言合韻，則謂非同部之字相叶，與宋人所云合韻者大異，非一事也。

去彼昭昭，就冥冥兮，既下新宫，不復故庭兮。嗚呼哀哉！想魂靈兮。（十六上）

樹達按：《詩·唐風·葛生》云："百歲之後，歸于其居。"又云："百歲之後，歸于其室。"鄭箋云："居，墳墓也。室猶塚壙。"此云新宫，宫猶《葛生》詩所云居或室。漢時稱皇帝棺曰梓宫。應劭《風俗通》云："宫者，存時所居，緣生事死，因以爲名。"其説是也。方葬未久，故云新宫。以在地下，故云下也。冥、庭、靈、古韻同屬青部。

追尊外祖趙父爲順成侯。（十七上）

樹達按：趙父者，史失其名，姑名之曰父，猶女子稱某母也。

上大怒，令以我不復見馬邪！（十七下）

樹達按：怒下省曰字。

誠因長主時得入爲后。（十八上）

師古曰：以時得入。

樹達按：顔以時字屬下讀，非也。此當以"長主時"連讀。長主時謂長主得勢之時。《霍光傳》云"大將軍時何可復行"，與此句例同。

月餘，遂立爲皇后。（十八上）

樹達按：《霍光傳》云：數月立爲皇后。

數守大將軍光，爲丁外人求侯。（十八上）

師古曰：守，求請之。

樹達按：昭公二十七年《左傳》云："魯君守齊，三年而無成。"班用守字蓋本此。《後書・竇融傳》云："融日往守萠。"李注云："守猶求也。"樹達按：今語猶言求請不已曰守。

治獄使者邴吉憐皇曾孫無所歸，載以附史恭。（十九下）

錢大昭曰：附南監本、閩本作付。先謙曰：官本作付，是。

樹達按：景祐本作付。

恭三子，皆以舊恩封。長子高爲樂陵侯，曾爲將陵侯，玄爲平臺侯。（十九下）

樹達按：《史丹傳》記曾、玄以外屬舊恩封，高以發舉反者霍禹功封，《霍光傳》記高封事同。此傳記高亦以舊恩封，失之矣。

見翁須與歌舞等比五人同處。（二十下）

樹達按：等比與等輩同，猶今言伴侶。

父廣漢。（二十一下）

樹達按：《疏廣傳》稱太子外祖父特進平恩侯許伯，《蓋寬饒傳》亦稱平恩侯許伯，知廣漢字伯也。

及太子敗，賀坐下刑。（二十一下）

樹達按：下刑蓋謂下體之刑。《安世傳》云"安世爲賀上書，得下蠶室"，是也。《鼂錯傳》稱陰刑，下刑與陰刑義同。

酒酣爲言：曾孫體近，下人乃關内侯。（二十二上）

師古曰：言曾孫之身於帝爲近親，從其人材下劣，尚作關内侯。

書本或無人字。

樹達按:《元后傳》云:“莽改太后爲新室文母,絶之於漢,不令得體元帝。”體字與此傳用法略同。《論語·雍也》篇云:“中人以上,可以語上也;中人以下,不可以語上也。”文云下人,與《論語》言中人語例同。

是時霍將軍有小女,與皇太后有親。(二十二上)

樹達按:皇太后,昭帝上官后也,爲霍光外孫女。

元帝即位,復封延壽中子嘉爲平恩侯,奉戴侯後,亦爲大司馬車騎將軍。(二十三下)

樹達按:嘉爲車騎將軍,議甘泉泰畤河東后土之祠不必徙置長安,見《郊祀志》。議郅支單于首當懸,見《陳湯傳》。薦甘延壽,見《延壽傳》。

五日一朝皇太后於長樂宮,親奉案上食。(二十四上)

樹達按:《方言》五云:“案,陳、楚、宋、魏之間謂之槁,自關東西謂之案。”《急就篇》云:“橢杅槃案桮問盌。”顔注云:“無足曰槃,有足曰案。”《鹽鐵論·取下》篇云:“從容房闈之間,垂拱持案而食。”《後漢書·逸民·梁鴻傳》云:“每歸,妻具食,不敢於鴻前仰視,舉案齊眉。”樹達按:今日本俗進食尚用案。案形方,上有四周,下有足,置椀箸于其上,我國古俗之遺也。

後一歲,上立許后男爲太子,昌成君者爲平恩侯。(二十四上)

樹達按:者字不可通,疑衍字。景祐本同衍。

挾毒與母博陸宣成侯夫人顯謀,欲危太子,無人母之恩,不宜奉宗廟衣服,不可以承天命。(二十四上)

樹達按:衣服二字文不可通,疑衍。景祐本同衍。

奉光少時好鬭雞,宣帝在民間,數與奉光會,相識。(二十四下)

樹達按:宣帝喜鬭雞故也。

時成帝母亦姓王氏,故世號太皇太后爲邛成太后。(二十五上)

樹達按:《儒林傳》有王龔,如淳注謂是邛成太后親,或當有據。

深念奉質共脩之義,恩結于心。(二十五上)

師古曰:質讀曰贄。

樹達按:共讀爲供,脩謂腶脩。《儀禮·士昏禮》記婦見姑之禮云:"降階,受笲腶脩,升,進,北面拜,奠于席。姑坐,舉以興,授人。"是婦見姑以腶脩爲贄之事也。

外戚傳第六十七下(漢書九十七)

家凡十侯,五大司馬。(一上)

師古曰:十侯者,陽平頃侯禁、禁子敬侯鳳、安成成侯崇、平阿侯譚、成都侯商、紅陽侯立、曲陽侯根、高平侯逢時、安陽侯音、新都侯莽也。五大司馬者,鳳、音、商、根、莽也。一曰:鳳嗣禁爲侯,不當重數,而十人者,淳于長即其一也。何焯曰:《元后傳》云:"後又封太后姊子淳于長爲定陵侯,王氏親屬侯者凡十人。"則顔後說是。周壽昌曰:"家者,專指王家而言,不得并戚屬數之。禁鳳父子繼侯,當爲兩人。若必拘論,將莽之篡逆亦不得列十侯内矣。

樹達按：何主顔後説，周主顔前説，今謂何説是，周説非也。《王莽傳》云："家凡九侯五大司馬。"彼以禁鳳爲一侯，而不數淳于長，故云九侯，知此云十侯爲并數淳于長，與《元后傳》文相合矣。

時又數有災異，劉向、谷永等皆陳其咎在於後宮。上然其言，於是省減椒房掖庭用度。（二上）

樹達按：此文及下文"上於是採劉向、谷永之言以報"云云，皆以劉向、谷永并言。按《永傳》確記其事，而《劉向傳》則無之。《杜欽傳》中却記述其事甚詳。《永傳》云："時對者數十人，永與杜欽爲上第焉。上皆以其書示後宮。"《五行志》下之下記其事，亦以永、欽二人并列。又下文記帝報許后引《書・高宗肜日》云云，實采自杜欽策對之文，知本傳兩劉向皆爲杜欽之誤無疑也。

妾誇布服糲食。（二上）

孟康曰：誇，大也，大布之衣也。

樹達按：李慈銘云：誇字不可解，孟注亦不可通。蓋誇爲許后之名。漢婦人皆自稱名，下文言許后姊名謁，則誇爲后名無疑。樹達按：李説是也。李以后姊名謁爲證者，以與誇字皆從言旁也。觀此知後世兄弟之名往往用同一偏旁之字，漢時即已然矣。

陛下見妾在椒房。（三上）

樹達按：陛下見妾在椒房，謂陛下現在之妾住在椒房殿者。妾乃自卑之稱，椒房殿爲皇后所居，意猶言陛下現在之皇后也。此見字與《直不疑傳》"朝廷見人或毁不疑"之見字用法同，説詳彼傳。

終不肯給妾纖微内邪？若不私府小取，將安所仰乎？（三上）

師古曰：言皇后自有湯沐，故更無它纖毫給賜。内邪，言内中所須者也。邪,語辭也。仰音牛向反。周壽昌曰:顔以内邪下屬,非。當以“不肯給妾纖微内邪”爲句。纖微内即上所云纖微之間也。疏詞婉宕,善用虚字。後又云:“竟寧前於今世,而比之,豈可邪!”亦其證也。

樹達按:顔説全誤,周以“内邪”二字屬上讀,是矣。而謂纖微内與上文纖微之間同,文義不可通。余謂内當讀爲納,乃容納受納所言之義。文意蓋謂:對於陛下現在之皇后,竟不肯賜以絲毫之意見采納邪?

舊故:中宮乃私奪左右之賤繒。(三上)

先謙曰:言舊故時中宮嘗爲此。

樹達按:《廣雅·釋詁》三云:故,事也,舊故謂舊事也。二字當爲一讀。王訓舊故時,非是。下文云:“又故事”云云,舊故與故事義同,特變文言之耳。

竟寧前於今世,而比之,豈可邪!(三下)

師古曰:言今時國家制度衆事比竟寧前不肯皆同也。

樹達按:此言竟寧在今日以前,不得以今日比之。總謂今昔不同,不得相比擬耳。顔説殊誤。

俟自見索言之。(三下)

師古曰:俟,待也。自見,后自見於天子也。索,盡也。

樹達按:《史記·滑稽傳》云:“淳于髡仰天大笑,冠纓索絶。”《索隱》云:“案索訓盡,言冠纓盡絶也。孔衍《春秋後語》亦作冠纓盡絶也。”樹達按:此傳索字與《滑稽傳》索字同作狀字用。

諸侯拘迫漢制,牧相執持之也?又安獲齊趙七國之難!(四上)

樹達按：二句乃假設之辭。也與邪同，謂果如此，則不至有齊、趙七國之難也。下文云："微後宫也，當何以塞之？"也字亦與邪同。

女童入殿，咸莫覺知。（四下）

師古曰：謂陳持弓也。

樹達按：陳持弓事見《成紀》及《五行志》下之上。

《易》曰：鳥焚其巢，旅人先咲後號咷。喪牛於易，凶。（四下）

師古曰：咲，古笑字也。咷音桃。解并在《谷永傳》。

樹達按：《易》見"旅卦"上九爻辭。《谷永傳》無此文，當云在《五行志》，見志中之下。

《書》云：高宗肜日，越有雊雉。祖己曰：惟先假王正厥事。又曰：雖休勿休，惟敬五刑，以成三德。（五上）

師古曰：解并在《谷永傳》。

樹達按：雖休勿休云云見《書·吕刑》篇。《永傳》未稱引《書》文，《杜欽傳》卻曾引及《高宗肜日》。此注似當云："解在《杜欽傳》。"然《欽傳》顔注仍云："解在《五行志》。"則此實當云"解在《五行志》"也。今見志中之下卷。

即飭椒房及掖庭耳。（五上）

師古曰：謂祖己所言皆以戒後宫也。飭與勑同。

樹達按：報書意謂：因《書》文云云，故據災異戒飭椒房及掖庭耳。顔注太覺離奇，似有脱誤。

且財帛之省。（五下）

錢大昭曰：帛南監本、閩本并作幣。先謙曰：官本作幣。

樹達按：景祐本作幣。

假使太后在彼時不如職,今見親厚,又惡可以踰乎?(六上)

師古曰:言假令太后昔時不得其志,不依常理,而皇后今被親厚,何可踰於太后制度乎?婦不可踰姑也。惡音烏。

樹達按:李慈銘云:不如職謂太后在竟寧前服用儉約多不如制也。

其後比三年日蝕,言事者頗歸咎於鳳矣,而谷永等遂著之許氏。(六上)

樹達按:言事者謂王章之類,事見《元后傳》。《晉語》注云:著,附也。

后姊平安剛侯夫人謁等爲媚道,祝詛後宫有身者及鳳等,事發覺。(六下)

樹達按:此趙飛燕所告發,見下班倢伃、趙后傳。

孝成班倢伃。(七上)

樹達按:倢伃爲左曹越騎校尉班況之女,彪之姑,固之祖姑也。他傳皆叙家世,此獨不叙者,以見《叙傳》故也。建始、河平之際,許、班之貴,傾動前朝。得列傳與孝武李夫人同,非孟堅私其親屬而然也。

揚光烈之翕赫兮,奉隆寵於增成。(八上)

樹達按:文以靈、庭、明、成爲韻。據古韻,靈庭成同屬青部韻,明古音如茫,屬唐部,不相協。蓋漢世音已變古,明字已讀如今日之音矣。

申佩離以自思。(八上)

師古曰:離,袿衣之帶也。女子適人,父親結其離而戒之,故云自思也。

樹達按:《詩・豳風・東山》云:“親結其縭。”《毛傳》云:“縭,婦人之褘也。母戒女,施衿結帨。”按毛謂縭爲帨巾,顔注與毛異義。

哀褒閻之爲郵。(八上)

師古曰:《小雅》刺幽王之詩曰:“赫赫宗周,褒姒滅之,閻妻煽方處。”故云爲郵,郵,過也。

樹達按:《説文》三篇上“言部”云:訧,罪也。文假郵爲訧。

美皇英之女虞兮,榮任姒之母周。(八下)

師古曰:皇,娥皇;英,女英:堯之二女也。女,妻也。虞,虞舜也。女虞,女音尼據反。

樹達按:《書・堯典》云:帝曰:我其試哉!女于時,觀厥刑于二女。

願歸骨於山足兮,依松柏之餘休。(八下)

樹達按:文自既過幸於非位兮至此,時、思、詩、郵、兹、滋、災、郵、期,皆古咍部韻。周、求、幽、流、休,皆古幽部韻,二部混用。

神眇眇兮密靚處;君不御兮誰爲榮?(九上)

樹達按:《詩・衛風・伯兮》云:“自伯之東,首如飛蓬。豈無膏沐? 誰適爲容?”文云君不御兮誰爲榮,用《伯兮》詩意也。此上清、扃、生、泠、聲,皆青部韻。

緑衣兮白華,自古兮有之。(九下)

樹達按:自俯視兮丹墀至此,綦、期、之,爲古咍部韻。流、憂、浮、休,爲古幽部韻。二部合用。又案倢伃有《擣素賦》,見《古文苑》卷二。

後月餘,乃立倢伃爲皇后。(十上)

樹達按:劉輔以諫立后下獄,見《輔傳》。《漢紀》卷二十六載諫議大夫王仁上疏諫,成帝不聽。

切皆銅沓冒黄金塗。(十上)

師古曰:切,門限也,音千結反。沓,冒其頭也。塗,以金塗銅上也。沓音它合反。王念孫云:冒字涉注文而衍,景祐本無冒字,是也。冒即沓也。注訓沓爲冒,則正文無冒字明矣。《後漢書·班固傳》注、《文選·西都賦》注、《藝文類聚·居處部》、《御覽·皇親部》十引此皆無冒字。《漢紀》及《續列女傳》亦無。

樹達按:李慈銘云:《三輔黄圖》、《西京雜記》皆作"砌皆銅沓黄金塗",無冒字。《黄圖》述此段事皆本《漢書》,尤其明證。樹達按:《説文》六篇上"木部"云:榍,限也。此本字,切乃假字。又十四篇上"金部"云,鍣,以金有所冒也。傳文假沓爲鍣,省形存聲。

臣遣從事掾業,史望。(十一上)

樹達按:《續漢書》云:司隸置從事史十二人,秩皆百石,主督促文書,察舉非法。

曰:瞠也。(十二上)

服虔曰:瞠,直視貌也。師古曰:瞠音丑庚反,字本作瞠,其音同耳。

樹達按:《説文》四篇上"目部"云:"矘,目無精直視也。"《文選·長笛賦》注引《字林》云:"瞸,直視貌。"《倉頡篇》云:"瞸,直下視貌。"瞠矘瞸并同,瞠以同音字通用。

我曹言:"願自殺。"即自繆死。(十二下)

晉灼曰:繆音繆縛之繆。鄭氏曰:自縊也。師古曰:繆,絞也。音居虯反。

樹達按:《説文》三篇下"鬥部"云;鬮,经繆殺也。

數召入飾室中若舍。(十二下)

師古曰:或暫入,或留止也。周壽昌曰:言入飾室或舍中也。下始云"留數月或半歲",此祇言召入之地耳。注誤會本句意,與下兩語背觸。飾室即下置飾室簾南之飾室。舍如增成舍、甲舍、丙舍之類。

樹達按:李慈銘云:若舍者,飾室中舍名。《班倢伃傳》之增成舍,此傳上文之昭陽舍、牛官令舍,皆宫中舍名。《公卿表》少府所屬有若盧室,亦在宫中,名亦相似。

是家輕族人,得無不敢乎?(十三下)

樹達按:《後書·明德馬后紀》云:"請呼皇后,帝笑曰:是家志不好樂,雖來無歡。"是是家乃漢人常語。又或云此家:《後書·王常傳》云:"後帝於大會中指常謂羣臣曰:此家率下江諸將,輔翼漢室。"袁宏《後漢紀》此家作此人,然則是家即是人也。《吴志·吕蒙傳》云:"度此家不得外問,謂援可恃,故至於此耳。"《魏志·裴潛傳》引《魏略》云:"帝目而送之,笑曰:此家有瞻諦之士也。"

掖庭中御幸生子者輒死,又飲藥傷墮者無數。(十四上)

樹達按:時譙玄以皇子多横夭,上書諫成帝,見《後書·獨行傳》。又《後書·王昌傳》云:"昌自言:母故成帝謳者,昌爲成帝子,趙后欲害之,僞易他人子,以故得全。"樹達按:此昌自衒欺人之辭,不足據信,亦以趙氏妒名彰著,故因緣作僞耳。

大臣票騎將軍貪耆錢,不足計事。(十四上)

錢大昕曰:票騎將軍,謂曲陽侯王根也。

樹達按:根受傅太后賂遺,見本卷《傅昭儀傳》。受羅裒賂遺,見

《貨殖傳》。《元后傳》云："根行貪邪，臧累鉅萬。"

遵後病困，謂武：今我已死，前所語事，武不能獨爲也？愼語！（十四上）

師古曰：言汝脱不能獨爲，勿漏泄其語。

樹達按：武不能獨爲也，也與邪同。

魯嚴公夫人殺世子，齊桓召而誅焉，《春秋》予之。（十四上）

師古曰：嚴公夫人謂哀姜也。予，謂許予之也。解具在《五行志》。

樹達按：事見僖公元年《公羊傳》。

時議郎耿育上疏言。（十四下）

樹達按：育嘗冤訟陳湯，見《湯傳》。

然太伯見歷知適，逡循固讓。（十四下）

師古曰：歷謂王季，即文王之父也。知適，謂知其當爲適嗣也。

樹達按：《論衡·譴告》篇云："太王亶父以王季之可立，故易名爲歷。歷者，適也。太伯覺悟，之吴、越採藥，以避王季。"事又見《吴越春秋》卷五。然則"見歷"當謂太伯見太王改名王季爲歷，始合。顔注未明本事，泛説無當。

孝成皇帝自知繼嗣不以時立，念雖末有皇子，萬歲之後未能持國。（十四下）

師古曰：末，晚暮也。萬歲言晏駕也。

樹達按：《禮記·中庸》篇云：武王末受命。鄭注云：末猶老也。此末字用法所本。

傅太后恩趙太后，趙太后亦歸心。（十五下）

師古曰:恩謂以厚恩接遇之。一曰:恩謂銜其立哀帝爲嗣之恩也。

樹達按:朱一新云:顔後一説是也。

而尚在小君之位,誠非皇天之心。(十六上)

樹達按:《論語·季氏》篇云:邦君之妻,稱諸異邦,曰寡小君。

先是有童謡曰:燕燕,尾涏涏!(十六上)

師古曰:涏涏,光澤之貌也。音徒見反。沈欽韓曰:《集韻》:"涏,徒鼎切。洴涏,小水。一曰波直貌。"《類篇》:"又堂練切。涏涏,光直貌。"案此字從聲當爲延,不當爲廷。《玉篇》亦云:"涏又徒見切,好貌。"《玉篇》爲唐人所修,此字之誤久矣。先謙曰:官本涏作㴾,南監本同。

樹達按:李慈銘云:"涏字汲古本《五行志》、《外戚傳》俱作涏字,不誤。錢氏泰吉謂吴免牀所藏宋本亦作涏,惟監本《評林》本及今官本俱作㴾。案《玉臺新詠》作殿殿,殿與涏《廣韻》、《集韻》俱同在三十二霰堂練切電紐下,是同音假借之字。後來俗本《玉臺新詠》乃依誤本《漢書》改作㴾㴾矣。"見《越縵堂日記》二十三册三十葉。樹達按:李説是,沈説非也。沈意以涏與燕及下文見字爲韻,燕見皆古韻寒部字,廷聲字古韻在青部,而延聲則在寒部,故云涏當作㴾。雖據古韻言之,不爲無見,然古韻青部字亦往往讀入寒部。如倩从青聲,讀倉見切,瞑從冥聲,讀武延切,皆其例也。涏從廷聲而讀徒見或堂練諸切,正其比類。考《詩·邶風·燕燕》疏引《漢書》字作涏涏,今涵芬樓影印士禮居舊藏北宋景祐本《漢書》作涏,知涏字決非誤文。沈説不能觀其通,失之泥矣。

木門,倉琅根,燕飛來,啄皇孫。皇孫死,燕啄矢。(十六

上）

樹達按：門、根、孫，古韻同在痕部，死、矢，同在微部。

以二人皆有子爲王，上尚在，未得稱太后。（十六下）

樹達按：太后謂王太后。據此知王有父在時，母不得稱太后也。

乃更號曰昭儀，賜以印綬，在倢伃上。昭其儀，尊之也。（十六下）

樹達按：此記昭儀稱號之始。

元延四年，孝王及定陶王皆入朝，傅太后多以珍寶賂遺趙昭儀及帝舅票騎將軍王根，陰爲王求漢嗣。皆見上無子，欲豫自結，爲長久計，更稱譽定陶王。（十六下）

樹達按：皆見上無子，文義不明，皆上當有"昭儀及根"四字。《哀紀》有"昭儀及根"四字，可證。

少傅閻崇以爲：《春秋》不以父命廢王父命。（十七上）

樹達按：此哀公三年《公羊傳》文。

高昌侯董宏希指，上書言：宜立丁姬爲帝太后。師丹劾奏：宏懷邪誤朝，不道。（十七下）

樹達按：時王莽與丹共劾，見莽、丹二傳，宏坐免爲庶人也。

然哀帝不甚假以權勢，權勢不如王氏在成帝世也。（十八下）

樹達按：《師丹傳》云："哀帝少在國，見成帝委政外家，王氏僭盛，常內邑邑，即位多欲有所匡正，封拜丁、傅，奪王氏權。"

據此哀帝之封丁、傅，所以奪王氏，故亦不縱丁、傅使同王氏也。

昔季武子成寢，杜氏之墓在西階下，請合葬而許之。（十

八下)

師古曰:事見《禮記》。

樹達按:見《檀弓上》篇。

太后以爲:既已之事,不須復發,莽因争之。(十九上)

錢大昭曰:莽當作莾,先謙曰:官本南監本作莾。

樹達按:景祐本作莾。

開丁姬椁户,火出,炎四五丈。(十九上)

樹達按:《論衡·死僞》篇云:改葬定陶共王丁后,火從藏中出,燒殺吏士數百人。

公卿在位皆阿莽指,入錢帛,遣子弟,及諸生四夷凡十餘萬人,操持作具,助將作掘平共王母、丁姬故冢,二旬間皆平。莽又周棘其處以爲世戒云。(十九下)

樹達按:《水經·濟水注》説丁姬墓云:今其墳冢巍然尚秀,隅阿相承,列郭數周,面開重門,南門内夾道有崩碑二所,世尚謂之丁昭儀墓,又謂之長隧陵。蓋所毁者傅太后陵耳。丁姬墳墓,事與書違,不甚過毁,未必一如史説也。

孝哀傅皇后,定陶太后從弟子也。(十九下)

樹達按:傅后爲傅晏之女,晏爲定陶太后弟中叔之子。然則傅后於定陶太后爲姪孫,此云從弟子,誤也。

馮倢伃男立爲信都王。(二十下)

樹達按:王名興。

孝王薨,有一男嗣爲王。(二十下)

樹達按:嗣王名箕子,即平帝也。

後徵定陶王爲太子,封中山王舅參爲宜鄉侯。(二十下)

樹達按:徵定陶王在綏和元年,此因中山王未徵,故封參以慰王,見《參傳》。

時未滿歲,有眚病。(二十下)

孟康曰:災眚之眚,謂妖病也。服虔曰:身盡青也。蘇林曰:名爲肝厥,發時唇口手足十指甲皆青。師古曰:下文禱祠解舍,孟説是也。未滿歲者,謂爲王未滿歲也。眚音所領反,字不作青,服虔誤也。

樹達按:孝王薨于綏和元年,平帝生于元延四年,爲綏和元年之前一年,故文云未滿歲,謂生未滿歲,非謂爲王未滿歲也。顔説誤。眚病孟服蘇三家異説。按《平帝紀》太后詔云"皇帝疾一發,氣輒上逆",然則蘇林肝厥之説爲得之。蘇云:發時唇口手足十指甲皆青,知正文作青者是。顔主作眚,以孟説爲是,非也。

由素有狂易病。(二十下)

師古曰:狂易者,狂而變易常性也。

樹達按:《國語·吴語》云:"稱疾辟易。"韋注云:"辟易,狂疾。"《韓非子·内儲説下》篇云:"燕人,其妻有私通於士,其夫早自外而來,士適出。夫曰:何客也?其妻曰:無客。問左右,左右言無有,如出一口。其妻曰:公惑易也!因浴之以狗矢。"按:辟易、惑易、狂易,皆同義連文之字,顔分狂易爲二事説之,非也。《王子侯表》云"樂平侯訢病狂易",義同。

元延四年,生平帝,年二歲,孝王薨,代爲王。(二十一下)

先謙曰:官本重平帝二字,二作三。

樹達按:景祐本重平帝二字,是也。又按:孝王薨于綏和元年,爲元延四年平帝生之明年。我國計年齡之法,始生墮地即爲一歲,故明年爲二歲。此文二字是,作三者誤也。景祐本亦作二。前篇云"孝王薨,有一男嗣爲王,時未滿歲",與此異者,彼以實數計之,此以計年齡之法計之,故不同,非矛盾也。

莽欲顓國權,懲丁傅行事,以帝爲成帝後,母衛姬及外家不當得至京師。(二十一下)

樹達按:據《後書·申屠剛傳》,莽時隔絶帝外家馮、衛二族,不得交官,與闕同。剛對策諫正,見罷免也。

徙定陶王於信都。(二十二下)

樹達按:立楚孝王孫景爲定陶王者,成帝以哀帝爲已後,故以景爲定陶共王後也。今徙於信都,是推翻前事,而以哀帝後定陶矣,故莽以爲罪也。

不畏天命,侮聖人之言。(二十二上)

師古曰:《論語》稱"孔子曰:君子有三畏,畏天命,畏大人,畏聖人之言。小人不知天命而不畏也,狎大人,侮聖人之言。"故此文引之也。侮古侮字。

樹達按:《春秋·成公十五年》,仲嬰齊卒。《公羊傳》曰:"仲嬰齊者,何?公孫嬰齊也。公孫嬰齊則曷爲謂之仲嬰齊?爲人後者爲之子也。"按以哀帝後定陶王,違爲人後者爲之子之義,故莽假借以爲侮聖人之言耳。顔注未晰。

平帝即位,年九歲。(二十二下)

王先慎曰:年上脱后字,平帝年已見紀矣,此處不必補叙。《續列女傳》正作后年九歲。

樹達按:王説非也。下文云:莽即真時,太后年十八矣。是后當生於成帝元延四年,與平帝爲同年生,帝即位時年亦九歲。然此文自叙平帝之年，所以叙者，以起下句成帝母太皇太后稱制之文也。《王莽傳》云"帝年九歲，太后臨朝稱制"，與此文義正同。若作后年，則語爲無因，與下句不貫矣。

遣長樂少府夏侯藩。（二十三上）

樹達按：藩即爲中郎將使匈奴者，見《匈奴傳》。

執金吾尹賞。（二十三上）

樹達按：賞見《酷吏傳》。

便時上林延壽門。（二十三下）

師古曰：取時日之便也。姚鼐曰：顔注便時不明。章懷注《楊震傳》引此解云：待吉時而後入，其解似明而實非。蓋平后之便時，未嘗非欲待吉時，而此但言取便停住許時耳。此時非指吉時，如以此便時爲吉時，以解《楊震傳》，尚亦可通，而以解《魯丕傳》之便時，不可通矣。

樹達按：便時爲漢人習語。《潛夫論·浮侈》篇云："奔走便時，去離正宅。"此及魯丕、楊震傳文義皆同，即顔所謂待時日之便者也。姚説迷離惝恍，進退失據。

爲人婉瘱有節操。（二十四上）

師古曰：婉，順也。瘱，静也，音烏計反。

樹達按：《説文》十篇下"心部"云："瘱，静也。从心，疾聲。"於計切。《文選·女史箴》善注引此文作嫕。

莽敬憚傷哀，欲嫁之，乃更號爲黄皇室主。（二十四上）

師古曰：莽自謂土德，故云黄皇。室主者，若漢之稱公主。

樹達按：《莽傳》云：絶之於漢也。

令立國將軍成新公孫建世子襐飾將醫往問疾。（二十四

上）

師古曰：褖，盛飾也。音丈，又音象。一曰：褖，首飾也。在兩耳後，刻鏤而爲之。

樹達按：《説文》八篇上"衣部"云：褖，飾也。

元后傳第六十八（漢書九十八）

其《自本》曰。（一上）

樹達按：莽《自本》與司馬遷《自序》、楊雄《自傳》、王充《自紀》同，名各異耳。

十一世，田和有齊國，三世稱王。（一上）

宋祁曰：舊本三作二。

樹達按：景祐本作二。按田齊自威王因齊稱王，傳宣王辟彊、湣王地、襄王法章、至王建始滅，實五世稱王也。

歎曰：吾聞活千人有封子孫。（一下）

樹達按：活千人下當有者字。《後漢書·史弼傳》論云：活千人者子孫必封。注引此傳云：活千人者有封孫。活千人下有者字，是其證。

昔春秋沙麓崩，晋史卜之，曰：陰爲陽雄，土火相乘，故有沙麓崩。後六百四十五年，宜有聖女興。（一下）

樹達按：雄、乘、崩、興，古登部韻。

初，李親任政君在身。（二上）

樹達按：李親爲政君之母，下文屢見。

及司馬良娣死，太子悲恚發病，忽忽不樂。（二下）

樹達按：時宣帝遣王襃之太子宫虞侍太子，見《襃傳》。

因以過怒諸娣妾，莫得進見者。（二下）

宋祁曰：越本無者字。

樹達按：景祐本無者字，字當衍。

又獨衣絳緣諸于。（三上）

師古曰：諸于，大掖衣，即袿衣之類也。

樹達按：《説文》八篇上"衣部"云：衧，諸衧也。此作于，省形存聲字。

長御即以爲。（三上）

錢大昭曰：爲下脱是字，閩本不脱。先謙曰：官本南監本有是字。

樹達按：景祐本有是字。

先是者太子後宫娣妾以十數，御幸久者七八年，莫有子。（三上）

樹達按：者字景祐本同，然於文義不可通，疑字當爲諸，誤脱其半爲者字耳。

封父禁爲陽平侯，後三日，婕妤立爲皇后，禁位特進。（三上）

樹達按：禁與石顯雜治楊興、賈捐之，見《捐之傳》。

以鳳爲大司馬大將軍，領尚書事，益封五千户。（三下）

樹達按：鳳爲大將軍，薦薛宣爲長安令，見《宣傳》。舉朱博爲櫟陽令，見《博傳》。除蕭育爲功曹，見《育傳》。奏補陳咸爲長史，見《咸傳》。薦陳湯習外國事，以湯爲從事中郎，并見《湯傳》。薦班伯宜勸學，見《叙傳》。薦辛慶忌，見《慶忌傳》。禮聘鄭子真，見《王貢兩龔鮑傳》。不許東平王求書之請，見《宣元六王傳》。京師訛言大水，鳳議太后上可御船，及傾陷王商，并見《商傳》。從杜欽言，白遣楊焉等治河，見《溝洫志》。

天子以問諫大夫楊興、博士駟勝等。（三下）

樹達按：興嘗爲長安令，見劉向、賈捐之傳。

後五年，諸吏散騎安成侯崇薨，謚曰共侯。（四上）

樹達按：共侯夫人名放，共養長信宫，見《王吉傳》。

左右常薦光禄大夫劉向少子歆通達有奇異材。（四下）

先謙曰：官本無奇字，引宋祁曰：舊本異字上有奇字，《考異》無，故削之。今越本亦無。

樹達按：景祐本無奇字。

不以往事爲纖介。（五上）

師古曰：往事謂先帝常欲以代太子也。言無纖介之嫌怒。

樹達按：注嫌怒景祐本同，疑當作嫌怨，怨怒形近致誤耳。

共王辭去，上與相對泣而決。（五上）

先謙曰：官本、南監本泣上有涕字。

樹達按：景祐本有涕字。

天道聰明，佐善而災惡。（五下）

先謙曰：官本、南監本佐并作佑。

樹達按：景祐本作佑。

天子曾不一舉手。（五下）

先謙曰：官本、南監本一作壹。

樹達按：景祐本作壹。

自鳳之白罷商、後遣定陶王也，上不能平。及聞章言，感寤納之。（六上）

樹達按：《説文》七篇下"㝱部"云：寤，寐覺而有言曰寤。又十篇下"心部"云：悟，覺也。傳文假寤爲悟。

日日益甚。（六下）

先謙曰：官本下日作月，引宋祁曰：越本月作日。先謙案南監本作日月。

樹達按：景祐本作日月。

故天變屢臻，咸在朕躬。（七上）

先謙曰：官本屢作婁，此下有師古曰婁古屢字七字。

樹達按：景祐本作婁，有師古注七字。按婁爲屢字之假，省形存聲耳，非古屢字也。

章知野王前以王舅出補吏，而私薦之，欲令在朝阿附諸侯。（七上）

樹達按：此所謂附益之法也，是《諸侯王表》。

百姓歌之曰：五侯初起，曲陽最怒，壞決高都，連竟外杜，土山漸臺，西白虎。（七下）

宋祁曰：浙本西字下有象字。王念孫曰：西字下下當作上，案浙本是也。

樹達按：怒、杜、虎，古韻同屬模部。象字景祐本亦脱去。

奢僭如此。（八上）

先謙曰：官本作其奢侈如此。南監本作其奢僭如此。

樹達按：景祐本作其奢僭如此，是也。毛本脱其字。清官本作奢侈，誤。又按：王鳳見留，王章罪死，此事爲劉、王二氏消長之樞機，史家於此極力鋪寫，所以深責成帝之昏庸也。

復固薦音自代，譚等五人必不可用。（八上）

先謙曰：官本譚上有言字。

樹達按：景祐本有言字，是也，毛本脱。

御史大夫音竟代鳳爲大司馬車騎將軍。（八下）

樹達按：時音信用陳湯，見陳咸、翟方進二傳。召楊雄爲門下史，見《雄傳》。請毋將隆爲從事中郎，見《隆傳》。請補谷永爲營軍司馬，薦永爲護菀使者，并見《永傳》。

領城門兵。（八下）

先謙曰：官本兵作外。

樹達按：景祐本作兵。外字文不可通，清官本誤。

後又穿長安城，引内灃水注第中大陂以行船。（八下）

樹達按：《説文》十四篇下"𨸏部"云：陂，池也。

赤墀青瑣。（九上）

師古曰：青瑣者，刻爲連環文而青塗之也。先謙曰：官本連環作連瑣，而下有以字。

樹達按：景祐本作連鎖，塗下無之字，而下無以字。

二人頓首省户下。（九上）

先謙曰：上責問者商、立、根三人，下又云商、立、根皆負斧質謝，此不當止有二人，明二當爲三之誤。

樹達按：王説非也。尚書所責問者爲司隸校尉京兆尹，則二人自指司隸校尉京兆尹而言，下文始别言商立根謝事耳。景祐本亦作二人，二字不誤。省户下省謂尚書省。

又賜車騎將軍音策書曰：外家何甘樂禍敗？（九上）

師古曰:言此罪過并身自爲之。

樹達按:李慈銘云:此謂何自甘禍敗,文義甚明,顔語殊不可解。

王氏爵位日盛,唯音爲修整,數諫正,有忠節。(九下)

樹達按:音數切諫成帝微行,見《五行志》中之上。鴻嘉二年飛雉之異,音上言,又對成帝問,語頗切直,見《五行志》中之下。

特進成都侯商代音爲大司馬、衛將軍。(十上)

樹達按:商憎陳湯,白其罪過,見湯及翟方進傳。辟鮑宣,薦爲議郎,見《宣傳》。候樓護,見《游俠傳》。

紅陽侯立次當輔政,有罪過,語在《孫寶傳》,上迺廢立。(十上)

樹達按:時立疑淳于長毁譖己,怨長,見《長傳》。

而用光禄勳曲陽侯根爲大司馬、票騎將軍。(十上)

樹達按:時根薦何武及谷永,見《谷永傳》。虚己問李尋,又薦尋,見《尋傳》。補房鳳爲長史,見《儒林傳》。初害張禹寵,後又親就禹,見《禹傳》。令夏侯藩從匈奴求地,見《匈奴傳》。

太皇太后詔休就第。(十下)

宋祁曰:越本無太皇字。

樹達按:景祐本無太皇二字,按有者是也。

大治第宅。(十下)

先謙曰:官本、南監本第宅作室第。

樹達按:景祐本作室第。

傅太后帝母丁姬皆稱尊號。有司奏:新都侯莽前爲大司馬,貶抑尊號之議,虧損孝道,及平阿侯仁臧匿趙昭儀親屬,皆就國,天下多冤王氏。(十一下)

樹達按：有司奏謂丞相朱博，見《莽傳》。

時登高遠望，獨不慙於延陵乎？（十一下）

樹達按：延陵，成帝陵。

曲陽侯根薨，國除。（十一下）

樹達按：李慈銘云：根謚曰煬侯。

仁謚曰刺侯。（十二上）

樹達按：景祐本作剌侯，是也，刺字誤。

太后旁弄兒病在外舍。（十二下）

服虔曰：官婢侍史生兒，取以作弄兒也。

樹達按：武帝以金日磾子爲弄兒，是大臣子亦作弄兒，不必官婢侍史子也。服説非是。

莽徵宣帝玄孫，選最少者廣戚侯子劉嬰，年二歲。（十二下）

樹達按：廣戚侯劉顯爲楚孝王之孫，見《王子侯表》。

天下豈有而兄弟邪？（十三下）

樹達按：《莽傳》：舜爲莽之從弟。

舜亦悲不能自止，良久，迺仰謂太后：臣等已無可言者。（十三下）

師古曰：言不可諫止。

樹達按：舜意似謂事已至此，無可言説，合觀下二語，意甚明顯。顔説似非其義。

我老已死，知而兄弟，今族滅也。（十三下）

宋祁曰：知而越本知作如，《考異》更作如。先謙曰：官本族滅作滅族。

樹達按：景祐本作如，是也。如而兄弟爲一讀。族滅景祐本同，清官本作滅族，誤。

予伏念皇天命予爲子，更命太皇太后爲新室文母太皇太后，協于新室故交代之際，協于漢氏。（十四上）

宋祁曰：熙寧監本作協于新，淳化本作新室。何焯曰：室字疑衍。

樹達按：李慈銘云：室字衍。協于新故交代之際，謂合于漢新交代之際，故謂漢，新謂莽也。新室文母四字合於新，太皇太后四字合于漢也。

哀帝之代，世傳行詔籌，爲西王母共具之祥。（十四上）

樹達按：事見《哀紀》建平四年及《五行志》。

當爲歷代爲母。（十四上）

樹達按：此句文義不可通，爲母爲字疑因上文爲字而衍。當爲歷代母，謂太后既爲漢室母，又當爲新室母也。景祐本同衍。

及莽改太后爲新室文母，絶之於漢，不令得體元帝。（十四下）

樹達按：《莽傳》云：元帝與皇太后爲體。顏注云：夫婦一體也。即此傳體字之義。

莽詔大夫楊雄作誄，曰：太陰之精，沙麓之靈，作合於漢，配元生成。（十五上）

樹達按：精、靈、成，古韻同在青部。

王莽傳第六十九上(漢書九十九)

家凡九侯五大司馬,語在《元后傳》。(一上)

師古曰:《外戚傳》言十侯,此云九侯,以鳳本嗣禁爲侯。齊召南曰:案外戚及元后傳言十侯,自元后親屬計之,并數定陵侯淳于長也。此專言王氏,故云九侯。周壽昌曰:《外戚傳》云家凡十侯,此云九侯,益知淳于長之不能與也。

樹達按:《外戚傳》十侯,顔注有二説。前説以王禁、王鳳父子爲二侯,後説不數王鳳而數淳于長,後説是也。此文顔注與彼注後説同,齊氏申明其説,是矣。數淳于長爲十侯,不數爲九侯,合觀三傳,文義顯白無疑。周氏於《外戚傳》之十侯主顔前説,不數淳于長,今則欲以此文九侯之不數淳于長申證彼十侯不數淳于長之説,然則周意九侯十侯皆不數淳于長,而班云九侯十侯乃全無理致矣。豈其然乎! 此既違班書之意,且蹈思理霿亂之病矣。

受《禮經》,師事沛郡陳參,勤身博學。(一上)

樹達按:莽從陳欽受《左氏》,見《儒林傳》及《後書・陳元傳》。從徐宣受《易》,見《後書・徐防傳》。

及長樂少府戴崇。(一下)

樹達按:崇爲張禹弟子,見《禹傳》。

侍中金涉。(一下)

樹達按:涉爲金安上之孫。

中郎陳湯,皆當世名士,咸爲莽言。(一下)

樹達按：中郎者，從事中郎，王鳳所奏補也，見《湯傳》。薦莽事亦詳《湯傳》。

收贍名士，交結將相卿大夫甚衆。（一下）

樹達按：莽兄事班斿，斿卒，修緦麻，賻贈甚厚，見《叙傳上》。

光年小於莽子宇，莽使同日内婦，賓客滿堂。須臾，一人言：太夫人苦某痛，當飲某藥。比客罷者數起焉。（一下）

樹達按：比客罷者數起焉，景祐本同，然文不可通。疑起字誤倒，當在者數二字上。比客罷起者數焉者，謂至客罷時莽屢起往候太夫人之疾也。《翟方進傳》云："天子親臨弔者數。"《汲黯傳》云："上常賜告者數。"《外戚傳》云："聞衛子夫得幸，幾死者數焉。"句例并與此同，可證。

莽陰求其罪過。（二上）

先謙曰：官本陰作因。

樹達按：景祐本作陰，清官本作因，誤。按此或因陰因二字音近致誤，然清官本頗喜妄改史文，殊爲淺陋。王先謙於其是者稱之，其誤者，以其爲官書，皆避而不説。今頗爲揭發，用歸真是。

《春秋》之義，母以子貴。（二下）

樹達按：見隱公元年《公羊傳》。

上於是徵莽。（三下）

樹達按：莽徵還後，王邑嘗矯元后指爲莽求特進給事中，又莽從何武求舉太常，并見《武傳》。

歲餘，哀帝崩，無子，而傅太后、丁太后皆先薨，太皇太后即日駕之未央宫收取璽綬。（四上）

樹達按：哀帝臨崩，以璽綬付董賢，由王閎白太后奪之於賢，事具《後書·張步傳》。

莽白以舜爲車騎將軍。（四上）

樹達按：舜爲車騎將軍，高云敞之節，奏以爲椽，又薦之，并見《敞傳》。

劉歆典文章。（五上）

樹達按：李慈銘云：歆自哀帝建平元年已改名秀，此傳皆作歆，班避光武諱也。

聖王之法：臣有大功，則生有美號，故周公及身在而託號於周。（五下）

樹達按：託號於周，謂周公以周爲號也。

君以選故而辭以疾。（六上）

師古曰：選，善也。國家欲褒其善，加號疇邑，乃以疾辭。

樹達按：李慈銘云：選當讀爲巽，巽即遜也。古選巽遜三字通用。樹達按：李說是也，遜謂遜讓。

大司馬新都侯莽三世爲三公，典周公之職，建萬世策，功能爲忠臣宗。（六下）

先謙曰：官本南監本能作德。

樹達按：景祐本作德，是也。下文張竦《爲陳崇草奏》云："陛下既知公有周公功德，不行成王之褒賞。"正據此詔爲言，其明證也。李慈銘云：忠臣當作中臣，謂中朝臣也。樹達按：中忠，通用字。

聞中國譏二名，故名囊知牙斯，今更名知，慕從聖制。（八下）

樹達按：故，舊也。

博採二王後及周公孔子世列侯在長安者適子女。（八下）

樹達按:《國語·晉語》云:非德不及世。韋注云:世,嗣也。周公孔子世謂周公孔子之繼嗣,猶言二王後也。

莽遣長史以下分部曉止公卿及諸生。(九上)

師古曰:分音扶問反。

樹達按:分部之分,自是分別之義,顏音非。

宜承大序,奉祭祀。(九上)

先謙曰:官本大作天,是。

樹達按:景祐本作天。

信鄉侯佟上言。(九上)

師古曰:佟音從冬反。先謙曰:官本、南監本從作徒。

樹達按:景祐本作徒,是。

事下有司,皆白。(九下)

樹達按:皆白景祐本作皆曰,是也。

古者天子封后父百里,尊而不臣,以重宗廟,孝之至也。(九下)

樹達按:《白虎通·王者不臣》篇云:王者不臣妻父母,何?妻者,與己一體,恭承宗廟,欲得其歡心,上承先祖,下繼萬世,傳于無窮,故不臣也。

雖有賁育,不及持刺。(十一上)

師古曰:持刺,謂持兵力以刺。

樹達按:力乃刃字之誤。景祐本及清官本皆作刃。

與大司徒光。(十一下)

宋祁曰:徒當作馬。

樹達按:上文云大司徒孔光,宋説誤。

朝之執事，亡非同類，割斷歷久，統政曠世。（十四下）

先謙曰：天子崩逝，更繼新君，是謂割斷也。此言景帝崩已歷久，武帝自統大政又數十年，以喻莽當國統三絶，所遭倍艱。

樹達按：朝之執事以下四句皆承上未嘗離朝而言。意謂：霍光輔相昭帝，始終居朝，持政又久也。割斷者，《韓非子·説林》下篇云："宋太宰貴而主斷。"斷字與此義同，猶言宰制也。王以新君繼位爲割斷，殊爲無據。據王説割斷二句事屬景、武二帝，與霍光何相干涉乎？

備物典策。（十五上）

師古曰：既有備物而加之策書也。

樹達按：備乃服之假字。顏如字讀之，非是。二字古通，説詳下文盡備厥辜補注。

儀形虞、周之盛。（十六上）

師古曰：儀形謂則而象之。

樹達按：《詩·大雅·文王》云："儀刑文王。"形與刑古字通。

宇與師吴章及婦兄吕寬議其故。（十六上）

樹達按：吴章見《儒林傳》。

宇妻焉懷子，繫獄，須産子已殺之。（十六下）

樹達按：《春秋繁露·三代改制質文》篇記古制不刑有身懷任新産，此莽擬古爲之。清律："産婦有罪，須百日後行刑。"皆古制也。

臣不敢隱其誅。（十六下）

樹達按：時逢萌見莽殺宇，謂友人曰：不去，禍將及人。因將家屬浮海去。見《後書·逸民傳》。

《春秋》列功德之義，太上有立德，其次有立功，其次有立

言。（十七上）

樹達按：見襄公二十四年《左傳》。

三公言事，稱敢言之。（十七下）

樹達按：《論衡·謝短》篇云：郡言事二府，曰：敢言之。

太后臨前殿，親封拜。安漢公拜前，二子拜後，如周公故事。（十七下）

樹達按：文公十三年《公羊傳》云：周公拜乎前，魯公拜乎後。

固當聽其讓令眡事邪？（十七下）

師古曰：眡，古視字。

樹達按：眡景祐本作眡，从氏，是也。《說文》八篇下"見部"視或作眡，从目，氐聲。别有眡字，從氏聲，别一字。書傳二字多相亂，景祐本《漢書》獨不誤。

上書言：臣以元壽二年六月戊午倉卒之夜，以新都侯引入未央宫。（十八上）

樹達按：倉卒之夜謂哀帝崩時也。漢大喪恒云倉卒，下文亦云：是夜倉卒。

《穀梁傳》曰：天子之宰通于四海。（十八上）

樹達按：見僖公九年及三十年。

爲學者築舍萬區，作市、常滿倉。（十八下）

樹達按：李慈銘云：市上當有會字。

五年正月，祫祭明堂，諸侯王二十八人、列侯百二十人、宗室子九百餘人徵助祭。（十九下）

宋祁曰：淳化本祭字下有祀字。

樹達按：景祐本無祀字，《後書·城陽王祉傳》注引此亦無祀字。

即有所間非，則臣莽當被詿上誤朝之罪。（二十下）

師古曰：間音居莧反。

樹達按：《方言》卷三云："間，非也。"《論語·先進》篇云："人不間於其父母昆弟之言。"陳羣注云："人不得有非間之言也。"《孟子·離婁》篇云："政不足間也。"趙岐注云："間，非也。"間與非同義，故《漢書》及陳羣皆以爲連文。

諸侯宗室辭去之日，復見前重陳。（二十下）

宋祁曰：復見前重陳，當依越本作復重見前陳。

樹達按：文不誤，景祐本亦作復見前重陳。宋説謬。

於是公卿大夫、博士、議郎、列侯富平侯張純等。（二十一上）

樹達按：景祐本無富平侯三字。純《後書》有傳。

惟元始五年五月庚寅，太皇太后臨于前殿，延登，請詔之。（二十一上）

沈欽韓曰：請當爲親。《漢舊儀》：拜丞相，皇帝延登，親詔之。先謙曰：官本作親，南監本與此同。

樹達按：景祐本作親，不誤。

位在上公。（二十二上）

先謙曰：官本位在作位爲。

樹達按：景祐本作位爲。

瑒琫瑒珌。（二十二下）

孟康曰：瑒，玉名也。佩刀之飾，上曰琫，下曰珌。先謙曰：蘇輿云：《説文》：瑒，圭尺二寸，有瓚，以祠宗廟者也。从玉，易聲。非刀飾。此瑒蓋璗之借字。《説文》：鎏，金之美者，與玉同色。《禮》：佩刀，諸侯璗琫而璆珌。

樹達按：孟康注佩刀之飾四字屬下讀，非訓瑒字。蘇説瑒非刀飾，殊爲誤會。蘇説璗字屢見，皆鎏字之誤。又此注蘇説與沈欽韓《漢書疏證》同。蘇先生性嚴謹，非襲人者，不知緣何致誤。

句履。（二十二下）

孟康曰：今齊祀履舄頭飾也，出履一二寸。先謙曰：官本、南監本注無一字。

樹達按：景祐本作出履三寸。

十二月，平帝崩。（二十四下）

樹達按：此莽鴆弑，故翟義、隗囂皆云莽鴆殺孝平皇帝，詳《平紀》顔注。

説曰。（二十六上）

師古曰：謂説經義也。

樹達按：《藝文志》尚書家有《歐陽説義》二篇。

臣聞：古者畔逆之國，既已誅討，而豬其宫室，以爲汙池，納垢濁焉，名曰凶虚，雖生菜茹而人不食。（二十八下）

樹達按：《藝文類聚》八十二"草部"下引《尚書大傳》云：大夫有汙豬之宫，殺君之地，雖有美菜，有義之士弗食。

衝其匈，刃其軀，切其肌，後至者欲撥其門，仆其牆。（二十八下）

宋祁曰：刃其軀，舊作抇其體，鄧展抇音近跣，晉灼音抇。《字林》曰：抇，切也。

樹達按：抇當是刌字。《説文》四篇下"刀部"云：刌，切也。

長安謂之語曰。（二十九下）

先謙曰：官本謂作爲，古字通。

樹達按：景祐本作爲，是也。

欲求封，過張伯松。力戰鬬，不如巧爲奏。（二十九下）

樹達按：封、松，古鍾部韻；鬬、奏，古侯部韻。

遣護羌校尉竇況擊之。二年春，竇況等擊破西羌。（三十上）

樹達按：《後書・竇融傳》云：從祖父爲護羌校尉，蓋即況也。《翟義傳》云："中郎將震羌侯竇兄爲奮威將軍。"兄即況也。

放《大誥》作策。（三十上）

樹達按：策文見《翟方進傳》。

遣王邑孫建等八將軍擊義，分屯諸關守阸塞。（三十下）

樹達按：《翟義傳》云："擊義將軍七人，屯關者又七人。"與此互異。

莽恐，遣將軍王奇、王級將兵拒之。（三十下）

樹達按：奇爲王邑之弟，見下卷。

司威陳崇使監軍。（三十下）

師古曰：爲使而監軍於外。

樹達按：使謂見使，顔説非。

殷爵三等，有其説，無其文。（三十一下）

師古曰：公一等，侯二等，伯子男三等。

樹達按：《書・酒誥》説殷初内外臣工不嗜酒之事云："越在外服，侯甸男衛邦伯；越在内服，百僚庶尹惟亞惟服宗工越百姓里居，居當作君。罔敢湎于酒。"下文又云："汝劼毖殷獻臣侯甸男衛。"《君奭》説殷事稱“小臣屏侯甸”,《召誥》稱“庶殷侯甸男邦伯”。周初沿襲殷制,《康誥》言“侯甸男邦采衛”,《顧命》言“庶邦侯甸男衛”。《夨令彝》爲周初之器,云“諸侯侯田男”,與“卿旋與事同寮諸尹里君百工”爲對文,與《酒誥》文略同,侯田男即《書》文之侯甸男也。《全盂鼎》稱“殷邊侯甸”,與《君奭》稱侯甸者同。甲文有杏侯、丁侯、禾侯、伊侯、先侯、斷侯、侯光、侯唐、侯専、侯㫗、侯告、侯叙等。稱田者有田亘,又稱多田。稱男者有男芒。綜合觀之,殷蓋以侯田男爲三等,顔説非也。西漢末年去殷已遠,然其傳説猶近真,有如此矣。

於是對者高爲侯伯,次爲子男,當賜爵關内侯者更名曰附城,凡數百人。擊西海者以羌爲號,槐里以武爲號。(三十二上)

樹達按:中卷有懷羌子王福,《翟義傳》有震羌侯竇兄,是以羌爲號之例。《後書·竇融傳》記,融攻槐里,以功封建武男,是以武爲號之例也。

《春秋》善善及子孫,賢者之後宜有土地。(三十二上)

樹達按:善善及子孫,見《公羊傳·昭公二十年》。賢者子孫宜有地,見《傳·昭公二十一年》。

明攝皇帝與尊者爲體,承宗廟之祭,奉共養太皇太后,不得服其私親也。(三十三上)

樹達按:奉共養不辭,奉字疑當在承字上。景祐本與此本同。

車騎將軍千人扈雲。(三十四上)

樹達按:《元和姓纂》卷六云:扈,夏時姒姓國也。漢有扈輒,又上郡太守扈育、廣陵太守扈商。

騎都尉崔發等眂説。(三十四下)

師古曰：眡古視字也，視其文而説其意也。

樹達按：《後書・儒林傳》云："光武以尹敏博通經記，令校圖讖，使蠲去崔發所爲王莽著録比次。"據此發嘗以莽圖讖附著舊讖，不僅眡説已也。正文及注眡字景祐本皆作眂，是也，此誤。

以戊辰直定御王冠，即真天子位。（三十六上）

樹達按：敦煌出土漢木簡有東漢和帝永元六年歷譜云：十二月大，一日癸丑，建，大□。二日甲寅，除，八魁。十六日、戊辰，平、（平字誤，當作滿）□。十七日己巳，平、□八魁。十八日庚午，定，反支，□。"云云。每日干支下記其建除之次及神殺，見羅振玉《流沙墜簡》。

王莽傳第六十九中（漢書九十九）

始建國元年正月朔。（一上）

先謙曰：莽以十二月爲歲首，此不與其改正朔。

樹達按：蘇先生云：莽改十二月爲正月，此正月似即莽所改。

以太傅左輔驃騎將軍安陽侯王舜爲太師，封安新公。（二上）

樹達按：時舜薦云敞可輔職，見《敞傳》。

與三公司卿凡九卿，分屬三公。（三下）

樹達按：王吉爲莽九卿，見《儒林傳》。

更名大司農曰羲和。（三下）

樹達按：魯匡爲莽羲和，見《後書・魯恭傳》。

少府曰共工。（三下）

樹達按：宋弘爲莽共工，見《後書》弘傳。

一大夫置元士三人。（三下）

樹達按：彭寵爲大司空士，見《後書》寵傳。莽以富人張長叔、薛子仲爲納言士，見《貨殖傳》。

衛尉曰太衛。（三下）

樹達按：太衛景祐本作大衛，是也，下文有大衛脩寧男，可證。

又置大贅官，主乘輿服御物。（四上）

師古曰：贅，聚也，言財物所聚也。音之鋭反。劉奉世曰：贅讀如虎賁綴衣之綴。沈欽韓曰：《立政》："綴衣。"《傳》云："掌衣服。"《古文苑》楊雄《雍州牧箴》："牧臣司雍，敢告贅衣。"崔瑗《北軍中候箴》："贅衣近侍常伯之人。"《公羊·襄十六年》傳："君若贅旒然。"鄭取以解《商頌》綴旒，則綴贅通用。顔解爲贅聚，謬。

樹達按：班固《西都賦》云："虎賁綴衣，閹尹閽寺。"劉沈説是，顔説非也。

御史曰執法。（四上）

劉樹按：伏湛爲莽繡衣執法，見《後書》湛傳。

又置司恭司從司明司聰司中大夫，及誦詩工，徹膳宰以司過。（四上）

樹達按：李慈銘云：司中當作司容，容亦作睿，皆據洪範五事之文，上文已言改光禄勳爲司中，此不應同名。

營求其後。（五上）

樹達按：《書序》云：高宗夢得説，使百工營求諸野，得諸傅巖，作《説命》三篇。

梁護爲脩遠伯,奉少昊後。(五上)

樹達按:護,梁鴻之父也。《後書》鴻傳作讓,蓋字誤。《趙咨傳》注作護,與此傳同。

四代古宗宗祀于明堂,以配皇始祖考虞帝。(五下)

劉奉世曰:四代以下十七字其義不倫,莽方封先聖後,未當及此。且已有後文,此字當衍。

樹達按:四代正謂夏殷周漢,此因封後而連言及之,劉說非。古宗蓋擬瞽宗。

神祇報況,或光自上復于下爲烏。(五下)

樹達按:《史記·周本紀》云:"既渡,有火自上復于下,至於王屋,流爲烏。"按史公本《書·太誓》之文。《吕氏春秋·貴公》篇注云:或,有也。鄭玄注《論語·爲政》篇云:或之言有也。下文"或黄氣"義同。

自黄帝至于濟南伯王而祖世,氏姓有五矣。(五下)

師古曰:濟南伯王,莽之高祖。

樹達按:李慈銘云:而乃高字之誤,注文自明。

所以輔劉延期之述,靡所不用。(七上)

樹達按:述字景祐本作術,是也。此誤。

正月剛卯金刀之利,皆不得行。(七上)

服虔曰:剛卯以正月卯日作,佩之,長三尺,廣一寸,四方。

樹達按:長三尺,景祐本作三寸,是也,此誤。

厥名三十税一,實什税五也。(八下)

樹達按:《鹽鐵論·未通》篇云:"一人之作,中分其功。"與此說相合。

然非皇天所以鄭重降符命之意。（十上）

師古曰：鄭重猶言頻煩也。重音直用反。

樹達按：黄生云：顔訓是也。蓋鄭重即申重之轉去音者。《三國志》云："國家哀汝，故鄭重賜汝好物。"《顔氏家訓》："吾亦不能鄭重，聊舉近世切要以啟寤汝耳。"義皆與顔合。後世用爲珍重之意，非本指也。

故是日天復決其以勉書。（十上）

晉灼曰：勉字當爲𪓿，是日自復有𪓿書及天下金匱圖策事也。宋祁曰：邵本無其字。

樹達按：李慈銘云：其字疑衍。勉字當爲𪓿，晉説是也。𪓿與黽形相近，黽勉古通用，故由𪓿誤黽，由黽誤勉耳。

亹亹在左右之不得從意。（十下）

師古曰：亹亹，自勉之意。左右，助也。言欲助漢室，而迫天命，不得從其本意也。左右音曰佐佑也。先謙曰：左右音佐佑，則不當云在左右。在字疑傳寫加之也。顔音佐佑，所見本亦必無在字。

樹達按：在字疑即左字之形近誤衍。

新室既定，神祇懽喜。（十一上）

樹達按：祇景祐本作祇，字從氏，是也。此誤。

治者掌寇大夫陳成自免去官。（十二下）

樹達按：《後書・陳寵傳》云："寵曾祖父咸，莽篡位，召咸爲掌寇大夫，謝病不肯應。"成咸形近，成字疑誤。據此文云掌寇大夫陳成，《寵傳》謝不應之説，恐非其實。下文又云："沛郡陳咸爲講禮祭酒。"據《寵傳》，寵正是沛郡人。成爲咸字之誤無疑。

犧和置酒士，郡一人，乘傳督酒利。（十三上）

樹達按：莽以李業爲酒士，見《後書·獨行傳》。上文云：更名大司農曰羲和，犧當作羲。

又今月癸酉，不知何一男子遮臣建車前。（十三上）

先謙曰：不知何，謂不知何處，言何，省文。《漢鐃歌》"艾而張羅夷於何"，亦謂夷於何所也。

樹達按：《史記·李斯傳》云："不知何人賊殺人，移上林。"按不知何是不知爲誰何之義，非謂不知何處，文或單言何。《後書·來歙傳》云："臣夜人定後爲何人所賊殺，中臣要害。"《宦者·曹節傳》云："有何人書朱雀闕，言天下大亂。"《魏志·夏侯玄傳》云："有何人，天未明，乘馬以詔版付門吏，曰：有詔。"

明德侯劉龔。（十四上）

樹達按：《董仲舒傳》贊云："向曾孫龔，篤論君子也。"《後書·蘇竟傳》云："龔，字孟公。"不知是否一人。

或貢昌言。（十四上）

師古曰：昌，當也。先謙曰：官本當作善，是。

樹達按：顔訓本《爾雅·釋詁》，郭注引《書》"禹拜昌言"爲證。昌言或作黨言，見《逸周書·祭公》篇。又作讜言，見《孟子》注引《書》。昌黨讜古音皆相近，昌當乃聲訓也。清官本由淺人妄改，而王氏信之，謬矣。

厭難將軍陳欽、震狄將軍王巡出雲中。（十四下）

樹達按：《儒林傳》云："欽以《左氏》授王莽，至將軍。"《後書·陳元傳》云："元父欽，習《左氏春秋》，王莽從欽受《左氏學》，以欽爲厭難將軍。"

討穢將軍嚴尤出漁陽。（十四下）

樹達按:《後書・光武紀》注引桓譚《新論》云:莊尤字伯石,言嚴,避明帝諱也。

初,甄豐、劉歆、王舜爲莽腹心。(十五上)

樹達按:《後書・彭寵傳》:朱浮云:"王莽爲宰衡時,甄豐旦夕入謀議。時人語曰:夜半客,甄長伯。"

居攝之萌,出於泉陵侯劉慶、前煇光謝囂、長安令田終術。(十五下)

樹達按:終術師翟方進學星歷,見《方進傳》。

拜豐爲右伯,當述職西出。(十五下)

樹達按:《西域傳》云:當出西域。

乃以并爲田禾將軍。(十七上)

樹達按:《後書・趙孝傳》云:"父普,王莽時爲田禾將軍。"字作普,不作并。惠棟謂普从并聲,字通,是也。

爲太子置師友各四人,秩以大夫。以故大司徒馬宫爲師疑,故少府宗伯鳳爲傅丞,博士袁聖爲阿輔,京兆尹王嘉爲保拂:是爲四師。(十七下)

師古曰:拂讀曰弼。

樹達按:《禮記・文王世子》云:"記曰:虞、夏、商、周,有師保,有疑丞。"疏引《尚書大傳》云:"古者天子必有四鄰,前曰疑,後曰丞,左曰輔,右曰弼。"此莽制所本。

故尚書令唐林爲胥附。(十八上)

周壽昌曰:胥附即疏附,胥疏一音。

樹達按:林事詳《王貢兩龔鮑傳》。

博士李充爲奔走,諫大夫趙襄爲先後,中郎將廉丹爲御侮,是爲四友。(十八上)

樹達按:《詩·大雅·緜》云:"予曰有疏附,予曰有先後,予曰有奔奏,予曰有禦侮。"按奏與走音同。疏引《尚書大傳》云:周文王胥附奔輳先後禦侮,謂之四鄰,以免于羑里之害。懿子曰:夫子亦有四鄰乎?孔子曰:文王有四臣以免虎口,丘有四友以御侮。《玉海·官制》引《尚書大傳》云:文王以閎夭、太公望、南宫括、散宜生爲四友。

琅邪左咸爲講《春秋》。(十八上)

樹達按:咸受《公羊春秋》於泠豐,爲顔安樂再傳弟子,見《儒林傳》。

潁川滿昌爲講《詩》。(十八上)

樹達按:滿昌爲匡衡弟子,見《儒林·后蒼傳》。

長安國由爲講《易》。(十八上)

樹達按:下文又有講《易》祭酒戴參。

厭難將軍陳歆。(十八下)

錢大昭曰:《匈奴傳》作陳欽。

錢達按:上下文皆作欽,《後書·陳元傳》亦作欽,歆是誤字。

使侍中講禮大夫孔秉等。(十九下)

樹達按:上文沛郡陳咸爲講《禮》祭酒,此復有講《禮》大夫。據《儒林傳》記蕭秉治《穀梁春秋》,爲莽講學大夫,蓋當爲講《春秋》大夫。又記治《毛詩》之陳挾爲莽講學大夫,當爲講《詩》大夫。又記梁丘賀三傳弟子衡咸爲莽講學大夫,當爲講《易》大夫。宋祁引蕭該《音義》云:《風俗通·姓氏》篇:漢有衡咸,講學祭酒。此應仲遠誤以大夫爲祭酒也。又記歐陽政爲莽講學大夫,政治《尚書》,當爲講

《書》大夫也。

州郡歸咎於高句驪侯騶。（二十上）

樹達按：騶《魏志·東夷傳》作騊。

五年二月，文母皇太后崩，葬渭陵，與元帝合而溝絶之。（二十一下）

樹達按：《左傳·定公元年》記季孫將溝公氏，以惡昭公故，欲溝絶其兆域，不使與先君同也，以榮駕鵝之諫而止。今莽溝絶元后於元帝，師季孫之意也。

大昆彌者，中國外孫也。（二十二上）

樹達按：大昆彌伊秩靡，乃楚主解憂之孫，故云。

明年，改元曰天鳳。（二十二上）

樹達按：宋葉夢得《避暑録話》云："韓丞相玉汝家藏莽時銅料，銘云：新始建國天鳳上戊六年十二月，工遵造。天鳳上猶冒始建國，蓋通爲一稱，未嘗去舊號。"今按羅振玉《貞松堂集古遺文》卷十五載《莽候騎鉦》，銘文題新始建國地皇六年，劉體智《小校經閣金文》卷十四載《莽候騎鉦》銘文題新始建國地皇上戊二年，與韓藏銅料文例同。

以利苗男訢爲大司馬。（二十三上）

如淳曰：利苗，邑名。沈欽韓曰：案訢上脱苗字。

樹達按：李慈銘云：下云大司馬苗訢，此爲苗訢無疑。《莽傳》諸臣皆繫姓，其封號皆取嘉名，無以邑名者。此處苗男字誤倒，利字上下或有脱字，如注望文爲説。

置州牧部監二十五人。（二十四上）

樹達按：敦煌木簡載始建國四年莽詔有牧監之部，其勉於考績語,王國維謂建國時已有牧監,此云天鳳始置者,誤也。

百姓犇走往觀者有萬數。(二十六下)

樹達按:《漢書》以字皆作目,此有字乃目字形近之誤。景祐本亦誤。

迺收前言當誅侍子者故將軍陳欽。(二十六下)

樹達按:欽爲厭難將軍。

寧始將軍戴參歸故官。(二十八上)

樹達按:參故官講《易》祭酒。

一月之禄十緵布二匹。(二十八上)

孟康曰:緵,八十縷也。先謙曰:八十縷南監本同,官本作八十縷,是也。

樹達按:景祐本作八十縷。

雖未能充裕,略頗稍給。(二十八下)

周壽昌曰:略頗稍三字連文。《魏其田韓傳贊》有云"尚頗有存者"句法相似。

樹達按:《魏其田韓傳贊》無此語,此乃《魏豹田儋韓王信傳贊》語,文衍其字,周氏原書不誤。

西嶽國師寧始將軍保西方一州二部二十五郡。(二十九上)

樹達按:一州二部,景祐本同,疑當作二州一部。

大司徒保樂卿、典卿、宗卿、秩卿。(二十九上)

樹達按:劉攽謂典樂秩宗不合分爲兩,下文有秩宗將軍嚴茂,似劉説得之。然《後書·李通傳》記通父守爲王莽宗卿師,則又是兩分之證。疑莽改置紛紜,前後不一,故歧出如此也。

翟義黨王孫慶捕得,莽使太醫尚方與巧屠共刳剥之,量度五藏,以竹筳導其脈,知所終始,云可以治病。(三十下)

樹達按:此事甚有理,不當以事出自莽非之。

王莽傳第六十九下(漢書九十九)

故諫議祭酒狼邪紀逡。(一上)

樹達按:逡事見《王貢兩龔鮑傳》。

置執法左右刺姦,選用能吏侯霸等分督六尉六隊。(二上)

樹達按:《後書·霸傳》云:再選爲執法刺姦,糾案勢位者,無所疑憚。

開吏告其將,奴婢告其主。(三上)

先謙曰:開導使言。

樹達按:開蓋本作啟,班避文帝諱改開。

《春秋》之義,君親毋將,將而誅焉。(三下)

師古曰:《春秋·公羊傳》之辭也。以公子牙將爲弑逆而誅之,故云然也。

樹達按:文見莊公三十二年《傳》,昭公元年《傳》亦有二語。

下書曰:《紫閣圖》曰:太一黄帝皆僊上天。(四上)

王念孫曰:此本皆作僊而上天,今本脱而字,則句法局促不伸。《初學記·地部》上、《御覽·時序部》一引此并作僊而上天。

樹達按：王校非也。《史記·封禪書》云："黄帝僊登於天。"又云："上封則能僊登天矣。"僊上天與僊登天僊登於天義同。《史記》僊下并無而字，何局促不伸之有？類書喜用後來文法加字，未可從也。

及吏民以義入錢穀助作者駱驛道路。（九上）

師古曰：絡繹言不絶。

樹達按：注絡繹景祐本作駱驛，與正文合。

壞徹城西苑中建章、承光、包陽、大臺、儲元宫及平樂、當路、陽禄館，凡十餘所。（九上）

樹達按：沈欽韓云：犬譌爲大。按沈説是也。《江充傳》云：充召見犬臺宫。

自莽爲不順時令。（十上）

樹達按：如上文云：春夏斬人，是也。

又以歷遺公卿。（十下）

師古曰：以瓦器盛食遺公卿也。

樹達按：李慈銘云：歷同𩰫，即鬲字。《史记》铜𩰫爲棺，亦作歷。

封尊爲平化侯。（十下）

樹達按：尊事又見《王貢兩龔鮑傳》。

臨妻愔，國師公女，能爲星。（十一上）

樹達按：《歆傳》言數術方技無所不究。下文歆荅王涉言："天文人事，東方必成。"又言："當待太白星出迺可。"是歆本通星歷，愔受其父學也。

傳相監趣。（十五下）

樹達按：傳與轉同。下文云"轉相告語"，即用轉字。

四月，遣太師王匡、更始將軍廉丹東。（十七上）

樹達按：丹之東，馮衍嘗勸丹背莽據郡自立，丹不從，見《後書》衍傳。

東方爲之語曰：寧逢赤眉，不逢太師。太師尚可，更始殺我。（十七下）

樹達按：眉、師，古韻屬微部。可、我，屬歌部。

是王光上戊之六年也。（十七下）

沈欽韓曰：王光不可通，當爲天元之訛。

樹達按：王國維云：莽作新歷，六歲一改元，王光其所豫定之年號也。

先是莽使中黄門王業領長安市買。（十八上）

樹達按：《貨殖傳》記莽以王孫卿爲京司市師，即漢司東市令也。王業所領，蓋亦其類。

丹使吏持其印韍符節付匡，曰："小兒可走，吾不可。"遂止戰死。（十八下）

樹達按：《後書·馮衍傳》云："丹至定陶，莽追詔丹曰：倉廩盡矣，府庫空矣，可以怒矣，可以戰矣。將軍受國重任，不捐身於中野，無以報恩塞責。"然則莽固迫丹以必死矣。

莽數召問太史令宗宣諸術數家，皆繆對言：天文安善，羣賊且滅。（十九下）

樹達按：此公孫禄所稱宗宣以凶爲吉，亂天文，誤朝廷者也。

莽日與方士涿郡昭君等於後宫考驗方術，縱淫樂焉。（二十下）

樹達按：方術謂《藝文志·方技略》中“房中”也。

卒正王閎。（二十一上）

樹達按：閎事詳《董賢傳》。

亶飲酒啗鰒魚。（二十四上）

師古曰：鰒，海魚也，音雹。

樹達按：《説文》十一篇下“魚部”云：“鰒，海魚也。”今俗稱鮑魚。

滅發火。（二十四下）

樹達按：沈欽韓云：發當爲廢。

移書郡縣，數莽罪惡萬於桀紂。（二十四下）

樹達按：此書具見《後書》囂傳。

天文郎按拭於前。（二十七上）

沈欽韓曰：拭當爲式。

樹達按：《史記·龜策傳》云：衛平乃援式而起，字作式。

傳莽首詣更始，縣宛市，百姓共提擊之。（二十八上）

樹達按：莽首後藏晉武庫，與孔子屐高祖斬蛇劍同焚毁，見《晉書·張華傳》。

又揚言三輔黠共殺其主。（二十八下）

樹達按：張熷云：《通鑑》引此三輔下有兒大二字，文意乃足。

紫色鼃聲，餘分閏位。（二十九下）

應劭曰：鼃，邪音也。師古曰：鼃者樂之淫聲，非正曲也。近之學者便謂鼃之鳴，已失其義，又欲改此贊爲蠅聲，因《詩》匪雞則鳴，蒼蠅之聲，尤穿鑿矣。

樹達按：《説文》二篇上“口部”云：哇，諂聲也。从口，圭聲。鼃乃同音假字。

叙傳第七十上(漢書一百)

鄭寬中、張禹朝夕入説《尚書》、《論語》於金華殿中。(二下)

樹達按:寬中講《尚書》,禹講《論語》。

既通大義,又講異同於許商。(二下)

樹達按:此講《尚書》異同也。商爲夏侯勝再傳弟子,見《儒林傳》。

宜頗攝録盜賊。(三上)

樹達按:章太炎先生《文始》云:录有約束義,舊皆以録爲之。《詩傳》云:"桊,歷録也,一輈五束,束有歷録。"《小爾雅·廣詁》:"禁,録也。"《列子·楊朱》篇:"拘此廢虐之主,録而不舍。"與《叙傳》此攝録并束縛之義。

所謂衆惡歸之,不如是之甚者也。(三下)

師古曰:《論語》稱孔子曰:"紂之不善,不如是之甚也。是以君子惡居下流,天下之惡皆歸焉。"故伯引此爲言。

樹達按:王峻云:此《論語》記子貢語,非孔子語也。

上迺出放爲邊都尉。(四下)

樹達按:北地都尉也。

是時許商爲少府,師丹爲光禄勳,上於是引商、丹入爲光禄大夫。(四下)

樹達按:光禄大夫爲光禄勳屬官,丹爲光禄勳,不當以爲大夫。

丹本傳先叙光禄大夫，後叙光禄勳，則此文兩官爲互誤也。

與兩師并侍中。（四下）

如淳曰：兩師，許商、師丹。

樹達按：《師丹傳》：丹於成帝末年任太子太傅，是哀帝師，非成帝師也。此文疑有誤。

左將軍師丹舉賢良方正。（五上）

先謙曰：官本作史丹，據《公卿表》，成帝河平三年，史丹爲左將軍，永始三年薨。綏和二年，師丹爲左將軍，踰年而哀帝即位，則舉斿者蓋史丹，非師丹也。建始三年詔舉賢良方正在史丹爲左將軍前四年，而云左將軍史丹舉者，從其後官書之。

樹達按：師丹景祐本作史丹，不誤。

王莽少與穉兄弟同列，友善。（五下）

樹達按：莽成帝時爲黄門郎，與穉爲同列也。

且後宫賢家，我所哀也。（五下）

師古曰：班倢伃有賢德，故哀閔其家。

樹達按：《吕氏春秋・報更》篇云："人主胡可以不務哀士？"高注云："哀，愛也。"此文哀當訓愛，顔訓哀閔，非是。

穉生彪。（六上）

樹達按：《元帝紀》應劭注謂彪外祖爲金敞，則穉妻爲敞之女也。

繫名聲之韁鎖。（六下）

師古曰：韁，如馬韁也。音薑。

樹達按：《説文》十三篇上"系部"云：繮，馬紲也。韁蓋繮之或作。

伏周孔之軌躅。（六下）

師古曰:躢音文欲反。

樹達按:景祐本作丈欲反,是也。文字誤。

哀平短祚,國嗣三絶。(七上)

樹達按:李賢云:哀帝在位六年,平帝在位五年,故曰短祚。成哀平俱無子,是三絶也。

危自上起,傷不及下。(七上)

樹達按:李賢云:漢德無害於百姓,是傷不及下也。

假號雲合,咸稱劉氏。(七下)

樹達按:李賢云:謂王郎盧芳等并詐稱劉氏也。

昔秦失其鹿,劉季逐而掎之。(七下)

樹達按:王補云:《左傳》:晉人角之,諸戎掎之。又按:鹿字説詳本書卷五《蒯通傳》。

時民復知漢乎?(七下)

沈欽韓曰:漢當作秦。先謙曰:沈獻疑亦有因,然《後書》亦作漢,則時民當謂今時之人。

樹達按:時民謂秦漢當時之民。囂意謂:當時之民不知漢,而漢竟有天下。今民雖知漢而不知囂,囂亦可以得天下也。沈王説并非。

至於湯武而有天下。(八上)

樹達按:湯爲契後,武王爲后稷之後也。

游説之士,至比天下於逐鹿,幸捷而得之。(八下)

樹達按:游説之士謂蒯通也。

嬰母止之,曰:自吾爲子家婦,而世貧賤。(十上)

師古曰:而,汝也。

樹達按：訓汝未安，而當讀爲仍。

作《幽通》之賦以致命遂志。（十一下）

樹達按：《易·困卦象傳》云：澤无水，困，君子以致命遂志。

乃二雅之所祇。（十三上）

樹達按：祇景祐本作祇，字从氏，是也。祇字誤。《説文》一篇上“示部”云：“祇，敬也。从示，氐聲”。

昔衛叔之御昆兮，昆爲寇而喪予。（十三下）

孟康曰：御，迎也。昆，兄也。衛叔武迎兄成公，成公令前驅射殺之。師古曰：御音王駕反。衛叔解在《五行志》。

樹達按：御迎之義，《説文》字作訝。三篇上“言部”云：訝，相迎也。引《周禮》曰：諸侯有卿訝也。大徐本增重文迓字。叔武事見僖公二十八年《左傳》。

東厶虐而殲仁兮，王合位虖三五。（十五下）

應劭曰：東厶，紂也。師古曰：厶，古鄰字也。

樹達按：《易·既濟·九五》云：“東鄰殺牛，不如西鄰之禴祭，實受其福。”《易》家説東鄰爲紂，西鄰爲文王，此用其義也。

潛神默記，恆以年歲。（二十下）

如淳曰：恒音亘竟之亘。師古曰：恒音工贈反。先謙曰：善注引《方言》曰：緪，竟也。

樹達按：《説文》六篇上“木部”云：栕，竟也。从木，恒聲。或作亙。按亙字本从二从舟，注文恒當作恆，亘當作亙。

守突奥之熒燭，未卬天庭而覩白日也。（二十下）

應劭曰：《爾雅》：東南隅謂之突，西南隅謂之奥。

樹達按：突《説文》作宧，七篇下“宀部”云：室之東南隅。今《爾雅・釋宫》作窔。《説文》十篇下"炎部"云:焭,屋下燈燭之光。

福不盈眦,既益於世。(二十二上)

先謙曰:官本益作溢,《文選》同,益字誤。

樹達按:景祐本作溢。

旹闇而久章者,君子之真也。(二十四下)

師古曰:時闇,有時而闇也。

樹達按:時闇久章謂當時闇昧,久而愈章。顔訓時爲有時,誤。

叙傳第七十下(漢書一百)

憲章六學,統壹聖真。(三上)

樹達按:此指武帝專崇六藝,屏黜百家而言。

闒尹之呰,穢我明德。(三下)

先謙曰:官本引蕭該《音義》同。韋昭呰作摧字,云:子爾反。劉氏云:摧,效也,或言極也。晉灼曰:摧,見也,盡也,使爲政以病其治也。

樹達按:注文氣不貫,劉氏以下十八字文見上卷末"班輸榷巧於斧斤"下,誤衍於此。使爲政句又本文如淳注之衍文也。

後昆承平,亦有紹土。(四下)

宋祁曰:監本、浙本、越本作亦猶有紹。王念孫曰:監本、浙本、越本是也。

樹達按:景祐本作亦猶有紹。

枯楊生華,曷惟其舊?(八上)

應劭曰:《易》云:枯楊生華,暫時之意也。曷惟其舊,言不能久也。

樹達按:應以久釋舊,上卷"彎龍虎之文舊矣",孟康、晉灼亦以久釋舊。按《書・無逸》云"舊惟小人",舊《史記》作久。《詩・抑》箋云:"舊,久也。"久舊二字音義并相近。

横雖雄材,伏于海隝。(八上)

樹達按:朱一新云:隝同島。

旅人慕殉,義過《黄鳥》。(八上)

劉德曰:《黄鳥》之詩刺秦穆公要人從死,言今横不要而有從者,故曰過之。

樹達按:田横客自殺殉横者五百人,故云旅人慕殉。《説文》七篇上"㫃部"云:軍之五百人爲旅也。

綰自同閈,鎮我北疆。(八上)

樹達按:同閈敦煌寫本作閭閈。

其在於京,奕世宗正。(八下)

錢大昭曰:劉辟彊、劉德父子并爲宗正。

樹達按:劉郢客、劉向、劉慶忌皆嘗爲宗正,不止辟彊父子二人也。《後書・班固傳》《典引》云:"奕世勸民。"李賢注云:奕猶重也。

子政博學,三世成名。(八下)

師古曰:謂劉德、劉向、劉歆俱有名聞。

樹達按:德是向之父,不宜以子政統之,顔説未合。余疑三世謂子駿,子駿兄子伯玉,及向曾孫名龔字孟公者也。《意林》引《新論》云:"劉子政,子子駿,子駿兄子伯玉,俱是通人。"此伯玉之説也。本書《董仲舒傳》贊云:"向曾孫龔,篤論君子也。"《後書・蘇竟傳》云:

"龔字孟公,善議論,馬援、班彪并器重之。"李賢注引班叔皮《與京兆丞郭季通書》曰:"劉孟公藏器於身,用心篤固,實瑚璉之器,宗廟之寶也。"《三輔決録》云:"長安劉氏,惟有孟公,談者取則。"此孟公之説也。按叔皮孟堅父子推重孟公如此,此文所云三世成名者,孟公爲其一人,殆無疑義。果爾,不惟劉德不在此數,即向亦不在三世之中。文意謂子政博學,因而子歆、孫伯玉、曾孫龔三世成名也。

赳赳景王,匡漢社稷。(九上)

樹達按:景王劉章,誅諸吕有功也。

安國廷争,致仕杜門。(九下)

樹達按:王陵封安國侯。廷争,謂言王吕非高祖約事。杜《説文》字作敷,三篇下"攴部"云:敷,閉也。

北平志古,司秦柱下。(九下)

樹達按:張蒼封北平侯。

故安執節。(十上)

樹達按:申屠嘉封故安侯。(十上)

榮如辱如,有機有樞。(十一下)

樹達按:《易·繫辭》云:"言行者,君子之樞機也,樞機之發,榮辱之主也。"此謂賈山等四人皆有言之人。

安國壯趾。(十二上)

孟康曰:《易》,壯於趾,征凶。安國臨當爲丞相,墮車,蹇,後爲將,多所傷失而憂死,此爲不宜征行而有凶也。師古曰:壯於趾,《大壯·初九》爻辭也。壯,傷也。趾,足也。直謂墮車蹇耳,不言不宜征行也。

樹達按:顔説是也。顔訓壯爲傷,蓋讀壯爲刅。《説文》四篇下

“刅部”云：刅，傷也。壯與刅音近。或曰：讀爲戕。《易・豐》釋文引鄭注云，戕，傷也。

趙敬險詖。（十二下）

樹達按：謂趙敬肅王彭祖。險讀爲憸，《説文》十篇下“心部”云：“憸，憸詖也。从心，僉聲。”息廉切。

蘇武信節，不詘王命。（十二下）

師古曰：信讀曰申。

樹達按：《法言・淵騫》篇云：“張騫蘇武之奉使也，執節没身，不屈王命。”班語本此。

長平桓桓。（十二下）

樹達按：衛青封長平侯。

衝輣閑閑。（十二下）

樹達按：《詩・大雅・皇矣》云：臨衝閑閑。《毛傳》云：閑閑，動摇也。

讜言訪對，爲此純儒。（十三上）

師古曰：讜，善言也。訪對，謂對所訪也。讜音黨。

樹達按：訪對謂仲舒對策，及家居時朝廷有大義，使使者及張湯就家問之，其對皆有明法，是也。

文豔用寡，子虛烏有。（十三上）

樹達按：《法言・君子》篇云：文麗用寡，長卿也。

杜周治文，唯上淺深。（十三下）

樹達按：本傳云：上所欲擠，因而陷之；上所欲釋，久繫待問而微見其寃枉。

燕刺謀逆。（十四上）

樹達按:剌景祐本作刺,是也。剌字誤。

末命導揚。(十五上)

樹達按:《書·顧命》云:道揚末命。

貤子子孫。(十五上)

樹達按:貤下子字誤,景祐本作于,是也。

陳湯誕節,救在三哲。(十五下)

師古曰:誕節,言其放縱不拘也。

樹達按:《詩·邶風·旄丘》云:旄丘之葛兮,何誕之節兮。《毛傳》云:誕,闊也。

玄成退讓,仍世作相。(十六上)

師古曰:仍,類也。

樹達按:類字誤,景祐本作頻,是也。

延壽作翊。(十六下)

樹達按:作翊,謂爲左馮翊。

敞亦平平,文雅自贊。(十六下)

師古曰:贊,助也,以文雅助治術也。一説:贊,進也,以文雅自進也。

樹達按:本傳云:"然敞本治《春秋》,以經術自輔。"顔注前説得之。

寬饒正色,國之司直。(十七上)

樹達按:《詩·鄭風·羔裘》云:彼己之子,邦之司直。

并有立志。(十七上)

樹達按:《孟子·萬章下》篇云:頑夫廉,懦夫有立志。

偪上并下。(十九上)

樹達按:《韓非子·外儲説左下》篇云:孔子曰:泰侈偪上。

周宣攘之,亦列《風》《雅》。(二十上)

樹達按:《詩·小雅·出車》云:赫赫南仲,玁狁于襄。《釋文》云:"襄本或作攘。"《潛夫論·救邊》篇云:"獫狁于攘,非貪土也。"

班及王符所見《詩》皆作攘也。

西戎即序,夏后是表。(二十下)

樹達按:《書·禹貢》云:西戎即叙。

周穆觀兵,荒服不旅。(二十下)

樹達按:事具《國語·周語上》。

詭矣禍福,刑於外戚。(二十下)

師古曰:詭,違也,言禍福相違,終始不一也。

樹達按:詭當讀爲恑。《説文》十篇下"心部"云:恑,變也。刑讀爲形,見也。詭夫禍福,刑於外戚者,謂禍福倚伏,變易不常,形見于外戚者爲獨顯也。下文皆申述此意。顔訓詭爲違,殊失其義。

王氏仄微,世武作嗣。(二十一上)

樹達按:《書序》云"虞舜側微",仄與側同。

子夫既興,扇而不終。(二十一上)

師古曰:扇,熾也。

樹達按:《説文》八篇上"人部"云:傓,熾盛也。从人,扇聲。《詩》曰:豔妻傓方處。文假扇爲傓。

陽平作威,誅加卿宰。(二十一下)

樹達按:王鳳封陽平侯。

楊樹達先生學術年表*

1885 年(光緒十一年)

四月十九日,生於長沙北門正街宗伯司臣坊側之賃居。

1889 年(光緒十五年)

從祖父炳南公識字。

1890 年(光緒十六年)

從父親孝秩(字翰仙)先生讀書。

1896 年(光緒二十二年)

甲午戰爭之後,國人力圖自强,湘中士人皆謂宜求實學。是時始從伯兄樹穀(字薌詒)習數學。

1897 年(光緒二十三年)

四月,入長沙北門外之湘水校經堂,學習數學、地理、英文等。

十月,考取陳寶箴、黃遵憲、譚嗣同等創辦的時務學堂之第一班,從中文總教習梁啟超學習《孟子》《公羊傳》及“革政救亡大義”。次年八月,戊戌政變,時務學堂解散。

1900 年(光緒二十六年)

入求實書院學習經史及數學。

---

* 本年表由楊逢彬先生撰寫。

1902 年(光緒二十八年)

求實書院肄業。

始輯《周易古義》。

1903 年(光緒二十九年)

求實書院改爲大學堂,去院家居,問經學於胡元儀。

五月,湖南省院試經學、古文,名列第一。批語云:"鎔經鑄史,卓爾不群。"入校經堂肄業。

1904 年(光緒三十年)

入縣學肄業。

1905 年(光緒三十一年)

湖南巡撫端方派留學生赴日本,與伯兄樹穀一同録取。

九月,入東京宏文學院大塚分校普通第二班學習日語。

1907 年(光緒三十三年)

加入同縣友人楊昌濟(字懷中)組織的"中國學會",并接受其勸告,决心系統學習"歐洲語言及諸雜學"。當時,湖南留日學生多學習速成法政、經濟兩科,兩年即歸國。

1908 年(光緒三十四年)

入正則英語學校。

三月,考取東京第一高等學校預科。打算畢業後赴美國留學,業師蘇興曾爲此事向王先謙關説,王答以須有日本高等學校畢業文憑云云。

1909 年(宣統元年)

三月,東京第一高等學校預科畢業。

八月,入京都第三高等學校學習。

1911 年(宣統三年)

武昌起義,官費斷絶,退學回國,任湖南教育司圖書科科長。

1912 年

改任湖南圖書編譯局編譯員,兼任楚怡工業學校英文教員及湖南高等師範學院教務長。

1913 年

九月,任湖南省立第四師範學校國文法教員,始治國文文法。次年春,四師并入一師。

1915 年

任省立第一師範學校國文教員。

1918 年

三月,輯《老子古義》。

1919 年

五四運動爆發,加入陳潤霖、朱劍凡發起的"健學會",響應新潮,積極推動湖南的新文化運動,作漢字改革及提倡白話文的演講。

是年秋冬間,始撰《馬氏文通刊誤》及《中國文法綱要》。

1920 年

九月,至教育部國語統一籌備會任職,兼任北京師範學校國文法、北京政法專門學校日文教員。

十月,夫人吴氏病逝於長沙。

1921 年

二月,任北京高等師範學校國文法教員。始撰《高等國文法》。

三月,始撰《古書疑義舉例續補》。

五月,與同縣張家祓女士結婚。

1922 年

四月,始撰《詞詮》。

五月,思誤社(後改名“思辨社”)在歙縣會館第一次集會。參與者有吴承仕、朱師轍、邵瑞彭、程炎震、洪汝闓、孫人和及先生,共八人。以后兩周一集。後來陸續加入者有陳垣、高步瀛、陳世宜、席啓駉(魯思)、邵章、徐鴻寶等。

八月,與錢玄同、胡適討論《詩經・召南・采蘩》中“于以”的詞性和意義。

十二月,任教育部編審員。

1923 年

九月,改任教育部名譽審定員。

1924 年

三月,應校長范源濂(湖南時務學堂第一班同學)之請,任北京師範大學國文系主任。

十月,取《荀子》“積微”二字名其書齋。

1925 年

二月,任教育部編審處編審員。

三月,《漢書補注補正》由商務印書館出版。

六月,《古書疑義舉例續補》家刻本出版。

1926 年

八月,推薦吴承仕爲教授,通過。

九月,因梁任公之介,任清華大學國文系教授。舉吴承仕繼任師大國文系主任。

1928 年

九月,任國立武漢大學中文系主任,數月后辭去。

十月,《詞詮》由商務印書館出版。

十一月,《老子古義》增訂本由中華書局出版。

十二月,《古書之句讀》出版,後增補爲《古書句讀釋例》。

1929 年

元月,梁啟超在京病逝,二十日大斂,赴廣惠寺參加。

二月十五日,撰《時務學堂弟子公祭新會梁先生文》。十七日,時務學堂弟子公祭梁任公於廣惠寺。

九月八日,梁任公出葬西山,待殯於宣内大街,參與執紼,送至西直門。

十二月,撰《説所字之詞性》。

1930 年

元月,撰《國文中之倒裝賓語》。《周易古義》由中華書局出版。

六月,日本學界以庚子賠款邀請,先後參觀日本及朝鮮各大學和圖書館;會晤學人,如狩野直喜、服部宇之吉、諸橋轍次、鹽谷温等。八月十九日歸抵天津。

七月,《高等國文法》由商務印書館出版。

1931 年

二月,《馬氏文通刊誤》由商務印書館出版。撰《長沙方言考》,一九三五年十一月,有《續考》之作。

三月,校《國學集解》清寫本訖。

四月三日,章太炎謂吴承仕云:“湖南前輩於小學多麤觕,遇夫獨精審,智殆過其師矣。”八日,陳寅恪來書云:“漢事顓家,公爲第一,可稱‘漢聖’。”

八月,張岱年撰文刊於《大公報》,謂日本多學人,今日中國學人,只有馮友蘭之哲學、陳垣之史學、楊樹達之訓詁學,足以抗衡日本。

十一月，日人橋川時雄來訪，先生痛責日本侵略。

1932 年

五月，增補《古書之句讀》爲《古書句讀釋例》。

八月，清華來書告以自九月起休假半年。

1933 年

元月，撰《中國修辭學・自序》，是書旋由清華大學出版部出版。

十一月十四日，《漢代婚喪禮俗考》由商務印書館出版。

十二月，《古聲韻討論集》出版。

1934 年

元月，撰《形聲字聲中有義略證》。

三月，《古書句讀釋例》由商務印書館出版。

四月，《論語古義》由商務印書館出版。

七月十七日，讀朱芳圃《甲骨學文字編》，此爲治甲骨文之始。後棄去，至一九四〇年八月始重理舊業。

十一月，撰《古音對轉疏證》。

1935 年

六月，大學叢書本《高等國文法》由商務印書館出版。

七月，撰《字義同緣於語源同例證》，一九五〇年元月，有《續證》之作。

1936 年

六月，始寫《漢書窺管》。

1937 年

二月，《積微居小學金石論叢》由商務印書館出版。

七月，盧溝橋事變爆發，舉家返湘。

八月，國立湖南大學送聘書來，向清華告假一年。

1938 年

十月末,隨湖南大學遷往湘西辰溪縣。

1939 年

七月,始撰《春秋大義述》,闡述《公羊春秋》"大一統""攘夷""復仇"諸大義。撰《温故知新説》,謂:"温故而不能知新,其病也庸;不温故而欲知新,其病也妄。"

1940 年

四月五日,五溪詩社第一次宴集。

八月九日,閱孫海波《甲骨文編》,此爲先生再治甲骨文之始。

十一月,與曾運乾、黄子通發起《文哲叢刊》雜志。次年元月出版。

是年歲末,始專治金文。

1942 年

四月,獲教育部學術審議會著作二等獎。一等獎二人:華羅庚、馮友蘭;二等獎十人:首爲金岳霖、次爲先生。

九月,當選爲教育部首届部聘教授。部聘教授者,乃由全國教授票選而成,共得二十九人。

1943 年

元月十八日,陳寅恪寄來爲《積微居小學金石論叢續稿》(即後來的《積微居金文説》)所作的序言,謂:"寅恪嘗聞當世學者稱先生爲今日赤縣神州訓詁學第一人,今讀是篇,益信其言之不誣也。自昔長於金石之學者,必爲深研經史之人,非通經無以釋金文,非治史無以證石刻。群經諸史,乃古史資料多數之彙集,金文石刻則其少數脱離之片段,未有不瞭解多數彙集之資料,而能考釋少數脱離之片斷不誤者。先生平日熟讀三代兩漢之書,融會貫通,打成一片。

故其解釋古代詰屈聱牙晦澀艱深之詞句，無不文從字順，犁然有當於人心。……百年以來，洞庭衡嶽之區，其才智之士多以功名著聞於世。先生少日即已肄業於時務學堂，後復遊學外國，其同時輩流，頗有遭際世變，以功名顯者，獨先生講學於南北諸學校，寂寞勤苦，逾三十年，不少間輟。持短筆，照孤燈，先後著書高數尺，傳誦於海内外學術之林，始終未嘗一藉時會毫末之助，自致于立言不朽之域。……一旦忽易陰森慘酷之世界而爲清朗和平之宙合，天而不欲遂喪斯文也，則國家必將尊禮先生，以爲國老儒宗，使弘宣我華夏民族之文化于京師太學。"二十三日，《春秋大義述》由商務印書館出版。

二月，始著《論語疏證》，四月初稿成。

六月，撰《造字時有通借證》。

十二月，《論語疏證》石印本出版。

1944 年

元月一日，撰《文字形義學·序例》，是書一九五四年定稿，後遺失。

二月十七日，六十初度，成《六十自述》五章，可視爲此前學術生涯的總結。

1945 年

四月，兼職國立圖書編譯館。

十月，隨校復員長沙。

本年，撰《擬整理經籍計劃草案》。

1946 年

四月，應張舜徽之邀，赴寧鄉民國大學講學。

十一月，撰《〈説文〉讀若探源》。

1947 年

七月,教育部學術審議會議決部聘教授續聘。

十一月,湖南省文獻會擬修省志,聘請撰寫《藝文志》。

1948 年

三月,當選爲中央研究院首屆院士。此次院士評選,共得八十一人,分爲數理、生物、人文三組。

四月上旬,以部聘教授名義,至廣州中山大學、嶺南大學訪問講學。五月底返長沙。

九月,攜夫人張家祓赴南京參加中央研究院成立二十周年紀念會及院士會議,會晤陳垣、余嘉錫等舊友,以及晚輩、學生勞榦、董同龢等。

十一月,赴中山大學講學。

1949 年

五月,自廣州返抵長沙。

1950 年

九月,始寫《積微翁回憶録》。

十月,湖南省文物委員會聘爲委員。中國科學院聘爲語言文字組專門委員。

1951 年

元月,《回憶録》寫訖。

四月,撰《積微居金文説·自序》,此編得文二百八十二篇,釋器二百三十八。文字訓詁方面,自以爲不減孫貽讓。

五月底,撰《離騷傳與離騷賦》,不久後刊於《光明日報》。

七月,草《積微居甲文説·自序》,此編得文九十篇,分爲三類:考文字、明史實、明經義。

九月，始重新訂補《文字形義學》，次年稿成。一九五五年初最後定稿。

當選新史學研究會理事。

1952 年

六月，《中國語文》雜志社聘爲特約撰稿人。

七月，撰《文字中的加旁字》。

十月，《積微居金文説》由科學出版社出版。

1953 年

元月，任湖南省文史館館長。

九月，《淮南子證聞》出版。

十月，湖南師范學院成立，先生安置歷史系。

十一月，獲《歷史研究》編委提名。

1954 年

四月，《積微居小學述林》出版。

五月，《積微居甲文説》出版。

八月，《耐林廎甲文説》、《卜辭求義》（二書合訂爲一册）出版。

九月，删去《高等國文法》中與時代不合處。

十二月，《古書句讀釋例》、《中國修辭學》出版。

《詞詮》是年出版。是年出書凡七種。

1955 年

元月，《耐林廎甲文説》、《卜辭求義》重印。

三月，《論語疏證》出版。

六月，當選中國科學院學部委員。

七月，《漢書窺管》出版。

八月，《中國修辭學》易名《漢文文言修辭學》再版。任高教出版社特約編審。

九月二十日,赴北京。

十月一日,天安門觀禮臺上遇顧頡剛、王力、馮友蘭、金岳霖、陳總、潘光旦、吴景超、吕叔湘等。參加中科院語言所舉辦的“現代漢語規範問題學術會議”。接受哲學所《鹽鐵論校注》、語言所《說文今語疏證》項目。

十一月,離京返湘。

十二月,箋釋《鹽鐵論》。

是年初,《文字形義學》定稿,先生説:“此書經營前後十餘年,煞費心思,自信中國文字學之科學基礎或當由此編奠定。”原稿後遺失。家中保留一九五二年改定手寫本的前半部,二十世紀八十年代由上海古籍出版社出版。

1956 年

二月四日,箋《鹽鐵論箋釋》初稿訖。

十四日,因腦溢血逝世。

楊樹達《漢書窺管》簡論

徐建委

楊樹達(1885—1956),字遇夫,取《荀子》"積微"二字爲號,湖南長沙人。他是二十世紀最重要的文字訓詁名家之一,曾先後任教於北京師範大學、清華大學、湖南大學、中山大學、湖南師範學院。新中國成立後,兼任中國科學院哲學社會科學學部委員、湖南省文史研究館館長。有關生平經歷,可參看其自著《積微翁回憶録》。

楊樹達一生涉獵廣泛,在語法、文字、史學、文獻諸領域,皆斐然名家。但其一生成就之重,乃在訓詁學領域,這是他學問的核心部分。不管是《積微居小學金石論叢》、《積微居小學述林》還是《積微居金文説》,抑或《漢書窺管》、《論語疏證》,他這些頗爲人稱道的名著中,令人贊歎的閃光之處,幾乎都是其訓詁之得。張岱年 1931 年於《大公報・文學副刊》撰文評價江俠庵所譯《先秦經籍考》(日本學者先秦典籍研究論文集),稱日本多學人,而當日中國學人,只有馮友蘭之哲學、陳垣之史學、楊樹達之訓詁學足以抗衡日本。此年張先生尚就讀於北京師範大學,爲二年級學生,其論盡顯青年人的意氣,雖不可當真,但也足見楊樹達聞名於學界的看家本領正是其具有自我特點的訓詁之學。

楊樹達的訓詁方法與黄侃不同,他不僅有傳統小學的基礎,還融匯了西方語言學之長。因此他的訓詁學與陳寅恪的史學相似,所治均爲傳統文獻，問題的發掘卻已經是一種新的方式了。這是一種堪稱純粹的中西合璧的學術類型。只是相比于陳寅恪，楊樹達更多的顯現出了清代樸學家的趣味。他的文章也多以短札形式寫就，重一字一詞的訓詁，這些都與清代學人相似，由此他也往往被誤認爲是守舊的小學家。新中國成立後，他的《積微居金文説》書稿在編譯局送審時就遭逢了這種學術誤讀，這使他非常不悦，因此他自叙其治學之法曰：

> 一，余嘗習外國文字，於歐洲語源之學有所吸取。二，前人只證明許訓，如段、桂是，余則批判接受。三，前人只在文字學本身着力，如王、朱是，余則取古書傳注、現代語言及其他一切作材料。四，古韻部分大明，甲、金文大出，儘量擷取利用。五，繼承《倉頡篇》、《説文》形義密合的精神，緊握不放。①

簡單地説，以古文字的形義密合爲主軸，出入于諸材料文獻之間，并輔以西方語言學之方法，是楊先生訓詁之學的基本範式。其實，他這五條裡，最根本的還是第五條，即以《説文》爲基礎的傳統文字之學。這從《漢書窺管》中亦可窺其一斑。

據《積微翁回憶録》，楊樹達一生最嗜《説文》、《漢書》。班固抄撰《漢書》，喜用原始材料，愛惜筆墨而少有改動，故多保留古字古義，這使得《漢書》的史料價值分外突出，但也是其號稱難讀的原因之一。因此，《漢書》雖爲史書，但要讀通首先得過文字這一關。就

① 《積微翁回憶録》，1952 年 8 月 15 日，北京大學出版社 2007 年版，第 249 頁。

此點而言,《説文》和《漢書》於訓詁一途,頗有交集。楊先生喜讀二書,應該都是出於訓詁學的興趣。在這一方面,《漢書窺管》是超越於前人的。

《漢書》的音義注釋相比於《史記》開始的非常早,規模和影響更非《史記》注釋之學所能比。漢末魏晉間,以《漢書》音義之學爲内容的注釋之作,就至少有二十餘家。如東漢末年的應劭、服虔,建安時期的文穎、蘇林、李奇等十數家。至西晉時期,就已經有晉灼《漢書集注》、臣瓚《漢書集解音義》這樣的集注、集解著作了。後者更是集漢魏《漢書》注釋之大成,乃《漢書》學的基石,《漢書》中的疑難通過此書可以基本解決。此書原本單行,二十四卷,并不方便觀覽,因此東晉時期,蔡謨將其散入《漢書》之中,編成《漢書》的第一個注本,有一百一十五卷。這個注本是顔師古《漢書注》流行之前最主要的《漢書》傳本。包括顔師古在内,晉唐之間學者們所閲讀的《漢書》幾乎全是這個本子,它在敦煌也有發現。但是蔡謨的工作并不完美,有許多的訛誤存在。因此顔師古見到臣瓚(其姓名應爲薛瓚)《漢書集解音義》之後,遂以之爲基礎,重做了一部《漢書注》,除了稍稍參考姚察、顔游秦等中古學者的著作或學説外,《漢書注》的基礎主要還是《漢書集解音義》。《漢書注》略勝蔡謨注本,故唐以後取而代之,成爲《漢書》最主要的傳本。或因爲《漢書注》的優善,後人幾乎放棄了再爲《漢書》整體作注的努力。宋人有幾部刊誤、辨惑的著作,而清代學者則對《地理志》表現出了濃厚的興趣。直到晚清,王先謙博采衆家之説,作《漢書補注》一百卷,才在《漢書注》外又有了一部集大成之作,讀《漢書》者幾乎人手一編。因清代《漢書·地理志》幾乎成爲專門之學,故《漢書補注》以《地理志補注》最爲精絶。

楊樹達的《漢書窺管》是《漢書補注》之後的又一部重要的《漢

書》學著作。這部書是楊樹達《漢書補注補正》和《漢書札記》(未刊)的合編整理之本。於 1925 年 3 月 14 日出版的《漢書補注補正》(六卷)乃是《漢書窺管》的基礎。從書名不難發現它與《漢書補注》的關係,這是一部給《漢書補注》糾謬的著作。此書出版之後頗爲暢銷,同年 9 月,商務印書館即告知楊樹達《漢書補注補正》賣出三萬四千多册,而三年後出版的《詞詮》則僅售出六百多部。這部書也爲楊先生贏得了很高的學術聲望,狩野直喜贊其爲班氏功臣,柯劭忞稱其爲集《漢書》之大成。1931 年陳寅恪與之通信,贊其"漢事顓家,公爲第一,可稱'漢聖'"。

但《漢書補注補正》畢竟僅是一部補正之作,學問的格局并不闊大。隨着對《漢書》玩味愈深,浸淫日久,楊樹達所積累的札記也越來越豐富,并跳出了《漢書補注》的窠臼。1936 年中,楊樹達開始在《漢書補注補正》的基礎上,依據自己的讀書所得,整理撰寫一部全新的《漢書》考釋訓詁之作,這就是後來的《漢書窺管》。此書於 1941 年初步完稿,但因戰時原因,未及出版。1952 年秋,楊樹達始重新整理此書,并新增補了數卷的新注。1955 年,《漢書窺管》終於由科學出版社出版,楊樹達在自序中説:"卅年精力,幸資小結!"卅年,遥指 1925 年《補正》之出版也。

《漢書窺管》有校有注,有析疑,有考訛,是楊樹達數十年課讀《漢書》的所得,披沙揀金,自然水準不凡。此書有三個特點:

一、明《漢書》行文之通例,以正句讀、文字。如《高帝紀》有"祠黄帝,祭蚩尤於沛廷,而釁鼓旗幟皆赤",其中"釁鼓旗幟皆赤"如何斷句?顔師古《漢書注》於"釁鼓"後作注,則唐人多以"旗幟"連讀。宋人吴仁傑引《史記·封禪書》"祀蚩尤,釁鼓旗",而斷句於"旗幟"之間,王先謙以之爲是,并曰"古書簡要,不當有羨文"。楊樹達糾正葵園之説曰《漢書》"旗幟"可連讀，因下文即有"偃旗幟"、"張旗幟"、"旗幟上赤"也。但此處據《郊祀志》"祀蚩尤，釁鼓旗"之語，仍以吴讀爲是。又如《金日磾傳》有"賞爲奉車，建駙馬都尉"一句，這是《漢書》述及金日磾兩子金賞和金建的仕進，金賞爲奉車都尉時，金建爲駙馬都尉，因此"賞爲奉車"似丢"都尉"二字。王念孫《讀書雜誌》即校增之。楊先生依其對《漢書》的精熟，發現這是《漢書》行文之法，非缺逸文字。他舉《儒林傳》"龔爲弘農，歆河内，鳳九江太守"，因後文有"太守"，故"弘農"、"河内"後省"太守"。又《王莽傳》述六經祭酒一事，省五"祭酒"。明此，則知《漢書》通例，亦見高郵之誤。

二、通《漢書》上下文，以釋字句，糾訛誤。如《外戚傳》"時又數有災異，劉向、谷永等皆陳其咎在後宫"，下文又有"上於是采劉向、谷永之言以報"。楊樹達發現《谷永傳》確實明確記載此事，但《劉向傳》無之，《杜欽傳》反詳載此事。同時，《穀永傳》曰："時對者數十人，永與杜欽爲上第焉。上皆以其書示後宫。"《五行志》載録此事，亦以谷永、杜欽并列。《外戚傳》下文許皇后引《書》實出於杜欽對策之文。楊先生據此三證斷言《外戚傳》兩"劉向"乃"杜欽"之誤，所辯極是。

三、據《説文》以爲訓詁。雖無準確統計，但《漢書窺管》徵引較多的文獻中，無疑就有《説文》，多見於疑難字的訓注。如《賈捐之傳》"太倉之粟，紅腐而不可食"，顔師古注曰："粟久腐壞則色紅赤也。"《漢書窺管》則曰："紅假爲紅。《説文》七篇上'米部'云：紅，陳臭米。"這是很精彩的考證。

然《漢書窺管》雖有精絶的考證，但也有刻意求新而失之穿鑿之處。如《鮑宣傳》"使奴從賓客漿酒霍肉"，這句是講董賢縱使家奴賓客肆意浪費，視美酒如漿水，肥肉如豆葉。《漢書注》引劉德曰："視酒如漿，視肉如霍也。”顏師古曰：“霍，豆葉也，貧人茹之也。”此句訓注，至此已足。但《漢書窺管》曰：“然漿與酒爲類，藿非肉之類也。霍當假爲脽。《説文》四篇下‘肉部’云：脽，肉羹也。”漿相比于酒則廉而賤，霍相比於肉亦如之，若霍爲肉羹，則無法形成文句上的對舉，更不能體現董賢賓客的揮霍無度。況且查三《禮》之書，藿葉常伴肉而食，則二者并舉，也有相關之處。

又如《叙傳》“子政博學，三世成名”，哪三世，顏師古注曰：“謂劉德、劉向、劉歆俱有名聞。”這是班固概括《楚元王傳》的話，《楚元王傳》的主體部分是劉向傳，向傳之前有其父劉德的傳記，向傳後又有劉歆的傳記，故《叙傳》以劉向（子政）主領此傳。所謂三世，以顏注爲是。然《漢書窺管》曰：“德是向之父，不宜以子政統之，顏説未合。余疑三世謂子駿，子駿兄子伯玉，及向曾孫名龔字孟公者也。”并引《新論》、《董仲舒傳贊》等文獻爲證。此處頗顯刻意，穿鑿已甚。《叙傳》仿《太史公自序》，對每一卷内容進行簡單的概括，故卷中所無或所占篇幅很小的内容，不會出現於只有幾十個字的叙贊語中。楊先生從其他文獻中鉤沉出劉向之孫劉伯玉、曾孫劉龔很見功力，但是此二人事迹不見於《楚元王傳》，故不可能被叙贊提及。況且，即便他們在當時有些名氣，但也遠没有劉德（參與廢昌邑王，迎漢宣帝，任宗正二十餘年）、劉向、劉歆祖孫三世之聲望。故顏注準確，而楊先生刻意于新解，反忽視《叙傳》之通例，正所謂一葉障目矣。

美玉微瑕，《漢書窺管》偶有穿鑿之處，并不能掩蓋其學術的輝光。1932年，黃侃曾告人曰：“遇夫於《漢書》有發疑正讀之功，文章不及葵園（王先謙，號葵園），而學問過之。《漢書補注》若成於遇夫之手，必當突過葵園也。”二人後來雖有學問上的歧見，但當黃侃公允地評騭楊樹達時，他對楊樹達在《漢書》學上的功夫還是極爲佩服的，而這僅是依據《漢書補注補正》作出的。若將之後二十餘年楊氏治《漢書》所得加上，恃才的黄侃又會作出怎樣的評價呢？